U0529505

唐文中 教育文集

杨丽 温恒福 主编

中国社会科学出版社

图书在版编目(CIP)数据

唐文中教育文集/杨丽,温恒福主编.—北京:中国社会科学出版社,2023.6

ISBN 978-7-5227-0803-4

Ⅰ.①唐… Ⅱ.①杨…②温… Ⅲ.①教育—文集 Ⅳ.①G4-53

中国版本图书馆 CIP 数据核字(2022)第 153126 号

出 版 人	赵剑英
责任编辑	田　文
责任校对	杨沙沙
责任印制	王　超

出　　版	中国社会科学出版社
社　　址	北京鼓楼西大街甲 158 号
邮　　编	100720
网　　址	http://www.csspw.cn
发 行 部	010-84083685
门 市 部	010-84029450
经　　销	新华书店及其他书店
印　　刷	北京君升印刷有限公司
装　　订	廊坊市广阳区广增装订厂
版　　次	2023 年 6 月第 1 版
印　　次	2023 年 6 月第 1 次印刷
开　　本	710×1000　1/16
印　　张	51.25
字　　数	893 千字
定　　价	268.00 元

凡购买中国社会科学出版社图书,如有质量问题请与本社营销中心联系调换
电话:010-84083683
版权所有　侵权必究

以唐文中教授为楷模，
弘扬行知精神，
打造一流学科，
为建设国内一流师范大学作贡献。
—— 孙立军

序 言 一

唐文中与中国教学论学科

《唐文中教育文集》经唐先生弟子们的搜集整理正式出版，这是我国教育界的一件大事，重要意义在于该文集所蕴涵的教育前辈唐文中先生和中国教学论学科建设发展的不解之缘，呈现了我国20世纪80年代后的十多年教学理论与实践改革的发展进程，体现唐文中先生通过专业学术委员会这个平台实现中国教学论学科建设发展的不懈努力。

唐文中先生是全国教学论专业委员会的创始人，是一位心胸开阔、待人诚恳、非常执着且充满情怀的教育界前辈，教学论专业委员会的成立倾注了他的智慧与真诚，他身上体现的高度责任感，对后学的关爱，严谨而理性的工作精神，让我深受感动。《唐文中教育文集》的问世，让我们有机会缅怀和追思先生通过学会的建立对中国教学论重建所作出的重要贡献，同时也给我再次学习和系统领悟先生重要教育思想的机会。

20世纪70年代末80年代初，对我国教学论学科发展来说是一个十分重要的关键时期。十一届三中全会的召开，面对改革开放的发展机遇，人们的思想空前活跃。在这场教育问题的大讨论中，先生以特有的洞察力和预见力，综合运用马克思主义的立场、观点和方法，站在国家时代转型的战略背景下，基于对现实和理论的双重把握，以深邃的眼光，对教学的认识论问题，教学过程、教学原则及其课堂教学改革问题，教学论的研究对象、学科性质及研究方法，以及我国教学改革试验等重点、难点问题进行了全面深入的剖析和审视，对中国教学论重构中的若干重要问题作出了自己的回答。

唐文中先生对中国教学论重建的思考以及学术成就，集中表现在先生担任教学论专业委员会主任的12年间，倾力建设教学论专业委员会的初衷。

一 对凯洛夫教育学教学观的理性批判
——我国教学论学科发展理论基础的反思

唐文中先生认为,学术发展和学科发展,需要批判性反思。中国教学论的重建首先要清理地基,不仅要在教学实践层面系统清理反思十年"文化大革命",乃至新中国成立三十年来的得与失,更重要的是,如何从苏联教育理论束缚中解放出来,关注中国的教育理论与实践问题,形成自己独特的研究领域和建设思路。先生针对当时理论的迷茫和实践的困惑,表现出他强大的学术勇气。

一是重评凯洛夫《教育学》,提出我国教学理论研究的方向。先生对当时颇有争议的凯洛夫《教育学》进行了精辟的评析。他认为,以凯洛夫《教育学》为代表的苏联教学理论,对我们教学理论实践研究曾经起过积极影响,但这本《教育学》是以苏联20世纪30年代至40年代的教育为背景的,它基本上是反映了传统教育派的教学理论,突出的特点是强调教师的作用,重视书本知识的传授,强调统一要求,重视死记硬背,相对忽视学生独立性的发挥,不重视能力的培养,不重视因材施教。先生强调,必须提高我们教学理论研究的起点,从当前世界上先进的教学理论出发,以我们自己的教学实践为基础,进行独立的研究。

二是重评凯洛夫《教育学》,重申马克思主义世界观和方法论的指导意义。针对凯洛夫《教育学》中对"马克思全面发展的人"含义的误解,先生明确提出,马克思主义的世界观和方法论是自然科学和社会科学的概括和总结,是人们认识世界和改造世界,从事科学研究的理论基础。我们在从事教育科学的理论建设时,用马克思主义的世界观和教育观作为指导思想,是指学习和运用他们的立场、观点和方法,正确分析、总结现实的教育实践经验和批判继承教育方面的历史遗产,是指继承和发展他们那些符合教育规律的原理。不能用前人的一般论述来代替和推导教育理论,更不能用它作为检验教育理论的标准。先生在剖析凯洛夫对待历史遗产的两种错误态度的同时,提出"任何一门科学的发展都不能割断历史,也不应排除外国的对我们有益的东西"。指出"搞好教育理论建设,更重要的还是立足于我国的教育实践,这才是建立和发展我国教育理论的真正源泉"。

二 教学论学科体系重建中的研究域问题
——对现代教学论重建的思考

处在社会转型时期的教学论学科的现代发展，必须走出传统范式，真正切入理论的原点和实践的原点，重新认识学科建设与发展中的若干基本问题，才能真正实现学科本身的理论创新和方法创新。基于对教学论学科建设中存在的诸如基础理论、解释框架缺乏原创性思考，缺乏对教学实践的解释力和干预力等问题的把握，唐文中先生将研究域的确定作为教学论学科建设的首要问题，从历届年会的研究议题可以看出先生的基本思路。

一是教学论研究发展历史的系统梳理与现状的分析评价问题。

二是教学论的基本理论问题。主要涉及现代教学核心概念的界定，教学论学科性质与任务，教学过程的主客体关系，教学方法的定义与分类，教学模式结构及其作用，传统教学论与现代教学论概念和意义的理解，以及教学改革实验的理论与方法等问题。

三是教学论研究的方法论问题。先生十分关注教学论研究的实践基础，早在1985年6月在哈尔滨师范大学召开的全国教学论研究会首届学术年会上，会议提出在加强基础理论建设的基础上，要深入开展教学实践的调查研究，要广泛开展教学实验。1987年9月在华中师大召开第二届年会，进一步将基础理论建设和教改实验作为教学论研究的两个生长点，提出积极开展教学改革实验，同时，在学会内分为教学理论、教学实验和教学问题史三个团队进行研究活动，先生还撰文倡导学习自然科学实证精神，以实验的方式探索教学活动的科学化。

这里要特别提到的是，先生将教育理论和教育方针政策的关系问题纳入了研究的视野。针对教育研究中唯上唯书、大量盲目引用政策汇编的时弊，先生尖锐指出理论和方针政策是两个不同的范畴，强调在教育理论建设上必须注意划分二者的界限并摆好二者的关系。他认为，教育理论是从教育实践中概括总结出来，是对教育工作的规律性的认识，应为教育方针政策提供认识上的依据。我们的教育方针政策，建立在教育理论的基础上，应该是符合教育工作的客观规律，经得起马克思主义教育理论的考验。

三 高师"教学论"教材建设
——对现代教学论重建的贡献

高师"教学论"教材建设是教学论学科发展的基础工程，为建设中国特色的教学论学科体系和出版有可行性的教材，依据教学论专业委员会第二届年会的决定，唐文中先生担任主编完成了由黑龙江教育出版社出版的高师《教学论》通用教材的编写。继后，鉴于教学论研究的新进展，先生受专业委员会委托，与郭道明、李定仁教授一起组织编写了一套8本专著组成的、由江西教育出版社出版的《教学论丛书》，这是新中国成立以来的第一套教学论丛书。正如该丛书总序所言，该丛书植根于中国教育改革的土壤，放眼展望世界教学理论发展之趋势，反映我国改革开放以来，教学实践的新经验、教学理论研究的新成果，探讨教学理论发展的新问题。无疑该丛书的出版是一件十分有意义的事情。

唐文中先生的研究，以教学与发展为主线，将问题引申到理论层面，在促进我国学术界对教学论学科发展问题的研究上，做了奠基性工作。教学论专业委员会的成立，为学术交流建立了稳定的机制，两年一届的学术年会以及《教学论》教材、《教学论丛书》的出版，迅速将全国教学论研究者紧密地联系在一起。在教学论专业委员会前辈的努力下，中国的教学论学科快速发展，我国的教学论研究工作走向一个新的发展阶段。反思这一切，再次让我们感受到先生与教学论学科前辈们积极进取的精神，感受到他们对学科建设的那份责任和担当，我们将继承和发扬先生的学术思想，不断推进我国教育科学的改革与创新。

裴娣娜

2021年1月27日

（裴娣娜：北京师范大学教育学部教授，博士生导师，中国教育学会教育学分会第六届至第十一届教学论专业委员会理事长）

序 言 二

　　杨丽教授和温恒福教授组织力量，历时十余载，克服诸多困难，搜集、整理、出版《唐文中教育文集》（下文简称《文集》），为我国课程与教学论学科建设做了一件大好事。《文集》出版蕴涵着为名家画像、为学科立传、为育人助力的巨大价值，意义非常深远。

　　唐文中教授是我国著名教育学家，我国课程与教学论学科的重要奠基人。作为中国教育学研究会（并入中国教育学会后改为中国教育学会教育学分会）教学论专业委员会的发起人和第一位理事长，唐先生是课程与教学论界闻名遐迩的大家。在我国课程与教学论界，不知唐先生大名的人寥寥无几，但是，随着时间的推移，当今深入理解唐先生思想和事迹的人，恐怕也越来越少了。历史的名人总会自然地逐步淡出历史的记忆，这似乎是客观规律。怎样才能让一个学者的形象永存于历史的记忆之中呢？编辑出版文集，就是最有意义的行动。文集把一个学者的学术成果和心路历程以文字形式记录下来，把个体生命所创造的精神价值永久地保存和传播下去，从而获得精神的永恒。我国历史上诸多名家思想和学说，正是依靠弟子门人的及时记录整理而使先贤言行得以千古流传的。但是，要做好这项为名家画像、为历史留痕的工作，需要后人有甘于奉献、锲而不舍、精益求精的精神，否则很难功德圆满。就此而论，杨丽教授和温恒福教授殚精竭虑整理出版《文集》，使唐先生的思想和事迹得以更好地传承，这一举动的确是令人敬佩和感动的！

　　我上大学期间，就通过阅读知道了唐先生的大名。1991年秋天，教学论专业委员会在天津师范大学召开学术年会，我当时跟随王策三先生读教学论专业的硕士研究生，参加了这次学术盛会，有幸第一次近距离接触到唐先生。1992年硕士毕业后，因为博士论文选题的原因，我的研究重点转向了教育伦理学，没有参加往后的几届教学论年会，也就失去了再次聆听唐先生教导的机会。这的确是一件很遗憾的事情。这次《文集》出版，我有幸先睹为快，获得了一个重温唐先生思想和事迹的宝贵机会，唐先生那日渐模糊的名家形象，再次变得生动和清晰起来。透过《文集》，我的头脑中形成了一个有血有肉的前辈形象：一个酷爱教育事业的大家，一个钟情科学探索的学者，一个勇于担当、积极有为的领导，一个甘为人梯、言传身教的长者。唐先生大学毕业后，主动放弃在大城市工作的机会，怀揣着对教育事业的热情和使命，选择到基层师范院校从事教学科研工作，一辈子没有离开过心爱的讲台，为新中国培养了一大批优秀教师和教育学术人才，可谓桃李满天下。唐先生在学术研究上倾注了毕生心血，刚走上工作岗位就与同事合作撰写了有关小学教学方法的学术著作，社会反响很大；在此后的学术生涯中，更是笔耕不辍，通过发表论文、编写讲义、出版教材、组织编写丛书等多样形式来推进教育学科的理论研究和实践探索，可谓硕果累累、成就斐然。唐先生具有卓越的学术领导力，领衔创建了哈尔滨师范大学教学论（现为课程与教学论）硕士点，联合全国教学论同仁发起成立了中国教育学研究会教学论专业委员会，并担任理事长十多年，成功搭建了教学论学科全国性的高水平交流协作平台，有力促进了我国教学论学科人才培养质量和科学研究水平的提升，为教学论学科建设作出了不可磨灭的历史贡献。《文集》的出版，使这样一位可歌可敬的学术前辈形象在后学心目中变得具体生动起来，进而使其思想和精神得到永续传承，这的确是可喜可贺的大好事。

  《文集》出版对于我国课程与教学论学术史研究具有独特价值。我国课程与教学论学科的历史发展，迄今为止经历了古代课程与教学思想、课程与教学论课程、课程与教学论专业等三种不同的发展形态。现代意义上的课程与教学论学科建设，始于20世纪初师范院校开设的教学论课程。1980年，我国建立起了系统的学位制度，在教育学一级学科目录下设置了教学论硕士学位、博士学位学科专业，从此，学科建设迈入了专业化新阶段。百余年间，我国课程与教学论学科实现了从无到有、从小到大的跨越式发展，这是几代学人披荆斩棘、继往开来的结果。其中，民国时期在师范院校从事教学论、课程论等课程教学的学者，总体上属于我国课程与教学论学科的第一代奠基人，这一代学者在引介国外课程教学理论和尝试建设中国课程教学理论方面，作出了开创性贡献。新中国成立前后走上工作岗位，20世纪五六十年代在师范院校从事教育学教学工作，在20世纪80年代领衔创立教学论博士点、硕士点的学者，总体上属于我国课程与教学论学科的第二代奠基人,这是真正奠定课程与教学论二级学科人才培养体系、学科建制和分支方向的一代学人,是真正建立起中国特色教学理论的一代学人。20 世纪 80 年代以来培养成长起来的课程与教学论专业人才,总体属于我国课程与教学论的第三代学人,这一代学人在促进学科繁荣方面作出了历史性贡献。唐先生师承第一代学人,是第二代学人的杰出代表,对第三代学人的成长产生了重大影响。唐先生的工作经历和学术探索,在很大程度上就是一部浓缩的 20 世纪新中国课程与教学论学科发展史。从《文集》中,我们可以看到凯洛夫教学理论在我国的传播、批判和反思,可以看到 20 世纪 80 年代围绕教学本质、师生关系等基本理论问题的深入探索和学术活力,可以看到系统论、信息论、控制论等新思想对教学理论和实践的影响,可以看到教学改革和实验研究蓬勃兴起的可喜格局。这说明,《文集》不仅是唐先生个人学术思想的集中呈现,而且是课程与教学论学科发展的珍贵史料和重要成果。《文集》的出版,对于深入挖掘新中国课程与教学论学科研究领域的拓展、研究主题的变迁、研究话语的转换、研究方法的丰富、研究视角的创新,提供了宝贵的线索;对于我们正确认识教学论的学科性质、科学理解教学论基本范畴和学校教学的基本原理、辩证处理教学理论与教学实践的矛盾关系,具有重要的指导和引领作用;《文集》中有关小学教学方法、高师教育改革与大学教学论研究的探讨,体现了学用一体、知行合一的学术路线,彰显了课程与教学论独特的学科文化定位,对于课程与教学论学科健康发展具有方法论意义。概括地说,《文集》的出版,再现了课程与教学论学科发展的华彩篇章,也提出了学科史研究的新主题。

《文集》出版具有重要教育价值,将在人才培养方面发挥独特作用。经过 40 年的学科专业建设,我国已经形成了比较系统、规模庞大的教育学人才培养体系,为教育事业发展提供了坚实的人力资源保障。但是,如何进一步提高教育学人才培养质量,促进学科内涵发展,依然是需要持久不懈地探索的重大问题。侯怀银教授在《共和国教育学 70 年》丛书总序中,提出了新中国教育学科发展的六点启示,即"六个坚持":坚持学科自主、学科自立、学科自尊、学科自强、学科自信、学科自觉。在一定意义上说,"六个坚持"是新中国第一代教育学人共同的学科信念和学术追求。唐先生毕生追求我国课程与教学论学科的自主、自立、自尊、自强、自信、自觉,为此不懈奋斗并取得了卓越成就。这种学术精神和学科信念,值得代代相传,发扬光大!新时代的年轻人有很多独特的优势,充满活力，如果能够很好地把前辈学人的奋斗精神、使命担当内化于心、外化于行，那必将青出于蓝而胜于蓝，真正成长为新时代的优秀人才。《文集》蕴涵着独特的学术精神和学科信念，这是最深层的教育价值。《文集》是学科史教育的生动教材，将很好地促进课程与教学论高层次人才成长。实践表明，不同层次的人才培养有不同的路径：通过通用教材或专业课程整体掌握学科的基本概念、原理和方法（即学科基本结构），这是学科入门的较好路径；深入阅读名著，与学科大家深度对话，则是精研学科的必经路径。换言之，高层次人才培养，离不开对学科名家作品的深度阅读，读懂一个人、读透一本书，才能真正登堂入室，有所作为。《文集》出版为青年学子创造了得天独厚的条件，大家可以系统精研唐先生著作和事迹，体验为学之道，感悟为学之理，厚植学术沉淀，增强前行动力，开辟前进道路。我们相信，《文集》将滋养一代又一代课程与教学论学人的成长，持久地助力人才培养这一宏大事业。

最后，再次诚挚祝贺《唐文中教育文集》隆重出版！也期待唐文中课程教学思想研究取得更丰硕的成果！

王本陆　谨记

2020 年 10 月 25 日

（王本陆：北京师范大学教育学部研究员，博士生导师，中国教育学会教育学分会副理事长暨教学论专业委员会理事长）

前　　言

　　唐文中先生是我的恩师，在哈尔滨师范大学攻读硕士研究生时先生是我的导师。先生晚年身体一直不是太好，患有二尖瓣狭窄（一种心脏病），70岁后，先生的身体越来越弱了，终于没能熬过1999年，4月14日先生走了，这一年先生74岁。他将一生献给了哈师大和他所钟爱的教育学事业。转眼间，恩师离开我们已有20多年了。在这20多年中，我们所在的哈尔滨师范大学发生了很大变化，教育系的变化更大。2003年哈尔滨师范大学开始实施校院系三级管理体制，原初的教育系改为教育科学与技术学院，后改为教育科学学院。2006年课程与教学论学科获得博士学位授予权；2010年以课程与教学论博士点为基础申请教育学一级学科博士学位授予权，2011年获批；2012年获批教育学博士后科研流动站。作为哈尔滨师范大学课程与教学论学科创始人和带头人的先生，若泉下有知，会感欣慰。

　　唐文中先生（1926.1.16—1999.4.14）是全国教学论专业委员会创始人之一，是第一届至第五届（1985—1997年）全国教学论专业委员会主任委员，是新中国课程与教学论学科重要奠基人和开拓者。先生生前为哈尔滨师范大学教育系教授，省级重点学科课程与教学论的创始人、带头人；黑龙江省教育学研究会理事长、黑龙江省陶行知教育思想研究会副理事长；黑龙江省劳动模范，国务院政府特殊津贴专家。历任教育系教育学教研室主任、教育系副主任、主任、教育科学研究所第一副所长等职；黑龙江省政协第六届委员会委员。先生从教近50年，主要致力于教育及教学基本理论方面的研究与实践，公开出版论著7部、发表论文50多篇，多篇论文被《新华文摘》《台海两岸》以及中国人民大学复印报刊资料等全文转摘；《论教师的语言修养》和《关于教学过程的客观规律问题》分别被收录在瞿葆奎主编的教育学文集《教师》卷和《教学（中册）》卷。

主要著作有《教学论》（1990年）、《大学教学论》（1993年）、《高等学校教学方法》（1994年）、《小学教学方法研究》（1951年）、《教育学》（1983年）、《对马克思恩格斯列宁斯大林有关教育论述的解说》（1977年）等。除此之外，先生作为主要成员参与编写了于1953年问世的、由哈尔滨师专教育教研组编的《教育学讲义》。就已检索到的资料看，该讲义是新中国成立以来我国学者尝试以马克思主义哲学为指导思想编写的、内部印刷最早的教育学讲义。

岁月流逝，大浪淘沙，先生的学术思想并没随岁月而远去，反倒因其深刻性、洞见性而被人们所关注。在读秀学术搜索发现，先生的一些著作，如《小学教学方法研究》《教学论》《教育学》《高等学校教学方法》等被多家图书馆收藏，其中《小学教学方法研究（第三版）》还被 Berlin State Library（德国柏林国家）图书馆收藏。先生主编的《教学论》（1990年，黑龙江教育出版社）被课程与教学论学者视为第一届全国教学论专业委员会（1985年，哈尔滨）后的重要成果，认为其他版本的教学论著作大部分也出现在这个年会之后，这是对先生主编的《教学论》及其作为全国教学论专业委员会主任委员工作的肯定。近年来，先生所发表的论文被陆续上传到网上，能在中国知网、万方等数据库被检索到的论文数量也在增多，如《从重评凯洛夫〈教育学〉中看当前教育理论建设性上的几个问题》《关于教学过程的客观规律问题》《教师的语言修养》《高校管理改革中的两个问题》《从"三个面向"谈高师教学计划的改革》等。

这一切都使我们逐渐意识到我们有责任和义务使先生的学术思想为更多的人所了解和认识，先生的教育思想是20世纪中国教育思想的组成部分，我们应为后人整理好这份宝贵遗产，丰富中国的教育思想研究。2011年我们开始筹划编写《唐文中教育文集》，那时师母还健在，在获知我们的想法后，师母非常支持我们的工作，尽全力帮助我们，尽管她已89岁高龄。"文化大革命"期间，部分手稿、教学资料被没收或烧毁，所幸先生写的教案、部分手稿、著作、发表论文的期刊、日记、各种证书、读书卡片等还在。收集、整理先生的资料是一项相当繁杂的工作，需要通过多种途径查找资料，并把这些文稿打印出来，任务艰巨。在此非常感谢课程与教学论专业硕士生们，他们是2009级郭蕊、王兆英、郑源捷；2010级屈青山、纪生娟、贾秋实；2011级李春雪、车池、印梅花、董辉、贾瞳；2012级曲洪娇、戴伟、崔文婷、王雪、周慧敏，是他们打印了所有的文稿。特别是屈青山，在资料收集、整理及打印文稿方面做了大量工作，竭心尽力，同时也较好地完成自己的硕士学位论文《唐文中教育思想研究》，非常感谢他所做的工作。我们原计划争取在2014年或2015年出版《唐文中教育文集》，由于"任务"太多，文集出版之事一拖再拖，不经意间走到了2022年。

由于要出版《唐文中教育文集》，使我们走进先生的世界、感受先生所处的那个时代，我们对先生也有了更进一步的了解与认识。先生是一位挚爱教育、钟情学术的人，是一位积极进取、敢于担当的人，是一位低调平和、言传身教的人。1949年先生从国立北平师范学院（北京师范大学前身）教育系毕业，被分配到沈阳东北人民政府中等教育处。由于工作认真、勤奋，先生深受领导赏识，被推荐到大连工作，这对现在的许多年轻人来说是求之不得的事，但先生放弃了，主动申请去地方从事教学工作，他更愿意当一名教师。就这样，1949年12月先生被分配到松江省（现在的黑龙江省）佳木斯师范学校当了一名普通的教员。挚爱的工作令先生热情迸发，1951年8月，与同事李乙鸣一起撰写的、先生人生第一本著作《小学教学方法研究》由上海教育书店出版，并由全国各地中国图书发行公司经售。第一版印刷4000册，不足一月便已售罄。第二、三版于9、10月相继问世，又印1万册。该书对新中国小学教育的发展产生了较大影响，这一年先生年仅26岁。1951年2月至1951年8月，先生兼佳木斯师范学校实验小学主任，根据自己的工作性质和当时学校发展的需要，撰写《小学校长》一文，近4万字，其中的"学校计划工作"和"学校总结工作"两部分分别以《谈谈学校的计划工作》和《如何做好学校的总结工作》先后发表在1952年2月7日和1952年7月19日的《光明日报》第3版上。1952年3月先生到松江师范专科学校（哈尔滨师范大学前身，后与哈尔滨师范专科学校合并，改称为哈尔滨师范专科学校）工作。1953年，由先生参与编写的哈尔滨师专教育教研组编的《教育学讲义》问世。1956年哈尔滨师范学院教育学教研室编写的《教育学讲义》（上、下）便是在此书基础上进一步修改完善的。为了编写此书先生付出了很多辛劳。据师母回忆，当时他们所租的房子非常小，还有孩子，先生白天上课，晚上回家写教案、搞研究，严寒酷暑，条件相当艰苦。若没有对教育的挚爱、对学术的热情与执着，以及干好新中国教育事业的那份责任和担当，先生很难在这样艰苦的条件下思考教育、研究教育。

"文化大革命"期间，先生由于出身等原因遭受了各种不公正的对待，劳教近两年，但先生仍初心不改。"文化大革命"中后期，先生对马克思、恩格斯、列宁有关教育论述进行研究，撰写了《马克思恩格斯列宁斯大林有关教育革命论述的解说》，手稿至今还保留着。1977年初，该书经教育教研室集体讨论后由黑龙江人民出版社出版。改革开放以后，先生更是焕发了青春，积极投入到教育系重建及教育学科建设之中。1979年哈尔滨师范学院教育系恢复重建，这一年先生已53岁。由于教学工作需要，先生给本科生讲授《教育学概论》《教学论》《高等教育》《教育社会学》等课程，教学任务繁重。即便如此，先生仍抓紧时间进行研究，先后发表了一系列在教育领域被视为标志性的成果：《从重评凯洛夫〈教育学〉中看当前教育理论建设上的几个问题》（1979年）、《从认识论角度看教学活动的特点和规律》（1981年）、《加强课堂教学的理论指导》（1981年）、《关于教学过程的客观规律问题》（1982年）、《教育学研究必须为开创社会主义现代化新局面做出贡献》（1983年）、《高校教育改革的两个问题》（1984年）等。

先生身为哈尔滨师范大学教育学教研室主任、教育系副主任、主任，很挚爱高师教育事业，对所从事的工作充满热情，并结合自己的工作先后发表《发扬高师院校在建设社会主义精神文明中的优势》（1982年）、《坚持高师特点培养合格的中学师资》（1983年）、《开展调查研究 提高高师教育质量——对哈尔滨师范大学毕业生的调查与分析》（1984年）、《从"三个面向"谈高师教学计划的改革》（1984年）、《高校教育改革的两个问题》（1984年）、《高等师范教育结构》（1985年）、《基础教育改革与高师教育》（1988年）、《高师教育科研要为提高基础教育质量服务》（1996年）等一系列论文，并主编了《大学教学论》（1993年，黑龙江教育出版社）和《高等学校教学方法》（1994年，黑龙江教育出版社）。这些研究成果凝聚着先生对高师教育改革、大学教学理论与实践的思考与探索。为了表彰先生为发展我国高等教育事业作出的突出贡献，1992年先生获得了国务院政府特殊津贴专家荣誉。

1979年4月中国教育学会成立，这之后，各类教育研究会、研究所纷纷成立，各大学的教育系也在恢复或创建中，教育生态得到复苏，这无疑是各教育学科发展的良机。正是在这样的背景下，1983年，先生和同事们一同创建哈尔滨师范大学课程与教学论学科，先生被推选为该学科带头人，这一年黑龙江省政府决定授予先生省劳动模范荣誉称号；同时，在先生和各位课程与教学论前辈的共同努力下，经中国教育学会批准，"中国教育学会教育学分会教学论专业委员会"也称"全国教学论学术委员会"于1985年6月成立，同年6月22日至28日，中国教育学会教育学分会教学论专业委员会在哈尔滨师范大学召开第一届年会，会议决定成立学会的理事机构，并推选唐文中先生为第一届专业委员会主任，此后先生一直连任至第五届。这一年，新中国迎来第一个教师节，由于先生在长期的教学工作中为教育事业作出了突出贡献，黑龙江省人民政府为先生颁发了"教师光荣"荣誉证书。

在担任教学论专业委员会主任的12年间，先生担任主编组织编写了《教学论》教材，旨在为师范院校教育系教学论课程教学提供用书，曾在师范大学、教育学院等40多家单位使用；先生还与郭道明、李定仁两位先生共同主编了一套8本的《教学论丛书》，由江西教育出版社出版，包括：吴也显等著《小学游戏教学论》（1996年）、陈时见著《比较教学论》（1996年）、田慧生著《教学环境论》（1996年）、汪刘生和白莉著《教学艺术论》（1996年）、靳玉乐著《潜在课程论》（1996年）、熊川武著《学习策略论》（1997年）、曾天山著《教材论》（1997年）、李福灼与钟宏桃著《小学语文课堂教学论》（1997年）。这是新中国成立以来，也是中国教育历史上的第一套教学论丛书。正如丛书总序所言，该丛书植根于中国教育改革的土壤，放眼展望世界教学理论发展之趋势，反映我国改革开放以来，教学实践的新经验、教学理论研究的新成果，探讨教学理论发展的新问题。该丛书的出版无疑是一件十分有意义的事情。教学论专业委员会的成立为学术交流建立了稳定的机制，两年一届的学术年会以及《教学论》教材、《教学论丛书》的出版，迅速将全国课程与教学论研究者紧密地联系在一起。在教学论专业委员会前辈的各种努力下，我国课程与教学论学科快速发展，课程与教学论研究工作走向一个新的发展阶段。这一切都使我们感受到先生及课程与教学论学科前辈们积极进取的精神，以及对学科建设的那份责任和担当。

由于先生钟情于教育事业，敢于担当，以及其教育思想的深刻性和洞见性，1984年7月，先生被中共黑龙江省委政策研究室聘请为兼职研究员；自1985年5月起，先生连续五届被黑龙江省人民政府聘为"黑龙江省科技经济顾问委员会"委员兼人才教育组组长，直至1998年9月由于身体原因辞去这一工作。1992年先生当选为黑龙江省政协第六届委员会委员。任职期间，先生积极为黑龙江的教育事业发展建言献策，如《对石头河子镇社会经济发展中的科技服务体制与教育发展的建议》《对开发我省离退休老干部老专家智力资源的几点建议》《关于培养职业中学专业课教师的建议》《关于黑龙江省教育发展的三点建议》《关于哈尔滨市建工局工学院的教改经验与未来发展建议》等等。有一件事，令我们印象非常深刻。1989年2月先生参加科顾委组织的对省长将在七届人大二次会议上报告的发言讨论，先生针对前次（1月31日）在省长召开的科顾委新年座谈会上有的同志说"把我省的资源优势和人才优势结合起来"，他说："我对此有不同的看法，实在看不到我省的'人才优势'在哪里？我们的科技队伍、教师队伍，新老之间存在严重'断层'，而且很不稳定，至少教师队伍如此。"由于教育研究以及对大中小学教师、行政干部培训的需要，先生几乎走遍了黑龙江省各地市，对黑龙江省的人才状况，特别是教师队伍状况较为了解。他认为"当前根本的问题，是把教育重要性落到实处，真正采取一些实实在在的措施。希望我们省不要只顾眼前，只抓经济建设这个热点，必须把教育当作另一个热点。教育建设与经济建设同时抓"。这样点滴之事还有许多，我们能够从中感受到先生心系龙江教育，以及作为教育学者的那份责任和担当。

先生为人低调平和、言传身教。先生很少和我们提及他的过往，若不是出版《唐文中教育文集》需尽一切努力收集先生的资料；若不是师母询问"先生出版的第一本书你们要不要"，并向我们讲述先生在五六十年代的一些事情；若不是我们阅读先生留下来的一些备忘录、手稿、讲话稿、期刊、著作等资料，真不知先生早在50年代就有值得关注的学术成果，还有那么多激励后人的故事。先生是用他的人格魅力和行动来言传身教、感染着他身边的师生，特别是他所指导的研究生们。至今，回忆起与先生在一起的日子，研究生们内心都充满着温暖和对先生的深深敬意。这一切，也更让我们感受到出版《唐文中教育文集》的必要性。

《唐文中教育文集》收录了四部著作中唐文中先生所撰写的内容，以及先生所发表的各类论文、撰写的书序等。主要包括八方面内容：教育概论、教学论、高师教育、大学教学论、教育管理、对马克思恩格斯列宁斯大林有关教育革命论述的解说、教育咨询与建议、序言·寄语。

本书由杨丽、温恒福拟定编写计划、收集和整理各部分编写内容，并进行最后的统稿和定稿。在编辑过程中尽力校核直接引用的原文；原稿上未注明出处的尽力加注出处，出处中在相应时期难以查找到的，以能查找到的出处加注；基本上统一注释的格式。在此，衷心感谢屈青山、周慧敏、郭蕊、王兆英、郑源捷、纪生娟、贾秋实、李春雪、车池、印梅花、董辉、贾瞳、曲洪娇、戴伟、崔文婷、王雪、王宁、周涛、吴雪晴、刘彩迪、王晓凡、王岑尹等研究生们所付出的辛勤劳动！

最后，还要特别感谢北京师范大学教育学部博士生导师、原中国教育学会教育学分会教学论学术委员会理事长裴娣娜教授，感谢北京师范大学教育学部博士生导师、中国教育学会教育学分会副理事长暨教学论学术委员会理事长王本陆研究员，感谢他们在百忙中为本书作序，感谢哈尔滨师范大学孙立军书记为本书题词。

杨　丽

2022 年 9 月 20 日

目 录

教育概论

从重评凯洛夫《教育学》中看当前教育理论
　　建设上的几个问题 …………………………………（3）
加强青少年的道德品质教育 …………………………（13）
教育也是生产力
　　——学习五届人大三次会议文件的体会 …………（17）
正确认识和实现教育同生产劳动相结合 ……………（19）
群策群力，积极开展教育学理论研究
　　——黑龙江省教育学研究会第二届学术年会总结 …（27）
教育学研究必须为开创社会主义现代化新局面
　　作出贡献 …………………………………………（36）
学习马克思《关于费尔巴哈的提纲》中的教育
　　思想 ………………………………………………（44）
阻碍教育事业发展的思想要害
　　——片面追求升学率与鄙薄职业技术教育 ………（51）
以教育要"三个面向"为指导，坚持为"两个文明"服务的
　　方向，努力开创教育学会工作的新局面 …………（58）
学校教育制度 …………………………………………（69）
21世纪中国教育展望 …………………………………（85）

教 学 论

小学国语科教学方法 …………………………………（97）

小学政常科教学方法 …………………………………………（124）
小学历史科教学方法 …………………………………………（137）
小学地理科教学方法 …………………………………………（149）
论教师的语言修养 ……………………………………………（162）
教学过程中学生掌握知识基本阶段的分析 …………………（172）
必须重视智力开发 ……………………………………………（182）
尊重教师的劳动 ………………………………………………（184）
从认识论的角度看教学活动的特点和规律 …………………（188）
加强课堂教学的理论指导 ……………………………………（195）
关于教学过程的客观规律问题 ………………………………（199）
教学原则及其基本依据 ………………………………………（208）
教学计划、教学大纲和教科书 ………………………………（212）
教学过程 ………………………………………………………（234）
教学原则 ………………………………………………………（255）
教学方法 ………………………………………………………（268）
现代化教学手段与普通教具 …………………………………（289）
教学工作的组织形式 …………………………………………（298）
学生知识、技能的检查与评定 ………………………………（316）
关于教学过程本质、规律、原则及其体系 …………………（327）
在哈尔滨召开的全国教学论讨论会纪要 ……………………（339）
我省普及九年义务教育的师资培训问题
　　——从一个县的教师现状看我省师资队伍的建设 ……（347）
当前我国教学改革试验概况 …………………………………（354）
教学论研究十年 ………………………………………………（364）
论教学系统的特征 ……………………………………………（378）
教学过程的社会交往现象分析 ………………………………（384）
谈教学方法的改革 ……………………………………………（393）
教学论的研究对象、学科性质及研究方法 …………………（399）
教学过程的系统论观点 ………………………………………（416）

高师教育

谈高等师范学校加强基础理论、基本知识和基本
　技能训练问题 ………………………………………………（451）

发扬高师院校在建设社会主义精神文明中的优势……………（465）
坚持高师特点培养合格的中学师资…………………………（474）
开展调查研究　提高高师教育质量
　　——对哈尔滨师范大学毕业生的调查与分析……………（484）
从"三个面向"谈高师教学计划的改革………………………（493）
高等师范院校的教学原则……………………………………（499）
高等师范教育结构……………………………………………（508）
基础教育改革与高师教育……………………………………（524）
高师教育科研要为提高基础教育质量服务…………………（533）

大学教学论

高等学校的讲授课……………………………………………（545）
重视高等教育理论的学习和研究……………………………（553）
大学教学论的对象、产生、意义及研究方法…………………（565）
大学教学实践论………………………………………………（579）
高等学校的教学与教学方法…………………………………（596）

教育管理

小学校长………………………………………………………（615）
高校管理改革的两个问题……………………………………（659）
风气　校风　育人……………………………………………（665）
教育经费与教育质量…………………………………………（668）

对马克思 恩格斯 列宁 斯大林 有关教育革命论述的解说

对马克思、恩格斯有关教育革命论述的解说………………（673）
对列宁有关教育革命论述的解说……………………………（698）
对斯大林有关教育革命论述的解说…………………………（734）

教育咨询与建议

对石头河子镇社会经济发展中的科技服务体制与
　　教育发展的建议 …………………………………………（753）
对开发我省离退休老干部老专家智力资源的几点
　　建议 ……………………………………………………（756）
关于培养职业中学专业课教师的建议 ……………………（762）
关于黑龙江省教育发展的三点建议 ………………………（764）
关于哈尔滨市建工局工学院的教改经验与未来
　　发展建议 ………………………………………………（766）
关于坚持高校行政领导任期制的建议 ……………………（769）
加强对小学外语教学的领导 ………………………………（770）

序言・寄语

《中学生的学习方法》・序言 ………………………………（773）
写在前面 ……………………………………………………（775）
立足本省　面向全国　走向世界 …………………………（776）
祝贺・期望 …………………………………………………（778）
《教学论丛书》・总序 ………………………………………（780）
《教学艺术论》・序 …………………………………………（782）

唐文中生平年谱 ……………………………………………（784）

后　记 ………………………………………………………（792）

教育概论

从重评凯洛夫《教育学》中看当前教育理论建设上的几个问题*

凯洛夫《教育学》是在新中国成立初期传入我国的,它曾对我国教育理论和实践产生过重大的影响。"四人帮"以批判这部书为名,妄图否定我国十七年的教育成绩。结果使教育理论严重落后于教育事业发展的需要。为拨乱反正,正本清源,对这部书进行重新评论,具有重要的理论意义和现实意义。本文拟就以下几个方面谈一谈当前教育理论建设上应当从重评凯洛夫《教育学》中借鉴的问题。

一 教育理论建设的指导思想及其源流问题

一门科学的产生和发展都是以一定的社会实践和历史背景作为基础,并且又都是以这样或那样的即唯物主义或唯心主义、辩证法或形而上学的世界观和方法论作为指导的。我们当前的教育理论建设也必须首先解决这个问题。

凯洛夫在《教育学》一书中提出教育科学的本源有三个部分,即:1. 作为科学一般方法论基础的马克思列宁主义哲学,以及马克思、恩格斯、列宁、斯大林关于文化和教育的学说;2. 经过批判改造过的教育学的历史遗产,学校及其他教育机关的工作与发展的历史经验,特别是俄国进步的教育学对于科学的贡献;3. 苏联学校及其他教育机关的现代工作经验以及家庭教育的经验。[①](凯洛夫《教育学》1948 年版以下简称老本)这部《教育学》在材料来源上基本是从这三个方面来进行编写的。

---

* 原载《北方论丛》1979 年第 4 期。
① [苏]凯洛夫:《教育学》,沈颖、南致善等译,人民教育出版社 1951 年版,第 44—45 页。

书中试图运用马克思主义的世界观和方法论来说明教育现象,并在一定程度上反映和阐述了马、恩、列、斯的教育观点;参照苏联建国后20年代和30年代教育所走过的道路,并吸取历史上传统的教育经验,建立了在当时历史条件下的社会主义教育学的结构和教育科学的体系,在教育科学的发展上为摆脱资产阶级教育思想的束缚和影响进行了大胆的尝试。这些都是难能可贵的。并且正是因为具有这些特点,才保证了这本书基本上是一部试图反映社会主义教育规律的马克思主义的教育学,而不是修正主义的或资产阶级的教育学。

但凯洛夫并没有很好地理解在建设无产阶级教育理论上,马克思主义的世界观、前人的历史经验和当前的教育实践三者的关系,他既未指出哪个是指导思想,又未说明哪个是教育科学的源和流;而是不加区别地把三者都当成了本源,结果只把三方面的材料混合在一起,而没有做到有机的结合。过去的批判中,有人曾说它是传统教育派加上马克思主义的词句,虽有些过分,但并不是一点道理也没有。

马克思主义的世界观和方法论是自然科学和社会科学的概括和总结,是人们认识世界和改造世界,从事科学研究的理论基础。马克思主义创始人的教育观点是他们对教育问题的具体论述。我们在从事教育科学的理论建设时,用马克思主义的世界观和教育观作为指导思想,是指学习和运用他们的立场、观点和方法,正确分析、总结现实的教育实践经验和批判继承教育方面的历史遗产,是指继承和发展他们那些符合教育规律的原理。不能用前人的一般论述来代替和推导教育理论,更不能用它作为检验教育理论的标准。至于革命导师有关语录的引用和解释,则更应做到科学、准确,注意它的针对性,把它放在一定的历史条件下来说明,否则便会造成误解,以讹传讹,收到相反的效果。例如老本第二章谈到共产主义教育的构成部分时,引用了马克思关于教育的指示"第一、智育,第二、体育……"这本来是马克思针对人的智力、体力即身心的全面发展提出的教育主张,马克思的智育原意是指人的精神力量的发展,既包括知识的内容,也包括思想道德的内容,丝毫也得不出以智育为首和降低德育在人的培养中的地位的结论。凯洛夫不但对此未做任何阐述和说明,反而错误地概括为:"马克思认为在全面发展的人的教育中,智育,即教养,应占第一位。"[①] 结果引起人们长期对德育与智育的关系的错误理解,最后,更

[①] [苏]凯洛夫:《教育学》,沈颖、南致善等译,人民教育出版社1951年版,第59页。

被林彪、"四人帮"一伙野心家利用，把"智育第一"作为他们射向十七年教育工作的一支毒箭。其实，智育在任何社会的教育中，都占有非常重要的地位。学校就是按照社会的政治的需要传授人们以间接知识，学习科学文化的场所，因此，任何削弱或取消知识的传授的言论和行动都是错误的。在阶级社会中，传授知识从来就从属于统治阶级培养接班人的需要，它不仅受一定社会生产条件所制约，又总是由统治阶级政治意向所决定，没有正确的政治观点，就等于没有灵魂。我们的教育一向都要求把坚定正确的政治方向放在首位。显然凯洛夫在上面的那个概括是由于片面理解马克思的指示造成的，是违背培养无产阶级接班人必须以德育为首这一基本要求的。

至于批判继承历史遗产问题，凯洛夫也存在着很大的片面性。从对这部书的全面分析中，我们发现凯洛夫对待历史遗产的两种错误态度。第一，他认为在历史上只有那些具有唯物主义传统和在政治上具有民主思想的教育家的遗产才是可以继承的，并几乎是无批判地加以接受。例如，对西欧的教育家夸美纽斯、卢梭、裴斯泰洛奇、爱尔维修，对俄国19世纪的民主主义者柏林斯基、乌申斯基、皮沙列夫等人，都做了全盘肯定。并给他们加上了什么"先进的民主思想""浓厚的爱国主义和人民性"、伟大的"教育家""人道主义"者种种桂冠。而对于那些具有唯心主义思想或政治上反动的教育家们则一概加以排斥。例如，对在资产阶级教育史中有重大影响的赫尔巴特就是如此。"教育性的教学"是首先由赫尔巴特纳入到教育学的理论体系之中的，而凯洛夫在论述"教学的教育性质"时，不但对这种教学在资产阶级教育中所产生的反动后果未加任何批判，对无产阶级和资产阶级的两种教学的教育性质不作区别，甚至连赫尔巴特的名字也不愿意提起。第二，他认为社会主义制度是优越的，因而社会主义的教育自然也是优越的。这样他就把苏维埃教育学当成了当代教育科学发展的顶峰，而把现代资本主义国家的教育理论成果不论有无可资借鉴和研究的必要，一律加以拒绝。这从他所建立的教育科学体系中得到明显的反映。他只承认普通教育学、特殊教育学、分科教学法、教育史等等，而对教育科学的许多分支如教育哲学、教育社会学、教育统计、教育测验、比较教育等等都认为是资产阶级的而加以排除。在凯洛夫的影响下，新中国成立以来我们这些科学都是空白，严重阻塞了教育科学的深入研究和发展。

实践证明，凯洛夫对待批判继承历史遗产的这两种态度都是十分有害的。任何一门科学的发展都不能割断历史，也不应排除外国的对我们有益的东西。先进的社会制度代替不了具体事业方面的成就，世界观上的错误和政治上的不同立场也不影响他们对客观事物某些侧面得出合乎规律的结论。关键的问题是我们要善于以马克思主义的世界观和方法论作为指导思想，认真地进行分析批判，剔除其糟粕，吸取其精华，继承真正正确的有益的东西。

搞好教育理论建设，批判继承是问题的一个方面，但更重要的还是立足于我国的教育实践，只有广大教育工作者的教育实践才是建立和发展我国教育理论的真正源泉。毛泽东同志在谈到文艺工作者必须深入到群众中去，深入到火热的斗争中去，才能创造出为人民群众所欢迎的作品时，曾深刻地揭示了源和流的辩证关系，书本上的、古代的和外国的东西只是流不是源，真正的源泉是群众的实践。实践是理论的基础，实践是检验理论的唯一标准。我国教育战线有上千万人的专业队伍，有两亿多的青少年在受着学校教育。只要我们正确地运用马克思主义这个思想武器，认真批判继承古代的和外国的经验，把研究的基点放在广阔的教育实践基础上，我们的教育理论建设就一定会取得丰硕的成果。

二　教育理论和教育方针政策的关系问题

理论和方针政策是两个不同的范畴，在进行教育理论建设上必须注意划分二者的界限并摆好二者的关系。不然就将既限制理论的发展，又影响方针政策的制订。

凯洛夫没有从正面把方针政策引入教育理论体系之中，虽然在某些章节的个别问题中引述了苏联教育上的某些政策，但一般是作为理论的论证来加以处理的，并没有从方针政策的角度来建立教育学的体系，也没有设置专门的章节来阐述方针政策。这种做法曾经受到过我们的非难。特别是1957年和1958年党的教育必须为无产阶级的政治服务，必须同生产劳动相结合，培养有社会主义觉悟的有文化的劳动者的方针明确提出以后，教育方针政策便正式纳入到教育学的体系之中。"文化大革命"期间，由于林彪、"四人帮"对教育理论的否定和颠倒，中断了教育理论的研究，并且完全用教育方针政策代替了教育理论。方针政策成了衡量理论是非的标准，长官意志被当作教育工作唯一的行动依据。由于他们擅自发号施令，随意发布指示，结果使教育理论遭到空前的破坏，使教育工作脱离客观规律的要求。不光教育理论被否定了，教育方针政策也成了"四人帮"为了达到篡党夺权罪恶企图而任意解释和玩弄的工具。

今天我们重新评价凯洛夫《教育学》，并回顾我们走过的道路，深切地感到在今后的教育理论建设上，有深入探讨教育理论和教育方针政策之间的关系的必要性。

教育理论和教育方针政策是既有联系又有区别的。教育理论是从教育实践中概括总结出来，是对教育工作的规律性的认识。教育方针政策是一定社会的统治阶级意志在教育上的具体反映，它的制订是既根据政治上生产上的需要，又根据教育理论的认识成果。在我们社会主义国家，无产阶级的利益同客观事物的发展规律是一致的，我们的教育方针政策，都应该是符合教育工作的客观规律，经得起马克思主义教育理论考验。我们越是能够对教育理论有深入的认识和研究，就越能够保证方针政策的正确性和客观性。从这个意义上看，教育理论和教育方针政策是有密切联系的。但方针政策的制订，主要是从阶级斗争和生产斗争的需要，从整个社会中教育事业发展的现状和可能来加以考虑的，在理论上应该做到的事，在教育方针政策上有时并不能完全做到。因此，二者的性质和任务又是有区别的。我们教育工作者，特别是学校领导干部和教师应在党的领导下，既要学好理论，钻研理论，按照教育规律办教育，又要提高政策观点，坚持贯彻教育方针政策，明确什么是应该做的和什么是必须做与可能做的。当遇到方针政策同理论有矛盾和抵触的情况，那就要用实践来检验和鉴别它们的正确性。一方面深入钻研教育理论，进一步揭示教育工作的客观规律，一方面探讨教育方针政策是否符合教育规律的要求。这样就既促进了教育理论的发展，又保证了教育方针政策的客观性和正确性。这就是教育理论与教育方针政策的辩证关系，也就是我们说教育的方针政策应建立在教育理论的基础上和教育理论为教育方针政策提供认识上的依据的道理。

在这个问题上，凯洛夫《教育学》是值得我们借鉴的。尽管它在教育理论的阐述上存在着各种各样的缺陷和不足，但它立意是从理论上来说明教育上的问题，而没有从方针政策出发来进行论述。例如，第二章共产主义教育的目的与任务部分，着重论述了马、恩、列、斯关于人的全面发展和培养社会主义新人的学说，以及共产主义教育的构成部分及其基本任务。这样就可以对这些问题作出客观的历史的叙述，而为教育方针政策的制订提供理论基础。我们在相应的部分则不是从理论上揭示社会主义事业接班人的客观要求，而是解释和说明既定的方针政策。由于在教育方针中规定了"使受教育者在德育、智育、体育几方面都得到发展……"在教育学中也只能叙述德育、智育和体育。而美育和技术教育则被排斥在教育学的研究范围之外。其实美育和技术教育，不论从批判继承传统的教育历史经验或从社会发展对人的要求来看都是非常重要的。多年来我们对此却讳莫如深，既不能触及，也没有进行研究，其结果是限制和阻塞了我们对有关的理论问题的深入探索和研究。

我们认为，教育理论和教育方针政策在教育科学的体系中应该作为不同的学科部门来加以研究。教育学是探讨在社会主义条件下教育工作客观规律的科学，不能从教育方针政策出发来建立教育学的结构，把教育学作为方针政策解说，这样就将滞塞教育理论的发展道路。也不必把教育方针政策纳入教育学的组成部分，影响教育学的理论体系。这样做丝毫也不会忽视教育方针政策的重要性，更不会削弱作为社会科学的教育学的无产阶级政治方向性。因为把教育方针政策作为一门独立学科，保证了对问题叙述得更加深入和详明，而教育理论是以马克思主义和毛泽东思想为指导，又是以社会主义的教育实践作为源泉，它就不可能偏离党和人民的要求。

三 教育的社会职能问题

教育在社会发展中的作用和职能是什么，这是教育学首先要论述的一个问题。对这个问题的理解不同，一系列理论问题的叙述和结论也会不同。凯洛夫在他的《教育学》第一章第一节到第三节即论述"阶级社会中教育的阶级性和历史性""苏维埃国家的教育性质"和"教育学上的基本概念：教育、教养和教学"等部分中企图说明这个问题，但并没有正确而全面地解决这个问题。

凯洛夫突出地论述了教育在阶级斗争中的作用，应该肯定这是正确的，是揭示了阶级社会中教育本质的一个重要方面。资产阶级就不承认社会上阶级的划分，当然更不承认教育是阶级斗争的工具。只有用历史唯物主义的观点来分析社会历史现象才得出这个结论。但凯洛夫却忽视了教育的另一个重要的社会职能，即教育也是生产斗争工具这个不论在阶级社会或原始公社的无阶级社会以及将来消灭了阶级的共产主义社会都经常起作用的职能。虽然他在论述资本主义社会教育的时候谈到教育和生产的关系，并且在他的教育目的中明确地规定了要培养共产主义的建设者，但他并没有从正面论述教育在提高社会生产力上的作用，更没有从生产力和生产关系，经济基础和上层建筑的关系上来论述教育的社会职能。

恩格斯在《论住宅问题》一文中写道："唯物史观是以一定历史时期的物质经济生活条件来说明一切历史事变和观念、一切政治、哲学和宗教的。"① 一切历史事实当然包括教育，也必须用"物质经济生活条件"来加以说明。教育是培养接班人的社会现象，是把前人从事社会实践斗争的经验传递给下一代的过程，是随着社会物质经济生活条件的变化而变化的。从有人类的一天起，教育就是同生产斗争和当时形态的人与人之间的斗争联系在一起。只是到了阶级社会，这种人与人之间的斗争才以阶级斗争的形式表现出来。因此，在阶级社会中，对教育的本质、教育的社会职能的论述，只有兼顾其既是阶级斗争的工具，强调其阶级上的政治上的要求，又要论述其是生产斗争的工具，指出其同生产力发展的制约关系，才是全面的、正确的，才是真正地从物质经济生活条件出发来看待教育这一社会现象。从教育是阶级斗争的工具上看，反映了教育是上层建筑的特点；从教育是生产斗争的工具上看，反映了教育是生产力的特点。这两方面是教育的客观规律，都不能有所忽视。

凯洛夫只谈到教育的阶级性和历史性，我们则长期以来把教育完全作为上层建筑来理解。这样就把教育上的一切问题都纳入阶级斗争的范围，谁离开阶级斗争来看待教育上的任何问题，就是背叛，就是大逆不道。结果在林彪、"四人帮"的恶意煽动下，使学校成了阶级斗争的前沿阵地，在学校中大搞政治运动，用政治活动冲击教学活动；只看到知识分子接受旧社会影响的一面，看不到知识分子用他们所掌握的知识为社会主义建设服务的一面，对学生则只要求他们到阶级斗争的风浪中去锻炼，而不管他们是不是学习了人类长期积累下来的文化科学知识。交白卷的成了英雄，认真学点知识的则被当作绵羊，使教育不像教育，学校不成学校。这当然是林彪、"四人帮"倒行逆施造成的，但弄不清教育到底是干什么的，不能准确地理解教育的社会职能，也不能不说是认识上的一个原因。这种忽视教育对推动生产力发展的作用，看不到教育是知识形态的生产力转化为现实生产力的过程，已经从当前实现四个现代化过程中建设人才严重不足这一尖锐矛盾中表现出来了。现在一些生产先进的资本主义国家，越来越认识到教育对生产力发展的推动作用，他们称教育是人才的开发，智力的开发，并且不再把办教育作为消费投资，而是作为一种可以更快地收到经

---

① 《马克思恩格斯选集》第 2 卷，人民出版社 1972 年版，第 537 页。

济效果的生产投资。这充分说明了教育不只是阶级斗争工具，而且是生产斗争工具这个社会职能的重要性。

教育是一个复杂的社会现象，它牵涉到社会生活的各个方面。我们的教育理论建设，必须要对教育的社会职能进行深入研究，并根据其职能所涉及的各个具体方面，包括思想品德形成的规律和科学知识掌握的规律以及与之相应的手段和方法等都要进行研究，以便我们能够取得对各种教育、教学活动的认识上的飞跃，指导我们的工作，保证更多更快更好地培养各条战线上所需要的人才。要坚决反对形而上学，反对片面性。既不能只看到教育是阶级斗争工具的一面，而不顾教育是生产斗争工具的一面；也不能由于重视了教育同生产力的联系，而看不到教育还是上层建筑，还要按照社会主义政治、经济的需要来进行不断地更新和改造。

四　关于对道德品质教育重要性的认识问题

凯洛夫《教育学》在它的第三编教育理论中，以相当大的篇幅论述了共产主义道德教育原理、共产主义道德教育的原则和方法，辩证唯物主义世界观基础的形成，苏维埃爱国主义教育与苏维埃民族自豪感的培养、劳动教育、自觉纪律的教育和意志与性格的教育。除去因 1936 年苏联宪法宣布了国内已不存在对立的阶级，因而在德育的论述中削弱了阶级观点，取消了兴无灭资的要求，以及在过分地强调民族自豪感的培养而变相地宣扬了大国沙文主义，并且对德育过程的客观规律缺乏深入揭示和论述以外，这一部分对共产主义道德教育在人的全面发展中的重要地位与作用，以及实施原则和方法都做了在当时条件下适合其国内情况的较为系统的叙述。同时它比较重视科学世界观的教育、集体主义教育和劳动教育，这些都应该肯定其积极意义。虽然这些是从他们国家的实际情况出发的，对于我们还是有可以借鉴之处的。

凯洛夫在德育的论述中，没有贯彻"兴无灭资"的要求，这是一项带有原则性的错误。因为思想品德是具有鲜明阶级性的，不消灭资产阶级的东西，无产阶级的东西就建立不起来。但我们因此而批判他片面地强调青少年道德品质教育，忽视政治思想教育，却又使我们的德育走向了另一个极端。

在一个时期里，曾经说政治思想教育是德育的根本，是所谓"大德"。而道德品质教育，只是"小德"，它同"大德"比较起来是并不重要的。林彪更据此而提出什么"小节无害论"。影响所及，把我们的德育完全割裂开来，学校只进行阶级教育、立场教育，不进行道德品质教育。并进而斥文明礼貌教育为资产阶级余毒，说遵纪守法教育是训练绵羊性格。宣传什么只要立场"坚定"，只要思想方向"正确"，就是"红"。道德品质再坏，也无伤大雅。一段时期内社会上道德败坏之风大大滋长，学校内纪律松弛，正常秩序遭到破坏，教育教学工作无法进行。我们暂且抛开"四人帮"的有意破坏不谈，只从教育理论建设的要求上看这种"大德""小德"之分有无必要，忽视青少年道德品质教育是否正确，应该如何全面地正确地理解和实现我们的德育任务等，都需要做出正确的回答。

无产阶级的德育应该包括三个方面，即政治教育、思想教育和道德品质教育。政治教育是由党的斗争任务决定的，即有关培养青少年实现无产阶级的政治任务，在阶级斗争的风浪中站稳立场的教育；思想教育主要解决思想认识问题，就是有关世界观方面的教育；道德品质教育是人们的行为规范的教育，它解决在社会主义条件下人们的行为品质应该具有什么样的客观标准问题。这三个方面在实现无产阶级的德育要求上是密不可分相互影响和彼此联结的，它们都贯穿着无产阶级的立场和观点，都是最终培养无产阶级革命事业接班人所不可缺少的。根本就谈不到这个重要那个不重要的问题。马克思主义创始人在谈到未来社会远景时，曾经把人们思想觉悟和道德品质的极大提高当作实现共产主义的一个必要条件。试问"小德无害"，又怎么能够达到这个要求。实践证明，忽视或不要道德品质教育是极端有害的。

说凯洛夫《教育学》只讲道德教育，不讲政治教育和思想教育也是不公道的。他所谈的爱国主义教育就是政治教育，至于世界观方面的教育他更是十分重视的。而他突出了道德品质教育，我们认为不但不是缺点，倒反而是应该加以肯定的。从广义上来理解，我们的德育就是共产主义道德教育，它本身就包含着政治教育和思想教育。列宁就说过："使培养、教育和训练现代青年的全部事业，成为培养青年的共产主义道德的事业。"[①] 毛泽东同志也说过，马克思列宁主义也包括无产阶级道德。如果一定要分什么"大德""小德"，共产主义道德倒应该是外延更大的概念。因为，"在我们看来，超人类社会的道德是没有的；这是一种欺骗。我们

---

① 《列宁选集》第4卷，人民出版社1972年版，第351页。

的道德是服从于无产阶级斗争的利益的"①。凡是有利于无产阶级和劳动人民的根本利益，有利于实现社会主义和共产主义当前和长远的斗争任务的行为，都是道德的，反之就是不道德的。同样，一个人如果道德品质败坏，也绝不可能想象他在政治上、思想上是符合无产阶级的要求的。

我们为实现四个现代化的宏伟目标，为实现共产主义的远大理想，必须在全社会大力提倡共产主义道德风尚，使人们认识到只有具备坚定的共产主义道德信念、情感和行为习惯，只有以无产阶级的标准分清了敌我、是非、爱憎和荣辱的界限，有优良的情操和道德品质的人，才是高尚的人，才是值得人们尊敬的人。而在学校里则更要把青少年的共产主义道德品质教育，作为一项十分重要的任务来抓。这不仅从整顿学校的纪律，保证正常的教学秩序，实现学校工作重点的战略转移这个现实需要来看是必要的，而且从长远来看，从培养人的根本目的来看，更是必要的。学校、家庭、社会，各种组织，老一代的劳动者都要关心青少年的道德品质教育，为树立一代新风作出应有的贡献。

今后在教育理论建设上必须把对德育的研究重视起来，并特别着重于深入探讨德育过程的客观规律，揭示这一过程的内在矛盾，正确地制定德育的原则，确定德育的内容以及找出恰当的方法和手段，为在实践上尽快地培养青少年一代具备高尚的共产主义道德品质提供理论根据。此外，关于教学论方面的问题，将另行探讨，这里就不再说明了。

---

① 《列宁选集》第4卷，人民出版社1972年版，第352页。

加强青少年的道德品质教育[*]

道德是一定社会人们行为的规范，任何社会都不能没有道德。一个阶级可以把敌对阶级的道德视为寇仇，加以挞伐，但不能不讲求自己的道德。这是因为，人们在社会上总是结成一定的关系来从事生产和生活的，要维持这种关系，就不能不在行为上有所约束，确定什么是应当做的，什么是不应当做的；什么是高尚的品质，什么是卑劣的行径。为此而建立了法制、规章，这些是成文的有形的规定。但只是这些还不够，还有不成文的，借助于习惯和舆论的力量来调节人们行为的规范和标准，这就是道德。在青年一代的培养中，各个阶级都把道德品质教育摆在全部教育工作的突出位置上。新中国成立以后，我们的中小学继承了老解放区教育的光荣传统，在青少年共产主义道德品质教育方面曾取得丰硕的成果，积累了十分宝贵的经验。但由于十年浩劫，给学校教育工作带来了空前的灾难。粉碎"四人帮"以后，学校建立了正常的工作秩序，在搞好教学工作的同时，有必要进一步加强青少年的共产主义道德品质教育。

首先，应正确认识加强青少年共产主义道德品质教育的重要性，处理好道德品质教育和思想政治教育的关系，把道德品质教育摆在德育的应有位置上。

我们的德育，包括政治教育、思想教育和道德品质教育。政治教育是由党的斗争任务决定的，它是根据社会主义革命和建设的需要，根据教育方针的要求对青少年进行的阶级立场和政治方向与政治态度的教育。思想教育是要解决学生的思想认识问题，即有关世界观方面的教育。道德品质教育是人们的行为规范教育，它是从实现共产主义的远大理想出发，解决社会主义条件下人们所必须具备的行为品质问题。这三个方面是密切联系

---

[*] 原载《黑龙江教育》1979年第12期，略有删减。

不可分割的，不仅在施教过程中是统一的，而且在一个人的思想品德面貌上也是缺一不可的。它们各自担负着不同的任务，在我们实施德育的过程中，不允许相互代替、以偏概全或顾此失彼。

我们的中小学校，在对学生的施教过程中，既要重视政治教育、思想教育，使他们具有坚定正确的政治方向，坚持无产阶级的立场，树立科学的世界观；又要注意加强共产主义的道德品质教育，使青少年从小养成高贵的品质，懂得社会主义条件下人与人之间的正确关系，具备坚定的共产主义的道德信念和情感，养成良好的行为和习惯。在当前，在青少年中树立一代新风，认真加强共产主义道德品质教育是尤为重要的。学校必须把它当作一件大事来抓。

高尚的情操、优良的道德风尚，是建设四个现代化的伟大祖国所需要的，是实现共产主义的宏伟理想所不可缺少的。在我们的中小学教育中，绝不能以任何借口忽视共产主义道德品质教育。

其次，必须以教学为主，妥善安排学校的各项活动，寓德育于智育之中，寓道德品质教育于教学和各项活动之中，保证培养知行统一的新人。

以教学为主，使学生更好地掌握文化科学知识，绝不是可以因此而削弱道德品质教育；也绝不是只要教学活动，不要其他的教育活动。教学活动、思想教育活动和体育卫生活动，课内活动和课外、校外活动，构成了学校工作的有机整体。每项活动所要达到的教育目的是一致的，所产生的教育效果则是交相影响的。要加强青少年道德品质教育，必须处理好各方面工作的关系，既要重视单独组成的思想品德教育活动，尤其要注意把品德教育寓于其他活动特别是教学活动中。

文明和科学是结合在一起的，粗野和无知是伴生的。掌握科学知识是提高思想觉悟的必要条件，无知常常是犯罪的重要根源。某些学生分不清是非、美丑、善恶，如果不从根本上改变他们的无知状态，就谈不到提高社会主义觉悟。同时，教学工作不仅是实现智育任务而且也是实现道德任务的基本途径。我们必须在实际工作中，不仅通过社会学科的教学，使学生正确认识社会，认识人与人之间的关系；而且要通过自然学科的教学，培养学生科学的世界观。恩格斯说，自然科学"本身就是彻底革命的"[1]，列宁也说："唯物主义和自然科学完全一致"[2]。掌握足够的科学知识，才

---

① ［德］恩格斯：《自然辩证法》，人民出版社1971年版，第219页。
② ［苏］列宁：《唯物主义和经验批判》，人民出版社1960年版，第32页。

能提高学生道德行为的自觉性。封建地主阶级提倡"愚忠""愚孝",资产阶级把道德行为建立在欺骗、麻痹的基础上,说什么"理解的要执行,不理解的也要执行"。其结果不是培养迷信、盲从和奴隶的性格,便是造就虚伪、欺诈、口是心非的两面派。无产阶级的德育是建立在对客观世界的科学认识的基础之上的。列宁说过,只有用人类创造的全部知识财富来丰富自己的头脑,才能成为共产主义者。我们在向学生进行道德品质教育时,一定要正确对待知和行的关系,注意讲道理,明确认识并付诸行动,持之以恒。没有丰富的科学知识,不形成牢固的道德信念,要培养学生共产主义的思想品德是不可想象的。

最后,培养青少年的共产主义道德品质,必须发挥学校教育的主导作用,统一家庭、社会各方面的教育力量,把一代新人引导到无产阶级要求的轨道上去。

道德品质不是凭空产生的。恩格斯说:人们自觉地或不自觉地,归根到底总是从他们阶级地位所依据的实际关系中——从他们进行生产和交换的经济关系中,吸取自己的道德观念。[①] 存在决定意识,青少年从他们降生以后就接受着年长一代已有的道德观念和行为的熏陶与影响。由于阶级的存在,加以人们思想和行动上先进与落后的差别,年轻一代道德品质的成长过程,必然是各种矛盾互相影响、不断斗争最后统一于一种主要影响的过程。学校是由国家设立的专门的教育场所,它在青年一代的教育上必须发挥其主导作用。它应该统一家庭、社会各方面的教育力量。如果学生得自于家庭、社会的影响跟学校的要求是一致的,学校品德教育的工作重点是在已有基础上积极地塑造与培养;如果这些影响是不一致的,学校便应该花更大的精力放在改造和再教育上。不管怎样,它都不应该放弃自己应负的责任,更不容许利用各种借口,把品德教育的任务推到学校门外。

培养学生共产主义的道德品质,既重视学校的系统教育,又适当组织学生参加"三大革命实践",使他们经受实际锻炼,这是必要的,但不应该把二者对立起来。青少年的共产主义思想品德,是按照党的培养目标自觉而系统的教育结果,绝不是依靠参加一两次政治运动,或单纯的社会实践能够奏效的。

学校、家庭、社会各方面的教育力量应该统一起来,党政机关、社会团体、街道公社都应该关心青少年成长的道德品质教育。家长应认真教育

---

① 《马克思恩格斯选集》第 3 卷,人民出版社 1972 年版,第 133 页。

子女，特别是国家干部更应作出榜样，成为教育子女的模范。只要形成一种人人关心青少年成长的社会风气，一代具有社会主义觉悟的新人，是可以尽快地健康成长起来的。

"你们是初升的太阳，是祖国的未来。你们最有朝气，你们是人民中最富于创造精神和进取精神的一部分，希望寄托在你们身上。祝贺你们顽强地学习，努力地学习，努力地工作，继承革命传统，树立革命思想、革命道德和革命纪律，把自己锻炼成为掌握革命和建设本领的共产主义接班人，取得愈来愈大的成就。"这是党中央和老一辈革命家对青年一代的热切期望，也是对全体教育工作者特别是中小学教育工作者的重要要求。

教育也是生产力

——学习五届人大三次会议文件的体会[*]

一 教育直接参加了劳动力的培养过程

生产力的基本因素是生产资料和劳动者。作为使用生产工具掌握生产技能创造物质产品的劳动者，是生产力中最积极最活跃的因素。劳动者的任何一种劳动技能和本领，都不是天生的，而是后天受教育的结果。教育的基本社会职能，就是把人类历史上积累下来的认识世界和改造世界的成果，按照现存社会的需要和可能采取的方式，传递给下一代。在生产还不十分发达，劳动知识和技能还比较简单的社会条件下，年轻一代的劳动本领，是在共同劳动的过程中，由老一代靠言传身带，或者通过学徒的方式获得的。这个时期，教育的生产力性质，往往被人们忽视。但是，在现代化的生产条件下，在整个劳动力的需求上，对人们智力水平的要求，远远超过了对体力的要求。在智力方面，那种一般的文化知识和传统技艺，正在被现代化科学技术的要求所代替。一个劳动者，不仅在他走上生产岗位之前，需要接受系统的教育和培养，而且即使在某一生产部门中，已经掌握了现有的生产技能，由于设备和技术的不断更新，也需要不断地接受新的教育。因此，教育对提高生产力的作用就越来越明显地表现出来。可以毫不夸张地说，在现代的生产条件下，没有教育就没有劳动者科技知识水平和能力的提高，就没有生产力的发展。

---

[*] 原载《黑龙江教育》1980年第10期。

二 教育直接促进了科学技术的传播和发展

根据现代化生产的要求，劳动者必须掌握了先进的科学技术之后，才能构成生产力的基本要素。没有掌握科学技术的人，和科学技术在没有被劳动者掌握之前，都不能成为现实的生产力。使劳动者和科学技术结合在一起的根本办法是教育。学校是传授科学技术知识的场所。学生出校后，把学得的科学技术知识，运用到生产实践中去，就实现了潜在生产力到现实生产力的转变。而通过生产实践和科学实验，又进一步推动了科学技术的发展。在现代化的生产条件下，教育、科学技术和生产力，已经结成一体，相互影响，相互促进。

三 教育已经成为社会生产的必不可少的组成部分

在当代的社会生产条件下，办教育不仅要取得社会的政治上的效益，而且也要取得生产上的效益。教育对生产建设和发展经济的作用，早已被世界各国的经济发展的事实所证明。据统计，美国高等教育投资的利润率是8%到11%。苏联一个卢布的教育费用，所得的经济收益是四个卢布。日本从1951年到1970年，在工农业生产总值的增长里，有45.4%是从技术进步，即从教育的结果得来的。第二次世界大战结束时，日本和德国的主要城市变成一片瓦砾，工业生产几乎破坏殆尽。但仅仅二十多年的恢复和发展，竟一跃成为世界上经济先进的国家。其原因之一就是他们一贯重视教育。为了探讨教育对生产的作用，教育对经济的影响，近几十年来，已经建立了一门新的边缘科学——教育经济学，对这些问题进行专门研究。把教育看作是一种消费事业或社会福利事业的认识，显然是错误的了。

教育也是生产力的这个看法，具有极其重大的现实意义。它不仅在理论上使我们更加深刻准确地认识了教育的社会职能和作用，而且在实践中也有助于更好地使教育事业成为推动四化建设的重要力量。对此，我们从事教育工作的同志，要有明确的认识。在办教育的过程中，不仅要为国家的政治需要培养人才，还要为社会的生产需要培养人才，以使教育紧密地为生产建设服务，为四个现代化服务。

正确认识和实现教育同生产劳动相结合[*]

教育与生产劳动相结合是社会发展和教育发展的必然规律,像我们这样的社会主义国家必须逐步实现教育与生产劳动相结合,不应有任何怀疑。但,什么是教育与生产劳动相结合,其理论的和实际的基础是什么,以及怎样实现这种结合等等,却是值得深入研究的重要问题。新中国成立以后三十余年来,我们在这方面是有不少经验教训的。初期,在综合技术教育思想影响下,学校里提倡过基本生产知识教育。1958年正式把教育与生产劳动结合列入教育方针之后,各级学校大事开展勤工俭学,实行与工厂、生产队挂钩,校办农场、工厂。结果是劳动过多,冲击了学校的正常工作。十年动乱期间,取消"三中心",提倡交白卷,大搞"开门办学""画等号""典型工程带教学"。一时间名目繁多,不一而足。教育与生产劳动相结合,实质上成了在教育战线推行极"左"路线的精神支柱,最终是以劳动代替教学,学校名存实亡。粉碎"四人帮"以后,批判了他们在教育方面的各种倒行逆施,提倡教学为主,集中精力提高教学质量,许多学校又取消了生产劳动。究竟应该怎样做,总结正反两方面的经验,从理论上做出回答,实属必要。

一

首先,什么是教育同生产劳动相结合?它的正确含义又是什么?大家常说自从有人类社会以来,教育同生产劳动的关系是按照"结合—分离—结合"的规律演变的。即在原始社会二者是结合的;阶级出现以后,分离

---

[*] 选自《论教育和人的全面发展》,中国教育学会教育学研究会编,人民教育出版社1982年版,第146—156页。

了；随着社会的进步，还要达到更高级形式的结合。这个说法是应该具体分析的。我们知道，教育是随人类社会的产生而同时产生的。教育的重要社会职能就是把前辈积累下来的知识和经验传递给年轻一代，使他们能够适应现有的社会生活。人类要生活，就要从事生产劳动，就要创造物质财富，而不论什么样的生产劳动，都离不开教育。从这个意义上说，生产劳动从来也没有完全同教育脱离过。在原始社会，生产力水平低下，在原始的生产过程中，老一辈为了把制造工具和使用工具的本领传授给下一代，必须把教育跟生产劳动结合在一起。即使进入了奴隶社会和封建社会，生产力提高了，剩余产品增加了，出现了专门的教育机构和教育人员，这时的劳动者要获得一定的生产本领，仍然需要教育，还是要在生产过程中接受有经验的劳动者的传授和指点。没有教育，人类社会的生产与生活事实上无法维持下去。只是因为一方面，当时的生产还属于简单生产，劳动者既不需要掌握系统的科学知识，客观上也没有这方面的认识积累，所以当时没有产生接受系统的学校教育的客观需要，只要在生产实践过程中进行经验传递和接受就可以了；另一方面，统治阶级又霸占了享受学校教育的权利，并把学校教育当作他们培养统治人才、巩固阶级统治的工具，而把劳动者排除在学校的门墙之外。因此，我们才说阶级社会出现以后（包括奴隶社会和封建社会），教育和生产劳动脱离了。这种脱离，不是指广义的教育同生产劳动的关系，而是指学校教育和生产劳动者脱离，是指当时的学校只侧重于发挥其阶级斗争工具的职能，而没有把发挥它的生产斗争工具的职能提到日程上来。

　　那么，我们今天所提倡的教育同生产劳动相结合的涵义又是什么呢？马克思在资本主义社会条件下，为了争取工人子弟受教育的权利，曾说："对一切儿童实行公共的和免费的教育。取消现在这种形式的儿童的工厂劳动。把教育同物质生产结合起来，等等。"[1] 工厂法作为从资本主义那里争取来的最初的微小让步，只是把初等教育同工厂劳动结合起来。这都是说明教育同生产劳动相结合，首先是使劳动者的子弟能够受到学校教育，使工人阶级争取学校教育权，使学校教育同生产劳动相结合，这是一层涵义。随着机器生产的发展，劳动者生产本领仅仅依靠简单经验的直接授受，被系统的文化科学知识的学习所代替。与此同时，学校的职能也发生了变化，原来学校只是为了统治的需要而培养治术人才；现在

---

[1] 《马克思恩格斯选集》第 1 卷，人民出版社 1972 年版，第 273 页。

必须增加一个新的职能，这就是传递生产的知识与本领，以及培养专门从事科学研究的学术人才。生产越发展，这个职能就越要有效地加以发挥。列宁说："没有年轻一代的教育和生产劳动的结合，未来社会的理想是不能想象的：无论是脱离生产劳动的教学和教育，或是没有同时进行教学和教育的生产劳动，都不能达到现代技术水平和科学知识现状所要求的高度。"[①] 这就是说教育与生产劳动相结合，同大工业的需要而不是同手工业的需要相结合。年轻一代的学习内容必须反映生产发展的实际水平和实际需要，把先进的科学技术充实到教学内容中来，使教学过程和生产过程发生各种形式的联系、交叉和重合（如现场教学、生产实习等等），使培养出来的人能够具有参加生产劳动的知识和本领，并能够推动和促进生产的发展。这是另一层涵义。归结起来，就是既要使生产劳动者能够受到越来越多的学校教育，又要使学习的内容同现代生产发展的需要相结合。离开这两项基本要求，就谈不到教育与生产劳动相结合。

其次，在什么样的社会条件下才能实现教育同生产劳动相结合？有的教育学著作说："教育同生产劳动结合是无产阶级教育的特征"；也有的说它是马克思主义教育思想的基本标志；在人们流行的观念中，也认为只有社会主义制度下才能实现教育同生产劳动相结合，而在资本主义制度下，由于阶级对立的存在因而根本谈不到教育同生产劳动相结合。认真推敲这种种说法，不但在理论上是说不通的，而且在事实上也是站不住脚的。

翻开历史，教育同生产劳动结合的思想并不是马克思首先提出的。最早提出这一思想的是曾经被马克思称为"一个真正非凡的人物"的十七世纪的英国经济学家约翰·贝勒斯（1654—1725）。此后空想社会主义者傅立叶（1772—1837）主张人应该从幼儿和儿童时期就参加游戏性质的劳动或公益劳动，以便适应未来的社会生活；而欧文（1771—1858）是在自己的社会实验中把教育同生产劳动结合的思想付诸实践的第一人。马克思主义创始人正是在此基础上来论述教育和生产劳动的关系的。马克思主义的重大功绩是科学地论证了以生产劳动为基础的社会实践在社会生活中的作用，教育同生产劳动相结合正是社会生活在本质上是生产实践的必然结论。

---

① 上海师范大学教育系：《列宁论教育》，人民教育出版社1979年版，第18页。

从近代教育发展的历史事实来看，教育事业同生产的发展是息息相关的。工业化、现代化时刻都在对教育提出培养文化水平愈来愈高的劳动者的要求。如果说19世纪中叶实现只是把初等教育同工厂劳动结合起来对资产阶级来说还是十分勉强的话，那么到了今天，任何一个发达的资本主义国家的统治者都已经充分地认识到发展教育事业对社会生产力的促进作用和它所带来的巨大经济收益。因而，教育投资已成为生产投资的重要组成部分，教育和生产劳动日益迫切地结合起来，生产劳动者所应当和可能受到的学校教育，不仅年限在延长，而且学习的内容也同生产的发展更加紧密地联系在一起。

当代资本主义国家有一个共同的特点，就是他们十分重视职业教育，重视年轻一代生产知识和生产技术的培养，以使他们在走向社会之前就具备了适应生产劳动需要的基础知识和本领。美国、日本都在中学开设多种职业科目。法国于1975年国民议会通过对中小学教育的改革方案（哈比改革），主要目的就在于满足现代化生产对各级各类劳动力的需要，提高职业教育的地位，把很大一部分接受普通教育的学生引导到技术教育的道路上去。他们要求在中学加强数学课、自然科学课和技术教育课，强调教学内容与现代化生产的联系，并在中学设置适应各种需要的职业化、专业化的选修科目。至于高等教育，则更重视同生产劳动的结合。法国专门培养工程师的大学，在学习期间，除了在校内上各种操作课外，还采取一系列的生产见习和实习措施。在一年级时到工厂参观，初步了解工程师的工作情况；二年级时要去工厂当半年工人，同时就工厂的生产、管理、革新等方面问题提出调查报告；三年级时要到工厂当五个月的见习工程师。而毕业考试则由学校和工厂联合举行，学生不仅要回答学校提出的问题，而且要为工厂或企业所提出的实际问题写出解决方案，其成绩占毕业总分的50％。有些国家不仅结合各级学校的特点加强与生产联系的专业或职业教育，而且从小学起就对学生进行职业前途教育，一方面向学生介绍各种职业的有关知识，一方面组织学生到工厂进行参观以引导他们确定将来的就业方向。

从以上种种事例，可以很清楚地看到，资本主义国家都正在实现着教育同生产劳动相结合。那么，为什么又有人说教育同生产劳动相结合是社会主义教育同资本主义教育的分水岭呢？这主要是长期以来人们只是强调教育是阶级斗争的工具，而不承认教育也是生产斗争的工具；只看到教育的阶级性，而没有看到教育的生产性；只看到资本主义社会制度的腐朽性，而没有看到他们在现代化生产上的先进性。再加上若干年来人们的思想被束缚在固定的框框中，认为既然没落的资本主义制度已经到了垂死阶段，怎么能够容许像教育同生产劳动相结合这样先进事物在资本主义国家存在呢？但事实毕竟是事实。

我们必须看到，教育同生产劳动结合的可能和程度，并不单纯决定于教育本身，也不完全决定于社会制度，而在很大程度上或者说从根本上是决定于生产劳动的水平和条件，决定于社会生产力的发展程度，决定于生产力对教育的需要程度和对发展教育事业所能提供的物质潜力。一般地说，生产力的发展水平同教育的发展水平应该是成正比的。生产力越发达，教育也越发达，人们的科学文化水平就越高，而教育和生产劳动结合的程度也就越深越广。这从近现代教育的发展历史中，从许多发达国家的生产状况和教育状况中，都可以得到充分的证明。看不到这一点是不全面的，错误的。

这是不是说教育同生产劳动的结合可以跟社会制度完全无关呢？不，在社会主义制度下，私有制度废除了，人剥削人的现象消灭了，劳动的性质发生了根本的变化，教育的性质也发生了根本的变化。从政治环境上看，实现教育同生产劳动相结合，本来应该比资本主义制度具有更为优越的条件。而且跟培养全社会的真正全面发展的新人一样，只有全人类实现了共产主义的伟大理想，那时，生产水平极大地提高了，物资极大地丰富了，人们的共产主义的觉悟和道德品质极大地提高了，劳动成为人们生活的第一需要了，教育最大限度地普及和提高了，全社会的教育同生产劳动相结合才能得到彻底的实现。如果只是看到优越的社会制度，只强调政治条件，看不到教育和生产发展的关系，看不到教育对生产力的促进作用和生产对教育所可能提供的条件，就仍然谈不到教育同生产劳动的结合。所以社会主义社会必须努力运用教育的力量来发展生产，提高社会生产力，那时才能真正看到并发挥出教育对生产的促进作用。

教育既然同生产的发展是紧密联系着的，因此，需要一个长期的历史过程，从资本主义开始经过社会主义直到共产主义，才能实现整个社会的全面教育与全面劳动的结合。它决不是短期内可以达到的，更不可能凭着人们的主观愿望"呼之即来"。

二

在我国当前的社会条件下，应该如何实现教育同生产劳动的结合呢？

新中国成立30年来，普通学校所开展的生产劳动，大致有以下三种形式，即：义务劳动，学生到工厂、农村进行不计报酬的生产性的或服务性的劳动；勤工俭学，学生参加劳动，收取一定的报酬，作为学习费用的补助；校办工厂，学生很少参加或不参加劳动，而且专业工人从事生产，目的在于获取经济收益，补助学校经费的不足。至于专业性的学校，当然也进行生产见习和实习，又当别论。仅就普通学校采用的以上三种形式的生产劳动来说，都不是或不完全是我们在前述意义上的教育同生产劳动相结合。

我国学校师生参加生产劳动，一开始就是从进行劳动教育和获取经济收益的需要出发的，因而对生产劳动的内容和参加劳动的方式，很少从教学的需要来加以考虑，实际形成了思想教育加简单的体力劳动，在整个教学计划中把部分教学时间改为劳动时间。于是，教育同生产劳动结合的口号喊得越响，生产劳动对教学活动的冲击也就越大，教学质量受到的损失也就越严重。

显然，学生参加生产劳动，并不等于教育同生产劳动结合；把生产劳动纳入教学计划，也不等于处理好了教学和生产劳动的关系。根本的问题在于使从事劳动的人受到足够的教育，并且使教育的内容能够结合生产的需要并促进生产的发展。因此，我们必须在总结历史经验的基础上正确理解教育同生产劳动结合的本来意义，并采取合乎规律的措施来实现教育同生产劳动的结合。为此，必须搞好以下几方面的工作。

第一，普及教育，认真提高劳动者的教育水平。前面说过，教育同生产劳动结合的根本标志，就是劳动者要受到学校教育，就是教育同劳动者人身的结合。这是一个最起码的条件。劳动者进不了学校，教育不普及，还谈什么教育同生产劳动相结合？因此，首要的问题就是大力普及和提高全民族的教育水平。这里有几件事情要做，其一是普及初等教育。目前我国五年小学教育尚未普及，加以学生流动率高和教学质量低，新文盲不断产生。这同我们四个现代化的要求是极不适应的。必须通过教育立法，下大决心，解决小学教育的普及问题。并且要在发展生产的基础上，延长普及教育的年限，不断提高年轻一代的教育水平，保证为生产战线输送足够数量的有文化的劳动力，并为高一级的学校输送高质量的新生。其二是扫除文盲。由于十年内乱对教育事业的破坏，我国青壮年劳动者中间还有相当数量的文盲，这是实现教育同生产劳动相结合必须解决的重大问题之一。文盲是无法进入现代化生产的行列之中的。必须一方面通过普及教育堵塞新文盲产生的孔道；一方面积极开展扫盲运动，使他们掌握最起码的文化科学知识，以适应生产劳动的客观需要。其三是加强职工业余教育，积极开展在职培训。现代生产与现代教育是不可分的，要保证在生产上不断引进新的科学技术，提高生产力，就必须大力加强职工的再教育。国外积极提倡的继续教育、终身教育，等等，就是从这种需要出发的。我们的企业领导部门也必须把职工教育当作大事来对待。在国民经济调整中某些生产部门暂时关、停，这是进行全员培训的大好时机。要不失时机地利用一切有利条件开展职工教育，把职工的科技水平提高上来。为迎接新的生产上的大发展，在生产者的智力条件上做好充分的准备。

第二，积极改革中等教育结构。目前我国中等教育结构极不合理，十年内乱期间一味地发展普通中学，停办职业学校和专业技术学校。这是实现教育同生产劳动结合的重大障碍。尤其是在片面追求升学率这一错误的办学思想指导下，普通中学成了高等学校的预备学校，教学唯高考试题的马首是瞻，完全脱离生产发展的现实需要。而事实上能够升到高等学校的学生数量极少，结果使绝大多数中学毕业生学不到就业的本领，给国家人才培养造成了严重的损失。今后必须积极开办各种形式的中等专业学校，使他们真正学到职业、技术本领；并在普通中学开设专业技术科目，进行就业指导，使学生学到更多的有益于参加生产劳动的知识和本领，充分发挥教育对提高生产力的促进作用。同时还要改善高等学校的招生考试办法，全面考查学生德、智、体几方面的发展状况。

第三，结合生产发展的需要，不断更新教学内容。教育同生产劳动相结合的关键是在理论和实践结合的基础上提高教学质量，因此，教学内容必须随着科学技术的发展和生产的需要不断进行改革，把科学上的最新成就反映到教材中来。这不论对普通学校还是专业学校都是必要的。除了各科教材要不断更新和改编以外，教师在教学时还要经常丰富和补充新的内容，采用现代化的教学手段，以培养学生学科学、爱科学、用科学的志趣和习惯。当然教学内容与生产需要的结合，并不是实用主义的用啥学啥，打乱科学知识的理论体系，而是去冗求精，推陈出新。一些发达的资本主义国家，采取每隔十年八年修订和改编一次中小学教材的办法，是值得我们借鉴的。

第四，组织学生参加必要的生产劳动，以保证学生能够熟悉生产劳动，学会生产劳动。十年内乱期间以劳动代替教学是错误的，当前某些学校完全脱离生产劳动的做法也是错误的。社会主义的学校组织学生参加必要的生产劳动，无论怎么说也是十分必要的。当然必须明确组织学生参加生产劳动的目的，除了进行劳动教育以外，更根本的是为了全面提高教育和教学的质量，学用结合。邓小平同志在1978年全国教育和教学工作会议上指出："更重要的是整个教育事业必须同国民经济发展的要求相适应，不然学生学的和将来要从事的职业不相适应，学非所用，用非所学，岂不是从根本上破坏了教育同生产劳动相结合的方针。"生产劳动的种类和参加劳动的时间安排，都必须服从教育和教学的需要，使之有助于提高教育和教学的质量。

总之，教育同生产劳动相结合是当前教育事业发展所面临的重大课题。必须根据马克思主义的教育原理和四个现代化的现实需要，在总结历史经验的基础上妥善地处理好各个方面的关系，以保证青少年受到完好的教育，使全民族的科学文化水平得到提高。

群策群力,积极开展教育学理论研究
——黑龙江省教育学研究会第二届学术年会总结[*]

一

黑龙江省教育学研究会第二届学术年会,于6月15日到6月20日在牡丹江市举行,主要讨论了四个方面的问题。

(一) 关于教育方针问题

党的教育方针,是我们每个同志最关心的问题之一。同志们对这个问题发表了很好的意见,归结起来:一是教育方针和教育理论的关系;一是如何理解和贯彻教育方针。我想就此作些说明。

教育方针是一个国家或一个政党为实现其在教育方面的意图和要求所作的带有根本性和方向性的政策规定。它首先是被政治路线决定的。而教育理论是以教育现象及其规律作为自己的研究对象,是人们对教育工作客观规律的认识结果。教育方针和教育理论是密切联系的。教育方针尽管是从整个国家的政治需要出发的,但任何方针都要求收到实效。为了顺利地贯彻执行,在制定教育方针时必须要考虑教育工作的客观规律,必须要以教育理论作基础。而教育理论既然是教育实践的抽象和概括,它也必须认真研究与教育方针有关的问题。

教育理论是直接同教育工作的客观规律联系着的,一般的说是沿着人们认识不断深化的方向发展的,它回答的是正确与谬误的问题。只要是从客观实践中总结出的正确理论,总是相对稳定的。教育方针是反映社会性

---

[*] 原载《教育科研通讯》1982年第3期。

质和服从于政治路线的，它同样也要求一定的稳定性和连续性，但它更多考虑的是如何有利于实现当前和长远的奋斗目标与政治需要，所以，不仅不同社会制度有不同的教育方针，而且即使在同一社会制度的不同的历史时期也常常会改变或调整它的提法。《关于建国以来党的若干历史问题的决议》（以下简称《决议》）中所提出的"坚持德智体全面发展、又红又专、知识分子与工人农民相结合、脑力劳动与体力劳动相结合的教育方针"，一方面它是党在过去历史提出的教育方针的继续；一方面也是根据党在社会主义建设时期的总路线和总任务的需要、根据建设社会主义的高度物质文明和高度精神文明的需要、根据实现四个现代化的宏伟目标的需要提出的。

《决议》中教育方针公布之前，教育理论界曾对教育方针展开了讨论，这从总结新中国成立以后教育工作成功经验和失败经验，从消除"四人帮"在教育工作中的流毒来看，是必要的。但当教育方针明确提出之后，则主要是理解和贯彻问题，不能停留在是非可否的讨论上，而必须把注意力集中到正确理解和全面贯彻上来。

要正确理解教育方针，必须：

首先，要深入学习马列主义和毛泽东的教育思想。中国革命是以马列主义和毛泽东思想为指导的，党的教育方针是毛泽东教育思想的核心。毛泽东教育思想是十分丰富的，对教育同政治经济的关系、教育与生产劳动相结合、培养德智体全面发展的有社会主义觉悟有文化的劳动者、"两条腿走路"的办学方针、知识分子问题以及加强党对教育工作的领导问题等等都有系统的深刻的论述。我们必须在掌握马列主义基本理论的基础上，深入而全面地学习和研究毛泽东教育思想，把党的教育方针放在毛泽东教育思想的背景上，这样才能深刻地理解党的教育方针。《决议》指出："毛泽东思想是我们党的宝贵的精神财富，它将长期指导我们的行动。"学习毛泽东的教育思想，不仅是正确理解党的教育方针所必要的，而且也是我们搞好教育工作建设高度的社会主义精神文明所必要的。

其次，必须熟悉党的历史，特别要熟悉党领导下我国现代教育发展的历史。我们党的教育方针是有历史渊源的。远在1934年，毛主席在苏区老革命根据地就提出了："苏维埃文化教育的总方针在什么地方呢？在于以共产主义精神来教育广大劳苦民众，在于使文化教育为革命战争服务，在于使教育与劳动联系起来，在于使广大中国民众都成为享受文明的幸福的人。"① 这是党领导新民主主义革命过程中最早提出的教育方针，在这里已经清楚地指出了教育同政治的关系和教育与生产劳动的关系。新中国成立初期，教育界围绕着全面发展和因材施教的问题开展过一场热烈的讨论，认识很不统一。1957年毛主席提出："我们的教育方针，应该使受教育者在德育、智育、体育几方面都得到发展，成为有社会主义觉悟的有文化的劳动者。"1958年9月，中共中央和国务院在《关于教育工作的指示》中明确地规定了："党的教育工作方针是教育为无产阶级的政治服务，教育和生产劳动相结合""教育的目的，是培养有社会主义觉悟的有文化的劳动者，"我们的教育工作，就是在这样的方针和目的指导下进行的，它保证了我国教育的社会主义方向和性质，保证了各级学校培养人才的统一规格。

这个教育方针提出后，确曾对1958年教育工作中出现的过分强调政治运动、强调生产劳动、忽视教学的偏向产生过影响，而且十年内乱期间"四人帮"也曾篡改这个方针的内容并把它作为在教育方面推行极"左"路线的精神支柱。前者主要是认识问题，后者则是别有用心的破坏。都不能把它归罪于当时提出的教育方针上。有的同志认为1957年和1958年的教育方针是"左"倾路线的产物，这是十分错误的。

明确了这个问题，《决议》提出的教育方针就能更正确地加以理解了。《决议》中的教育方针，可以说是社会主义建设新时期对教育建设根本要求的新规定，它既是在过去教育方针的历史经验总结的基础上，又考虑了实现四个现代化对人才的客观需要的实际情况制定的。它的突出特点是具体明确，集中反映了我们党历来对年轻一代成长的希望和要求。

正确理解党的教育方针，最终是为使这一方针在我们教育工作上得到全面贯彻。

全面贯彻教育方针涉及两方面的问题，一是教育工作内部的问题；一是教育工作外部的问题。在教育工作内部，我们的各级各类学校，我们全体教育工作者都必须以全面贯彻落实党的教育方针作为行动指南，加强领导，团结一致，调动广大教师的积极性，面向全体学生。处理好教学、思想工作、生产劳动、体育活动等各种关系，以学生全面发展为核心，正确

---

① 毛泽东：《中华苏维埃共和国中央执行委员会与人民委员会对第二次全国苏维埃代表大会的报告》，《江西社会科学》编辑部：《中华苏维埃共和国中央文件选编》，《江西社会科学》发行科1981年，第113页。

实施德、智、体几个方面的教育，使学生沿着又红又专、知识分子与工农相结合、脑力劳动与体力劳动相结合的方向成长与发展。

但是，教育的问题，从来都不是孤立的。过去在贯彻教育方针的时候，只着眼于教育本身和学校本身，这从基本方面来说是对的。但多年的实践表明，只抓学校工作还是无法使教育方针得到全面落实的。例如，学生负担过重问题、单纯追求升学率问题、学制问题、教师队伍建设及其地位与作用的发挥问题等等，都涉及社会的各个方面，特别是同劳动制度、人事制度、干部制度有密切联系。如果不进行全面规划、综合治理，单从教育部门考虑也是难以奏效的。因此，还必须要重视教育外部问题的正确解决。建议同志们一定要放开眼界，从全民族、全社会的角度，从更新智力结构、改造社会的角度来研究教育问题。

（二）关于教学理论问题

在教学理论的研究上，目前的主要任务是如何突破现状、迎头赶上，在总结我国的实践经验基础上进一步发展和提高的问题。新中国成立以来，我们接受了以凯洛夫《教育学》为代表的苏联的教学理论，应该肯定这个教学理论对我们教学工作是曾经起过积极影响的。但这本《教育学》是以苏联30年代至40年代的教育为背景的，它基本上是反映了传统教育派的教学理论，突出的特点是强调教师的作用，重视知识，主要是书本知识的传授，强调统一要求，重视课堂，重视死记硬背，相对来说则忽视学生独立性的发挥，不重视能力的培养，不重视因材施教。它同当代新的教学理论比较起来已经远远落后了。我们的教学理论研究，绝不能停止在这个水平上。而必须提高我们的起点，从当前世界上先进的教学理论出发，以我们自己的教学实践为基础，进行独立的研究。

近几年来，教学理论的发展是比较迅速的，其总的趋势是：

1. 从片面强调教师的作用或片面强调学生的作用，转向师生作用的统一，或更重视学生的学习。教育史上外在论和内在论正在趋向统一。

2. 与此相应的，从孤立地进行教的规律的探索，转向到更多地重视学习规律的探索。学习论的研究在吸引着人们更大的注意力。

3. 从只注意知识的传授，转向传授知识与培养能力并重，或更重视能力的培养，把教学作为促进学生发展的过程。

4. 从只强调教师领导下学生认识活动特点的研究，转向学生的特殊认识过程与科研过程的统一，把教师引导下学生的独立探索、发现纳入教学过程。教学中,学生不只是学习和接受现成的知识,而且是主动地发现知识。

这仅仅是教育过程理论研究所涉及的几个基本方面。除此以外,在课程论、教学形式、教学方法手段等方面都有许多新的变化。希望同志们更多地注意吸取这些新的成果。

为什么出现了这些变化,主要是因为近几年来由于生产和科学技术的发展、知识的积累,出现了一方面社会对人才数量质量的客观需要同人才培养过程和效率的矛盾;一方面大量亟待掌握的教学内容与有限的教学时间的矛盾。新的教学理论正是为了解决这些矛盾而发展起来的。它再次地说明了教学是适应社会需要并促进社会发展的过程。

我们进行教学理论的研究,应一方面保持耳聪目明,把握教学理论的发展方向,有分析地学习、接受国外先进的教学理论;一方面从我国现实情况出发,有针对性地进行研究探讨,得出我们自己的结论,有所前进,有所创新。

(三) 关于思想政治教育问题

过去我们对思想政治教育的研究往往集中在经验总结和适应政治形势的需要上,这也是必要的。但关键问题是如何使思想政治教育工作科学化,找出它的客观规律。特别是中小学生思想品德成长发展的规律。为此,结合这次年会的论文和讨论,有许多问题需要我们作深入的研究和探讨。

1. 思想政治教育的科学化问题。亦即如何根据青少年的特点开展思想政治教育的规律问题。不能把成年人的东西无区别地搬到青少年的教育当中。对青少年如何进行经常的思想政治教育,不同年龄阶段应有不同的要求。我们的德育,通常由三个方面,即政治教育、思想教育和道德品质教育所组成。这三个方面总的是怎样的关系,在不同的学龄阶段又如何有所侧重。一般来说,政治教育应始终放在第一位,一定要教育青少年热爱祖国、热爱党、热爱社会主义,在小学阶段要打下思想品德教育的基础。所有这些问题都还需要作进一步研究。现在全国不少省市都制定了中小学的"德育大纲",我们省教育科研所也于去年制定了"德育大纲草案",这是实现思想政治教育科学化的良好开端。

2. 德育过程问题。在德育过程中,知、情、意、行各占何种地位以及它们分别起着什么样的作用,认识与行动是怎样的关系,为什么在实践当中常常出现"言行不一""知行脱节"的情况,情绪、意志又起什么作用，对不同年龄的学生各应从哪些方面对他们进行教育，如何在同一年龄阶段把这几方面的教育统一起来，又如何把不同年龄阶段的教育衔接起来。会上有的同志谈到要加强"爱的教育"，很有启发。我们的教育工作要"晓之以理，动之以情"，情绪教育是很重要的一个问题，马克思说过："热情、激情是人类走向他的对象拼命追求的本质力量"[①]。列宁也说过："……没有'人的感情'，就从来没有也不可能有人类对真理的追求。"[②] 这都是说没有感情的支柱，人类就不可能有从事任何活动的内部力量。进行思想政治教育，当然要很好地研究情感的作用。教师到底应以什么样的情感影响学生，有的同志提出教师要有慈母般的心肠，有的同志说教师应该具有师爱，因为师爱高于母爱。"尊师爱生"已经很好地概括了我们的师生关系，首要的是教师要意识到教育者的责任。

3. 青少年思想品德成长的年龄规律问题。青少年思想品德成长受其身心发展规律所制约，也有一个量变到质变的过程。有的同志根据对失足青少年的调查，提出小学三年级和初中二年级即九、十岁和十二、十三岁是学生思想变化的关键年龄。这是否具有普遍性，还要有更多论据来证明。

4. 青少年行为动力问题。通常认为人们的行为是被他们的思想支配的，有的同志不同意这个观点，认为产生行为的根本原因不是思想，而是需要，需要是学生行为的根本动力，并提出研究青少年学生"需要"的产生与发展规律是进行思想教育工作的前提，而"需要"得到正确的满足是思想教育工作的最终目的。青少年的行为品德到底是被什么支配，它的根本动力是什么，这个问题很值得深入研究和讨论。

除此以外，还有劳动教育问题，集体主义教育问题，个别生的培养教育问题以及班主任工作、团队工作等等，都是思想政治教育研究的主要课题，希望同志们广泛地开展研究。

（四）关于教育学的体系与结构问题

教育学的体系与结构，是个老问题。多年以来，我们一直因袭着苏联40—50年代教育学划分四大块即总论、教学论、教育论、学校管理与领导的结构安排，虽然做了一些改变，但并没有实质性的变化。

我个人认为，一门科学的体系与结构，是这门科学的认识成果的反

---

① 《马克思恩格斯全集》第42卷，人民出版社1957年版，第101页。
② 《列宁全集》第20卷，人民出版社1958年版，第255页。

映。体系与结构安排是否适当，就在于它能否以最佳方式把这门科学的已有成果反映出来。当然作为教材还应该考虑到教学的需要，即教学的对象，教学的目的任务以及教和学的方便等等。从这个要求出发，目前教育学的体系与结构存在的问题，倒不是工作体系或理论体系的问题。教育学从其学科的性质来看，既是理论科学，又是应用科学。具体地说，它的任务是把教育、教学工作的最好成果作出理论概括又用以指导实际工作。因此，如果不考虑教育、教学工作的实际状况而完全摆脱工作体系，去抽象地建立理论体系，是办不到的，也是不应该的。

教育学的体系与结构，应分两种情况，一是作为普及教育理论知识供广大中小学教师学习参考用的教育学，包括高师共同课教育学；一是作为提高用的教育学，包括高师教育系开设的教育学理论课程。

对于前者，会上牡丹江地区教育学院李乙鸣同志提出了很好的意见，他认为应建立具有中国特色的教育学，这样的教育学，一要适应中国现实的教学、教育工作过程；二要表现中国教育理论的发展和教育经验的概括；三要洋为中用，对引进外国教育经验，要从中国的国情出发。本着这个原则，他主张教育学应按如下的体系来编排。即：1. 教师的工作任务和教师必须具备的条件；2. 教学工作；3. 思想政治教育工作；4. 体育与卫生工作；5. 审美教育工作；6. 劳动教育工作；7. 班主任工作；8. 团队工作；9. 学校领导工作；10. 教学、教育的研究工作。并主张对各项工作都要作出理论的概括与说明，使理论切合于实际的需要，避免只抽象地阐述那些空洞的道理。会上多数同志同意这个意见。建议同志们进行编写尝试，并作进一步探讨。

对于后者，会上没有展开讨论，我个人认为应本着学科分化的原则，分别编写或讲授：教育学概论、教学论、教育论、学校管理学、教育行政学等学科，这样既有利于深入地阐述理论问题，又可避免内容上的重复。否则，把这些庞大的内容都一下子包括在教育学一门学科当中，是不妥当的，它不仅会造成体系庞杂头绪纷繁，而且有害于对问题进行深入的研究和探讨。

以上四个方面就是我们这次年会讨论的主要内容。

二

下面谈谈有关开展教育学理论研究的问题：

首先，开展教育学理论研究是客观形势的迫切需要。教育理论的发展，是以教育事业发展的实践需要为前提的；而教育事业的发展，则又同生产的发展和科学技术的发展紧密联系的。回顾历史，近代教育理论的发展经历了三个主要时期。第一个时期是资本主义生产方式出现以后，适应资产阶级培养足够的统治和管理人才以及大量的有一定文化的劳动力需要，教育事业出现了划时代的大发展。这期间，自夸美纽斯开始直到赫尔巴特建立和形成了传统的教育理论。第二个时期自 19 世纪后半期至 20 世纪初，自由资本主义发展到垄断资本主义，随着帝国主义对外扩张和统治本国人民的需要，一方面在一些主要资本主义国家，美国、日本、英国先后普遍实施了初等义务教育，进一步发展了职业技术教育；一方面由于阶级关系的复杂化和阶级斗争的尖锐化，教育方面也出现了许多新的矛盾。适应这种形势，出现了第二次教育理论的大发展，这就是以杜威为代表的实用主义教育思想，他们以"进步教育"相标榜，提出了与传统教育理论针锋相对的主张。第三个时期是第二次世界大战以后直到目前，这是知识爆炸、智力开发和教育大发展的新时期，教育的数量和质量都有空前的发展和提高，在教育是重要的生产投资的思想指导之下，一些发达国家不仅普及了中等教育，而且大学也在逐步大众化。为提高教育质量，不仅对已有的教育理论进行了重新的检验，还进一步提出了许多新的教育理论，出现了世界范围教育理论繁荣的新局面，大家比较熟知的如认知学派美国布鲁纳的结构主义教育理论、苏联赞科夫的发展教育理论、西德瓦根舍因范例教学等等。其特点是与整个科学发展相适应，既有理论上的高度综合，又有学科上的高度分化。教育理论向深、广方向发展的形势，是历史上未曾有过的。这是全世界的教育理论发展的新形势。

从国内来看，由于"四人帮"的破坏，对教育事业和教育理论的发展都起了严重的阻碍作用。我们的教育学理论同国外比，在某些方面是极大地落后了，而且从我国教育事业发展的客观需要看，也是十分落后的。目前我们国家正面临着建设高度的社会主义物质文明和精神文明的艰巨任务，教育是实现四化的基础，要发展教育事业，提高教育工作的质量，就需要有先进的教育理论作指导，因此，大力开展教育学的理论研究已成为客观形势的迫切需要。我们必须认清这种形势，在《决议》精神的指导下，解放思想，群策群力，积极开展教育学的理论研究。如果说前几年主要是介绍和接受国外一些先进的教育理论，那么，今后就应一方面钻研、分析这些理论，取其所长，一方面结合我国的实际情况运用和发展，建立我们新的起点。这样我们才能取得新的成果。

其次，我们应更好地发挥学会的作用，加强领导，搞好学会工作。加强队伍建设也是搞好科研工作的关键问题。还要有计划、有针对性地开展大中小型专题讨论和学术报告活动，同时要整顿组织，发展会员。

再次，大力提倡解放思想，敢于创新。一切科学研究的目的都是为了认识新问题，发现新规律，教育科学研究也不例外。我们一定要在马克思主义世界观和方法论的指导下，采取谦虚谨慎的态度，实事求是的作风，选题要切合实际，要有针对性，解决问题要有自己的独立见解，要脚踏实地，有理有据。不要迷信盲从，不要重复现成的结论。目前教育学的现状不论理论方面或实践方面都有许多问题等待我们去研究。对已有的理论，有些也需要我们重新加以探讨。特别在学科高度综合和高度分化的新形势下，我们还有许多薄弱环节甚至是空白点，需要投入更大的力量，这就更要有解放思想，敢于创新的精神，勇于接触新的问题。创造条件，稳扎稳打，步步前进，坚持不懈，总是可以取得相应成果的。

最后，必须重视调查研究和教育实验。科学研究必须以实践做基础，但教育实践本身并不能自发地产生理论。我们必须运用调查研究或实验研究的方法，深入到教育实践当中，有目的地观察记录，占有材料，分析研究，作为我们提出结论的依据。不能依靠主观臆想和推导去寻求结论，要用可靠的事实和数据来说明问题。

开展教育科学的调查研究和实验研究都要求：

1. 要有明确的目的和正确的理论指导；
2. 要选好研究的对象和制定周密的计划；
3. 要全面占有和分析材料；
4. 要坚持到底，不能半途而废；
5. 要加强领导。

开展教育实验，还要有一定的政策保证，既允许成功，也要允许失败，更要允许失败后调整方案再进行新的实验。希望同志们根据需要与可能积极开展两方面的研究活动。

教育学研究必须为开创社会主义现代化新局面作出贡献[*]

具有划时代意义的党的第十二次全国代表大会，明确地把教育和科学规定为全面开创社会主义现代化新局面的战略重点之一。这是充分发挥教育的社会职能的根本保证，也是对全体教育工作者的最大鼓舞和鞭策。教育是建设高度物质文明和高度社会主义精神文明的基础，为使社会主义事业合乎规律的发展，人才培养应该走在各项建设事业的前面，而以探索人才培养规律作为自己任务的教育学研究，则更应该紧密配合教育事业发展的需要，提出问题，研究问题，为开创社会主义现代化新局面作出贡献。

多年以来，由于"左"的错误的干扰，我国教育事业的发展是比较落后的，而教育科研则更为落后。十一届三中全会以后，党的各项政策得到落实，双百方针得到贯彻，教育科学研究也出现欣欣向荣的景象，主要表现是：1. 教育受到了党中央、国务院和各级党委、政府的高度重视，从而改善了人们对教育工作和教育科研的看法和态度，为顺利开展教育科学研究创造了有利的条件。2. 广大教育工作者解放了思想，消除了顾虑，增强了责任感，焕发了从事教育科学研究的积极性。3. 恢复并重建了教育科学研究的专业机构；成立了全国的和地方的教育学会和研究会，开展了多种形式的学术活动和研究活动。4. 全国和地方都开辟了许多教育科研成果的发表园地，具有较高质量的科研论文和专门著述不断涌现。与此同时，国外先进的教育理论也得到了广泛的介绍和传播。由于教育理论的普及和提高，各有关研究成果正在对教育实践产生着积极的影响。这些都为我国教育科学研究的健康发展打下了良好的基础。但另一方面，在我们的教育科研规模、内容和质量上，同教育事业发展的客观需要相比，同国

---

[*] 原载《辽宁高等教育研究》1983年第3期。

外教育科研的现状相比，都还有较大的差距。为消除这些差距，使教育学研究进入新的高度，还需要做许多工作。

一

开展教育学研究，一个重要的问题是掌握这门科学的发展趋向，并根据这种趋向来确定自己的研究任务和研究内容，这样才能尽快地找出不足之处，改变落后状况，在新的起点上，迎头赶上。

现代科学发展的特点是高度综合又高度分化。教育学也不例外，它不仅表现在学科之间的相互移植和借鉴，也表现在学科内部已有研究成果的新的综合和新的分化。孤立地看待一种现象或片面地坚持一种观点，都无法得出正确的结论。

回顾历史，近代教育科学的发展，大致经历了三个主要时期。从夸美纽斯到赫尔巴特经过了几百年的时间，形成了传统派教育理论，这是教育学理论发展的第一个时期；19世纪末20世纪初，以杜威为首的实用主义教育理论，提出了与传统教育理论针锋相对的主张，这是教育学理论发展的第二个时期。这两个时期的特点，是各自坚持着自己的一套理论，彼此间很少融合与渗透。第二次世界大战以后，超级大国的军备竞赛和相对和平的国际关系，现代化的生产和科学技术的高度发展，造成了智力开发和教育大发展的新形势，使得有条件对过去的教育理论进行全面的检验和评价，无论是传统派的教育理论或者以"进步教育"相标榜的实用主义教育理论都无法回答教育大发展中提出的新问题。于是，教育理论开始进入以高度综合和高度分化为特点的第三个发展时期。应该特别指出的是马克思主义的出现。它不仅以新的教育理论丰富了教育科学的宝库，而且给一切科学包括教育科学提供了科学的世界观和方法论，为教育学的科学化开辟了新的道路。教育学与其他科学的结合很早就开始了。从19世纪中叶以前就出现了教育学与心理学的结合。19世纪晚期心理学从哲学中分化出来成为一门独立学科之后，更加速了两个学科间的渗透，这种渗透，不仅推动了教育学的发展，还逐步分化出许多新的学科，如教育心理学、学科心理学、德育心理学、教育测验学等等。当代教育学对心理学的依赖更加突出了，布鲁纳和赞科夫都是依据了心理学的理论来建树自己的新理论，他们本身也都是心理学家。至于现代自然科学方法的三大理论（系统论、信息论、控制论）在教育学的研究中也都得到广泛的应用。这都说明一门学科的发展同相关学科的发展是息息相关的。

从教育学学科内部看，相关理论的融合与统一，更成为一个显著的特点。传统教育与"进步教育"原来各执一词的对立观点，正在被一种新的更高形式的综合观点所代替。教学过程中片面强调教师的作用或片面强调学生的作用，发展为师生双方作用的"统一发挥"；孤立地强调知识的传授或孤立地强调能力的培养，发展为知识与能力并重；从只注意教师领导下学生认识活动特点的研究，转向学生特殊认识过程与科研过程的统一，把教师领导下学生对未知知识的独立探索、发现纳入教学过程；从单纯地强调班级教学下对学生的统一要求，转向面向全班与个别指导相结合，个别教学又给予足够的重视。这一切都说明当代教育学理论的发展正在经历着一个推陈出新的过程，而这个推陈出新过程的重要特点之一是学科之间的相互渗透和学科内部相关理论与主张的综合。开展教育学研究，必须把握这个特点。

要适应这种研究趋势的需要，第一，必须改变就教育现象来研究教育现象的状况，要放开眼界，吸取其他科学的研究成果，为我所用；第二，必须对已有的教育学理论进行全面深入的研究和审查，去粗取精，择善而从。多年以来，我们的教育学理论研究所缺乏的正是这两个方面。新中国成立以后，我们照搬了以凯洛夫《教育学》为代表的苏联教育理论，与此同时，又中断了相关学科的研究，并把国外的已有成果和一切先进的教育理论拒之门外。1958年对心理学的批判，不仅在相当时期内扼杀了心理学的研究和发展，而且对教育学的发展也产生了消极的影响。凯洛夫《教育学》的最大优点，是它运用了马克思主义的立场和观点分析了教育现象，但它在理论体系上基本上继承了传统派的主张。三十多年来，对待凯洛夫《教育学》，虽然经过学习、批判、否定和重评几个阶段，但直到目前为止，它还对我们有着很深的影响，我们的理论研究还不能说已经从传统派的片面影响下摆脱出来。这种状况，对开创教育学研究的新局面是十分不利的。为改变这种状况，应该开展以下几方面的研究：

第一，关心和吸收相关科学的研究成果，特别是心理学的研究成果，把心理学作为分析教育、教学现象和本质的一个重要理论依据。

第二，运用系统论、信息论、控制论所提供的方法。几年来，教育理论界已开始注意这个问题。应该指出的是教育学有自己的研究对象和自己的规律，"三论"只能作为一种方法，而不是套用和搬用它的名词术语。因此，这方面的研究还有待于投入更大的力量。

第三，对近代和当代的教育理论应作更细致的研究，特别是关于实用主义的教育理论。多年来我们对它总是采取简单否定的态度，很少有人对它作出认真的研究和公正的评价。其实，实用主义教育理论不仅是近代教育理论发展的重要历史阶段，而且当代资本主义社会的许多教育理论流派都同它有着密切联系。如果忽视这个问题，就无法理解当代教育理论发展的来龙去脉，也妨害我们去适应科学发展高度综合的新形势。

二

教育作为培养人的社会活动，是具有共同规律的。但教育的发展又因不同社会的具体条件而有不同的特点。我们的教育学研究必须适应我国社会主义制度的需要，在马克思主义和毛泽东思想指导之下，走我们自己的道路。邓小平同志在十二大的开幕词中指出："我们的现代化建设，必须从中国的实际出发"，"中国的事情要按照中国的情况来办，要依靠中国人自己的力量来办"。物质建设应该遵循这个要求，理论建设也应该遵循这个要求。

我们是有十亿人口的大国，单是在校学生就有 2.1 亿左右，而教育工作者队伍也在千万人以上。这样广阔的教育实践领域，这样众多的教育者和受教育者，理应在教育学研究方面作出更大的贡献。新中国成立 33 年，虽然也取得了不小的成果，但至今还没有编写出一部真正具有我国特点的较高理论水平的教育学，这同四化建设的需要是极不适应的。造成这种状况，除了林彪、江青反革命集团的极"左"路线对教育工作和教育科学研究的干扰破坏这一重要的政治原因以外，这同我国近代历史长期形成的在教育学研究上缺乏独立精神也是分不开的。旧中国这个半殖民地半封建的国家，教育的落后和严重的民族自卑感，使我们近代教育在最初开办时就走了一条照搬外国、"全盘西化"的道路。从清末开始，所谓的新教育先学日本，继学德、法，后来又长时期照搬美国。新中国成立以后，教育方面又以苏为师，从"全盘西化"过渡到"全盘苏化"。十年内乱，使我们失去了独立建设社会主义的大好时机，更打乱了教育科学研究的步伐。这种状况造成了直到目前为止，在教育科学研究方面还没有积累出足够的走出自己新道路的完整经验。这是使教育学研究为社会主义现代化服务必须认真解决的重大课题。我们不仅应从思想认识上明确地意识到这个问题的严重性，而且还应采取实际步骤和措施解决好这个问题。如何实现这一要求，必须：

第一，深入地学习和研究马克思列宁主义和毛泽东思想，把马列主义教育学说和毛泽东同志的教育思想同我国当前社会主义教育建设实际结合起来。一方面要研究和发展无产阶级革命导师有关教育专门论述的宝贵财富，一方面要坚持以马克思主义世界观和方法论作为我们教育学研究的理论基础。在新的历史条件下，使共产主义的教育思想体系不断地得到发扬和完善。

第二，立足于我国教育建设的实践，吸收国外的先进经验，接受历史遗产，古为今用，洋为中用，使我们的教育学理论具有自己的特色。

第三，面向我国社会主义建设过程中给教育提出的新矛盾新问题，深入进行研究，做出理论上的回答，找到最合理的解决办法。诸如智力开发问题、普及教育和扫盲问题、教育结构问题、农民教育和职工教育问题、中小学生学习负担问题、片面追求升学率问题等等，都是亟待解决的课题。

第四，扩大教育学的研究范围，进行多方面的理论探讨。当代教育事业已发展到全社会的事业，人的一生成了接受教育的完整周期。只把教育学的研究局限于正规的普通学校教育范围内，已经远远落后于时代的要求。必须扩大研究对象，从婴幼儿、青少年到中老年的教育都要加以研究，同时也要把包括家庭教育、学校教育和社会教育等一切正规的和非正规的教育都纳入到教育学的研究范围之内。在这种全面研究的基础上，揭示教育的客观规律，建立教育科学的新体系。

三

近几年来，我国教育理论界对教育的本质、教育方针、教学理论、德育理论等等问题，曾展开热烈的讨论，发表了许多有分量的文章。特别是在发展教育与提高社会生产力的关系上，对人们认识教育的社会职能，提高对教育事业的重视，激发人们对教育客观规律的尊重，都产生了积极的影响。这些基础理论的深入研究和讨论，都是很有必要的，今后也还应该根据客观需要开展对有关问题的论争，以便澄清模糊观念，提高人们的认识水平，使教育学理论更加丰富和充实。

但另一方面，在这些问题的探讨上，一个隐蔽着的倾向，也不能不引起我们的重视，这就是偏重于抽象理论的推导，缺乏具体实际的论证；偏重于定性研究，缺乏定量分析。尽管每一道理都能自圆其说，成一家之言，却较少有实践价值，缺乏说服力，有些也经不起深入推敲。这种情况是必须加以改变的。

科学研究，不论是自然科学，还是社会科学，都应该从定性研究和定量研究两个方面入手。二者是相互促进的，必须把两者结合起来，才能使科研成果从一个高度进到另一高度。单纯的理论上的假设和推导，只能作定性描述，但为了揭示事物的本质，定量研究是无论如何也不可少的。目前我们的教育学研究中，所缺乏的是定量研究。所谓定量研究，就是面对活生生的现实，采用数学的方法揭示事物的数量关系，掌握数量特征和数量变化，进而确定事物的本质及其规律。定量分析并不是对教育现象不同方面量的表现作简单机械地相加，而是根据教育现象的特征，相应地进行不同的统计分析，找出一系列动态因素以及动态因素与静态因素之间的客观关系。只有从这样的数量关系的分析中，才能保证得出科学的可靠的结论，才能使定性研究有充足的论据。马克思说："一种科学只有成功地运用数学时，才算达到了真正完善的地步。"① 我们的教育学研究必须把重点转移到定量研究上，对各种复杂的教育现象进行量的分析，并在数量分析的基础上论证理论假设的信度，作出性质上的结论。为此，我们必须坚持贯彻理论与实际结合的原则，从教育实践中发现问题，研究问题，解决问题。同时有计划地进行：

第一，总结教育战线上的先进经验。群众的智慧是无穷的，广大教师在自己勤恳的工作中，有着极其丰富的经验。不论是教学工作、思想教育，还是管理工作方面的经验，都应该认真地加以总结，把它作为教育学理论研究的源泉，使之成为全体教育工作者的财富。进行这方面的研究，不仅会较快地提高教育工作的质量，推动整个教育事业的发展，也必将使理论研究推陈出新，产生更大的飞跃。

第二，开展调查研究。调查研究是理论联系实际所不可缺少的工作方法，善于从错综复杂的教育现象中抓取有价值的动态资料与静态资料，并对其作出正确的分析，不仅是领导机关制定决策的依据，也是从事理论研究必要的出发点。在教育学研究中，根据需要和可能，可以进行大面积调查，也可以进行典型调查，解剖麻雀；可以有固定的调查点，也可以自由选择调查点。要获得可靠的第一手材料，研究者应亲自深入到教育实践中

---

① ［法］保尔·拉法格：《回忆马克思恩格斯》，马集译，人民出版社1973年版，第7页。

去，运用观察、访谈、参与、问卷等多种方法，从各方面占有资料，揭示教育活动的本质。在研究过程中，不仅运用自己调查的材料，还要重视他人的调查成果，合理吸收。一个有价值的调查报告对教育学研究是起着很重要作用的。

第三，开展教育实验。教育实验是把教育设想转化为教育实践的中间环节，也是开拓教育理论研究新路的必要阶梯。国外在教育方面的新理论，很多都是在教育实验的基础上提出的。我国过去在教育实验方面没有投入较大的力量，今后必须大力提倡教育实验，并有计划、有组织、有针对性开展各种形式的教育实验。开展教育实验，要取得教育行政部门的支持与合作，并且要有一定的政策保证，既允许成功，也允许失败，更要允许失败后再次调整方案，进行新的实验。

第四，搞好教育统计。所有经验总结和调查研究与实验中所取得的资料，都应该进行教育统计，作数量分析，以便得出合理的结论。教育统计学是运用统计方法来研究教育问题的专门学科，新中国成立后我们曾长期中断了这门学科的研究，为搞好教育统计，还应该重视教育统计学的普及和研究工作。

四

要搞好教育学研究，提高教育学研究的质量，归根到底是不断充实和健全教育科研队伍和更好地调动与发挥这个队伍的积极性与作用的问题。我们的教育科研有两种队伍，一是专业研究队伍，一是群众性研究队伍。对于这两个队伍都必须给予足够的重视，并不断地加以培植、充实和提高。

专业研究队伍是指以全部力量或主要力量从事教育专业学科的科研人员和教学人员，以及教材及教育刊物、教育出版机构的有关编辑人员。这是我们搞好教育学研究工作的基本队伍。能否在教育研究方面取得更大的成果，这个队伍起着十分重要的作用。几年来，我们的教育专业研究人员已有相当的发展，但由于基础薄弱，不论从数量上或质量上都无法满足教育发展的客观需要。今后必须极大地重视壮大和充实这个队伍。办法一是不断改进这个队伍的研究素质，重视思想建设和理论建设，保证研究人员的知识更新；二是扩大研究人员数量，从广大教育工作者中吸收思想、业务和理论水平较高的人员充实这个队伍；三是有计划地增加高师院校教育系本科和研究生的招生名额，以保证教育科研队伍有足够的人员后备。

群众性科研队伍，是指广大教育工作者中一切具有研究能力和研究志趣的业余研究人员。他们都有自己的具体工作任务，不能用全力来从事教育研究。但由于这支队伍人员众多，特别是他们本身就在从事教育实践工作，有着天然的理论和实际结合的客观基础，因此，从某种意义上看，他们比专业研究人员具有更为优越的条件。苏联的教育家马卡连柯、苏霍姆林斯基都不是专业研究人员，他们在教育学理论方面却作出了极其卓越的贡献。我们的广大教育工作者中蕴藏着无比丰厚的研究力量，重要的是把这个庞大的力量发掘出来，调动起来，给他们提供相应的条件。在我们当前专业研究还十分薄弱的情况下，充分利用和发挥群众性研究队伍的优势是更为必要的。

学会和研究会的活动是充分发挥专业研究队伍和群众性研究队伍的作用并把这两股力量结合起来的良好形式。近几年来，这方面的活动十分活跃，这是令人鼓舞的可喜现象。但，从另一方面看，也存在着一些问题，这就是计划性较差，研究课题庞杂，较少针对性，论文质量也良莠不齐。建议今后：1. 加强领导，整顿队伍，搞好规划；2. 任务明确分工，使各级研究机构各级学会组织，既有研究课题，又有主攻方向；3. 控制大型活动，增加小型的专题讨论活动，使每次活动都有鲜明的针对性，观点明确，步步深入，提高活动的质量。

自然科学的研究应该如此。社会科学的研究也同样应该这样做。教育活动内容复杂，形式多样，允许从不同角度来分析、概括，得出不同的结论，在理论表达的有自己不同于自然科学的特点。但，揭示教育工作的规律，则是教育理论研究者的共同任务。为了使我们的教育学理论不断地向更高、更深的阶段发展，在一些重大的关键性的理论问题上，有计划地开展协作是非常必要的。这样既减少重复劳动，又有利于更快地取得研究成果。

总之，只要我们能够充分调动各方面的力量，把握研究方向，发挥出专业的和群众性的研究人员的积极性，脚踏实地地开展研究工作，我们的教育学研究就一定能够为开创社会主义现代化新局面作出应有的贡献。

学习马克思《关于费尔巴哈的提纲》中的教育思想*

《关于费尔巴哈的提纲》(以下简称《提纲》)是马克思的早期著作。1845年2月,由于普鲁士反动政府及其法国帮凶的迫害,马克思从巴黎迁往布鲁塞尔居住,《提纲》就是在这年春季写成的。最初,写在他的1844—1847年的笔记本中。43年之后,即1888年,经过恩格斯的整理,编在《路德维希·费尔巴哈和德国古典哲学的终结》一书的后面,才第一次公开发表。

19世纪前半期,随着资本主义的发展,阶级矛盾日益尖锐。在斗争中,无产阶级迫切需要以新的世界观武装自己。与此相应,思想战线经历着一场急剧的变化。费尔巴哈的唯物主义取代黑格尔的唯心主义,受到德国先进分子的拥护。但费尔巴哈的理论并没有超出资产阶级世界观的范畴。摆在无产阶级思想家面前的一项迫切任务,是把唯物主义思想应用到社会历史领域中,用唯物主义来说明人类社会生活的本质。马克思和恩格斯创立的辩证唯物主义和历史唯物主义适时地完成了这一历史使命。《提纲》就是为批判费尔巴哈在理论上的错误而写的,它科学地阐发了无产阶级世界观的基本原理,为以后继续完成各种有关重要著作打下了思想基础。正如恩格斯对《提纲》所作的高度评价那样,它"作为包含着新世界观的天才萌芽的第一个文件,是非常宝贵的"[1]。

《提纲》以极其精练的语言,论述了马克思主义世界观与旧唯物主义的本质区别,表明了必须用历史唯物主义观点来观察分析人的本质和社会

---

* 选自《学习马克思的教育思想 纪念马克思逝世一百周年文集》,中国教育学会教育学研究会编,人民教育出版社1983年版,第186—193页。

[1] 《马克思恩格斯全集》第21卷,人民出版社1965年版,第412页。

历史问题，它着重说明了社会实践在认识世界与改造世界中的决定作用。《提纲》本身并不是一篇论述教育问题的专门著作，但它所包含的教育思想却是十分丰富和重要的。一方面由于它提出了观察社会历史问题的基本原理，这就不可能不直接关系到教育原理的认识和论述；一方面《提纲》涉及认识论问题、教育的作用问题以及人的本质问题等等，都是教育理论必须正确解决和对待的问题。在纪念马克思逝世一百周年之际，重新学习《提纲》中的教育思想，是很有必要的。

一

认识论的问题从来是哲学领域的一个十分敏感的问题。人的认识是怎样发生的，认识的目的是什么，认识主体与客体的关系是什么，什么是检验认识的标准即认识的真理性是什么等等，如何回答这些问题，是唯物主义与唯心主义，辩证唯物主义与一切旧唯物主义的最终分界线，也是教育理论（主要是教学理论）是否建立在科学的理论基础之上的根本标志。

唯心主义只承认人的主观性，否认客观现实，把认识引向神秘主义。旧唯物主义把认识的对象看成客观的，承认认识是对客观世界的反映，这是正确的。但它"对事物、现实、感性，只是从客观的或者直观的形式去理解，而不是把它们当作人的感性活动，当作实践去理解"①。费尔巴哈不承认人的主观能动性，而把认识只当作主体对客体的被动的消极的反映，他不懂得主体是在改造客体的实践活动中认识客体的，不懂得认识不是主体对客体的一次直接反映，而是在实践基础上循环往复、不断深化的辩证过程。归结起来，费尔巴哈在认识论上的错误是"他不了解'革命的'、'实践批判的'活动的意义"②。

马克思在《提纲》中通过批判费尔巴哈的唯物主义，第一次把实践纳入认识论的范畴，提出了人的认识来源于社会实践，并指出了只有实践才是检验真理的唯一标准。他说："人的思维是否具有客观的真理性，这并不是一个理论的问题，而是一个实践的问题。人应该在实践中证明自己思维的真理性，即自己思维的现实性和力量，亦即自己思维的此岸性。"③

---

① 《马克思恩格斯选集》第 1 卷，人民出版社 1972 年版，第 16 页。
② 《马克思恩格斯选集》第 1 卷，人民出版社 1972 年版，第 16 页。
③ 《马克思恩格斯选集》第 1 卷，人民出版社 1972 年版，第 16 页。

人们具体的认识活动，随着人们社会实践的不同而有各种各样的形式。马克思从世界观的角度来论述的认识活动的基本原理，各种形式的认识活动，都有现实意义。他在1868年7月《致路·库格曼》的信中指出："自然规律是根本不能取消的。在不同的历史条件下能够发生变化的，只是这些规律借以实现的形式。"[①] 教育活动，特别是教学活动是一种具有自己独特形式的认识活动。第一，它必须服从总的即《提纲》中所揭示的一般认识规律；第二，教学活动有自己的特点，不能把教学过程等同于一般认识过程。

《提纲》关于认识论原理的论述对教学工作之所以重要，就在于它为教学这一具体认识形式奠定了科学的理论基础。探讨年轻一代在教学中掌握知识的规律，必须以认识论的一般原理作为依据，坚持知识来源于实践又服务于实践，坚持理论结合实际的原则，坚持实践是检验真理的标准，清除唯心主义唯理论和旧唯物主义对教学理论的影响。前者把教学归结为纯理论的活动，把讲授书本知识作为唯一形式，片面强调掌握抽象的理论知识，忽视和否定实践与感性知识的作用；后者把教学当作学生消极被动地接受知识的过程，无视学生学习的主观能动性。这些都是错误的，对教学的理论和实践都产生有害的影响。

还有一种观点认为，认识既然是来源于实践的，那么就应该把教学的每一种活动都同实践联系起来。他们不承认教学认识活动的特点，过多地重视直接经验的作用。实用主义的经验论就是这样，他们把学生个人的狭隘实践经验作为学生学习知识的出发点和基本内容，反对学习系统的书本的理论知识，强调"活动中心""做中学"。其结果当然只能降低教学效果。必须看到，教学是一种具体的认识活动形式，它的特点是把人们已经经过反复验证过的正确无误的认识成果（知识），由掌握这些知识的教师传授给学生，不需要事事都去重复人们最初发现真理时所经历过的曲折道路。看不到这一点，就无法正确地对待教学工作。

马克思对实践在认识活动中作用的论述，对正确地认识和改进教育教学工作有重要意义。不仅关系着知识的来源、作用和学习内容问题，而且关系着学习的目的、任务和方法问题。辩证唯物主义的认识论，在一百多年来革命导师的著作中已经得到了多方面的丰富和发展，但是马克思在《提纲》中所揭示的根本原理，是永远值得我们认真学习的。

---

① 《马克思恩格斯选集》第4卷，人民出版社1972年版，第368页。

二

马克思从人在实践认识活动中的能动作用出发，进一步论述了人和环境与教育的关系问题。他说："有一种唯物主义学说，认为人是环境和教育的产物，因而，认为改变了的人是另一种环境和改变了的教育的产物，——这种学说忘记了：环境正是由人来改变的，而教育者本人一定是受教育的。"①

在人的成长与发展过程中，先天条件与后天条件，主观条件与客观条件，交织成一种错综复杂的关系。"有一种唯物主义学说"，指的是18世纪以爱尔维修为代表的法国唯物主义学说和接受了他们影响的英国空想社会主义者罗伯特·欧文的学说。费尔巴哈本人也有类似的观点。他们反对遗传决定论，否认人的聪明才智是从母体带来的。"认为人是环境和教育的产物"②，主张有什么样的环境和教育，就会有什么样的人。要改造人，首先要改变环境和教育。爱尔维修认为人之所以为善为恶"只是他们的教育的产物"③；欧文则认为"可以经过培育而养成任何一种性格"④，"而人的思想则是环境为他造成的"⑤。他们把改造社会环境寄托在改造人上，而把改造人又寄托在改造环境和教育上。认为只要有了好的统治者，理想的社会就有了可靠的保障。这样，他们便不仅陷入环境、教育和人的机械循环之中，而且无限制地夸大了教育的作用，形成了教育万能论。因而，他们的那个理想的社会只能是空想，永远不能成为现实。

关键的问题是怎样对待人的作用问题。人之所以成为人和成为什么样的人，是人的自我创造的结果。恩格斯在《自然辩证法》中写道："人是唯一能够由于劳动而摆脱纯粹的动物状态的动物——他的正常状态是和他的意识相适应的而且是要由他自己创造出来的。"⑥ 人的发展固然离不开环境和教育的影响，但人在任何时候都不是消极地被动地接受客观的影

---

① 《马克思恩格斯选集》第1卷，人民出版社1972年版，第17页。
② [苏]西林.M.A.：《爱尔维修——十八世纪法国杰出的唯物主义哲学家》，郭力军译，上海人民出版社1960年版，第135页。
③ 北京大学哲学系外国哲学史教研室：《十八世纪法国哲学》，商务印书馆1963年版，第502页。
④ 《欧文选集》（上），何光来、秦果显译，商务印书馆1965年版，第77页。
⑤ 《欧文选集》（下），何光来、秦果显译，商务印书馆1965年版，第141页。
⑥ 《马克思恩格斯全集》第20卷，人民出版社1971年版，第535—536页。

响，人是作为主体，作为认识现实和改造现实的主体。客观的影响，只有通过人本身才能起作用。学校中一切教育活动，也只有通过学生自身的积极主动的活动才能发生作用。从人类社会历史发展的角度看，人是改造客观世界和改造主观世界的能动的力量，人永远是在改造客观世界又改造主观世界中得到发展的。"人的思维的最本质和最切近的基础，正是人所引起的自然界的变化，而不单独是自然界本身；人的智力是按照人如何学会改变自然界而发展的。"[1] 旧唯物主义学说恰恰看不到人的这种能动作用。他们完全不懂"环境正是由人来改变的，而教育者本人一定是受教育的"[2]。教育在任何时候都不是万能的，它总是受人们在实践活动中形成的社会经济关系与阶级关系，或一定社会的政治、经济制度所制约的。而社会政治经济制度也不是一成不变的，人们能够在社会实践活动中创造它，也能够在实践活动中改变它。这就是《提纲》中所揭示的："环境的改变和人的活动的一致，只能被看作是并合理地理解为革命的实践。"[3]

　　这里需要反复申明的一点，就是"革命的实践"。客观世界的改变即环境的改变，要靠革命的实践，主观世界的改变即观念的改变，也要靠革命的实践。不可能有凭空掉下来的扭转乾坤的天才人物。把他们看作天生的教育者，而把广大群众看成天生的受教育者，更是错误的。其结果，"必然会把社会分成两部分，其中一部分高出于社会之上"[4]，继续保持少数人凌驾于多数人之上的不平等社会。教育者不是人类理性的自然发展的结果，而是参加革命实践过程中自觉地使主观世界得到变革即"受教育"的结果。这里的"教育者"照马克思的原意是针对着欧文等人提出的拯救世界的"天才人物"来说的，但"教育者要先受教育"却对所有教育工作者具有普遍的指导意义。这就是我们不仅可以从《提纲》中学习到无产阶级的革命理论，还可以学习到马克思主义的教育理论。

三

　　教育是培养人的，怎样认识人，人的本质是什么，这是进行教育工作

---

[1] 《马克思恩格斯选集》第 3 卷，人民出版社 1972 年版，第 551 页。
[2] 《马克思主义著作选编》选编组：《马克思主义著作选编·哲学》，中共中央党校出版社 1992 年版，第 58 页。
[3] 《马克思恩格斯选集》第 1 卷，人民出版社 1972 年版，第 17 页。
[4] 《马克思恩格斯选集》第 1 卷，人民出版社 1972 年版，第 17 页。

首先必须解决的问题。

马克思批判了费尔巴哈关于人的本质的错误观点，指出他：第一，抛开了历史的进程，孤立地来谈个体的人。好像人不是生活在社会上，而是彼此不发生任何关系和联系的"你"或者"我"，"男"或者"女"，他们生下来就具有某种理智和情感，友谊和爱情。这种假定出来的"人类个体"，是完全不属于任何社会，也不属于任何阶级的，因而在实际上是不存在的。第二，把人的本质理解为"类"，理解为一种内在的、无声的、把许多个人纯粹自然地联系起来的共同性。这里所说的"类"，用费尔巴哈自己的话说就是："人自己意识到的人的本质是什么呢？在人中间构成类、构成真正的人类的东西是什么呢？是理性、意志、心情……"① 这就十分清楚了，费尔巴哈所理解的人，是孤立的抽象的人，这些孤立的个人的共同性，即他们的"类"，亦即理性、意志、心情等等，就是他所谓的人的本质。这种抽掉了社会性和阶级性的人的本质的论调，完全与资产阶级人性论是同出一源的。

与费尔巴哈不同，马克思明确地指出："人的本质并不是单个人所固有的抽象物，在其现实性上，它是一切社会关系的总和。"② 人生活在一定的社会上，在阶级社会又从属于一定的阶级，要了解人，就必须把他放在一定的社会关系中来考查，人是处在一定的生产关系、阶级关系和政治关系中的具体的人，孤立于社会生活和阶级集团之外的个人是不存在的。

对人的本质的正确认识，是进行教育工作的前提。教育的社会职能是培养和造就一定社会所需要的人。我们的教育目的、教育方针和教育内容，都必须从社会性质和社会发展的需要来考虑，而整个的教育过程和教育方法，也是同对人如何认识分不开的。只有正确地认识人的本质，才能有正确的教育行动。为什么在不同的社会条件下，学生的思想状况，学生的需要以及他们由此而产生的学习目的、态度不同？为什么经历不同的学生，他们的情感、意志和兴趣、爱好不同？这些问题的答案都只能从他们的社会关系中去寻找。因此，把学生作为社会的人而不是作为孤立的个人来看待，是了解学生和教育学生的出发点，而培养出来的学生是否适应现实社会和未来社会发展的要求，则是检验教育成败的最实际的尺度。

---

① 《费尔巴哈哲学著作选集》（下集），荣震华，李金山译，商务印书馆1984年版，第28页。
② 《马克思恩格斯选集》第1卷，人民出版社1972年版，第18页。

总之，从《提纲》中，我们可以学到马克思的许多重要教育思想。马克思在《提纲》的最后一段写道："哲学家们只是用不同的方式解释世界，而问题在于改变世界。"① 认识世界的目的在于改变世界，这是马克思主义者对待客观世界所持的基本态度，我们在学习马克思的教育思想时，也应持这种态度，把理论作为行动的指南。

---

① 《马克思恩格斯选集》第1卷，人民出版社1972年版，第19页。

阻碍教育事业发展的思想要害

——片面追求升学率与鄙薄职业技术教育[*]

《中共中央关于教育体制改革的决定》发布以后，使我国教育事业的发展步入了一个新的历史时期。但有些陈腐、落后的教育思想和观念仍未得到清除，继续起着破坏作用，成为全面进行教育改革的重大阻力。

教育事业是一个影响整个社会生活的开放的大系统，一方面它本身有相互关联的各种层次和构成部分，一方面又密切地同社会的政治、经济、生产和生活的各个方面发生着直接的或间接的联系。陈腐、落后的教育思想和观念也反映在教育的内部和外部联系的各个不同方面。其中有的是全局性的，危害着整个教育事业的发展；也有的属于局部性的，使教育、教学、管理等某一个别方面不能实现顺利的改革。要清除这些思想和观念，则要识别问题的性质，分清主要问题和次要问题。片面追求升学率和鄙薄职业技术教育，就是阻碍社会主义教育事业发展的危害最大的全局性的思想和观念。

我们之所以说这两种思想是阻碍我国教育事业发展的思想要害，是因为：第一，它阻碍着党的教育方针政策的落实，阻碍着各级学校培养目标的实现。教育的社会职能是培养人的。在实现我国社会主义现代化建设的宏伟目标面前，教育必须担负起培养建设人才和提高全民族的文化素质的光荣使命。社会主义建设事业是一个多方面多层次的、复杂的立体结构。教育要为社会主义建设服务，就必须适应建设事业的需要，办好各级各类学校，既办好基础教育，又办好职业技术教育、高等教育和成人教育，这样才能既提高全民族的文化素质，又培养多种多样不同层次的人才。而片面追求升学率和鄙薄职业技术教育，则造成了学校建设的畸形发展，片面

---

[*] 原载《北方论丛》1987年第2期。

发展中学，阻碍其他类型学校的发展，尤其是职业技术教育被严重地忽视。在中学教育中，人们注意力也只着眼于能够提供学生升入高一级学校机会的少数条件优越的重点中学，而对师资、设备较差的一般中学则较少问津。更有甚者，这种现象已扩展到小学、幼儿园乃至大学。一些家长为保证子女能够升学，想方设法挤入重点幼儿园、重点小学。某些大学生，为了能够考取研究生，一入学就一头钻在研究生考试需要的少数学科上，而对与考研究生"无关"的课程则不花力气应付了事，从而使低一级的学校成了高一级学校的预备学校。这种情况严重破坏了人才培养的层次和结构，也改变了不同类型学校的性质和任务，妨碍各级各类学校实现自己的培养目标，而国家的各项建设事业则无法得到适用的人才。

第二，它阻碍教育、教学改革的顺利进行，使教学质量无法得到真正的提高，直接影响全面发展人才的培养和成长。为片面追求升学率，改变了中学的双重任务，把主要精力放在高考需要的少数学科上，置其他学科于不顾，把考试分数作为衡量教育质量的唯一标准，不追求也不必要进行教学内容和教学方法的改革。学校教育不择手段地加重学生负担，教学只局限于书本知识，死记硬背，大搞题海战术；只注意学生的应考能力，忽视学生实际本领和能力的培养和提高。少数尖子学生高分低能，多数学生则连起码的文化科学知识也学不到。为应付考试，师生疲于奔命，既放松德育，又丢了体育、美育和劳动技术教育，学生健康普遍受到损伤，严重妨碍了全面发展教育的实施。在片面追求升学率思想的影响下，学校和教师的注意力，不是研究教法、学法，不去考虑全面提高学生的学业质量，而是千方百计地研究"考法"，刺探和推测高考出题的意图。为追求升学数额，只关心少数有可能升学的学习尖子，而对另外相当数量的学生则打入另册，使他们不同程度地产生厌学、怠学情绪，甚至出现逃学、轻生的现象。据一个城市调查，重点学校和普通中学重点班的学生约占学生总数的30%，这些学生学习积极性很高；但其余70%的学生，大多数学习不刻苦，得过且过。其中两所普通中学对初一、初二学生的调查结果更为严重，学习认真、成绩优良的学生只占17%，自暴自弃混日子的则达23%[1]。这种情况在全国城乡中学程度虽有不同，但却是大同小异普遍存在的。多数学生连最低要求的文化科学知识都学不到，哪里还谈到全面地

---

[1] 孙光西：《桂林某些学校片面追求升学率造成恶果部分中学生厌学怠学逃学现象亟待解决》，《光明日报》1986年7月13日第2版。

提高教育、教学质量。

第三，片面追求升学率、忽视职业技术教育的结果，是破坏了社会风气，增加了社会的不安定因素，危害社会主义精神文明的建设。社会主义建设，需要不同层次的多方面的人才，其中高级人才和中初级人才比较，总是少数。少数人升学，接受高深的专业训练；多数人经过中、初级职业技术教育对口就业，这在任何社会都是合乎规律的现象。但在片面追求升学率和鄙薄职业技术教育的陈腐思想影响下，人们把升学当作唯一的追求，而把经过一定训练参加就业视为畏途，结果职业技术教育得不到发展，而中学生中多数既不可能升学又不能受到就业训练。一些青少年由厌学、怠学到自甘堕落，直至走向犯罪道路。近年来许多省市都出现青少年犯罪率上升的趋势。某市公安局对1985年罪犯的年龄分析，30%是14至18岁的青少年，其中1/3是在校学生，其余是流失在社会上的学生。有的沉醉于低级趣味，鬼混时日；有的结成犯罪集团，铤而走险，危害社会治安，成为社会上不安定因素的主要来源。教育青少年，使他们沿着正确的方向发展，是社会主义精神文明建设的基础；社会风气的转变，也有赖于一代有理想、有道德、有文化、有纪律的身心健康、作风正派的青少年。但恰恰在这里，却留下了一个难于弥补的缺漏。

片面追求升学率和鄙薄职业技术教育，是密切联系又相互助长的两种错误思想。越是把升学作为唯一出路，就越没有职业技术教育的地位；而职业技术教育越是得不到发展，就越会把广大青少年逼向追求升学这个独木桥。多年以来，我国教育事业的发展总是不能适应客观形势的需要，既未能很好地协调建设事业对多层次多规格的人才需要，也没有能够满足广大群众要求自己的子女受到适当的培养和教育的迫切愿望。这种状况同这两种陈腐的思想及其在各个方面所造成的影响是有着重要关系的。

片面追求升学率和鄙薄职业技术教育这两种错误思想是怎样形成的呢？为什么长期得不到妥善的解决呢？这里既有历史的根源，又有现实的原因；既有认识上的问题，又有政策上的问题。

首先，在对待教育的功能——价值观方面，还没有彻底摆脱旧传统和旧习惯势力的束缚。几千年的封建社会形成的大一统的思想道德文化意识，钳制着人们的每一行动。作为统治阶级调节政治矛盾维护社会平衡的重要工具之一的教育，从来就是以培养"治术人才"作为唯一目的。"学而优则仕"，读书成了士人爬向统治阶层的阶梯。"建国君民""上施下效"，教育的职能局限在实现德政和教化的狭小范围内。结果造成两种情况，一是致力于苦读经书，一举成名，使"万般皆下品，唯有读书高""金榜题名，光宗耀祖"的思想观念根深蒂固，源远流长，形成一种普遍的社会意识；一是教育脱离生产，轻视科学技术，"德成而上，艺成而下"，把科学技术视为"旁门左道""奇技淫巧"，教育变成一个狭窄的封闭系统，从根本上排斥了教育的生产性。这些植根于小农经济和宗法社会的腐朽思想和观念，同社会主义的社会政治经济制度和思想文化的要求本来是格格不入的，但一方面由于传统是具有巨大阻力的，特别是几千年形成的已经凝结于社会文化整体中的思想和观念是不可能随着社会制度的改变而立即得到变革的；另一方面也由于我们社会主义制度的确立，虽然已有30余年，但在历史的长河中仍是比较短暂的。片面追求升学率和鄙薄职业技术教育的思想根源，是不能不追溯到长期封建社会形成的"读书至上"和把技术成就视为"雕虫小技"的传统观念的。

其次，在教育体制的建设上，特别是学校类型和层次的设置与安排上，没能紧密地适应社会发展和建设事业的需要。一种传统的、陈腐的思想和观念，是可以在实践中得到变革和清除的，但同样也可以在新的历史条件下找到滋生、发展的土壤。旧中国是一个文盲充斥的国家，学校教育留给我们的遗产是少得可怜的。1949年小学适龄儿童的入学率只有20%，少数高等学校也只集中在几个主要城市。发展教育事业，培养国家建设所需要的人才，是新中国成立后面临的重大任务。当时国家采取措施一面发展高等教育，一面改造基础教育。据统计，新中国成立初期的五年中，全国高中毕业生只有28.1万人，平均每年5.62万人，而同期内高等学校招生数为36.3万人，平均每年7.25万人。全部高中毕业生都升入大专学校还满足不了招生的需要。随着中学的大量发展，50年代末到60年代初高中毕业生数已远远超过高等学校的招生数量。以1960—1964年的数字为例，当时高中毕业生共计191万人，而同期高校招生数只有87.9万人，只占高中毕业生总数的46%，中学毕业生升学的问题开始尖锐起来。在这十余年间，在教育建设上有两点明显的失误，一是在宣传上，只注意"条条道路通大学"，而较少阐明掌握一定文化科学知识和实际本领及时就业的道理；一是在实践上，中学结构单一，没有相应地发展初级和中级的职业技术教育。1958年以后，刘少奇同志虽然提出了两种劳动制度和两种教育制度，使农业中学得到了一定的发展，但接着又被"文化大革命"的烈焰所烧掉，还错误地提出什么"队队（生产大队）有初中""社社（人民公社）办高中"的荒唐口号，小学戴帽子办初中，初中升格办高中，中等教育更加单一化，完全堵塞了普通教育分流就业的道路。学校建设只着眼于逐级上升的小学、中学、大学的单一结构的设置，却没有为大批的在追求升学过程中中途落榜的青少年设置相应的职业技术学校，引导他们就业。在 1976—1980 年全国高中毕业生达到 3128.4 万人，而同期高校招生数只有 144.8 万人，仅占高中毕业生的 4.6%[1]，升学与就业的矛盾发展到极其尖锐的程度。也恰恰在这时，片面追求升学率和鄙薄职业技术教育的错误思想也达到无法遏制的地步。这一切都说明教育体制和学校设置的失调是我们必须记取的一个严重教训。

最后，在某些政策和制度上，包括教育内部的管理、评估及劳动就业制度的失当，助长了片面追求升学率和鄙薄职业技术教育思想的发展。新中国成立初期为了迅速改变高等学校的学生成分，给劳动人民的子女创造入学的方便条件，尽快培养出国家建设所需要的合格人才，在发展高等教育的同时，给予了高等学校的学生种种优惠条件，不但不收任何学杂费用，还发给助学金，后来更形成"全包下来"的一整套制度，毕业生不问学习成绩优劣，不管对口专业是否需要，都统由国家分配工作，几十年如一日，没有什么变化。这在中学毕业生数量尚少，就业还不十分困难的情况下，矛盾是并不突出的。但在中学毕业生数量激增，大量待业青年涌向社会，家长和学生本人都承受着巨大的社会压力的情况下，能否考取高等学校就有天壤之别了。加以劳动就业制度以及工资待遇等方面缺乏全局性的考虑，就使已经存在的问题更加严重起来。多年以来用工部门实行的不是"先培训，后就业"，而是采取了"接班顶替"或其他不恰当的办法，不仅降低了新招职工的素质，也堵塞了广大不能升入大学的青年学生就业的道路，更阻碍了职业技术教育的发展。此外，在工资待遇方面，学历上的差别，所有制上的差别和"重资轻才"的积习，致使片面追求升学率和鄙薄职业技术教育的陈腐观念不是得到缓解而是日益加剧起来。与此同时，学校教育则屈服于社会的压力，某些教育行政领导部门也扭曲了党的教育方针和国家的培养目标，把中学的"双重任务"变为"单一任务"，以升学率的高低作为衡量学校办学质量的唯一标准。凡升学率高的学校及其领导和教师都受到奖励和优惠，反之，则备受压制和歧视，更使片面追求升学率和鄙薄职业技术教育的思想愈发不可收拾。

从以上的分析中，我们可以清楚地看到，片面追求升学率和鄙薄职业

---

[1] 胡百良：《端正教意思想 明确培养目标》，《教育研究》1986 年第 9 期。

技术教育的思想正在严重地危害着教育事业的发展,危害着人才的培养和成长,危害着社会主义精神文明和物质文明的建设,彻底解决这个问题,已经成为社会主义教育建设上刻不容缓的大事,必须引起全社会的广泛重视,特别要引起教育工作者的重视。当前,《中共中央关于教育体制改革的决定》为解决这个问题奠定了政策基础,它的贯彻和执行,正在引起教育事业发展上的一系列变化。基础教育、职业技术教育、高等教育和成人教育的全面改革都已提到日程。但是社会主义教育思想的建设,特别是片面追求升学率和鄙薄职业技术教育等陈腐观念的肃清,还有待于从思想上、认识上以及政策制度上深入地进行。

首先,要端正教育思想。教育思想涉及很多方面,当前最主要的是要解决对教育的社会职能的认识问题,解决教育的目的观、人才观和质量观问题。"教育必须为社会主义建设服务,社会主义建设必须依靠教育"(《中共中央教育体制改革的决定》),这是认识和对待教育事业发展的基本出发点。我们国家的教育事业必须同四化建设、同社会主义物质文明和精神文明建设紧密结合起来。为此,要培养德、智、体、美、劳全面发展的不同行业不同规格的建设人才。为培养高级人才,升学是不可少的,中学教育要保证高等学校足够的合格的生源。与此同时,还必须发展多种类型的学校,以培养中、初级的技术人员和有文化有社会主义觉悟的工人、农民和各行各业的劳动者。实现这个要求,有学校教育合理布局统筹安排的问题,但更重要的是教育行政领导部门和学校领导与教师要端正办学思想,肃清陈腐思想的流毒,自觉地排除干扰,正确认识和贯彻国家规定的培养目标。

其次,必须进行"综合治理"。教育是涉及全社会全民族的大事,片面追求升学率和鄙薄职业技术教育陈腐思想的形成,也有其深刻的历史根源和社会根源,不能片面地把它看成是一种单纯的教育思想,更不能简单地只从教育方面寻求解决的途径。因此,一方面要在全社会开展大宣传大讨论,把清除陈腐的教育观念,树立新的教育思想,当作社会主义精神文明建设的重要组成部分来对待,引起全党全民的重视,不仅是学校的领导和教师,而且更主要的是党政领导同志要首先树立起正确的教育观,同时要深入宣传到社会的各个方面,宣传到每个家庭,使他们真正认识到片面追求升学率的弊害,认识到发展职业技术教育的重要性;一方面要调整有关的政策和采取相应的措施,主要是改革人才选拔制度,改革劳动就业政策,调整人事工资政策,改进教育评价制度、考试制度以及助学金制度等等，使之有利于教育改革的进行，有利于清除片面追求升学率和鄙薄职业技术的积弊。这样既有了思想认识的转变，又有政策制度的保证，就必定会使我国教育事业的发展出现一个全新的局面。

最后，要认真贯彻《中共中央教育体制改革的决定》中提出的各项要求，采取有力措施办好职业技术教育。以往职业技术教育没有得到发展的原因，固然有思想认识问题，也有在实践上人们看不到发展职业技术教育对生产、生活所带来的积极效果的问题。升入高等学校继续深造也好，接受职业技术教育及时就业也好，实质上都是青年一代的出路和前途问题。中等教育结构得到改革，职业技术教育得到发展，大批青少年得到分流就业的保证，自然就会解除升大学的压力。因此，解决片面追求升学率和鄙薄职业技术教育的思想，最重要的问题是办好职业技术教育。只要职业技术教育能够健康发展起来，其他问题就可以迎刃而解。

《中共中央关于社会主义精神文明建设的指导方针的决议》中指出，"正确处理社会主义社会的各种矛盾，坚持对思想性质的问题采取讨论、说理的方法、批评和自我批评的方法，就是说，用教育和疏导的方法去解决；坚持一切着眼于建设，把注意力集中到团结人民、充分发挥人民的社会主义积极性和创造精神上来，集中到满足人民的文化和精神需要上来，集中到加强思想道德建设和教育科学文化建设上来，归根到底，集中到促进社会生产力的发展上来。"只要我们能够做到一切为促进社会生产力的发展，采取恰当有力的措施，坚持教育和疏导的方法，片面追求升学率和鄙薄职业技术教育的陈腐思想就一定能够得到清除，我国社会主义教育事业就必将蓬勃地发展起来。

以教育要"三个面向"为指导,坚持为"两个文明"服务的方向,努力开创教育学会工作的新局面[*]

各位代表、理事和来宾同志们:

现在,我代表黑龙江省教育学会第五届常务理事会向第六届会员代表大会作工作报告。

我们这届理事会是1983年年底经选举产生的,到现在将近四年了。四年来,我们教育学会在党政领导的关怀和支持下,在中国教育学会和省社科联的指导下,在省教委党组的直接领导下,我们坚持四项基本原则和"双百方针",本着以"三个面向"为指导,以教育科研、学术活动等要为社会主义物质文明和精神文明建设服务为指导思想,依靠全省各级学会和研究会,依靠广大会员和教育工作者的共同努力,在积极为教育行政部门当好参谋和助手,努力成为不可少的咨询机构和智囊团方面积累了一定的经验,在学会组织建设、教育科研、科普和信息交流等方面,都取得了一定的成绩,也得到了上级学会的表彰和鼓励。1985年省教育学会曾被省社科联评为学会先进集体,有五人被省社科联评为先进工作者;1986年有四人被中国教育学会评为学会先进工作者。现在,我代表上届理事会,把这几年的工作情况和今后的工作意见向大会作报告,请代表同志们审议。

一 主要工作及影响

四年来,概括起来主要有如下几个方面:

---

[*] 选自《黑龙江省教育学会第六届会员代表大会会刊》,黑龙江省教育学会秘书处编,1987年,第3—10页。

（一）各级学会和专业（学科）研究会组织有了很大发展，组织机构建设明显加强了，群众性的教育科研组织形成了多层次结构

这几年学会组织有了很大的发展，而且越来越健全。全省地、市、县都成立了教育学会，省直属各专业（学科）研究会为 32 个，比 1983 年增加了 15 个，省级会员达到 2161 人，比 1980 年 700 多人翻了两番，地市学会会员为 9645 人，县学会会员为 10366 人。由于各级教育部门的党政领导对教育学会的工作，越来越重视，学会的专职逐年增加，已由 1980 年的 26 人增至 71 人，几乎翻了两番，另外又聘请了二、三线的老教育工作者，到学会从事实际工作达 43 人，这样就初步形成了一个专职学会工作人员队伍，使学会逐渐从"虚体"向实体发展打下了基础。这几年受到表彰奖励的学会干部达 60 多人，先进集体 29 个。近两年大企业系统如哈铁、牡丹江林管局、合江林管局等教育部门也相继成立了教育学会，这是学会进一步发展的趋势。群众性的教育科研组织近两年也有发展，如哈尔滨市、牡丹江市学会在基层学校建立了一大批教育科研室和科研小组，而且每年都有一些较好的科研成果问世。这几年组织发展很快，同时也出现了一些松散现象，面对这种情况我们年年抓紧整顿，加强管理。如通过发会员证（已发 1200 余个）建立会员个人档案、收会费等工作收到了较好的效果。另外按会员章程规定，对会员所应尽的义务进行了监督检查，对几年不交论文和会费的进行了书面督促，使其尽职尽责，对经督促两年仍不履行会员义务的以自动放弃会员资格处理。

（二）学术研讨活动推动了教育教学改革

学会是促进人们成才的一所特种学校，学术研究活动是学术团体赖以存在和发展的生命力。这就决定了学会必须把学术研究活动列为工作重点，作为一项经常性的中心工作来抓。四年来，省学会组织了三次较大规模的学术年会，1984、1985 年围绕"三个面向"和"教育体制改革决定"，组织了两次专题讨论会，省直属专业（学科）研究会这几年共举办了 52 次学术年会或专题讨论会（各市、地县的学术活动未统计）。四年来，仅省教育学会个人会员和省级专业（学科）研究会会员交流的学术论文、调查报告、实验报告等达 1460 篇。在省内外公开出版刊物上发表的论文或出版的专著据不完全统计达 160 篇，被推荐参加全国有关学术会议的论文近 70 篇。这几年，我们又强调学术交流和教育科学研究的重点应放在各级专业（学科）研究会上，因此研究会的活动显得十分活跃，生气勃勃，收到很好的效果。在全国第一、第二次学术讨论会上我省共选送论文六篇，其中丁义成等同志撰写的《注音识字，提前读写》实验报告，在第一次大会上进行了交流，《对〈注音识字，提前读写〉实验的科学价值的思考》一文被中国教育学会评选为优秀论文，并受到物质奖励（另两篇得到纪念奖）。为提高学术研究水平，提高学术交流效果，近两年我们在活动形式、主题的确定、会前的准备、会上交流的方法等方面都有一定的改进。过去那种通知一下讨论题目，下边作好准备，然后在大小会上宣读一遍，相互不交锋，不研讨，打不开思路，最后主持大会的人讲话，只起一般交流作用就了事的做法，经过多次总结、实践，现在大大改变了。总的看来具有如下特点：一是指导思想更加明确，研讨的主题选的准，有明确的针对性和选择性，是当前当地亟待解决的课题；二是准备比较充分。为保证研讨会的质量。会前大多召开审稿会，对符合主题要求的作者通知到会讨论，有论文未参加讨论的，由学术会议发证明。有的学会以此作为根据进行评奖；三是充分发扬学术民主，研讨过程中认真贯彻"双百"方针，鼓励不同观点交锋、争论；四是形式比较灵活，大小会研讨与资料介绍、学术报告结合，研讨与现场参观结合；五是多边结合，调动了各有关方面积极参加的积极性。

这几年我们随着教育改革发展的形势，围绕当前教育教学改革中的重大理论问题和实际问题进行认真地研讨并组织了学术交流，因而产生了一定的影响，在一定程度上推动了教育教学改革：

1. 以"三个面向"为指导积极组织会员学习与贯彻"教育体制改革决定"和"精神文明建设的决定"的精神，并组织一些专题讨论会，在全省明显地起了配合教育行政的作用。

2. 开展思想政治教育问题的研讨，产生了积极的影响。这几年为了改革中小学校的思想政治教育工作和配合全省《中小学政治思想道德教育大纲》的试行，各地学会作了深入细致的调查研究，并组织了多次认真的讨论，为使学校的思想政治工作系统化、科学化、制度化产生了积极的影响。

3. 农村教育的改革，即为改变农村中学教育同农村经济发展不相适应的矛盾，做了许多工作。首先，部分县学会如集贤县组成调查组进行实地调查，掌握了教育不适应经济发展的表现和数据，并进行了研讨，有的县正在制定改革方案。其次，省直属和专业（学科）研究会通过研讨，各科教学内容根据农村生产的需要，进行适当增删，充实了直接为农村生产生活服务的内容，为使学生学会 2—3 项当地农业副业生产技能创造了条件。

4. 对我省教学改革过程中的重大问题进行了调查研究，并参加了实验和组织讨论，起了推动作用。

首先，我们配合了小学语文"注音识字，提前读写"第一阶段的三年实验。一方面组织人员撰写论文向全国全省宣传实验效果和经验；一方面在省中小学、朝中小学召开的学术年会进行学习、讨论，因而有力地推动了全省在这方面的改革实验的开展。

其次，"三算结合"教学的改革实验有新发展。省教育学会直属小学数学教研会，几年来一直把"三算结合"教学实验作为主要任务来抓，现在有 480 个实验班，近年来已推广到农村小学。这项实验收效大，优越于普通班，差生减少，而且计算能力强，速度快，准确率高，因此受欢迎。

再次，省幼儿教育研究会，针对幼儿教育单一化、小学化、成人化的弊端，开展了综合教育实验，这是一项改革的尝试。经过改革，现在的一些课堂形式多样，内容丰富多彩，教法生动活泼，教学效果也有些提高，对鼓励孩子们大胆想、积极观察、思考、生动活泼地学习起了积极作用。

最后，全省各级学会近两年来普遍开展了教育思想和思想政治问题的讨论，参加这两个题目讨论的人数比较多，也比较深刻，对端正教育思想和提高思想政治教育质量起了积极的作用，并提出了相应的改革建议。

（三）开展了教育科研课题的研究

过去省教育学会只限于搞学术交流和讨论活动，没有考虑它的系统性和延续性，把问题再引向深入，在科研课题多出成果的研究上下功夫，这是一个缺陷。因此从去年开始我们在组织有计划地开展学术讨论、交流的同时，根据需要和可能除组织省直属各专业（学科）研究会选定课题开展科研外（32 个研究会中有几十个承担科研课题），省教育学会秘书处直接抓了如下六项课题的研究：

1. 家庭教育；
2. 从幼儿园到高中"一条龙"的整体实验；
3. 普及九年义务教育；
4. 对中等学校毕业生参加工作以后社会效果进行调查研究；

5. 关于教育思想方面的调查；

6. 思想政治教育研究。

上述六项已取得一定进展，产生了较好的效果。"一条龙"整体实验，已纳入全省教育科学规划之中。

我们开展这项工作的做法是，一方面由秘书处出面与各地市县学会协作组织课题组，团结攻关；一方面委托省直属有关的专业（学科）研究会来承担。实验证明搞一点科研课题是必要的，也是可行的。打破了有人认为学会力量不足，承担不了科研课题研究的说法。同时通过科研课题的研究，也提高了学会专兼职干部的科研水平和群众科研管理的水平。

（四）积极开展教育科学理论的普及，为提高教师业务素质服务

我们响应省教委会在五年内在中小学教师中普及教育学、心理学和学校管理学的号召，配合行政部门积极开展工作。几年来这项工作虽然取得一些成绩，但由于整个教师队伍教育科学基础差，相当一部分教师没有受过师范训练，任务仍然很重，就是受过师范训练的教师和学校领导也有一个继续学习的问题。因此我们学会和研究会十分重视这项工作的开展。这几年，全省各级学会主要采取办培训班、讲座、请专家讲学、编印资料等形式开展科普活动。我们省教育学会及其直属研究会，从 1984 年以来主要办了三件事：一是制定了全省的科普规划，对各县科普活动进行指导，培养了典型（如尚志、青冈县）；二是办了三期"教育统计基础理论培训班"，协助幼儿教育研究会、政治课教研会等十几个研究会分别办了培训班，学习的人数约 1200 人次。由于学习内容紧密结合实际且针对性强，因此广大教师和学校领导干部是欢迎的；三是为推动学习我们学会和研究会先后编印出版了论文集、资料、讲话、辅导材料、教改经验等共十五种，约 3500 册。1986 年省学会还组织了会员和教师选购中国教育学会编印出版的《新时期教育改革探索》共 1790 套（12840 本），1987 年还组织学会会员订购《中国教育学会通讯》1925 份。

（五）坚持高标准，积极开展优秀教育科研成果评奖工作，促进学术活动的开展

我们省教育学会从 1981 年开始评奖优秀教育科研成果，到 1986 年已进行了五次（共收到 889 篇论文，入选数为 185 篇，大体相当于推荐数的 1/5），这一届总共评奖两次，收到推荐论文 291 篇，入选数为 104 篇，而且分了等级（共三等）。1984年、1985年还参加了省社联举办的两年一度的社会科学优秀科研成果评奖活动。1984年（第一次）我们推荐了十七篇，其中三篇论文（一篇四等、二篇五等）和二本专著（都是五等）授奖。1986年第二次，由省教育学会学术委员会主持对二十六篇（省直属各单位推荐上来的，不包括地、市、县）优秀教育科研成果初审，评选出水平较高、效果显著的九项成果送省社联参加复评。经复评、终审最后中选四项：一项特等奖（"注音识字，提前读写"实验）、一项四等奖（《学校管理学》）、两项优秀奖（《实用教育心理学》《职业道德管理》）。从这几次评选的成果可以看出我省教育科研事业的发展有如下几个新特点：

1. 新成果明显增加，这次评奖的新成果与第四次相比，新成果增加了十二项，而且成果范围也比较广泛。

2. 直接为教育改革服务的应用科学科研成果越来越多。理论与实践有直接联系的成果占37%，而且已看到了所产生的直接影响和社会效益。《中小学政治思想道德教育大纲》的实验在全省推开之后，对当前正在广泛深入开展的反对资产阶级自由化，端正办学指导思想，培育"四有"人才有积极的推动作用，而且看到了社会效益。还有《当前农村流失生问题的调查研究》，对解决中、小学生流动问题也有很好的参考价值。

3. 科研成果质量普遍提高了。这次评选的优秀科研成果水平较高，一个明显的例子是一般描述性的篇章已很少见，既有定性分析又有定量分析，而且又结合得比较紧密，因此对问题阐述得是较为深刻的。

4. 我省教育科研队伍正在不断扩大，出现了好势头。一是实际工作者参加学术交流和科研活动的大大增加了。第五次评奖入选的51项成果就有33项是出自第一线教师和教育行政干部之手，占60%；二是专业理论工作者与实际工作者紧密结合，写出了一批既有一定理论深度，又有实际指导作用的新作；三是出现了领导干部积极带头搞教育科学研究，亲自执笔撰写论文。

由于历次评选工作都进行了总结，因此有以下几点认识：

1. 要明确评选标准，坚持标准。为把评选工作达到一定的水平，我们省教育学会成立了学术委员会（即评委）。在委员会的领导下，历次评奖工作自始至终坚持标准，统一认识。不照顾地方，也不照顾任何人。既排除了来自各方面的干扰，又保证了评奖质量。

2. 十分重要的是要组成办事公道、大家信得过的，专业水平较高的，认真坚持制度的评选小组，以便对科研成果进行认真的、有权威性的评论。同时要求各个成员要克服本位思想，坚持立场。评选人员一定要执行各项制度，如不准私自串联、组与组之间不得联评、小组不准搞分工评阅、每人要逐篇评审、一一作出结论、由小组讨论确定等级、评审细节要严加保密等。

3. 科研成果推荐（初评）、评审和终评三个阶段必须形成一个整体，在进行中要环环扣紧，层层认真负责，哪一个阶段失控都将降低评选质量。为此，我们事先深入推荐单位，搞调查研究，甚至参加推荐，摸清底数，变被动为主动。

（六）办好学会刊物，沟通信息

我会与省教科所从 1982 年开始合办《教育科研通讯》（双月刊），截至目前，已发行 324 期，19.4 万册，共 174.6 亿字。目前每期发行量为万份。办刊盈亏基本平衡。几年来办刊的实践使我们体会到办好学会刊物，是进行学术研究和团结会员的很重要的一环，一定要办好。但办刊的方向宗旨要明确，要依靠群众办刊，同时要始终注意提高刊物的质量。

这几年学会秘书处发了简报 27 期，学会通讯 2 期。

（七）挖掘学会智力潜力，为四化培养人力尽力

我们根据教育体制改革的决定，鼓励社团办学的精神，和省电视教育学会共同举办了一所黑龙江社会大学。从 1985 年 8 月开始招生，办了一个微机班，学员 40 人（脱产），幼教大专班一个班 42 人（脱产），业余（不脱产）电大班十一个，共 600 余人。我们不是为了"向钱看"，是在没有向国家要钱、要物、要人的情况下办起来的。现在的情况好，学校地位稳定，颇受欢迎，学员出席率高，学习积极性高，遵守纪律，社会和家长满意。

二 存在的主要问题及原因

回顾几年来的工作，还存在不少问题。主要有：

第一，组织建设上存在明显的不平衡。省教育学会至今人员不齐，约 1/3 的县级学会组织机构尚不健全，是个薄弱环节。部分学会无专职干部，工作抓不上去；有的市、县虽然已配专职干部但由于一些实际问题未

解决工作不安心。

第二，学会工作水平，总的说是比较低的。如有的学会干部对学会性质不够理解，用行政办法抓工作，不善于搞多边结合，依靠群众开展活动；有的把参谋和助手作用理解为"跟着干"，而自己却处于被动状态而无所作为。

第三，学术活动水平不高。一些专业（学科）研究会全年学术活动计划不强，目的不明确，成果虽然很多，但有一定深度的还不多。全省性学术年会也开了不少，但论文宣读式的多，专题研究式的少。宣读会上各讲各的，集中不了争论的核心，会下又不连续、不系统地往下探索，"雨过地皮湿"，不解决多大问题，影响面小，效益低。

第四，多数学会教育科普处于一般维持的状态。多半是由于和有关部门协作的不够，人力又不足，辅导不及时，活动形式单一，致使一些会员学习坚持得不好，学习质量不高。

第五，经费，专职干部编制、待遇等问题，仍是各级学会亟待解决的问题。

上述问题的存在经调查、讨论找出如下几个主要原因：

第一，学会干部一直配调不齐是主要原因之一。我们学会专兼职干部总的看配备不齐，而配备之后又缺乏培训，得不到提高，致使在思想、工作和业务水平上都适应不了当前教育改革的需要，加之一些学会工作条件不善，干部流动较大而又得不到及时调整补充、工作抓不上去，因而出现了种种问题。

第二，争取党政有关领导支持的工作做的不够，加之一些学会助手作用不大，尚未赢得有关领导普遍的关注和支持，以致几个实际问题总也得不到适当解决。

第三，榜样的作用没有充分发挥出来。我们省以及全国教育学会先进单位不少，有一套好的经验，但我们没有积极宣传开来，把经验学到手，采长补短，以达到提高学会工作水平的目的。

第四，学会会员数量虽然在逐年增加，但学会的骨干尤其年轻的骨干力量却没有相应地增加，而且培养得也不够，骨干力量不足，势必影响活动的质量。

第五，无立法保证。这也许是问题总也解决不好的重要原因之一。学会工作应有若干具体政策和法律，以保证和鼓励人们积极办好学会，使之在法律上得到保证。但当前既无具体政策可循，又无综合性的法律可依，于是一些实际问题，总也不好解决。

三　主要经验及体会

总结几年的工作，我们认为依靠党政领导、加强组织建设、积极开展教育科研、学术交流和科普活动、为教育改革实践服务等基本经验，是我们学会开展工作的准绳，是取得成绩的重要前提。教育学会是群众组织，只有依靠党政的力量才能开展活动；只有面对教育改革实践，为实践服务，才能发挥学会的参谋、助手作用；一个群众团体只有按着一定的规章、制度把组织建立和健全起来，才能发挥作用；学会是学术团体，必须把科研、科普和学术交流工作经常抓在手上，作为中心工作才有出路。这些问题我们都深深地体验到了。但在这些基本经验的基础上，在实践中我们还体会到如下几点：

（一）必须培训一批勇于献身的专职干部和学术研究骨干

学会是个群众性学术团体，如果没有坚实地、甘心为大家服务的一批人是办不好的。但这样的人需要大力培养。因此省学会每年都通过开1—2次秘书长会议，学习有关文件和省内外先进学会的经验，相互谈心，以及学习教育学科理论等办法来提高他们。对学术研究骨干，我们通过参加学术年会、进行学术交流、给资料、信息交流等办法加以提高，以适应教育学会发展的需要。

（二）提倡务实精神，注意提高效益

学会工作坚持贯彻"务实"的精神，不能追逐名利，不能走过场，为搞活动而搞活动，为写论文而写论文。要"务实"，注意提高效益，学会工作和学术水平才能提高。因此，要求各级学会、省直属各专业（学科）研究会，每年要集中力量搞出一些有分量的科研成果，直接为教育体制改革和提高教育质量服务。这是很重要的一个问题。党政领导之所以重视和支持我们，教育工作者之所以重视和支持我们，教育工作者之所以关心爱护我们，其原因盖出于此。

（三）加强纵向、横向联系，突出群众性

群众性是学会的性质之一。我们要注意发挥这个群众组织的优势，加

强与各有关方面的交往，显示这个队伍的力量和作用。要做到这一点，就要搞好与各方面的联系，就是说要搞好与横向、纵向的交往与协作，形成一个统一体。横向，即加强与省教委会及其有关处、室的联系，省教育学院各教研部、室的联系，省教科所各处、室的联系；纵向，就是同省直各专业（学科）研究会和地市县学会的联系与协作。同时要注意搞好多边结合，如与高教、电教、成人、人才等学会、大专院校等有关的系的结合。这方方面面的交往与联系工作搞好了，群众也自然带动起来了，学会的活动将会越搞越活。

（四）要尽量办些实事

要争取多办一些实事，逐渐创造条件，由"虚体"向"实体"转化。让人们感受到教育学会确实存在。比如一年一度的学术年会和科研成果评奖、教改实验和科研项目的研究、出书、办班、讲学、开展科研咨询，根据可能每年都应适当地搞起来。这样，一方面可以扩大影响，提高效益，一方面还可以开辟财源，增强经济实力，少伸手要钱。

（五）要经常为各级学会提供新的信息、积极为基层学会服务

省教育学会由于与各省、市教育学会和科研单位等联系较紧，信息比较灵通，有责任把信息交流工作搞好，及时向下传播新的教改信息。因为这对活跃我省教育科研气氛，交流学术探索方面的经验，促进教育科研和推动学会工作的开展，将起一定的积极作用。但近年来，这项工作省学会虽然也干了一些，为基层做了一些服务性的工作，如比较经常地下发《教育信息》、学会《简报》，转发省内外教育改革和办学会的经验、动态，但仍然是很不够的。服务精神也是不强的，在新的一年里要迎头赶上。

四 今后的工作意见

根据当前反对资产阶级自由化，坚持四项基本原则的精神，和1987年国家教委与省教委教育工作会议精神，以及中国教育学会1987年工作要点，结合我省教育改革实际，从实际出发，1987年省教育学会工作应考虑如下几点：

第一，随着各项改革的深入，要不断更新教育观念，强化改革意识，在中央教育体制决定和精神文明建设指导方针决议的指导下，使学会工作能坚持为社会主义建设服务的方向，深入进行教育改革，为使教育更能适应"三个面向"的要求，逐步把普通学校建成社会主义精神文明建设的坚强阵地而努力。

第二，深入开展学术交流和教育科学研究。坚持"双百"方针，坚持教育科研为提高教育质量服务的方向，要使教育科研和教学实验紧密结合，用教育科学指导教育教学改革。今年要：

1. 继续深入开展教育思想大讨论，端正办学指导思想，全面贯彻党的教育方针；

2. 开展思想政治教育的研讨。在反对资产阶级自由化的新形势下，探讨如何加强和改进对青少年儿童的政治思想道德教育问题；

3. 配合行政开展农村初级中学四年制学制改革的教学实验；

4. 深入开展教学改革，由局部的改革逐步转向全面系统的整体改革；

5. 积极开展教育科学普及活动，加强教育科研信息的交流；

6. 加强学会自身的组织建设，提高学会工作干部的素质。

各位代表、同志们，在新的历史条件下，党和政府赋予我们学会的任务是十分艰巨的。摆在我们学会工作者面前的一个重要问题，就是要求把学会工作提高到一个新的水平。希望我们大家认清形势，努力学习，加强工作，提高学术研究水平，多出成果，出好成果，为培养"四有"人才作出贡献。

学校教育制度[*]

一 学制及建立学制的依据

(一) 教育结构、教育制度、学制

教育结构、教育制度和学制,这是经常遇到的三个概念。结构是系统论中的一个概念,它是指组成一个完整事物的各个部分、要素或成分彼此间相互结合的方式或构成形式。简单地说,也就是构成事物内部诸要素的组织形式。顾名思义,教育结构,就是构成教育这一复杂现象的组成部分及其相互关系和表现形式。它包括的范围很广,其下又可分为学校教育结构、社会教育结构、家庭教育结构等等。教育制度,是指教育领域内一切教育设置和规章制度的总称。它与教育结构的含义有相接近的一面,都是就整个教育现象来说的。不同的是,教育结构是就教育现象的客观存在形式来说的,研究它的目的在于找出教育这一现实的合理成分与合理构成,找出在一定社会条件下教育构成的最佳模式。教育制度则是就采取行政手段所确定下来的有关学校设置及各种规章制度来说的。教育制度一旦确定下来,就要求在实践中遵照执行,而教育结构则不存在这种行政上的约束力。

学制,是学校教育制度的简称。它是教育制度的主要组成部分,也称学校系统。学制规定:各级各类学校的设置与相互关系,学校的性质,不同学校的培养目标、任务、入学条件、修业年限及领导体制等。学制是由国家立法部门或行政部门统一制定并贯彻执行的,下级教育行政部门及学校都无权加以改变。有了这些规定,才从制度上保证了教育活动的进行,

---

[*] 选自《教育学》,唐文中、张展、周树棠主编,黑龙江教育出版社1987年版,第99—128页。

才使教育方针政策得以贯彻，使国家的教育目的得以实现。每个国家都有自己的学制。

学制是在一定的历史条件下形成起来的。在原始社会的晚期，产生了最早的学校。但当时的学校还是十分简单的。此后，相当长的历史时期内，虽然学校数量逐渐增多，但还谈不到形成了学校教育制度，只有在生产力有了较大的提高，生产、生活日益复杂化，特别是对人才的需要更加多样化，各种学校大量建立起来，学校之间产生了联系、结合、衔接的关系，才逐步形成了学校教育制度。

一定的学制一经形成和确定，就具有强有力的恒定性和客观性。因此，也就容易与变化较快的社会现实产生矛盾和距离，这样，国家常常要采取制定教育方针政策以及其他一些行政措施，以补充现有制度的不足。但当矛盾达到相当程度，不从根本上改革教育制度就难以适应新的需要时，就要进行学制改革，建立新的学校教育制度。这就是世界各国的教育发展上总要不断进行学制改革的原因。

（二）建立学制的依据

学校，是为培养国家所需要的一代新人而设置的。人是由初生到幼儿、到童年、到少年而发展起来的，适应这个特点，各国的教育制度，都包括幼儿教育、初等教育、中等教育和高等教育。人的一生要经过家庭、学校、社会各方面的生活和影响，因而要有家庭教育、学校教育和社会教育的区分。随着生产的发展，科学技术的进步，除了青少年阶段要受到集中的学校教育外，还要在参加社会生产过程中，不断地接受新的知识，这样又发展起来继续教育、成人教育、职工教育、老年人教育等多种形式的终身教育。这说明学校教育制度的建立是有共性可依的。

但是，考察各国的教育，又没有完全相同的学校教育制度，这是因为决定学校教育制度的具体条件是各不相同的。不同社会，不同国家，他们的政治、经济情况不同，生产发展水平不同，民族文化传统以及人口、地理条件不同，原有的教育水平、学校沿革都不相同，因而其学制也必定是不同的。

任何国家在建立学制时，都应考虑如下条件：

1. 政治、经济制度及其发展水平

学制是具有鲜明的社会性和阶级性的。它是一定社会上层建筑的组成部分。各个社会的统治阶级都是根据本阶级的政治需要和经济利益来建立各级各类学校的,并通过学校来培养自己所需要的人。因此,不同性质的社会有不同的学制。同一性质社会的发展阶段不同,学制也是不同的。资本主义上升时期,曾形成资产阶级者子弟与劳动群众子弟相互对立的两种不同的学制,即双轨学制。而适应当代政治、经济的需要,他们又在努力消除这两个不同学校系统的界限。尽管所有剥削阶级所设置的学校在本质上都是为少数统治阶级服务的,但他们在寻求怎样才能加固他们的政治统治和取得最大的经济利益上,却都在不断地调整和改革着他们的学制。这说明建立学制的依据,首先就是这个国家的政治、经济状况。

2. 社会生产力和科学技术发展水平

社会生产力的高低与科学技术水平的先进与落后,对学制的建立和发展提出的具体要求和提供的物质条件是不同的。因而学校的类型、等次和规模都是不同的。从历史上看,最初建立的学校是单一的类型,是互不联系的。随着生产的发展和科学知识的积累,要求培养出不同智力结构的各种各样的人才,因而出现了各类学校。近几十年来,由于劳动者智力结构的提高给社会生产带来无穷的实惠这一无可争辩的事实,引起现代国家对学校教育的空前重视,因而教育事业极大发展,各个国家都在不断改革自己的学制。虽然都属于发达国家,法国实行中央集权制,全国学校都是高度统一的;美国和德国则实行地方分权制,而且一个国家内,各州的学制也是不同的;日本战后学制是仿照美国学制建立起来的,但也有很多自己的特点。这说明建立学制的依据,除政治、经济条件之外,这个国家的生产力水平、科技发展水平、产业结构等等,也都是建立学制时必须加以考虑的。各个国家之间,在学制上可以互相借鉴,取人之长,但又不能脱离本国的实际情况。

除此之外,制定学制,还要考虑到民族情况、文化历史、人口分布与素质等方面的条件,以保证培养出适应本国建设需要的人才。

(三) 当代世界学制改革的动向

第二次世界大战以后,出现了世界性的科技发达,生产发展的新形势。劳动结构的变化迫切地要求相应的劳动者的智力结构的提高。这样就出现了对教育事业的空前重视和教育制度不断改革的新势头。在学制改革上值得重视的动向主要表现在以下一些方面。

1. 大力发展幼儿教育

幼儿教育之所以受到重视,一是解放妇女劳动力;一是加强幼儿的保教。1816 年，欧文在苏格兰首创幼儿学校，是教育史上后起的教育形式之一。近年来，心理学和教育学的研究表明，幼儿是人生智力发展的关键时期，这一时期如能获得良好的教育，对以后的发展将产生重要的影响。因此，早期教育受到人们特别的重视。不少国家提出了普及幼儿教育的要求。70 年代末，日本的幼儿入园率已达到 64.1%；西德 60% 的三岁以下的幼儿已进入了国家托儿所，84% 以上的学龄前儿童进入了幼儿园；荷兰已有 8000 所学校开始将幼儿教育与小学教育结合在一起进行的试验；朝鲜北方提出普及幼儿教育的要求。据统计，全世界接受学前教育的儿童，1960 年为 2500 万人，到 1975 年就翻了一番，发展到 5000 万人。近十年来，接受学前教育的幼儿数字更在急剧地增长着。由此而引起的变化，是把幼儿教育纳入到学校教育体制之中，使它在完成早期教育的任务中起着重要的作用。

2. 延长义务教育的年限

由于生产发展的需要，19 世纪末叶以来，美国于 1852 年，英国于 1870 年，日本在 1866 年前后开始实施义务教育。到 1972 年，世界上 125 个国家的统计中，已有 101 个国家普及了义务教育。其中义务教育年限 10—12 年的 17 个国家，8—9 年的 37 个国家，6—7 年的 40 个国家，3—5 年的 7 个国家。近几年来，义务教育继续出现延长年限的新趋势。一是提前开始义务教育。苏联的小学教育从 7 岁提前到 6 周岁开始，美国有人主张从 4 周岁开始义务教育。一是往后延长教育年限。目前美国为 12 年，苏联和英国为 11 年，法国为 10 年，西德和日本为 9 年。值得重视的是他们的普及率很高。如美国高中入学率，自 1970 年以后，一直保持在 96%—97%；日本初中入学率在战后的三十年间从 43% 发展到 94%。而且这些国家义务教育之后的高中教育或大学教育都十分发达，其入学率已达到相当高的水平。

3. 职业技术教育摆在突出地位

生产的发展，要求年轻一代必须接受一定的职业训练；社会生产和生活的复杂与多样化，要求职业技术人才的多类型和多层次化。因而，当代学制改革中职业技术教育受到格外重视。日本、西德生产上的腾飞，都得益于多样化的职业技术教育。由于中等教育的普及，过去中学只负有为高一级学校输送新生的任务发生了变化。大部分中学毕业生不仅要求升学，而且也要求就业，这就促使了中等职业技术教育的发展。目前，职业技术教育的特点是专业门类繁多，学习年限灵活。这反映了各种社会职业都在提高智力结构的新的需要。苏联过去职业技术教育系统按 1264 个工种培养技术工人，现在增加到 1409 个工种。他们在 1984 年的学制改革重要指导思想之一是把普通教育和职业技术教育结合起来。不仅重视职业技术学校的设置，而且在普通中学注意增设职业技术科目。苏联教育部规定的中学选修课就有 63 门之多。其他国家都有同样情况。

4. 教育形式多样化

当代社会由于对科学知识的渴求，学校教育已完全冲破了封闭的固定形式，而发展起来各种不同的教育形式。人们受教育不仅采取着传统的学校形式，而且可以通过广播、函授、电视、卫星等形式来进行。这些过去被人们视为非正规的教育形式，现在越来越受到普遍的重视。目前各国的教育都在向多种形式的方向发展。如日本的教育电视，每周用 50 多个小时，播送 100 多个节目。第三世界的国家也在运用最新传送手段来普及教育。

5. 开展终身教育

当代社会由于信息量空前增加，生活方式的急剧变化，出现了终身教育的客观需要。过去人的一生分为两个阶段，一是受教育的阶段，一是服务于社会的阶段。这种情况已不适应当代科技发展的要求。据调查，按一个人一生工作 45 年计算，他们的知识大约只有 20% 是在学校获得的，其余 80% 是离开学校之后获得的。要保持一个人的知识的不断充实，必须实施再教育，不是一次，而是要多次。由此需要采取继续教育、回归教育、成人教育、老年教育等多种形式来实现这个要求。人在出生后的青少年时代要受教育，步入社会从事某一职业之后，也还要不断地受教育，终身都要受教育。

以上各点，对我国学制建设来说，也都具有参考、借鉴的意义。

二 我国学制的演变

我国近代，经历了旧中国和新中国。为正确理解当前我国学制的现状，需要对学制的演变做个历史的考察。

（一）中国学制的沿革

我国是从清末开始建立现代教育制度的。1840 年鸦片战争后，中国沦为半殖民地半封建社会。腐败的清政府，在帝国主义的侵略下，为了维护它的统治，不得不对延续了几千年的封建教育制度进行改良，采取了废科举、兴学校的措施。1902年首次制定了现代学制，即壬寅学制，这个学制未及实行，于1903年又颁布了癸卯学制，这是旧中国实行现代学制的开始。这个学制在形式上是抄袭日本的，但却保留着封建科举制的残余。这个学制是在"中学为体，西学为用"，既不放弃尊孔、读经，又要提倡洋枪、洋炮和发展实业的思想指导之下建立起来的。这个学制的特点是修业年限长，从蒙养院和初等小学堂开始到通儒院止，需要二十五六年的长时间才能走完学校的全程。这当然只能是封建统治者的一种空想。

辛亥革命后，为了适应新政权的需要，于1912—1913年又改革了过去的学制，颁布壬子癸丑学制。在学校名称、培养目标、修业年限等方面都做了修改，增添了一些资产阶级的色彩。但由于社会性质未变，这个学制仍是为地主、资产阶级者服务的。

第一次世界大战以后，当时一方面由于美国教育思想在中国的流传，一方面由于留美学生主持了当时的全国教育联合会，又提出了改革学制的方案。于1922年颁布了壬戌学制，即通称的"六三三制"，也称"新学制"。1928年国民党反动派取得政权以后，继承了这一学制。虽做过几次小的修改，但基本上没有实质性的变化，直到新中国成立仍沿用这一学制。这是在旧中国沿用历史最长的一个学制。

（二）1951年的学制改革

新民主主义革命时期，为了适应革命战争的需要，中国共产党在革命根据地和解放区建立各种不同程度、不同类型的学校，对培养造就大批优秀干部，提高人民群众的思想觉悟和文化水平，保障广大学龄儿童受教育的机会起了重大的作用。当时在培养目标、学校类型、入学条件和学习期限等方面，都是从革命战争和生产斗争的实际需要出发，同时因地制宜而制定的。直到今天，依靠群众，多种形式办学等经验仍需要我们很好地继承和发扬。

1949年中华人民共和国成立，标志着新民主主义革命结束和社会主义革命的开始。随着阶级关系和政治经济的变化，为适应社会对人才的需要，对旧的学制必须进行根本的改革。1951年10月1日，政务院颁布了《关于改革学制的决定》，明确规定了中华人民共和国的新学制。这是新中国成立后改革旧教育的一项重大措施，也是我国劳动人民掌握教育权的真正标志。这个学制系统是由幼儿园教育、初等教育、中等教育、高等教育和各级各类政治学校和政治训练班构成的。此外，还有各级各类补习学校和函授学校以及聋哑、盲人等特殊学校。

在当时看来，1951年的学制具有以下的特点：

1. 贯彻教育为工农服务的方针。确立了工农子女和干部教育的地位，给工农子女以充分入学的机会，保证工农群众及干部受到各级教育的可能性。

2. 重视培养国家各种建设人才。贯彻教育为生产服务的方针，把专业教育、技术教育作为学制的重要组成部分。规定了专业学校的地位，并对这类学校的毕业生在服务期满后，给予继续深造的机会。

3. 保证知识分子和干部受到政治训练的机会和再教育的机会。

4. 体现了方针任务的统一性和方法步骤的灵活性相结合的要求，方针任务是全国统一的，但由于各地政治、经济、文化发展不平衡，因此在实施方法步骤上则体现了相应的灵活性。

5. 小学实行五年一贯制，不分高、初两级，为普及教育提供了便利。

这个学制自1952年开始在全国逐步推行，在改造旧教育上起了重要作用。但由于当时新中国成立刚两年，教育经验不足，在执行中也遇到一些问题。如在办学形式上过分强调统一性，过分强调国家办学等等，都与迅速发展的社会主义建设事业不相适应。

（三）1958年的学制改革实验及其遵循的原则

1958年是新中国成立后重大变革的年代。在所有制方面的社会主义的三大改造基本完成以后，为适应当时形势的需要，中共中央和国务院于1958年9月发布了《关于教育工作的指示》，提出了开展学制改革实验的要求及所应遵循的原则。认为"现行的学制是需要积极地和妥当地加以改革的。各省、市、自治区的党委和政府有权对新学制积极进行典型实验，并报告中央教育部。经过典型实验取得充分的经验之后，应当规定全国通行的新学制"。在此之后，许多地区开展了学制改革的实验。如六周岁入学实验，九年一贯制、十年一贯制的实验，创办农业中学、半工半读学校的实验等等。这由于当时在教育改革上"左"的错误，虽然实验中有很多积极的东西，也没有认真总结。

1958年学制改革的实验，所依据的基本精神是调动各方面的积极性，多种形式办学，多快好省地发展教育事业，遵循的原则是：

1. 统一性与多样性相结合；
2. 普及与提高相结合；

3. 全面规划与地方分权相结合。

以上几条原则，在当时看是正确的，直至今天，也还有一定的指导意义。

三　我国学校的类型

新中国成立几十年来，我国学校已建立起庞大的体系，其类型是多种多样的。从教学、生产与工作的关系上考虑，或者从学习时间的安排上考虑，可分为全日制学校、半日制学校（即半工半读学校）与业余学校三种类型。从学校的设置方式分有正规的学校与非正规的学校。正规的学校指有固定的场所，有严格执行的教学计划和规章制度，全日制学校和半日制学校就属这一类。非正规的学校是指没有固定的场所和固定的学生来源，学习时间安排也比较灵活。这类学校也称开放式的学校，如函授、广播、电视、卫星、自学考试等都属于这一类。业余学校以其所采取的教学方式不同，有的属于正规学校范围，有的属于非正规学校范围。下面分别加以说明。

（一）全日制学校

全日制学校是我国学校的主要类型。包括全日制小学、中学、中等专业学校和高等学校。这类学校是以教学为主的，课程和设备都比较齐全和完备。

小学是整个教育的基础，小学和初中是实现九年制义务教育的学校。小学教育对一个人的成长和发展起着重要的作用，对全面提高民族素质也具有重大意义，一定要把小学教育办好。

中学，包括初等中学和高级中学。它在小学教育的基础上对学生实施中等教育。中学担负着双重任务，即一为国家培养合格的劳动后备力量；一为高一级学校培养合格的新生。每一中学生都应作好两种准备。而在办学上也必须考虑中学的这一特点，不能片面追求升学率。

中等专业学校，是培养工业、农业、卫生、师范以及其他各部门所需要的具有中等程度的专业人才。国家建设事业不仅需要高级科技人才，还需要大量的中、初级技术人才。在人才培养上必须注意两种人才的合理比例，对中等专业学校给予足够的重视。在实现普及义务教育过程中，注意发展中等师范学校，培养合格的小学教师，是尤为重要的。

全日制高等学校的任务是为国家培养各类高级专门人才，以适应各项建设事业的需要。高等学校又是科学研究的重要方面军。它既是教学中心，又是科学研究的中心。它是直接反映国家的科学技术和学术水平的。办好全日制高等学校，对国家的命运和前途有十分重要的关系。

各级全日制学校在国家教育事业中，主要担负着提高的任务，它是教育事业的主干，办好全日制学校，才能带动起其他类型的学校。

（二）半日制学校

半日制学校，是指边学习、边劳动（工作），用一定时间进行学习、用另外的时间进行劳动的学校，也称半工半读学校。学习与劳动时间安排可以是各占一半，也可以是"四六"或"三七"之比，由具体需要来确定。这类学校一般不用国家出资，而是以劳动所得作为办学经费和学生的生活补贴。在同级学校中，半日制学校与全日制学校比，学习年限要长些，课程门类则根据学校的性质来定。这类学校多属于专业性质的，如半工半读、半农半读、半商半读等。也有普及性质的，如识字学校、初等学校等。最普通的一种半日制学校，是1958年以后兴办起来的农业中学。它曾是刘少奇同志大力提倡过的，"文革"期间被砍掉，党的十一届三中全会以后又逐渐发展起来。半日制学校毕业后，考试合格可升入同性质的高一级学校。

（三）业余学校

业余学校的教育活动是在受教育者的工作之余进行的，它是广大工农群众和在职干部用工作以外的时间参加学习的一种教育形式。业余学校属于成人教育的范畴。

业余教育担负着普及教育和培养专业人才的双重任务。在扫盲教育中它担负起识字教学的任务；在已有一定文化的工农劳动者和干部当中，它要负起更新劳动者的知识、技能的任务。因此，业余学校是继续教育的一种形式。随着科学、技术的发展，劳动者要适应生产和工作的需要，变一次教育为多次教育已成为发达国家的普遍现象。在职工的再教育中，业余学校担负着重要的责任，它对更新职工的知识，使职工掌握先进的技能和生产工艺，起着重要的作用。

业余学校的经费，一般都由主办的生产单位来承担。业余学校的目标、学制、形式和内容都比较灵活，可根据办学的需要和条件来确定。关键问题是保证质量、追求实效。

（四）函授、广播、电视学校

函授、广播、电视（卫星）学校，是开放教育的重要形式。这类学校主要是利用现代化的通信手段，把学习信息输送到远离学校所在地分散于各地的学习者面前，因此，又称远距离学校。不要求固定的学习场所，也不需要大量的办学经费，但却可以接受大量的学员，为学习者提供各种方便的学习条件。它对普及教育和提高干部、群众的文化科技水平都有重要的作用。学习者不需离开家门，不需离开工作岗位，就可以进行学习。学习时间和修业年限都比较灵活，只要在规定的时限以内完成所要求的学业，经过考试，合格者就可以取得毕业证书，享有和正规学校毕业的同等待遇。因此，很受广大学习者的欢迎。

近年来，我们这类学校有很大的发展，成为教育事业的一支重要力量。函授教育主要是由各高等学校及相关的教育部门办理的，而广播、电视教育则是由专设的广播学院、电视大学利用电台、电视台或卫星地面站每日定时播放教育节目进行的。这类学校一般都要组织定期的面授活动，以提高学习效果和学习质量。此外，还要做好有关的组织工作并及时听取学员的反映，以便沟通信息，改进工作。

四　当前我国教育体制的改革

教育是与国家建设和社会变革紧密联系着的。粉碎"四人帮"，特别是党的十一届三中全会以后，我国历史进入了新的发展时期。新中国成立后教育制度虽然不断进行调整和改革，但经过"文革"的破坏，不论学校制度和领导体制，都存在着严重的问题。为适应新的历史需要，必须进行根本改革。1984年10月开始，中央进行了深入地调查研究和广泛地征求意见，并且在全国教育工作会议上进行了认真讨论，于1985年5月27日发布了《中共中央关于教育体制改革的决定》（以下简称《决定》）。这是我国教育体制改革的纲领性文件，是指导我国教育事业发展的重大决策。对我国教育事业的发展，必将产生重大的影响。

（一）改革教育体制的指导思想与必要性

邓小平同志在为景山学校题词中写道："教育要面向现代化，面向世界，面向未来。"这是我国教育建设的指导方针，也是改革教育体制的指导思想。国家建设需要人才，要人才就需要教育来培养。因此，办教育必须紧密地与国家建设事业相适应。《决定》中写道："教育必须为社会主义建设服务，社会主义建设必须依靠教育。"这是"三个面向"方针的具体化。不仅正确地理解和处理了两个文明建设的关系，也正确地理解和处理了教育事业这个局部同整个四化建设这个全局的关系问题。

为什么要改革教育体制，从根本上说就是要解决我国教育事业发展上存在的主要问题。以调整教育的外部与内部的关系。

首先，教育体制改革是经济体制改革的必然要求。党的十二届三中全会已经确定了以城市为重点的整个经济体制改革的蓝图和有关的重大方针政策。在此之前已经进行了农业经济的改革。无论是农村或城市经济体制的改变，都影响对人才的要求，影响教育体制的变化。在经济体制改革中"尊重知识，尊重人才"是最重要的要求。教育要为经济建设服务，就必须调整和改变原有不适应经济建设需要的缺点和问题。因此，必须改革教育体制。

其次，从教育事业本身的发展看，体制的改革也是十分必要的。在教育事业发展中，有许多亟待解决的缺点和问题。如我们的基础教育还很落后，直接影响到民族素质、劳动者素质和各级各类学校的质量；在中等教育结构中，职业技术教育的比重过小，而且发展缓慢；高等教育中的层次、科类比例也不合理，导致了片面追求升学率的问题很难解决，导致了各层次、各门类人才培养数量和质量的比例失当。由于管理体制的弊端，整个教育缺乏主动适应四化建设实际需要的活力。教育思想、教育内容、教育方法的改革步伐缓慢等等。所有这些问题，都需要从宏观上加以调节，包括确立投资方向，改革劳动人事制度，以及人才培养和使用上的行政和法律的手段。因此，必须进行教育体制的改革，端正教育指导思想，调整教育内部结构，以使教育事业紧密适应四化建设的客观需要。

最后，从现行的教育管理体制看，也必须加以改革。教育管理体制，从客观上说，主要问题是中央同地方的关系，政府主管部门同学校的关系没有处理好。在教育事业管理权限的划分上，中央有关部门对一些具体事务集中过多，不利于地方积极性地发挥；对学校特别是高等学校管理得过于僵硬，使学校缺乏应有的主动性和活力；国家对一些学校包得过多，影响了社会各个方面办学的积极性。另一方面，一些本属于国家职能范围应该由国家加以指导、调节和管理的事情，又没有很好地管理起来，不能有力地解决教育与经济建设、科技进步和社会发展不同程度的脱节问题。各级各类教育面向社会需要的主动性也会受到影响和限制。在这种情况下，只有改革教育体制，抓住教育发展中的根本问题加以解决，才能克服和解决教育管理上长期存在的弊端和问题。

综上所述，改革教育体制已成为我国教育事业发展中必须解决的根本问题。中共中央关于教育体制改革的决定的发布，是非常及时的，非常必要的。它对我国教育事业的发展，将产生极其深远的影响。

（二）教育体制改革的主要内容

改革教育体制的目的是提高民族素质，多出人才，出好人才。其中所包括的内容主要是：

1. 实施普及九年制的义务教育是教育建设的一个重大的战略决策

义务教育是依据法律规定适龄儿童和青少年都必须接受，国家、社会、家庭必须予以保证的国民教育。普及义务教育，是现代文明的一个标志，也是现代文明的基础。自19世纪后期开始在一些资本主义国家实施义务教育。新中国成立30多年来，同旧中国相比，在教育事业上是获得了空前发展的，但一直也没有实施普及义务教育。这次提出实施普及九年制义务教育，其意义是十分重大的。

实施普及九年义务教育，用什么来保证呢？

一是实施基础教育由地方负责，分级管理。这样就可以极大地调动地方的积极性，就可以因地制宜，从实际情况出发，发扬地方的优势。我们这样大的国家，各地有不同的基础和条件，不发挥地方的积极性，是无法把普及义务教育这样的大事办好的。

一是实施普及义务教育要适应各地发展的不平衡性，对不同地区，分别提出不同的要求。分步走，不搞"一刀切"。《决定》提出，全国划分为三类地区，各有不同的要求。对占全国人口1/4的少数发达地区，要求在1990年完成。对占全国人口1/2的中等发展程度的地区，要求在1995年完成。而对占全国人口1/4的经济落后地区，国家不仅要尽力给以支援，而且实现九年义务教育的年限则更要放宽。

由于有这样实事求是的安排，这就保证了逐步实施普及九年制义务教育的可能性。

为了保证教育质量和使所有适龄儿童都能受到同等的教育，在实施九年义务教育的同时，还要努力发展幼儿教育，发展面向盲、聋、哑、残疾人和弱智儿童的特殊教育。

2. 大力发展职业技术教育，是改革中等教育结构的关键

社会主义建设，不仅需要高级建设人才，也需要大量的中、初级技术人才和各种服务性人才。多年来，我国中等教育的发展是畸形的，只发展中学，不发展其他类型的学校，形成了"中学唯一"的局面，职业技术教育受到严重忽视。结果一方面造成中、初级技术人员与高级专业人员的比例失当，受过中等专业训练的服务人员奇缺，一方面青少年没有机会受到就业训练，造成片面追求升学率的严重社会问题。

新中国成立35年，我国共培养普通高等学校毕业生411万人，中专毕业生722万人。大学毕业生与中专毕业生的比例为1∶1.76，而其正常比例是1∶3到1∶10。至于技工学校和职业中学毕业生的就更低。其原因，一是重视大学，鄙薄职业技术教育；二是劳动就业制度不合理，不能坚持"先培训，后就业"的制度；三是我国经济技术还不发达，特别是第三产业不发达。结果造成了中等教育结构严重不合理的状况。

今后必须大力发展职业技术教育。我国青少年应从中学阶段开始分流：初中毕业生一部分升入普通中学，一部分接受高中阶段的职业技术教育；高中毕业生一部分升入普通大学，一部分接受高等职业技术教育。在小学毕业后，接受过初中阶段的职业技术教育的学生，可以就业，也可以升学。凡是没有升入普通高中、普通大学和职业技术学校的学生，可以经过短期职业技术培训然后就业。《决定》中要求大力发挥现有中专的潜力并发展普通中学的职业技术班以及办好职业技术中学。争取五年左右，使大多数地区各类高中阶段的职业技术学校招生数相当于普通中学的招生数，扭转目前中学教育结构不合理的状况。

为发展职业技术教育，《决定》指出：

（1）要以中等职业技术教育为重点，发挥中等专业学校的骨干作用。同时积极发展高等职业技术院校，优先对口招收中等职业技术学校毕业生以及有本专业实践经验、成绩合格的在职人员入学。逐步建立起一个从初级到高级、行业配套、结构合理又能与普通教育相互沟通的职业技术教育系统。

（2）中等职业技术教育要同经济和社会发展的需要密切结合，城乡各有侧重，训练内容不要太窄，基础教育也不能忽视，以适应广泛的就业需要。同时要加强职业道德、职业技术教育。

（3）发展职业技术教育，要充分调动企事业单位和业务部门的积极

性，并鼓励集体、个人和其他社会力量办学。提倡各单位和各部门自办、联办或与教育部门合办职业技术学校，除为本单位培养人才，也可接受其他单位的委托或招自费生。

（4）切实注意解决专业技术师资的问题，稳定师资队伍。

总之，职业技术教育必须办好，这已是形势所迫。西德人称职业技术教育为经济腾飞的"秘密武器"；日本人认为职业技术教育挽救了他们战后最困难的时期；苏联1984年的教育改革中心问题是解决普通教育与职业技术教育的结合；美国有三千多所高等学校，还有八千多个高中后的非学术教育即职业技术教育单位。我们国家要解决教育为社会主义建设服务的要求，要合理地安排中等教育结构，必须大力发展中等职业技术教育。

3. 高等教育与社会需要结合是改革高等教育体制的中心课题

我国高等教育发展的战略目标是到20世纪末建成科、类齐全，层次、比例合理的体系，总规模达到与我国经济实力相当的水平。高级专门人才的培养基本上立足于国内，能为自主地进行科学技术开发和解决社会主义现代化建设中重大理论问题和实际问题作出较大贡献。

高等教育体制改革的关键，就是改变政府对高等学校统得过多的管理体制。要在国家统一的教育方针和计划的指导下，扩大高等学校的办学自主权，加强高等学校同生产、科研和社会其他各方面的联系，使高等学校具有主动适应经济和社会发展需要的积极性和实际能力。当前改革的主要办法，一是改革大学招生的计划制度和毕业分配制度，采取国家计划、用人单位委托、计划外自费等办法招生，同时要改变人民助学金制度。二是扩大高等学校的办学自主权。

高等学校的发展，主要是发挥老校的潜力，而不是另建新校。今后要实行中央、省（自治区、直辖市）、中心城市三级办学体制。

4. 加强领导，调动各方面的积极因素，是搞好体制改革的组织保证

《决定》的最后一部分，是关于加强领导的问题。这是工作成败的关键。领导者的责任是尊重教育工作的客观规律和特点，坚持实事求是，一切从实际出发。牢记教育体制改革的根本目的是提高民族素质，多出人才，出好人才。只要紧紧掌握这一条，就不会迷失方向。

要加强领导，重要的是采取两条措施。

（1）成立国家教育委员会，负责掌握教育的大政方针，统筹整个教育事业的发展，协调各部门有关教育的工作，统一部署和指导教育体制的改革。国家教育委员会是一个拥有较大权限的实体机构，由国务院主要负

责同志分工领导。各地也要相应地由主要领导同志来亲自抓教育工作。这就在组织上保证了教育的重要地位，把教育的问题真正提到全党、全社会面前，这样就可以解决教育部门解决不了的问题。

（2）学校内部的领导体制，要逐步实行校长负责制。有条件的学校要设立校务委员会，作为审议机构，同时要建立健全教职工代表大会制度，以加强学校的民主管理和民主监督。对学校党组织的职责起监督作用。目的是既要充分发挥行政的作用，又要切实改善党的领导工作和思想政治工作。

（三）实现教育体制改革的基本条件

教育是关系国计民生的大事业，它涉及政治、经济、社会各个方面。要搞好教育体制的改革，有几个条件是必须加以解决的。

首先，各级领导对教育事业必须十分重视。邓小平同志曾多次谈到这个问题。他说："忽视教育的领导者，是缺乏远见的、不成熟的领导者，就领导不了现代化建设。各级领导要像抓好经济工作那样抓好教育工作。"又说："各级党委和政府，不仅要抓，并且要抓紧、抓好，严格要求，少讲空话，多干实事。"① 领导是关键。多年来，教育工作同其他工作特别是经济工作比较起来，总是摆不到应有的日程上，这是教育事业进展缓慢的根本原因，今后必须改变这种状况。领导者对教育工作要真正重视起来，给它们应有的地位，加强对它的领导。

其次，必须保证足够的教育经费。教育是培养人才的，高质量的人才投入到国家建设事业中，必将取得重大的经济效益。这是说，办教育不是消费投资，而是生产投资。但教育的经济效益不是短时间可以取得的，在办教育的过程中是需要资金的。因此，保证足够的教育经费，是搞好教育事业也是改革教育体制的必要条件。《决定》中规定："在今后一定时间内，中央和地方的教育款的增长要高于财政经常性收入的增长，并使在学校学生人数平均的教育费用逐步增长。"保证这"两个增长"十分重要，除此以外，还允许征收教育附加费。这种指令性的规定，是发展教育事业的基本保证。

最后，必须解决师资问题。进行教育体制的改革，要调动各方面的积

---

① 邓小平：《各级党委和政府要把教育工作认真抓起来——在全国教育工作会议上的讲话》，《人民教育》1985 年第 7 期。

极性，最重要的是调动教师的积极性。教师是办好学校提高教育质量的关键，没有足够数量和高质量的教师，就无法进行教育改革。解决师资问题，主要是千方百计地稳定教师队伍，办好师范教育，搞好新教师的培养和在职教师的提高，提高中小学教师和幼儿教师的社会地位和生活待遇。鼓励他们终身从事教育事业。各级政府和有关部门今后每年都要为教师切实解决一些问题，在全社会树立尊重教师的风尚。因此，改革教育体制必须认真解决师资问题。

21 世纪中国教育展望[*]

中国最沉重的负担是人口，最富有的资源是人力。怎样充分地开发和利用这一宝贵资源变负担为动力，使人力成为人才，已成为影响民族生存和国家前途的根本性问题。人们正在从新的角度审视现在的教育，积极地探索实现这一目的的有效途径。21 世纪的中国教育，必将在 90 年代进一步深化教育改革的基础上，以开发"脑矿"培养开拓型现代化建设实用人才为中心，创造出许多前所未有的新事物。

一 效益观念、开拓意识、拼搏精神、国际意识等品质将成为 21 世纪素质教育的重要内容

邓小平同志积极倡导的注重实干、讲求实效的观念，正成为全国人民的共识，并作为判断事物好坏利弊的价值标准。这一标准对发挥亿万中华儿女的聪明才智有着极其重要的作用，它改变了过去那种重说教、好空谈、不务实的坏作风，并且更新了君子不言利的传统观念，使人民把力量都集中在发展社会生产力，改善人民生活的伟大事业之中。这一观念将极大地推进 90 年代的改革开放，并将成为 21 世纪中国人的重要品质之一。

在注重实效的前提下，人的创造力、开拓力将在改革开放中日益显示其重要性。在 90 年代的改革大潮中，必将有许多公司应运而生并快速地发达起来，也将有许多公司破产被吞并。随之而来的就是，有许多人物脱颖而出成为改革开放的弄潮儿，而另一些人则在大潮中漂浮不定甚至沉没。在总结其成功经验与失败教训时，人们将发现仅有知识和技能是不够

---

[*] 原载《教育研究》（唐文中、温恒福）1992 年第 10 期。

的，还要有敢于拼搏、善于应变、勇于开拓以及高度的事业心与坚韧不拔的意志力等优良品质。正如柯林·博尔所说，未来人应具备三本教育护照，一本是学术性的，一本是职业性的，第三本是证明一个人的事业心和开拓能力的。21世纪的中国教育将在加强科学知识和职业技能训练的同时，加强学生的创业教育，把拼搏精神、应变能力、开拓能力、创造能力、组织能力、高度的责任感和事业心等优良品质当作现代中国人的重要素质加以培养。

随着改革开放的扩大与深入，中国不仅要引进外资、智力与技术，而且要输出资本、技术与人才；不仅要在自己的土地上搞"合资公司""独资企业"，还要走出国界搞自己的跨国公司，打开中国货物的国际市场，创造我们自己的世界名牌。无论是引进还是输出，都需要强烈的国际意识。走向世界将成为21世纪中国人的历史使命，而如何培养人们的国际意识也将成为21世纪素质教育的重要内容。

二　教育与经济的联系将更为密切

新的科学技术革命正在引起以服务业迅速发展、制造业日渐艰难、高科技产业异军突起为特点的产业结构的变化。在这一变化中，怎样建立起"教促富、富兴教"的良性循环，提高教育投资的效益，是人们关心的热点，也是影响教育事业发展和经济振兴的大事，根据国外的经验与近十年来我国教育改革的发展成就，可以看出，其根本方法之一就是进一步加强教育与经济、教育与科技的联系。

这种联系机制在我国农村教育改革实验县中已经基本建立起来了。在农科教统筹的实验中，教育通过培训当地经济需要的实用人才、推广实用技术、种植试验田、实验新品种等方式，与当地经济发展与科技开发结为一体；不仅使农业、科技、教育部门的人力、物力、财力得到了综合利用、合理配置，极大地促进了当地经济的发展，建立了"教促富、富兴教"的良性循环，而且使学生在学习运用和推广实用技术的过程中，把教育和经济真正地联系在一起了。农村教育综合改革中取得的这些经验必将在90年代的城市教育综合改革中得到继承与发展，并将在此基础上创造出许多更加有效的经科教统筹的新机制，从而使21世纪的教育与经济结合得更加紧密。

三 终身教育将贯彻到教育的每一领域，并将形成体系

联合国教科文组织在国际教育发展委员会上，曾明确建议把终身教育作为发达国家和发展中国家在今后若干年内制定教育政策的主导思想。发达国家的经验证明，在终身教育思想指导下的教育实践对提高劳动者素质、发展生产力确实有效。美国在研究日本快速赶超自己的诀窍时，惊奇地发现，日本的秘密武器原来是教育，尤其是继续教育。为此，他们曾大声疾呼，美国如果不对传统教育进行改革，不注意发展终身教育，那么，美国的人才优势将要消失，经济实力将被削弱，美国的世界地位也将被日本所取代。其他发达地区，包括"亚洲四小龙"也都在用终身教育体制来改造传统的学校教育体制。

我国很早就有"社会教育""平民教育""干部教育""生活教育"的历史经验，自80年代引进了终身教育的理论以后，终身教育、回归教育、继续教育、继续工程教育的概念与理论被迅速接受并应用到教育实际工作中，积极地推进了我国的教育体制改革，特别是极大地促进了我国成人教育的发展。终身教育的思想正在日益深入人心，经过90年代的消化、吸收与实验，到21世纪时，终身教育的理论必将应用到教育的各个领域，并在具有中国特色的社会主义教育体系中得到充分的反映。到那时，终身学习将不再是一句口号，人生的每一阶段都有机会继续学习，并要求人始终不停地学习；初中、高中的毕业生都将按要求，在掌握普通文化知识的基础上依据客观的需要和自己的兴趣学习一门或几门实用技术，或者接受某种职业训练；已参加工作的各类技术人员每5年或10年将进行一次回归教育，以更新知识赶上世界先进水平；公务员、职员都将按期接受关于职业技术、职业道德方面的培训；各类实用技术学校将为转换工作的职工提供学习新技术、熟悉新岗位的机会；社区教育机关还将为幼儿、老人提供保健、养生方面的教育等等。总之，21世纪的中国教育将是包括胎教、幼教、初教、中教、高教、职教、成教、老年教育等各级各类教育，为人民提供文化教育、道德教育、职业教育、艺术教育、闲暇教育、专业教育、人生教育、保健与养生教育等内容的终身教育体系。

四 社区教育的理论与实践将获得重要地位

自从丹麦人柯隆威 1844 年创办第一所"民众高等学校",美国芝加哥大学首任校长威廉·雷尼创办独立的"初级学院"开始,社区教育运动就在欧美各国蓬勃地开展起来了。最近英、美、日等国家还把社区举办教育、支持教育写进了法规,把社区教育当作社区工作的主要内容之一。例如美国在《美国 2000 年教育纲要》中就在建设"新型美国学校"的同时,提出创建"美国 2000 年社区"的目标,并提出了把美国变成"学生之国"、把社区变成大课堂的口号,其实,大力发展社区教育是用终身教育改革学校教育体制的重要内容之一。

我国虽然在近些年才开始搞社区教育试验,但发展速度很快;再经过 10 年的发展与完善,到 21 世纪时我国的社区教育必将受到人们的高度重视,社区教育实践无论在内容上还是在规模上都将获得较大发展。21 世纪的中国社会将把教育纳入社区发展规划中来,并通过社区教育把本社区的劳动后备力量培养成为振兴社区经济的实用人才。从而使社区教育成为社区繁荣昌盛的积极推动力量;各社区将普遍设立社区学校或社区学院,以负责社区的教育工作;社区教育的对象不再限于青少年学生,而是面向所有的社区成员;社区教育的内容也不再限于官民结合的"管教教育",而将扩展为包括扫盲教育、法制教育、公共道德教育、实用技术培训、科学教育、生态教育、艺术教育、闲暇教育等各种教育在内的、多层次的、全方位的教育;企业和社区将以高度的责任感积极地参与学校教育。"家长联谊会""学校董事会""企校共建联合会"等组织将普遍设立,从而使 21 世纪的中国社区教育以其针对性、灵活性、实用性、及时性的特点为社区发展和国家的现代化建设作出巨大贡献。

五 教育管理民主化,学校个性化

从世界教育改革发展趋势看,过去分权的国家正在逐渐加强中央的权力,而过去集权的国家却在逐渐放权,集权制与分权制都在取长补短。我国的教育管理体制属于集权制,这一体制在改革开放中已经进行某些改革,今后的改革趋势必然是以分权为主,逐渐下放各级教育的管理权。

1985 年颁布的《中共中央关于教育体制改革的决定》把基础教育的管理权下放给地方，并扩大了高等学校的办学自主权，这一措施给中国的教育带来生机，极大地促进了九年义务教育的实施与职业教育的发展。21 世纪初的教育改革将继续坚持这一方针并在教育制度、教学计划、教学内容等方面迈出更大的步伐。高等教育和成人教育将随着我国经济成分和经济结构日趋多样化，商品经济成分越来越大，全员劳动合同制的实行以及铁交椅、铁工资、铁饭碗的打破，而更多地受经济需求和劳务市场的左右，按需求学、自谋职业的学生比例将大幅度上升，而统一招生、统一分配的学生比例将大幅度下降。尤其是成人教育将可以随时根据需要设立专业或改变教学计划，灵活机动地跟着市场走。

在教育民主的形式下，我国的学校将充分显示出自己的办学特色，不仅成人学校、高等学校有自己的办学宗旨与教学方法，而且普通小学、普通中学与幼儿园都将追求自己的风格，到那时，无特色的学校将失去竞争能力。

六　教育内容现代化、地方化、综合化、活动化

教育内容的改革一直是教育改革的重点与难点，它直接影响着人才的素质与相应的教学组织形式和教学方法，我国的教育教学改革在 90 年代乃至 21 世纪初的重要任务之一就是加速教学内容的改革。

有人把学校教学内容陈旧比喻为，社会已发展到了"日心说"，而学校教的仍处于"地心说"的时代，学生毕业后眼花缭乱，不知所措，学富五车就是派不上用场。这种说法虽然过于极端化，但它却告诉了人们，教学内容陈旧所造成的危害是巨大的。发达国家的教学内容每经过 5 年最多 10 年就要有一次较大的变动，有的国家两年一小改，五年一大改，以保证内容的现代化。在高科技产业蓬勃兴起，科技是第一生产力的观念日益深入人心的未来，教学内容的现代化将始终是我国教学改革的重要课题之一。由于我国各地的情况千差万别，所以教学内容的现代化步伐与地方化同步进行。80 年代，在教育为当地经济服务方针的指引下，我国已经出现了许多地方教材，国家教委也由一纲一本转变为一纲多本。这种地方化的趋势经 90 年代的发展，到 21 世纪必将出现多纲多本的局面，尤其是职业训练和劳动技能培养方面的课程更是如此。

在现代化、地方化的大趋势下，由于历史原因，我国的课程改革还将逐渐向综合化和活动化方向发展，因为我国自开设学校以来，学科课程一直占有绝对的统治地位，它虽然为培养基础知识扎实的学术型人才作出了很大的贡献，但在培养学生的动手能力、活动能力、创业能力、组织能力、迁移能力以及博学多才等方面显得力不从心。尤其是在现代科学不断综合化、通才取胜、交叉中创新和我国学生亟须提高动手能力与活动能力的情况下，开设综合课程和活动课程并逐渐扩大两者在教学内容中的比重就显得十分必要了。

七　教学方法合作化、多样化、艺术化

苏联的"合作教育学"、美国的"合作学习"、我国的自学辅导、愉快教育等都有一个共同的主题，那就是尊重学生、热爱学生、相信学生，把学生当作学习的真正主人，使学生在教师的帮助下积极主动地探索、发现。这种思想既不是"教师中心"，也不是"学生中心"，而是强调师生间的平等合作。这种"合作"既吸收了"教师中心说"与"学生中心说"的优点，又避免了两者的不足；既肯定了教师的主导地位，又能充分地调动学生学习与发展的积极性，是一种很有前途的理论，它将成为我国21世纪教学改革的主导思想。

我国80年代的教学实验成果表明实现师生合作的途径是多种多样的。个别教学、小组教学、班级授课制都是贯彻这一思想的有效途径。师生合作的方式方法更是变化无穷的。可以是"探索发现式""自学辅导式"，也可以是"练讲结合式"和"茶馆式"，多种多样。只要勇于探索，大胆实验，每位教师都能创造出属于自己的最佳合作方法。到21世纪时，随着各项教学改革与实验的成功，将产生许多像"尝试指导，单元回授""读读、议议、练练、讲讲"一类土生土长的优秀教学法。这些优秀教学法将会逐步改变"千校一面，万师一法"的局面，并与课程地方化趋势相配合，切实做到方法为内容服务，不同内容采用不同的方法，不同的教师有不同的风格。多样化是艺术化的基础，教学方法的多样化必将促进教学方法艺术化水平的提高，使我国的教学方法在不断创新发展中，积极地促进教学效率与效益的提高，并为建设具有中国特色的教学理论作出重大贡献。

八　教育技术现代化、电子化

阅读一部名著对于中小学生来说需要几天时间，而看一部由同一名著改编的电影却只需 2 小时，而且情节逼真，印象深刻，记忆持久。为此，把一些需要通览或需要切实掌握的内容制成影视片、幻灯片，以顺应青少年的心理特点提高教学效率与质量，已成为发达国家广为采用的手段，还有的学校把所有的讲课内容都制成磁带或录像带，学生可以随时复习，对不太懂的地方可以反复听、反复思考。另外，发达国家还广泛地采用了计算机辅助教学技术，大大提高了教学效率。1970 年美国各州只有 13% 采用计算机进行辅助教学，到了 1980 年已上升到了 74%，而到了 1990 年则几乎所有学校都采用计算机辅助教学。在将来的"新型美国学校"中还要建设全国教育电子网络，向所有新型学校提供最新最好的教育信息、教材和研究成果。日本、德国、法国、英国等发达国家也都在积极地尽力用电子计算机武装学校。之所以如此，是因为计算机不仅在资料检索、储存信息和及时提供信息方面有突出作用，而且它可以作为杰出的练习指导者和评估者，学生学习时可以及时应答，大大提高了学生的自信心，它还可以使学生学着提出问题、推敲问题以及相互学习，其作用甚至超过了辅导教师。有的学校甚至把所有的教学内容都储存在计算机的磁盘里，学生可以在教师的帮助下，向计算机学习，自选时间与地点，自定步调，学完一个单元，经测试合格后，即可学习下一单元，非常有利于因材施教和发挥学生的积极主动性。实践证明，计算机无论在教学中还是在资料室、图书馆、科学馆中，都能极大地方便教学与工作，提高教学与工作的效率与质量，其应用前景十分广阔。

我国中小学的教学技术，目前还处于较低的水平，数量不多的幻灯、电视和电子计算机都未得到充分的利用。随着我国经济形势的好转，教育投资的逐渐增加，加速教学技术的现代化将成为 21 世纪中国教育的迫切需要。而能否充分利用这些现代技术也将成为对 21 世纪教师素质的一个挑战。

九　教育实验理论将成为一门重要学科

近十年来，我国的教育实验由恢复进而得到很快的发展。许多 60 年代的教育教学试验一个个地恢复起来，并逐渐形成了体系，大量的新实验课题纷纷立项。改革必须通过实验，实验必须为改革服务的观念已被人们接受，以中小学教师为主体的群众性教改实验正蓬勃地开展着。相应地，关于教育实验的理论研究也成了教育科学研究中的热点，几年之内就在省级以上刊物发表关于教育实验的论文近 3000 篇，几部教育实验专著也相继问世；全国性教育实验专题研讨会分别在南通、武汉、天津等地召开，并成立了全国教育实验协作组，积极地推进全国的教育实验理论研究；教育实验中的基本概念，如实验假说、操作定义、因子水平、控制和实验设计与实验评价等已基本明确；教育实验的本质特征、基本原则以及教育实验与自然科学实验和其他教育科研方法的区别与联系等基本关系也逐步讨论清楚。可以说现有的教育实验理论研究成果已经为教育实验研究走向独立奠定了牢固的基础，具有中国特色的教育实验理论体系必将在 90 年代进一步提高教育实验设计水平、增强实验操作的可行性，提高教育实验的理性水平和实验的规范化水平，以及加强教育实验的科学评价和教育实验理论体系化研究的基础上逐渐地成熟起来。到那时，教育实验理论将成为各级师范院校和各类教师进修学校的必修课。

十　21 世纪的教育将对教师提出更高的要求

21 世纪的教师仍然是教育活动的组织者，仍对学生的发展起主导作用。未来社会对教育的要求，归根结底是对教师的要求。无论是教育观念的更新，还是教学内容、教学方法的改革都将取决于教师的素质与态度。教师不愿做或不会做的事，很难让学生学会做。教师不具备的品质，也很难在学生的身上培养出来。根据以上各项论述，我们认为，21 世纪的教师至少要做到以下几点：

第一，要用终身教育观代替学校教育观。随着终身教育的实施，学校教育的职能将发生重大变化，学校的责任不再是为青年人准备进入具体的生活，而是为他们作好继续学习的准备；学校的主要作用是为进一步学习而教育，赋予学生进行终身学习所必须的兴趣、动机、知识和能力。终身教育观对学校教育目的、教育方法、教学内容等都提出了许多新的要求，21 世纪的教师要能够及时准确地领会这些要求并依此组织与设计教学，而不能局限在狭小的学校教育内思考问题。

第二，要建立新型的民主的平等的师生关系。未来的社会，学生获得信息的来源是多方面的。师生之间，将既不是简单的命令与服从关系，也不是知识的授受关系。而是要建立起一种新型的、民主的、平等的和合作的关系。到那时，教师不是强迫学生去学习什么，也不是把现成的知识原封不动地呈送给学生，而是要积极地指点、引导学生独立地去探索和获取。学生的主动性将得到充分发挥，独立人格将受到尊重，教师的作用不是削弱，而是有了更高的要求。

第三，要有广博的知识与多种技能，从而成为多种教育职能的承担者。在素质教育中，扩展学生的知识面，增进学生的多方面技能将成为教育教学的重要目标之一。为此教师必须先掌握广博的知识与多种技能，教师不仅要教文化科学知识，还要能够帮助学生学习实用技术，指导学生健康、有效地生活；不仅要能讲，还要能够运用现代化的教学仪器，尤其是电子计算机辅助教学技术。要与家长和社会各界关心教育的人士合作，充分利用各种教育资源，对学生进行各方面的教育。

第四，要有高度的事业心与责任感，以及开拓意识和创造能力等优良品质。教师的工作态度与能力是决定教育改革最终成功与失败的关键因素。教师的一举一动不仅影响着教师自己的工作效果，而且直接影响着学生的行为与态度。欲培养学生的事业心、开拓意识和创新能力，教师必须先具有这些品质。总之，要让学生具有的，教师应首先具有，21世纪的教师应走在21世纪学生的前头。

教 学 论

小学国语科教学方法[*]

一　国语科的教学目的与范围

国语科的教学在小学各科的教学中是一个基础的学科。"假如一个孩子不习惯琢磨每个词的含义，只能模糊地理解甚至根本不理解词的真正意义，并且不具备口头和书面自由运用词的熟巧，他在学习任何一门其他科目时总会由于这个最根本的缺点而感到困难……祖国语言教学在初级阶段教学中是一门最重要的、中心的课程，它渗入到其他各门课程之中，并将其他各门课程的成绩集合于自身，我有权把祖国语言教员看作整个小学教学的主导者，并且对他提出一些一般的教育学上的建议——这一点现在难道还不清楚吗？"[①] 弄通国语是研究其他各种学科的必要条件，我们必须要有足够的重视。

小学国语教学的主要目的就在于学习如何掌握语文的工具。使儿童通过国语科的学习能获得阅读、说话、写字、作文的能力。其能从阅读中来丰富自己生活斗争的实际知识；从写作说话中来表达自己的思想和抒发自己的情感。正如东北区初小国语教科书最后一页所规定的一样。小学国语科的教学目的是：

第一，识字并逐步养成阅读写作和讲话的能力；

第二，养成爱祖国、爱人民、爱劳动、爱科学的思想和忠诚、勇敢、勤劳、守纪律的习惯与作风；

---

[*] 选自《小学教学方法研究》，唐文中、李乙鸣著，上海教育书店1951年第3版，第1—46页。

[①] ［苏］乌申斯基：《乌申斯基教育文选》，郑文樾编选，张佩珍等译，人民教育出版社1991年版，第392—393页。

第三，学得一般必需的常识，养成对革命事业与对新中国建设事业具有初步的认识和信心。

最近中央教育部出版的《小学各科课程暂行标准初稿》中关于国语科的教学目的也作出规定：

第一，培养儿童组织和运用语言的能力，使他们对中国人民大众所习用的语言，会听、会说、清楚明确并乐于表达自己的意见。

第二，培养儿童阅读和使用文字的能力，使他们对中国人民大众所应用的语体文会读、会写并且有自觉阅读写作的兴趣和习惯。

第三，使儿童通过儿童文学的学习和实际生活的体验，加强对人民文学的欣赏，培养其丰富的想象力和实践国民公德的革命热情。

第四，使儿童通过语言文字并联系各科的学习，融会贯通，提高认识，初步树立新民主主义思想和国际主义精神。

根据以上规定，国语科的教学目的，一方面要培养儿童学习文化知识的初步能力，一方面还要培养儿童具有良好的生活习惯和新道德品质。初步地树立劳动观点、群众观点及新爱国主义思想和国际主义思想。也就是从国语的教学中，必须使儿童初步地学习到怎样才能灵活地运用我们自己国家的语言和文字，打下学习其他科目的基础。怎样才能具备听话和组织语言的能力，以求发音正确、语调流畅、并掌握文字工具，获得阅读、写作的能力与方法，以达到会读、会讲、会写、会用。更进一步地使儿童获得一般的社会常识与生产知识，使其对祖国的建设及社会发展的方向具有相当的认识和足够的信心，以培养和增强儿童将来献身于祖国的生产建设与国际事业的情感。这些就是小学国语科教学的重心。

知道了国语科的教学目的，再来看它的教学范围。国语科的教学范围重要的就是：阅读、说话、写字、作文四方面，这四方面的要求是各个不同而又互相结合的。在阅读方面要能看懂地方报纸及国内新闻，一般通俗读物及法令、应用文字等，能欣赏和领会儿童文学，有阅读的习惯、兴趣和迅速理解、正确记忆的能力。在说话方面能作简单的报告，会争辩问题。在写字方面要写得正确、迅速而且整洁。在作文方面能写清楚明白的小通讯，会作简单的报告记录，会写常用的应用文如书信、契约等。

在这四项中以阅读为最重要，因为它是国语教学中的基础，如果没有阅读的基础，除了说话还可以勉强学习以外，其余写字作文都是无法提高的。而且阅读不但在国语科教学本身有如此的重要性，就是对其他科目也是关系最密切的。因为我们今天一切生活知识、生产、斗争的经验都是我们祖先在一代代的劳动中创造出来而又用文字记载下来的。我们如果没有阅读的能力，要想学得这些知识经验是不可能的，所以阅读的教学是国语教学的中心环节。

二　国语科教学中所存在的缺点

在国语科的教学中，由于有些教师对整个教学目的体会得不够深刻，认识得不够明确，有些教师对教学技术和方法不能够灵活地运用和掌握，现在还存在着很多缺点，主要表现在以下几方面。这些缺点都是最容易犯而且最常犯的，这是今后在国语教学中应当深加注意而必须改正的。现分述于后：

在许多缺点中最主要的，就是有些教师存在着一种不正确的教学思想，不了解国语教学的中心任务究竟是什么。于是有的教师受旧意识的作祟，以为教国语只是文字教育，存在着为教国语而教国语的单纯想法。有的教师则以国语为变相的政治课，把国语课完全政治化了。每课都要结合阶级，结合解放战争，结果弄得生拉硬扯，不伦不类。

为教国语而教国语思想支配的结果，使教学失去了生气。只是一味的偏重教学语文、单字、单句、生词，没能通过语文使儿童认识到课文的中心内容和政治思想。教者以为只要会讲会念就可以了。一味地或过分地强调读、背，让学生死记、硬记，不能消化。形成一种主观主义、形式主义的教学。犯这种毛病的人都是教学不切实际的，让学生空记一些本来就不理解而且又不会应用的文字。讲课时是逐字逐句地讲，平铺直叙，一点也不生动，光在字面上打圈子，效果当然是不会好的。

教学国语课过分的政治化，也是不正确的。有的教师因为我们提出了在文化课中进行思想政治教育，于是便不管什么教材，不管什么内容，都要联系起政治思想来。如讲三年级《蛙的戏法》一课时，蛙是喜欢吃害虫的是有益于人类的，于是教师便把蛙比做共产党为民除害。有的教师在联系政治思想时，自己没有明确的认识，结果使学生得到一个很模糊的印象。如把解放战争比作兄弟打仗，讲到工人罢工说资本家多给工人工资就不罢工了。又有的教师不但在整个课文内容上勉强地联系政治思想，甚至于在注解单字时都要牵扯上政治内容。如讲"磕头"的"磕"字时也联系到地主如何剥削农民，这些都是不很合适的。每堂如此，每课如此。联系的时候，既不恰当又不生动，只是停留在固定的几句话里，只是辗转在现成的几个事例中，这样时间长了，儿童当然是没有兴趣的。最初的时候，儿童或许还有一种新颖的感觉，到后来就不解决什么问题了。

利用实物教学和形象教学，这在增强儿童的理解和巩固儿童的记忆上当然都是很好的办法。但如果应用得不适当也同样是会发生偏差的。在利用这种教学方法时，教者自己必须首先估计到它的效果，能不能达到预期的目的，究竟能够解决什么问题，所利用的实物是否切合教材本身的要求，会不会引起儿童新奇的感觉和刺激他的求知欲望。假设事前没有全盘的计划和足够的准备，为实物而实物，为形象而形象，只要有机会就利用的话，那就会徒劳无功，产生不良后果，完全失去实物教学、形象教学原来的意义。如有的教师在讲到"牛"时便让学生披上毯子在讲台上做成牛状，讲"瞎子摸象"就让学生闭上眼睛摸桌子腿。又有的教师在讲初小国语第五册第十三课《孵鸡的孩子》，这一课主要是说明爱迪生幼年专心钻研的精神，看见母鸡孵小鸡他也学母鸡的样子蹲在鸡蛋上学孵小鸡。教师为了要做"实物教学"，于是便事先准备了鸡窝和鸡蛋，上课的时候教者就蹲在讲台上做出孵鸡的样子给学生看。这种完全失去意义的实物教学是一种多余的浪费。又有的教师在讲到"蹲"字时也问学生会不会蹲着，结果找几个学生到前面做出"蹲"的姿势，讲到"呆"字时便找学生做个"呆"的样子。还有的教师喜欢利用图画，动不动要画连环画。甚至讲魔鬼时也画一张魔鬼的图画，带到讲台上使学生得到极不正确并且难于捉摸的印象。费了很大工夫准备的实物，只利用一两次便完全失去了效用，在时间方面和物质方面都是很不经济的。

此外在讲解时，还有一种容易犯的毛病，就是不能很好地联系字、词、单句的意义来进行讲解，常常孤立地来解释一个词或一个字，使学生不能灵活地去应用，如讲初小第五册国语《朱德的扁担》那课，有的教师在解释"后来人们常常骄傲的说"一句中的"骄傲"一词时，竟把"骄傲"注释成"自以为是"，没有照顾到整句的意义。还有的在注解时以词解词、生抠字眼，不解还好，越解反而越不懂，"门房"解释成"阍人"，"矮屋"解释成"斗室"。还有的教师分不清字、词是什么，结果遇到词的时候也一个字一个字地去查字典，如"工人""工作""风雨""风俗""青年"等，把它拆开来解释都将完全脱离原来的意思，这种教学的结果，便使学生空浪费了很多时间，而得不到什么东西，一方面不会应用，一方面还容易犯错别字的毛病。

还有的只注意课堂的教学，而忽视了写作的指导，或强调儿童自学而降低了教师的作用，都是不正确的。

三　国语科教学中一般的注意事项

（一）教材的掌握与思想政治教育的进行

对教材的掌握，简单地说也就是如何才能完满地实现教学目的。根据不同教材而有不同的要求，在教学中达到了这个要求就是掌握住教材了。

教材的掌握和教学目的是分不开的。前面所举的在国语教学中常犯的那些缺点，有很多都是由于没有明确教学目的所引起的。譬如有的教师认为只要结合了政治思想就算掌握了教材，于是便强拉硬扯地联系政治。有的教师认为只要记住了文字和词句就算掌握了教材，于是便让学生死记、硬记。殊不知国语教材，每一单元和每一单元都是不相同的；每一课也都有每一课的主题思想和中心内容。因此在掌握教材时也就不应当千篇一律。比方说一课应用文的教材讲过以后或者写信或者写便条主要是让学生会应用。一课关于卫生的教材或关于劳动的教材，除让学生通过语文的形式会读、会写、会用，同时更进一步还要贯彻培养卫生思想习惯和正确的劳动观点。这就说明了根据不同的教材，在其内容上或形式上的要求也就各不相同，不管文章的形式或教材的内容，无变化的采用固定的方法是不正确的。

要很好的掌握教材，有两个事情是教师必须注意的：

第一，熟悉教材。教者在讲课以前应深入体会教材的主题思想和中心内容，根据课文的性质内容和学生的程度定出恰当的目的和要求。

第二，要做好教学计划。根据目的要求做出教学计划，有步骤地进行教学，以免无的放矢，临时现抓。

再看在国语课中如何进行思想政治教育的问题。这里首先要明确一点就是语文教育与思想政治教育的关系不是对立的东西，而是统一的东西。我们不要人为地把两者分开来看，如果把它分开来看就一定会产生偏差。如前面所说强调语文或强调政治都是不正确的。语文与政治思想是国语教学任务的两方面，一方面要使学生会运用语文的技术和能力，一方面还要培养学生革命思想和新道德品质的修养。站在语文本身来看就是要实现前一任务；站在新中国总的教育方针来看，就是要实现后一任务。但语文是表达思想的工具，一篇文章，思想是它的内容，文字就是它的形式，所以说二者是统一的结合体，不可分割的。

弄通了语文与思想政治的关系以后，在进行教学的方式上就没有什么困难了，有人主张以语文为主配合思想政治来进行教学，或以思想政治为主配合语文进行教学；还有人主张先讲课文后进行思想政治教育，或先进行思想政治教育后讲课文，这些问题都可以迎刃而解了。这里不是先讲后讲的问题，也不是配合不配合的问题，而是一个怎样发挥的问题，因此不必一天天斤斤于渗透政治思想的问题上，只要使学生认清了语文的形式，并学到了它的内容，就是完成了国语教学的任务。只要能联系实际和学生思想情况，很好地发挥了语文的内容，也就是进行了思想政治教育。

掌握教材与进行思想政治教育，正如小学国语教科书最后一页所规定的一样，教师在教学上必须注意：

第一，在语文教学方面，除教儿童正确的会念、会讲、会写外，并应指导儿童在日常生活中实际运用所学的文字，同时要注意启发儿童观察、分析、研究、思考各种问题，以提高其讲话和写作能力。

第二，在思想及常识教学方面，应贯彻教学做合一的精神，尤其有关道德品质修养的课文，除了使儿童从思想上正确认识外还应指导其在日常生活活动中切实实行。

（二）课前准备

不管教授任何课程，课前的准备都是异常重要的。不准备课可以说就没有教好的可能。课前准备可以分两方面来看，一个是开学之前对整个学科的准备，一个是在教学每一单元、每一课之前的准备。两者都是科学的、有计划的教学所必须做到的。

开学之前对整个学科的准备，教者应当做两件事：1. 通览教材；2. 制定教学进度。这两件事是不可分的。通览教材的目的，在于做好整个教学计划。要做好整个教学计划，则又必须根据教材的具体形式和内容。有的教师往往疏于这个工作，干脆没有什么计划，拿起课本来就一课一课地往下讲。不是讲得快了，后来没啥可讲，就是讲得慢了，后来硬赶进度。有的教师虽然做了教学进度，但却是应付公事。只从形式上算好了课数，然后拿周数一除，决定几堂讲一课，机械地死板地来进行教学。这对学生的学习都是有直接影响的，都是不负责任的教学态度。负责的教师应当在新书来了以后，自己首先把它逐课地通览一遍。看看有多少课，有多少个单元；什么是重点，什么地方应该多用些时间，什么地方可以放松一些；怎样结合课外学习；多少天作一次文，都应当做个完好的估计。这样再制定整个学期或学年的计划，才不是落空的。

　　整个计划做好以后，要想保证它的贯彻实行，那就要看每一课具体计划和教学实际结合的情况了。这也就是上面所说的讲授每一课、每一单元之前的准备工作。重要的是做好教案。每课的准备，这里面包括三方面问题。即：1. 精通教材；2. 抉择教法；3. 制备教具。教者在未讲一个新课文之前，必须要搞通教材。搜集并学习有关材料，找其他同志研究彻底消化教材内容，不要有一点模糊的地方。如对于教材的深浅、难易，那些地方不容易理会，怎样解释才能使学生接受得快，学生一般的文化程度思想情况如何，以及怎样与前一课和后一课适当联系，都应该做到正确地估计。然后再决定采取什么教学方法。教学方法不要一成不变，要根据教材来加以抉择。有的需要找实例，有的需要多启发，教者应好好体会，至于教具，则又必须依据教法而定。重要的是要用之得当。如时间、步骤，也都应根据教材的性质、长短做好计划，以学生能很好地消化这个教材为标准。在做教学计划时，同年、同科的教师可以在一起共同研究，一方面可以集思广益，一方面可以节省时间，是很好的办法。

（三）课内外的结合

　　课内外结合是贯彻"理论与实际一致"这一教学总方针的重要方法。尤其是国语教学，这一点更不能忽视。我们在课堂教学生认识了文字，目的并不是让他们停滞在这些固定符号的记忆上，而是如何把所学到的变为自己有用、能用的东西。因此教学就不能单纯地局限于课堂的讲授上，而必须要有效地和课外活动结合起来。这样才能更好地联系实际和联系现实生活。课内外的结合可以收到两方面的效果，对课外活动来说可以丰富课外活动的内容，使它能够更好地发挥它的功能；对于儿童的学习来说，它可以提高儿童的学习兴趣，并增强儿童的理解和记忆。过去有些教师对这点认识得不够清楚，以为只有在课堂上才算教学，离开课堂还谈什么教学。只要上课时讲过了就算完事，课外的活动根本不加过问。还有的教师恰恰相反，过分地强调了课外活动。不管课文内容合适不合适也要硬加结合，以至于白浪费了很多时间。这都是不对的。我们觉得在看这个问题时，首先必须认清，学校里的任何活动，都必须含有教育的意义，不论是有关辅导工作的，或有关教学工作的全不能违反这个原则。课堂教学固然重要，课外活动亦不能忽视。并且只有两者能密切地、有机地结合起来，才能发挥教育的最大效能。因此我们必须要有足够的重视，而不能有所偏废。

国语科的教学首先要和黑板报结合起来。黑板报是儿童写作的园地，这不但可以提高儿童的写作能力和兴趣，并且更可以发挥儿童的创造性，对国语科的教学是有直接帮助的。有些学校因为缺乏正确的认识或运用得不够适当，常存在着很多缺点。如有的盲目重视，黑板报出的很多，但都没有内容，流于形式。有的则低估了它的价值，而认为出不出没有什么轻重。出得过多过少或干脆不出都会削弱黑板报的作用的。我们认为要使黑板报好好地与国语科教学结合起来必须要注意：

1. 出刊的目的要明确，联系实际要具体得当。有的时候需要着重在儿童的写作中错别字的矫正，有的时候则需要着重学习方法的改进。这些在事先都必须要有详细周密的计划。

2. 必须要有深入的领导。教师不管是对稿件内容或编排的次序都应加以审查和指导。切不可放任自流，不加闻问。

3. 稿件的来源，不要单靠着儿童的投稿或公式主义的摊派。前者容易落空，后者容易变成应付差事。应有计划地和作文结合起来，在每次作文中教师应注意选出好的典型或差的典型，通过黑板报来加以表现，并有重点地来进行批评。给儿童指出努力的方向，和应当改正的缺点，使儿童感到黑板报的必要。

4. 稿子内容要丰富，有趣味；编排的形式要生动，多变化。注意提高儿童的写读兴趣。

5. 负责编黑板报的工作应尽可能地分担，或找优秀学生轮流担任。以免工作集中形成一种负担，而影响了学习。

国语科除了和黑板报结合以外，还要和儿童的文娱活动结合起来。如戏剧、音乐及秧歌等。特别是戏剧，更是儿童普遍爱好的一种文娱活动。一般的儿童在看到别人演戏的时候，内心里总有一种非常羡慕的情感。戏剧在学校里它不但能增进学习，而且在学生思想上能起一种推动作用。因此我们必须要好好地利用它，发挥它的最大效能。通过戏剧来帮助国语的教学，是最适当的。不管是戏剧的语文形式、思想内容或台词的练习都对国语科的学习有很大利益的。但必须防止两种偏差：一是只限于少数人的活动；二是为演戏而演戏。而应当做到：

1. 要慎选剧本。文字方面或内容方面都要结合课堂教学并适合儿童的接受能力及思想情况。教师更可以根据国语科的内容通过一定的形式将其加以改编，或依照学生的思想情况、学习方法而编写短剧。以文娱的方式表演出来，来教育在学习上、生活上落后的学生，并使他认识自己的缺点而更踏实地学习，是有很大效果的。

2. 国语老师应当深入地指导儿童去认真地体会戏剧的中心内容。培养他欣赏艺术的正当情感。要使儿童认识到，演戏不是单纯的玩耍，也不是为了出风头，而是要使他把戏剧当作一种学习和工作来看，并进一步从中心内容和人物性格上来启发儿童爱与憎的情感，以进行思想政治教育。

3. 演戏时的台词，不是单纯的背诵。教师应在事先对儿童加以讲解，使他了解每一字、词、句的意义。内容为什么要用这种方式写出，其中的话为什么要那样说。使儿童认识语句的结构，同时对于语调、态度也都要加以细致的讲解。以使儿童对人生有深一步的体会。

此外国语科的教学，更要有计划地和其他的课外活动结合起来。方式愈是多种、多样、多变化，所收到的效果将是越大的。如：讲演、报告、朗读会、故事会、墙报、记录、书信、电影或其他游戏等。如果有良好的指导，这些都是儿童最感兴趣的活动。担当小学国语科的教师们必须好好地注意，把它们和正课结合起来，作为提高儿童语文知识和贯彻思想政治教育的主要工具。

四 国语科教学的重点研究

（一）认字与写字

教学生字是小学国语教学的基本目的之一，特别是低年级更为重要。小学课本的生字进度，初小以二千字为标准，高小毕业以能运用三千个基本文字为目的，分配原则，数量是先少后多，质量上是先简后繁，进度一年级三百多字，二年级四百多字，三年级五百字，四年级六百字，五、六年级一千字左右。教生字不但要会读、会写，并且还要会讲和会用。

汉字的学习是比较困难的，一方面笔画复杂，一方面是语文不一致。学习一个字，不但要记住字形，而且还必须弄清字音和字义。忽视了任何一点，都会造成错误。学习起来既不容易记忆又比较费时间。所以教学方法上必须多加研究：

1. 每个字都有形、音、义三个要素，要把字形、字音、字义结合在一起进行教学。有的教师在教生字时，是把全课所有的生字都罗列出来，先整个地读一遍，然后再讲一遍，最后再写一遍。读时、讲时、写时每次都需要很长的时间。学生极容易疲劳，而且容易记混。因此我们主张一次学三样，会写（字形）、会读（字音）、会讲（字义），一个字一个字地来教。但教时应注意联系整个句子，不要把这个字孤立起来。特别是在讲解字义的时候，是绝不能离开整个语句的。

2. 教学笔顺。照笔顺写字，是写得快、写得好和写得正确的基础。但笔顺是相当麻烦的，小孩初学写字时最容易弄错。教者又不可能时时都跟随每个儿童进行指导。因此可以采用拆散笔顺的方法，先依照笔顺写好一个字，使儿童对该字字形得到一概括认识，然后再把这个字拆开，一笔一笔地写下去。如："我是好儿童"这句话，教时就可以写成：

我：丿一千千我我
是：丨冂日日旦早早昰是
好：㇑丿女女女好好
儿：丿儿
童：丶亠㇇产产咅音音童童

这样写完了以后，很清楚地就可以看出一个字有多少笔画；哪一笔应该先写，哪一笔应该后写。一方面可以使儿童记忆明确，一方面还可以养成怎样起笔、落笔的习惯。千万要避免单纯领念的办法，老师在"一撇、二横、三直钩"地念，学生也在不辨所以地哼呀哼呀地喊，这样学习以后是不会留下深刻印象的。我们必须深入地对每个字写法上指导与解释，并逐渐地使儿童认识到汉字写法的基本规律。如"由上而下""自左至右""从里到外"，使他遇到新字的时候，自己就知道怎样去写。此外在笔顺的读法上也不要自己杜撰，什么笔画读"撇"，什么笔画读"捺"，都是一定的（见附录一）。在字形的配置上也应该注意，有的字是一边笔画多，一边笔画少，如"乱""画""博""伦"等；有的字是两边笔画一般多，如："疑""说""朋""江"等；哪一笔应大些或小些，应往上些或往下些，都应交代清楚。

3. 常用的简体字，是应当逐渐教儿童学习的，如"体""点""关""联"等，因汉字笔画复杂，写起来麻烦，大家都公认的简体字，使儿童学会是有好处的，但避免独创简体字，如"问题"写作"閁"，只有自己认识，别人看了不懂，那就违反了学习文字的意义。

4. 字形相似的字最好不同时教，因那样容易混淆儿童的记忆。如："丐、丏""己、巳、已""哀、衷、衰"及"戊、戌、戍、戎、戒"等字，很多成人都分不清楚。本来要写"卫戍"结果却写成"卫戌"。本来要写"衷"结果却写成"哀"。至于小孩子在初学时则更容易写错了，所以要避免同时教。但，不同时教并不是不注意它们之间的关联。在每教一个新字时，都应该和已经讲过的相似的字作比较，指出其主要不同点。如在讲"戍"字时就可以联系到"戌""戊"，而说明戌内是"点"，戍内是"横"，而戊内则是空的。如能联成一句话"横戌、点戍、戊内空"来教，或从字的来源加以讲解就更好了。比方说："戍"字原来是由"人"和"戈"两字组成的，戈是一种武器，人扛戈于是就有了"守卫"的意思。又如上小下大是"尖"，人在口内是"囚"，那就是很生动地把它形象化了。学生记起来自然是容易了。其他同形同音异义，同形异音异义，或同义异形异音，同音异形异义的字在讲解时都应当加以注意。

5. 还有用"拆字""识字牌"的教法。拆字的方法是把一个字拆开做几个字来教，如讲到"春"字时就拆成"三""人""日"。识字牌的方法是通过实物来认识字，比方教"桌子"，就用一个木牌写上"桌子"二字挂在实在的桌子上。或其他类似的方法，都不是唯一的好办法。适当地采取还可以收到效果，用之过多则不很恰当。前者的缺点是容易使儿童的头脑混乱，反而加重了学习负担；后者的缺点是次数一多则易生厌，而且容易孤立地记一些单词、单字，对应用方面的帮助不大。

中年级以后，应逐渐使儿童学会查字典，以培养其自己认字的能力。

指导儿童写字有以下的几个事情应加注意：

1. 写字是感觉与动作两方面的活动，而筋肉动作的控制尤属重要。初学写字的人，筋肉动作往往不能应用自如，指腕颤动，难以自主。有时费很大力气，手臂发痛，所写的字还是奇形怪状。竖不能写直，横不能写平。儿童在最初的时候，宜写大一点的字，可先在黑板、石板上练习。开始在纸上写字时最好先学用铅笔，以后可练习钢笔或毛笔，毛笔的控制，较铅笔钢笔困难，毛笔至少应在二年级以后再开始写。

2. 写字本身就是一种艺术，我国一向是很讲究写字的。我们对儿童写的字虽然不能有过高的要求，但也必须打下一个良好的基础。因此对于儿童的写字，必须深入指导，这不只是要注意每周固定的一两篇大楷和小楷，而是要从儿童的日记、作文、笔记各方面加以注意。一方面要注意速度，一方面还要注意品质，也就是要笔画整齐、字形匀称、间隔合适、行列平直。有的儿童喜欢写斜字或把某些撇横故意写得长些、短些，玩弄花样，这都会影响写字的正常发展，应加以纠正。对低年级的儿童首先要求他写得正确，然后再要求速度加快。对中年级或高年级的儿童则应二者并重。

3. 写字的姿势和执笔的方法，也是可以直接影响写字的品质和速度的。有的儿童偏着身子，歪着头，或把纸放斜，都是不正确的。初学写字时纸要放好，坐要端正，拿笔也要正确。执笔的方法铅笔和钢笔没有什么大的差别。食指中指与大拇指形成一个倾斜的三角形，握举笔杆。无名指与小指则相与支住全手的重量。笔杆离桌面，大约三十度的倾斜（如图一），铅笔的角度还要稍微大些，约四十五度。至于毛笔的执法，则方式完全不同。大拇指与中指形成一个圆形，大指节向外突，各用指尖将笔杆夹住。食指在中指上和中指相并，把第一节里面的中间段倾斜地搁在笔杆的外面。无名指指背的指甲和肉相交处，贴在笔杆的里面。小指则贴住无名指。虎口朝天作圆形，掌心空虚。手臂平置桌上，手腕稍稍悬空（如图二）。写字时五指一起用力，大拇指向外拒，中指向内抵，食指向内钩，无名指向外弹，小指

图一　钢笔执笔法　　　　　　图二　毛笔执笔法

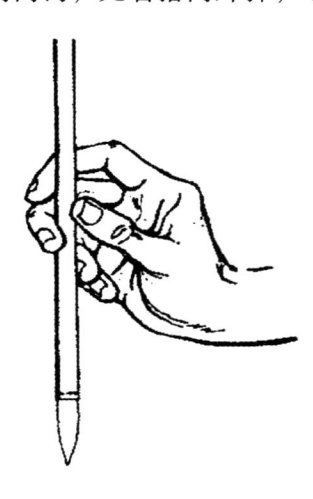

帮助无名指。凡写横、直、撇、捺等用中指向右或下或左右微微地用力压迫，食指小指便微微地退却。写钩或回笔用无名指斜弹中指稍微放松。儿童在初学写字时，执笔异常困难，教师宜详加指导，否则养成了不良姿势，则有碍将来的进步。

如有的儿童以铅笔入口沾唾液写字和将笔杆衔在嘴里，都是不好的习惯。

（二）说话指导

说话教学在小学国语教学中本来占着一个相当重要的地位。但却时常被人们忽视着，总以为人，谁还不会说话呢，小孩子慢慢地自然就会把话说好了。这种想法是很不正确的，对儿童的说话问题不应单纯地看成是儿童自己的事，或过分强调家庭环境的影响。必须结合着学校与家庭来适当地进行指导。我们应该学习苏联的经验——苏联在初等学校的一年级国语教学大纲中规定着："说话，教会每个字的正确发音，讲述个人的见闻，编短剧和按图说明。"而且在校时分配上，也给予说话教学以一定时间——来好好地重视它。

指导儿童说话，主要目的就是养成儿童良好的说话习惯。所谓良好的说话习惯就是：

1. 说话要有条理，层次分明，口齿流畅，无论当面对谈，或是公开陈说，使人一听即能明了主要意思所在，即能产生明快之感。

2. 说话须从容不迫，保持镇静的态度。一方面不至于情绪激动，使语言表达顺利；一方面思想周到，以免语无伦次，意思含糊表达不清。

3. 说话要注意适当之礼貌，并含有丰富的情感。要根据说话的目的、对象来决定自己的语调、态度，以便达到目的。

简单地说就是使儿童通过语言能够明快地表达自己的思想感情，要说得适当，要说得自然，决不是油腔滑调，绝对要避免背公式，唱高调。因此在指导儿童说话时应注意：

1. 指导儿童说话，第一步就是要了解每个儿童的说话能力，特别是对初入学的儿童，这步工作是必须要做的。和他做个别谈话，或找一个事情让他来当众叙述。因为他们都是刚刚离开家庭的，他最熟悉的就是他的父母、兄弟和姊妹，对他们他是有很多话可以说明的。在小孩子们一个一个叙述的时候，你就可以发现有的儿童可以滔滔不绝，有的儿童则会腼腆、害羞、不自然、没话可说。这样一方面可以了解个别儿童的说话能力，一方面也可以了解全班儿童在说话方面所共同存在的缺点是什么。然后再进一步研究这些缺点怎样造成的，和应当采取哪些克服的办法。

2. 指导儿童说话，方式要多种多样，以使儿童感觉有兴趣，不枯燥。比如根据儿童的接受程度可利用小型故事会、辩论会、座谈会、讲演会、报告会、朗读会等。但必须要注意密切结合课文有中心、有目的地来进行，教师并应负责指导，不要放任自流。至于课堂上的问题，复述大意，平日述说某件事情，也都是锻炼说话能力的重要方法，亦不能放松。

3. 为了使儿童养成说话有条不紊的习惯，教师在平时讲话或讲课时都应以身作则很好地做到这一点。因教师对儿童的影响是非常大的，儿童随时都在学习着教师的一举一动，教师能够口齿清晰，层次分明，学生便也可以潜移默化地养成这种习惯，如长篇的报告、演讲要注意段落、层次的明白自然，批评的词句要注意事理的辨识，防止义气的争论等都是极重要的。

4. 对于不愿在大众面前讲话的儿童，在克服他的缺点时，应好好注意环境的布置。因为这些儿童大部分都是自尊心很强、爱面子、怕说错。最初可以有计划地在上课时提问他，问题应容易，使他在回答的时候感到很顺利。先要求他敢说，能说，可以不过分地注意他说话中的缺点。过些时间等他习惯了之后，再要求他能说得好，并改掉其缺点。对于喜欢说话或说话过多的儿童，则应该适当地减少他们说话的机会，而进一步地启发他多运用自己的思想，以免养成他的骄傲心理。

5. 指导儿童说话，要适当地应用鼓励、批评与表扬，言辞要和蔼、亲切，不要打击儿童的自尊心和他们讲话的兴趣。因这样都足以造成儿童的某些苦恼，而降低了讲话的勇气。对发音正确、语调流畅或庄重、自然、活泼的儿童给以鼓励与表扬，作为大众学习的榜样。对于马马虎虎、随随便便、或过分拘板的儿童，应给以适当的批评，并进行积极的指导，使他认识自己的缺点而努力去克服。

此外在指导儿童说话时，对于普通话的语句和方言语句构造的不同处，及容易错误的音、语等，都应根据具体情况和发音部位，来加以指导、区别和矫正。

（三）阅读指导

阅读的重要性，前面已经说过了。现在看应怎样来指导儿童的阅读呢？这可从阅读方式和阅读卫生两方面来回答这个问题。

阅读方式可以分朗读与默读，两种读法各有各的作用和优点。朗读一方面既须注意意义，又须注意发音。它除去脑动以外还必须要嘴动，一般地说，它的速度是较默读为慢的。但朗读却独有它的优点，那就是便于表达情感，对语文的艺术性的欣赏与体会，是都高默读一等的，而且它只需一人阅读，便大家都可以听到，因此它常被用做课堂教学的主要方式。朗读因速度较慢，而且便于练习正确的发音，所以它适于低年级儿童的阅读。它可很迅速地帮助初学时的进步，对于初入学的人来说朗读比默读是更重要的。但人类日常生活实际中单是朗读却是不够用的，必须要注意默读，甚至于应用默读的机会还更多于应用朗读的机会，因此，若不在相当时间内减少朗读，则阻碍阅读的进步，所以中高年级的学生，那种大声的朗读习惯，须有目的地加以制止，而代之以默读。在阅读一般的读物时，低年级应着重朗读，中年级朗读与默读的比重应各占一半，高年级则应注重默读。

低年级有所谓唱读的方式，基本上仍是属于朗读的范围的。经验告诉我们，唱读是有很多缺点的，最初使用这种方法，目的是认为可以提高初入学儿童的学习兴趣，并且还可以整齐划一。但结果却造成了"念滑"句子，不求理解和不求记忆的毛病。更重要的是这种方式的使用范围只有课堂上这一小小园地，离开这里便再无用武之地，对实际生活丝毫没有帮助。因此应该废止唱读而提倡朗读，对于低年级的儿童在朗读指导上，教师应多做范读。适当地使儿童跟读、齐读。读时注意把课文的情绪和语气读出来。通过语调把课文的每一课不同的意义和精神表达出来。使儿童羡慕和学习你的读音，慢慢地在儿童不知不觉中，便可体会到真正喜、怒、哀、乐的情感，同时也鼓舞了儿童的学习兴趣与更深刻地体会了课文。朗读的标准一般是着重在感情、口齿、语调、句读、正确和完整等方面，对中高年级，应使他们深入地体会这些标准，并达到这种要求。教者在这方面必须深入指导，防止读音太长而接近于唱读，也注意纠正读得声短，三两字一停而形成顿读，适当的举行朗读比赛会，对儿童朗读能力的提高是有好处的。

自三年级以后应该逐渐地培养儿童的默读能力。从朗读到默读这是阅读方式发展的必需过程。低年级在朗读的时候已经使儿童对基本文字的熟识打下初步基础，默读时更是利用这现成的熟识程度并从这个基础上提高一步，使读法逐渐从声音中解脱出来，使其能加快速度，并增强理解。儿童在初学默读时往往感到不习惯，因而常常是小声地读，嘴在动，下巴也在动。教者应好好纠正，默读时要严格避免嘴的活动和出声。速度慢点没有关系，但一定要正确。等养成一定的习惯以后，则应使儿童练习快读。阅读时应指导儿童尽量利用眼球的活动，移动书本和转动头部都可以直接影响儿童阅读的速度。此外更应使儿童养成多读广读的习惯，这不但可以丰富自己的知识，而且可以增进速度。但要防止走马观花的偏向，应注意培养儿童在阅读时适当总结自己思想的能力。扫读和略读都是从这个基础上发展而来的。

除去很好地使儿童养成朗读和默读的能力以外，在阅读卫生方面，如视距、光线等，更应注意指导。否则对儿童的视力会有直接的损害。眼和书本距离不要太远或太近，一般以七八寸至一市尺左右为原则。视线要保持适当的倾斜，普通以与水平视线构成三十度至四十五度角为宜（如图三）。光线方面，不要在过强或过暗的光下阅读。如纸面过暗或光亮时，都对眼睛有害。很多儿童视力低弱，或近视、远视大多由不注意阅读卫生所致。一次阅读持续时间过长不得休息，对儿童视力和脑筋亦有害处。有的儿童看自己喜爱的小说、故事常废寝忘食，做教师或父母者应适当加以制止。

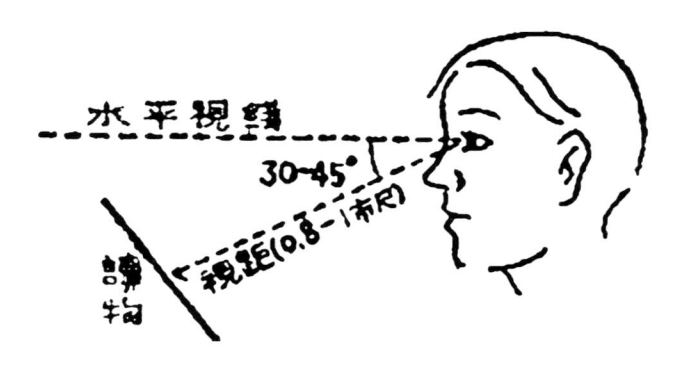

图三　视线距离

（四）写作指导

儿童的写作指导主要是作文指导，日记和其他写作练习也属于这个范畴，但都比较次要。作文的指导可以分三方面：其一是怎样出题，其二是如何写作，其三是怎样批改。

根据什么出题呢？有以下几个标准是应该注意的：

1. 题目的性质要根据时代要求，合乎儿童心理需要，并照顾到儿童的实际思想情况；

2. 要与课堂教学有联系，主要是结合国语科的学习内容；

3. 要配合时事、节日及学生的各种活动。

一方面根据儿童的生活实际，一方面还要注意时间、空间的具体情况。总之是让学生看到题目以后不要有一种生疏的感觉，要使他们愿意写而且有话可说。题目要具体并富于多样性，避免空洞、古怪、离奇、过大或过小的偏差。出题目必须要周密考虑，合于教师口味的题目，不见得合于儿童的口味。有时教师认为很适当的题目，学生看来却偏偏感到抽象、含混、不知从何说起。这都会削弱儿童的写作兴趣和降低写作情绪。文体方面，小学阶段大多是偏重在叙述文、说明文、写景文或简单的说理文，超出这个范围，都是不很合适的。题目应该早一点出，以便于从容地思考与修改，有时还需要征求其他同志或本班同学的意见，不能等到上课时灵机一动，临时现想，耽误时间。必要时还可以让儿童自己命题。出题数目，以两题或三题为佳。过少容易限制儿童的思想，过多则容易使儿童无所遵循，摇摆不定。但教者如果想要比较儿童的写作程度时，可出统一的题目，如果要想了解儿童的兴趣及爱好时则可多出题目，可以灵活运用。

题目出好以后，其次就是进行写了，写时必须要指导学生注意：

1. 首先要了解题意。教者应把题目的中心思想和主要要求加以解释。但，注意只是指出方向启发儿童的思想就够了，千万不要连意思一块授予，以免限制儿童的思路。

2. 其次是决定体裁。一定的形式和一定的内容是分不开的，必须根据题目的性质和要求来决定体裁，以求进一步明确自己的写作思想。

3. 搜集材料。把搜集的材料和想出的材料都一一写在纸上，这时可以不必分轻重取舍，以免打断自己的思想，想到就写上，零乱没关系。

4. 组织结构。先要决定一个简单的段落提纲，然后再组织既有的材料。决定取舍主从。把每一个段落都充实起来，这可以算一篇初稿。

5. 整理。初稿拟妥后，再看一看有没有错别字，标点用的对不对，有没有废话，有没有说得太简单别人不易了解的地方，有没有意思不连贯、词句不通顺的地方，加以整理，就是一篇比较完整的文章了。

以上是一般写作都应该注意的，对于儿童的写作，更应该指导他们从实际出发。多数的儿童是最爱写他们实际活动中的东西，最爱写他们经常接触到的一些事物。因此教师在平时即应注意充实儿童的生活内容，并指导其深刻地体验生活。培养儿童从实际出发来练习写作，最初可从联字、作句、写话开始，使儿童能充分地利用自己的语言和思想来说明一件事情。儿童们有他们自己的环境和语汇，教师应熟悉这些语汇并深入地指导他们。其次可使儿童练习听写和组织思想的初步能力。教师可试行找一个儿童述说他一天的生活，最得意的事或最难过的事，或教师讲个小故事，或另外找同学讲个小故事及述说一个事情，让其他儿童听了以后用自己的话写出来，这些都是可以适当地加以采用的。再后就是应当结合着日记、黑板报等来培养儿童的写作能力，重要的是必须要有计划、有指导。日记的重点是真实、清楚、明白，避免走形式。

写作练习的次数尽量多，但，因限于教师的批改时间，至少每两周亦应作文一次。高年级每周可有重点地写两篇或三篇日记。作文时间放在课内，每次作文时间以两小时为原则，以避免养成儿童的拖拉习惯；但隔一两次以后则可适当地延长时间，以使儿童能够多加思考，充分发挥其自由创作的才能。在有领导有布置的原则下，高年级每学期可举行一两次集体写作。每次作文时应使儿童先打草稿，打草稿可以深思熟虑，对作文是有好处的，不要养成卖弄聪明、潦草塞责的坏毛病。此外在作文时使用正确的标点符号也是很重要的，这必须联系课堂教学逐步地加以培养和练习。

怎样批改？批改是写作指导的重要环节，这是儿童能否逐步提高自己写作能力的基本条件，因此我们必须好好地重视起来。有的教师因为自己不能很好地支配时间，或责任心较差，常常不能做到切实地批改。只是潦草地看一遍，有的就干脆交给学生自己批不加过问，以至于打过评语的一篇文章，你拿起来看还依然是文句不通和错字满篇，这是极不正确的工作态度。儿童在初学写作时，错误的地方是一定很多的，做教师的必须要细心地去批改，指出他什么地方应该注意，并告诉他努力的方向。绝不能有丝毫的急躁和厌倦。这里提出几个批改时应注意的事项：

1. 批改的目的是在帮助儿童写得正确、明白，从儿童写作的现有基础出发逐步地提高他的写作能力。因此教师在批改时，只顾根据自己的意思把话改得美丽是不够的，并且是错误的。必须要根据学生原来的语句，具体地指出哪句话不完全，哪里的意思没有说明白，或前后不衔接，应当怎样才更好，或哪些字用错了、漏了，使学生看了以后就有所遵循，就找出了努力的方向。不要强求多改，强求多改是犯了主观主义的毛病。批改时不只注重语文形式，而且要更好地注意文章的思想内容，错误的思想应及时加以纠正。

2. 每次批改时要有统一的订正符号，使学生看了很明确，并可根据这些符号去改正。教师也可以在下次作文时加以审查，并注意其错误是否逐渐减少，是否重犯，以考查其进步情形。重要的常用的符号，如：错字在字旁画"×"，别字在字旁画"｜"，脱字在字间画"∧"，上下文中间需要补充者在句间画"……"，字写颠倒而须改正者画"S"，好的句子在字旁加圈或加点等。指出错别字后，可在该行上端或下端画一"□"以使学生自己将改好的错别字填入而便于统计错别字的数目。标点符号错了，也应加改正，有些教师对标点很疏忽，不管句、读，皆画圈表示是不正确的。

3. 有时候可以把学生叫来，当面批改指点。比如句子不通的时候可以让他自己念一念，通过他自己的思想，来了解为什么要加以改正。改正错别字时也可以适当地联系所讲过的课文，使他充分地认识到应该怎样运用某些词或某些字。这给学生的印象很深刻，是有效的办法。只是限于时间，不能普遍地应用，可以有重点地采用。

4. 打批语应该注意，不要太空洞，要具体切实。最好少用单纯的总批办法，应尽量多打眉批。批改时，发觉段落句子有错误的，主题思想不正确的，或好的生动的句子，可在文本上端加小批说明。每篇末尾可加总批，具体指出优缺点或努力方向。批语用字要写端正，批语内容要温和并富于积极性。避免笼统抽象或过分打击儿童自尊心的批语。如"通顺""简明""颇有进步"或"你简直没有希望""错字连篇"等都是不妥当的。

5. 每次批改时应注意儿童写作的通病，找出一般的优点和缺点，适当地给学生加以总结，随时注意联系课文的讲述，加以纠正或发扬。

总之，不管出题也好，批改也好，教者都应该注意培养儿童的写作兴趣，一方面要通过实际生活启发儿童感觉到写作的需要，一方面要适当地加以鼓励和表扬。以求稳步地提高儿童的写作能力，千万不要犯急性病，要求过急或过高都会落空的。

（五）标点与文法

在国语科教学中，标点与文法的知识是相当重要的。特别是对于分析与理解语文的形式和内容时，它更是起着一定作用的。因此要求一个小学毕业生能够灵活地使用标点，和初步地具备文法的基本知识，这完全是必要而且正确的。

关于标点符号，有些人存在着不正确的看法，觉得它没有什么重要；对于读书和写作，认为只要弄通文字就够了，不需要什么标点。这种思想在教学时必须要首先加以纠正的。标点符号和文字是有同等价值的，它们都是用来表达我们思想感情不可缺少的工具。学过外国语的都知道，一句话，文字都写对了，但，如果把标点丢掉或写错，那句话便算写错了。什么缘故呢？因为标点写错了，整个意思就不相同了，甚至于有时还恰恰违反了原意。所以今天在我们的文字中也必须把它提高到足够的重视。

其次看，应当怎样进行教学呢？根据经验的证明，在教学标点时，结合着课文并根据不同的符号的不同用途来分别地进行讲解和学习，是很重要的。有些人时常感觉到标点符号种类太多，不好用。主要的就是没有能够从用途上加以区别，因此在给儿童进行教学时，必须要从根本问题上加以注意。标点符号并不是有很多花样的，在十四种标点符号中（见附录二）加以区分，只有两大类，一类是标号，一类是点号。在七种点号中，基本点号只有两个，句点和逗点，其余都是作为辅助和补充用的，使用的时候不多；七种标号也是一样，严格地分只有三种，而且只有在特定的场合下才能应用，并不是处处都用。此外还有印刷物上常用的标号，更比较简单。教学时，能够分别轻重、主从，从每个标点符号的形状、性质、意义上来指导儿童的学习，达到认识它们，并且记住它们，并不困难。教的时候不需要找很多补充教材，同时更要防止脱离课本另加讲述的办法。要求也不要过高，中年级只要先把句号、逗号、问号、惊叹号、引号、冒号等六种明确起来就可以，等高年级以后再逐渐增加。教会以后一定还要有更多的练习。主要的练习方法，就是一方面注意到别人文章中标点的使用方法，一面在自己不论写什么文字中都要使用标点。写时最好是随手点上，成为习惯，以后便熟悉了，不必专门为标点去花费心思。教师在批改儿童作文时，也要加以注意，把它提高到与写错别字同等的重要，很快地就可以使儿童重视起来。此外还要防止滥用标点的毛病，如有人把疑问号和惊叹号写成"！！""！！！""？！""！？"等，不但不通，而且容易混乱读者的耳目。

至于文法的教学，也是时常听到有些人提出反对意见的。主要的理由是说学了文法没有用处，说文法是语文的习惯，这种习惯只要能多学习文化知识，多阅读，时间长了，自然就可以掌握它，不需要花时间来单独学习。另外就是根据自己的经验，说没有学过文法，也能读文章，也能写文章，学它干吗？这些看法显然都是片面的。首先我们应该看文法究竟有没有用处，不论从经验或从道理上讲，这回答都是肯定的。因为文法是从语文实际中归纳、理解、排列出来的简要的明晰的规律，学习了文法，就可以掌握到我们的语文规律。使儿童具备一些基本文法知识，至少有两个好处：其一，对于阅读方面，它可以帮助儿童理解和分析语文的意义；其二，对于写作方面，它可以帮助儿童弄通基本句子。这两方面都是要更好地提高阅读和写作能力不可缺少的条件。自然读得多了，写得多了，也可以逐渐地培养自己的这种能力，但总不如配合着文法的学习，更来得事半功倍。这是每一个教师在教学文法之前，必须要明确的思想。

东北区小学的国语课本，五六年级开始学习文法。内容都是浅易的基本知识，开始时要儿童知道，并分清什么是字和词，语和句，句的要素，句的种类；后来则进一步地让儿童知道词的分别和句子的成分及语气等。书中每隔三四课就是一段文法知识，排列得甚为得体。要实现这个要求，讲的时候重要的是要结合课文进行教学，不要把它孤立起来，给儿童造成一种和课文不相干的另一种知识的印象，那样就失掉了教学文法的意义。教学文法不只是教会儿童一些定义和道理，而且要能实际应用这些道理，因此不管在教的时候或在学的时候都必须要和阅读与写作密切地联系，脱离开阅读和写作来单谈文法，以为弄通文法就是提高语文程度的唯一有效办法，那是极端不正确的。教者在讲完一段文法知识以后，可以有计划地给儿童留些作业，使他们熟悉地练习使用这些知识。同时教者在讲解课文的时候，也应当应用文法的道理来进行分析与说明，这样对于儿童使用自己学到的文法知识来理解和分析新的读物是有很大帮助的。教时对于文法必须视为和课文同样重要，以免儿童在学习时放松了对它的注意。根据这样的认识态度和方法来学习文法，才不会是落空的。

五　国语科教学的一般过程

国语科教学整个的过程可分作三个大阶段，即：

课前指导、课堂讲授、课后指导，这里着重说明课堂讲述所需的重要过程。

国语科的课前指导也就是预习指导，在讲述一个新课文之前让儿童加以预习是很必要的。但这必须要有相当的基础后才可以。初入学的儿童是比较难于做到的，自中年级以后应逐渐培养他这种能力。当前一课结束以后，教师应告诉给儿童下一课的教材，并给儿童指出预习的重点，使他先看一遍，免得到讲时没有印象。同时可以利用学习小组，在预习时找出生字难词以及疑难的问题，记在自己的笔记本上，或提交老师，免得到上课的时候，临时现找，耽误时间，影响教学活动。

经过了预习，其次就是课堂讲授。这是教学时的主要阶段。教材内容的掌握和教学方法的运用，都表现在这个时候。把一课新的教材经过了教师的讲述变成学生自己的知识，这种课堂内的活动，是不很简单的。它是需要着一定的步骤的。这个步骤是因不同的教材而有所不同的，教者必须事先有详细周密的计划并灵活地来运用它。有的教师常常是死板地应用着现成的教学过程。如引起动机、决定目的、板书课题、讲解，不分教材的性质，没有轻重，哪课都是照公式一填，其结果往往是不能使学生了解得很深刻。甚至于白浪费许多时间，那是很不合适的。教师在教学过程时，必须根据学生程度及课文之体裁、内容、中心思想、教学目的，来适当地处理。现将国语科教学一般的教学过程分述于后：

1. 导言

国语科的教学过程应从"导言"开始。导言不只是引起学生的集中注意，尤其重要的是必须启发学生自觉地研究新知识和接受新知识的热情，并逐步地培养学生独立思考的能力，这一点在教师的思想上首先应当加以明确。导言是教学中不可缺少的步骤，一般地说，它所起的作用有三：其一为复习已学过的知识，帮助巩固学生的记忆；其二为注意揭发学生已有知识及与新学知识之间的关系，以打下学习新课的基础；其三为紧密的联系新教材，发动学生自觉地积极地来接受新知识。导言一般可以从四方面引起：

（1）从已讲过的旧知识出发；

（2）从当时当地的传说风尚出发；

（3）从儿童所喜欢的事物或从儿童所熟知所做过的事物出发；

（4）从儿童旧经验所不能理解但足以激起其好奇心而能产生想进一步了解其究竟之情绪的事例出发。

以上几点可依照课文内容和儿童的思想情况灵活运用，注意深入地启发，防止老师包办代替。不是上每节课都需要"导言"这一步骤，主要是在讲新课开始的时候采用。

2. 读讲生字生词

第一步是提出生字生词，第二步是讲解生字生词。教师先将课文中的生字生词写在黑板上，并让儿童将自己在预习时所感到的生字生词也同时提出来（在上课以前提出来亦可）。这时教师可以找程度较好的学生来读或讲。学生能够自己讲出的尽量让学生自己讲，不能讲出的再由教师讲并加以注解。注解时能够自己讲出的尽量让学生自己讲，不能讲出的再由教师讲并加以注解。注解时主要是着重在比较难解的词、字，一般不太难的生字生词等放在课文中讲解更为方便。在教生字生词的方式上，有的教师是把整个地念完以后，再逐字逐词地讲，也就是把读与讲分开，这个方法不太好，应把读讲结合在一起，来一字一词地进行讲解，以使学生印象深刻。此外在注释生字时，常常使教师感到困难，因为有的生字生词很难注解，所以在注解生字时常常发生很多错误，甚至弄出很多笑话。教师在注音时最好用新文字，否则可采用注音符号。在解释生字时必须要注意：

（1）联系句子的上下文来注解。

（2）根据儿童的接受程度来注解。一般的字，口头的解说易，文字的注释难。能会意未必能言传，能言传又未必能释义。所以有些字、词如实在困难或无法注解，那就可以用口头解说，而不必强求用文字注释。但应注意要解说到儿童能理解的程度，不要搪塞责任。

3. 阅读课文

生字生词都弄通以后，其次就是阅读课文。先让儿童默读或先让儿童朗读。只是默读或朗读都可以。默读朗读的目的都在帮助儿童理解和体会课文大意。朗读的时候，可以找学生分段来读，读完以后让其他儿童指出错误。学生读完以后，教师可以范读。有的时候还可以采取教师领读学生跟读的办法，这使儿童对语气的练习和情感的表达都是有好处的。但不可用的次数过多，而要根据课文性质有重点地采用。因这种办法用得过多，则易使儿童养成不看文字、不用动脑的习惯，直接从耳听到口念，收效不高。

4. 讲解课文

讲解之前，应述说一下课文大意。这可以先找学生述说，不完全时再由教师述说。目的在使儿童对全课有一概括认识，帮助讲时对课文的理解。然后还可以找几个儿童试讲。教师讲时必须要生动、活泼，更要注意表情，使儿童听了以后就能把握每一段的中心意思，把每一词、每一句、每一段都要交代清楚。

5. 总结课文

也就是整理阶段。在讲完以后为了使儿童的思想更明确，必须要再对整个课文加以进一步地研究。首先要使儿童认识体裁、取材、结构和写的方法，对词句和内容也应使儿童深刻体会。指出学习的重点，同时要联系实际，联系儿童的现实生活、思想情况和写作基础，来做到学用的结合。最后可以适当提问来考察教学效果。或让学生自由发问，大家研究讨论。以启发儿童对课文学习的兴趣，并使儿童的自动学习与集体的互相学习，在课堂中得到密切地配合。教师在抽问和学生在课堂的研究讨论中，应尽量使儿童自己解答或纠正，教师不要轻易地作答或急于得出结论，因为这样才能够使儿童对问题更有深刻地认识。

6. 留作业或讲解适量的补充教材

课后指导，主要是课文的复习和有关书报的阅读指导。教学不应该只停在课堂的讲授上，这在前面已经说过了。因为儿童是缺乏学习方法的，他们常常白浪费很多时间，在儿童自习的时候或其他课余的时间，教师不要推卸责任，而应该给儿童做有效的指导。帮助儿童去理解课文的内容和发现重要的问题，特别要结合课文指导儿童去阅读适合程度的课外读物，以培养儿童的自学能力，更是重要的。

附录一 笔顺写法及读法

类别	基本笔画							基本笔画附有钩的						双撇笔画	
写法	、	一	丨	丿	㇏	乀	㇆	㇄	㇅	乚	亅	乛	㇉	㇈	乙	㇌
读法	点	横或横画	竖或直	撇	捺	横撇	竖竖或直耀	横折	直折或竖折	横折	直钩	横钩	斜钩	横折钩	横折弯钩或竖弯钩	直弯钩或竖弯钩
举例	江、唐、写、心等字之第一笔	土、王、有等字之第一笔	田、中、是、个等字之第一笔	人、今、生、个等字之第一笔	八、入、合、人等字之第二笔	打、地、巧等字之第三笔	又、反等字	氏、衣等字	口、日、且、则等字	山、凶等字	廷、及、道等字	弓、亚(亞)、芬、粥等字	去、至、弘、台等字	家、寇、定等字	小、撇、刊等字	禾、心、忘等字

	戈、成或等字	的、内、力、刀等字	乃、孕、等字	也、已等字	乙、九、风等字
					巧等字

备注：基本笔画连成双笔后还有带钩的，读时也要把钩读出来。是把基本笔画两笔或三笔连在一起，变成一种新型笔画。

附录二 标点符号一览表

分类		甲类		乙类			丙类				
		基本标点	辅助点号	标号性的点号			统括的标号			引申的标号	私名的标号
							插注号	提引号			
形状	·	。 ，	；	：	？	！	〔 〕（ ）	「」『』	——	……	＝＝＝ ～～～
名称	点	句 逗 点 号	分 隔 号 点	冒 引 号 号	疑 问 号	感 叹 号	插注号 括 括 号 框	引 双 号 括 号	折 变 号 号	虚 删 点 节 虚 号 号 略 号	私 专 名 名 号 号 地 书 名 名 号 号 文 曲 集 名 号 号
原名	音界号	Comma	Semicolon	Colon	Question mark	(The note of) Exclamation	Brackets	Quotation marks (""), ('')	Dash		
别称及其由来	黑点(印工)。	卡英印工,撇点印工,逗点印工,豆芽印工。	顿号,旁点,一般可伦英印工,点撇印工。	集号,冒点,一般可伦英印工,冒点两印工。	问号,一般快勋英耳印工,疑问号日。	惊叹号,一般克里满印英工,感叹号日。	夹注号,提注号,达西一般,印英工。	引号,夹引号,双引号,一般新推,引用符号,印日。	虚点,破折号,折号,一般达西,印英工。	虚点,删节号,一般删节号,印英一般工。	私名号,一般直线,印工。 书名号,一般双线曲线,印印工。

122 ｜ 教学论

小学国语科教学方法 123

丁 类

印刷物常见的其他标号

分类						
形状	〰	．．．	□□□	×××	⊙★××◇※△+■	※
名称	代字号	加重号	漏缺号	讹缺号	间隔号	提注号
原名						Asterisk
别称及其由来	叠字号（"々、ニ"）。	旁点（印工）。	框框（印工）。	天窗（一般），叉叉（印工）。	花点（一般）。	米字点（印工），星标（日）。

小学政常科教学方法[*]

一 政常的教学目的及其重要性

高小政常科是教儿童认识国内、国外浅近普通的政治常识的一门学科，它对于进行爱国主义教育有着重大的现实意义。除去中年级的社会常识和其他学科中也含有和此有关的一些材料外，有系统地学习这方面的知识，这还是一个新的开始。对儿童来说，它是有一定的重要意义的。我们必须给儿童打下良好的基础，以使他们能够初步地具备正确的政治认识和新的道德品质。

东北区小学教育的教学目标中规定，一个受过小学教育的儿童，在思想政治教育方面要达到："……初步具有反帝、反封建、反官僚资本的与爱国家、爱人民、爱劳动、爱科学、爱护公共财物、遵守纪律及为人民服务的思想。"[①] 要实现这个教学目标，当然小学各科的教学也都在起着一定的作用，但政常科却是占着一个主导地位的。政常科是小学教育中直接实施思想政治教育的科目，它的任务是异常艰巨而且繁重的。在现在这个阶段中，对儿童的思想它是具备着两重责任的，其一是向旧的思想宣战，其二是向新的思想方向迈进。两者是存在着一定关系的。旧的方面要肃清儿童头脑中的落后意识，以巩固其反帝、反封建、反官僚资本主义的思想意识，新的方面要使儿童懂得社会发展的阶段，并积极的培养儿童具有五爱的基本公德及为人民服务的新人生观。此外还需要使儿童具有学习社会

---

* 选自《小学教学方法研究》，唐文中、李乙鸣著，上海教育书店1951年第3版，第85—106页。

① 东北教育社：《论东北教育的改革（2）》，东北新华书店1949年版，第79—80页。

科学知识的初步能力，详细地分也就是：

第一，通过政常科的学习，培养儿童能从人民立场初步的而且正确的辨别事理、分清敌友、是非、好恶，并启发儿童爱与恨、荣与辱、反对与拥护等的正义情感和采用正确的态度。

第二，通过政常科的学习，使儿童从新旧社会的对比中、从两个阵营的对比中、认识民主与反民主、和平与侵略的斗争，以及人民力量的伟大和新世界的前途。

第三，通过政常科的学习，使儿童认识到什么是新中国公民必须具备的基本公德，并进一步地培养其优良的生活作风与工作作风，如怎样使个人利益服从整体利益，怎样掌握批评与自我批评的进步武器等。

第四，通过政常科的学习，使儿童能够知道一些较有系统的、一般的政治知识，以打下其开始学习社会科学的初步的良好的基础。

《小学课程暂行标准初稿》对政常科的教育目标作了如下的规定：

1. 增进儿童关于家庭、学校、社会、民族国家和国际的政治常识。
2. 初步培养儿童对于人民民主政治生活的兴趣和能力。
3. 培养儿童爱祖国、爱人民、爱劳动、爱科学、爱护公共财物的国民公德及尚民主、守纪律、勤劳朴实、活泼勇敢、团结友爱等优良品质。
4. 培养儿童团结国际友人、拥护和平民主、反对帝国主义侵略等的国际主义思想。

总起来看，小学政常科的教学目的，一方面要使儿童对新中国的政治有初步认识，一方面要对整个的世界形势有概括了解。对国内要知道我们新中国的国家性质，新中国和旧中国有什么不同，要知道无产阶级共产党是中国革命唯一的领导者，也是人民的唯一的恩人，要弄通帝国主义、封建势力、官僚资本主义是我们每一个新中国人民的共同敌人，要知道保守国家机密是对敌斗争的重要环节，要知道我们今天人民的幸福生活，是由新民主主义的社会革命所换来的，我们必须好好保护这一胜利果实，并使之发扬向更高一阶段的社会主义社会的方向迈进；对国外要知道国际形势，什么是两个阵营，两个阵营中都包括哪些主要国家，弄通什么叫做国际主义和新爱国主义等。

政常科的教学就是要使儿童初步地具有这种认识，通过各种知识来教育学生热爱我们的祖国和全世界的劳动人民。不仅要懂得这些道理，而且要进一步地把它运用到实践中去，以使他们将来能够成为积极地从事新民主主义社会建设的新人。同时还要结合国语、历史、地理等科的学习以坚定其为人民服务的思想和基本信念，使每一个儿童都能成为我们伟大祖国的建设者和保卫者，这就是政常科教学的努力目标。

二　政常科教学所存在的缺点

目前小学政常科的教学，在有些学校里面还没有适当地重视起来，有些学校则在教学方法上还存在着若干的缺点。主要原因：其一是教师对政常科的教学目的理解得不够彻底，存在着一种模模糊糊似是而非的认识，不知道它在小学各科教学中占着一个怎样的地位和起着哪些作用，因此便有的对它盲目地重视，有的则以为它是副科。其二是主观努力不够，许多教师的政治水平很低，有些普通的道理自己都弄不清楚，又不主观去努力，有时发现了问题也不谋即时地求得解决和改正，一天一天拖下来，于是儿童便直接受到了损失，不但道理不能很好地说通，而且在自觉与不自觉中给儿童灌输了许多不正确的认识。这些缺点主要表现在以下的几个方面：

（一）对儿童的接受程度缺乏正确地了解，在教学上对儿童要求过高

教师在思想上存在着盲目重视的认识，他觉得有很多知识都应该让儿童知道。课本上那一点材料太不够，不能说明问题，于是便东拉西扯、南拼北凑、凌乱无章地找来很多材料，又不能很好地归纳整理，有的是自己已经弄懂了，有的连自己也没有入门。讲解时常常是喧宾夺主把课本当成一个次要的东西，结果使学生听起来糊里糊涂，找不到重点，对任何问题都弄不清楚，而对学习政常科感到畏惧，教者虽然费了很多力气，在解决学生思想问题上并没收到效果。这是一种脱离实际的教学，是一种极不正确的从个人出发的主观主义教学。

（二）停顿在课本的圈子里，单纯地在课文上翻来翻去

把政常科当国语科来讲，教者一天在几个名词术语上下功夫，以为只要让学生知道怎么讲（实际上只是形式上的讲解）就算尽到了责任，就算完成了任务。方法上也是缺乏变化，老一套，上课时就是逐段逐句地讲，当然谈不到重点和条理，下课以后又不加过问，学生究竟理解了多少，教学究竟收到多大效果，都不加检查。也有的教师表现得很负责任，时常注意提问学生、指导学生，但没有把重点放在如

何启发儿童的思想上,而限在文字的讲解上,同样使学生感到平淡无味,没有兴趣。

(三)空喊政治口号,脱离学生的客观实际

教师喜欢搬弄大道理、下定义、急于得结论,上课时只是注入式说教式的空谈政治理论,语汇既不丰富,理解得又欠深刻,以至于形成"八股"式的教学。不管什么道理,不管什么问题,都用现成的几句话来解释。生拉硬扯,粗糙乏味,没有一点思想性。表面上听起来,似乎还没有什么错误,实际上却一点问题也没解决。周围许多活生生的事实不加联系,偏在一些抽象而又难于捉摸的言词中兜圈子。有的教师甚至于把丰富的教材内容,硬缩写成几条总结提纲,用简单的几句话加以讲解,就算结束,考试的时候也就很自然地形成背教条背公式,考试过后便很容易地就使儿童丢在脑后,甚至于忘得精光。因这些死的材料不能和儿童的思想联系起来,同样的也就不能对儿童的思想发生一定的积极推动作用。这是一种不经济的教学。

(四)有的教师政治水平很低,依据不正确的认识或常识进行教学

有的教师对政治问题特别是关于理论方面的知识缺乏足够的认识,但并不想办法去努力克服自己的缺点,而做好教学工作,于是上课的时候便只根据自己那种不正确的认识或常识的理解来进行教学。结果造成很多错误,使儿童得到一些不但没有用甚至是有害的知识。如有的教师讲什么是阶级,便举例子说在伪满的时候警官和警士佩戴着不同的肩章那就是阶级。还有的教师在讲帝国主义时不能很好地把苏联与帝俄分别清楚,结果因举例子时把俄国说成帝国主义,于是有的学生便误认为苏联也是帝国主义。这都是极端错误的。

以上的这几个缺点都是比较严重的,其他一些小的缺点不再一一列出。这些缺点存在一天,便会直接影响政常科教学,不想办法去克服,是不会提高政常科的教学水平的。担任这一科的教师同志必须要好好地重视它。

三 政常科的教学要点

(一)教学思想及教学态度

教师的教学思想和教学态度是决定教学方法和教学效果的重要环节。

是能否教好课程的基本关键。不管教任何科目它都是一个先决条件。特别是政常科的教学，教师的教学思想更是起着一种独特的作用。因为政常科的教学目的主要是为了向学生进行思想政治教育。教师的教学思想，是正确的还是错误的，随时都给儿童的思想以直接的影响。比如一个教师存在着一种轻视教育工作摇摆不定的教学思想，同时在教学态度方面也表现着不负责任，应付差事。如果要想向学生进行"为人民服务"的思想政治教育，那恐怕是难以做到的。所以教师时刻都应该注意这个问题，检查教学思想并注意自己的教学态度。

正确的教学思想，是建筑在正确的立场和观点上的。什么是正确的立场和观点呢？正确的立场就是劳动人民的立场，就是在共产党领导下，为工农劳动人民的当前实际利益而斗争的立场；正确的观点，就是马列主义的科学观点，就是辩证唯物主义和历史唯物主义的观点。我们准备教材和讲解问题都必须要以此为尺度，并且要根据此尺度来明确我们每一课教材的目的性。我们一定和工农劳动人民的利益结合在一起，我们一定要向工农学习，学习工农实际斗争的知识，来武装我们的头脑。我们决不要机械地、孤立地来看问题，我们一定要从其发生、发展和与其他问题的联系上来分析解决。能够这样就是合于这个尺度，合于这个尺度的教学思想就是正确的教学思想；不能够这样那就是不合于这个尺度，不合于这个尺度的教学思想，就是不正确的教学思想。这初看起来，好像是很简单的事情，只要懂得这个道理就行了，还有什么困难呢？实际上要把这个道理恰当地应用到实际教学工作中去，那可不是简单的事。我们在上课的时候，解释每个问题时都不能离开立场和观点，同一个问题，站在不同的立场和不同的观点上，其解释的方法就是不同的，政常科教师在这方面必须要有足够的认识，并把这个认识和教材结合起来，在讲解问题的时候应当如何来解释，要举哪些实例，这样讲解以后在学生思想上将起着一个什么样的作用，都应该通过自己的思考作正确的评价。千万不要潦草从事，搪塞责任。

教学思想明确了以后，其次就是教学态度的问题了。教学态度和教学思想是有着极密切的关系。教学态度是直接受教学思想决定着。教师纵然政治理论很高，知识也很丰富，但如果没有一个良好的教学态度，犯冷热病，或犯急性病，要不就拖拖拉拉，不负责任，那可以断定他的教学效果一定是不会高的。课堂教学是以教师为主导的，教师的教学态度对于学生的学习是有着直接影响的。一个具有优良品质的人民教师，他的教学态度必须是认真负责的。不但上课时候耐心地讲解功课，就是在课外的时间他也都在随时注意指导着儿童的思想与行动。他一天的生活把全部的力量都放在教学工作的钻研和改进上，他最高兴的事情，就是看到学生有了进步。他总是耐心地给学生解答一切问题，同时也随时都在注意着学生在思想上究竟起了何种变化，这些都是很重要的。讲述政治课只是把问题交代清楚还是不够的，还必须要以自己的行动去影响学生，教师——不仅是学校学科的教学者，他还是辅导者，他会影响学生所有心理的和精神的状态。特别是在小学里这一点是更重要的，教师必须要以身作则地去教育学生，比如在给儿童进行"爱劳动"的教育时，那么教师在日常生活中则一定要做到这一点，否则，教师只是能给学生讲道理，说的是一套，做的又是一套，则儿童一定会感到空虚。加里宁说："教师的世界观，他的品行，他的生活，他对每一现象的态度都这样或那样地影响着全体学生。"①

（二）教学准备

作好了教学准备，就是具备了教好课业的基本条件。在整个的教学工作中它是占着一个相当重要的地位，这对任何科目都不能忽视。政常科应怎样作好教学准备呢？主要可分为两方面：一个是平日的政治学习，一个是教学每一课时的课前准备，两者是互相联系和互相结合的，对于教师来说，是缺一不可。

我们政常科教学所以发生如前面所说的那些缺点与错误，最根本原因是由于我们十分缺乏马列主义和毛泽东思想的科学知识的缘故。政治学习，对教师的政常科教学是有直接帮助的，今天在每个学校里都普遍地重视着。一般的把教师的学习分为两方面：一是政治学习，一是业务学习。在时间的分配上有的是各占二分之一，有的是政治学习比业务学习比重还要大一些。并且还规定着统一的干部学习读本。总的行政领导上对此问题是一直抓得很紧的。政常科的教师必须要把统一规定的政治学习学好，克服学习上所存在的缺点，如有的学校强调集体阅读、集体讨论而忽略个人自学，或有的教师思想上不够重视而认定为是一种负担，形成应付差事的现象，都是不正确的。教政常科的教师应当认真地钻研每一个问题，并要求能够想办法看参考书或找其他同志研究弄通每个问题。绝不是走马看花、浮光掠影地那样学习。这是和其他教师共同

---

① ［苏］加里宁：《论共产主义教育》，陈昌浩译，中国青年出版社1950年版，第42页。

的政治学习应抱如此态度。此外政常科教师更应该阅读其他政治书籍和有关时事的书报杂志。密切注意国内国外的时势发展和变化，这是政常科教师教好课程的又一必要条件。这些材料是我们讲解课文说明问题时最有力的依据，我们必须随时善于集拢储蓄来丰富我们思想的宝库。不要放松小的事例，小的事例往往更能打动和启发儿童的思想。这些都是政常科教师在平时应加以注意的。

　　课前准备，政常科教师除去平日的政治学习以外，还必须要作好每一课的课前准备。因为每一课的基本内容和目的要求都各不相同，教师必须好好地熟悉它，并研究出如何才能使学生学会的重要方法和步骤，这其中主要的就是要写好教案。很多政常科教师都忽视写教案这个工作，以为教案流于形式，没用，还不如上课就讲，痛快，这是不应该的，这是因为以前写教案不得法的缘故。以前的教案是和教学笔记分家的，以致教案是教案，教学笔记是教学笔记，两者各不相干。教学笔记上罗列上一大堆缺乏周密组织的材料，教案上则只剩下一些空洞条文，流于形式是必然的，造成教师一种精神上的负担也是必然的。我们反对教案与教学笔记分家的做法，我们主张把教学笔记充实到教案里去，这样教学笔记可以根据教学步骤、时间和教学方法分清轻重、主从而得到系统的组织，教案中也有了一定的材料而具备着丰富的内容。这是一举两得的办法，有了这样的教案，教者在上课的时候，才算真正有了正确的依据。不但教学步骤和教学时间有了详细的计划，就是教学内容和教学方法也得到了周密的整理和安排，写这种教案的时候，教师首先就是研究教材、了解教材的中心内容，并根据内容来决定教学目的和要求，然后再找出教学重点，搜集有关的补充材料，来决定教学的步骤和讲授的方法。在哪一个步骤里面，应加入哪些材料，都要把它详细地写进去，补充材料主要是补课文之不足，目的在于帮助课文说明问题，脱离了这个原则或插入过多的补充材料，都足以妨害课文的教学，应注意避免。课文中的名词术语，教师在事前都要注意到研究出正确解释方法，详细地写到教案中去，以免临时讲解不出。怎样联系学生的思想，要用哪些实物，要举哪些实例，并且在哪一段教材中准备哪些实例和实物，都要在事前估计到。最后关于怎样提问学生和如何考查这一课的教学效果，也应在教案上列出。这样有计划有步骤写出的教案才真是有用的教案，不但不会白费时间，而且可以直接作为改进教学的依据。在每个教案之后，如再加入"经验教训"一项，每次讲完课以后，把自己在这课讲解中的优点、缺点、成功的地方或失败的地方写上去，并随时注意研究分析，这对于总结自己的工作和提高自己的教学水平来说，更会起着一个巨大的作用。

（三）理论与实际结合

旧的教学方法缺点之一就是理论脱离实际。课堂讲的是一套，课外的实际行动又是一套，教者在空洞地讲，学生在盲目地听。结果是不学还好，越学越看不到社会的变革和真正的现实，今天我们是严格反对这种方法的。特别是政常科的教学，它是直接进行政治思想教育的，它是直接指导儿童思想和行动的，理论与实际结合，认识与行动一致，这是政常科教学的基本原则。每个教师都应该重视这个原则，并随时注意把这个原则有效地贯彻到教学工作中去。

怎样才算理论与实际结合呢？教师在教学时必须要做到以下两点：

第一，课堂教学要与儿童的思想认识相结合，儿童学的理论能真正通过自己的思想，来解决自己思想认识上的问题，并进一步地指导自己的思想和提高自己的思想。

第二，学用结合，懂得理论观点以后，要能解决社会现实中存在的和新出现的问题，也就是具有初步地认识是非和批判是非的能力。并且更重要的是把自己所学的理论能在行动中表现出来。言语与思想要一致，思想与行动要一致。

在贯彻理论与实际结合这一教学原则的时候，教师第一重要的事情就是要了解儿童的思想实际，了解儿童的言语行动，然后从这些具体情况中来分析研究，针对病根，解决问题，发扬正确的和批判、纠正错误的。有的教师存在着一种片面的想法，以为小孩子有什么呢？他们年纪很小、思想纯洁，没有问题，更没有什么错误的思想。于是，在教学方面就疏于注意儿童不正确思想的发展演变和纠正，这是缺乏全面认识的。我们不应该孤立地来看小孩子，我们不应该忘记多数的小孩子是生长在旧家庭里的，他的父母和家里的其他人都保有着很多的旧思想旧意识，这些旧思想旧意识随时都在灌输到儿童的脑子中去，随时都在影响和支配着儿童的思想和行动，有很多儿童在学校里表现得已经很好，但经过一个假期或回到家里生活一段时期以后就又变差了。许多小学在初入学时期，总有一段时间要整顿一下学生纪律。这还不是很明显的事实吗？这都足以证明有不少的家庭在对儿童起着不良的影响。我们教学政常科绝不能疏忽这一点，对儿童的思想必须要有深入的了解。不只是注意他在学校的表现，而且还必须注意他在家庭的表现。因此政常科最好由班主任自己担任，班主任教师对自己班的学生总是知道清楚的。以科任教师来担当政常科那是不容易对每个学生有清楚认识的。如果不可能的话，那担任政常科的科任教师也必须把和班主任联系来了解学生当作一个经常的工作。同时还应该有计划、有重点地作家庭访问，这对于思想行动特殊优越或特殊落后的儿童是尤其重要的。从这里面可以发现很多问题，也可以和儿童的家长取得密切合作，来有效地教育儿童。除此以外，在了解儿童的思想行动的时候，还必须听取其他儿童的反映，同学们在一起彼此所了解的是最真实的，优点和缺点都显露得很清楚。但必须注意全面性的反映，否则则容易发生偏差。教师从各方面了解了每个儿童的具体情况以后，然后再加整理归纳，找出一般的通病和典型的个别儿童。然后再根据每课教材来缜密地、有计划地进行教学，这样所进行的教学才不会是落空的，才是真正地指导儿童的思想和行动的。

第三，就是广泛地利用实物教学和实例教学。政常科的实物教学和实例教学范围是很广的，除了讲授时经常联系实际问题用具体生动的事例解说以外，还可以多利用地图、照片、挂图、表格、电影以及参观工厂、矿山、讲名人故事等。如讲苏联的经济发展，则多利用照片，都可以加深学生的印象。更必须要注意多找生动易解的例子，来说明抽象的理论。比如讲阶级斗争的时候，则可以多引帝国主义国家中工人罢工的实例；讲地主压迫剥削农民时，则可以从儿童中找出贫雇农的子弟让他来说一下他在解放以前的生活情形。总之，举例子要举浅近的实际的，不要举新奇的想象的。要举儿童熟悉的，不举生疏的，也只有这样才能发挥实物教学和实例教学的最大效果。

此外结合纪念日、庆祝会、文娱活动和时事来进行政常教学，也都是很好的办法。教师都可以灵活适当地来采用。但在进行政常科的教学时，不管在任何情况下，都应该反对强调不可能的结合和生硬的立竿见影的强求结合的不正确的思想，这是违反理论与实际结合的原意的。同时还应该注意，一定内容的教材只能解决一定的问题，不要生拉硬扯，强求联系。对于学生错误思想的纠正也应该紧密地结合着教材的实际要求，防止为纠正思想而纠正思想以致影响整个教学工作的偏差。有很多思想问题是必须经过长期的教育才能收到效果，强求急效要求马到成功，是不可能的。这些地方教师在思想上必须明确起来。

（四）讨论

　　教学政常科适当地使儿童讨论，是一个很有效的办法。讨论不但可以提高学习兴趣，而且可以使思想更明确。有些道理本来知道得不够清楚，经过一番热烈地争辩，便很快地就弄明白了。同时还是了解儿童思想情况和检查效果的好办法。一个班的儿童很多，单靠平日的表面上的了解是不够的，在进行讨论的时候，这是很好的机会，因为讨论是必须联系自己思想的，每个儿童的发言就是述说他自己的思想和认识。教师在这时可以注意到儿童在思想上存在着哪些问题，也可以知道儿童的接受程度和发现自己在讲解时的缺点和优点，以求进一步地研究改正的办法。加里宁在《论共产主义教育》一书中对于讨论的重要性说得很清楚："四十年前我自己当过读报人。……假如我只是读报，那事情就行不通了。我的办法是，读报只读十五到二十分钟，以后就让大家来讨论了。我问道：'怎样，你们懂得这个或那个问题吗？'有人回答说：'不懂。'我说：'那我们就来弄清楚吧。'于是大家座谈起来，一点钟，一点半钟，或者更多的时间不断地过去。当我读的时候，听的人一个也不打瞌睡，因为他们都知道，读完之后就要进行讨论。"① 这是他关于读报时的讨论所提出的经验，这经验是很宝贵的，我们的政常课中所要应用的讨论，也是同样的，死板的应用讲演式的方法来进行授课，那是会造成课堂内的极端沉闷和缺乏生气的。教师应善于使儿童讨论。指导儿童的思想或纠正儿童的思想，单靠听单纯的讲述是不可能收到预期效果。必须给儿童一定的时间，让他们去检查自己的思想、整理自己的思想并发表自己的思想。使他们的思想能够在大家面前获得发扬或纠正。

　　我们如何指导儿童政常课的讨论呢？首先要弄清楚这里所谈的讨论，不是占分量过大的以集体学习为主的讨论，而是有组织有计划的结合着教师的讲解而适当应用的讨论。它是政常科教学中重要的教学方法之一，但却不是唯一主要的教学方法，不是每一课都需要这个办法。教师指导儿童讨论时要分三个阶段，即：准备阶段、讨论阶段和总结阶段。教师在让儿童讨论以前，应作好计划，根据课文找出重点来，最初的时候不但要指定讨论题目，而且每个讨论题目要拟出简单的小提纲，使儿童的思想有所遵循。以后提纲可以逐渐减免，但题目仍必须由教师负责提出，有时也可以

---

① ［苏］加里宁：《论共产主义教育》，陈昌浩译，中国青年出版社1950年版，第137页。

由学生提出，作最后决定。出题可根据以下的几方面，即：1. 课文的基本要求；2. 儿童的思想情况；3. 不易理解的地方及容易怀疑的地方。目的在于让儿童弄清问题的基本意义。题目要具体明确而且能自由发挥，不宜过大或过小，为了使儿童发言普遍，教师应把他们变成学习小组，人数以七人至十人为限。编组的时候，最好是自愿结合。教师可适当布置，将骨干分子与非骨干分子分配开，每组都应配入几个骨干分子。骨干分子的条件是要乐于帮助人，能团结其他同学，自己的文化水平生活作风要稍高于其他组员。讨论以小组为单位。全班性的大讨论会，一方面不容易掌握，一方面耽误时间，发言不易普遍，以少举行为宜。讨论时除非需要过长的时间，一般以在课内举行较好，但不要占用很多时间，教师在一个课文讲到一个阶段以后，则可余十分钟至半点钟的时间，留给学生讨论。教师可深入到一个组里去了解发言情况，等讨论完了，教师要根据各组讨论的结果，将争辩不决的问题或解答不了的问题向大家加以总结。讨论发言以应有适当准备为原则，题目有时可以预先告诉学生。在整个的讨论中教师都应该占着主导的地位，深入地指导学生绝不可产生放任自流的偏差。这样的讨论，不但可以对讨论问题本身得到清楚的认识，而且对有关的问题也可以获得解答。用之得当，它的效果往往是超出于同样时间的讲述的。

（五）效果检查

教学效果的检查，目的在了解学生的接受程度和教师的教学情况。对于学生来说它可以起着一种积极的鼓励和推动作用；对于教师来说它可以使教师清楚地看到自己的教学结果，从这里面可以发现自己教学的优点、缺点，给以后的教学工作指出努力方向。它是整个教学中不可缺少的。政常科的教学因为不只是让学生学习到理论知识，而且还要付诸实际行动，所以它的效果检查也和一般文化课不相同的。这里要对此问题加以进一步地说明。

有些教师对政常科的效果检查常感到苦恼，单靠考试结果似乎不全面，注意到行动又与品行分抵触，不知道从何下手。我们认为检查政常科的教学效果是应从两方面下手，一是实际理解程度，一是实际行动表现，两者都不应有所偏废。但，答案和儿童整个行动又不可混为一谈，考试卷子可以作了解儿童理解程度的主要根据，实际行动与学习态度问题，可作为考查平时成绩的一个内容。但注意此处所指的实际行动主要是注意与政常科教学有直接关系者，至于一般的行动表现应放在整个个人的品行分里评定。

至于效果检查的方法，应当是多方面的，不要固定地采用一种方法。如考试、检查笔记、提问、漫谈或平时具体的表现是都应该注意的。因为只从一方面来了解儿童的成绩，其所得的结果是不科学的，常常是不切合实际的。通常考试的办法它可以告诉我们儿童在一个较长时间内的学习结果；通过检查笔记，可以看出儿童在上课时的学习态度和在课外时间的预习复习情形；通过提问可以了解儿童对整个课程学习的接受程度；通过漫谈可以了解儿童对所学过的课程是否完全消化以及是否真正的理解还是死背死记；通过注意平时具体行动的表现可以知道儿童是否将学到的理论去有效地指导实践。这几方面都是考查政常科教学效果的具体办法，教师应灵活去应用它。一方面要注意平时表现，一方面要注意学期成绩。教师可以准备一个小记事册，把每个学生的各方面的表现和考试成绩写上去，随时注意，以免遗忘。

四　政常科教学的一般过程

教学过程就是教师在教学一定教材时所经过的步骤，教师在事先要有周密计划，它常因不同学科的不同教材内容而有所不同。这里所写的关于政常科的教学过程，也只是一般常用的，不是一成不变的，应灵活地掌握它。

教学政常科第一步要整理儿童的思想。教师在讲一个新的课文时，应事先了解儿童的实际思想情况，对于这课课文的内容有没有初步的认识、正确的认识或不正确的认识，都应有粗略的估计。根据这种估计并结合着课文的基本要求找出几个问题，或从所讲过的前一课中提出几个问题来，提问儿童解答，然后再根据儿童的答语逐步地引到新课文的本身，目的在让儿童能有一种渴望学习新课内容的统一思想，以增强他的理解和记忆。

其次，是进行讲解，教师先要把课文的中心要求阐述明白，然后找出几个重点来详细讲述。讲述时要善于启发儿童的思想，从知道的引到儿童不知道的。重点要明确，条理要清楚，要围绕着重点来解决问题。并可以在一边讲的时候，一边想出适当的问题来提问学生，以活跃课堂气氛，还可以防止儿童思想的溜号。一个重点交代清楚以后，再开始一个新的重点，不要弄得头绪太多，使儿童无所遵循。教师准备好的实物和实例，便可以在这时候应用起来，注意要结合得适当，不要扯得太远，走了主题。

讲完以后，可以让学生默读课文，结合着教师讲解的全部意思来深一步地理解和记忆。有不了解的地方也可以在这个时候提出来。默读以后教师可以找学生或自己通念一遍课文，有难理解的意思和词句，这时可以进行较详细地讲解。重要的是贯穿全课的主要意思，不必逐词逐句地去讲解。课文研究完了以后，如果需要写补充笔记或需要注意的名词术语，可以给学生抄下来。

最后，教师可以从课文中找出几个重要问题，让儿童联系自己日常行动或思想情况进行讨论。并将讨论结果，加以整理和总结，以指导儿童把所学到的理论知识，贯穿到自己的实际行动中去。还可以出几个分析批判或理解与说明的问题，让儿童来解答。

这就是政常科的一般教学过程，教师可斟酌实际情况来运用。有时候可以先默读而后讲解，有时候也可以先写补充笔记而后研究课文。但应该注意不要增加不必要的步骤，如有的教师在讲政常时也要让学生提出生字生词、或试读课文等都是不很适宜的。还有的教师讲政常课把重点完全放在儿童的讨论上，或在未讲之前就让儿童讨论，这都是违反了整个教学活动中教师主导作用的原则，要注意防止。

小学历史科教学方法*

一 历史科的教学目的与要求

历史和国语、政常、地理同是含有丰富的思想政治教育内容的科学。在我们今天它是进行新民主主义教育的有力武器。

小学历史科教学的目的，在于培养儿童正确的历史观点，和帮助儿童理解社会发展的规律，知道人类过去历史是怎样发展而来的，同时并认识它将来发展的方向。从许多历史的基本事实中，使儿童在思想上明确阶级斗争是历史运动的本质，革命是历史发展所必然经过的步骤。了解劳动创造了人，了解劳动创造了世界，及劳动者创造了历史。并进一步启发儿童热爱人民和祖国，并捍卫人民和祖国的情感与决心。具体地说，就是：

第一，使儿童能够初步地掌握基本的历史知识；

第二，使儿童初步地认识科学的历史观点及社会发展的规律；

第三，使儿童了解现代的社会生活，同时并培养他们自觉地认知个人在这样社会中应尽的责任和所处的地位；

第四，培养儿童热爱祖国、热爱人民并积极参加新民主主义社会建设及为人类更高级的社会主义和共产主义社会而斗争的革命人生观。

中央教育部出版的《小学课程暂行标准初稿》中规定着历史科教学目标是：

第一，使儿童有重点地知道历史发展最重要的史实和人物的评价，以及对这些事实发生发展的规律；具有具体明确的概念，以建立唯物的历史

---

* 选自《小学教学方法研究》，唐文中、李乙鸣著，上海教育书店 1951 年第 3 版，第 125—146 页。

观点。

第二，使儿童初步地懂得历史特点，是劳动人民长期争取解放的阶级斗争、民族独立斗争、现代的人民革命斗争，以发展革命的斗争意志。

第三，使儿童认识中华民族勤劳勇敢的优良传统，和创造经济、文化等的伟大的史迹，以及在世界和平阵营中的地位和责任，以培养爱祖国、爱人民、爱劳动等国民公德和国际主义思想。

重要的是必须要使儿童熟悉历史的基本事实，通过事实来获得对历史的正确认识。在通史方面，要求除史实的了解之外，还要记住主要的历史人物、年代以求初步地掌握中国历史概况。并理解每一社会制度之发生、发展、消亡的过程。明白劳动人民是历史的真正主人，了解我们祖先从事革命斗争及生产建设的伟大事迹，认识中华各民族，中国人民的光荣传统，知道我们的祖先曾创造了优秀的文化。我们应善于接受保持此历史遗产，并进一步地光大和发扬。另一方面还要具体认识民族侵略乃是剥削制度的产物，同时更需要初步地体会真正的爱国主义与国际主义是统一的，它与民族偏见及排外主义有本质的区别。在近代史方面，要求使儿童认清近百年来中国人民反帝反封建的英勇斗争事迹，通过这些事迹来对近百年来中国社会经济发展和中国革命发展的规律性及中国社会发展的方向得到一个初步的概念。使儿童了解百年来人民的真正敌人帝国主义、封建势力是如何滋长起来，如何残酷的统治着中国人民，以及中国人民如何不屈不挠的和反动势力作英勇斗争而终至于取得了最后胜利的经过与主要事实。从这些事实中明白认识新民主主义革命与旧民主主义革命的不同。同时知道中国无产阶级及中国共产党领导中国人民的斗争事迹并认识苏联对中国的伟大友谊，以加强对新爱国主义和国际主义的教育。

总之，学习历史的最后目的就是要学习历史的经验，学习历史的教训，了解过去、现在和未来，知道人类的幸福和苦难是怎样造成的，并从其中寻取使旧的加速崩溃和使新的赶快诞生的手段与方法。

二　历史科教学所存在的缺点

用新的观点立场和方法来教学历史，对于今天文化水平和政治水平较差的教师来说，本来是一个比较困难的事，加以有些教师再不去主观努力钻研改进，于是便很自然地造成了历史教学上的许多缺点。在这些缺点中有的属于对问题认识的悖谬，有的属于教学方法的不能灵活运用。现择其主要者分述于后，以提起今后历史教学上的注意：

第一，不能灵活地利用历史发展的规律来说明问题，只是死板的应用一套现成的公式来加以解释。教师在头脑中记住几条道理，于是便不管什么问题都用这几条道理一套就算完事，结果使学生得到的印象极模糊、极抽象。我们说历史的发展有它一定规律这是任何人也不能否认的，但不同的时代不同的地点的每个历史事实也都有其不同的意义和不同的发生、发展、消灭的过程，也同样是任何人都不能否认的。忽视了这一点那是不正确的。前面教学目的中已经说过，我们教儿童的历史重要的是让儿童掌握历史的基本事实，从这些事实中来找出历史的规律，然后再指导儿童运用历史规律来理解其他的历史事实。脱离开这个原则而硬填公式，那是把活材料死教的办法，是一种有害的教学方法。

第二，不能很好地从联系比拟中说明问题，教师对历史问题体会得不够深刻，常常表现着将历史事件比拟得不伦不类的缺点。如把楚汉相争比作共产党和国民党，把春秋战国的互相战争比作帝国主义之间钩心斗角，把西晋以后北方各民族的杂处比作今天的国际主义。使儿童不但对以前的历史不能有清楚地认识，而且对今天的事实也反而越发模糊起来。为了弄清问题，可以联系，也可以比拟，但要考虑到在什么情形应举什么例子才最适当。完全不顾问题的本质而牵强的联系，是没有好结果的。往往会把过去理想化，使儿童忽视了现实事件的特点。

第三，不顾儿童接受程度单从教师个人兴趣出发的主观主义教学。这表现在两方面：其一，要求过高，补充材料太多。教师不管儿童的实际接受程度，上课就讲，不提问，也不启发；不留课外作业，也不检查效果。地道的以传授知识为主，并且还旁征博引，使儿童不能消化。其二，只顾教师自己的兴趣，教师自己知道多或知道详细就多讲些，不知道或没弄清楚就少讲些，高兴时就多讲些，不高兴时就少讲些。弄得教材忽多忽少，进度忽快忽慢。这种主观主义教学是极不负责任的教学态度，是直接影响儿童学习的。

第四，还有的教师单纯地迎合了儿童的错误心理，把历史事实传奇化了，在教学上作了儿童兴趣的尾巴。儿童喜欢什么，他就加重讲什么；儿童要求他讲些什么，他就讲些什么。甚至于弄一些不正确的民间传说也都搬到课堂上来，不加批判或问题交代不清都将造成儿童不正确的观念。有的教师讲三国时则要插入一段诸葛亮的"羽扇纶巾"，什么"空城计"呀，"借东风"呀，或关羽的"青龙偃月刀"，张翼德的"喝断了长坂桥"

等；讲努尔哈赤便是什么仙女吃了圣果。虽然有时也加以批判，但常使儿童主从不分弄不清究竟。如有的讲袁世凯时说袁世凯是"王八精变的"，虽然他也说了那是民间的传说，但结果在考试时教师出个"袁世凯是什么人？"的题目，有很多儿童竟答他是"王八精"。这样的教学结果，不但把袁世凯的真实罪恶给掩蔽了，而且给儿童灌输了迷信思想，是很不正确的。有时候虽然可以提起儿童的学习兴趣，使他们听起来很生动，很有意思，但却混淆了儿童对历史事实的正确理解与记忆，陡然增加了儿童学习上的负担，是一种画蛇添足的办法，是没有必要的。

除以上的几个主要缺点之外，有的教师把历史课当国语课讲，抠字眼，弄文句，只要能会读会讲就算了却自己的责任，对于史实则不加过问。有的教师把历史课当政治课来讲，死啃教条，形成一种说教式的教学，儿童学起来平淡而且费劲。有的教师上课时就丢开课本，不分轻重、无原则无计划地抄写笔记，文字生硬，难于理解，形成死背死记。还有的教师强调儿童自学，上课时不详细讲解，让儿童自己组成学习小组去研究讨论，然后自己再加简单归纳，降低了教师在教学工作中的主导作用。这些都是很不妥当的，都是今后历史教学中必须加以改正的。

三　历史科的教学要点

（一）观点问题

今天，历史科的教学，中心的问题就是科学观点问题。这个问题不能在每个教师的思想上很好地解决，那就失去了教好历史课的依据，也就根本不可能提高历史科的教学水平。因为它是和教学目的、教材的掌握以及教学方法的运用息息相关的。这个问题错了，其他问题也就都将随着起了本质的变化。其结果会完全违背了历史科的原来目的和要求。所以历史科的教师在教学工作中，必须把它提高到第一个重要的事来看待它、熟悉它并掌握它。

什么是科学的观点呢？科学的观点就是马列主义的观点，也就是辩证唯物论与历史唯物论的观点。要了解其中的全部道理，是需要长期的学习。这里只简单地提出两点来。即：1. 劳动观点；2. 革命观点。以作为目前历史教学上的注意。

1. 劳动观点

劳动观点也就是劳动人民创造历史的观点。我们知道劳动创造了人，劳动创造了世界。因为有了劳动才把自己从动物界分出来。世界因为有劳动才有光辉灿烂的文化与文明，所以劳动人民是社会的主体，劳动人民从事着生产，生产则是推动社会前进的基础，因此我们也就可以说整个的历史就是劳动人民的历史，这是天经地义的事实。但那些反动的唯心论者怎样看呢？他们的看法恰恰与此相反，他们不敢正视此一事实。他们为了维持自己高高在上的统治地位，他们轻视劳动，他们瞧不起劳动人民。他们受着自己阶级意识的决定，他们看不见客观真理。他们把一切问题的根源，都引到天上去，他们在大声叫嚣着"上帝造人""上帝开辟了世界"。他们强调说人类的社会就是少数人的社会，少数人的王侯将相，圣贤才智应该永远统治人，多数劳动人民则永远应该被他们统治，永远做他们俯首帖耳的奴隶。打开旧的历史书籍，我们可以看到他们是在连篇累牍地歪曲着人类的历史事实。我们掌握了劳动观点，这些问题都可以迎刃而解了，他们的用心都原形毕露了，同时也就可以认识到统治阶级那些"民可使由之，不可使知之"一类轻视劳动人民的口头禅，是多么荒诞无稽了。

2. 革命观点

由于生产变化人类社会是在不停地往前发展着。有史以来已经经过五个大的历史阶段——原始共产社会，奴隶社会，封建社会，资本主义社会和社会主义社会。每一个旧社会制度的灭亡和新社会制度的建立是都需要革命的。革命是社会改变的必需步骤。因此，我们在认识历史问题的时候，便可以知道革命者是推动历史前进的，是早晚必定要胜利的。反革命者是阻碍历史前进的，是必定要被打倒的。有一种自然成长的理论，即不经过革命也可以从旧社会进步到新社会的理论，那是极端不正确的，那是一种等待思想，是一种"和平转变"的思想。忽视了强力行动的革命是改变社会制度的决定条件，是为反动思想张目的。在历史教学中必须肃清这种错误想法。我们要好好地掌握革命观点，我们不但承认旧社会崩溃和新社会诞生必须革命，我们还必须承认先进的思想、英明的领袖和代表新生力量的政党的作用和其重要性。并把这种理论应用到教学中来指导儿童深一步的体会和理解历史事实。

我们在历史教学中能从以上两方面来分析并认识历史问题，就是基本上掌握了科学的历史观点。这是我们衡量历史事实的标准。有的老师因为缺乏清楚的认识，在教学中表现着不正确的思想。认为观点与事实是各不相干的两回事，或者在解释问题时对旧历史不加批判的错误，只是轻描淡写地说一声照新观点看应"如何如何"，好像默默中承认了旧观点也是真理，这都是应当在教学中特别注意的。正确的观点与史实是一致的。史实与观点是辩证统一的。马列主义是客观事实最正确的反映，真理只有一个，史实也只有一个。原来正确的东西，观点史实都是正确的，并且是互相一致的；原来不正确的东西，观点史实也必然是错误的，其所用的观点与真正的史实也必然是悖谬的不一致的。新观点所观察的历史问题在任何时候都是正确的，旧观点所观察的历史问题在任何时都是错误的，这方面必须在教师的思想上明确起来，否则在历史教学上是极容易发生偏差的。

（二）从实际出发

从实际出发，就是从客观实际、从儿童思想实际出发的教学方法，也就是灵活地并有效地应用实物教学与实例教学的教学方法。教学历史时是不能忽视这一点的。"一切较完全的知识都是由两个阶段构成的，第一阶段是感性知识，第二阶段是理性知识，理性知识是感性知识的高级发展阶段。"[①] 从实际出发的教学就是使儿童的理性知识与感性知识能够密切结合的教学。

历史科教学的从实际出发，首先，就是了解学生。在讲解一个新问题之前，在说明一个新历史事实之前，先要了解一下儿童头脑里所有旧的知识是什么，对这新教材的内容有没有初步的认识，有没有不正确的看法。如有，那种不正确的看法是什么，是怎样养成的，存在着不正确看法的儿童占多数还是占少数。对新问题的学习上有没有基础知识，在其他的课程中学过或没有学过有关的知识，教师在事先都应该估计到。只有根据所了解的情况来决定的教学方法，才是合乎实际的教学方法。也只有了解儿童的思想实际以后，教师在讲解的时候才有了依据，才能找到教学重点，才知道什么地方应详细讲，什么地方应简略讲。儿童接受起来，才比较容易。

其次，是和客观实际结合起来，注意时间和空间。在时间方面，如纪念日、庆祝节日，讲历史时都应很好的联系。比方讲日本帝国主义侵略中国时，如果能和"九一八""七七"等纪念日及"八一五"等事件结合起来，则可以使儿童的印象格外深刻。在空间方面，就是要和学校所在地的具体情况联系起来。教师必须熟悉当地的情况，如东北乡村有很多抗联和敌人英勇斗争的事迹，教者如能善于搜求，都是历史教学中的生动材料。

[①] 《毛泽东选集》，东北书店1948年版，第943页。

不要忽视小的事件，把它扩大起来都足以帮助儿童理解更大更困难的问题。因为儿童对那些事情知道得很清楚，从小的问题引到大的问题，从他所知道的事情引到他所不知道的事情，这是在教学上永远也不能忘记的重要原则。我们必须灵活地掌握它。另一方面还要随时都注意着时势，注意国内情况和国际局势，这为讲近代史提供了有力的佐证和说明。

历史教学，对于实例与实物的应用，同样是不能放松的。有些教师对此一问题的认识比较模糊，以为既谈实例教学或实物教学，则是只限于单纯地利用实物教具，以为除图表照片可资利用外，便别无他策了。或强调个别科目，说自然可以利用实物，历史简直没有办法。这都是片面的看法。我们教学一切科的主要目的，就是把教材中提出的问题，指导儿童正确的认识然后将其应用于生活实践中去。但教材的本身往往是偏重于距离儿童生活远的并且抽象的理性知识，要想使儿童达到具体的了解，和使其在生活实践中运用这些知识，则必须把抽象的道理具体化、现实化，把特殊的问题结合着普通的事件来说明。最好的现实就是具体实在的东西，最好的普通的事件就是儿童日常生活中知道的事件。所以我们的实例教学和实物教学所包括的范围是很广的。凡是对于我们教学有帮助并足以说明问题的都是可资利用。在历史教学方面教师可以随时留心有关的事例，比如在讲封建社会那种旧道德旧礼教对人的缚束时，则可以举"男尊女卑""包办婚姻"等的实例加以说明，会使儿童很感兴趣。此外更要多方地利用实物，如历史图表、历史人物及历史事迹的图片，或仿造一些历史的器物，都是对教学有很大好处的。局限在狭小的认识上是不正确的。

总之，历史科教学的从实际出发是应广泛进行的。尤其在结合克服主观主义教学和贯彻思想政治教育方面，从实际出发这一教学原则是起着独特作用的，必须有足够的重视。

（三）理解与记忆

教好历史科的基本问题就是如何指导儿童去理解与记忆历史事实及每个事件的发生、发展、联系和变化。教师必须好好注意什么材料、什么问题是儿童应该而且必须理解与记忆的。用什么方法才能增强儿童对该问题的理解与记忆，教师都应该随时加以周密地研究与考虑。除前面所说从实际出发能够增强理解与记忆外，现在再单就此一问题加以进一步地说明。

学习历史应该理解什么和记忆些什么呢？有些教师缺乏明确的认识，以为不管什么问题只要背下来就好，常常让儿童费了很大的劲只装了一脑子彼此不相干的孤立事实，而对其他问题则一概抹杀，这在时间方面和效果方面来说是很不经济的。我们说学习历史，主要是弄通历史事实的梗概，记住历史人物及年代，并从这里面进一步地培养儿童对社会发展的正确看法。在分析某些历史现象的内容时，应把主要的注意力放在造成这些现象原因的揭露上和其所引起相应后果的推敲上。这样加重历史事实事件之间的联系与因果的研究，是帮助儿童自觉的、坚实地掌握材料的最好方法。学历史课本是以每一个事件为中心排列成一个个小单元而编成的，如第四册历史开始就是"第一次世界大战"，其次则接着"五四运动""中国共产党诞生""二七惨案和五卅运动""北伐战争"等，具有一些历史知识的人看起来，当然可以明显地找出其间的联系和因果关系，一个开始学习历史的儿童则根本缺乏这种能力的，因此，教师讲解时必须给儿童加强关于事件发生演变的合法则性及互相联系的概念，否则就会使儿童在头脑中造成一些不相连属的印象。

　　对于年代和地域应不应记忆呢？这个回答是肯定的。历史所发生的事件总是与时间和空间有着不可分的关系，脱离开时空关系而谈历史，那是痴人说梦，完全失去学习历史的意义。有些教师常常诉苦说儿童记忆年代非常困难，因而就忽略指导儿童对历史年代的记忆。这种想法是首先应当加以消除的。深刻地记忆历史年代，和上一段所说的加强因果联系的重视是分不开的。如果能够很好地注意前一事件与后一事件的联系，先弄清大事件然后再追究小事件，记忆年代并不是一个特别困难的事。比如："一九一四年第一次世界大战爆发""一九一七年苏联革命成功""一九一九年五四运动""一九二一年中国共产党诞生""一九二六年出师北伐"，你如果把每个事件的前后关联讲解清楚，儿童很容易地把年代记下来。否则，儿童把中国共产党成立放在五四运动之前，那就不是什么值得大惊小怪的事。此外教师可以指导儿童用自画历史年表的方法来记忆年代，让每个儿童预备一张空白的表格，上面分年代日期和历史事件两项，大小样式由教师自定。在每讲完一个小单元的时候则可让儿童自行找出这一课中所讲过的大事件都是什么，这些大事都发生在哪一年，然后再指导儿童统一地填在自己的表上。教师并可定期加以检查。这样通过自己的思考所做出来的年表，对儿童的印象是特别深刻的。远较课本后面那个简略的现成的历史大事年表更为有用。儿童可以把它当作复习课文时重要的辅助材料，同时还可以用它来随时检查自己的记忆。方法是用一张厚纸遮住年代，然后看着表中写的事件来背出年代；或遮住事件然后从年代日期中来追想事件，都是很有效果的。还有一种记年代的方法，就是指导儿童用厚纸制成方形的小片，一面写上年代，另一面写出这些年代的大事件，也是可以采用的。教师必须多方地加以注意。至于地域的记忆，主要的是靠历史地图。年代是在了解历史的古今联系，地域则在便于说明史实发生的地理环境与条件，教师也不能忽视。有时候历史上的地名也是很不好记的，和现在的地名常常是没有一点关系，因此，教者必须做好历史地图用来帮助教学。把过去的名字和今天的名字结合在一起来记，如"汴京"相当于今天的哪个城市，明末农民起义李自成张献忠各发展在何处，使儿童能得到很明确的印象。同时可以指导儿童自己画历史地图，更能使他记忆深刻。

还有一种通过故事来进行教学的方法，也是小学历史科教学中应提起适当重视的。尤其是对于历史人物的记忆这种方法更起着一种卓越的作用。但，应用时注意必须要有明确的目的，并且应该以故事说明问题，不应单纯为了增加趣味，弄得庸俗化低级化而失掉了历史的严肃性。穿插故事可以根据以下的几个原则：

1. 根据课文的中心来确定故事的内容；
2. 对于故事的性质是否有封建迷信的思想，是否荒诞无稽，教师应事先加以详细的分析与批判，切忌信手拈来，想起就讲；
3. 要注意儿童的政治文化水平和接受程度。

有时候可以把全课内容故事化，有时候可以在课文中穿插上有关的小故事，作用是一样的，都能提高儿童的学习兴趣，并增强理解与记忆。教师可根据以上几个原则灵活处理。

（四）提问

课堂内提问的主要目的，就在了解儿童的接受程度和检查教学效果，同时还可以启发儿童的思想使他去联想其他问题，它在历史科教学里面占着一个相当重要的地位。有时是教师提问，有时候可以指导儿童相互提问。这里着重谈一下教师的提问，至于儿童间的问答，主要是应用于复习上，重心在于问题本身的发扬，方法上比较简单，不拟作更多说明。

今天在历史科教学的提问上普遍地存在着一种不良现象，就是缺乏计划性与目的性。为提问而提问，有时问的过深，儿童答不出来，有时问的过浅流于形式。常看到有的教师上课时把提问当成经常的工作，问题本身毫无意义，对儿童思想不起任何作用，形成一种反射行为。教师的口吻是

"对不对""是不是""好不好"，儿童的回答也就只停在"对"或者"不对""好"或者"不好"的几个字里面。千篇一律，习以为常，形成教学上的浪费现象，也是必须加以反对的。主要缺点是问题太单调，而方式又太呆板，整个违背了提问的基本要求。

　　良好的提问，是应该注意到问题的性质和提问方法两方面的。问题的性质，就教学的切要上来看可分练习用的问题、分析用的问题和比较用的问题，就思想历程上来看可分为思考性的问题和记忆性的问题。记忆性的问题须回忆事实、叙述事实，思考性的问题则在锻炼儿童自己的思考能力，不是单纯的记述，而必须要经过分析与综合，在启发儿童的思想和组织儿童的思想上是有很大的价值的。一般教师在课堂上提问应是多方面的，有时需要提出选择性和比较性的问题，有时需要提出估评性和总结性的问题。对于学生有时候要求他们简单地回答赞成或者反对，有时候则应要求他们详细地说出原因或结果。教师应根据每课不同的要求和儿童的程度有计划地提出问题，方式力求多种多样，以防止儿童养成呆板固定的学习方法和思想方法。问题的用语要简单明确，并且不要有双关的意义，使儿童能把握问题的要义而从实回答。问题需要指示出确定的目的，但应尽量避免复述文中的原语，以求逐渐地培养儿童独立思考的能力。

　　提问的方法，一般的是先提出问题，后指定学生回答。也就是提问时要对着全班。优点是可以得到每个儿童的共同注意，同时每个儿童都有一个考虑的时间，使他们在思想上形成一个假定答案作好回答的准备，然后在某一儿童回答时，大家便可集中注意，并容易和自己所想的那个假定答案加以比较而提出批评意见。在指定儿童回答时也要尽量使每个人都有机会，有的教师发问时针对少数儿童，而使多数儿童得不到回答；还有的教师针对全班学生提问，于是就按着点名册逐堂地叫儿童回答，上课时要问哪些儿童，儿童早就知道了，于是形成该谁回答就准备，其他人则不问不闻，这都是很不妥当的。方法必须要自然，勿太勉强。此外儿童在回答时应给他充分时间，不要求急，如果答不出来亦不应强问。对不注意听课的儿童可多提问一些最易于疏忽的问题。提问时教师必须表示信任的态度，"看你这样就回答不出来""我早就知道你一定不会"一类的话对儿童是没有任何帮助的。以上这些提问的方法都是应当注意的，但并不是一成不变的，教师可以适当地掌握它。不只是历史科教学提问如此，其他科的教学提问也是同样的。

（五）其他

1. 联系各科进行教学

历史科的教学主要应与地理、政常、国语等科取得密切的联系。教师应随时注意这些科目正在讲解什么材料或已经讲过了什么材料，来加以有机的配合。这个方法不只是丰富教学内容，更能使儿童体会到全部课程的完整知识。否则各科目的教学若不能融会贯通致使各科知识彼此绝缘的孤立起来，就会使儿童仅得到一鳞半爪的片面了解。而使他们认为国语不过是教识字的，地理不过是讲些都市物产的，历史则只是单纯的记事的。这样便违背了整个的教育目标。各个科目之间本就是存在一定的联系的，教师应好好发挥它和注意它。

2. 充实材料，激发感情

课本上有的地方是比较空洞的，教师应根据具体情况加入适当的补充材料。找补充材料不见得完全靠历史书籍，有时候引上一两句诗词，对于说明问题往往有更大的裨益。讲时要特别注意激发儿童的感情，比如讲到文天祥时如果引上"人生自古谁无死，留得丹心照汗青"的诗句，则可使儿童对历史人物有更深入的体会。教师自己不管是态度方面、声音方面或语调方面也都应该有充沛的感情，这对儿童理解问题上都给予很大的帮助。

3. 课内外结合

历史科的课内外结合，主要可通过历史游戏及编演戏剧和参观历史遗迹等形式来进行。教师可以把历史人物、年代，编成历史棋及各种游戏，指导儿童去玩。但注意玩法必须要简单而且能肯定地说明问题，否则太复杂时则容易减低玩的兴趣。教师把生动的史实编成戏剧，对提高儿童的认识及兴趣方面同样是有很大好处的。但编的时候应该注意不要歪曲了史实和弄错了历史观点，同时在编演的时候不要耽误过多的时间。

此外关于加强备课、指导儿童及讨论等各方面也都是历史教学应加以注意的，此处不再详细叙述。

四 历史科教学的一般过程

教学历史课在教学过程方面还没有一个完整的很合于理想的一套办法。这里所提出的也只是目前习用的一般过程，究竟怎样才是最好，还必须在实际教学中不断地研究与改进。

历史课的本身是成系统的，前一课的内容和后一课的内容自然的保持着一定联系。因此历史课教学的第一步骤——导言是最容易掌握的。教学历史课，在开始的时候，最好是从前一课中找出几个中心问题来提问学生，这样不但可以检查前堂课效果，而且也是一个很好的复习。或者给一个时间让儿童自己提出疑难问题也可以。在提问的时候，教师就可以有计划地把儿童的注意导向新课的内容上去，这样由前一课导至这一课，再由这一课导至后一课，便可给儿童每一个历史事件的发展留下一个系统的深刻的印象，这对学习历史来说是有很大好处的。教师如果掌握得好，像看小说的"下回分解"一样，儿童在学完一个史实以后便渴望着学习下一个史实。

提问以后，就是开始讲解新的内容。教师应根据几个重点有系统地来进行讲述，必要的时候也可以写一下简单的提纲。讲述必须要分开轻重，使儿童听了以后就在思想上辨别出主要的和次要的。同时要善于启发儿童的思想，给儿童以自己想问题的时间，不要死板地注入。在说明每个问题的时候，特别是分析一个事件的前因与后果的时候，要善于培养儿童运用自己思想的能力。教师多说几个"为什么"，使儿童的思想永远跟你的"为什么"而前进。教师的话跑在儿童思想的前面或落在儿童思想的后面都是不正确的。

讲完以后可让儿童默读课文，提出有关疑难的问题。疑难问题不一定都由教师回答，应使儿童自己相互解答。不完整或不正确时教师可加以补充或纠正。默读以后有时教师可以朗读一遍课文，并拣困难的地方稍加讲解。有时则可省掉这一步。有补充材料时，此时可抄下来。对某些内容儿童如果没能深刻理解或有怀疑处时，教师可有重点的找出几个中心问题让儿童自己讨论，直到弄清楚为止。

最后教师应将整个课文加以总结，或启发儿童自己总结，找出重要问题。如果采用前面所说儿童自己填写年代表的办法时，则可指导儿童做这个工作。至于检查效果，则可以放在下一课进行之前的提问上。

小学地理科教学方法[*]

一　地理科的教学目的与要求

小学地理是教儿童认识我们的国家和整个世界的一门重要课程。它和历史科教学有着密切的关系，如果说历史是叙述人类社会的纵的发展，则地理便是探求人类生活的横的现状，它在我们新中国的思想政治教育和文化教育总目标的实现上是起着一定作用的。有些教师常因对地理教学的目的与要求缺乏足够的认识，而降低对地理教学的重视，这是不正确的。

地理科的教学目的是什么呢？总的来说就是使儿童正确地了解我们人类生活的空间，有关自然的和人文的一切情况，知道人类与自然的关系，并如何改造自然界，启发新爱国主义与国际主义情感。详分之也就是：

第一，使儿童初步获得有关地理的基本知识；

第二，使儿童从国内、国外的具体知识上认知新爱国主义与国际主义的要义；

第三，使儿童正确地了解人类社会与自然环境的关系，并如何改造自然使之更能造福人类；

第四，从有关地理的生产知识学习中，培养并增强儿童参加新中国建设的热情。

地理科的教学要求是什么呢？这要依照其教材内容之分为本国地理与外国地理而有所不同的。在本国地理方面，要求使儿童知道我们国家的自然概况和行政区划，知道有多少大的平原沙漠，知道有多少大的湖泊山

---

[*] 选自《小学教学方法研究》，唐文中、李乙鸣著，上海教育书店 1951 年第 3 版，第 147—169 页。

河，有什么样的气候和什么样的物产，知道我们的劳动人民如何在这块土地上从事着生产与建设，知道我们有多少省和多少大的都市，每个省里的物产和人民生活如何，每个都市的交通位置如何。在外国地理方面，要求使儿童知道世界上大陆大洋的位置和名称，每一大陆上有哪些国家，这些国家的自然条件如何，这些国家的政治情况如何，和我们的关系怎样，哪些是我们的友人，哪些是我们的敌人，同时更要加着重指出在帝国主义压迫和剥削下的殖民地人民的困苦生活和那种没有任何权利的处境，以加强儿童对周围各处的具体情况和现代政治事项的了解。并进一步地从这些国内与国外的知识中来培养儿童爱国主义与国际主义的情感。

最近中央人民政府教育部出版的《小学课程暂行标准初稿》一书上关于高小地理的教学目标写得很详细具体，现把它列在下边，以作为地理教学上的根据。即：

第一，使儿童具有一般地理常识。了解人类社会和地理的关系，认识劳动人民对改造自然环境的努力，以确立改造自然建设社会的信心；

第二，使儿童具有祖国地理的基本知识。认识祖国的地大、物博、人多等现状，确信祖国由农业国建设成工业国，由新民主主义走向社会主义的前途，以加强保卫祖国建设祖国的热情；

第三，使儿童具有一般世界地理常识。认识和平阵营的胜利，世界革命必然成功的趋势，以增进国际主义思想，并坚定保卫世界和平的决心；

第四，使儿童学会研究地理、绘制地图等基本方法，以增进调查研究制作等兴趣和能力。

二　地理科教学中所存在的缺点

常听到有些儿童在反映，地理课不好学。不是这个地名，就是那个湖名，不是那个山名，就是那个水名，弄一大堆装在脑子里实在记不住。历史课多好哇，都是一个个的像故事一样的事情，脑子一动就记住了。这原因在什么地方呢？不能强调是教材的关系，因为地理本身也同样是一个有着丰富而生动内容的。主要的问题就在教学方法。有的时候教师把握不住正确的观点、立场，常常在讲解时连自己都不能自圆其说，以致不了了之，还有的教师在讲解时表现着严重的没有办法，生硬而且平板。这样，在教学上收不到良好的效果，自是必然的。现在把小学地理科教学中最主要的缺点，写在下边，这是我们今后地理教学上必须切实注意纠正的。

第一，在观点立场方面存在问题。由于教师政治水平差，表现着很多缺点。有的观点模糊，有的立场反动。如有的教师利用地理教学来刺激儿童狭隘的民族情感，讲全国面积时说，"中国本来是一叶美丽的秋海棠，可惜短了一块"。有的教师相信着荒谬无稽的传说，自觉或不自觉地为资产阶级散布着"血统论"的反动学说，讲朝鲜时说，"中朝血统相同"，"商朝末年封箕子于朝鲜，朝鲜人都是箕子的后人，今天朝鲜人喜欢穿白衣服，就是那时候留下来的"。这是极端错误的。这些都违反了地理教学的基本要求。

第二，有的教师对每一教材的中心要求认识得不清楚，无区别地进行教学。讲东北是如此，讲西北也是如此。讲到一个省的时候就是"位置""四界""地势""山脉""河流""气候""物产""都市""交通"，一连串的这样机械的排着讲下去。讲松江采取这个办法，讲绥远也采取这个办法，形成一种公式主义的教学。本来每个省之间都是各有区别，一个问题在这个省比较重要，在那一个省就不见得重要，甚至于在另一个省根本就不存在此一问题，同样的在教学要求上，在这一省必须让儿童知道的知识，不一定在另一省也必须让儿童知道这些知识。因为各个地区的情况不同而有不同的重点和要求，这完全是正确的。但教师却不能很好地重视此点，在教学上不分轻重，每课都刻板而无变化，结果使儿童得到的也就是一些琐碎知识。此一省与另一省找不出区别来，不知道什么地方是主要，也不知道什么地方是次要，很不容易理解，又时常把许多事实弄混，于是学生便只有靠死背笔记和课本了。

第三，有的教师是死啃课本。课本上有什么就讲什么，课本以外的东西根本不加联系。也根本不加补充。就是在讲课本时，也未能很好地发挥教材的基本内容，只是照本宣读，像老先生读古文一样，按照课本的顺序，逐课、逐段、逐句、逐词、逐字地讲，不能在儿童的思想上形成一个系统的具体的概念。使儿童感觉到和国语教学没有什么分别，同时使儿童的认识只局限于狭小的课本的小圈子里。其实有关地理知识的课外材料很多，教师不想办法去联系去补充和找生动的例证来说明，结果儿童也就更不知道从何处去寻取了。这对儿童的理解记忆和自学能力都是有直接影响的。

第四，还有的教师不会使用地图，在讲课的时候，根本不看地图。有的把地图当作课外作业，让儿童自己去看去画，不加指导。有的则把地图和课文看成是两回事，不但自己不想办法绘制一些必需的地图，就是课本上那个现成的地图也不善于利用。讲解时常常是口头上的说教,除去课本和几只粉笔外便再无其他。结果讲过一个地方以后,提问儿童,最多也只能作个口头答复,如果拿一个地图让他指点来说明,则缺乏此种能力。这种不使用地图,或不会灵活运用地图的教学,是会直接削弱地理科的教学效果的。我们便会在一个小学里发现这种情形,儿童对他所学的地理课文能背得烂熟,如世界上有几大洲、几大洋,每洲上又有哪些国家,但,拿起地图来让他指出中国在哪里,却瞠目不知所对。这样学地理,记忆是不会巩固的,而且没有用的。

这些教学上的缺点,都是比较严重的,其他有关教学笔记、课外指导方面等问题不再一一叙述。虽然不见得是每个教师都普遍存在着这种现象,但因为它所造成的后果是很不好的,如果儿童以后不能继续升学或不能获得更进一步纠正的机会,这些错误的认识会在儿童后来的生活里继续很长很长的时间。因此,每个教师都应注意检查自己的教学,发现缺点,努力去克服它。

三　地理科的教学要点

(一) 做好准备

教学地理,像教学其他课程一样,必须要做好课前准备。教学地理的课前准备应注意哪些事项呢?首先,就是要了解儿童的接受能力。地理教师必须把了解儿童作为一个经常的工作。了解儿童可以通过课堂提问、考试、个别谈话等各种形式来进行,同时还可以听取班干部的反映和与班主任交换意见。教师应细心地研究这些反映和意见,根据实际情况来改进我们自己的教学,使它能尽量地符合儿童的需要,这是与实际结合的好办法,这是克服主观主义教学的好办法。

其次,是如何研究进行思想政治教育。对于贯彻思想政治教育,教师应该有个长期的计划。这首先要了解地理整个教学要求和目的,然后再熟悉每一课教材,在地理基本知识方面要让儿童学习到什么,在思想政治方面要告诉儿童些什么,怎样告诉,要通过哪些事实来告诉,要举什么样的例子才能和课文结合得更恰当,教师在事先都必须作好准备,然后才能有计划、有步骤地进行教学。

为了达到教学的正确性,对于课外有关地理教学新的教材,必须随时留意补充。地理的知识不和历史一样,历史是系统地叙述过去的事情,教材本身的变化性比较小。而地理则都是今天的材料，变化性较大。因为一切都在日新月异地发展着，昨天是新的材料，到今天则变为旧的材料。我们要想教好地理，必须注意报章杂志，特别是有关数字的统计材料和殖民地与半殖民地国家人民解放运动的材料，不断在地理教学中加以修正和补充，否则便会让儿童空学些陈旧的知识，比如朝鲜、越南都是很好的例子，最近这一年以来是起着多么大的变化吧！如果我们还无变化地照着旧材料来进行教学，那就不切实际了。

还有就是要做好实物教具。地理教学所应用的实物教具范围是相当广的，教师在做教学准备时绝不能忽视此点。讲课之前根据教材确定要使用哪些实物教具，然后便应该着手准备。有的可以购置，有的则需要自己动手制作。重要的是要经济而且能够说明问题，千万不要事前无准备，到时现凑合。

把一切都准备好，最后便是要写教案了。没有教案，便是没有计划，虽然准备好了以上的一些材料，如果不写好详细周密的教案，那些材料还只是一些孤立的材料，还不能很好地拿到课堂上来使用。教案就是把课本上的材料和搜求来的各种材料，依照儿童的实际程度所作的一种科学的组织与整理。教案不能缺少以下的一些主要项目：教材、教学目的、教学方法、教学过程。目的、方法确定以后，重要的是教学过程，教学过程是教学活动的具体表现，怎样来掌握教材，怎样来实现教学目的，都要看教学过程的适当不适当，因此，教师在这方面应多下些工夫。整个教学活动要经过哪些步骤，每一步骤里面要做哪些事情，要告诉儿童哪些知识，并且要把自己所已准备好要进行的思想政治教育也好，或者使用实物教具也好，都要有计划地配置到每一个步骤里去。这样所写的教案，才是能在教学中最实用的教案。千万不要流于形式。有的教师一提到写教案就感到头痛，问题是那种教案没有给他什么帮助，对他的教学没有起什么显著的作用。好的教案，是教师教学最有力的指导。地理教师应当好好地注意此点，写好教案，作好教学准备，来逐步提高自己的教学水平。

（二）思想政治教育

地理科的思想政治教育，首先就是观点立场问题。有很多教师存在着一种不正确的想法，以为地理的观点立场没有什么，只要稍微注意点就不会出偏差。不像历史那样每一个小问题都需要有正确的观点和立场。实际上教学任何科目都是不能离开观点立场的，不是正确的，就是错误的，二者必居其一。不过有的时候常因为我们钻研得不够深入,便觉得没有什么问题,如果认真检查起来,却证实问题很多。地理科就是如此,有时在教师中发现很严重的错误,大半都是在平时不注意的缘故所造成的。

比如在地理教学中有些教师存在着"地理环境决定论"的错误认识,强调自然条件决定一切。讲到一个地方的物产和人民的生活,不从社会制度上去认识,而只是说那个地方的土地如何贫瘠、如何荒旱等,来随便加以解释,使儿童得到的印象极不正确。还有的教师在讲中国地理的时候,常常说中国"以农立国""农业为立国之本",好像中国就没有向工业建设方面发展的必要和可能。或者讲到人口较多的几个省份,如山东、江苏的时候,在有意识无意识的就宣传了马尔萨斯的"人口论",说什么"人口过剩",说什么"节制生育",把那些反动的和平杀人论都搬了出来。诸如此类这种例子很多很多。说明轻视观点立场的问题,在地理教学中是会发生很大偏向的,它会给儿童思想上增加很多的毒素。因此,必须细心地钻研每个问题,地理科是贯彻思想政治教育的有力武器,我们地理教师应好好使用这个武器,以求发挥它高度的效能。

在地理教学中应该贯彻哪些思想政治教育呢?我们认为至少有下列几点是必须做到的:

1. 地理教学中应贯彻爱国主义的思想政治教育

在进行爱国主义思想教育时,首先应从培养儿童对乡土自然的爱开始,然后扩大他的眼界,从地理课文的学习中使儿童知道我们祖国疆域的辽阔和广大,她是屹立在亚洲最大的国家,她有相当于世界陆地 1/13 的领土,她的大小和整个欧洲差不多,她有一望无际的平原沃野,她有雄伟壮丽的高山大川,她有宝贵的矿藏,她有丰富的农业,她并且有在世界上任何其他地方也找不到的最大建筑物——运河和万里长城;要使儿童知道我们的国家有众多的人口,总数占全世界 1/4,相当于 3 个美国,超过于 6 个日本;要使儿童知道我们有悠久的历史,我们的劳动人民在这块土地上创造了丰富的历史文化。今天,我们的祖国更可爱了。在毛泽东的领导下,我们挣脱了几千年来的封建枷锁,我们赶走了百年来帝国主义的侵略势力。我们近五万万的人民获得了新生,我们的历史展开了新页。睡着的狮子已经醒了,我们再不受任何反动势力的欺辱和压迫。我们要跟着中国共产党,我们要跟着中国人民英明的领袖毛泽东,来从事我们新中国的各项建设,我们要把农业落后的旧中国,变成一个工业繁昌的新中国。这些方面在地理教学中都是极其生动的事实,应该让每个儿童都知道它、都熟悉它，以使他真正地认识到我们人民祖国的伟大，好进一步用实际行动来热爱我们的国家，热爱我们的劳动人民。这就是我们应在地理教学中首先要进行的思想政治教育。

2. 地理教学中应贯彻国际主义的思想政治教育

在进行爱国主义教育中，我们还不要忘记进行国际主义教育。因为我们的爱国主义是新爱国主义，不是以狭隘的民族主义为基础的爱国主义。新爱国主义是与国际主义分不开的。在教各国地理的时候，我们的要求决不是不分青红皂白地把世界每个国家都并列起来，讲完一个又是一个，讲每一个国家都是叙述它们的地势、气候、物产，或者把他们都混合起来无原则、无立场地加以笼统地说明和比较，而是要讲完每一个国家，都要使儿童清楚地认识这个国家的本质，从而说明它和我们的关系。同时我们要根据一切地理材料，说明世界民主力量是无比强大的，有苏联、有中国、有其他许多新民主主义的国家和一切被帝国主义势力压迫统治下的人民，团结得像铁一样的紧密，像铜一样的坚强。战争贩子们尽管在无耻地叫嚣，也挽救不了他们垂危死亡的命运。另一方面使儿童认识到任何一个国家的革命运动都是与世界革命分不开的，任何的一个国家的革命获得了成功，都进一步地巩固世界民主力量总的胜利。所以我们不但要保持我们既有的胜利，而且还要声援和帮助一切被压迫的人们也都能获得解放。这就是国际主义的真谛，在地理教学中应随时注意让儿童学习到这些知识。

此外在地理教学中关于培养儿童爱科学、爱劳动的新道德修养和为人民服务的思想，也都是起着一定作用的，地理教师都应深入体会。总之，我们必须加强地理教学的阶级性，旧社会地理教学也同样有其阶级性的，不过那时候是为少数统治阶级服务，为他们宣传、为他们掩盖丑恶的本质就是了。帝国主义说什么"生存空间"来宣传"侵略有理"都是一样的。今天，我们地理教学的任务，除了揭穿他们各种骗术以外，更重要的是要使它为无产阶级人民大众服务。加强地理课的思想性，加强马列主义的科学观点和革命观点，以真理来启迪人民的觉悟和团结，指导人民革命和经济建设的动力。

（三）地图、实物教学

地图也是实物教学的一种，因为它在地理教学中是起着一个特殊重要的作用，所以我们要把它着重地说明，以提起地理教师对它的重视。教地理不能离开地图，学地理也不能离开地图，正像我们做工不能离开工具一样。在地理教学中，地图和课文是有同等价值的。教学地理不应只限于教会课文，应把教会学生看地图画地图也当作一个主要任务。但一般教师怎样来认识它呢？正如前面在地理教学缺点中所说的，他们不但没有看到它的重要性而发挥它在教学上的应有作用，并且有的甚至于把它当作一种负担。这种错误所造成教学上的损失，是可想而知的了。

教学地理课的使用地图应达到什么样的要求呢？这可分两方面来看，一个是看地图，一个是画地图。首先是让儿童学会看地图，让儿童能从地图里面学习到更多、更丰富、更具体的地理知识。其次，再让儿童学会画地图，让儿童通过自己做来更进一步巩固所学到的地理知识。怎样能达到这个要求呢？现在介绍几个使用地图的办法，以作为地理教学上的参考：

1. 可以应用"象图"的办法，让儿童先得到一个概要的轮廓

儿童在初学地理的时候，在头脑中往往没有一个图形的概念，你单是告诉他的方位——左西、右东、上北、下南——还是不够的。他看到每个地图的边上都是曲曲弯弯的一些线条，这省如此那省还如此，不大容易找出它们的区别来，因此也就不好记忆。所以开始时可以启发儿童来"象图"，或在预习的时候，或在课堂讲课的时候，把要讲的地图挂在黑板上，大家来研究它像个什么。比如山东省像个卧着的骆驼，甘肃省像个哑铃，广东省像个金鱼，平原省像一双鞋；中国全图好像一只大公鸡，东北是鸡的头部，台湾和海南岛则是鸡的两只脚，日本好像一条弯弯的虫子，意大利则好像一只长筒靴。这样通过儿童自己的思想来观察它的形象，不但可以使儿童学了以后便于记忆，而且还可以增高学习的兴趣。但在课堂上应注意不要占去过多的时间。

2. 可以应用"假想旅行"的办法，来给儿童进行讲解

在讲到哪个省的时候就可启发儿童说我们要到那个省去旅行，指着地图先到它的省会，其次再分别到省内其他都市，然后游览省内名山大川。在到了每一个地方的时候可根据课文把那个地方的具体情况加以介绍。主要的物产和著名的工厂矿山等随时告诉儿童。比如讲吉林省就可以先到吉林市，在吉林市可到省政府了解本省的各种情况，通过了解情况则可把本省的主要问题如气候、物产、工商业情况等给儿童介绍出来。然后则可去参观小丰满发电厂，通过参观就可把水力发电的重要性与其对东北工业上的贡献介绍出来。这样有系统、有步骤地依照地图来给儿童加以讲解，使儿童得到的印象非常深刻。同时能有机地加以比较，这可以矫正孤立地学

习"地名"的毛病。教师在讲解时可以有重点地加以采用，用时方法要力求灵活，注意组织教材。否则便容易遭到形式主义的不良后果，降低了它的价值。

3. 可以利用地图进行复习，使儿童得到完整的理解和记忆

在讲完了一个地区中的每一个省以后，为了使儿童得到完整的理解和记忆，这时可以留一个完整的地图用比较与综合的办法来给儿童进行复习。如讲完了东北的六省四市以后，则可以采取这个办法，比方我们让儿童复习东北产煤的主要地方，我们则可以出问题让儿童指着地图把每个产煤的地方指出来。如要让儿童复习整个东北农产物的分布情形，也可以让儿童在地图上把它圈出来，通过这样的方法来帮助儿童的复习，效果是相当大的。此外如交通、气候、省界等都可以用这些方法再进行复习，在教学时必须多方面地应用它。

4. 指导儿童画图时可先从略图开始，再画详细的和完整的地图

略图的用处是很广泛的。凡与地理的位置有关的事实，都可用略图表示，如城市、河山、交通、物产等等。略图应用范围可大可小，大可以画一国一洲或全世界，小可以画一省或一市。画略图的时候重要的关键就在于能醒目，使人一看便知。因此必须抓住要点。例如画中国略图，只要画出那个轮廓来再画上各省的界线主要的山川或重要的城市就够了。儿童练习略图的画法可根据以下的几个步骤：

（1）先观察详图的形状轮廓，并看好各地的位置，或记住书上所载的位置；

（2）第二步是完全凭记忆画出略图并填入地方；

（3）然后再拿详图来比较研究，看有没有错误；

（4）如有错误可再观察详图，然后再行修整，直到完全记住并没有错误时为止。

画略图时必须要认真观察详图，有时也可以先按着详图的轮廓练习，然后再凭记忆背着画下。这样多次练习，对儿童学习地理是有很大好处的，不但在讲课时可以应用，就是在复习时也是可以用的，总之，以完全记忆才算达于止境。还可以用以来引起竞赛，在一定时间以内看谁画得最多，或大家都画一个图，看谁用的时间最短又最正确，都是极容易引起儿童学习兴趣的。略图可以采用折线，略图画熟以后，则可以逐渐使儿童练习依照原图样子用曲线画出较详细的图。画的时候可教给儿童先在原图上打出方格，并在画图的纸上打出方格，然后再画则比较容易得多了。而且

可以自由放大或缩小，教师应好好指导儿童以培养其理解记忆和制图的能力。

除去地图以外，教学地理还有以下的一些实物可资利用：

1. 断面图和统计表、比较表

断面图是表示地方高低的，在讲解一个地区的山脉、河流、高原、平原的时候，适当地配入断面图来加以说明，是特别能够加深印象的。统计表和比较表是用数字和图形来说明问题，关于都市、人口、物产都可以做成各种统计表和比较表。在一个表上可以同时看出许多清楚的事实和它们之间的关系。

2. 地球仪和地理模型

地球仪在各学校里已经很普遍地应用了。地理模型就是立体地图，也在大部分学校被重视起来。这两种教具都是自己可以制作的，有的教师用木头和废纸做成很好的地球仪和地理模型，用时很轻便而且耐久，也有的教师白浪费了很多时间，还没有收到预期的效果，如有的讲哪一个省就用泥做那一省的模型，什么地方有城市就堆上几个泥做的城门楼，什么地方产牛羊就摆上几个泥做的牛羊。当然也能达到形象教学的某些要求，但往往因为大小比例的难于掌握而给儿童很多不正确的观念，并且制作时需时很多又不能保存，用一两次就得作废，故应加改进或废止。

3. 沙盘也是地理教学主要教具之一

用方形木盘，内装细沙，使用时可在沙上画出图形，更可堆出山脉或画出河道，表现得很为明显，教师在讲解时可以利用，儿童的复习更为便利。做完一个图形以后，铺平沙面，还可以继续做。对于儿童地理知识的记忆，有很大帮助。

4. 照片、画片

儿童是最喜欢看图片和画片的，它在地理教学上的应用价值是很大的。不管是有关风景的或工业建设的，它都表现着最真实的形象，使人见了以后大有身临其境的感觉。这一类的照片或画片是很多的，只要我们平日稍加注意便可以找到，如画报上、报纸上，经常是有这类材料，可留心搜集它。

此外有关物产和地形、星象、季节、气候的挂图等都是应加以应用的。又有的教师用木材和齿轮做成手握的月绕地球和地球绕日的实物教具，说明问题很为具体，也值得普遍重视和研究制作。

（四）扩大教学领域

教学活动不应当局限于课堂的狭小的圈子以内，这个道理对于地理科教学来说更是有其重大的意义。因为地理所教学的知识差不多都是今天现存的具体事实，讲山川、讲都市、讲工矿、讲物产，这些都是实在的东西。单凭课堂上的说教，还是不够深刻的。所以我们必须和参观、旅行结合起来。另一方面为了很好地巩固儿童的记忆，又必须想办法使儿童多多接触这些知识，所以我们应当和地理游戏结合起来。这样扩大教学的领域，和课外活动密切地结合，对地理教学效果的提高是有益的。

1. 参观

儿童对参观是很感兴趣的，有计划地配合课堂教学的参观，常常是可以收到预期以上的效果。与地理教学有关的，如工厂、矿山、博物馆、古迹、名胜等应竭尽一切可能让儿童得到参观的机会。教师不要轻视这个活动，千万不要存着一个没什么可看的思想，即使很小的一个工厂都对儿童有很大的好处的。没有见过火车的孩子，看到铁道他都会感到奇怪，没有见过电灯的孩子，你让他用自己的手打开电灯，他都会感到做了一件大事。你如果让儿童们有机会看一看榨油机的活动，安知道不使他联想到将来中国工业建设的远景和奠定下自己投身祖国建设事业的决心呢？单是给他讲了人能改造自然的抽象道理，总不如使他亲自到矿山、到伟大的建筑物面前来看一看祖国的劳动人民怎样用自己的手来利用自然来得更实在，因此我们在地理教学中必须好好注意它。

2. 远足和旅行

野外的远足与短期的旅行，在教育上是很有价值而且采用得很为普遍的。苏联的学校非常重视儿童的远足、旅行活动，他们常常利用假期组织儿童集体到各地去旅行。有时到著名的山林、有时到集体农庄。从旅行中可以使儿童学习到很多丰富的知识。我们今天大规模地到远地方去旅行当然还受到客观条件的限制，但有计划地到公园或田野去远足则是轻而易举的。地理教师如能和其他科教师密切配合起来，利用星期日或星期六下午，结合着课堂的教学，带儿童去远足，对教学是有极大帮助的。

在指导儿童的参观或远足旅行的时候，教师应注意以下几点：

（1）参观、远足、旅行为地理的教学方式之一，教师应有计划地指导儿童进行，整个过程如何，对课堂教学有什么好处，事先都应估计到；

（2）参观、远足、旅行的时间应遵照学校的行事历，不要妨碍其他课程；

（3）参观、远足、旅行之前应将目的给儿童讲清楚，并告诉他们要观察的主要问题和观察的方法；

（4）参观、远足、旅行中间发现的问题，可使儿童随笔记下，教师如能当场讲解最好，否则可等回校后再研究讨论。

3. 地理游戏

为了避免使儿童机械地死板地记忆地理知识，通过游戏的办法是很有效的。有的时候可以想办法创造一些新的游戏方法，有的时候可以改变其他游戏或利用其他游戏的形式而加入地理知识内容。如有的用木板画上中国地图，各省锯成小图片分别涂上颜色，玩时指导儿童去拼对，谁先正确地对在一起，谁就算胜利；有的画一张全国的都市交通平面图，玩时可从此处出发到达另一地方，或大家共同到达一个地方，大都市或铁路交叉点算作一站，旋转一个刻有甲、乙、丙、丁之方木块，轮到谁就前进一站，最后看谁达到目的谁就胜利。这些都是儿童很喜欢玩的，地理教师不要放弃这方面的注意。

四 地理科教学的一般过程

教学地理的过程，首先就是提问儿童，教师在课前应根据教学重点，找出问题。主要的是对于讲过的课程，有时预习的课程也可以问到。上课的时间，提出来让儿童回答与地图有关系的问题，一定要到前面指点地图详细地解答。一个人答后大家加以订正。问题的内容及提问方式不要一成不变，以锻炼儿童的理解、思考和记忆能力。这样一面可以帮助并督促儿童的复习，一面还可以清楚地知道每个儿童的接受程度和进步情况。

提问以后，就是开始讲解。教师最好事先准备好地图，然后有计划地依照地图进行讲解。一定要注意每个问题的关联性，找出重点，围绕重点进行分析与说明。讲的时候儿童可不必看书，自己有地图教师应指导其查阅，没有地图则看看前面挂图，细心听讲。教师讲时要启发儿童自己想问题，要给他们想问题的时间，要注意引导他们的思路，要教给他们独立思考问题的能力。讲的时候必要时也可以穿插上一些问题，要儿童来回答，对于活跃课堂气氛和启发儿童思想上是有好处的。不要完全依赖挂图，教师应注意补入清楚明确的略图，随讲就随手画在黑板上，这种略图如使用适当，是可以给儿童留下很深印象的。有些图应让儿童抄下来。

讲完以后让儿童打开课本，默读课文。也有时教师自己把它读一遍，并简单地加以讲解。有时则等默读后找儿童读一遍，教师再提出难解或重要地方加以说明。在儿童默读时要注意指导儿童发现问题，或将老师所讲的和课文加以验证理解。

研究完课文，如有补充笔记，可在此时写下。否则，教师即应将全课加以总结。整理儿童的思想，并使儿童提出疑难问题，先由同学互相研究，然后教师负责解答。

最后应给儿童布置课外作业，有时可让儿童继续练习画图，有时可以解答问题，或进行讨论。教师都要进行切实地指导或深入地检查。

论教师的语言修养[*]

语言是人们交流思想感情的工具，在人类认识客观世界的社会历史过程中，人们用语言表达了认识活动的成果，并借助于语言（口头的或书面的）把这些成果传递给下一代，没有语言就不可能有人类的认识活动。

在教学活动中，教师的语言，不只一般地交流思想，而且是传授系统的科学知识，影响学生的思想感情与行为品质，因而它具有特殊重要的意义。我们知道，教学中学生对教材的感知和理解，不外两种途径：一是直接的途径，即通过演示、观察、实验、实习、生产劳动或社会活动等手段直接掌握所学习的对象和现象；一是间接的途径，即通过阅读教科书以及通过教师的语言描述来感知和理解教材。两种途径都离不开教师的语言。间接的途径当然主要是通过教师的语言进行的，在直接的途径中，为了把学生的注意力集中到所学对象的关键问题和关键环节上去，也必须要伴随着教师语言上的说明。有经验的教师，总是在学生直接观察所学对象的时候，选择恰当的时机进行必要地讲解，以使学生全面深刻地把握所学习的对象。

教师在传授知识的过程中，不仅揭露客观事物的内在联系，同时，还通过语言把已经提炼出来的教材的思想因素传授给学生，激发他们的情感，引起他们的体验，影响他们的思想和行为。除此以外，通过教师语言的直接感染，也影响着学生语言的发展，影响着他们的听话能力和发表能力。发展学生的语言，是各科教师的共同任务，它不仅是学校的培养目标所要求的，而且对学生更好地理解教材和进一步掌握知识有着重要的作用。实践证明，教学效果往往决定于学生对教师用来说明概念、原理的那些词语的理解和掌握程度。因为语言是学习的基本工具，教学是通过语言

---

[*] 原载《哈尔滨师范学院学报》（社会科学版）1963 年第 3 期。

进行的。教师在教学活动中，越是注意丰富学生的词汇，发展学生的语言，越有助于学生更好地接受教师所讲授的教材。可见，教学工作能否获得成功，教师的语言是一个重要的条件。

教师的语言是教育上的语言，是为实现教育目的服务的。这是它的一个重要特点。党的教育方针和教育目的，主要是通过教师体现在学生身上的。教师的一切言行，都是学生模仿效法的对象。教师的语言，必须是符合教育要求的，在教育上经得住考验的。无论在内容上或表达形式上，都要经过斟酌和加工，保证对学生产生积极的影响。

与此联系的，教师语言的另一个重要特点，它是以儿童和青少年为对象的。儿童和青少年正是处在长身体、长知识的时期，他们无时无刻不在发展着和变化着。他们有渴求知识的欲望，而生活经验又十分不足。所以教师的语言，总是要根据这个对象而变化自己表达的内容、方式和方法，从学生已有的经验和知识的基础上，引导他们达到更高的境界。教师讲课时、和学生谈话时，总要注意观察学生的表情和反应，机智灵活地处理自己的语言。

所以，教师的语言，乃是在教育上经过加工的语言，对这种语言，必须有特殊的要求：

第一，教师的语言要科学、准确、严谨精炼，具有严谨的逻辑性和系统性。语言只有能正确地反映客观现实，它才有实际意义。教师的主要任务之一是传授科学知识，科学是正确反映客观事物内在联系的规律性的，因此对教师语言的首要要求就是鲜明、真实、准确无误。这不仅可以有助于学生更好地了解所学习的内容，而且可以保证他们获得确凿的科学知识。各门学科因为所反映的对象不同，都有特殊使用的语言范围。社会科学和自然科学所使用的语言是不同的，在自然科学中数学和生物学也是不同的，教师在教学中的重要注意事项之一是熟悉本门学科的科学术语，并善于采用完整的表达形式，这样才能使学生习惯于完整地表述概念和规律，准确地掌握学到的知识。例如在数学教学中讲述某一定理，如果只说结论，而丢掉了某个前提和必要的条件，那么这个定理的表述，就不可能使人正确地理解，有时还会出现完全相反的情况。但在文学教学中则与此不同，如果忽视文学用语的特点，忽视了它所特有的夸张手法，而企图用数学的方法来理解"白发三千丈""黄河之水天上来"，也同样是不可想象的。所以教师必须根据学科的特点准确地使用自己的语言。

教师的语言，还要求严谨精炼、通达易晓。《学记》上要求教师的教学用语要"约而达、微而臧、罕譬而喻",也正是从这个意义来说的。我们所说的严谨是就语言的结构来说的,精练则是就语言的内容来说的。教师对自己的语言,必须进行反复地锤炼,剔除冗词废话,使每一词语都准确而又恰当地反映所传授的内容,达到"丰而不余一言,约而不失一词"的境地,这才能使学生听来通达明晓,产生积极的教育效果。所以教师讲课时必须深透地钻研教材,使自己的语言紧紧围绕讲授的主题,虽然在说明主要内容时,也必须要引用必要的例证和说明次要的内容,但却要主次分明,永远使学生把握住课题的基本线索。有一些教师好在讲课时旁征博引,口若悬河,有一些教师讲话中间夹杂着习惯性的"语病"或口头禅,这都是不利于语言的严谨与精练的。

准确精练地阐述所讲的内容与语言的逻辑性、系统性是密切联系着的。教师教学中要力求使自己的语言眉目清晰、重点突出、论点明确、论据充分。模棱两可或语无伦次,是不能保证学生学到可靠的知识的。任何一堂课的教学都应该有严密的计划性。先说什么,后说什么;怎样由第一个问题引出第二个问题;怎样提出问题和证明问题等等,都要事先计划好,这样才能保证在讲授过程中语言的条理性、连贯性。此外,善于运用简短的语言在讲课开始时提示教材的主要内容,和在讲授结束时作出扼要的总结,对于保证语言的逻辑性和提高教学效果,也是大有补益的。一堂课开始时的提示性的说明,像一篇文章的标题一样,最先和学生接触,它不仅一下子抓住学生的注意力,吸引他们聆听教师所讲授的内容;而且可以简约地描绘出全部教材的主要线索,有助于他们更深入地理解讲授的内容。至于功课结束时的总结,则是概括说明已讲过的内容,既可以整理学生的思想,使掌握到的知识系统化,又能加深学生的印象,牢固地占有所学过的知识。

第二,教师的语言要富于思想性和情绪上的感染力。教师是教育者,他的语言应该具有高度的思想性,保证把学生培养成有社会主义觉悟的有文化的劳动者。语言的思想性与上面谈到的语言的科学性是密切联系着的。教师在传授科学知识的同时,要保证培养学生的共产主义的立场、观点和方法。教师的语言,是有原则性的语言,他的每一句话,都应该是以人民的最高利益衡量的。这样的语言,才能具有鲜明的倾向性,才能明善恶,辨美丑,给学生以深刻的教育。

语言的思想性又经常是与语言的情绪上的感染力联系在一起的。情绪(或情感),在教学活动中具有很重大的意义。列宁曾说过:"……'没有人类的情绪'，从来就不会有，而且也不可能有人类对真理的寻求。"① 教师的语言应该是富于情感的，应该在语言中凝结着自己对教材的深透的体会。同样讲授一个材料，可以运用两种迥然不同的语言表达方式：一种是"纯粹科学的"讲法，只是把教材中所反映的事实、规律做了平板地、机械地叙述，却没有教师任何情绪上的体验；一种是在深透掌握了教材内容的基础上，教师把自己的情感渗透在自己的语言里，不只是用知识而且以自己的情绪和灵感去感染学生。二者的效果是完全不同的，只有在第二种情况下，教师才真正作为一个教育者参加到教学过程中来，才不是单纯叙述教材，才会激发起学生的好恶，使学生在潜移默化中受到深刻的教育。一切获得良好教学效果的教师，都是通过各种办法来加强和提高语言的感情色彩。他们或通过中肯地叙述，生动地描绘；或运用适当的语调和必要的停顿，给学生留下经久不灭的印象的。

富有思想性和情绪感染力的语言，还应该注意使用生活中的语言，而不要套用陈词滥调和死板的公式，要说得自然流利而不要矫揉造作。因为在任何时候，装腔作势、堆砌词汇，都是不可能给予学生任何有益的东西的。

第三，教师的语言要丰富、生动，形象具体。语言的丰满醇厚与生动形象是优秀教师语言的重要标志之一。教师的语言应该像文学语言那样，有着丰富的内容而不给人以枯竭单调的感觉。这种丰富性，一方面说明教师对学生内心世界的洞悉和对教材内容的深透理解与掌握，一方面说明教师对现实生活的广泛阅历和深刻体验。教师在教学当中，善于把现实生活、学生的思想状况和所讲授的中心问题融合在一起，善于结合当前的内容做必要的而不是牵强的联系，正确地运用多种词汇和表达方法，这一切都有助于语言的丰富性。

教学内容是丰富多彩的，它反映着现实世界各方面的基本事实和规律。教学时最忌平铺直叙，它不仅减低教材本身的说服力，而且挫伤学生的求知欲望。我国唐代司空图说过："醋非不酸，止于酸而已，鹾非不咸，止于咸而已。"教师的教学语言何尝不然，如果只是照本宣读，光秃秃的枯干而不衬以任何枝叶，其结果也必然使听者索然。所以教师教学时必须注意活用教材，使用巧妙加工的语言，这才能把知识讲深、讲活，给学生留下深远的影响。

---

① 《列宁全集》第20卷，人民出版社1958年版，第255页。

丰富的内容，自然就可以使语言更加生动。但生动的语言还应具备另外的条件。其中重要的一个要求就是形象具体。语言越是能具体地反映所代表的事物，就越能打动听者的心弦，引起学生的共鸣。所以教师的语言要尽量唤起学生已有的经验，同时要善于作新鲜贴切的比喻。比喻是很重要的，它能帮助学生把难于理解的东西变得更加容易接受。教师的语言，在描述和说明问题的时候，要刻画得情景交融，淋漓尽致，把抽象的道理活现于言表，使说者和听者都宛若置身其中。这就可以加倍增强语言的说服力。

生动的语言，还要求有分寸地掌握情节的变化，清楚流利地表达。"山重水复疑无路，柳暗花明又一村。"教师的语言也要善于引导学生达到深邃的境界，但又及时给予学生以豁然开朗的感觉。笔直地叙述，平淡地说教，是不容易给学生留下深刻的印象的。

除此以外，适当运用一些风趣的语言，也对语言的丰富和生动有良好的影响。教学工作，首先是一个严肃的工作，它表现为教师对待这一工作必须认真负责，对教材的传授一丝不苟，对学生严格要求，但决不排斥一定的风趣、幽默。有风趣的语言，短小精悍的插语，不仅能节省教师不少冗长枯涩的叙述，而且能使学生深沉思虑，意趣盎然。在一本正经的系统说理当中，横插一两句恰当的、有风趣的描述，特别能给人一种清新愉悦的感觉。当然必须保证有助于说明当前的主题，而不能流于庸俗。

第四，教师的语言要富于启发性和含蓄性。教师在教学中，是引导学生独立地获取知识，而不是代替学生去掌握知识。所以，必须注意教学语言的启发性和含蓄性。启发和含蓄，就是不要把问题说尽、说全，而要给学生留有思考的余地。古代不少教育家都很重视这一点。希腊哲学家苏格拉底就十分重视问答的方法，他曾把教学比作接产，教师则在于善于运用"产婆术"。孔子则说："不愤不启，不悱不发，举一隅不以三隅反，则不复也。"他自己很善于抓住学生心愤口悱的时机，提出问题解决问题。他曾对自己说："吾有知乎哉，无知也。有鄙夫问于我，空空如也，我扣其两端而竭焉。"（《论语·子罕》）教师的责任，在于充分调动起学生学习的积极性，使他们自觉地掌握知识。优秀教师的重要特点之一，就是善于运用学生已有的知识和经验引导他们去感受和理解新的知识，给学生指出坦途，使他们经过自己的必要的努力找到升堂入室之门，因而他们的语言总带有启发性。这样的话语，不仅给予学生以知识，而且还可以培养学生的思想方法，使他们学会独立地去考虑问题和解决问题。

刘勰在《文心雕龙》中写道："深文隐蔚，余味曲包。"苏东坡也说过："言有尽而意无穷者，天下之至言也。"这都说明在写文章时，必须要重视含蓄，不要把话说尽，不要说得太直接。这样才能使人读了这个作品之后有咀嚼玩味的余地。教师教学中的语言，也要求一定的含蓄，但这里的含蓄不同于写文章。教师语言的含蓄是和启发结合着的，它是通过引导并使学生花上自己的努力不断深入地获取新知识的重要手段。在教学的每前进一步，都要求一定的含蓄，但并不是止于含蓄。不是像文学作品那样由读者自己去体会和玩味，而是要在学生身上产生符合教育目的的统一的结果。所以这种含蓄常常伴随着教师的自问自答来出现和解决，同时又借助于提问检查来得到统一的认识。

教师语言的含蓄和深透详明地讲授教材是统一的，不能认为强调了含蓄启发，就可以放弃教师透辟的讲解。含蓄启发正是为深透具体地讲授教材服务的，也不能把含蓄启发理解为故意制造障碍把语言弄得迂回曲折高深莫测。教师的语言在任何时候都应通俗易懂，毛主席很早就指出过："说话通俗化（新名词要释俗）；说话要明白；说话要有趣味；以姿势助说话"①。这是教学当中必须遵守的准则。含蓄启发，应视学生的年龄特点和教材内容而有所不同，并不是每一句话都要含蓄启发，有不少内容是必须直接地、正面地告诉给学生。

第五，教师的语言要坚定、灵活。教师所传授的知识，是人们在社会历史实践过程中已经验证过的科学真理，是客观世界的真实反映。传授这些知识所用的语言必须是坚定的、确切的，而不能是模棱两可、似是而非的。教师的语言，必须经过慎重地选择，保证使用那些最中肯、最准确、最富有表现力的词汇，并且在口气和语调上要做到果决、坚定。这样才能保证学生掌握坚定的科学知识。当然这种坚定的语言，是以深透地掌握所教学科的科学内容为前提的，它与主观、武断、对科学采取轻率态度的不负责任的作风是完全不同的。

在要求语言坚定的同时，教师的语言还必须是灵活的。坚定，表现为忠实贯彻党的教育方针和教育目的，表现为对科学的尊重，表现为对学生认真负责的态度上。而灵活则表现为充分考虑教学的对象，表现为深刻认识青少年的知识、本领、思想品质成长过程中的复杂性和差异性。教师的语言和教科书的语言是不同的。教师虽然要讲授教科书，但因为学生的具

---

① 《毛泽东同志论教育工作》，人民教育出版社1958年版，第165页。

体情况和客观现实是不断发展和变化的，所以即使是同一教材，在不同时间对不同的对象，所用的语言也不可能是完全相同的。教师语言灵活性的重要标志之一，就是善于把复杂的东西变为简单的东西，把困难的东西变为学生易于了解的东西。当然这种简单易懂，绝不是可以任意离开教材中本质问题的阐述，而是要求能够结合学生的情况灵活地处理教材，把教材中本质的联系、把客观事物固有的规律抽引出来，重新加以组织，根据学生的理解和接受能力进行语言上的加工。这样才能集中学生的注意力，始终保证旺盛的学习兴趣，才能像雨露一样，一滴一滴地打入学生渴求知识的心田上。

上述这些要求，我们只是谈到了教师语言的一些基本方面。实现这些要求，是受许多复杂的条件决定的，诸如：良好的发声器官，敏锐的观察力和教育上的机智等等。但最主要的是语言的内容和语言的表达技巧两个条件。

前面已经谈到，语言是思维的表现形式，任何语言都反映一定的思想内容。如果内容空虚，或思想错误，不利于人民，有再好的表达形式，也是无济于事的。所以，教师的语言最重要的就是思想的和科学的内容，就是对党所付托的教育后一代的光荣使命的高度自觉和对所教学科的科学知识的深透理解与掌握。离开这个根本条件，就谈不到任何有价值的语言。

但，单是看到语言内容的重要性，而忽视语言的表达技巧也是不对的。语言的表达技巧与思想内容虽然是密切联系的，但二者并不是一回事。有一些很有学识的教师，他们却不能很好地把自己所掌握的知识传授给学生，原因之一就是缺乏语言的表达技巧。因为同样一个内容，由于具体对象不同，是可以有各种不同的表达形式的。马卡连柯说过："只有在学会用十五种至二十种声调来说'到这里来！'的时候，只有学会在脸色、姿态和声音的运用上能作出二十种风格韵调的时候，我就变成一个真正有技巧的人了。到了那个时候，我就不怕有谁不肯接近我，或者对所需要的没有感觉了。"[①] 这说明语言技巧对教师是多么重要的一项要求。教师语言的表达技巧包括：声调、语气、速度、节拍和必要的停顿等等，这都是影响语言表现效果的不可缺少的条件。

有人说教师的语言应该是先天生成的，这种说法是不正确的。任何好的

---

① ［苏］安·谢·马卡连柯：《论共产主义教育》，刘长松、杨慕之译，人民教育出版社1962年版，第443页。

语言都是不断丰富与充实语言的思想、科学内容和提高语言的表达技巧的结果。为了保证更高的教学效果，教师必须不断地加强自己的语言修养。

备好课是教师提高语言表达水平的首要的一环。教师每次上课所使用的语言，都应该是事先准备好的。这种准备集中表现在对所讲授教材的精深钻研和灵活地组织与运用上。组织与安排教材的过程，就是对教材进行语言加工的过程。教师备课时，必须结合学生的实际情况，把教科书的书面语言加工成教学语言。充分考虑语言的计划性、系统性和说话的重点、顺序，反复咀嚼，剔除废话，选取精确的词语，推敲恰当的表达方式。这样才能使语言具有强烈的生命力、感染力，才能铿锵有声，启迪学生的思想。有经验的教师，他们不仅每次课前都进行周详地考虑，并把它写在教学笔记上，而且还在平时注意积累词汇，他们在生活中或阅读书籍时，总是有意识地把一切优美的词语记下来，以备教学当中加以采用，这样做是很必要的。因为词汇是构成语言的建筑材料，明快响亮的语言总是被迅速选择恰当的词汇的能力决定的，表达得不完善的语言，常常是由于没有精确的词汇造成的。教师能够经常地这样做，就会不断提高自己的语言修养。

语言是一种艺术，教师的语言在很大程度上取决于文学修养的深度，取决于生活的广阔性，学点诗词歌赋，经常读一些文学作品，随时注意扩大自己的知识眼界，就会使自己的语言更加丰富和充实。对备课，不能作狭隘地理解。熟悉学生、钻研教科书，是备课；广泛地阅读各种书籍和报纸杂志、注意从各方面吸取知识，也是备课，而且是进一步提高教学质量的更深入的备课。所以教师不应该把自己的兴趣限制得过于狭窄，多方积累材料吸取知识，是很必要的。

其次，教师要深入生活，深入学生，学习人民群众的语言。高尔基说："语言是由人民群众创造的。"多读书，读透书，是丰富教师语言的一个重要方面，但单是向书本学习还是不够的，还必须深入生活，学习人民群众的语言。一个生活面狭窄，不了解人民群众生活的教师，是不可能具有为学生欢迎的语言的。毛主席在谈到学习语言的时候曾经着重指出："要向人民群众学习语言。人民的词汇是很丰富的，生动活泼的，表现实际生活的。"[1] 鲁迅也说过，从活人的嘴上，采取有生命的词。教师能广泛和群众接触，吸收人民生活当中最优美的语词，就会使自己的语言更加

---

[1] 《毛泽东同志论教育工作》，人民教育出版社1958年版，第147页。

丰富、生动和灵活。但教师的工作对象，还不是一般的群众，他经常生活于其中的是青少年学生。对于青少年学生，当然，教师的主要任务是教育他们，使他们更好地成长，也包括矫正和发展他们的语言。但青少年学生的语言也是具有特殊的表现方式的。教师熟悉学生的语言，一方面可以了解他们的语言特点，从而恰当地组织自己的语言，以便于他们的学习和接受；一方面可以了解他们语言中的缺点和问题。这样就能在教学当中注意加以改进和纠正，使他们的语言沿着正确的道路去发展，所以教师深入学生，会倾听学生的语言，了解他们的需要，这是使自己的语言能够为学生更好地理解和接受的重要保证。

最后，教师要注意经常有意识地锻炼自己的语言表达能力。语言的刻画力表现力是长期磨炼的结果。这种锻炼甚至应该在自己准备做教师的时候，也就是在师范院校学习的时候就开始。马卡连柯曾说："我相信高等师范学校里，将来必然要教授关于声调、姿态、运用器官、运用表情等课程，没有这样的训练，我是想象不出来可能进行教师工作的。当然声调的运用，所以具有意义倒不是仅仅为了嘹亮地来歌唱，漂亮地来谈吐，而是为了更其准确地、生动地、有力地表现自己的思想和感情。"① 马卡连柯曾认为教师怎样站、怎样坐、怎样说在教育上都不是"细枝末节"，很多时候对教师工作成败是具有决定意义的。所以他主张在高等师范学校要对未来的教师进行这方面的特殊训练。确实是这样的，一个高等师范学校的毕业生如果在他走向工作岗位以前，缺乏语言锻炼，不善于流利地表达自己的思想感情，那么在他的工作中就会造成重大的困难。所以在师范院校必须通过各种途径（包括：教育实习、讲演会、辩论会、报告会等等）加强这方面的训练。但，教师更多地锻炼自己的语言的机会，是从担任教学工作以后开始的。教师每上一次课，都是一次语言的实际锻炼。但有意识地进行锻炼和一般上课是不同的。教师只有有意识地经常注意加强自己的语言修养，才能收到实际锻炼的效果。有一些教师他们一方面注意在上课前认真考虑准备恰当的词语，一方面还在每次课后注意教学中语言表达的得失，作为下一次上课的借鉴，结果使自己的语言得到不断地改进和提高。此外，教师通过写作，经常注意锻炼自己的书面表达能力，对口语水平的提高也是很有补益的。在写作的过程中，可以使人习惯于有条理地思

---

① ［苏］马卡连柯：《论共产主义教育》，刘长松、杨慕之译，人民教育出版社 1954 年版，第 303 页。

考问题，妥善地处理词语，这对于口头表达能力提高是能够起到促进的效果的。

总之，教师的语言是教学工作获得成功的重要保证，它应该是最富于表现力和感染力的。作为一个教师，必须经常注意加强自己的语言修养，以期出色地完成教学工作的任务。

教学过程中学生掌握知识基本阶段的分析[*]

教学过程中学生占有知识,是把人类在实践中积累起来的认识成果转化为他们自己的认识的过程。这个过程既服从于一般认识过程规律,又具有它本身的特点。这是研究学生掌握知识的基本阶段的理论基础和出发点。不同学科教学的知识虽然不相同,但都离不开人类认识活动的总规律和教学工作的特殊规律。因此,对教学过程中学生掌握知识的基本阶段有个正确的认识,对各科教学都有重要的指导意义。

学生对知识的掌握,是借助于一定的教材在师生的共同活动中实现的。它没有知识的原始积累过程那样漫长那样复杂,但也有其一定的发生、发展过程。这个过程是经过对教材的接触和感知、对教材的理解和领会,以及对所学知识的巩固和应用等环节来实现的。

一　对教材的接触和感知

学生掌握知识,是从在教师的引导下接触教材、感知具体事物开始的。这一阶段的基本任务是使学生对所学内容有个初步的印象,形成他们对所学对象的正确的表象,获得感性知识,为他们进一步掌握抽象的概念和理论打下初步的基础。

感性知识是关于所学对象的一些具体的认识,它主要是通过感知与想象形成的。感性认识还只是对事物的表面的、外部的特点的认识,这时所学对象的本质属性与非本质属性是混在一起的,他们还分不清什么是决定

---

[*] 选自《教学过程的特点和规律》,全国教育学研究会编,人民教育出版社1979年版,第72—84页。

事物性质的本质要素，什么是与事物性质无关的非本质要素。因此，感性知识是学生占有知识的低级阶段。

但是，感性知识对学生掌握知识的全部过程来说却是极其重要的。概念的形成和理论的掌握，必须以实际材料做基础。例如，学生只有对军人、法庭、警察、监狱等暴力机关有了一定的具体知识，然后才能形成国家是统治阶级为保持与巩固其统治并镇压敌对阶级的反抗而建立的政治组织这个概念。又如数学上轨迹的概念是具有相同性质的点的集合。如果教学时不给学生以具体的感性知识，他们就难以对这些概念准确地掌握，更谈不到去应用了。勉强去记住概念的定义，也是形式主义地学习。这样的学习不仅没有任何实际价值，而且将为他们进一步掌握知识带来困难。有些学生对知识的掌握一知半解，似是而非，形成走过场，常常是这种原因造成的。感性知识是理性知识的源泉，理性知识必须在感性知识的基础上才能形成。感性知识愈丰富愈完善，理性知识的形成也就愈顺利。因此，决不能忽视教学的这一阶段。

学生的感性知识，在教学过程中主要是通过两种途径获得的。一是根据所学的内容，教师有目的地提供有关的实物和各种教具，进行各种实验演示，组织必要地参观、访问等等。这是让学生通过他们的感官去接触所学的对象，观察有关的图片、标本、模型、仪器等，形成他们对事物的表象认识。

二是间接的途径，即通过教师的语言和文字材料使学生获得感性的知识，这是第二信号系统所完成的。学生的感性知识有很大的部分是在他们入学之前或教学活动之外，通过他们本身的生活实践，如参加社会活动、生产劳动获得的。这些感性知识对掌握课堂内抽象的概念和理论有重要的意义。但这些感性知识和教学内容并不是都有直接联系的。运用教师语言的形象描述，就可以唤起回忆，使学生过去形成的表象再现出来。那些同所学对象有直接联系的感性知识，教师可以直接加以利用；那些对所学对象有间接联系的感性知识，教师则可以通过学生的联想在他们旧有的表象基础上综合再生出与当前所学内容有直接联系的表象。随着学生年龄和知识、阅历的增长，这种方式将越加占有重要的地位。除了语言之外，各种文字材料也是学生获得感性知识的重要来源。这包括课外读物和教科书，特别是对教科书的预习。预习的作用常常被一些教师所忽视，有的认为预习影响学生听课的积极性，有的认为预习加重学生的负担，因而置于可有可无的地位。其实预习是使学生获得对所学教材感性知识的好办法，它不仅可以为听课打下基础，而且由于事先遇到等待解决的疑难因而更能提高听课的自觉性和主动性。教师在这方面应该认真地加以指导。在课堂上教师组织学生接触教材，如阅读课文，也是建立学生感性知识的有效方法，应根据需要加以采用。

通过对具体事物的直接感知或语言文字中所获得的间接感知，教师都应有意识地引导学生集中注意那些有关对象的本质特征和属性。

在教学的第一阶段，学生的观察和想象起着重要的作用，对事物的观察一般进程是首先观察它的整体，掌握其总的轮廓；其次是把它分成各个部分，深入地观察其特征和细节；最后是观察各部分之间的联系，把对象综合成一个整体。这样经过由整体到部分，再由部分到整体的观察过程，才能建立起对事物的结构、特点和发展的完整而清晰的认识。想象是在过去感知基础上创造一种新的形象，想象能力的发展是建立在直观形象的充分储备和正确理解与组合想象过程中依据的各种形象的特点与联系上。学生的阅历越广泛，头脑中储备的事物形象越丰富，他们对有关形象的特点越善于建立新的联合，就越容易形成关于将要学习的某一对象的新的表象。教师在教学过程中应根据观察和想象的要求指导学生，以培养和发展他们的观察能力和想象能力。

学生在感知新事物的过程中，必须有充分的主动性和积极性。教师应尽量激发和培养学生对感知的兴趣。而且由于任何新事物的感知都同他们旧的经验联系在一起，教师必须引导学生回忆相关的旧经验，学生才能正确地感知新事物。对于作为第一信号系统的感觉和表象以及作为第二信号系统的语言文字之间，必须建立正确的、牢固的联系。教师要指导学生运用正确的语言文字来叙述他们所观察到的现象，养成善于用语言文字准确表达具体事物的能力和习惯。

二　对教材的理解和领会

在教师的引导下，学生在教材感知的同时，开始了对教材的领会，但那是初步的、表面的，还没有进入到事物的本质。学生对知识地掌握，更重要的是对教材的理解。以达到理性认识阶段。这一阶段的主要任务，是教师在学生感知教材的基础上引导他们进行抽象的思维活动，对感知的材料加以抽象概括，去粗取精，去伪存真，由表及里，由现象到本质，以形成概念、判断和推理，达到认识规律，掌握理论，也就是获得理性认识。

理性认识是学生在掌握知识的高级阶段形成的。它是关于事物的抽象、概括的认识，是客观事物和现象的本质特征及他们之间的合乎规律的联系与关系的反映。它是以各种概念或由概念、判断、推理组成的思想和理论形式表现出来的。正确的概念是掌握理性认识的基本条件，判断和推理都是由概念构成的。概念不准确、不牢固，就谈不到去掌握任何正确的思想和理论。

概念的形成，是剔除学习对象中那些次要的、非本质的因素而把其本质属性突出出来的思维过程。学生在感知基础上形成的表象是从感性直觉到概念的过渡，它一方面保留了感性知觉的对事物表面现象的认识，一方面在教师的指导下已经抛弃了某些次要的特征，而把比较重要的特征保留下来，这是形成概念的有利条件。但这些比较重要的特征还不就是事物的本质特征，所以要使表象进入到概念的阶段，还必须要经过思维的加工。在这个思想过程中，教师要指导学生运用比较、分析、综合等方法来进行对事物的抽象和概括，取出事物的本质特征，然后用语言的形式结合在概念的定义里面。

比较是理解和领会知识的必要条件，是在思想中区分客体，确定客体的异同点，使一事物区别于它事物，从而获得确切知识的方法。比较可以在同类的具体事物中进行。通过这种比较，在感知阶段，能够分出对象的各种属性，确定其间的联系和关系，促进分析与综合活动的进行，形成对象的清晰知觉与表象；在理解阶段，则可以区分对象的本质与非本质特征，促进知识的抽象化与概念化，帮助理性知识的形成。比较也可以在相近似的事物中进行，如比较"海洋"与"湖泊""大陆"与"岛屿""政策"与"策略""名词"与"代名词"等等。这种比较可以使学生确定一类事物中共有的但非本质的要素；可以使学生确切地认识事物间的异同，认识其联系与区别，防止知识间的割裂与混淆。

分析是把整体分解成部分，综合则是把部分结合成整体，分析与综合是相互联系的。对事物的抽象与概括是一种高级的分析与综合活动，抽象的作用在于区分对象的本质与非本质的特征，从而抽出本质特征；概括的作用在于联接对象的本质特征，以形成概括的认识即概念与思想。抽象与概括是密切结合的。抽象是概括的基础，概括则把抽象的结果构成概念或思想。

思维的第二个基本形式是判断的形成。判断是反映现实世界的对象和现象的联系与从属关系的思维形式。要形成学生的判断，只有分析和综合以及抽象和概括过程是不够的。这里最重要的是揭示概念与概念之间相互联系与关系的客观性和准确性。高一级的判断必须通过推理才能形成。当学生从一系列的具体判断中得出一般判断的时候，这就是进行了归纳推理；反之，如果他从一般判断中做出个别判断，也就是从这个一般判断推导出关于个别情况的特殊判断，这就是进行了演绎推理。归纳和演绎是相互联系的，而学生掌握复杂的理论知识，往往要经过这两种推理的反复运用才能达到。正如恩格斯在《自然辩证法》中指出的那样："归纳和演绎，正如分析与综合一样，是必然相互联系着的。"[1] 教师在教学过程中，必须在学生形成了明确的概念的基础上指导他形成正确的判断，并教会他们去进行归纳推理和演绎推理。

概念、判断和推理，是就学生掌握理论知识的心理形式和思维形式来说的，它们之间并不是截然分开的。一般来说，概念是形成判断的条件，判断是推理的条件。但，判断和推理又是形成概念的条件。一个比较复杂的概念往往需要通过许多判断和推理才能形成。学生的知识积累多了，他们认识世界的眼界和范围扩大了，概念、判断和推理之间在学生进一步掌握知识过程中的相互影响与作用也更大、更能运用自如。

概念、判断和推理，都是同一定的语言形式联结在一起的，脱离开词，脱离开语言的思维是不存在的。因此，教师在教学时一定要注意概念表达的精确性。在讲清了概念的内涵和外延之后，一定要用准确的语言把它结合在概念的定义中，对每一个词语的使用都要加以斟酌，避免同相关概念的定义混淆不清，使用概念进行判断和推理时要有严密的逻辑性。对待学生的回答也要提出严格的逻辑和语言上的要求。概念表述精确，符合逻辑要求，对于学生形成正确的判断和推理，对于发展学生的逻辑思维能力，更好地去掌握理论知识至关重要。

学生理解教材，就是在教师地指导下，进行分析、综合、比较、抽象、概括、归纳、演绎等思维活动。因此，在教学的这一阶段，更应特别注意使学生的思维处于积极的状态，不能仅仅满足于学生在教室里表面上的活跃气氛，最重要的是每个学生都要认真地动脑、积极思考。所以，教学中调动每个学生的学习主动性和积极性，是实现这一阶段教学任务的最根本的条件。

---

[1] 《马克思恩格斯选集》第 3 卷，人民出版社 1972 年版，第 548 页。

三 知识的巩固与保持

学生对知识理解了，这不等于已掌握了知识。如果他们只是把所学的知识弄懂弄通，而不能在头脑里加以巩固和保持，这样的学习对他们是毫无意义的。因为这种知识既不能作为他们进一步掌握知识的起点和基础，又不能到实践中去运用。

知识的巩固与保持是教学过程中学生掌握知识的重要阶段，也是一个特有的阶段。在一般的认识过程中，人们认识事物是经过实践、认识，再实践、再认识或者说由实践到认识，再由认识到实践的过程，并不经过一个特殊的巩固认识的阶段。这决不是说一般认识成果不需要巩固和保持，如果那样人们就不可能积累起任何文化成果，也不可能把自己的实践提高任何一步，只是那种巩固是与实践活动结合在一起进行的。教学过程有它自己的特点，学生要在短时间内接受人类长期积累下来的认识成果，这些认识成果又大多数是以科学的严密系统的形式出现的抽象理论，只有记住了学过的知识，才能更深入地理解它；只有把前面的东西掌握了，才能进行下面的学习；只有把学过的东西巩固地保持在自己的记忆里，才能在社会实践中去自如地运用。当然，知识的巩固和知识的理解，知识的掌握和知识的运用，旧知识的巩固和新知识的理解，在实现的顺序上并不是绝对的。它们彼此之间的关系是交互影响的，在实践过程中并不都是巩固在前。在理解掌握新知识和运用知识的过程中也使知识能更好地得到巩固。但不管怎样都要求对知识进行巩固和保持。所以教学当中学生掌握知识就必须有一个知识的巩固与保持的阶段。

巩固地占有知识，就是把学到的知识准确地保持在自己的头脑里，并于必要时把它再现出来。也就是对知识的记忆。第一要记住和保持，第二能回忆和再现。巩固知识的生理基础是大脑皮层在学习教材时所形成的暂时神经联系不断地得到强化，因而使这个联系能够长期稳固和保持下去。这里最重要的是学生在教师的领导下对所学知识的自觉的及时的强化。否则，已形成的暂时神经联系就会消失，学到的知识就会遗忘。

知识的巩固是在教学全过程中实现的。学生对教材的感知和理解，是建立暂时神经联系的过程，也是巩固知识的开始和前提。如果对教材的印象模糊不清，对知识的理解不深不透，必然给巩固知识造成极大的困难，所以对教材的感知一定要做到具体、清晰、鲜明，对教材的理解一定要做到准确、透彻、深刻。但这还不够，要使学到的知识长期地保持在头脑中，必须进行系统地巩固工作。

教学中学生知识的系统巩固工作，一般是在两种情况下进行的。一是教师讲授过程中，结合新教材的传授有目的地联系已学过的知识，使新旧知识前后衔接，在为学习新知识铺平道路的过程中，巩固旧知识。这种方式的优点是可以保持学生学习知识的愿望和兴趣。他们会由于已学过的旧知识能够帮助自己获得新知识而感到振奋和高兴，从而激发他们巩固旧知识的积极性。一种是在新知识讲授之后立即进行的巩固工作。这就是指出讲授的重点，重复或扼要地总结新知识，把新知识系统化，使新学的东西归并到原来的知识系统中去；用提问或布置各种形式的作业使新知识获得巩固。这两种情况都能使学生学到的知识得到巩固和保持，教师应灵活地加以运用。

学生知识的巩固，单纯依靠课堂内的活动是远远不够的。同遗忘作斗争的根本办法是坚持进行有计划的复习。教师要向学生提出明确的复习旧知识的要求，并指导他们复习的方法和记忆方法，使他们养成复习知识的良好习惯。复习分日常复习和总结性的复习。前者的重点是对新学知识的复习，它的作用是及时地熟悉新知识，给将要学习的知识打下良好的基础，保证学习知识的连贯性。后者的重点是全面地复习学过的内容，把学过的知识系统化。只有把日常复习搞好，才能使总结性的复习收到良好的效果。当教材还没有被遗忘的时候，复习才是有益的。如果他们知识的某些中间环节被遗忘，就会给知识的系统化带来困难。

积极而系统地巩固所学的知识，直接影响学生的智力活动，影响他们记忆能力的发展。如果在学习过程中不借助于理解和思考只是机械地去熟记那些孤立的事物，则发展了学生的机械记忆。如果对教材的学习过程中，把熟记建筑在首先进行深入思考弄通对象的意义和联系的基础上，则发展了学生的理解记忆。这两种记忆对学生来说都是必要的。因为有些内容如数字、人名、地名、年代需要机械记忆，而另外的内容如定理、法则、法律必须理解记忆。在学习过程中，良好的记忆是依赖机械记忆的帮助而高度发展的理解记忆，这就是把两种记忆有机地结合起来。教师在指导学生记忆所学知识的时候，要引导他们清楚地理解事物和现象的主要特征，要抓住事物和现象之间的本质联系和关系，这样他们就易于把所学知识保持在自己的头脑中。

在指导学生巩固知识的时候，最基本的条件是保持学生学习的主动性和积极性，使他们了解巩固占有知识的重要性，告诉他们复习的重点，使他们感到巩固占有知识所带给他们的实际意义，恰当地表扬和鼓励那些善于及时复习注意牢固掌握知识的学生，组织学生交流复习巩固知识的经验，介绍良好的复习方法等等，都是鼓舞他们积极地去巩固学过知识的好办法。此外，还应注意指导学生恰当地支配时间，注意劳逸结合，注意复习的效果，培养他们良好的复习习惯，防止死读书本，死记硬背的错误做法。

四 技能的形成和知识的应用

掌握知识的目的是最终要到实践中加以应用。知识是从实践中来的，它必须回到实践并且只有回到实践中去才有它的生命力。所以，教会并指导学生应用所学的知识，是教学工作的一个十分重要的阶段。

当然，不能狭隘地形而上学地理解知识的应用，有些知识同实践有着直接的联系，可以明显地看到它的实践效果。有些知识并不能直接或立即应用于实践，也不能认为它们没有实践意义。它们或者是为了进一步掌握其他知识所必要的，或者是为了进行深入的理论探讨所必要的。片面追求知识与实践的简单联系，是一种实用主义观点，应予批判。

知识同技能是密切联系着的，技能是在实践中顺利完成某种任务的活动方式，包括动作活动方式和智力活动方式。技能的形成是以理解和领会知识为基础的。然而知识领会并不等于技能的形成。技能是经过专门的培养并经过反复地练习才能得到的。知识的获得一般都在技能形成之前，但并不是每种活动，都要在理解了原理之后才能进行。有一些活动如生产劳动，可以在掌握了一定的生产工具的操作规程，就去进行生产，到了一定阶段，再学习生产技术依据的科学原理。当然，操作规程也属于知识。因此，我们说知识是技能的基础，任何技能都要求一定的知识。

技能是学生获得知识、巩固知识和运用知识的重要条件。学生具有了阅读、写作、实验、实习的技能，能促使他们更顺利地去占有和运用知识。技能的培养也往往是伴随着领会知识、巩固知识和运用知识进行的。在教学过程中，在感知和理解了所学的知识之后，接着就进行技能的培养和训练。

学生的各种技能，都是经过加强基本训练才能形成的，练习是培养学生技能的基本方法。在我们的中小学教育工作中，有一条"精讲多练"

的教学经验。"精讲"是针对学生有效地理解知识而实施的,"多练"则是培养学生的技能所必要的。只有反复练习,才能掌握技能,使技能达到技巧的阶段;"拳不离手,曲不离口",就是这个道理。在指导学生进行练习的时候,要使学生了解练习的目的,指出活动的要点,规定练习的步骤,分配练习的时间,变化练习的方法。并使他们体会到练习的成果,以保证他们在练习中的兴趣和积极性。

学生对学过知识的应用基本上有两种情况:一种在教学过程中通过多种形式的作业,如解题、答问、实验、实习等以及在学习新知识的过程中对已有知识的应用;一种是在生产实践和科学实验中运用学过的知识。运用社会科学所学到的理论,分析国际形势,认识国内阶级结构的变化和斗争的特点,也属于这一类。前一种情况是结合教学活动进行的,其特点是运用知识的范围较小,内容也较为单一,而且在性质上还不同于一般的社会实践,它的效用只反映学习过程本身,对于社会实践中的知识运用,还只是一种准备。后一种情况是在政治课堂教学、课外科研活动以及共青团、少先队的活动中进行的,其特点是综合运用所学过的知识,是考验他们在更大范围内对知识的掌握程度和分析问题解决问题的能力。对学生来说虽然也属于学习活动,但已接近人们在社会实践过程中的知识运用。所以,这后一种情况对培养学生参加"三大革命斗争"的实践本领有更为直接的意义。这两种应用知识的培养和训练,对学生来说都是十分必要的。

学生对知识的应用是以他们对知识掌握的准确性、牢固程度和及时再现能力为基础的。教师在指导学生应用知识的时候,应使他们学会把已有知识同当前要解决的问题联系起来,掌握正确的思想,抓住关键性的环节,找到迅速解决问题的途径。客观上存在的问题,常常不是简单地把所学过的知识搬出来就能找到答案的,而是要综合地并创造性地利用已学过的知识,排除无关的因素,建立新的联系,才能使问题迎刃而解。因此,应用知识的过程,又是对学过的知识进行深入理解的过程。而在应用知识过程中所遇到的疑难和感受到的缺陷与不足,则将成为他们进一步去获取知识的推动力。经过这样的掌握知识到应用知识,再由应用知识到掌握知识的无数次的反复,学生认识世界和改造世界的本领在不断地向深广领域发展着。

上面我们对教学过程中学生掌握知识所经过的基本阶段做了个概要地叙述,在这个过程中,还有一个重要的问题,这就是对知识的检查和评定。检查是为了了解学生掌握知识的质量。在教学的各个阶段中，教师及时地了解学生对教材的感知和理解的程度，对知识的巩固和应用的情况，并恰当地给以评定是敦促学生认真地对待学业的有效办法，也是教师了解学生进行因材施教的教学的根本依据，更是调动学生学习主动性和积极性所不可缺少的步骤。通过检查和评定，可以使学生在教学的每一过程都自觉地去掌握知识，经常地、系统地复习功课，认真地及时地完成作业，改进学习方法，培养良好的学习态度和习惯。

检查和评定学生的学习情况，是教师一项经常性的任务。在学习新教材之前，教师要检查学生对已有知识的掌握情况，感性知识的储备情况以及预习的情况；在讲授过程中，应随时检查学生的理解接受情况；在巩固知识时，要检查学生的复习情况；而在应用知识的过程中，一方面要检查学生对已有知识是否准确地掌握；一方面要检查他们技能的熟练程度。除去各个环节的检查之外，检查和评定，常常是同学生复习巩固知识结合进行的，特别是阶段的总结性地检查和评定，是要在有组织的系统复习之后进行的。

检查和评定学生知识是一项严肃的工作，教师必须有实事求是认真负责的态度。不仅要检查学生的学习，同时也要检查教师自己的教学成绩。教师应从检查和评定学生知识的过程中，认真总结经验教训，不断改进教学方法，提高教学工作质量。

上述教学工作的基本阶段，只是就学生掌握知识的特点而相对划分的。它们之间是相互联系不可分割的。各个阶段就所完成的主要任务来说虽然有相对的独立性，但是，在一个阶段中也实现着其他阶段的任务，不能把各个阶段的任务截然分开。

教学工作是一项复杂、细致而又具有高度科学性和艺术性的工作。每一堂课、每一课题和单元的教学，又受着教师、学生、学科、教材等各种条件所制约，教师进行教学时，必须依据学生掌握知识的一般规律，灵活地处理教学活动的进程，不把教学工作的基本阶段公式化。

必须重视智力开发[*]

智力，即智慧能力，它是存在于人类自身的认识世界和改造世界的一种最基本的精神力量。人由于具有高度的智力，使之和动物有了根本的区别。在自然界中，动物只能消极地去顺应自然，听从自然的摆布，而人在接受自然影响的同时，却以与自然界相对立的力量，认识自然和利用、改造自然，使它服从人类生存的需要。马克思曾经指出过：自然并没有制造出任何机器、火车头、铁路、电报和自动纺棉机等等，这些东西都是人类的手创造出来的，"都是物化的智力"。这就是说，任何物质生活资料的生产和物质环境的改变，都同人的智力连接一起。我们常说"劳动创造了世界"，而没有人的智力的参与，就根本谈不到人类的劳动。所以，人的智力对创造人类的文明与文化，对物质生活条件的改善，有极大的意义。

近年来，随着对教育经济学的研究和发展，人们在较多地谈论着"两种开发"，即关于物的开发和人的开发。就是说，一个国家要搞好建设，发展生产和提高人民的物质文化生活水平，不仅要在厂房、设备、原料、运输等物的开发方面进行投资，而且要在人的智力开发上进行投资。其中智力开发更属重要。因为一切科学技术和生产设备与生产工具，归根到底都是由人来创造、利用和掌握的。人的受教育程度和智力水平越高，他们在生产上所发挥的作用就越大。如果没有人这个根本条件，再好的生产设备也无济于事。据统计，美国从1900年到1950年"人力资本"的利润增长了17.5倍，而物的资本所获利润只增长3.5倍；美国1948年到1969年国民收入增长额中，有41%是由于改进技术和管理以及提高工人技术水平的结果；美国1959年到1972年在农业教育中每投资一美元，就可在十三年内，从增产中得到4.3美元的收益。诸多事实证明，开发人的智力

---

[*] 原载《黑龙江教育》1980年第11期。

在国家建设事业中占有十分重要的地位。

怎样开发人的智力，根本措施就是办好教育和开展科学研究，而科学研究的人才，也是靠教育来培养的，所以基础还在教育。人类的智力资源是极其丰富的。各个国家、各个民族，在他们的各自历史中都积累了大量的智力财富，即认识世界和改造世界的知识成果（包括基础的和尖端的知识成果）。要把这些在历史上积累下来的知识成果转化为个人的智力财富，就必须通过教育这个强有力的手段。当前世界上各个生产发达的国家，都十分重视教育事业，他们在教育方面不惜投入大量的资金，开办各种类型的学校。延长普及义务教育的年限，发展高等教育。50年代以前，许多国家的大学生数就已经在迅速增长。1960年全世界在校大学生1200万人，到1975年就增长到3400万人。除此以外还提出继续教育、终身教育的理论，采取多种形式如函授、广播、电视，以及通过正规学校进行再教育等形式，大力加强成人教育，使他们掌握先进的生产技术和广泛的科学知识，以适应迅速发展的现代化生产的需要。

在我国四个现代化的建设过程中，开发智力，办好教育已经成为一个刻不容缓的任务。多年来，由于各种原因，特别是林彪、"四人帮"的破坏，我国教育事业同生产建设的需要很不适应。当前不仅各级各类学校的数量有待于大力发展，而且教育质量也亟待提高。开发智力、培养人才需要较长的周期，如果我们现在不及时重视起来，将来的严重后果是完全可以预料的。

尊重教师的劳动[*]

由于多方面的原因，一种社会职业在人们心目中的地位，常常同它在社会上所起的作用不相适应。有些职业本来应该受到社会的尊重和崇敬，但却偏偏遭到一些人的歧视和轻慢。对待教师，就是如此。直到今天，一股贬低教师社会作用和地位的"左"倾流毒还没有得到彻底清除。据调查了解，我省某些地方还存在着看不起教师，侵夺教师的物质利益，甚至打骂教师的情况。这不仅直接给我们四个现代化带来有害的后果，而且也损伤我们优越的社会主义制度的光辉形象。因此，我们必须树立重视科学、崇尚文明、尊重教师劳动的社会风尚。

师，是对那些在各自专业上获得较高成就的人们的一种尊称，如医师、律师、工程师等。教师，是指专门从事教育、教学工作的人；是指为人们提供学习、效法的范例，对年轻一代的成长产生巨大影响的人。作为社会分工的教师，是在社会历史发展到一定阶段，即原始社会末期和奴隶社会初期随着学校的出现而出现的。唐代韩愈说："古之学者必有师，师者所以传道、授业、解惑也。"教师的历史使命，就是把人类积累起来的知识成果、行为规范，按照现代社会的要求传授给年轻一代或更大范围的人。教师是社会文化发展的中介人，是青少年一代的启蒙者，是人类从必然王国进入自由王国高擎认识火炬的传播者，是社会发展由蒙昧落后走向文明先进的最当之无愧的见证人。

教育是人类社会所特有的一种社会现象，它是随着人类社会的产生而同时产生的，教育的社会职能不管在任何时代，都始终培养年轻一代走向生活、走向社会。为此，教师要把这个社会所需要的劳动经验和生活经验传授给他们。假如没有教育活动，就不可能有人类认识世界和改造世界的

---

[*] 原载《奋斗》1981年第2期。

历史继承和延续，当然也根本谈不到社会的进步和发展。因此，教育是永恒的，教师从他在历史上出现以后也是永恒的。教师对历史发展所起的作用是永远不能泯灭的。

但，在不同的社会里，教师的使命和作用也是不同的。在阶级对立的社会里，除那些站在人民立场的教师外，他们总是要传播统治阶级的思想，执行统治阶级的意志，并捍卫统治阶级的利益。剥削统治者为了自身利益的需要，有时也不惜抬高教师的身价和地位，如我国封建社会把教师列为"五尊"之一。天、地、君、亲、师，师与君、亲列为同等地位，"能为师者然后能为长，能为长然后能为君"，提倡尊师重道。但封建社会的特点是"学而优则仕"，重官轻学，官大于学，教师只不过是统治阶级的附庸。除少数与上层统治者有直接联系的教师外，多数教师被压迫在社会的底层，过着清苦的生活。至于半殖民地半封建社会的教师处境，更是一落千丈。他们寄人篱下、备受欺凌、收入微薄、朝不保夕。在对待有进步思想的教师，马克思曾描述过法国大革命失败后的情况，他说："教师法，使身为农民阶级的思想家、辩护人、教育家和顾问的学校教师，受省长任意摆布，像追逐野兽一样把身为学者阶级统治中的无产阶级的教师从一个村庄赶到另一个村庄。"[1] 这仅是反映了反动统治者对待教师的一个极小的侧面。

教师在旧社会的处境虽然如此艰难，但它丝毫也遮掩不住教师职业在社会进步上所散发出的光辉。这一点早已被一切进步的思想家和教育家所承认。近代资产阶级教育理论的奠基人、捷克的教育家夸美纽斯远在三百多年以前就高度肯定了教师职业的社会价值。他说太阳底下再没有比教师这个职务更高尚的了。他把教师比作园丁、比作建筑师、比作精心雕塑人的智慧和灵魂的雕塑家、比作向野蛮和无知坚决发动进攻的统帅。19世纪俄国著名的民主教育家乌申斯基则说教师"是过去历史所有高尚而伟大的人物跟新一代之间的神圣遗训的保存者"，[2] 他的事业"从表面来看虽然平凡，却是历史上最伟大的事业之一"[3]。这些评价都说明了教师在人类历史上的作用。

在社会主义条件下，教师是为人民服务的，他被称为人民教师。这反

---

[1] 《马克思恩格斯选集》第1卷，人民出版社1972年版，第475页。
[2] 《乌申斯基教育文选》，张佩珍等译，人民教育出版社1991年版，第81页。
[3] 《乌申斯基教育文选》，张佩珍等译，人民教育出版社1991年版，第81页。

映了教师阶级地位的根本变化。他不是为了少数人的利益，而是同广大人民群众站在一起，他以人民的未来当作自己的未来，他以人民的幸福作为自己的幸福。教师这个职业上的一切积极的有价值的东西，都应该在新的历史条件下充分地无保留地发挥出来。

在我们的国家，人民教师所肩负的历史使命是极其光荣的。他不仅以知识，而且以共产主义的思想和品德培养一代新人。

实现四个现代化，科学是关键，教育是基础，人民教师尤其负有重大的责任。

教师的社会地位，同他所肩负历史使命应该是一致的。列宁说，无产阶级的国家"不提高人民教师的地位，就谈不上任何文化，既谈不上无产阶级文化，甚至也谈不上资产阶级的文化"①。并进一步指出："应当把我国人民教师提高到从未有过的，在资产阶级社会里没有也不可能有的崇高地位。这是用不着证明的真理。"② 我们党和政府在提高教师地位方面做了大量工作，从根本上改变了旧社会教师政治地位低下和经济生活无保障的状况。但十年动乱，不仅把以往所取得的成果涤荡殆尽，而且封建社会愚昧无知的历史沉渣重新泛起，在"知识越多越反动"的大棒下，教师被打成"臭老九""教唆犯"，连最起码的人的尊严也受到凌辱和践踏。现在，林彪、"四人帮"反革命集团已受到人民公正的审判，但他们所散布的反对思想尚未根除。正确地对待教师，是保证在八十年代我们的教育事业有个大发展的先决条件，是实现四化必须解决的重大课题。

在1978年召开的全国教育工作会议上，邓小平同志已向全党和全国人民发出了"尊重教师的劳动"的口号。他说："为人民服务的教育工作者是崇高的革命的劳动者。"③ 他们"为民族、为国家、为无产阶级立了很大功劳"④。"我们要提高人民教师的政治地位和社会地位，不但学生要尊重教师，整个社会都应该尊重教师。"⑤ 与此同时，中央还采取了一系列具体措施，如落实知识分子政策、改善教师的政治待遇、恢复教师的名誉、为受迫害的教师平反昭雪；规定教师的职称；在财力、物力允许的范围内改善教师的住房条件，调整工资和发放班主任津贴等等。这些对稳定

---

① 《列宁选集》第4卷，人民出版社1958年版，第357页。
② 《列宁选集》第4卷，人民出版社1958年版，第358页。
③ 邓小平：《在全国教育工作会议上的讲话》，《人民教育》1978年第Z1期。
④ 邓小平：《在全国教育工作会议上的讲话》，《人民教育》1978年第Z1期。
⑤ 邓小平：《在全国教育工作会议上的讲话》，《人民教育》1978年第Z1期。

和提高教师队伍，调动教师工作的积极性，都起了重要的作用。

党和人民越是尊重教师，从教师自身说就越应对自己提出更高的要求。每个教师都应具有高度的政治思想觉悟和共产主义道德品质，成为学生的表率；并要努力学习文化科学知识，精通所教课程的专业，不断提高业务水平，使自己多方面的素养真正符合人民教师这个光荣而崇高的称号。

从认识论的角度看教学活动的
特点和规律[*]

　　一事物区别于它事物的性质，叫做该事物的特点；揭示事物的内部联系，即认识它的内在矛盾，就找到了事物的规律。因为正是事物内部的本质联系决定着事物的必然的合乎规律的发展。我们对事物发展规律认识得越深刻，就越能明确地把握事物的特点。毛泽东同志说："任何运动形式，其内部都包含着本身的特殊矛盾。这种特殊的矛盾，就构成一事物区别于它事物的特殊的本质。"① 通常所说的主观对客观的认识，就是对不同事物的现象与过程的特点和规律的了解与掌握。只有掌握了事物的特点和规律，才能把客观的东西转化为主观的东西，也才能根据这种主观对客观的正确认识去改造世界，变革客观现实，使人们的行动由盲目变为自觉，由必然进入自由。这就是我们所理解的由物质到精神，又由精神到物质的过程。

　　对教学工作的认识，最根本的就是对教学过程的特点与规律地认识。因为正是这些特点和规律作为一种不以人的意志而变化的客观力量，制约着我们在教学上应当采取什么样的行动准则，运用什么样的组织形式以及方法和手段。我们如果尊重这些规律，按照规律办事，就能够帮助我们迅速找到获得最优效果的最佳途径和办法，就可以少走弯路，提高我们的工作效率；就可以节约时间，用最小的精力取得较大的效果。马克思说："一切节省，归根到底都归结为时间的节省。"② 我们能够在学校最主要的工作即教学工作上节约了时间，就可以在相对的时间内使学生掌握更多的

---

　　* 原载《教育参考》1981 年第 4 期。
　　① 毛泽东：《矛盾论》，人民出版社 1975 年版，第 14 页。
　　② 《马克思、恩格斯、列宁、斯大林论共产主义社会》，人民出版社 1958 年版，第 67 页。

知识，加快培养人才的步伐，提高培养人才的质量，高速度地发展教育事业，为实现四个现代化作出更大的贡献。因此，对教学工作的特点和规律的深入探讨，以及对待这些规律采取正确的态度，是一个十分重要的问题。过去我们在这方面的正反经验，都是值得认真加以借鉴和吸取的。

对教学过程的特点，过去已经作出不少有益的概括。诸如：学生是接受前人已经验证过的真理；学生的认识是在有知识的教师领导下实现的；学生掌握知识需要不断进行复习巩固工作；以及学生掌握知识是与发展他们的智力、体力和思想品德相互影响中进行的等等。正是有了这样一些认识，才使我们的教学工作能够抵制各种各样歪曲教学过程的有害观点的干扰和破坏，保证了教学工作的正常秩序，使教学工作收到了应有的效果。这些认识是我们深入揭示教学过程的内在矛盾和规律的良好起点。

事物的内部矛盾性，即事物运动变化的规律，只能从事物的本身去找。

教学工作的内在矛盾，是通过教学过程的不同侧面表现出来的。在教学实践中存在着许多矛盾，如：教师和学生（教和学），直接经验与间接经验，知识的占有和能力的发展，学习知识和世界观、人生观的形成，认识和实践即理论和实际的关系等等。所有这些矛盾都错综复杂地交织在教学的全过程中。对这些矛盾既要分解开来加以研究，又要综合起来进行考查。只有把这些矛盾的不同侧面进行深入本质地研究和揭发，才能使我们取得对教学过程的规律性地认识，并用这种认识来指导我们的工作实践。

在分析所有这些矛盾的过程中，我们可以发现教学活动最根本的规律是在教师的领导下学生掌握间接经验认识客观世界的过程。因此，我们必须首先把教学过程和认识过程的关系弄清楚。

过去研究教学过程的规律，常常从人们认识活动的普遍规律，即马克思主义的认识论中去找。有的从认识活动来推导教学理论，企图用某一种确定的公式来概括教学过程的规律，结果掩盖了教学过程的特殊矛盾性；有的从表面上来对比教学论与认识论的区别，虽然看到了教学过程的某些特点，却并未对这些特点进行深入地探索，因而在遇到一些难以解决的问题时，又退缩回来，重新陷入对认识论规律地解释之中。其实，认识论和教学论所寻求的规律是既有联系又有区别的。人类认识客观世界，是一个无休止的主观对客观的接近过程，它是通过多种途径进行的，其中包括阶级斗争、生产斗争和科学实验等"三大革命斗争"的实践，也包括教学活动、艺术活动以及看书学习等其他形式的认识活动。马克思主义认识论科学地总结了人类各种形式的社会实践活动，得出了实践、认识，再实践、再认识，即实践——认识——实践，实践和认识循环往复，以至无穷的规律；揭示了一切认识都来自实践，实践是认识的源泉，认识的目的是实践，实践是检验认识的唯一标准。这就从根本上粉碎了一切信仰主义和唯心主义先验论的妄语谬说，为研究各种具体的认识活动包括教学活动奠定了理论基础。探讨教学活动和其他具体认识活动的规律都必须以马克思主义认识论作为指导思想。离开这个基础理论，就会走到邪路上去，就得不出教学过程的规律性的认识。但，认识论的结论并不能代替具体认识活动规律的认识，更不能简单地从认识论中来推导和衍生教学论中认识活动的特点和规律。

教学论和认识论都是以人类对客观世界的认识作为研究对象，二者的联系和共性都是揭示认识活动的规律。但它们是从两种不同的角度和范围来进行研究的。认识论主要回答认识的来源，认识同实践的关系，它是研究人们的直接知识的取得过程；教学论主要回答知识的传递和继承问题，它研究如何把人类已有的认识转化为学生的认识的过程。认识论所解决的是知识的原始生产过程，它的特点是在实践中获得感性认识，经过头脑的抽象概括、改造制作、去粗取精、去伪存真，上升为理性认识；再回到实践中去，经过实践的检验，证明它是符合客观实际的，这样就获得了正确的认识。教学论解决的是对已有知识的扩大传播，就某种认识成果被更多的人所掌握这一角度来看，教学是知识的扩大再生产的过程。它的特点是把人们已经经过反复验证过的正确无误的认识成果（知识），由占有这些知识的教师传授给学生。虽然在确定教学内容上，也是从政治上、生产上的社会实践的需要出发来加以选择的，而学习的最终目的也还是要回到三大革命斗争的实践中去。但在掌握这些知识的过程中，却不需要去重复那种"实践，认识，再实践，再认识"的过程。正是这样，我们说教学过程中学生获得知识是较知识的原始生产过程更为简捷和更为容易的。教学论和认识论所回答的问题既然是不同的，就不能把认识过程中的"实践——认识——实践"的公式推演到教学过程中来，也不能认为教学过程中那些按照自己特点的具体的认识道路是违背认识论所揭示的普遍规律的。

为了使学生快速高质量地掌握间接经验，以适应当代世界科学技术飞快发展和为实现四个现代化加快培养人才的需要。我们对教学过程的研究，必须把注意力集中到深入揭发掌握间接经验即掌握理论知识的规律上来。在这里，最重要的有两个问题：一是要研究教和学，教师和学生之间的矛盾，研究如何把教师掌握的知识转化为学生的知识；一是要研究学生在学习过程中新旧知识的联系问题。

教学是社会上一定的阶级为了认识世界和改造世界的目的而专门组织起来的一种培养和教育下一代的自觉的工作过程。在这个过程中，人们从自己的社会存在出发由具有特定职能的人员教师把经过前代积累下来的和当代创造的已有的认识成果，通过一定的方式和方法传递给新的一代。学生的认识活动，是在已有足够知识储备的教师领导下进行的。教师不仅是知识的传授者，而且也是统治阶级对年轻一代培养目标的贯彻者和体现者。他在传授知识的同时，也必须以一定的世界观，一定的政治立场和态度以及一定的道德品质来培养学生。教师在自觉地完成知识传授和德育培养的过程中，自始至终都是起着主导作用的。研究教学过程的规律，必须牢记这一特点，任何忽视教师主导作用的观点都是错误的。但教学过程中学生是认识活动的主体，教师的教只有通过学生的学才能把客观上的知识成果转化为学生的内在财富，因此，又必须充分调动学生学习上的自觉性和主动性。只有师生双方都参加到教学活动中来，才能完成这个掌握知识的过程。教和学之间，教师和学生之间，不但是统一的，而且经常是处在矛盾之中的。因此，我们必须深入揭示这个矛盾，并找到把师生双方的积极性结合在一起的动力和因素，从学习目的上、学习志趣上和教学内容以及方法手段上进行深入地研究。

学生掌握知识是由不知到知，由知之较少到知之较多不断积累完善的过程。因此，如何解决在学生已有认识的基础上进一步扩大和加深的认识问题，便具有非常重大的意义。从教学实践中，我们可以深切地感受到学生旧知识掌握得越牢固越准确，要学习的新知识与已学过的旧知识之间的联系越紧密、越合理，就越有助于他们更好地去掌握新知识。至于首先着眼于巩固旧知识，待全面深刻地掌握了旧知识以后，再去学习新知识，还是着眼于大量地学习新知识，通过掌握新知识来巩固旧知识的体系，哪种方法更有效，可以进行实验对比。不管怎样，都必须做到使学生在头脑中建立起新旧知识密切联系的、完整而系统的科学认识的体系。否则，离开原有的基础，就不可能谈什么对新知识的掌握。学生要掌握的间接知识是以事实、概念和理论的形式表现出来的。他们在掌握这些知识的时候，有时是从已经储备了的感性知识或从教师提供的直观教材出发的，但大部分是以他们已经掌握了的理论知识作为起点。不应该也不可能离开已掌握的理论，而强调什么教学必须"从知觉具体事物出发"，把学生重新引到每一种知识的原始生产过程中所经历的那种具体事物的感知开始，由感性认识上升到理性认识的阶段的。因此，在教学过程中，从理论到理论的情况，特别是在较高的年级里是经常的大量存在的，不如此，就谈不到教学中学生认识活动的特殊性。这样做并不违背认识过程的普遍规律。因为，学生学习的间接知识，不论是他们已经掌握了的或将要掌握的，都是从实践中来的，都是经过前人的反复实践，在实践中首先获得感性认识，并上升到理性认识，同时又回到实践中加以检验了的真理（知识）。也就是说，都是通过了"实践—认识—实践"的道路而获得的。既然承认教学中学生可以掌握人类积累下来的知识而不需要去重复前人的实践，那就应该承认这种从理论到理论的认识是可能合乎规律的。但，是不是可以由此得出结论，认为教学过程的公式就是由理论到理论呢？不能。毛泽东同志说："世界上的事情是复杂的，是由各方面的因素决定的。"[①] 教学过程中的认识活动，因教材和学生情况的不同，在具体进行过程中，是有多种形式的。从理论到理论只是一种形式。在教学中，当学生对要学习的事物处于完全无知的情况下，或者为了给学生学习抽象理论打下感知的基础；或者为了验证和运用所学过的理论，都必须为学生创造直接感知具体事物的条件，以便于他们更容易地掌握抽象理论。我们在教学中强调形象直观与抽象概括相结合，以及大力提倡和运用现代化的教学手段，增强学生的视听感受，就是这个道理。因此，在教学的全过程中，都要求理论和实践相结合，不同于一般认识过程，教学是以掌握理论为主的理论联系实际的过程。

为了更好地揭示学生新旧知识联系的规律，我们的研究重点必须一方面注意寻求学生认识活动的特点，探讨如何培养学生认识问题即分析问题和解决问题的能力，找出掌握知识和发展认识能力的规律；一方面注意教学内容的改革，加速教材的推陈出新，研究知识之间的内在联系，找到在必要的基础知识上迅速掌握高深理论的途径。当代教学理论的工作者都在努力地解决这方面存在的问题。瑞士的结构主义者心理学家皮亚杰从心理学的角度提出了儿童认识事物是以"图式、同化、调节和平衡"作为表现形式的"认识结构"学说。美国的教育家布鲁纳在此基础上大力发展

[①] 《毛泽东选集》，人民出版社1968年版，第1055页。

了"结构主义教育"的学说,提出"知识的结构""学科的结构",认为教育工作者不仅要善于发现学生认识事物的结构,而且要善于发现知识和学科本身的结构。只有学生掌握了知识和学科的结构,才能在此基础上扩大和加深认识,才能形成学习上的大量普遍的"迁移"。他认为任何一门学科都有其自身的独特的结构,学习任何学科,都是学习这门科学的基础结构,即基本概念,基本理论,提出任何一门学科都可以用不同形式教给任何年龄的学生,他认为目前对学生的能力估计过低,对学生的潜力注意不够,他主张打破大、中、小学的学科界限,高深的知识可以逐级下放到较低年级来学习。实践证明,这些主张是难以全部实行的。但他所提出的思想还是值得进一步探讨的。苏联教育家赞科夫进行了二十余年的实验研究,提出了"教学与发展"的观点,十分重视培养学生的观察力、思维能力和实际操作能力,重视培养学生良好的学习品质和学习习惯。认为学生的发展是在掌握知识的过程中进行的。掌握知识应当促进学生的发展,而发展上的进步又促使学生更好地掌握知识,主张"以最好的教学效果来达到学生最理想的发展水平"。与传统的教学论主张不同,他提出以理论知识为指导,使学生理解学习过程和使全部学生包括"差生"都得到发展的原则来进行教学。对待这些主张,我们都应该认真加以研究,吸取其积极的有价值的东西,作为我们探讨教学过程规律的借鉴。

大科学家爱因斯坦所以能在物理学上取得划时代的成就,有一条重要的经验是他在读书时善于"认别出那种能导致深邃知识的东西而把其他的东西抛弃不管"[①]。"在所阅读的书本中找出可以把自己引到最深处的东西,把其它一切统统抛掉。就是抛掉头脑负担过重和把自己诱离要点的一切。"[②] 这个经验实际上是新旧知识的联系和衔接问题。这对教学过程规律的研究是很有启发的。爱因斯坦的经验是依靠他自己的努力和智慧在他探索科学的有限范围内取得的,如果我们能够从学生的认识特点和教材安排上找到一种学生新旧知识联系的普遍意义的规律,在每一门学科的教学中(虽然也可以突破现有学科的界限),找到学生占有知识的基本规律,我们就能够在教学上取得更大的效果,就能够在培养人才上适应科学技术的飞快发展和新知识成果在数量上、质量上急剧增长的需要。这充分说明了深入探讨和揭示学生掌握间接知识的规律的重要性。

[①] 《爱因斯坦文集》第 1 卷,许良英、范岱年译,商务印书馆 1976 年版,第 8 页。
[②] 王梓坤:《试探爱因斯坦的科研方法》(下),《光明日报》1978 年 12 月 8 日第 1 版。

任何规律都是客观反映事物的本质联系的，不能把由人们根据教学过程规律而主观制定的教学原则和为了达到教学目的而采取的教学工作组织形式与方法、手段等都当作教学过程的规律，否则便容易造成认识上的混乱。尽管教学原则、教学工作的组织形式以及教学方法、手段等等，对提高教学质量有着十分重要的关系。应该很好地加以研究，而这种研究的结果也必然会帮助我们更深入地揭示教学过程的规律，但它们本身并不等同于教学过程的规律。研究教学工作上的问题，应该分清什么是总的基本规律，什么是局部的个别的规律，什么是反映规律的，什么是我们认识了规律之后所确定的行动准则和方法手段。对不同的问题进行不同地研究，这样才能更好地发展教学理论和提高教学工作的质量。

总之，当前我们对教学过程规律的认识还是十分肤浅的，本文仅就教学是教师引导学生掌握间接经验的过程这个侧面来谈的。除此之外，教学还是促进学生身心发展的过程，这里就不作进一步的说明了。取得在这方面认识上的突破，是教育学、心理学以及其他相关学科的理论工作者和实际工作者的一项共同的任务。

加强课堂教学的理论指导[*]

教学工作是学校的中心工作，而课堂教学又是教学工作的基本形式。在学校里，学生知识的获得，能力的发展，意志性格和世界观的形成，都主要是在课堂教学中实现的。怎样达到教学目的，怎样发挥教师的主导作用，如何调动学生学习的积极性主动性，以及如何贯彻各项教学原则和采取各种教学方法等，也都集中地体现在一系列课堂教学活动中。因此，课堂教学的质量如何，直接关系到整个学校的工作质量。一所学校，一个教师，是否真正按照党的教育方针和政策办事，是否真正地实现了学校的培养目标，一个重要标志就是看你的课堂教学搞得怎么样。正因为这样，我们的学校领导和全体教师，都应当把主要精力用于改善课堂教学状况，努力提高课堂教学质量上。而要提高课堂教学质量就要努力学习教育理论，加强课堂教学的理论指导。

胡耀邦同志 1980 年在中央书记处举行的师范教育座谈会上对教师提出了三项基本要求：要努力学习和掌握比较渊博的知识；要认真研究和掌握教育科学，懂得教育规律；要有高尚的道德品质和崇高的精神境界，能为人师表。这三条，是作为一名人民教师所不可缺少的，也是教师搞好课堂教学不可缺少的。一个教师，如果没有较为渊博的知识和高尚的道德品质，就不具备人民教师的基本条件。但是，有了这个基本条件，如果不热爱教育事业，不懂得教育教学的基本规律，不会教学生，不能用自己的知识和品德去影响和培养学生，也不会成为一个好的教师，当然也就搞不好课堂教学了。

当前，在教师队伍中，不注重教育理论学习、轻视理论指导作用的现象还是比较普遍的。有些比较老一点的教师，不注意教育实践和教育理论

---

[*] 原载《黑龙江教育》1981 年第 7 期。

的发展变化，感到自己在五十年代学过教育理论，现在不学也能应付一阵；有些比较年轻一点的教师，感到掌握教材，应付教学尚有困难，无暇顾及理论学习。尽管这些同志有着做好工作的良好愿望，但是，由于缺少理论指导，常常是照章办事，按照固定的程式进行教学，工作缺乏创见。有的甚至连某种最基本的程式也不顾，随意性很大。在教学上为什么这样做，怎样做是正确的，怎样做是不正确的，都不做认真考虑。至于怎样了解学生，怎样因材施教，怎样钻研教材，怎样遵循教学原则和恰当地选择教学方法，则更是不加过问。这些同志，既不学习教育理论，也不注意总结自己的经验教训，工作缺乏自觉性，完全陷入盲目状态。我们还常常看到，有不少这样的教师，他们有一定的教学经验，但是不善于总结提高，教学效果总是停留在一定水平线上，没有较为明显突破。什么原因呢？除了有些人受知识水平限制外，不重视教育理论的学习与钻研，恐怕是一个重要原因。

在我们的社会主义建设中，每一项工作都必须不断追求最好的效果、最高的质量。也就是说在一定条件下，必须以最小的物质消耗、精神消耗和时间消耗来取得最佳的效果。在人才的培养上更应该如此。教学是一项十分复杂和细致的工作，它要求多种条件的合理安排和组合。如何使我们的教学工作达到理想的要求，关键的问题是实现工作的科学化，深刻地认识和自觉地遵循教学工作的客观规律。当代，在一切科学领域中，人们都在更加自觉地对待理论和实践的辩证关系。实践在不断促进理论的发展，并为理论的发展提供丰饶的土壤和坚实的基地；而理论则以它对客观规律的准确概括，使实践的面貌不断更新。所有这些，从实践的过程和效果来看，归根结底，都是在追求一个"最优化"的过程。对于如何使教学工作达到最优化，这个"最优化"的途径由谁来找？广大教育理论工作者当然责无旁贷，广大从事教育教学实践的工作者也应努力为之奋斗。

新中国成立30多年来，我们的教学质量曾经出现过几次较大的起落。每次起落虽然都有当时的具体情况，但却可以找到一个共同原因。这就是教学质量的高低同对待教育教学理论的态度有着十分密切的关系。一般说来，教学质量比较高的时期，教育理论的研究多是比较受到重视的。反之，什么时候忽视了理论的指导作用，教学质量就会下降。十年动乱期间，课堂、教师、书本被林彪、"四人帮"称作"三中心"，反复批判，教育教学理论从根本上被否定，教学工作，特别是课堂教学遭到了毁灭性地破坏。粉碎"四人帮"以后，我们认真地总结新中国教育所走过的路程，对五十年代重视教育理论的做法，给予充分肯定，这是完全对的。但是，如果我们把学习的内容和要求，完全停止在那个时候的水平上，就远远不够了。现在，不仅由于生产和科学的发展对人才的要求，对教学工作质量的要求，大大高出了那个时期的水平，而且教育教学理论也有了许多新的巨大的发展。

在当前，随着教育教学实践领域的不断扩大，教学理论的发展已经进入了一个新的历史时期。科学的发展特点是，一方面学科种类高度分化，研究的对象越来越细越深；另一方面又高度综合，不同科学部门之间互相渗透，新的边缘科学不断涌现。不仅自然科学本身如此，自然科学和社会科学之间也在彼此互相借助研究成果。这种情况对教育教学理论的发展产生了直接影响。心理学、生理学（特别是神经生理学），以及控制论、系统论、信息论等，都为教学理论的研究提供了重要的依据。与此同时，现代化的教学手段也被广泛采用。这就从各个不同的角度深化了人们对教学工作客观规律的认识。正是在这样的基础上，产生了许多新的教育理论。比如布鲁纳的"结构主义教学论"、赞可夫的"教学发展论"、瓦根舍因的"范例方式教学论""启发式教学"以及"智力加速器"等教学理论。这样一些不同的理论主张，正在不断被介绍到我国来。我们对于这些理论应该根据我国教育的实际情况认真加以研究，否则就会落后于时代的要求。

广大中小学教师和教育工作者，在认真学习教育教学理论的同时，还要在自己已有实践的基础上，进一步积累资料总结经验，不断探讨和发展我国的教育理论。我国是一个10亿人口的大国，有2.1亿青少年在校学习，有近千万人的教师队伍。这样广阔的教育实践，没有哪一个国家能够同我们相比。我们完全应该对教育教学理论的发展作出较大的贡献。

为了提高教学质量，当前在课堂教学方面有很多问题需要研究。课堂教学形式本身并不是固定的，它要随着各方面条件的变化而不断发展。在现有的条件下，教学形式受哪些条件制约，沿着什么方向发展？许多新的教学理论怎样在课堂教学中加以实验和实现？课堂教学与其他教学形式，如自学辅导、现场教学、家庭作业、课外科技活动等有什么关系，怎样彼此配合？根据不同的教学对象、内容和目的要求，怎样妥善地安排课的结构？在课堂教学中教师怎样才能做到既面向全体学生，又能因材施教？现代教学手段广为采用以后给课堂教学带来哪些新变化等等。所有这些问题，都要求我们认真地加以研究和探讨。

　　理论是从实践中产生的，但是只有自觉的实践，即在科学理论指导下的实践，才有正确的方向。我们广大教师要注意把自己的教学实践不断提高到理论的高度，以促进实践的发展，推动教学理论的提高。

关于教学过程的客观规律问题[*]

研究教学理论的首要任务，就是正确地揭示教学过程的客观规律。怎样认识教学过程的客观规律，如何确切地加以表述和说明，当前在我国教育理论界的看法是并不统一的。至于在一般教师的认识上则更为混乱。有的把规律与规则混同起来，有的把局部起作用的东西当作整体的东西来看待，有的甚至无视规律的客观性，把一些主观规定的原则、要求也当作规律来加以对待。

教学过程的客观规律不仅直接影响着教学理论体系的建立，而且也关系着教学原则的确定、教学形式的安排和教学方法的抉择等一系列教学实践中的具体步骤与手段。因此，有必要在这方面进行认真的讨论和研究。

一

教学是个复杂的社会现象，从这一活动的实质来看，它总是反映一定社会的需要并推动一定社会的发展，从它的内容看，它囊括了人类反映自然和社会的一切有价值的认识成果；从学生自身的成长和发展来看，它影响着青年一代整个的一生。这些是决定教学活动过程的基本条件，也是研究这一活动规律的基本出发点。下面分别说明一下有关的问题。

首先，教学是适应社会生活的需要并促进社会发展的过程。教学是社会上一定的阶级为了达到认识世界和改造世界使之适应于社会生活需要的目的，而专门组织起来的一种培养和教育下一代的自觉的工作过程。这个活动过程是从属于整个社会活动的，它是人类社会活动的一个组成部分。从有人类的一天，就已经开始了教学的社会活动过程。正是通过教学，由

---

[*] 原载《北方论丛》1982年第1期。

老一代有经验有知识的人把前辈积累下来的和当代创造的社会生产和社会意识的各种成果传递给新一代，传递给没有经验和没有知识的人，并由他们在新的社会实践当中去总结和创造新的知识成果，社会才得以维持，人类才得以发展。在阶级社会，教学活动更赋予了阶级内容，渗透着阶级的利益和需要。

从教学必须接受社会阶级关系的制约看，教学总是被社会发展的需要决定的。1. 社会为教学规定了活动的目的，社会为教学提供了活动的条件；2. 教学的双方，即教师和学生都是一定社会一定阶级的成员，他们是社会的阶级的需要、利益、意向在延续种族和文化发展上的体现者；3. 教学的内容不论是社会科学还是自然科学，都是人类群体的历史认识成果；教学的原则、形式、方法以及一切物质的和精神的手段，也都是各个社会长期实践的总结和继承。

但是，教学从来也不是消极地适应社会的需要，更重要的是推动社会发展，丰富、充实和提高社会生产水平与生活水平的积极力量。教学是用现存社会需要衡量的最有价值的知识成果武装学生，使他们成为社会有用的人才和精神的与物质的生产劳动者，使新的一代在创造生产力和社会关系方面都不断地胜过他们的前辈。因而，不能再把教育事业仅仅作为社会消费事业来看待，更重要的它不仅是社会精神而且也是社会物质生产的一个不可缺少的组成部分。这种现代化教育科学所得出的明确结论，必须作为我们研究教学工作的重要依据。我们的教学活动，不仅应关心社会意识形态的传授和培养，也要关心社会物质生产的推进和发展；应该不仅着眼于现在，也要着眼于未来。

因此，教学活动与人类社会活动是密不可分的，它既接受着社会的纵向的即历史的影响，也接受着社会的横向的即现实的影响，同时还应该考虑到社会发展的未来。我们在探讨教学过程客观规律的时候，应把教学看作人类社会生活的一个重要的方面，它不仅把人类现实社会而且把历史发展中一切有价值的认识成果都要重新展现出来。因此，教学活动是人类社会中最复杂最精细的一个活动侧面。教学不仅有自身的活动规律，也服从人类社会发展的规律。

其次，教学是在教师领导下学生自觉地能动地认识世界的过程。在教学活动中，学生获得了知识，扩大了眼界，把人类社会历史的群体的认识转化为他们的认识。因此，教学过程归根到底是个认识活动的过程。

在教育学说史中，人们并不是一开始就把教学当作一种认识过程。不要说古代,即使近现代也有的主张教学是心理过程,还有的人主张教学是社会过程或活动过程。把教学作为学生的认识过程来看待,在教学理论上是个重大的进步。我们必须坚持这种观点,并以此作为探讨教学过程客观规律的又一个重要的出发点。

这里有两个问题需要明确认识:1. 教学论应以马克思主义认识论作为指导思想;2. 教学过程是在教师指导下的学生的特殊认识过程。

人们认识客观世界是通过多种途径进行的,其中既包括生产斗争、阶级斗争和科学实验,也包括教学活动、艺术活动以及看书自学等其他形式的认识活动。马克思主义认识论科学地总结了人类各种形式的社会实践活动,得出了实践、认识,再实践、再认识,循环往复以至无穷的规律;揭示了一切认识都来自实践,实践是认识的源泉,认识的目的是实践,实践是检验认识的唯一标准。这些结论为研究各种具体的认识活动包括教学活动奠定了理论基础。但认识论的结论并不能代替具体认识活动规律的研究,更不能简单地从认识论中来推导和衍生教学论中学生认识活动的规律。

教学论和认识论都是以人类对客观世界的认识作为研究对象。二者的联系和共性都是揭示认识活动的规律,但它们是从两种不同的角度和范围来进行研究的。认识论主要回答认识的来源,认识同实践的关系问题,它是研究人们的直接知识的取得过程;教学论主要回答知识的传递和继承的问题,它研究如何把人类历史的群众的已有的认识转化为学生个人的认识的过程。教学过程的特点是把人们已经反复验证过的正确无误的知识(认识成果)编写成系统的教材,由占有这些知识的教师传授给学生。学生作为一个学习者,不是被动的,而是能动的认识过程,他要充分发挥主观的能动作用。在这个过程中,他们不仅掌握知识,扩大认识,也发展能力,形成思想品德和意志性格。虽然在确定教学内容时,也是从政治上、生产上的社会实践需要出发来加以选择的,而学习的最终目的也要回到社会实践中去。但学生在掌握这些知识的过程中,却不需要重复前人走过的道路。这就是马克思所说的知识的再生产(指学习)所必需的劳动时间同最初生产科学所需要的劳动时间是无法比拟的。

教学论和认识论所回答的问题既然是不同的,就不能把认识过程中"实践——认识——实践"的公式照搬到教学过程中来,也不能认为教学过程中那种按照学生自己特点的具体的认识道路是违背认识所揭示的普遍规律的。这是我们探讨教学过程客观规律时必须加以注意的。

既要以马克思主义认识论作为指导,又要深入研究教学过程中学生认识的特点,这就是我们应得的结论。

最后,教学是促进学生身心发展的过程。教学不仅给学生以知识,更重要的是促进他们身心的发展。教学和发展的关系,是当代教育理论界最为关心的重大问题之一。

苏联教育学家和心理学家赞科夫进行了长达二十年的实验,建立了他的"发展教学"观。与此同时,其他的教育学家和心理学家也都提出了同样的观点。赞科夫的结论是:"以最好的教学效果促进学生的一般发展"[1],"以最好的教学效果来达到学生最理想的发展水平"[2]。他所指的发展,不限于智力发展,除发展学生的智力外,"而且发展感情、意志品质、性格和集体主义思想"[3],即整个心理水平的发展。而一切心理品质的发展,又都是与身体的发展联系在一起的。教学最终应促进学生的身心发展,使他们的身体和心理达到最好的最健全的发展水平。

学生在不同的年龄阶段有不同的发展水平,同一年龄段的学生在不同的主观条件和客观影响下其发展水平也是不同的。过去的教学,只关心适应学生既有的发展水平,因而只是把学生的认识能力估计过低,直接影响到教学的进度和质量。30年代苏联心理学家维果斯基(1896—1934年)提出了"最近发展区"的概念,他认为青少年学生的心理发展有两个水平,一个是现有的发展水平,表现为他们能够独立地完成教师所提出的各种智力任务;一个是即将达到的发展水平,他称为"最近发展区"。在这个水平上,学生还不能独立地完成有关的智力任务,但如果给他们一些外力,如教师的指点和同伴的启发,再加上他们自身的自觉努力,就可以完成有一定难度的任务。这时他们的心理机能处于正在形成但还未达到完善的程度。维果斯基的观点现在已引起普遍的重视。根据这个思想,教学不应仅是适应学生的现有水平,而必须要考虑到他们即将达到的发展水平,进行超前性的教学,努力促进学生的身心的发展。

教育工作的实践也表明,学生的身心发展是组织得完善的教育、教学工作的结果。尤其是他们心理的发展,他们的观察能力、思维能力、情感、意志和性格的发展,更在极大程度上依赖于教学。而教学活动的进

---

[1] [苏]赞科夫:《和教师的谈话》,杜殿坤译,教育科学出版社1980年版,第259页。
[2] [苏]赞科夫:《和教师的谈话》,杜殿坤译,教育科学出版社1980年版,第265页。
[3] [苏]赞科夫:《和教师的谈话》,杜殿坤译,教育科学出版社1980年版,第142页。

行，又时刻离不开学生的心理活动。学生学习质量的高低，不仅感知、注意、思维起着重要的影响，学生的身心发展越是得到了良好的发展，就越能为教学的顺利进行，为提高教学质量创造有利的条件。因此，我们正确认识教学和学生身心发展的关系，树立起明确的"发展教学"观，对深入地探讨教学过程的客观规律是极其重要的。

以上几点，我认为应该作为我们今天探讨教学过程规律的出发点。其实，教学是适应社会生活的需要并促进社会发展的过程，教学是学生在教师指导下自觉地能动地认识世界的过程，以及教学是促进学生身心发展的过程等，其本身也是教学过程的客观规律。但由于这些问题是我们对教学过程的基础认识，并都有定论，因此，我们把它作为讨论问题的出发点，以便于更深入地揭示教学过程的客观规律。

二

规律是什么，如何认识规律，人们常常引用列宁的话，即"规律就是关系……本质的关系或本质之间的关系"①。并据此而提出和论述了教学过程中的种种关系，使我们对教学过程客观规律的认识取得了许多有益的成果，这里，最重要的是"本质的关系或本质之间的关系"。有些论述中恰恰忽视这一点，结果往往把并非本质的关系也当作本质关系，使主次不分，反而影响了对教学过程规律的准确认识。规律是具有层次性和指向性的，探讨教学过程的各种关系，我认为必须：第一，这种关系是在整个教学过程中自始至终起作用的；第二，这种关系是主要的基本关系而不是枝节的或衍生出来的关系；第三，这种关系是教学过程中本身所固有的，不是由人们的主观愿望规定的。根据这些要求，我们认为探讨教学过程客观规律，应从以下的基本关系着手：

1. 教和学的关系

教学是师生双方的共同活动。教和学，教师和学生，是整个教学过程中贯穿始终的基本关系。揭示教和学的关系，是认识教学过程规律的首要问题。

教师是教育者，是阶级意志的体现者。教学的方向，教学的质量和效果，关键在教师。教师在教学过程中起着主导作用。教师的思想品德和学

---

① ［苏］列宁：《哲学笔记》，人民出版社1956年版，第161页。

识水平是教学质量的决定条件。学生是受教育者，是学习的主体。学生的学除了教师的教这个基本条件之外，还必须要有学生自身的学习主动性与积极性。教师发挥主导作用的关键是调动学生的主动性与积极性。

既有教师的主导作用，又有学生的主动性与积极性。教和学，正是在师生双方统一协调活动的基础上实现的。教决定着学，学影响着教，教学相长，相互促进。

2. 间接知识与直接知识的关系

每个人对客观世界的认识，都包括直接知识与间接知识两个方面。由于人们一生下来就在一定的社会环境中生活，他们一方面作为一个独立的个体通过自己的实践去认识世界，一方面作为一个社会成员吸取着前人或别人得来的知识。但个人的亲身实践是带有极大局限性的。因此，要想认识世界，就必须大量地接受间接知识。学校，就是社会上有组织地使青少年接受间接知识的地方；教学则是向学生传授间接知识的根本途径。

在教学工作中，教师要把人类积累下来的知识传授给学生，要使学生学好书本知识，这是最基本的任务，舍此就谈不到教学。但传授间接知识又不能脱离开学生的直接知识。因为一切知识都来源于直接经验，学生的直接知识是他们亲身得来的，是最深刻的知识，学生的直接知识应是他们掌握间接知识的起点，并有助于他们更好地全面地掌握间接知识。因此，在教学工作中也必须把直接知识摆在一定的地位。适当地组织学生亲身实践，接触社会，接触生产，以扩大他们的眼界。但必须处理好直接知识与间接知识的关系，不能喧宾夺主。教学的基点是学好间接知识。

3. 传授文化科学知识与思想品德教育的关系

教学是实现教育目的的基本途径，任何社会的教育都是为了培养适应社会生活的一代新人服务的，一定社会的人是既需要掌握文化科学知识，又必须具有与该社会相适应的思想品德。而任何一种思想品质，任何一种道德行为，又总是同人们对客观世界，对人类社会的正确的或不正确的认识分不开的。因此，传授文化科学知识必须与进行思想品德教育结合在一起，这是古今中外教学工作的一条客观规律。

不同的阶级有不同的教学的教育性。无产阶级的教学所传授的文化科学知识，无论是自然科学还是社会科学的知识，都是按照辩证唯物主义和历史唯物主义的世界观，按照自然现象和社会发展的本来面貌所概括和总结出来的客观事实和规律。而思想政治教育和道德品质教育，则应是这种规律性的认识在对学生的政治立场、思想品德上的当然要求。学生对客观事物的现象、属性、联系和关系认识得越深刻，他们对社会的政治和思想及其所采取的行为态度就越加自觉和坚定。反过来，学生的思想政治觉悟越高，行为品德的阶级自觉意识越强，他们越懂得为什么而学习，越能在学习上有坚强的动力。当然，知识的学习和思想品德的培养与形成，并不是一回事，二者也不能相互代替。它们各有自己形成的特点和规律。但它们的关系却是至为密切的，是相互联系，彼此促进的。所以，我们在教学中必须深刻认识传授文化科学知识与进行思想品德教育的关系，自觉地把二者统一起来，教书育人，管教管导。教学要完成全面培养人的任务。

4. 占有知识与培养学生能力的关系

教学是传授文化科学知识的过程，也是培养和发展学生能力的过程。长期以来，人们并没有认清它们的关系。有些教育家只承认传授知识，否认培养能力；另一些教育家只承认培养能力，否认或不重视传授知识。还有一些教育家企图调和两种对立的主张，说教学在武装学生知识、技能、技巧的过程中，同时也发展了学生的认识能力。结果是把发展能力从属于掌握知识的过程中，没有看到培养能力的独立性，实质仍是只重视知识的传授，而忽视培养能力。

其实，占有知识和培养能力在教学过程中，是既有联系又有相对独立性的，既不能把它们相互混淆，也不能相互代替，更不能把它们对立起来。占有知识和发展能力，都是不可少的。发展能力，需要一定的知识做基础；掌握知识，也必须要有较好的能力。没有自学能力，就无法使自己的知识得到补充和增长。占有知识和发展能力是相互促进的，但它们并不是同一过程，也不是同步关系。在教学时，必须既注意传授知识，也注意培养学生的能力，并善于把二者结合起来，以收到相互促进的效果。

5. 已知和未知、旧知与新知的关系

学生掌握知识，是由不知到知，由知之较少到知之较多，在旧知的基础上不断增长新知，化未知为已知的过程。在整个教学过程中，在学生已有认识的基础上，进一步扩大和加深新的认识。因此，必须认真对待已知和未知、旧知和新知的关系。

在教学实践中，可以发现学生旧知识掌握得越牢靠，待学习的新知识与已学过的旧知识之间的联系越紧密、越合理，就越有助于他们更好地去掌握新知识。因此，必须注意在学生的头脑中建立起新旧知识密切联系的、完整而系统的科学知识的体系，否则，离开原有的知识基础，就不可能谈什么对新知识的掌握，更谈不到化未知为已知。

在人类对客观世界的认识不断深化、不断扩大的所谓"知识爆炸"的现代社会，要使青少年一代的学习适应科学发展的需要，除了在教学上重视能力的培养以加强他们接受新知识的本领以外，最重要的是在教学内容上下功夫。教育史上，每一次科学认识上的重大突破，都要求教材内容的重新调整与组合，其原因即在于此。我们必须不断地改革教学内容，建立新的教材体系。剔除教材中陈腐落后的东西，根据科学发展和现代生产的需要，迅速找到达到深邃知识境界所需要的新旧知识联系的途径。在教学实践中，教师则要认真钻研教材，洞察学生掌握知识的状况，采取恰当的教学方法手段，使学生有效地巩固旧有知识并在已有知识基础上学习新知识。

6. 学和用的关系

学生掌握知识是对客观世界的认识，而认识世界的目的则在于改造世界。因此，一切教学活动都存在着学和用的关系。

学生对学过的知识的应用，基本上有两种情况。一种是在教学过程中通过各种形式的作业，如解题、答问、实验、实习以及在学习新知识的过程中对已学知识的应用；一种是在生产实践和科学实验中运用所学过的知识。学会某些原理、原则与实践技能以直接运用于生产实践中去，和掌握一般科学知识，获得综合的文化修养以适应日益复杂的社会生活需要都属于这一类。前一种情况目的是进一步掌握知识，特点是运用的范围较小，内容也较为单一，而且在性质上还不同于一般的社会实践。它的效果只反映学习过程本身的需要，对于社会实践中的知识运用，还只是一种准备。后一种情况则是通过专门组织的生产实习和社会实践活动来进行的。其特点是综合地运用学过的知识，是培养在更大的范围内运用知识的本领。它已接近于人们社会实践过程中的知识运用。这两种情况归结为一点，都是把青少年培养成能够运用所学的有益于社会的人才。

在学和用的关系上，有许多理论的和实际的问题需要研究和解决。为了做到既不学用脱节，又不重蹈狭隘实用主义的老路，必须正确认识这一基本关系。

7. 教学过程中各种对应关系之间和各个工作环节之间的关系

教学过程作为一个完整的工作序列，不仅存在各个基本因素之间的对应关系，而且还存在着各种对应关系之间和工作环节之间的关系，诸如教学中人的因素和物的因素之间，教学的目的任务、内容形式、方法手段以及质量和效果之间，教学工作的计划、执行、检查与总结之间的关系等等，都必须深入地加以研究。在对待这些关系上，一是应在前述探讨教学工作规律的几个基本出发点上统一起来，一是应使各种对应关系和各个工作环节形成协调、顺应和完整的系统。

综上所述，概括如下：

教学是一定社会一定阶级基于培养下一代的需要，由教师把人类认识世界的成果有目的有选择地传授给学生，丰富他们的认识，发展他们的能力，培养他们的思想品德，促进他们身心全面发展的过程。其客观规律主要是：教学受社会发展、人类认识活动和青少年身心发展制约的规律；教与学统一，教师的主导和学生自觉性、主动性相结合的规律；教学以掌握间接知识为主，间接知识与直接知识，学和用、已知与未知的合理组合的规律；教学与教育，占有知识与发展能力的统一与相互促进的规律；教学过程中各种对应关系之间和工作环节之间组成完整的序列和协调统一的规律。

教学原则及其基本依据[*]

原则是人们在社会实践过程中完成某项任务时所依据的行动准则。原则把人们的行动纳入一定的轨道上，它对于行动起着指导和约束的作用。如果人们对行动的对象和条件的认识是正确的，并根据这种正确的认识安排行动的进程和要求，就是说，原则是符合客观事物发展规律的。按照这样的原则办事，就能保证他更有效地达到行动的预期目的，否则，便会给行动或工作带来贻误、损失或失败。

教学原则是教师进行教学工作时必须遵循的基本要求，是使教学工作顺利进行并提高教学质量的保证。教学原则制约着整个的教学活动。教学工作计划的制定，教学内容的选择，教学组织形式的安排，以及各门学科、各个具体章节的教学方法和手段的运用，都要依据一定的教学原则。对每节课教学目的的确定，对不同教学对象采取有针对性的教学措施，更要依据一定的教学原则。

教学原则是既有客观性又具有主观性的。在教学理论中，教学原则是根据多种条件加以制定的。其中主要是教学工作的客观规律和教育的方针目的，同时也需要考虑教学内容，特别是课程教材的体系。

制定教学原则，首先要依据教学过程的客观规律。任何一个正确的教学原则，都从一定的侧面反映着教学工作的客观规律。因此，从这个意义上说，教学原则是教学规律在师生教学活动要求上的具体化。教师越是深刻地认识教学过程的客观规律，就越能在自己的教学工作中自觉地掌握和运用教学原则。

但是，在教育史上，并不是当人们已经全面认识了教学工作的规律之后才制定出教学原则的。相反，很多教学原则是在人们自觉地认识规律前

---

[*] 原载《黑龙江教育》1982年第10期。

就出现了。这是因为教学原则是直接从教学经验中总结出来的，是那些先进的教学经验的概括。遵照它去做，就能使教学获得成功，违反它便会失败。那些在经验中行之有效的做法和要求，就形成了教学原则。当然，这丝毫也不影响教学原则的客观性。教学原则应当反映教学工作的客观规律并根据教学规律来制定，这是不容怀疑的。

其次，教学原则也要根据教育目的和方针来制定。教学是一定阶级根据自己的教育目的来培养人的过程。不同的目的规定着不同的行动方向和行动步骤，因此教学原则总是被教育目的决定的。这就是教学原则的主观性。准备把学生培养成为驯服工具和奴仆的封建教育，不可能把调动学生的积极性和主动性列为教学原则，企图以宗教宣传麻痹青少年意志的剥削阶级也决不会制定一条科学性与思想性相结合的教学原则。因此，不管什么样的教学原则，都必须有利于实现教育目的，有利于贯彻教育方针。

再次，教学原则的制定与教学内容有着十分重要的关系。一般来说，教学内容和教学原则都是被教育目的决定的，而且教学内容（教材）的组织安排上也应该考虑教学原则的某些要求，但不能认为教学内容是被教学原则决定的。教学原则既然是教学的行动准则，它就必须一方面根据教育目的，一方面考虑教学内容的体系。以活动为中心的实用主义教育不可能把教学的系统性和连续性列为教学原则，同样，以掌握系统的间接知识为主的教学，也不会把单纯地追逐零碎片断的直接经验的要求列为教学原则。

应当看到，由于人们对教学工作的客观规律、教育目的和教学内容等等基本问题认识不同，而形成各自不同的教学理论，在这些理论的指导下也出现了各不相同的教学原则。

中华民族是具有悠久历史的民族，在教育、教学理论方面留下无数的宝贵遗产。春秋时代儒家思想创始人孔子，就曾经结合其亲身的教学实践，总结出许多可贵的教学原则。诸如"多闻择其善者而从之；多见而识之"的注意客观事物见闻的原则；"学而不思则罔，思而不学则殆"的重视学生的学习与思考相结合的原则；以及"不愤不启，不悱不发"的重视启发的原则；"学而时习之"的强调学习的复习巩固的原则和针对学生不同情况进行教学的"因材施教"的原则等等。

战国时代的《学记》，更是我国古代总结教学工作经验的光辉著作。书中提出的教学原则，不仅在当时而且直到今天也是十分宝贵的。如，关于必须了解教学中成功或失败原因的"兴""废"原则，关于启发诱导学生自学的"和、易、以思"的原则，关于在教学中注意多寡难易，"知真心""救其失"的因材施教的原则，关于教师要做到"约而达，微而臧，罕譬而喻"以使学生心悦诚服地听从教师教导的"继志"原则等等，都是我国教学理论的珍贵财富。但由于这些原则一方面受着封建社会教育目的的制约，一方面是在教学实践领域极为狭小的个别教学的条件下提出的，所以尽管其中很多要求是符合教学工作的客观规律，然而由于当时人们对教学规律还不可能有自觉地研究、认识和说明，因而这些原则一般都停留在经验的概括上，没有作理论上的探讨和揭示。

资本主义社会以后，由于教育的普及和发展，班级教学的实施，教学实践领域的扩大，对教学原则的探讨也进入了一个新的历史时期。从夸美纽斯开始，几百年间经过许多资产阶级教育家对教学工作的论述，形成了传统派的教学理论，并在此基础上提出了一系列的教学原则。

20世纪30年代至50年代，凯洛夫结合苏联建国后教学工作正反面的经验，依据马克思主义认识论原理，从教学是在教师领导下的学生的特殊认识过程出发，批判、继承和发展了传统派的教学理论，提出了直观性、学生自觉性和积极性、系统连贯性、巩固性和量力性五条教学原则。这些教学原则不仅对苏联而且对我国的教学工作都产生过深远的影响。但他从理论体系上并没有脱离开传统教学片面强调知识灌输，忽视学生能力培养的偏向。第二次世界大战以后，由于科学技术的飞速进展和知识积累的迅猛增加，凯洛夫教学原则忽视学生智能培养的弱点就更加明显地暴露出来了。

如何有效地解决在教学中既要传授知识又要发展能力这个双重任务，是当代教学理论研究的新动向。适应这种需要，赞科夫经过二十年的实验，认为要使学生的智能得以发展，必须遵循教学的高难度、高速度、理论知识为主、使学生理解学习过程和使全班学生都得到发展等教学原则。与此同时，布鲁纳则从改革课程结构的思想出发，认为教学应该坚持动机原则、结构原则、程序原则和强化原则。

从上可以看出，因为人们对教学工作的认识不同和着眼点不同，而提出了不同的教学原则，同时在不同的教学理论指导下也就建立了不同的教学原则体系。教学原则应该在教学实践中，随着人们对教学工作规律认识的加深，而不断得到充实和发展，我们不能把不同理论体系的教学原则对立起来，也不能把它们绝对化，而要结合我们的教学工作实践，一要保证我国社会主义教育目的的实现，二要正确处理教师和学生、教与学的关系，三要全面实现教学既掌握知识又发展智能的双重任务，四要合理安排课堂教学与个别教学的关系，吸取历史上和当代的各种体系的教学原则的优点和长处，来建立我们自己的教学原则。

教学计划、教学大纲和教科书[*]

教学内容是解决教学当中教师教什么和学生学什么的问题。学校设置什么课程，各门课程的知识范围和具体材料，都规定在教学计划、教学大纲和教科书中。

教育内容是进行教学工作的基本依据，是联系师生活动的纽带，正是为了传授和学习一定的教材，才使师生的教学活动成为一种现实的需要。有人把教师、学生、教材作为教学工作的三个基本因素，就是从这个意义出发的。教学工作的培养方向和效果，首先决定于教学内容。一个学校给予学生什么性质和范围的知识，培养他们什么样的世界观和道德品质，是这个学校进行教育、教学工作的根本问题。这个问题的正确解决，关键在于教学内容。所以，教学内容在任何社会任何学校都是十分重要的。教师为了搞好教学工作，需要对教学内容有深透的了解，本文就着重介绍一下有关教学计划、教学大纲和教科书的基础理论和实际知识。

一　教学计划

（一）什么是教学计划

教学计划是根据国家的教育方针、目的和不同类型学校的具体任务，由教育领导机关统一制定的关于学校教育、教学工作具体安排的指导性文件。办任何一种类型的学校，都要首先制订教学计划。在教学计划中，要对学校的教学活动和其他教育活动作出合理的安排，对开设哪些教学科

---

[*] 选自《教育学》，唐文中、刘树范、王福均、李乙鸣、齐亮祖等编著，黑龙江人民出版社1983年版，第94—120页。

目，各门学科设置的顺序和教学时数以及学年、学期和假日作出具体规定。教学计划不仅是学校安排教学活动的依据，也是确定整个学校工作步调的依据。学校领导和教师对国家规定的教学计划必须认真贯彻执行，不经上级批准不能随意修订和变动。

"文化大革命"破坏了学校的正常秩序，中小学教学计划各地随意制订，十分混乱。粉碎"四人帮"之后，1978年1月，教育部颁发了《全日制十年制中小学教学计划试行草案》（见附表一）。经过几年的实践，1981年3月，颁发了《全日制五年制小学教学计划（修订草案）》（见附表二）。4月，又颁发《全日制六年制重点中学教学计划（试行草案）》，这个教学计划制订了两种执行方案，一是单课性的选修，即对某些课程的选修。高中二、三年级安排四节选修课，选什么课，可根据学生的要求、社会需要和学校条件而定。可以另设新课程（包括职业技术课），也可以就必修课的某一门或某几门开设加宽、加深的选修课，使学校办出特色，学生可以选一门或两门，也可以不选［见附表三（1）］。二是分科性的选修，即在文科或理科方面有所侧重的选修。侧重文科的学生应是文科基础较好而且对文科有兴趣的学生，语文、史地等学科适当提高程度，数理化等学科在程度上要求浅一些，计算和实验等方面要求低一些。侧重理科的学生，应是理科基础较好而且对理科有兴趣的学生，数学适当加强基本技能的训练和能力的培养，物理、化学适当加强实验，语文史地知识一般不能削弱［见附表三（2）］。同时，还颁发了《全日制五年制中学教学计划试行草案的修订意见》（见附表四）。

新颁布的中小学教学计划，是根据党在新时期的总路线总任务的要求，总结新中国成立以来教育、教学工作正反两方面的经验教训的基础上制订的。它对中小学的任务，制订教学计划的基本原则，课程的门类及设置，教学活动和其他活动的安排，各科教学的基本要求以及学年的编制等，都作了明确全面的规定，对我国普通教育质量的提高，必将产生重大的影响。

下面说明一下教学计划中所包括的主要内容：

1. 规定教学科目

制订教学计划，首先要确定开设哪些教学科目。学科的设置是根据学校的目的、任务和它的修业年限确定的。中小学教育是基础教育，它负有普遍提高劳动后备力量的文化水平和为高一级学校培养合格新生的任务。它必须为青少年在德育、智育、体育、美育和生产技术教育诸方面的发展打下坚实的基础。为此,《试行草案》中规定了小学要开设思想品德、语文、数学、外语、自然、地理、历史、体育、音乐、美术、劳作等课。中学要开设政治、语文、数学、历史、地理、生物、生理卫生、体育、音乐以及劳动技术等课。这些课程的设置都是实现国家统一的教育目的和中小学的培养目标所不可缺少的。

2. 规定学科的设置顺序

学科设置顺序,应考虑各个学科的内在逻辑,不同学科之间的联系和学生的年龄特征与知识发展水平。循序渐进,由浅入深,使先开科目为后开科目打下基础。为了防止学生负担过重和学习的头绪过多,在同一个时期,开设的学科不宜过多。《试行草案》中并开科目小学保持在六门至九门,中学保持在八门至十门,就是本着这个要求来安排的。

3. 规定各门学科的授课时数

教学计划还要规定每门学科教学的周学时和总学时。学时的规定主要是根据各门学科在实现培养目标上的作用和意义,根据各门学科教材内容的难易和分量的繁简。如语文、数学、外语都必须安排较多的学时。学时的规定还应考虑学科本身的特点和教学法上的要求,如音乐、美术课只要求在小学和初中每周开设二学时到一学时;而体育课要在整个十年或十一年内每周都安排两个学时,以保证学生得到经常的、全面的体育锻炼。中学最后一年,教学时数应适当减少,以保证学生有较多的时间用于自习。

4. 规定学年的编制

教学计划还要合理安排学年、学期和学周,对必学科目与其他学习活动的比例作出规定。我国中小学是秋季始业,一学年分两个学期。两个学年之间放暑假,两个学期之间放寒假。安排寒暑假,不仅是适应季节和气候的特点,也使师生得到必要的休息。同时便于对入学、升级、毕业做出安排;便于检查教学质量,总结经验;便于教师备课和提高;便于学生复习巩固所学过的知识,弥补学习上的缺陷,迎接新的学习任务。除了规定寒暑假之外,教学计划也对纪念节日作出规定。在学年编制上,还要留有一定的机动时间,以便于适应具体情况使教学计划得到更好的贯彻和执行。

(二) 制订中小学教学计划的基本原则

教学计划是被一定社会的统治阶级的教育目的和教育方针政策决定的,它反映了一定时代的政治、经济和科学文化发展水平,同时要考虑教育对象的特点和教学法上的要求。我国中小学教育计划的制定，应依据以下一些基本原则：

1. 政治与业务结合，保证学生德、智、体、美全面发展

我们的教育目的是培养有社会主义觉悟的有文化的劳动者，中小学的教学计划必须在教育、教学活动安排上和课程设置上，保证学生又红又专，政治与业务结合。当前，我国社会主义革命和社会主义建设已进入实现四个现代化的新的历史时期，教学计划应该注意极大地提高学生科学文化水平，妥善解决红与专的关系，为学生打下德育、智育、体育全面发展的坚实基础，为国家培养合格的劳动后备力量和为高一级学校培养合格的新生。

2. 坚持教学为主，合理安排各项活动

以教学为主，就是在教学计划中首先保证搞好教学工作，用绝大部分的时间和精力放在文化科学知识的学习上。学校是为统治阶级培养人才、传授间接经验的地方，搞好教学，适应社会发展和生产上的需要，学习文化科学知识从来就在学校工作中占着主要的地位。社会主义的学校，必须使学生学到正确地认识世界和改造世界的本领。因此，安排教学计划必须坚持以教学为主的原则。教学是实现教育任务的基本途径，通过教学，虽然也给予学生以世界观、人生观的培养，但要实现学生在政治思想、道德品质以及身体健康上的全面教育，单纯依靠教学是达不到要求的。所以，还必须全面安排思想教育、体育卫生、生产劳动技术等各项教育活动。《试行草案》规定，小学全年上课36周，复习考试4周，寒暑假10周，机动时间2周。中学全年52周，其中教学时间40周（初中上课34周，复习考试4周，劳动技术教育2周；高中上课32周，复习考试4周，劳动技术教育4周），假期10—11周，机动时间1—2周。初、高中三年级第二学期由于举行毕业考试，复习考试时间可适当增加，初中增加2周，高中增加4周，上课周数相应减少。这些就是根据以教学为主全面安排的原则来确定的。在实践过程中，具体比例可以适当调整，使之更趋合理。但这个基本原则，则是在历史上经过反复验证的，不能颠倒它们的主从关系。

3. 打好基础，适当分段，相对完整，基本一贯

中小学是基础教育，也是普通教育，必须给学生开设基本的学科，使学生学好关于阶级斗争和生产斗争的各种基础知识和基本技能，为他们参加社会实践和继续深造打下基础。中小学在十年的全程中，小学五

年、初中三年、高中二年或三年分段进行。我们还没有普及十年教育，适当分段并保证各段教育之间的相对完整是完全必要的，使小学、中学必须前后衔接体现基本一贯的精神。因此，学科设置和教材内容必须作好妥善的安排，减少不必要的循环和重复。对一些主要学科如语文、数学，是学好其他学科的基础，也是学生升学和参加工作的主要工具，必须在各个年级都要学习。而其他学科则要根据各个阶段的需要和各科之间的联系，分别在不同时期开设。

4. 全国统一要求和因地制宜相结合

为了保证培养人才的统一规格，教学计划必须是全国统一的。但我国地方大、人口多，各地情况发展不平衡，教学计划必须因地制宜，考虑地方的特点。教学计划的统一性和地方性，必须很好地结合起来。对主要课程的开设，各种活动的安排分量，必须全国统一。不然，就会为招生、转学和人力的使用造成困难。但统一过死，不给地方留有余地，也是不妥当的。因此，应允许根据城市和农村的需要，重点和一般学校的不同，工矿、林区的特点，开设一些不同的科目。同时应允许进行高中文、理分科和开设必要的选修课、职业学科的实验。至于假期的安排，也允许根据气候条件的不同和农事季节的需要做适当的调整。学习年限也应有所不同，在有条件的地方应逐步实行小学六年、中学六年，以使学生打下坚实可靠的基础。

总之，教育工作的周期性比较长，必须根据一定的原则制定严格的工作计划，并保持其相对的稳定性。虽然随着社会和生产、科学的发展需要，教学计划也要不断改进、充实和提高，但不应变动频繁，以免给学校的教育、教学工作带来不利的影响。

（三）中小学各门学科的意义和任务

中小学共开设16门学科，在实现教育目的上各有其不同的意义和任务。正确地认识这个问题，是教师明确自己的工作任务，提高教学工作的自觉性，保证教学效果和质量的重要前提。现分别作个简要的说明。

思想品德。为加强小学生的思想品德教育，小学自一年级至五年级每周开设一课时的思想品德课。原来小学四、五年级开设的政治课，脱离学生的思想实际，效果不好。根据四项基本原则，加强青少年思想教育的精神，取消小学政治课，改设思想品德课。这门课程要紧密结合学生的思想实际，进行生动活泼的初步的共产主义思想品德教育和形势教育，以使少年儿童打下良好的思想品德基础。

政治。政治课是对学生进行马列主义、毛泽东思想基础知识教育和共产主义道德品质教育的主要学科，是区别新旧中国课程设置的重要标志。初一开设《青少年修养》，初二开设《法律常识》，初三开设《社会发展简史》，高中开设《政治经济学常识》《辩证唯物主义常识》。

政治课教学要紧密结合当前国际、国内的政治形势，和学生思想上的主要倾向，进行时事政策教育、国防教育和理论观点教育。既要注意深入浅出的系统理论阐述，又要注意联系实际，常讲常新，防止形式主义和教条主义。

语文。语文是中小学的基本学科。是学生学习其他学科接受文化科学知识和从事各项社会工作的基础知识和基本工具。对于培养学生思想政治、情感意志和道德品质以及丰富学生社会的和自然的知识，都起着十分重要的作用。

语文课，包括讲读、写字、作文。小学基本完成识字任务，打好阅读、写作的初步基础。中学扩大讲读范围，适当选读中国古代作品和外国作品。讲些语法、修辞和逻辑知识，培养准确、鲜明、生动的文风，使学生能够正确地理解和运用祖国的语言文字，具有现代语文的阅读、写作能力和阅读浅近文言文的能力。中小学要学会汉语拼音和普通话。使用少数民族语文教学的学校，应适当增加一些语文教学时间，使本民族语文和汉语文都能学好。

毛泽东同志说："语言这东西，不是随便可以学好的，非下苦功不可。"[1] 在语文教学中，要对学生进行严格要求，加强语文的基本功训练。使他们在掌握语文知识的同时，使阅读能力、语言表达能力和写作能力得到相应地发展。以期能够正确地运用祖国的语文表达和交流思想感情，并培养无产阶级立场、情感和态度。

数学。数学是研究现实世界中的数量关系与空间形式的科学。在人类社会生活中，每时每刻都会遇到数学计算的问题，都离不开数学知识。特别对掌握现代科学技能，更要有数学的基础。在中小学，数学同样是最主要的工具学科。

小学数学的教学任务，是使学生理解和掌握数量关系和空间形式的最基础的知识；正确而迅速地进行整数、小数、分数的四则运算；初步了解

---

[1] 《毛泽东选集》，人民出版社 1968 年版，第 794 页。

现代数学中的某些最简单的思想和方法；具有初步的逻辑思维能力和空间观念。使学生能够把日常生活生产中的简单的实际问题抽象为数学问题，并具有初步的分析问题和解决问题的能力。

中学数学教学则是在小学的基础上，使学生切实学好参加社会主义革命和建设，以及学习现代科学技术所必需的数学基础知识；具有正确迅速的计算能力、一定的逻辑思维能力和一定的空间想象能力。

外语。外国语是进行国际交往和文化交流所必不可少的工具。中小学外语教学的目的，主要通过听、说、读、写、译的基本训练，着重培养学生的阅读和自学能力，为升入高等学校和在工作中进一步学习和运用打好基础。外语的语种以英、俄语为主，有条件的地区也可开设日、法、德、西班牙等语种。重点小学从三年级开设外语，一般学校从初中开设外语。中小学学习的语种必须衔接。

自然。自然课是小学阶段学生学习自然科学知识的一门主要学科。其内容主要包括自然常识和卫生常识。这门课的教学目的是教给学生一些浅近的自然科学知识，指导学生初步认识自然界和人对自然的利用改造，扩大学生的知识领域，同时向学生进行思想政治教育，逐步培养学生的辩证唯物主义观点，树立爱科学、学科学、讲科学、用科学的志趣，为学生升学和就业准备初步的基础。

我国原来教学计划规定，自然常识课在小学四、五年级开设，新颁布的教学计划规定改为从三年级开设，三、四、五年级每周各二课时。从培养学生尽早接触自然科学知识，养成他们学科学、爱科学、用科学的习惯来看，这门课程开设的时间还应该提前。当前世界上多数国家都从小学一年级开始学习自然科学知识，我们也应该准备条件，提前到小学一年级开始学习这门课程。

物理。物理学是研究物质的最普遍的运动形式和物质结构的科学。它在工农业生产和国防事业中有广泛的应用，对发展现代科学技术有着重要的作用。

中学物理教学的目的，是使学生比较系统地掌握进一步学习现代科学技术所需要的物理基础知识，了解这些知识在三大革命运动中的应用；培养学生的实验技能，运用数学解决物理问题的能力和抽象思维能力；通过物理教学培养学生的辩证唯物主义观点。物理教学必须注意理论和实际相结合。

化学。化学是一门研究物质的组成、结构、性质、变化以及合成的科学，在国民经济中和人民生活中越来越显示着它的重要性。它对我国在20世纪内实现农业、工业、国防和科学技术现代化，具有重要的作用。

中学化学的教学目的，是使学生牢固地、系统地掌握化学基础知识、基础理论和基本技能，了解这些知识、理论和技能在工农业生产中的应用；培养分析和解决一些简单的化学实际问题的能力，培养辩证唯物主义的观点。

无论是物理教学，还是化学教学，都要学生准确地掌握有关的基本概念、基本规律。并注意加强教学的直观性，搞好观察和实验，重视培养学生实验、实习和解决问题能力，还要创造条件采用现代化教学手段，以提高教学的效果和质量。

地理。地理包括本国地理和世界地理，自然地理和经济地理。它是对人们生活空间的了解。

小学从四年级起开设地理课，向学生进行地理常识和爱国主义教育。

中学地理的教学目的，在于教给学生以中外自然地理和经济地理的基础知识，也使学生获得使用与绘制地图、地理测量、气象观察的基本技能。自然地理包括山脉、河川、陆地、海洋、矿藏、气候、气象方面的知识；经济地理包括人口、物产、交通、自然资源的利用和政治制度、经济状况等方面的知识。这些知识对于他们更好地参加"三大革命斗争"都是十分必要的。

历史。历史是掌握历史知识和研究人类社会发展规律的科学。只有了解过去，才能更好地了解今天和展望未来。小学五年级开设历史课，向学生进行历史常识和爱国主义教育。初中学中国历史，高中学世界历史。

中学历史教学，要求学生掌握基本的历史知识，了解中国和世界的重要历史事件和历史人物，逐步培养学生树立人民群众创造历史、历史按规律发展、经济基础决定上层建筑和上层建筑反作用于经济基础等历史唯物主义观点，并学会运用这个观点来观察和分析问题的能力。历史教学对学生思想政治教育和道德品质教育有着重要作用，教师必须切实加以注意。

生物。中学生物课是有关生物现象研究的基础学科，它给予学生以关于生命活动规律的基本知识。初中，主要讲授植物、动物和生物进化的基本知识；高中，主要讲授遗传变异等基础知识。植物、动物的生长、生活及其遗传变异规律与人类有密切的关系。学好生物学的知识，对发展我国的农业、医药、工业、环境保护、资源开发和利用有重要的作用。中小学一定要十分重视生物课的教学。

生物课教学，要求学生初步掌握关于生物体的构造和生活，生物的进化，生命的起源和本质，生命的连续等方面的知识，了解这些知识在生产上和人民生活上的应用；初步掌握生物实验、实习的基本技能。通过生物课教学，对加强学生的爱国主义和辩证唯物主义世界观的教育更有着重要的作用。

生理卫生。它是研究人的生命活动规律和卫生保健要求的科学。中学生理卫生课的教学目的，是使学生初步掌握人体活动的基本规律，懂得一般的卫生知识，养成良好的卫生习惯，促进身心健康发展，并且使学生在开展移风易俗、改造国家的爱国卫生运动中能发挥良好的作用；同时结合教学内容对学生进行思想政治教育，培养学生辩证唯物主义观点，为他们在实现祖国四个现代化的斗争中作出贡献打好基础。

体育。体育是青少年德、智、体全面发展的一个重要方面。体育课是中小学各个年级都必须开设的一门重要学科。它反映了人体锻炼的经常性和连续性的特点。中小学体育课的教学任务，是促使青少年身体的正常发育，锻炼身体，增进健康；使学生掌握体操和各种竞技运动的知识和技能，提高身体素质，养成锻炼身体的习惯，培养爱国主义、集体主义、自觉纪律以及坚毅、勇敢、果断、机智、敏捷等道德品质。

中小学体育课应注意根据青少年的年龄特点和性别特点安排不同的教学内容，兼顾体育的基础知识和基本技能训练两个方面，以使学生能在正确理论指导之下进行锻炼和培养。

音乐。音乐是对学生进行艺术教育的主要学科。中小学音乐教学的任务，是给予学生以歌唱和演奏乐器的基础知识和技能，培养他们对音乐的欣赏、理解、表演和初步的创作能力，并进行意志、性格、思想感情和道德品质教育。

美术。美术包括造型艺术和绘画，中小学主要是图画教学，美术课也是对青少年进行艺术教育的主要学科。美术教学的任务，主要是给予学生以一定的美术（图画）知识的技能，培养他们观察、鉴赏、理解和初步创作美术作品的能力，同时对学生进行思想政治教育。

美术和音乐同样，应在对所有学生进行教育的同时，注意发现在这方面具有特殊才能的学生，给予必要的个别培养，以期为他们获得更高造诣打下基础。

劳动课。小学开设劳动课是为了从小培养学生的劳动观点和劳动习惯，培养热爱劳动和劳动人民的思想感情。一、二、三年级学生可在课外时间，适当安排一些力所能及的自我服务性劳动；四、五年级每周安排劳动一课时，组织学生参加公益劳动或简易生产劳动，可以分散安排，也可以集中使用，农村学校还可以结合农忙假统一安排。

中学开设劳动技术课。主要目的是培养学生的劳动观点、劳动习惯，使学生初步学会一些劳动技能。

劳动技术教育，包括工农业生产、服务性劳动的一些基本技术和职业技术教育以及公益劳动等。职业技术教育的内容，一般应为适应面广一些的共同基础技术。具体内容根据当地需要、学校条件和学生志愿确定。

劳动技术教育的时间，可以分散使用，也可以集中使用。

上面是中小学开设的各门学科的意义和目的的简要说明，在全面实现中小学的培养目标上必须正确地把它们摆在适当的位置上，认真搞好各学科的教学工作。

二 教学大纲和教科书

教学大纲是规定学科的内容、体系和范围的教学纲要。一门课程开设的意义、目的、任务和基本内容，讲授的时间与进度，以及在教学方法上的具体要求等，都规定在教学大纲中。教学计划中所规定的每一门学科，都必须有相应的教学大纲。只是规定了学科而无教学大纲，教学计划就将落空。教学大纲中明确了课程的性质和方向，规定了讲授的基本内容和这些内容的组织与安排，这就为选择具体教材编写教科书提供了基本的依据。有了教学大纲，不仅为教师在教学内容的掌握上规定了必须达到的要求和标准，而且也帮助他们能够对教科书中的具体材料有深入地了解，从而提高他们教学工作的自觉性。

教科书（课本）是依据教学大纲的要求而编写的师生教学用书，它提供了教和学的具体材料。教科书是科学地系统地阐述教学大纲所规定的相应学科的教材，用准确鲜明、生动易懂的语言叙述了教学的内容。中小学除少数学科外，都有相应的教科书。

在学校中，学生的知识和技能主要是从学习教科书中获得的。在教师的指导下掌握教科书的内容，是学生认识世界的基本方式，是他们阅读课外书籍，进一步掌握科学原理不断扩大知识领域的基础。对教师来说，无论备课、上课、布置作业还是检查学生知识质量，教科书都提供了基本的材料。熟练地掌握教科书的全部内容，是教师顺利完成教学任务的基本条件。如果说教学大纲是衡量教学质量的标准和依据，那么教科书则为师生教学活动的内容准备了必要的材料。因此，正确利用和发挥教科书的作用，对搞好教学工作有十分重要的意义。

（一）教学大纲和教科书的结构

教学大纲一般是由两个基本部分构成的，即说明部分和本文部分。

大纲的说明部分叙述本门学科开设的意义，规定本门学科的教学目的、任务和基本思想，提出编写教材的依据和具体要求以及关于教学方法的原则性建议。这一部分之所以重要，是为了明确本门学科教学的指导思想，为编写教科书和教师教学提供方向性的说明。

大纲的本文部分是一门学科讲授的基本内容所作的规定，这是教学大纲的中心部分。在这里，要列出教材的编、章、节、目的标题，内容要点和讲授时数。同时还要对相关课题所要进行的实验、实习、练习、参观等作出必要的规定。

有的教学大纲，除说明部分和本文部分外，还规定教师的参考书目、学生课外阅读书目、教学仪器、直观教具以及应采取的现代化教学手段。

教科书一般是由目录、课文、作业、图表与附录等几个部分构成的。其中最重要的是课文部分，这一部分中要分章、节和课题叙述应讲授的内容。有的教科书如较高年级的语文，可以按文章门类适应学生接受程度编选某些范文，再加以注释和说明；多数情况是以提供事实、概念和理论的形式而编写的。教科书中的作业部分也是很重要的，作业应密切结合课文的要求，分别列出相应的思考题、习题、练习作业和实验作业，这对于学生掌握基本知识和基本技能以及培养分析问题解决问题的能力，有着重要的作用。

（二）编写教学大纲和教科书的原则

1. 妥善处理政治与业务的关系，保证教材的政治方向

教学内容是决定学生成长方向的最根本的依据，编写教学大纲必须要有正确的选材标准，注意摆好政治与业务的关系，既注意给予学生以符合客观事实的文化科学知识，又要坚持无产阶级的政治标准，把无产阶级的思想政治内容寓于文化科学知识之中，以使学生在文化科学知识的学习中得到无产阶级的思想政治教育。在这里，一要注意使教材符合党的政治路线和教育方针的要求；一要坚持用辩证唯物主义和历史唯物主义的观点和

方法来统率教材，使无产阶级的思想观点渗透到各科的教材当中。在教学大纲和教科书的编写中，要求把政治和业务按照不同学科的特点，有机地妥当地结合起来。切忌离开科学知识本身的要求空发议论，牵强附会，生拉硬扯。那样做既有损于文化科学知识的系统性和完整性，又削弱思想政治教育，不仅无益，反而有害。

2. 加强基础知识和基本技能训练，注意反映现代科学技术的最新成就

中小学教育，无论对学生升学或就业都是打基础的阶段。各科教学大纲和教科书的编写必须特别注意加强基础知识和基本技能训练。要精选教材，把那些最必要的基础知识和技能传授给学生，使他们对客观世界的各个方面，物质运动的各种形式，有一个既基本又相对完整的认识。

教学大纲和教科书，应该有相对的稳定性，不能经常变动它，所反映的内容应该是科学的、准确的，在实践中经过验证的客观真理。对一些尚无定论的内容，一般应排除在中小学的教学内容之外，但有时为了启发学生的思考，也可以作出必要的介绍。

现代科学技术，以原子能、电子计算机和空间科学的发展为标志，正在经历着一场科学史上的巨大革命。科技发展速度一日千里，新的认识成果不断涌现。科学技术上的新成就和它的进一步发展与应用，也必然要求中小学基础知识的结构和体系作出相应的调整和取舍，因此中小学的教学内容在保持教材相对稳定的同时必须注意教材内容的现代化，推陈出新，反映现代科学技术的最新成就。在内容取舍、结构体系、编排方法等方面都要注意吸取国外教材编选上的先进经验，外为中用，不断改造传统的教学内容。

3. 合理安排教材的系统，注意新旧知识的联系

任何科学都有其自身的系统性，但教材的系统性还不就是科学的系统性。编写教材除了根据相应科学的逻辑系统以外，还必须考虑教学的需要，这就是考虑一定学校的培养目标、学生的年龄特点和教学时数以及教学方法上的要求。因此，学科和科学是不同的。例如编排中小学语文教材，就不能机械地按照中国文学发展史的顺序来选编文章。小学生一开始就来学习《诗经》《楚辞》，必然会遇到无法克服的困难。安排教材要注意把科学知识的系统性与教学上的需要统一起来，不能片面强调某一个方面。

对教材的组织和安排，一般有两种方式，即直线式地排列和圆周式地排列。直线式地排列，是把教学内容前后一贯地排列下去，前后衔接，不相重复。圆周式地排列，是把教材螺旋编排，循环加深。这两种编排方法

并不是绝对的,在实践中很多是把两种方法结合起来加以采用。如何保证使学生学习的知识步步加深,同时又给以必要的循环,以减少他们接受上的困难,主要应从新旧知识的联系上来加以考虑。编写的教学大纲和教科书,必须从学生掌握知识的特点,从有利于他们更快、更好地巩固已学知识和掌握新知识,来妥善地处理教材的编排问题。

4. 教科书在文字上和形式上要符合教学方法的要求

教科书不同于一般的书籍,不仅在内容上,而且文字表达和形式都要充分考虑教学上的特点和需要。

教科书的文字叙述,必须力求详简适宜,层次清楚,逻辑严明,同时又生动、活泼,富有趣味和充满浓厚的生活气息。事实的阐述,概念的表达都要做到既准确、简洁,又明白、流畅。切忌艰深、晦涩和公式化、概念化。

教科书在形式上应做到醒目、美观、大方,符合心理学、卫生学和教育学的要求。教科书规格的大小、厚薄,纸张的质量、光泽和颜色,印刷的字体、封面,插图的内容和色彩,装帧的技术等,都要有严格的规定,尽量满足教学的需要,做到既具有教育意义,又给人以美感。

总之,教学内容的不断改革和完善,是决定教学质量和学校能否培养出符合客观需要的人才的最具有关键性的问题。近代学校课程的体系和内容是经过资本主义社会的长期摸索而在19世纪末叶以后形成的。随着科学技术的迅速发展和生产过程的不断更新,这个传统的课程体系已远不能适应现代社会的需要。20世纪50年代以来,许多发达的资本主义国家,都在进行教学内容改革的尝试,其特点是:大抓基础理论和基本知识;加强教材的理论成分强调学科内容的现代化;削减教材中陈腐落后的东西,而代之以科学上的新成就;提高难度对某些课程(如数学)的内容作了合并和调整,重新建立新的结构和体系,使有些内容下放到较低年级进行学习等。我们今后教学内容的改革上,特别是自然科学的教学科目的改革,应该注意吸取国外先进经验,以使我们的中小学为青少年打下坚实的知识基础。

附表一《1978年全日制十年制中小学教学计划试行草案》(1978年1月教育部颁发)

附表二《全日制五年制小学教学计划(修订草案)》(1981年3月教育部颁发)

附表三(1)及(2)《全日制六年制重点中学教学计划(试行草案)》(1981年4月教育部颁发)

附表四《全日制五年制中学教学计划试行草案的修订意见》（1981年4月教育部颁发）

附表五（1）20世纪50年代、1963年、1978年中小学教学计划比较表（一）

附表五（2）中小学教学计划比较表（二）

附表六 新中国成立前我国各时期中学教学计划

附表一　　　　1978年全日制十年制中小学教学计划试行草案

	小学					初中			高中		上课总时数
	一	二	三	四	五	六	七	八	九	十	
政治				2	2	2	2	2	2	2	448
语文	13	13	11	8	8	6	6	5	5/4	4	2749
数学	7	7	6	6	6	6	6	5	6	6	2072
外语			4	4	4	5	4	4	4	4	1080
物理							3	3	5	5	492
化学								3	3	4	306
自然常识				2	2						136
地理						3	2				160
历史						2	2		2/3		203
生物						2				2/	94
农基							1/2			/2	78
生理卫生							1	1/			48
体育	2	2	2	2	2	2	2	2	2	2	676
音乐	2	2	2	1	1	1					328
美术	2	2	1	1	1	1					290
并开科目	5	5	6	8	8	9	9	9	8	8	
每周总时数	26	26	26	26	26	28	28	28	29	29	9160
兼学				每年四周		每年六周			每年八周		上课总时数系除考试外的实际上课总时数

（1978年1月教育部颁发）

附录二　全日制五年制小学教学计划（修订草案）

		年级					上课总时数	百分比
		一	二	三	四	五		
思想品德		1	1	1	1	1	180	3.9
语文	小计	11	12	11	9	9	1872	40.3
	讲读	10	11	8	6	6		
	作文			2	2	2		
	写字	1	1	1	1	1		
数学		6	6	6	7	7	1152	24.8
外语					(3)	(3)	(216)	
自然				2	2	2	216	4.7
地理					2		72	1.6
历史						2	72	1.6
体育		2	2	2	2	2	360	7.8
音乐		2	2	2	2	2	360	7.8
美术		2	2	2	2	1	1	6.2
劳动						1	1	1.6
并开科目		6	6	7	9	9		
每周总课时		24	25	26	27	27	4644	
课外活动	自习	2	2	2	2	2		
	科技文娱活动	2	2	2	2	2		
	体育活动	2	2	2	2	2		
	周会班队活动	1	1	1	1	1		
每周在校活动总量		31	32	33	34	34		

（1981年3月教育部颁发）

附录三（1）　　全日制六年制重点中学教学计划（试行草案）

	初中 一	初中 二	初中 三	高中 一	高中 二	高中 三	上课总时数
政治	2	2	2	2	2	2	384
语文	6	6	6	5	4	4	1000
数学	5	6	6	5	5	5	1026
外语	5	5	5	5	5	4	932
物理		2	3	4	3	4	500
化学			3	3	3	3	372
历史	3	2		3			266
地理	3	2			2		234
生物	2	2				2	192
生理卫生			2				64
体育	2	2	2	2	2	2	384
音乐	1	1	1				100
美术	1	1	1				100
每周必修课、上课时数	30	31	31	29	26	26	5554
选修课					4	4	240
劳动技术	2 周（注）			4 周（注）			576

（注）劳动技术课，初中每天按 4 节，高中每天按 8 节计算。

（1981 年 4 月教育部颁发）

附录三（2）　　全日制六年制重点中学教学计划（试行草案）

	初中 一	初中 二	初中 三	高中 一	高中 二 (一)	高中 二 (二)	高中 三 (一)	高中 三 (二)	上课总时数 (一)	上课总时数 (二)
政治	2	2	2	2	2	2	2	2	384	384
语文	6	6	6	5	7	4	8	4	1208	1000
数学	5	6	6	5	3	6	3	6	906	1086
外语	5	5	5	5	5	5	5	4	960	932
物理		2	3	4		4		5	292	560
化学			3	3	3	4		4	288	432
历史	3	2		3			3		356	266
地理	3	2							318	234
生物	2	2			2			2	200	192
生理卫生			2						64	64
体育	2	2	2	2	2	2	2	2	384	384
音乐	1	1	1						100	100
美术	1	1	1						100	100
每周上课时数	30	31	31	29	26	29	26	29	5554	5734
劳动技术	2 周			4 周					576	

注（一）为侧重文科的选修；（二）为侧重理科的选修。

（1981 年 4 月教育部颁发）

附录四　　全日制五年制中学教学计划试行草案的修订意见

	初中 一	初中 二	初中 三	高中 一	高中 二	上课总时数
政治	2	2	2	2	2	320
语文	6	6	6	5	4	872
数学	5	6	6	6	6	926
外语	5	5	5	4	5	768
物理		2	3	4	5	432
化学			3	3	4	304
历史	3	2		3		266
地理	3	2		2		234
生物	2	2			2	192
生理卫生			2			64
体育	2	2	2	2	2	320
音乐	1	1	1			100
美术	1	1	1			100
每周上课时数	30	31	31	31	30	4898
劳动技术	2 周			4 周		576

（1981年4月教育部颁发）

附录五（1） 20世纪50年代、1963年、1978年中小学教学计划比较表（一）

	小学 1955年计划 时数	小学 1955年计划 %	小学 1963年计划 时数	小学 1963年计划 %	小学 1978年计划 时数	小学 1978年计划 %	中学 1953年计划 时数	中学 1953年计划 %	中学 1963年计划 时数	中学 1963年计划 %	中学 1978年计划 时数	中学 1978年计划 %	总计 1953年计划 时数	总计 1953年计划 %	总计 1963年计划 时数	总计 1963年计划 %	总计 1978年计划 时数	总计 1978年计划 %
周会			221	3.33	136	3									221	1.6		
政治	2244	44.59	3176	47.98	1950	41	356	3.03	412	6.04	312	7	356	3.03	412	3.1	448	4.9
语文	1224	24.32	1649	24.90	1168	25	3565	30.37	1444	21.18	799	18	3565	30.37	4620	34.4	2749	30
数学					424	9	2437	20.76	1216	17.83	904	20.4	2437	20.76	2865	21.3	2072	22.6
外语							749	6.38	1238	18.15	655	14.8	749	6.38	1238	9.2	1080	11.8
物理							480	4.09	616	9.63	492	11.1	480	4.09	616	4.6	492	5.4
化学							336	2.86	406	5.95	306	6.9	336	2.86	406	3.0	306	3.3
自然常识	170	3.37	142	2.14	133	3	170	1.44					170	1.44	142	1.1	136	1.5
地理	136	2.7	72	1.08			556	4.28	210	3.07	160	3.6	556	4.28	282	2.1	160	1.7
历史	136	2.7	142	2.14			778	6.62	303	4.14	203	4.6	778	6.62	445	3.3	203	2.2
生物							394	3.35	245	3.59	94	2.1	394	3.35	245	1.8	94	1
农基											78	1.8					78	0.9
生产常识			70	1.06					66	0.96					136	1		
生理卫生							36	0.31			48	1.1	36	0.31			48	0.5
体育	408	8.1	442	6.67	364	8	836	7.12	412	6.04	312	7	836	7.12	854	6.4	676	7.4

续表

	小学							中学							总计				
	1955年计划		1963年计划		1978年计划		1953年计划		1963年计划		1978年计划		1953年计划		1963年计划		1978年计划	
	时数	%	时数	%	时数	%	时数	%	时数	%	时数	%	时数	%	时数	%	时数	%
音乐	306	6.08	371	5.6	296	6	107	1.59	70	1.02	32	0.7	413	3.51	441	3.3	328	3.6
美术	204	4.05	221	3.33	258	5	107	1.59	70	1.02	32	0.7	311	2.65	291	2.2	290	3.2
制图							107	1.59					107	0.91				
手工	204	4.05	114	1.72									204	1.74	114	0.81		
选修课									111	1.62					111	0.8		
总计	5032		6620		4732		6706		6819		4428		11738		13439		9160	

附录五（2）　　　　　中小学教学计划比较表（二）

	20 世纪 50 年代计划	1963 年计划	1978 年计划
学制	12 年	12 年	10 年
教学时间	小学 38 周，中学 41 周零 8 天。	小学一、二、三年级 41 周，四、五年级 39 周；中学 39 周（毕业班 37 周）。	小学四、五年级 38 周，初中 36 周，高中 34 周。
劳动时间		小学四、五、六年级半个月；中学每年 1 个月。	小学四、五年级 4 周，初中 6 周，高中 8 周。
假期	小学假期 3 个月，中学假期 10 周零 5 天。	中小学暑假 2 个月。	中小学寒暑假 8 周。
每周上课时数	小学一、二、三、四年级为 24 课时，五、六年级为 26 课时；中学初一、高三为 30 课时，其他年级为 32 课时。	小学一、二年级为 28 课时，三、四年级 30 课时，五、六年级 32 课时；初一、高一 33 课时，高二为 32 课时，高三为 32 课时（包括选修科）。	小学各年级为 26 课时；初中各年级为 28 课时；高中各年级为 29 课时。

附录六　　　　新中国成立前我国各时期中学教学计划

	清末时期 (1903年)	民国时期 (1912年)	国民党时期	
	中学堂	中学校	初级中学 (1945年)	高级中学 (1948年)
	一 二 三 四 五	一 二 三 四	一 二 三	一 二 三
修身或公民	1 1 1 1 1	1 1 1 1	1 1 1	2
读经讲经	9 9 9 9 9		童子军 2 2 2	
语文	4 4 5 3 3	7 7 5 5	6 5 5	5 5 5
外国语	8 8 8 6 6	7 8 8 8	6 6 6	5 5 5
数学	4 4 4 4 4	5 5 5 4	3 4 4	4 4 4
历史	3 2 2 2 2	2 2 2 2	2 2 2	2 2
地理	2 3 2 2 2	2 2 2 2	2 2 2	2 2
博物或生物	2 2 2 2	3 3 2	4	3
卫生			1 1	
物理	理化 4 4	4 4	3	5
化学			3	4 5
劳作			2 2 2	2 1
法制及财政	3	2		
体育	2 2 2 2 2	3 3 3 3	2 2 2	2 2 2
音乐		1 1 1 1	2 2 2	1 1
国画	1 1 1 1	1 1 1 1	2 2 2	1 1
选修				2 4
每周时数	35 36 36 36 36	33 34 35 35	34 34 34	29 29 30
备注				规定之选习时数，各校根据学生升学或就业需要，分别设适当科目，由学生自愿选习之。

教学过程[*]

教学工作和其他工作同样，是按照一定的工作进程来展开的。研究教学过程的客观规律，是研究教学理论的重要课题，正是这种客观规律，决定着我们在教学工作中遵循什么原则和采取什么样的手段、方法和形式。只有尊重这个规律并按照规律办事，才能在工作中少走弯路，提高工作效率，用较小的精力取得较大的成果，提高教学工作的质量。

一 教学的概念和任务

（一）教学的概念

教学是教师的传授和学生的学习的统一活动。它是社会上一定的阶级为了认识世界和改造世界的目的而专门组织起来的培养和教育下一代的自觉的工作过程。在这个过程中，人们从自己的社会存在出发，把经过选择的前代积累下来的和当代创造的已有的认识成果，由特定的人员通过一定的方式和方法传递给新生的一代。不仅给他们以知识，发展他们的能力，而且也影响和培养他们的思想和品德。

教学是师生共同活动的过程，它是由教的一方即教师的传授和学的一方即学生的学习共同构成的一种特殊的双边活动。缺少任何一方都不能称为教学活动。在这项活动中，教师和学生都必须有目的地、积极自觉地参与进来。他们之间的传授和学习正是在这个基础上联结在一起的。不论是教师或学生其中的任何一方忘掉或放弃自己应负的责任或置对方于不顾，都会使教学活动遭到破坏，就会中止这个双边活动的进程。整个教学过程

---

[*] 选自《教育学》，唐文中、刘树范、王福均、李乙鸣、齐亮祖等编著，黑龙江人民出版社1983年版，第121—148页。

中，教师起着主导作用。

在阶级社会中，垄断了物质生产资料的阶级，也垄断了精神生产资料，垄断了文化和教育。他们在培养自己阶级的后代和对于敌对阶级后代施加影响时，都是从维护和巩固统治阶级的利益出发的。因此，教学总是打着阶级的烙印，受着社会的和阶级的条件所制约。从生产力的角度看，教学把科学知识和生产技能传递给下一代，把学生培养成能够从事物质资料生产的人，因此，它是把知识技能这种潜在生产力转化为现实生产力的一个重要手段。但生产力总是同一定的生产关系联系在一起的。教学又总是同一定阶级的政治上的和思想上的需要紧密结合的。在教学上，体现了统治阶级对培养接班人的政治方向和规格要求。这是随着社会的发展和阶级关系的变化而不同的。

人类认识客观事物，是由低级到高级、由现象到本质、由片面到全面、由必然到自由的不断发展过程，也是正确与谬误、唯物与唯心两种世界观反复斗争和较量的过程。教学既然是把人们已有的认识成果传授给学生，它就不可能超越于同时代科学发展的高度。因此，教学还要受科学发展水平所制约。在现代科学技术飞跃发展的今天，科学发展水平对教学的影响就更加明显了。许多尖端科学，如激光、电子技术、高能物理、遗传工程等，都要求人们掌握更深更广的先进理论和先进技术。因此，作为基础教育的中小学如何更快更好地进行教学改革以适应加强基础知识和基本技能训练的客观需要，显得越来越迫切和重要。不仅教学内容如此，教学的方法和手段也同样经历着这样的变革。

除此以外，教学还受儿童和青少年身心发展的规律所制约。教学是面向不断变化和成长着的青少年一代实施的。儿童和青少年的身心发展经历着不同的阶段。无论是生理上或者心理上，在每个发展阶段都各有其不同的特点。教育、教学工作能够影响和促进这个发展过程，却不能违背和改变他们身心发展的客观规律。在教学工作中，无论是教材的选择、组织和安排，或课内外活动以及教学手段和方法的运用，都必须充分考虑学生身心发展的需要和可能。否则，教师就无法把书本上的知识转化为学生的认识，更谈不到培养学生认识事物的能力。

我们进行教学工作，必须充分考虑到以上的各种条件。

(二) 教学工作的任务

学校的一切活动都是为了达到国家对青少年一代的培养目标。但各项活动都各有自己的特点和要求。就教学来看，它是学校中的主要活动，是实现青少年德、智、体、美全面发展教育目的的基本途径。

实现智育的要求，是教学工作的最重要的任务。在中小学，它必须保证传授和学习系统的科学基础知识和基本技能，使学生获得认识世界和改造世界的一般本领。任何学科的教学，都不能忽视这项最基本的任务。

所谓知识，就是人们对客观事物的现象和规律的认识成果。而技能则是指通过练习而获得的能够在实践中顺利完成某种任务的动作方式。在教学过程中，不仅要掌握知识，而且要同时获得相应的技能。例如在数学教学中，既要使学生学会概念、公式、定理等数学知识，还要教他们学会解题、运算、测量的技能；语文教学中不单要使学生学习字、词、句、章的知识，还要掌握说话、写字、作文的技能。技能经过反复练习达到熟练的程度，就形成了技巧，技巧是熟练了的技能。技能与技巧的获得必须以知识为指导，不能只是盲目地模仿。正确培养了学生的技能和技巧，又会加深对知识的理解和巩固，为进一步学习新知识创造有利的条件。各科教学的知识、技能、技巧的内容、范围和体系都规定在教学大纲和教科书中。教学的主要任务，就是传授和学习教学大纲和教科书的基础知识和基本技能。否定课本在教学中的作用是极端错误的。

学生的学习和他们的智力的发展是密切联系着的。离开知识的学习，就谈不到智力的发展，而没有相应的智力的发展，学习知识也是不可能的。因此，完成教学的智育任务，还必须有意识地培养学生的智力，培养他们分析问题和解决问题的能力，发展他们的观察力、思考力和实际操作能力。

青少年是长身体、长知识的时期，在各科教学，特别是体育课的教学中，必须促进学生身体各器官的正常发育。要使他们的学习活动有张有弛，劳逸结合，学到卫生保健的知识和技能，养成锻炼身体，参加体育运动的习惯。

教学还必须注意自觉地实现德育的任务。教学总是要完成一定的教育任务，学生在学习知识的过程中，获得了对自然和社会的正确认识，培养一定的观点和态度，懂得自己所负的阶级的和政治的使命和义务，就为他们奠定了世界观和人生观的基础。各科教学，特别是政治课教学，必须结合本学科的特点，向学生进行思想政治教育和道德品质教育。培养他们为无产阶级的革命事业而学习和献身的坚强信念，学习马克思主义的立场、观点和方法，激发他们学科学、爱科学、用科学以及在学习上艰苦奋斗、勇于克服困难的意志和性格,使他们为实现祖国的四个现代化而献身。教学上的德育培养任务是非常重要的,它对学生的学习方向、学习动力和学习态度总是起着重要的作用,绝不能有丝毫的忽视和放松。

通过教学,还应进行美育,特别是艺术学科或语文、历史、地理、体育等学科的教学,都是进行美育的重要学科。教师应通过有关的教学内容、培养学生理解美、欣赏美、评价美和创造美,使他们获得美的知识和能力,学会按照无产阶级的审美标准来创造美好的生活。

教学工作的智育、体育、德育和美育任务是紧密联系相互影响彼此促进的。教师在自己的工作中,必须全面地理解和完成,不能顾此失彼。要根据教学工作的特点和规律,按照本门学科的要求,自觉地完成这些任务。

二 教学是学生在教师领导下的一种特殊的认识过程

教学是学生认识客观世界的过程,但它是一种有其自己特点的认识过程。因此,教学过程的规律既受认识活动的普遍规律所制约,又不同于这个普遍规律。人们认识客观世界,是一个无休止的主观对客观的接近过程,它是通过多种途径进行的,其中包括生产斗争、阶级斗争和教学实验三大革命斗争,也包括教学活动、艺术活动以及看书学习等。马克思主义认识论科学地总结了人类从事"三大革命斗争"的实践,得出了"实践、认识,再实践、再认识",实践和认识循环往复以至无穷的规律;揭示了一切认识都来自实践,实践是认识的源泉,认识的目的是实践,实践是检验认识的唯一标准的结论。这就从根本上粉碎了一切信仰主义和唯心主义的先验论的谬论,为研究各种具体的认识活动,包括教学活动奠定了理论基础。探讨教学活动和其他具体的认识活动的规律,都必须以马克思主义的认识论作为指导思想。离开这个指导思想,就会走到邪路上去。

但是,教学论和认识论却是从两种不同的角度和范围来研究人们的认识活动。认识论主要回答认识的来源、认识同实践的关系问题,它是研究人们的直接知识的取得过程;教学论主要回答知识的传递和继承问题,研究如何把人类的已有认识成果转化为学生的认识,即如何传授和获得间接知识的过程。认识论所解决的是知识的原始生产过程,它的特点是在实践中获得感性认识,经过头脑的抽象概括、改造制作、去粗取精、去伪存真，上升为理性认识，再回到实践中去，经过实践的检验，证明它是符合实际的，这样就获得了正确的认识。教学论就认识成果被更多的人所掌握这一角度看，是知识的扩大再生产的过程，特点是把经过反复验证过的正确无误的知识，由占有这些知识的教师传授给学生。在这里教师起着重要的作用，由于教师的领导，才使学生的认识变得简捷而容易。它不需要事事都由学生去实践，而是直接接受人们认识的现成结论。正是这样，我们才有可能在较短时间内使学生接受前人的经验，给他们打下从事社会实践并在实践中推动认识运动向前发展的基础。此外，一般的认识是在人们参加社会实践的过程中进行的。存在决定意识，人们的思想品德在实践中虽然也受到感染和影响，但那是在自然状态下进行的；而教学过程则不然，教学是有目的、有组织地培养人的过程，在教学过程中，不仅扩大学生的认识，学到科学的知识，发展认识能力，同时要使学生获得德育、体育和美育方面的培养。

从以上的分析中，可以对教学过程得出如下结论：
1. 教学过程是学生掌握间接经验，学习人类已有认识成果的过程；
2. 教学过程中学生的认识活动，是在有经验的教师领导下进行的；
3. 教学是促进学生智育、德育、体育、美育全面发展的过程。

三　教学过程中几种主要关系的分析

教学工作的规律，是通过教学过程的不同侧面表现出来的。列宁说："规律就是关系。本质的关系或本质之间的关系。"[①] 也可以说规律就是客观事物所固有的序列和结构。深刻认识教学工作的规律，必须对教学过程中几种主要关系及其错综复杂的联系进行分析。

（一）教师的教和学生的学

教学是师生的双边活动。教和学，教师和学生，是对立统一的关系。教学过程中，教师始终起着主导的作用。教师是教育者，是"先受教育"的。在任何一个阶级社会的有组织的学校里，教师都是统治阶级意志在教学工作上的体现者。我国唐代著名文学家韩愈在他的《师说》中写道："古之学者必有师。师者，所以传道授业解惑也。"尽管各个时代和各个

---

① ［苏］列宁：《哲学笔记》，人民出版社1956年版，第161页。

阶级的"道"有不同,"业"也各异,但这里却揭示了古今中外教学工作上的一个普遍规律,即学生所闻的"道",所授的"业"和所解除的疑"惑",是通过教师来解决的。教师按什么方向培养学生,学生就按什么方向成长;教师教什么,学生学什么;教师怎样教,学生就怎样学。学生的学是通过教师的教得来的。教师在教学中起着主导作用。

在我们国家,教师是党的教育方针政策的贯彻者和执行者,教师在课业的政治方向上起着决定的作用。教师必须接受党的领导,深入学习和体会党的教育方针政策,大力提高业务水平,通晓教育工作的规律,担负起培养无产阶级革命事业接班人的光荣任务,管教管导,教导合一,对学生全面负责。

教师的教是为了学生的学,而学生的学除了教师的教这个基本条件之外,还必须要有他们自身的学习主动性与积极性。没有学生的主观努力,教师教得无论怎样好,学生视而不见、听而不闻,最终也达不到教学目的。因此,教和学必须统一起来。教师必须注意调动学生的学习主动性,"外因通过内因而起作用"。要提高教学质量,则必须把师生双方的积极性充分发挥出来,必须从教和学两方面找原因。只有把教师的教和学生的学这两方面的关系摆正,才能保证教学工作的顺利进行。

整个教学过程中,师生双方是互相促进的。从教学的目的、政治方向、内容、方法方面看,教师永远起主导作用;但就学生的认识活动看,他们主观上是否具有自觉的学习愿望和积极的学习行动,则是一个决定的因素。而学生的主动性和积极性,其关键又在于教师的教。因此,决不能低估教师在教学中所起的作用。"学然后知不足,教然后知困。知不足,然后能自反也;知困,然后能自强也。故曰教学相长也。"(《学记》)教师要深入了解学生,向自己的教育对象学习,大力提高教学质量。教学相长,彼此促进,不断前进。

(二)间接知识与直接知识

每个人对客观世界的认识,都包括直接知识与间接知识两个方面。由于人们一生下来就在一定的社会环境中生活,他们一方面作为一个独立的个体在同客观世界的接触中通过自己的实践去认识世界;一方面作为一个社会成员吸取着前人和别人得来的知识。但个人的亲身实践是带有极大局限性的。因此,要想认识世界,就必须大量地接受间接知识。学校,就是社会上有组织地使青少年接受间接知识的地方。

在教学工作中，教师要把人类积累下来的知识传授给学生，要使学生掌握书本知识。但传授间接经验又不能脱离开学生的直接知识。这是因为一切知识都来源于直接经验，学生的直接知识，是他们亲身得来的，是最深刻的知识，是学习间接知识的起点。在教学时，教师要善于充分运用学生的直接经验，把它作为接受理论知识的基础。同时在掌握了抽象理论之后，也必须注意引导他们到实际中去验证和运用。这样他们所掌握的知识才是完全的知识，才能把学到的理论付诸实践。但是，教理论时不能事事都从学生的直接经验出发，正如学生的认识不能完全依靠自己去直接经验一样，在间接经验的基础上是可以接受认识成果的，教学时在已有理论的基础上也可以掌握新的理论，而且多数情况是这样。

在学校工作中，要给学生创造条件，使他们通过各种有关的活动广泛地接触社会生产、生活实际，以扩大他们的眼界。教学时善于利用这些条件，就能极大地提高工作质量。但教学终究是为了在短期内接受前人已有的间接知识。因此，各种实际活动必须组织适当，一要注意与教学相结合，使直接知识有助于更好地掌握间接知识；一是这类活动不能过多，要保证教学为主，不能冲击教学活动。

（三）传授文化科学知识与思想政治教育

教学工作中，文化科学知识的传授与思想政治立场、观点的培养总是结合在一起的。从来教学工作都是为了达到一定阶级的教育目的，文化科学知识的传授，总是受一定阶级的立场、观点和方法指导的。中国历史上有"文以载道"（宋·周敦颐：《通书·文辞二十八》）的说法，教导不能分家正如文道不能分家一样，历来如此。在教育史上最早把"教学的教育性"问题列入教育学的理论体系之中的是18—19世纪德国教育家赫尔巴特（1776—1841），在《普通教育学》绪论中他说："我不承认任何'无教育的教学'"。传授文化科学知识，同时进行思想政治教育，这是教学过程的客观规律，是不以人们的主观愿望为转移的。教师必须自觉地掌握这个规律。

当然，不同的阶级有不同的教学教育性。人们对客观事物的认识，总是同他们的立场和态度联系在一起的。任何一种政治立场、态度和思想品德，都基于一定的认识。认识的目的决定于各阶级的利益，各个阶级都根据他们在社会中所处的地位，去利用认识的结果，并根据各自不同的世界观去解释和说明认识的结果，调节阶级成员所应采取的政治立场和行为品德。

无产阶级的教学所传授的文化科学知识，无论是自然科学或社会科学的知识，都是按照辩证唯物主义和历史唯物主义的世界观，按照自然现象和社会发展的本来面貌总结出来的客观事实和规律。而思想政治教育和道德品质教育，则应该是这种规律性的认识在对学生的政治立场、思想品德方面的当然要求。学生对客观事物的现象、属性、联系和关系认识得越深刻，他们对社会的政治和思想及其所采取的行为态度就越加自觉和坚定。反过来，学生的思想政治觉悟越高，行为品德的阶级自觉意识越强，他们越懂得为什么而学习，越能在学习上有坚强的动力。所以，我们教学中的传授文化科学知识与进行思想政治教育必须统一起来。教学是实现思想政治教育任务的基本途径，而思想政治教育则是达到教学目的的根本保证。

学校各门学科的教学，都要既传授文化科学知识，又进行思想政治教育。教师要教导并重，身教与言教统一。从思想政治方面对自己的教学提出严格要求，自觉地教好书，又教好人。

（四）新知与旧知，未知与已知

学生掌握知识，是由不知到知，由知之较少到知之较多不断积累、不断完善的过程。因此，在整个教学工作中，都贯穿着在学生已有认识的基础上，进一步扩大和加深新的认识的问题。因此，必须认真对待新知识与旧知识的关系，未知和已知的关系。

在教学实践中，我们可以看到学生的旧知识掌握得越牢固、越准确，要学习的新知识与已学过的旧知识之间的联系越紧密、越合理，就越有助于他们更好地去掌握新知识。在这个问题上，一种观点认为只有把旧知识彻底巩固和牢靠地掌握了以后，才能进一步学习新知识。另一种观点认为，新旧知识的关系不是截然分开的，巩固旧知识和学习新知识是交错进行的，甚至主张只有在学习大量的新知识的过程中，才能使旧知识得到很好地巩固，因此没有必要片面强调巩固旧知识，而应通过掌握新知识来巩固旧知识的体系。这两种方法哪个更有效，可以进行广泛地实验。不管怎样，都必须做到使学生头脑中建立起新旧知识密切联系的、完整而系统的科学知识的体系。否则，离开原有的基础，就不可能谈什么对新知识的掌握，离开已掌握的知识，也难以学习自己不知道的东西。学生已有的旧知识，有的是学生自己的直接经验，但大部分是他们已经掌握了的理论知识。在掌握新知识的时候，是不必要也不可能离开已掌握的理论，再去事事都从新知识的感知阶段开始。因此，在教学过程中，从理论到理论的情况是经常的大量的存在的。不如此，就谈不到教学活动的特殊性。这样做，并不违背马克思主义的认识论。因为学生学习的知识，都是前人在实践中反复验证过的真理，既然承认教学中学生可以掌握人类积累下来的知识而不需要去重复前人的实践，那就应该承认在已经掌握了的理论基础上去学习新的理论是合乎教学的规律的。当然，在需要和可能的情况下，也应该尽量为学生创造感知条件，做到形象直观，采用各种视听手段，以便于他们从具体事物出发，去学习抽象的理论知识。

为了使新知识和旧知识密切结合、合理安排，一要建立新的教材体系，剔除教学内容中陈腐落后的东西，根据科学发展和生产的需要，找到迅速达到深邃知识境界所要求的新旧知识联系的途径。二要教师认真钻研教材，洞察学生掌握知识的状况，采取恰当的教学方法和手段使学生有效地巩固占有旧知识并在已有知识基础上学习新知识。

（五）占有知识与发展能力

学生掌握知识是对客观世界的认识，但认识世界的目的在于改造世界。要改造世界和进一步提高自己的认识，就必须在掌握知识的基础上培养学生的能力。正确解决掌握知识和培养学生能力的关系，是教学过程中一个十分重要的问题。从心理学的角度看，能力是指能够成功地完成某些活动的条件的那些心理特征。能力与技能不同，技能是指达到某种目的、完成某项任务的动作方式，能力则是完成某项活动的心理特征。在实际教学工作中，由于教学的任务与学科特点的不同，应该培养各种各样的能力。因此，究竟应该培养学生哪些能力，从不同的角度出发可以有各种不同的说法。一般来说包括：1. 接受信息或知识的能力，如观察力、注意力；2. 储存和处理信息的能力，如记忆力、思考力和想象力等；3. 运用知识解决实际问题的能力，如实际操作能力、模仿创造能力等。此外还有情感、意志能力。教学中学生占有知识总是以一定的认识能力作为先决条件的，但这种能力是在掌握知识过程中不断培养和发展的。不能离开知识的学习空谈培养学生的能力；也不能认为只要学了知识，学生的能力就自然地会得到提高。培养能力与掌握知识是相互促进的，是既有联系又有区别的。

列宁同志说："我们需要用基本事实的知识来发展和增进学生的思考力。"[①]这就是说教师教学，必须在传授知识的过程中，有意识地培养学生的能

---

① ［苏］列宁：《青年团的任务》，人民出版社1995年版，第6页。

力。要坚决反对呆读死记，要多方面启发学生的求知欲望，学会从不同的角度来观察和研究客观事物。各科教学都应结合本门学科的特殊要求利用一切可能来发展学生多方面的能力，不仅使他们具有分析综合、抽象概括和判断推理的能力，而且要注意培养他们把学到的知识应用到实践，既会用脑，也会用手。学生的独立思考和独立工作能力增长了，他们就不只是掌握一些现成的知识，而是学到了能够适应科学技术飞快发展的需要，不断地认识世界和改造世界的基本的本领。因此，教师必须认真对待这个问题。

上面讲到的一些问题只是教学过程中经常存在的基本关系。教学是一个复杂的过程，它涉及多方面的问题。在教学工作实践中，必须妥善地解决和处理各种关系和联系。

四　教学过程中学生掌握知识的基本阶段

学生对知识的掌握，是借助于一定的教材在师生的共同活动中实现的。这个过程是经过对教材的接触和感知，对教材的理解和领会，以及对学到知识的巩固和应用来实现的。

（一）对教材的接触和感知

学生掌握知识，是从在教师的指导下接触教材，感知具体事物开始的。这一阶段的基本任务是使学生对所学内容有个初步的印象，获得感性认识，为他们进一步掌握抽象的概念和理论打下初步基础。

感性知识是通过感知和想象形成的，它还只是对事物的表面与外部特点的认识。但对学生掌握知识的全部过程来说却是极其重要的。概念的形成和理论的掌握，必须以实际材料作基础，感性知识愈丰富愈完善，理性知识的获得也就愈顺利。因此，绝不能忽视教学的这一阶段。

学生的感性知识，在教学过程中主要是通过两种途径获得的。一是根据教材内容，教师有目的地提供相关实物和各种教具，进行实验演示，组织必要的参观、访问等。通过感知，形成对事物的表象。一是间接的途径，即通过教师的语言描述和文字材料的阅读使学生获得感性知识。学生的感性知识有很大的部分是在他们入学之前或教学活动之外，通过他们本身的生活实践获得的。这些感性知识对他们掌握课堂内的理论知识有重要意义。但，它们同教学内容并不都有直接联系。运用教师语言的形象描述，就可以唤起回忆，使学生过去形成的表象再现出来。那些同所学对象直接联系的感性知识，教师可以直接加以利用；那些对所学对象有间接联系的感性知识，教师可以通过学生的联想在他们旧有的表象基础上综合再生出与当前所学内容有直接联系的表象。随着学生年龄和知识、阅历的增长，这种方式将愈加占有重要的地位。除了语言之外，各种文字材料也是学生获得感性知识的重要来源。这包括课外读物和教科书，特别是教科书的预习。预习的作用常常被一些教师所忽视，其实预习是使学生获得对所学教材感性知识的好办法，它不仅为听课打下基础，而且由于事先遇到等待解决的疑难，进而提高听课的自觉性和主动性。教师在这方面应该认真地加以指导。在课堂上教师组织学生接触教材，如阅读课文及插图，也是建立感性知识的有效办法，应注意运用。

在教学的第一阶段，学生的观察和想象起着重要作用，教师必须善于培养学生的观察力和想象力。感知新事物，要求学生有充分的积极性和主动性，因此，培养学生具有明确的学习目的和浓厚的学习兴趣，具有十分重要的意义。

（二）对教材的理解和领会

在学生掌握知识的第一阶段，也开始了对教材的领会，但那是初步的、表面的，还没有进入到事物的本质认识。学生对教材的掌握，更重要的是对教材的理解。理解和领会教材的主要任务，是教师在学生感知教材的基础上，引导他们进行抽象的思维活动，对感知的材料加以抽象概括、分析综合、由表及里、由现象到本质，以形成概念、判断和推理，达到认识规律，掌握理论。

概念的形成，是剔除学习对象中那些次要的非本质的因素而把本质属性突出出来的思维过程。在这个思维过程中，教师要指导学生运用比较、分析、综合等方法进行对事物的抽象和概括，取出事物的本质特征，然后用语言的形式结合在概念的定义里。

判断是反映现实世界的对象和现象的联系与从属关系的思维形式。要形成学生的判断，不仅要进一步运用分析综合、抽象概括，还要经过推理过程，这里最主要的是揭示概念与概念之间相互联系与关系的客观性和准确性。当学生从一系列的具体判断中得出一般判断的时候，这就是进行了归纳推理；反之，如果他从一般判断中作出个别判断，这就是进行了演绎推理。教师在教学过程中，必须在学生形成了明确的概念基础上指导他们形成正确的判断。

概念、判断和推理，是就学生掌握理论知识的心理形式和思维形式来说的，它们之间并不能截然分开。一般来说，概念是形成判断的条件，判断是推理的条件；但判断和推理又是形成概念的条件。一个比较复杂的概念，往往需要通过许多判断和推理才能形成。学生的知识积累多了，他们认识的眼界和范围就扩大了。概念、判断和推理之间在学生进一步掌握知识过程中的相互影响与作用也更大，更能运用自如。

学生掌握的每一门学科，都是一系列基本概念和规律知识的体系。在一次课的教学中，要接触许多概念和理论，只有当新的概念、理论同已学的概念、理论联系起来，并且新旧知识结合在一定的理论体系中，才能对新概念、新理论有深入的理解。因此，教师除了引导学生回忆、再现已学过的知识，最重要的任务是把学生的注意力集中在新学的概念和新学的理论上。把教材的关键部分讲清楚讲透彻，这就可以保证新旧知识的联系，使他们顺利地掌握全部教材。

概念、判断和推理，都是同一定的语言形式联系在一起的。因此教师教学时一定要注意语言表达的精确性。掌握理论知识，要求紧张的思维活动。在教学的这一阶段，必须特别注意使学生的思维处于积极状态，不能满足于班级学生表面上的活跃气氛，最主要的是每个学生都要认真地开动脑筋，积极思考。

（三）知识的巩固与保持

学生对知识理解了，不等于掌握了知识。要使知识具有实际意义，还要求在学生的头脑里巩固和保持。第一，要把学过的知识记住和保持，第二，要能够及时地回忆和再现。知识的巩固和保持，是学生占有知识的根本要求。

知识的巩固和保持，是在教学的全过程中实现的，学生对教材的感知和理解，是建立暂时神经联系的过程，是巩固的开始。但这还不够，要使这种暂时神经联系得到保持和强化，还必须进行系统的巩固工作。

教学时学生知识的巩固与保持，是在两种情况下进行的。一种是在教师讲授过程中，结合新教材的传授有目的地联系已学过的知识，使新旧知识紧密衔接，在为学习新知识铺平道路的过程中巩固旧知识。这种方式的优点，是可以保持学生学习知识的愿望和兴趣，他们会由于已学过的旧知识能够帮自己获得新知识而感到振奋和鼓舞，从而激发他们巩固旧知识的积极性。一种是在新知识传授之后立即进行的巩固工作。这就是指出讲授的重点，复述或扼要地总结新知识，把知识系统化，使新学的知识归并到原有的知识体系中去，用提问或布置各种作业，使新学知识得到巩固。这两种情况下，都能使学生学到的知识得到巩固和保持，教师应灵活地运用。

学生知识的巩固，单纯依靠课堂内的活动是远远不够的。同遗忘作斗争的根本办法是坚持地进行有计划的复习。教师要向学生提出明确的复习要求，并指导他们复习方法和记忆方法。复习分日常复习和总结性复习，前者着重复习新学的知识，后者着重全面地复习学过的内容，把知识系统化。前者为后者打下基础，后者使前者更加深刻和牢固。

知识的巩固，要求充分发挥学生本身的积极性。教师要使学生认识到巩固知识的重要性，提示复习的重点，使他们亲身感受到巩固地占有知识所带给他们的实际意义；要指导学生恰当地支配时间，掌握有效的复习方法，培养良好的复习习惯，防止死抠书本和死记硬背。

知识的巩固与保持，在学生运用知识的过程中，可以得到不断的加强。

（四）技能的形成和知识的应用

掌握知识的目的是最终要到实践中加以运用。教会学生应用所学的知识，是教学工作中学生掌握知识的重要阶段。当然不能狭隘地、形而上学地理解知识的应用，有些知识同实践有直接的联系，可以明显地看到它的实践效果；有些知识并不能够直接或立即应用于实践，也不能认为它们没有实践意义。它们或者是为了进一步掌握其他知识所必要的，或者是为了进行深入的理论探讨所必要的。片面追求知识与实践的简单联系，是一种实用主义观点，应予以批判。

知识和技能是密切联系着的，技能是在实践中顺利完成某种任务的活动方式，包括动作活动方式和智力活动方式。只有具备了一定的技能，才能把知识运用于实践。知识的获得一般都在技能的形成之前，但并不是每种活动，都要在理解其原理之后才能进行。有一些活动如生产劳动，可以在掌握了一定的生产工具的操作过程，就去进行生产，到了一定阶段，再学习生产技术所依据的科学原理。当然操作规程也属于知识。因此，我们说知识是技能的基础，任何技能都要求一定的知识。知识和技能相互影响，相互促进，不断加深。

学生的各种技能，都需要经过加强基本训练才能形成。练习是培养学生技能的基本方法。在中小学，有一条"精讲多练"的教学经验。"多练"是培养技能所必需的，只有反复练习，才能使技能达到熟练，才能巩固地占有知识。但讲和练的关系必须处理好。"精讲"并不是讲的越少越好，教材的基本知识必须讲清楚。"多练"也绝不是无限制地加大作业分量，关键是加强基本训练。在指导学生进行各种练习时，要使学生了解练习的目的，指出活动的要点，规定练习的步骤，分配练习的时间，变化练习的方法；并使他们感受到练习的成果，以保证他们在练习中的兴趣和积极性。学生的各种练习，只有当他们保持自觉性和旺盛的精力时，才是有效的，厌烦和疲劳的情绪将减低练习的效果甚至会导致相反的结果。

学生对学过知识的应用，基本上有两种情况。一种是在教学过程中通过多种形式的作业，如解题、答问、实验、实习等以及在学习新知识的过程中对已学知识的应用；一种是在生产实践和科学实验中运用所学过的知识。运用社会科学所学到的理论，分析认识国际国内的政治形势，批判唯心主义，也属于这一类。前一种情况是结合教学活动进行的，其特点是运用知识的范围较小，内容也较为单一，而且在性质上还不同于一般的社会实践。它的效用只反映学习过程本身，对于社会实践中的知识运用，还只是一种准备。后一种情况是在课外科研活动，学工、学农活动中进行的，其特点是综合运用所学过的知识，是培养他们在更大的范围内对知识的掌握程度和分析问题解决问题的能力。它已接近于人们社会实践过程中的知识运用。这两种应用知识的培养训练，对学生来说都是十分必要的。

学生对知识的应用，以他们对知识掌握的准确性、牢固程度和及时再现能力为转移，又是对学过的知识进行深入理解的过程。应用知识中所遇到的疑难和缺陷，则将成为学生进一步获取知识的新的动力。经过这样的掌握知识到应用知识，再由应用知识到掌握知识的无数次反复，学生认识世界和改造世界的本领就不断地向深广方面发展着。

上面是对学生掌握知识基本阶段的概要分析。在这个过程中，还有一个重要的问题，即知识的检查和评定需要说明。检查是为了了解学生掌握知识的质量。在教学的各个阶段中，教师及时地了解学生对教材的感知和理解，对知识的巩固和应用情况，并给以恰当的评定，是调动学生的积极性敦促学生认真地对待学业的有效办法，特别是教师了解学生进行因材施教的依据。通过检查与评定，可以使学生在教学工作的每一进程都自觉地去掌握知识，经常地、系统地复习功课，认真地、及时地完成作业，改进学习方法，培养良好的学习态度与习惯。

检查和评定学生的学习情况，是教师一项经常的任务，必须实事求是地以认真负责的态度来对待。在学生掌握知识的各个阶段，都要做好这一工作。

教学工作的基本阶段，只是就学生掌握知识的特点而相对划分的。它们之间是相互联系不可分割的。各个阶段就其所完成的主要任务来说虽然有相对的独立性，但每个阶段在实现基本任务的同时也实现着其他阶段的任务。

教学过程的规律是客观存在的，我们进行教学工作必须很好地利用它。对事物的规律，在一定历史条件下只能认识到一定的程度。同样，对教学过程规律的认识，也必须在实践中不断深化。

五　当代教学论的主要学说

自从夸美纽斯（1592—1670）的《大教学论》奠定了近代教学论的理论基础之后，经过裴斯泰洛奇（1746—1827）、赫尔巴特（1776—1841）等人的进一步发展，形成了重视教师的作用，崇尚书本知识和以课堂教学作为基本形式的传统教学理论。20世纪初以杜威（1859—1952）为首的实用主义教育学派提出了针锋相对的主张，强调儿童中心和活动中心，提倡单元教学，这是对传统教学理论的一次重大挑战。不过总的来看，三百多年间教学论的发展还是比较平缓的。第二次世界大战以后，涌现出许多新的教学论主张，他们从不同的角度论述了教学方面的各种问题，处处都反映出教育与社会生产发展息息相关的规律。

当代教学论之所以获得重大的发展，其原因是多方面的。主要是科学技术迅猛发展，新的发明创造、新的理论、新的知识的增长速度超过历史上任何一个时代，有人估计，世界知识总量每隔七至十年就要翻一番。青少年在有限的学习时间内如何去占有和驾驭这些知识，并且在一生中又如何适应科技发展的速度而不落后于客观需要，成了迫切要求解决的问题，这便对教学理论提出了新的任务。再加上生产力的提高对劳动者知识水平的依赖性越来越明显，一个国家要在经济、国防、生产方面取得领先地位，关键是看它的科学技术水平，而提高科技水平的基础则是教育，特别是教学质量。所以，教学论的研究和探讨，便成了整个教育学理论当中一个十分重要而又现实的问题。

由于当代教学论的发展，有这样一个共同的客观基础，因此，尽管各家主张的具体内容彼此各异，但同过去的教学论比较起来它们却有着显著的特点。过去的教学论一般是：1. 以不同的世界观和认识论作为出发点来建立组织教学过程的原理；2. 以教育史上的既有资料作为比较分析，引申论述当前理论问题的依据；3. 总结概括现实的教学经验进行理论上阐述和说明。因而它既保留着原始的教育理论脱胎于哲学主张的痕迹，又没有超出只是在教育工作本职范围内经验总结的老办法。现代科学发展的特点是既高度分化又高度综合，任何一门科学如果不借助于其他科学的研究成果，它本身就不可能有什么新的重大突破和发展。教学论也是同样的。尽管很早就有人认识到，研究学生掌握知识和发展认识能力，绝不能离开心理学所取得的成果，但长期以来，有关学生掌握知识和能力发展过程的心理学研究，并没有列入教学论的研究对象之中。当代教学论发展的一个重要特点就是立足于儿童的发展，十分重视从心理学的角度来探讨学生认识发展的规律，仅从许多教学论专家都是心理学家这一事实就可以得到证明。另外，现代教学论还十分重视实验研究。由于在自然情况下，教育工作不仅周期性长，而且条件不易控制，采取教育实验的方法，则可以避免这些缺点，使教育、教学工作在有控制的条件下，用较短的时间，验证人们科学的假说和设想，因而较有效地促进了教学论的发展。正是由于这些特点，于是一系列的问题都提了出来，如掌握知识与发展能力的问题，教学内容的深度、广度及其结构问题，新的教学手段的采用及其所引起的变化问题等。为了有所借鉴，下面我们分别介绍一些主要的教学论学说。

（一）赞科夫的教学论思想

列·符·赞科夫（1901—1977）是苏联当代的教育学家、心理学家和教学论专家，是苏联教育科学院普通教育研究所"教学与发展问题实验室"的领导人。在他的领导下，自1957年至1977年他逝世之前20年间，对教学工作进行了极其广泛的实验，积累了大量的数据和例证。在总结实验结果的基础上提出了他的教学论思想。他先后发表的著作有150种之多，在苏联国内和国际上都产生了重大的影响。

赞科夫的指导思想是以教学来促进学生的发展，他主张通过系统基础知识、技能和技巧的教学来大力促进儿童的"一般发展"。所谓"一般发展",其核心是智力发展,但不仅是指智力发展,而且包括情感、意志品质、性格、集体主义的个性特征的发展。在智力发展中,特别重视发展学生的观察能力、思维能力和实际操作能力。他认为这些能力是学生掌握知识和运用知识去解决实际问题的基本条件。学生占有知识的多少和发展水平的高低并不是同一件事。在教学时,应该同时完成两项任务,既在掌握知识的技巧方面达到高质量,又要在学生的发展上取得重大的进步。过去的教学,只知道以现成的知识武装学生的头脑,却不注意发展学生的各种能力。结果学到了大量的死知识,却不具备任何独立应付新情况的能力。这样的教育已经完全不能适应现代生产和生活的要求。赞科夫说:"无论学校的教学大纲编得多么完善,学生在毕业后必然会遇到他们所不熟悉的科学上的新发现和新技术。那时候,他们将不得不独立地、迅速地应付这种情况。在这个时代,学生的发展对他们未来的工作具有多么重大的意义啊!"[①] 因此,教学的任务就是要以最好的教学效果促进学生的一般发展,来达到学生最理想的发展水平。

赞科夫在总结自己长年教学实验的基础上提出了五条教学原则。

1. 以高难度进行教学的原则

他认为教材必须充分地满足学生的求知欲望。过去的教学,对学生的认识能力估计太低,教材内容太贫乏,要进行根本的改革。他主张用现代科学技术的初步知识代替原来的教材,给儿童提供足够的精神"食粮"。从小学一年级起就应当开设"自然常识"课和"地理"课,二年级增设"历史"课,并把四五年级的语文、数学知识下放到一至三年级来学习。这样使学习内容维持一定的难度,并且改进教学方法,注意培养学生思考、推理和独立地探求问题答案的能力,保持他们的学习兴趣和强烈的求知欲望,使他们感到克服学习中的困难是一种精神上的满足,就可以收到良好的教学效果。否则教材过于浅显、容易,反而会抑制学生的求知欲望,浪费学生的精力。

2. 以高速度进行教学的原则

赞科夫认为旧教学方法的进度过慢,其原因主要是在教学中进行了"多次的重复","反复咀嚼已知的材料",不仅浪费了宝贵的学习时间,反而会造成疲劳,影响学生的积极性。这种状况必须加以根本的改变。他主张要提高教学的速度,讲课时,不能要求学生一下子把所有的知识都掌

---

① [苏]赞科夫:《和教师的谈话》,杜殿坤译,教育科学出版社1980年版,第257页。

握，只要懂了，就可以往下讲。讲新教材，就包含着巩固旧教材，在从事一种新练习时，旧的练习也得到重复。应该在学习过程中始终保持学生的新鲜感，以保持较高的学习兴趣。应提倡学生读课外书籍，参加课外活动，努力扩大学生的知识眼界，在学习上不要用过多的时间去复习旧知识，要"以知识的广度达到知识的深度"，达到对旧知识的巩固。要"不断地前进，不断地以丰富多彩的内容增进儿童的智慧，使他们更深刻地理解所获得的知识，把这些知识纳入一个广泛的体系"①。

3. 以理论知识为主导的原则

人们在认识客观事物时，感性认识和理性认识是相互作用的。不要片面地、过多地强调直观的作用，应较早地使儿童接触必要的抽象概念，并且要在教学中善于运用学生已经掌握的抽象概念，以收到"举一反三""触类旁通"的效果。要善于运用现代化的教学手段，注意发挥理论知识的指导作用。这样既有助于培养学生的思考力，又可以提高教学的速度，学到更多的内容。

4. 使学生理解学习过程的原则

提高教学质量，重要的是改进教学方法，寻找捷径。这一原则主要的就是要求学生自觉地参加到学习过程中来，教会他们学习的方法，培养他们的自学能力，使学生注意探索适合于自己特点的合理的学习方法。这样就会极大地提高学习效果。

5. 使全班学生包括后进生都得到发展的原则

赞科夫反对只注意培养少数拔尖学生，而忽视多数学生特别是把后进生弃置不管的做法。他全面分析了后进生的情况，后进的原因虽然不尽相同，但多数是由于不正确的教育方法造成的。他提出对待落后生，要特别注意培养他们的学习信心，解除他们的思想顾虑；利用一切机会引导他们观察事物，吸引他们参加课外活动，培养他们的求知欲望和学习兴趣，在他们的发展上多下功夫。经过这样的教育结果，落后生一般都可以得到改变。

赞科夫所提的这些教学原则，目的在促进学生的"一般发展"，他认为学生只要在发展上取得成绩，就可以更好地掌握知识，他坚信促进学生的发展是提高教学质量的关键。

---

① [苏] 赞科夫：《和教师的谈话》，杜殿坤译，教育科学出版社1980年版，第272页。

(二) 布鲁纳的教学论思想

杰·布鲁纳（1915—2016），美国心理学家和教育家。他侧重于研究认识与发展心理学和教育心理学。1959年美国在科德角的伍兹霍尔召开了有35位科学家、学者和教育家参加的会议，主要讨论中小学的教学改革问题，特别是关于自然科学课程设计的基本思想。布鲁纳主持了这次会议，并作了大会总结，题名为《教育过程》。此书在1960年出版以后，在世界教育理论界产生了重大的影响。

布鲁纳在教学内容、教学方法和早出人才、快出人才等方面都提出了自己的独到见解。布鲁纳的理论是建立在如下的思想基础之上的，这个思想是："我们通过学习建立一个'范畴'或概念的体系，这些'范畴'或概念能帮助我们调节我们所接触到的大量刺激"[①]。

布鲁纳在教学内容问题上是结构主义者，他认为不论教什么学科，都要使学生理解该学科的基本结构。换句话说就是要掌握每门学科的基本概念、基本原理以及它们之间的相互联系和规律。学校的课程设置、教材编排以及教学方法必须同所教学科的基本结构结合起来。教学当中只要掌握了基本结构，就易于理解和记忆学科的内容，就易于沟通各学科之间的关系，就能够缩小高深知识与浅近知识之间的距离。

布鲁纳不仅重视学科的基本结构，还十分重视发展学生的智力。他强调要帮助每个学生获得最好的智力发展，认为这是关系国家生死存亡的大事情。他把儿童的智力发展分为三个阶段，即表演式再现表象阶段、肖像式再现表象阶段和象征式再现表象阶段。儿童在每个阶段都有观察世界和解释世界的独特方式。因此，教学某一学科都要按照儿童智力发展的特点来进行。如果能够做到这一点，那么任何高深的知识都可以被儿童所接受。他设想任何学科的基础知识都可以用这种方式教给任何年龄的学生。他认为像数学、物理学中的不少概念，倘若不用专门的学术用语，而把它们变成儿童能够触摸得到的具体材料，比如采取游戏的方式，就完全可以为7—10岁的儿童所接受。

布鲁纳认为，儿童的能力是应该获得早期的培养和发展的。过去的学校由于过分强调学习的难度，因而推迟了甚至忽视了若干基础学科重要内

---

① 人民教育出版社《外国教育丛书》编辑部：《中小学教学改革的理论和实际》，人民教育出版社1979年版，第2页。

容的教学，以至于浪费了学生宝贵的时光。他强调学习学科的基本结构，使学生尽早尽快地学习重要学科的重要知识，以便于早出人才，快出人才。

为了发展学生的智力，培养学生独立获取知识的能力和本领，布鲁纳大力提倡发现法。教学时不仅教会学生一些现成的知识，也要掌握这一学科的基本态度或方法，特别要掌握用自己的头脑亲自去获得知识的一切方法。为此，他反对教师的灌输，而强调教学时必须充分发挥学生自身的学习主动性。

布鲁纳的教学论思想是以 1957 年的"卫星冲击"作为历史背景的，其政治意图是为了在美苏争霸上取得优势而罗致人才。而且按照他的思想而新编的教材，由于难度过大而并未能取得预想的效果。同时，1971 年后，他对自己过去的观点也作了某些修正。但，他所提出的问题，还是值得我们思考和借鉴的。

（三）瓦根舍因的范例方式教学思想

瓦根舍因是西德的教育家。50 年代他首创了范例教学法。他从批判传统的系统教育论出发，企图把教学与教育、问题学习与系统学习、实质训练与形式训练、主体与客体的关系统一起来。要求从日常生活中选取隐含着本质因素、基础因素和根本因素的典型事例与范例，作为教学的主要内容，以便使学生通过这种范例，掌握科学知识和科学方法。其目的在于克服教材内容的繁琐、冗杂，使学生学到精练的典型的知识，并收到"举一反三""闻一知十"的效果。这是面对着"知识爆炸"的现实，排除教材臃肿庞杂的现象，解决教学内容与教学时间的矛盾所采取的一种措施。范例教学曾盛行于西德，西德中小学的教育改革，特别是教学内容与教学方法的改革，就是以范例教学的理论作为指导的。

范例教学的特点是：1. 重视学习主体即学生本身的"问题意识"，建立以问题为主干的学习思想；2. 重视把握知识的结构，处理好典型问题与一般知识的关系，建立起层次清晰的科学的系统性；3. 重视德国教育学的传统，重视教育性教学和合科教学，强调学科之间的联系。

根据范例教学的另一倡导者施滕策尔的意见，范例教学过程的一般程序是如下几个步骤：

1. 范例性地阐明"个"的阶段。目的在于所学事例的本质特征。
2. 范例性地阐明"类型"和"类"的阶段。在个别事例的基础上引申到和扩大到认识同一类型的事物。

3. 范例性地掌握法则性范例性关系的阶段。根据对于"个例"所获得的认识，证明所有属于同类型的"个别个体"，通过从"个"过渡到"类"的认识，进一步达到更本质的关系即规律性的认识。

4. 范例性地获得关于世界（以及生活）关系的经验。认识理论与实践、人类与自然的关系，达到人类要干预、改造并主宰自然的结论。

归结起来，范例教学就是以典型带一般，就是讲清个别问题去引导学生认识同类事物。以使学生的学习能够更加主动、自觉，更加运用独立思考，收到良好的教学效果。

苏联的赞科夫，美国的布鲁纳和西德的瓦根舍因，被誉为当代"课程现代化"的三大典型代表，也是50年代以后教学论发展中具有代表性的三大学派。他们的主张各有自己的特点，但又相互沟通，从中可以看出教学论发展中诸多理论问题的共同趋势。

除上述三派主张之外，还有美国斯金纳等倡导的"程序教学"，保加利亚的乔治·卢札诺夫首创的"启发式"教学论，苏联心理学家艾利康宁和达维多夫提出的"智力加速器计划"等，都在教学理论上提出了各自独到的见解。我们应该立足于我国的教育实践，以马克思主义为指导，深入研究各派学说，兼采各家之长，建立和发展我们自己的教学论体系。

教学原则[*]

一　教学原则的概念

教学原则是教师进行教学工作时所必须遵循的行动准则。在教学工作中，按照教学原则办事，对保证教学质量提高工作效果具有十分重要的意义。

教学原则是教学工作实践中总结出来的，它是教学过程客观规律的反映。任何一个教学原则都反映了教学活动规律一定的矛盾侧面，因此，就这个意义来说教学原则是教学规律在师生教学活动要求上的具体化。教师只有深刻地认识教学过程的客观规律，才能在自己的教学工作中更好地掌握和运用教学原则。

但是，教学原则并不仅是被教学过程的客观规律所决定。教学是一定的阶级根据自己的教育目的通过一定的教学内容来培养人的过程，因此，它在受教学规律制约的同时，还受教育的方针目的和教学内容所制约。不同的目的和内容规定着不同的行动方向和行动步骤。

教学原则应该在教学实践中不断地得到充实和发展。无论是教学原则的体系安排还是各个原则的具体要求，都不是一成不变的。教学工作虽然受不同的教育目的和教学内容所制约，但任何教学都追求一定的效果，为此，教学原则就不能不反映教学工作的某些规律，而使它具有一定的历史延续性。在考虑建立我们自己的教学原则体系时，一方面要从我们的教学工作实践出发，从我们对教学过程规律的认识出发，一方面也要注意批判

---

[*] 选自《教育学》，唐文中、刘树范、王福均、李乙鸣、齐亮祖等编著，黑龙江人民出版社1983年版，第149—164页。

地吸收教育史上有关教学原则的精华，无论是我国的教育史或西方的教育史，都有值得我们学习和借鉴的经验。马克思主义认识论为我们奠定了认识教学过程规律的理论基础，无产阶级的教育目的和教学内容排除了少数剥削统治者的阶级局限性，这是我们确定教学原则的有利条件。中小学究竟采取哪些教学原则，目前全国还没有统一意见。这里我们将根据教学实践的需要，阐述一些主要的教学原则。这些原则将提供给我们关于进行教学工作的具体要求，指导教学工作的具体要求，指导教学过程每一环节的合理进行和正确实施。

二 教学的目的性和政治方向性原则

我们的教学是实现无产阶级教育目的即培养有社会主义觉悟的、有文化的劳动者的基本途径。教学的目的性和政治方向性原则，就是根据教学工作这个职能而提出来的。

教学的目的性，是指在全部教学活动中都要有明确的目的，并力求为达到这个目的而组织和安排整个的工作进程；教学的政治方向性，是指在实现教育目的过程中，要具有坚定的无产阶级政治方向，坚持政治与业务结合，坚持教学的思想性与科学性相结合，培养又红又专的一代新人。

教师深刻地理解和贯彻这个原则，对更好地完成自己的工作任务有重大的意义。教育目的是无产阶级对培养一代新人的规格所提出的要求。这个要求应贯彻到学校的各项工作中去。教学能不能达到预期的效果，是以教师在自己的工作过程中对教育目的的掌握和贯彻的自觉程度为转移的。教师对教育目的理解得越深刻，对这个目的与具体教材之间和具体教育对象之间的关系掌握得越自如，他就越能够更好地完成自己的工作任务。教师在自己的教学工作中认真贯彻教学的目的性和政治方向性原则，是被教师的职责所规定的，是忠诚党的教育事业，自觉完成国家的委托的一种表现。教师时刻意识到为无产阶级革命事业培养接班人这个崇高的目的，他就会预见到并勇于克服教学工作中所遇到的各种困难，力求把工作组织得更加妥善，更加符合学生的具体情况，以收到更大的教学效果。

教学中的关键问题是学生以什么态度对待学习。他们为什么目的而学习，努力的方向是什么，直接关系着学习的积极性和主动精神。教师如果善于贯彻教学的目的性和政治方向性原则，使学生在学习过程中有明确的目的和指导思想，就能使学生具有持续的学习动力，永远保持学习上的旺盛精力，使教学真正成为在教师领导下学生积极占有知识的过程。

贯彻这一原则的主要要求是：

（一）教师必须提高实现教学目的的自觉性

教师对教学大纲中所规定的学科任务和章节课题的教学目的要很好地学习和理解，根据学生的实际情况，把它落实到每一节课的教学中，各课时的教学目的既要前后呼应紧密联系，又要使其在整个学科的教学中体现出各自的特点。不仅教师自己明确教学目的，也要采取各种方式使学生明了学习不同学科章节课题的目的与意义，纠正他们错误的认识，引导他们克服前进道路上的困难和障碍，使他们看到所取得的成果，树立和培养他们的学习兴趣与信心。

（二）教师要把教学的科学性与思想性结合起来

教师要妥善处理文化科学知识的学习与思想政治教育的关系，使教学的德育培养任务建立在准确的科学知识基础上。教师要精通自己所教学科的知识内容，坚持马克思主义的立场、观点和方法，管教管导，教导合一，时刻注意给予学生思想品德上的感染和教育，在进行教学时，必须对学生全面负责，既要把知识讲深讲透，教好教活，又要关心学生的思想品德。教师应该结合讲授的内容，从社会主义革命和建设的需要出发，从学生的思想实际出发，在教学工作的各个环节上，进行恰当的思想政治教育。其中包括关于教学目的和态度的教育，革命纪律教育，集体主义教育等。只有抓紧了这些方面的教育，使学生的认识明确，思想品德健康成长，才能保证和促进他们更好地掌握文化科学知识。在这个问题上既要看到学习科学知识要实现思想培养的任务，也要看到思想品德对掌握科学知识的保证作用。

（三）教师教学时必须具有坚定明确的态度

教师要敢于对自己的工作负责，敢于对所讲授内容的是非曲直、爱憎褒贬表明自己的看法和态度。他在自己的全部工作中应该永远保持立场坚定、观点鲜明和态度明朗；他要对实现党的教育方针，把学生培养成为有社会主义觉悟的有文化的劳动者具有坚定的信心与决心。

教师的这种坚定的教学态度，是来源于对自己所从事的无产阶级教育事业的正确性和重要性的深刻认识；是来源于对所传授的知识内容的准确性和思想性的深透理解与掌握；也来源于针对不同的对象和不同的教学内容抉择工作方法的正确性和灵活性。有了这些条件，他就能对自己的教学工作抱有理直气壮、勇往直前的坚定态度。

教师在教学中采取坚定而明确的政治态度和工作态度，对学生的成长方向，达到国家规定的中小学培养目标，具有十分重要的作用。每个教师都能以坚定的态度对待教学工作，就能促使学生一丝不苟地对待学业，增进对教师的信任，从而极大地提高教育工作的效果。

三　理论与实际相结合的原则

理论与实际相结合的原则，指的是教师在教学中必须把自己所讲授的知识同"三大革命斗争"的实际有机地密切地结合起来，以便于学生一方面能够准确而又坚实地掌握所学的知识，一方面又善于把这些知识恰当地运用到各种社会实践中去，进一步使理论得到丰富和发展，把实践提到更高的水平上。这一原则反映认识和实践的关系，间接经验与直接经验、书本知识与实际知识的关系。

教学的主要任务是使学生掌握系统的理论知识，理论与实际结合的形式也与一般认识活动不同，其特点是以掌握理论为主。在这里，实际是用来验证和说明理论的，是为理论服务的。它或者揭示理论的来源和归宿，或者论证理论的正确性和可靠性，或者为了掌握运用理论与实践的技能与本领。不能片面地强调实际，因而削弱理论的学习。

贯彻这一原则的基本要求是：

（一）教师既要通晓理论，又要洞察实际

教学中要做到理论结合实际，教师必须既通晓理论，熟悉他所讲授的内容，又要洞察实际，了解学生思想上和学习上的状况，关心政治形势，留意工农业生产和科学技术发展上的最新成就，掌握历史的和现实的各种有关材料，以保证教学时得心应手地加以运用。教师备课不应局限于固定的材料，要注意扩大自己的眼界，善于从各个方面吸取有用的知识。他的知识越丰富越全面，越有助于贯彻理论与实际相结合的原则。

（二）教师讲授的内容要同学生实际结合起来

注意使讲授内容同学生直接参加的生产活动和其他社会实践活动结合

起来。这类活动对扩大和丰富学生的直接经验，提高思想觉悟有很大好处。教师如果有意识地积累和收集与本门学科有关的材料和问题，并注意在课堂教学中加以应用，就能使讲授收到更大的效果。在组织学生参加实际活动之前要求学生注意运用所学过的理论，或在活动过程中教师结合现场的实际情况，讲解或说明相关的理论知识，都是贯彻理论与实际结合原则的有效方法。

（三）教师要使观察、检验和实习作业成为自然学科教学中理论联系实际的重要方式

观察、检验和实习作业都是根据教学的需要而加以安排的，同生产斗争和科学实验中的实际应用还有很大的距离。教师在采用这些方式进行教学阐述理论问题的同时，还要注意把所讲授的理论同实际生产过程加以联系。有时需要进行必要的解释和说明，有时需要组织适当的参观活动，这样学生对学习理论知识的重要意义就会有更广阔更深入的认识和理解。

（四）教师既要使讲授的内容与社会主义革命和建设相联系，也要与历史的实际相联系

错综复杂的阶级斗争现实，日新月异的科学技术发展状况，四个现代化的宏伟愿景，都可以作为讲授相关内容的生动事例。教师很好地运用这些材料，不仅能帮助学生深刻地掌握理论知识，使教学丰富灵活，而且对学生的思想培养也有十分重要的意义。但各科教学涉及的理论知识是多方面的，有时常常还要借助历史事实来说明问题，这就需要同历史的实际结合起来。这时，一定要注意以历史唯物主义的观点分析当时的历史环境和历史条件，防止把历史事件和人物现代化，也要避免以今日之是非苛求古人。

四 形象直观和抽象概括相结合的原则

形象直观和抽象概括相结合的原则，反映了学生掌握知识时理解和领会教材首先开始于对教材的感知这一客观规律。教学上重视运用形象直观去占有知识，习惯上称为直观性原则。由于认识的过程是由感性认识上升到理性认识，学生感知教材最终要达到对教材的理解和领会，形象直观与抽象概括是分不开的，运用形象直观只有当它有助于学生进行抽象概括掌握理论知识时才是必要的。因此，形象直观与抽象概括相结合，才能更准确地表述这一原则的真实含义。

学生在学校里学习认识世界和改造世界的本领，主要是占有前人的认识成果，他们通过语言、文字获得人们在实践中所积累的各种知识。词是代表具体事物及其关系的，为了使学生了解语、词的意义，就应该对它们所代表的事物和关系先有感性的基础，也只有具备足够的感性材料，才能在头脑中进行抽象概括掌握理论知识。所以，教师教学时应尽可能从形象直观开始。这就要运用各种直观教具包括实物标本、模型以及现代化教学用具幻灯、电影、电视等。还要借助于教师语言的形象描述。例如，为了建立"光年"的概念，要形成学生每秒30万公里的光速是无法通过实物演示的，但教师可以用语言来说明步行、汽车、火车、飞机的速度，形成学生关于光速的表象，这样他们对"光年"的概念也就很容易掌握了。

贯彻形象直观与抽象概括相结合的原则，可以帮助学生更好地理解所学的知识，使抽象的概念、理论，变得具体、鲜明，经久不忘。贯彻这一原则，还能够引起学生的集中注意，培养学习兴趣，激发他们的学习热情和鼓舞他们的钻研精神，在中小学的教学中，必须重视这一原则。

贯彻形象直观与抽象概括相结合的原则，应该注意：

（一）在直观教具的使用上，要防止为直观而直观

在直观教具的使用上，一定要有明确的目的，使其有助于提高学生掌握概念、理论和占有知识的效果性。要根据教材的内容和学生已有知识和经验的状况，选取恰当的需要感知的具体材料。一般来说，自然学科较多使用实物、标本实验；社会学科较多采用照片、图表。低年级应较多提供具体的直接的感性材料，而高年级则不少内容可以用教师的语言描述来代替。防止为直观而直观，否则会带来不利后果，不仅无谓地浪费教学时间，而且会妨碍学生抽象思维能力的发展。

（二）要强调教师的领导作用，也要发挥学生的积极作用

在贯彻这一原则时，一方面要强调教师的领导作用，这表现为明确的教学目的，正确地决定形成学生表象所采取的方式，认真地把具体事物同学生的抽象概括结合起来；一方面要注意发挥学生的积极作用，这表现为具有充分的心理准备，集中地注意，积极地认真地观察，充分地运用自己的想象力去再现已有的表象和合成新的表象，准确地概括出要学习的结

论。师生双方的正确配合，是很重要的。

（三）教师既要培养学生的观察力，也要发展学生的思考力和理解力

在感知具体事物和教师语言描述的基础上获得正确的表象，这只是对事物取得了表面的初步的认识，更重要的是经过思维加工进行抽象概括，对事物取得本质的认识。所以这一原则的中心点在于形象直观与抽象概括的结合。一定要做到不仅注意培养学生的观察力，还要注意发展学生的思考力和理解力。在教学中，要认真指导学生进行分析综合、抽象概括和归纳推理与演绎推理，以使学生对教材得到深刻的理解。

五　教师的严格要求与调动学生主动性积极性相结合的原则

教学活动在任何时候都应该充分发挥师生双方的积极性，教师严格要求与学生主动性积极性相结合的原则，就是教学过程中教师的教和学生的学这一基本关系的反映。

严格要求，是指教师在教学工作中贯彻党的教育方针实现教育目的和完成自己的工作任务上，要有始终如一、认真负责和一丝不苟的工作态度；是指对学生提出的各项学习任务既要坚持高标准，又要从实际出发地要求学生达到预定目标的实事求是的教学作风。教学是一种严肃的工作，学生占有文化科学知识，要求付出艰苦的脑力劳动。有了教师的严格要求，还必须同时调动学生学习上的主动性积极性。学习的主动性积极性，指的是主动接受教师的教导肯于并善于动脑，勇于克服前进中的困难，能够坚持积极努力地对待自己的学业。既有发自内心的坚强动力，又有持之以恒的实际行动。

教师的严格要求同学生的主观状态包括实际知识水平和努力程度必须很好地结合起来。否则，教师要求与学生行动双方的距离超过一定的限度，就将破坏教学过程。这种结合是教师发挥主导作用的实际表现，严格要求最终要落实到调动学生的主动性与积极性上。

贯彻这一原则的基本要求是：

（一）教师要明确教育目的和青少年的成长方向

人们的一切自觉的活动，都是被一定的动机和目的所决定。无产阶级的教育目的和青少年的成长方向，是贯彻这一原则的基础和标准。教师要以中小学的培养目标和本学科的教学任务作为严格要求学生的出发点，只有当学生明确了严格要求的意义时，这种要求才能转化为他们自觉的行动。因此，教师在教学中必须加强学习目的教育，教育他们为革命而学习。当社会主义和共产主义事业的崇高理想和实现四个现代化的宏伟愿望，一旦在学生的意识中生根，这个伟大的精神力量，就会转化为努力学习、攻克科学堡垒的巨大动力，就会极大地激发学生学习的主动性与积极性。

（二）教师对学生提出的要求既要依据教学大纲，也要考虑学生具体情况

教师对学生提出要求，要根据教学大纲和学生的实际状况，掌握适当的标准，不要过难过易，既要有对全班学生的共同标准，也要考虑不同学生的具体情况。难易程度，应该是学生经过自己的努力所能够达到的，不能带有任何的主观随意性。同一教师的每次要求应该前后统一，对同一对象，不同教师的要求不能相互抵触，以免使学生无所适从，伤害他们的主动性与积极性。一切要求都应该建立在尊重学生学习劳动、鼓舞学生积极向上的基础上，以防损伤学生学习的自尊心和自信心。

（三）教师要善于不断地改进教学方法，提高教学质量

要善于启发诱导，集中学生的注意力，教会学生思考问题的方法，培养他们探求知识的兴趣和独立思考的能力，大力增强学生克服困难扫除学习障碍的信心和勇气。

"学而不思则罔，思而不学则殆"。教学中引导学生开动脑筋，学思结合，是防止学生被动学习的根本办法。不能仅告诉学生现成的结论，要引导学生去探索事物发展的内在原因，指出因果关系，引导他们根据一定的事实自己去寻求结论。对待学生所要完成的各种要求，如作业和答问，不能满足于固定的答案，要多追问一些"为什么"。即使答案错了，只要他们在考虑问题时有自己的创见，也应受到鼓励和表扬，以培养他们独立分析和解决问题的能力。一定要注意引导学生，善于对学生提出恰当的要求。不仅对学生严格要求，教师对自己更要严格要求。只有不断地总结经验，提高教学质量，才有可能更好地贯彻这一原则。

六 循序渐进与系统性连续性原则

循序渐进与系统性连续性原则，是指学校各科教学必须严格地按照学科本身的逻辑顺序系统连续地进行，不能中途起步，也不能随意越过必要的阶段。只有如此，才能达到系统掌握各门学科基础知识和基本技能，并进而向科学的未知领域进行深入地钻研和探讨的目的。这一原则反映了教学内容的特点，也反映了学生年龄特点和认识发展的规律。

教学要按照一定顺序来进行，很早就被人们总结出来了。两千年前《学记》就十分强调"学不躐等""不陵节而施"。尽管当时人们对客观世界的认识成果还十分贫乏，更谈不到分门别类的系统科学知识，但要教会学生一些知识，也是不能违反循序渐进原则的。在科学技术发展日新月异的今天，要学到系统的科学知识，更不能背离这个基本要求。

贯彻这个原则，必须注意：

（一）教师既要把握教材整体脉络，又要重视每节课的系统性

教师首先要遵循国家统一规定的教学内容，认真钻研教材。体会各科设置和内容体系的精神实质，弄通教材系统的来龙去脉，纵横关系。然后结合所教学生的实际程度，区分主次，确定重点，明确问题之间的内在联系。不仅从一门学科总的体系上注意教材的系统性，还要重视每节课的系统性，要考虑课与课之间的前后联系与关系，以保证学生循序渐进地获得知识。

（二）要坚持按照学生由已知到未知的规律进行教学，使所学的知识建立在已有知识的基础上

循序渐进的原则，不是形式主义地按照教材的体系进行讲授就能实现的，重要是从学生的实际情况出发。因此，讲授时一定要注意学生新知与旧知之间的联系，注意教材本身的特点，不能平铺直叙、罗列条文；不能等量齐观、平均对待。要抓住重点，解决教材的主要矛盾，讲清基本概念和理论。概念不清，会给学生学习带来极大的障碍。一个概念理解错了，如果得不到及时的纠正，就将使新知识的学习陷入盲目性。要运用多种方式使已学过的知识得到正确的理解和领会，以使他们接受新知识。

（三） 系统连续、循序渐进的原则，要贯彻到教学的各个环节中

不仅系统地讲授，还要求系统地检查和巩固所学过的知识，系统地训练学生的基本技能，完成各项作业。发现学生某个环节上出现问题，就应该及时解决。在教学的每一步骤，都做到严格要求，不仅对掌握系统知识是必要的，而且对培养他们正确的思想方法和学习习惯也是十分重要的。

七　统一要求与因材施教相结合的原则

统一要求是指教师在对同一个班级进行教学时，要根据培养目标和本学科的教学任务，对学生的要求要统一；因材施教是指在统一要求的前提下，要根据学生的具体情况实施教育和教学工作。统一要求和因材施教相结合的原则，既是实现党的教育方针达到统一的培养目标所必需的，又是在班级教学的条件下，处理好年龄特征与个性特征间的关系，考虑学生实际情况进行教学所必需的。

在一个班级里，学生的学习情况既有共性，又有个性。我们是按照学生的年龄和知识发展水平的要求来进行编班的，同一班级的学生，学校和教师按照国家统一规定的教学计划对他们实施着共同的影响，学生学习着共同的知识内容，有着共同的学习步调。正是这种共同情况，保证了分班教学的可能性。因此，我们在教学时应当对学生提出统一的要求。但共性寓于个性之中，每个学生学习上的差别又是客观存在的。不同学生的智力条件、健康条件、原有基础、努力程度和接受环境与教育的影响是不同的，因此，教学时必须重视因材施教。

这个原则的根本问题是因材施教。就对整个班级的统一要求来说，也要考虑班与班的不同特点，当前某些学校采取按学生学习程度编班，更存在班与班的差别，这就要求考虑大多数学生的情况，因班内大多数学生之"材"而教，同时又要因个别学生之材而教。

因材施教，在我国教育史上是一个有悠久历史的教学经验。孔子就提出要细心地观察学生，"视其所以，观其所由，察其所安"（《论语·为政》），根据学生的不同特点进行工作。当然，那时的教学是个别进行的，个别施教本身就为因材施教提供了便利条件。我们今天是分班教学。在同一个班级里，必须做到统一要求和因材施教相结合。既从全班情况出发，又注意个别学生的不同需要。使集体与个人之间相互促进，共同提高。

贯彻这一原则的基本要求是：

（一）了解学生身心发展特点，分析各种现象产生的原因

要统一要求和因材施教，首先要摸清学生的底细，搞好调查研究，深入了解学生身心各个方面的特点。包括身体和智力发展的状况，学习思想、学习态度、兴趣、爱好，学习上的困难，课余时间的分配，以及他们的家庭条件和社会影响等。在了解情况的基础上，要分析研究这些表现的原因，找出学习上先进和落后的原因，特别要找出决定的因素。要弄清学生理解和接受知识的规律，成绩上升和下降的规律，是如何在不同学生身上表现的。在对学生的看法上，既要有全面的观点，不光看缺点，也要看优点，又要有发展的观点，看到优缺点的相互转化，相信学生可以发扬优点克服缺点，落后可以转化为先进，先进可以更先进。

（二）针对学生的实际情况，采取相应的措施

要在对学生全面了解的基础上，提出对全班学生的统一要求，确定知识范围，决定讲授的广度和深度，使教学适合学生的程度。教师的一切要求，都应使大多数学生经过努力能够达到。对先进和后进学生，要分别提出不同的要求，同时要加强个别学生的课外辅导工作。

（三）教师要不断总结自己的工作，不断提高教学质量

学生的学习状况，不仅要从学生方面找原因，也要从教师方面找原因，教师应不断总结自己的工作，大力改进教学方法，不断提高教学质量。教师要经常反躬自问，自己是否尽到了应有的职责，要求是否适当，方法有无错误，工作上是否存在形式主义和主观主义。如有不当之处，应立即改正，这是贯彻统一要求与因材施教相结合原则的基本保证。

八　巩固性原则

巩固地占有知识，是指学生能够把学到的知识长期保持在自己的头脑里并根据需要随时把它再现出来。没有知识的巩固，就谈不到对知识的掌握。巩固性原则就是根据教学中这一要求而提出来的。

教学是为了使学生具备认识世界和改造世界的本领和能力。学生的学习是循序发展的过程，没有旧知识的巩固，就无从占有新知识。学生学习

的目的最终是为了改造世界,只有把知识牢固地保持在头脑里,才能把它运用到实践中去。因此,巩固地占有知识,既是进一步学习新知识所必需的,又是应用知识于实践所必要的。在教学工作中,必须十分重视这个原则。

学生在学校里要在短时间内集中学习大量的科学知识,没有专门的有组织地巩固知识的工作是不行的。教师必须明确教学绝不是形式上完成教学的进度计划,把课本规定的内容讲授完毕就算完成任务。检查教和学的质量,是以学生是否真正掌握了所学过的知识为准的。有计划地做好知识的巩固工作,是被教学过程的规律决定的。

贯彻巩固性原则,其基本要求是:

(一) 知识的巩固要在教学的全过程中实现

学生对知识的识记在教学活动的开始就开始了,当教师引导学生感知新教材时,学生的初步识记随着表象的形成而开始,以后随着对教材的理解和领会,对所学对象本质的识记也在发展着。但这种识记还是初步的,不牢固的。只有在知识的运用和练习、复习过程中,才能达到熟记,即达到能够长久保持和及时再现的地步。因此,必须注意把巩固性原则贯彻到教学的各个环节中,使每一环节的工作对学生牢固地占有知识起到积极作用。

(二) 教师教学既要掌握教材内容,又要学生发挥学习的主动性

学生对知识的熟记效果,是以学生是否真正参加到教学活动中来,以他们对待学习的自觉性、积极性和独立性为转移的;更是以教师的教学质量,以他所采取的方法和手段能否保证讲授的鲜明性、具体性和准确性为转移的。因此,教师教学时必须使自己的工作建立在对教材的内容体系、重点以及其间的关系的深入掌握上,建立在对学生学习主动精神的发挥上。做到吸引学生的注意力,使学生的思维活动处于积极状态。着重讲演教材的关键环节和重点部分,并进行反复说明,以加深学生的印象,使他们记住所学的知识。

(三) 教师要善于结合讲授的内容,培养学生记忆能力

学生对知识理解得越透彻,越有助于他们更好地巩固。记忆尽量要建立在充分理解的基础上,当然并不排除对某些内容进行机械记忆。实践证

明，既理解知识又自觉地进行机械的记忆是最有效的。要反对死记硬背，避免不理解的单纯的机械记忆。对一些没有意义的东西如年代、人名、地名等必须要机械记忆，有效地培养机械记忆的能力，对发展理解记忆能力是有帮助的，但对于有意义的东西不首先理解而进行死记则是不能允许的。那样就会阻碍思维能力的发展，造成学习知识认识事物的严重障碍。教师在教学过程中要善于结合讲授的内容，培养学生的记忆能力。

（四）为学生创造运用知识的机会，组织学生进行经常的复习

同遗忘作斗争的最有效的办法是对知识的运用和经常地进行复习。因此，一定注意基本技能的训练和为学生创造运用知识的机会，并且更要组织学生进行经常的复习。安排日常复习和阶段性复习，指导学生正确的复习方法。在运用知识和复习知识的过程中，注意培养学生巩固知识的信心。要使学生认识到，任何知识的巩固，都是要经过一定的主观努力才能达到的。学习是一种艰苦的脑力劳动，聪明才智是在艰苦努力中得到的。不付出一定的代价，只图轻而易举地占有知识，是办不到的。

上面我们对一些主要的教学原则作了简要叙述和说明。这些原则都从不同的侧面反映了我们的教育方针、目的、教学工作的客观规律和教学内容上的特点，因此它们各有其相对的独立性。根据教学实践的具体需要，在不同课的教学中，可以侧重于贯彻某一个或某几个教学原则。但这些原则都不是孤立的，它们相互联系地构成了我们的教学原则体系。所以，教师在进行教学时，必须看到各个原则之间的联系和关系，看到它们之间的相互补充和相互促进作用，综合地、创造性地加以运用。

当前，对教学原则的确定，教育界还没有统一的认识，这同我们对教学过程的规律还有待于深入地揭示和探索的现状是分不开的。所有的教师都有责任认真改进教学方法，提高教学工作质量，并不断地总结自己的经验，深入揭示教学过程的客观规律，以使我们对教学原则的认识达到新的高度。

教学方法[*]

一　教学方法的意义

教学方法是教师和学生为了完成教学任务实现教学目的所采取的工作方法。方法是达到目的的方式和手段，它是为目的服务的。当一件事情的方针、目的确定之后，能否达到预想的结果，方法就变成决定的因素。从这个意义上说，方法也和目的任务同样重要。方法问题如果解决不好，就无法实现目标任务，所以讲求方法绝非无足轻重。

教学方法对教学工作的成败有特殊重要的作用，在以实现四个现代化为目标的今天，要求极大地提高教学质量，加快培养人才的步伐。你如果注意改进教学方法，恰当地运用现代化的教学手段，就可以"免得走无穷无尽的弯路，并节省在错误方向下浪费掉的无法计算的时间和劳动"①。使工作收到最佳的效果。反之，便会事倍功半，给工作造成不应有的损失。

教的方法和学的方法是直接联系着的，教师如何教，学生就会如何学。一种好的教学方法，不仅关系着当前教学任务的完成，而且也影响着学生以后用什么样的学习方法去掌握知识。教师一定要十分重视不断改进自己的教学方法，把自己的工作做得精益求精。

教学方法首先是被不同社会教育、教学目的、内容决定的，目的、内容不同，所采取的方法也不同。在长期的奴隶社会与封建社会，其目的是

---

* 选自《教育学》，唐文中、刘树范、王福均、李乙鸣、齐亮祖等编著，黑龙江人民出版社1983年版，第165—190页。

① ［德］恩格斯：《自然辩证法》，人民出版社1971年版，第12页。

培养忠顺臣民，其内容是宗教教义或封建伦理，其教学方法也是单纯语言说教、呆读死记。资本主义社会由于生产的需要，要求培养担负统治任务和管理生产的知识分子和具有一定知识的劳动力，学习内容也较前更加广泛，不仅要灌输统治阶级的思想意识，许多自然科学知识也要求人们去掌握，因而教学方法上，也开始重视观察、演示和实验。在社会主义条件下，随着教育目的、内容的改变，教学方法奠定在科学的基础上。它针锋相对地反对旧学校那套陈旧呆板的教学方法，采取启发式，充分发挥学生的学习主动性和积极性。

其次，教学方法还受青少年身心发展的特点所制约，不能用对待成年人的方法来对待青少年。教学方法必须：一要适应青少年的需要；二要保护和促进他们的身心发展。

最后，教学方法是在工作实践中发展的，它不仅受教学的目的、内容所决定，也反映教学工作的客观规律。因此，教学方法的发展，有其自己的独立性，并不完全随着阶级关系的变化而变化。因此，对待历史上行之有效的教学方法，不能简单地加以抛弃，而要继承和发扬，在新的历史条件下赋予它以新的生命力。

在进行教学时，教师一定要善于选择教学方法，一方面要注意教学方法的效果性，只有那些在实现教学目的上能够获得最大效果的方法，才是好的教学方法；一方面要注意方法的简捷性，在同样都能达到良好教学效果的方法，要注意选用简捷的教学方法。

此外，在实际教学工作中，还要注意采取多种多样的教学方法，灵活变化。列宁指出："在方式方法方面的多样性，可以保证生气勃勃地、胜利地达到共同的一致的目标。"① 方法不是固定不变的，适应不同的教学对象和教学内容，要注意教学方法的多样性。

二 启发式和发现法

（一）启发式

启发式教学法，是把学生作为认识活动的主体，教师积极引导学生开动脑筋，揭示事物内在矛盾，主动地掌握知识的方法。它要最大限度地培养学生独立思考、分析问题解决问题的能力。它既符合无产阶级教育目的

---

① 《列宁选集》第 3 卷，人民出版社 1975 年版，第 400 页。

需要，又适应学生认识活动的规律。

启发式和注入式，在教学上构成了两种对立的方法体系。我国孔子最早提出了启发式的方法。他说："不愤不启，不悱不发。举一隅，不以三隅反，则不复也。"（《论语·述而》）孔子在学生心里有问题得不到解决，嘴里有话要说而又说不出来的时候，才进行启发，否则便"不启""不发"。而且又主张教师举了"一隅"，学生不能"以三隅反"，就不再教导了，这种做法存在着片面性。我们所说的启发，是在全部教学过程中，教师都要发挥主导作用启发学生独立思考。要创造条件，帮助学生发现问题、提出问题，即使学生达不到教师的要求，也还要进行耐心地帮助和教导，不能放弃不管。学生能不能受到启发，关键在于教师，不能把责任推给学生。

毛泽东同志历来十分重视启发的方法。他在关于"教授法"的十项要求中，提出的首要一条就是"启发式（废止注入式）"[①]，并且用自己亲身的教学实践为我们树立了运用启发式的典范。在中小学，我们一定要在各科教学中善于运用启发式的教学方法。

启发式教学因教学目的、内容和学生年龄特点而有所不同，其基本要求是：

1. 充分调动学生学习上的积极性，激发他们的政治觉悟和革命感情，树立为革命而学，为加速实现祖国四个现代化而学的自觉性与主动性。

2. 要考虑学生的具体情况，从学生原有的思想基础和知识基础出发，坚决反对教学上的主观主义。

学生的学习是通过他们自己的积极思维来认识客观世界的。他们在接受知识、考虑问题时，必须凭借一定的"思维材料"。这种"思维材料"，就是他们已有的知识和经验。教师教学时，首先要对学生的已有知识情况有深入地了解，启发学生用已有的知识来理解新的知识。这方面的做法是：

（1）通过提示性说明或启发性谈话，使学生再现旧知识，然后在此基础上引导学生接受新课。

（2）先突出所要讲授的中心问题，然后按照一定的线索分析与之相应的各个问题，引导学生运用已有的知识和经验，寻求解决的途径和结论。

（3）在解决某个问题时，在学生已有知识的基础上先摆出可能想到

---

① 《毛泽东同志论教育工作》，人民教育出版社1958年版，第165页。

的各种答案，然后逐个加以分析，排除错误，引导他们得出正确的结论。

（4）教师不提出结论，只摆出大量的事实和具体材料，然后从旁加以指点，启发学生的思路，诱导他们独立地获得正确的结论。

3. 激发学生求知欲望，唤起疑难，集中精力解决主要矛盾，突破重点，使学生"举一反三"，触类旁通。

要使学生的认识不断地得到发展，就必须使他们有疑难并积极去解除疑难。有疑难就是思想上有了矛盾，矛盾得到解决，知识也就掌握了。

教师要善于激发学生认识上的矛盾，鼓舞他们渴求解决的愿望。

（1）了解学生对课题的疑难所在，在讲授之前摆出这些疑问，使学生首先对未知事物产生好奇心，然后再加以讲解。

（2）如果学生没有疑难，就要引导他们产生疑难，教师可以有意识地设置疑点或摆出矛盾，激发学生对问题深入思考。

（3）对科学上有定论的问题，可以适当向学生介绍前人是怎样发现问题和解决问题的；对于科学上存在争论的问题，可以介绍不同学派不同人的主张、争论的焦点、问题的发展趋势、进一步探求这一问题的途径和教师自己对这一问题的观点和见解，以便培养学生独立地探求未知问题的兴趣和愿望。当然，在这方面，必须切实注意结合中小学的具体条件和教学上的需要来进行。

在对待各种疑难问题上，教师必须分清主次，明确重点问题和一般问题，抓住主要矛盾。教师只解决那些关键性的问题，不要把所有的问题都讲得过细过碎。要有意识把一些次要问题留待学生自己解决。给学生留有余地，才能培养和发展学生独立地分析问题和解决问题的能力。

（4）教师要想很好地运用启发式，必须认真备课，深透地掌握教材。在教学中努力做到思路清晰，逻辑严明，在思考问题的方法上给学生以积极的指导。

教师教学决不能停止在只是转述教科书的内容，必须钻研教材，按照教学的需要把教材重新加以组织和安排，揭示问题的内在联系和关系。教师能够系统清晰地进行讲解，不仅便于学生去接受知识，而且也影响着他们思维能力的发展。但这还不够，教师还必须有意识地引导学生学会分析和研究问题，在教学中教师的现身说法，对学生思想方法的培养有重大影响。启发的效果是以学生的思考问题的能力为条件的。教师越是善于进行启发式教学，越有助于培养学生的思考力；而学生的思考力和理解力越强，则越能使启发式教学收到更好的效果。

启发式的教学，应当体现在教学的各个环节中，体现在教师教学中所采取的各种具体的方法和方式中。

（二）发现法

发现法，有的国家叫作问题教学法，也叫积极法。这个方法是指让学生独立工作、独立思考、自行发现问题、寻求答案、得出结论的教学方法。其目的在于最大限度地发挥和发展学生认识的可能性，培养他们对知识的研究、探索和创造精神，以使学生在学习期间就养成一种独立钻研、探究并以积极的态度对待现实的习惯。这对于使学生在离开学校以后，能够更好地独立获取知识和钻研问题以适应科学技术飞快发展的客观需要有着重大的意义。美国心理学家布鲁纳是发现法的积极倡导者，近几十年来，这种教学方法在很多国家都得到重视和推广。

发现法与启发式教学法很相近，它们同样都要求在教师的引导下发挥学生的主动性和积极性，但严格地加以比较则是有区别的。启发式较侧重于教师的引导，发现法更多地强调学生的独立探索，学生的思想可以在更大的范围内自由驰骋。启发式是根据结论来对学生进行引导和启发，而发现法则重点放在获得结论的思维过程和对问题的探索过程。发现法比启发式更相信学生的能动性，凡不需要教师指导的一律由学生独立去完成。

"发现"这个词的本来含义是指找到前人未曾找到过的事物或规律，教学是让学生接受前人已经认识了的现成的知识，对学生来说，根本不存在或极少存在"发现"的问题。教学方法的发现法，是从另一种意义来说的。按照布鲁纳的解释，发现不仅限于寻求人类尚未知晓的事物，确切地说，它包括用自己的头脑亲自获得知识的一切方法。这就是说凡是学生所不知道的东西，都可以用发现的方法来学习和掌握。就是让学生学会独立地去解决问题。

发现法同传统的注入式的知识传授是相对立的，布鲁纳之所以特别重视这个方法，是因为它对于掌握迅速发展的现代科学技术是十分必要的。布鲁纳认为要适应现代科学的发展，在教学上必须十分重视学习上的"迁移"。要实现这种"迁移"，在教学内容上，从结构主义的理论出发，他强调原理的迁移，就是教材必须以基本概念和基本原理为主，学生如果能够掌握住知识的基本结构，就可以举一反三，触类旁通，进一步理解和掌握更大范围的知识。与此相应的，在教学方法上他强调必须在学习某门学科的过程中，掌握研究这门学科的态度和方法，学会像数学家那样去思考数学问题，物理学家那样去思考物理问题，以便学生能够在学习期间独立地去获取自己不知道的东西，并使他们将来能够从事真正的科学上的发明和发现，揭示人类尚未知道的东西。这样的教学方法就是发现法。

发现法的理论根据，是把人看作一切行为的源泉，人对外界各种情境所作出的选择基本上是主动的、自由的。这是因为人的行为的关键是人的意识。这种观点同行为主义的看法是根本对立的。行为主义者把人看作被外界环境中的刺激物所控制的一个被动的有机体，是可以被外界环境操纵的，他们认为统治自然现象的法则同样可以作为支配人的法则。发现法特别强调人的主动性，对待外界的影响，人不是被动的接受者，而是积极的占有者和支配者。

发现法要求学生独立去获取知识，其实质是使学生具有独立获取知识的本领。因此，在使用这个方法的过程中，十分重视培养学生的能力，包括动脑能力和动手能力。使他们既会动脑思考，又会动手操作。发现法适用于：

1. 揭示现象之间的因果联系和其他联系，以形成有关的概念和规律的时候。

2. 在教学内容上继续学习以前的知识，根据学过的材料可以逻辑地导出新的概念和理论的时候。

3. 当新学的内容为学生的独立钻研和探究能力所能接受和解决的时候。

当然以上的条件并不是绝对的，但总的来说应该是既具有一定的难度而又是学生经过一定的努力能够独立解决的问题。学生完全不知道的或者与已学过的知识没有联系的知识，是不适于使用发现法来学习的。使用发现法，必须特别注意保持和培养学生认识活动的兴趣、情感和意志。

运用发现法，一般的步骤是：

1. 提出问题。解说问题的情境，使学生内心里产生矛盾，确定需要解决的问题。

2. 合理假设。学生利用已有的知识和教师提供的材料，针对所提出的问题，提出合理的假设，确定解决问题的方向和办法。

3. 检验假设。对所提出的假设通过实验、论证、讨论、辩论进行理论上的和实践上的验证。

4. 作出结论。在比较、分析、推理的基础上作出正确的结论。

关于发现法的具体进行方法可参考附例。

［附例一］

布鲁纳和他的合作者数学家迪因斯进行的数学教学过程的发现学习例证。

在一个 8 岁儿童班级里进行数学教学——某一个教学单元。

先向儿童介绍三种木片或"平面"。第一种"平面"叫"未知正方形"或"X 正方形",第二种"平面"是长方形,一边之长为 X,另一边之长为 1,因而称之为"1x"或"x",第三种是小的正方形,边长为 1,管它叫作"1·1"或"1"。(见图一)

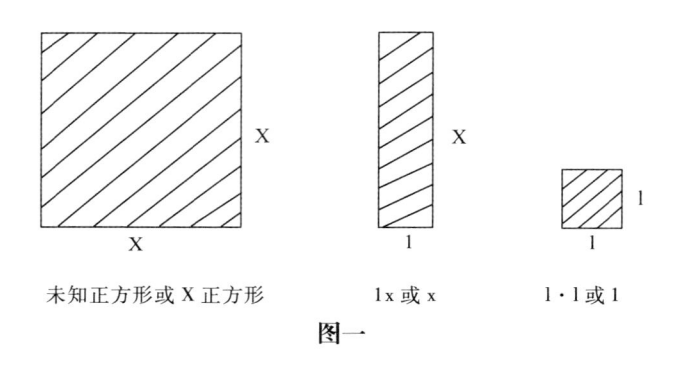

未知正方形或 X 正方形　　　　1x 或 x　　　　1·1 或 1

图一

布鲁纳让儿童们玩弄这些材料以获得相应的感觉,然后,他向儿童们提问:"你们能用一些木片做出比这个'X 正方形'更大的正方形吗?"这个任务对在校儿童并不困难,他们轻而易举地做了另一个正方形。(见图二)

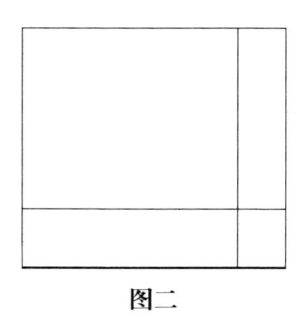

图二

接着,布鲁纳要儿童们描述他们做的工作。他们说:"我们做了个正方形,这个正方形是 X 正方形加上两个'X'平面和一个'1'平面。布鲁纳进一步要他们采用标记法把工作过程写下来:符号 X^2 表示"X 正方形",符号 + 表示"加"等。这样所做正方形的各部分就可以用 X^2+2X+1 来表示。

布鲁纳告诉我们,儿童们还有另一种根据边说明他们所做新正方形的方法：（X+1）（X+1）。由于这是表示同一个正方形的两种基本方法，所以可以写成 $X^2+2X+1=(X+1)(X+1)$ 的方程式。当然，这种描述比实际所采用的程序简化多了。

儿童们继续作图，并按照标记独立推导。（见图三）

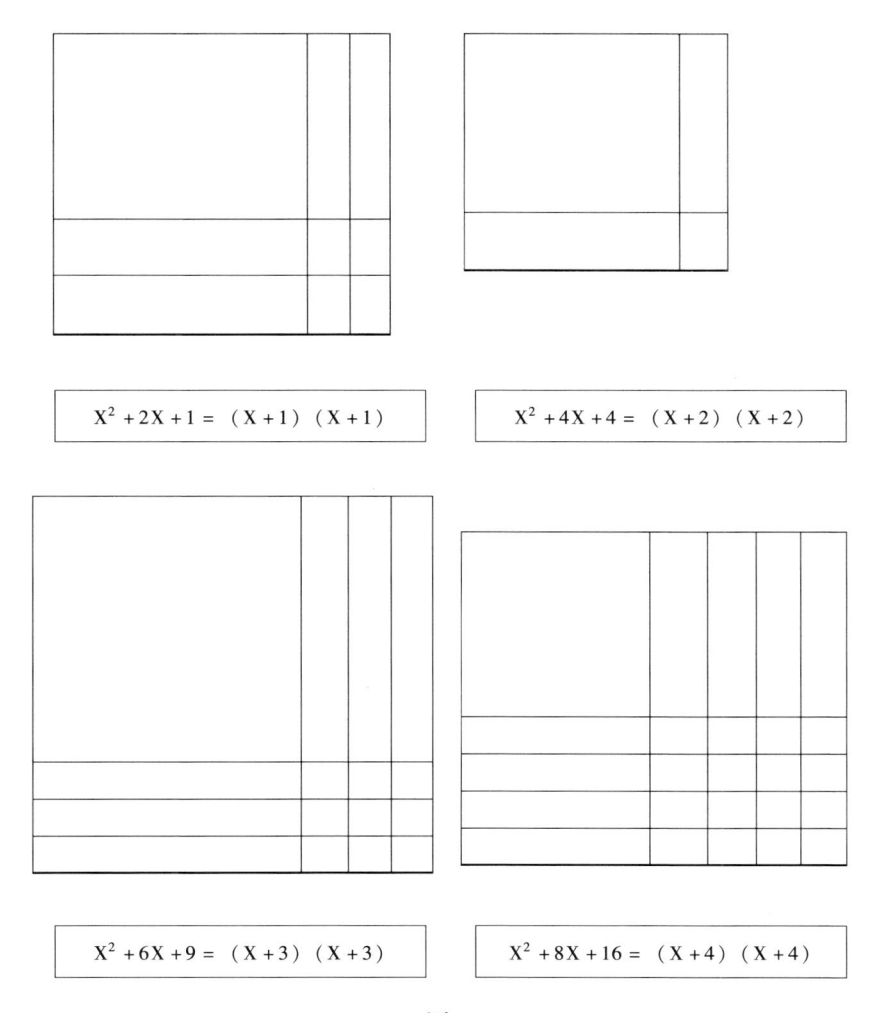

$X^2+2X+1=(X+1)(X+1)$

$X^2+4X+4=(X+2)(X+2)$

$X^2+6X+9=(X+3)(X+3)$

$X^2+8X+16=(X+4)(X+4)$

图三

布鲁纳据此提出假设：儿童是逐渐察见一种模式的。当 x 按 2·4·6·8 的比例前进，另一行的增加是 1·4·9·16；而方程式的右边模式则是 1·2·3·4。布鲁纳认为，采用启发性的问题往往能诱导学生自行去发现，尽管开始时儿童不具备打破常规的能力，但他们确会感到其间存在着某种模型，并力图去发现它。显然，儿童此时学到的，不仅是关于二次方程式的东西。更重要的，他们还发现了数学规律。①

［附例二］

用测量影子的方法找出树的高度。

在太阳下学生把一根棍子垂直插入土中，量出它的高度。每隔半小时，在影子的顶端钉入一个木桩，并且量出影子的长度。学生们发现太阳逐渐倾斜，影子就逐渐变长，当影子的长度是棍子的两倍时，他们就研究，并认识到："当棍子影子的长度是棍子高度的两倍时，那么树的影子也必然是树的高度的两倍。我们能用测影法来找出树高"。然后，他们再测量树影长 7 米，所以树高应是 3.5 米。接着，他们又用同样的方法，测出了楼房的高度。后来，在没有太阳时，他们又进一步探索，运用已经掌握的原理，使用了一长一短两根木棍，测出了旗杆的高度。他们的办法是，用一根一米长的木棍，由一个孩子拿着竖立在地上，另外用一根两米长的木棍平放在地上作一米长木棍的影子，由另一个孩子躺在地上用眼睛从这个"影子"的顶端通过竖棍的顶端，瞄准旗杆的顶端。两个孩子不断地移动这两根木棍的位置，直到使这个"影子"的顶端、竖棍的顶端和旗杆的顶端成为一条直线时，他们推断如果有太阳，这个"影子"的顶端（即平放在地上的两米长木棍的顶端）到旗杆根部的长度，就是旗杆影子的长度，也就是旗杆高的两倍。这一步推断对儿童来说是非常可贵的，它超过了一般的逻辑推理，是含有创造性思维成分的。因为这时他们还没有学过相似三角形。②

三　讲授、谈话、读书指导

（一）讲授

讲授，是指教师通过语言的描述、解释来说明教材，使学生获得知识的方法。讲授从来就是中小学各科教学普遍采用的方法。其特点是可以充分发挥教师的主导作用，使学生短时间内获得大量的知识。通过讲授，不

---

① 人民教育出版社《外国教育丛书》编辑部：《中小学教学改革的理论和实际》，人民教育出版社 1979 年版，第 28—30 页。

② 胡梦玉：《如何运用"发现法"》，《中小学各科教学》（人大复印报刊资料）1980 年第 6 期。

仅可以揭示事物和现象的内在联系，论证各种原理和规则，叙述事件的发生、发展过程和因果关系，而且便于对学生进行思想政治教育，给学生思想上、政治和道德品质上以积极的感染和影响。

讲授有三种方式，对教材进行系统的讲述和说明，称为叙述；对概念、定理、法则或某些具体问题进行解析和论证，称为解释；对课文进行边讲边读，称为讲读；针对较高年级的特点，对一个完整的题目，连贯地进行分析、论证和说明，称为讲演。叙述是对事物始末原委进行阐述，解释是就对象的内在条件加以解析。在教学实践中这两种方法是交互采用。讲读主要在语文课上采用，便于对课文和语词作出明确的讲解。讲演要求严密的逻辑性和较强的系统性，适用于高年级较深的内容，它既要有叙述的因素，也包含解释的因素。

采用讲授法进行教学，应遵循下列各项要求：

1. 讲授的内容要具有高度的科学性和思想性。讲授的一切内容都要准确无误，并注意使讲授的科学性与思想性结合起来。教师要深入领会教学内容，以自己坚定正确的立场，饱满的阶级感情和对教材的深刻体验来感染学生和教育学生。

2. 讲授要有严密计划性。教学工作受各种条件所制约，为了在固定的教学时间高效果地讲授确定的内容，教师必须加强讲授的计划性。这个计划性包括内容的组织，时间的支配，活动的安排等，都要在备课过程中进行周密的计划，并在教学时灵活地执行这个计划。

3. 讲授要具有系统性和逻辑性。做到主次分明，条理清晰，重点突出。切忌头绪混乱，语无伦次。要遵照循序渐进的原则，抓住教材的主要线索，有步骤地进行讲解。一堂课开始，首先要说明课题的要求，概要介绍讲授的主要内容，然后逐个问题加以说明，注意问题间的前后关系，防止叠床架屋，前后重复。

4. 教师讲授要精神振奋，情绪饱满，语言清晰准确，态度灵活自然。

5. 讲授要善于运用板书。板书不应是讲授内容的简单重复，它应起到画龙点睛和提纲挈领的作用。要把标题、重点、难点、关键词语，或内容要点与结论书写出来。板书要尽量写得清晰、规整和有条理，避免潦草零乱。还要善于运用板画，以提高教学的直观性。

(二) 谈话

谈话，亦称问答，是指教师在学生已有知识和经验基础上，通过师生间的问答或对话，巩固已有的知识和进一步掌握新知识的方法。谈话的最大优点是能够活跃学生的思想，使学生的思维活动处于积极状态，对培养学生逻辑思维能力和语言表达能力都有很大作用。在一问一答的过程中，既便于教师及时了解学生智力活动的方式和反应速度，掌握他们的理解和接受情况，又便于学生了解问题的来龙去脉和掌握教师的思路。对于学习中的疑点和难点，也易于发现和解决，较有利于清除学习上的障碍，避免学习上的形式主义偏向。由于学生对每一提问的回答，都必须经过自己的积极思考，都必须对学过的知识进行重新的联想与组合，而且得到教师及时地指点，这样就容易在头脑中留下深刻印象，便于对知识的巩固和记忆。

谈话一般可分为启发式谈话和问答式谈话。启发式谈话，主要应用于传授新知识。教师在讲授某一课题时，借助于一系列的提问。启发诱导学生运用他们已有的知识和经验，经过自己的独立思考来获得和掌握新知识。教师提出的问题，必须是前后连贯的，学生根据教师的提问，对已有的知识、经验进行汇集、比较和区分，通过其依存条件和因果关系，作出概括和总结，最终获得新的知识。问答式的谈话，主要应用于复习和巩固已学过的知识。教师根据已学过的教材，提出问题，要求学生作出正确的问答，达到牢固占有知识和使知识系统化的目的，也可以检查和评定学生对知识的掌握。

谈话法只适用于学生的已有知识足以作为他们获得新知识的基础的情况下来采用。学生完全不知道的新知识，是不能通过谈话来获得的。而且谈话法往往占用较多的教学时间，因此，不能片面地夸大它的作用。在传授新知识时，它只能与讲授配合来使用，却不能取代讲授的地位。

运用谈话法的基本要求是：

1. 教师在课前要进行充分的准备。既要熟练地掌握教材内容，也要切实地了解学生的知识基础。然后根据课题的要求全面地安排谈话的内容，确定谈话的进程，详细地写出谈话纲要。特别对课题的重要部分和关键环节，以及要提出和解决的中心问题都要依次列出。此外，还要估计到谈话过程中可能遇到的困难和障碍，考虑解决的办法。

2. 教师所提的问题，要立意鲜明，措辞简练，难易适度，为学生所能正确理解，不能含混不清，不能空洞无物，更不能脱离学生的知识基础。应该有较强的逻辑性，所有问题都要保持逻辑关系的一致性，不能前后矛盾。问题的内容要丰富，形式要多样化，但方向必须统一。这样才能既活跃学生的思想，又有明确的思路，以便作出预期的结论和答案。教师还要准备必要的辅助性问题，把离开主题的答问引到统一的思路上来。为了节省教学时间，也可不提辅助性问题而由教师通过指点性的小结，把问题引到课题的轨道上。

3. 谈话应面向全班学生，注意调动所有学生的积极性，使他们都能积极思考，积极参加到谈话过程中来。因此，必须采取各种方式吸引学生的注意力。

4. 谈话进行中，或谈话结束后，为了整理学生的思想，获得系统的科学知识，教师应进行必要的小结或总结。在作这种小结或总结时，既要根据课题的要求，明确提出关于新知识的结论，又要指出学生在考虑问题时思想方法的优缺点，以便使谈话成为传授知识和培养学生思维能力的手段。

（三）读书指导

读书指导是教师指导学生阅读教科书或参考书来获得知识的方法。读书是学生取得间接知识的重要途径。指导学生读书是使学生学会从书本上吸取知识，养成读书的能力和习惯，使他们学会读书、爱好读书和善于读书。各科教师都要结合本学科的特点，指导学生读书，特别是语文教师，更要分外重视这个问题。

进行读书指导，要求做到：

1. 要注意教会学生使用工具书。工具书包括字典、词典、专用词典和分类资料汇编等。其特点是提供阅读各种书籍的基础知识和必需的材料，它是排除阅读障碍，解除疑难所不可缺少的。从小学低年级开始就要教会学生查阅字典，随着年级增长，要逐步学会使用其他有关的工具书。

2. 要指导学生熟练的阅读技巧，正确进行朗读和默读。特别是语文教学，必须注意加强这方面的基本训练。不断提高学生的阅读效果和质量。

3. 注意加强预习、复习的指导。预习、复习是通过阅读教科书独立地获得知识和巩固知识的有效手段。预习能为听课做好充分的准备，为领会教师讲授的内容打下基础。复习是对学过内容加深理解和巩固。教师应注意针对不同的课文，规定阅读范围，提出阅读要求，并根据阅读效果，进行具体的指导。

4. 学生的读书能力和效果，是以他在课堂内对基础知识的掌握情况为转移的。教师在课堂上指导学生阅读教科书时，对名词、术语、概念、原理，必须确切透彻地讲解，使学生牢固地加以掌握。对学生能够理解的部分内容不必多费唇舌，可留给学生自己去阅读，以培养他们独立阅读的能力。要注意使学生掌握课文的基本思想，认真分析课文的论点和论据，弄清问题之间的关系，学会由部分到整体又由整体到部分的阅读方法。学生学会了有效地阅读教科书，也就为阅读参考书和一切其他书籍打下了基础。学生在学校里养成了读书的能力和习惯，也就使他们在出校以后能够从书本上不断地获取新知识。

四　演示、参观、访问

（一）演示

在教学当中，为了给学生提供直观形象，运用实物、教具或进行实验，使学生获得感性知识，为进一步掌握概念、理论打下基础，叫作演示。演示的过程，也就是在教师的指导下学生感知具体事物的认识过程。

演示不是孤立进行的，它常常配合讲授、谈话来使用。一切与教材内容直接相关的实物、标本、模型、照片、图表、图画、幻灯、影片都可作为演示的工具。现代化教学手段的采用，为演示开辟了新的领域。在演示直观材料时，教师应通过讲解、说明和问答，引导学生在知觉具体事物的过程中进行分析、综合，使他们对事物进行深刻地认识。演示不仅可以用于传授新知识，也可以用来检查和复习已经学过的知识。

演示的要求如下：

1. 演示是为教学目的服务的，它必须适合于教材内容的要求，同时还要考虑学生已有的知识和经验。如果演示的材料不是学习书本上理论知识所需要的，这种演示就失去了它的目的；如果演示的事物是学生所熟知的，这种演示就是画蛇添足，多此一举。所以教师运用演示必须有针对性，不能滥用，不能为演示而演示。

2. 演示在于使学生对所学对象获得完善的感知。因此，教师所提供的教具，应尽量被学生的各种感官所接受。教具的大小、颜色必须适当。根据教具情况可以供全班学生同时观察，也可以分组进行观察。

3. 教具提出的时间要紧密配合讲授内容的需要。有时在讲授某一问题之前，先进行演示，使学生获得一定的感性知识后，再进行讲解，得出结论；有时可先进行讲授，以演示来证实必要的结论。但，不论怎样，都不宜在教学活动之前，把教具陈放在学生面前，以免分散注意力，降低教学效果。

4. 演示之前，教师要对教具进行准备和检查。特别是对于准备在课堂上进行示范表演的各种实验，更要在课前预做一遍，以免临时出现问题，因而浪费教学时间和影响教学效果。

（二）参观

参观，也是学生获得感性认识的方法。参观是在校外进行的。根据教学目的，把学生引导到校外的一定场所，如自然界、工厂、电站、农村、博物馆、展览会等处，使学生直接接触自然和社会，了解生产斗争、阶级斗争和科学实验的真实情况，掌握生动的实际知识，叫作参观。它不仅可以扩大学生的知识眼界，学到直接知识，验证课堂内学过的结论，而且通过对祖国的自然景象、壮丽山川的观察，工农业生产和社会现实的了解，对学生思想政治的培养也有着重要的作用。所以，参观是把理论和实践结合起来，取得教育、教学综合效果的好方法。

根据参观与课堂教学活动的关系上来看，参观可分准备性参观、总结性参观与并进性参观三种形式。各种形式的参观都要求：

1. 参观活动之前，要制定周密的参观计划，做好各种有关的准备工作。参观计划包括参观的目的、任务、时间、地点，参观的内容、方法和具体要求，参观的组织领导和注意事项，估计参观过程中可能出现的问题和解决办法等项目。教师要亲自到参观现场进行联系和了解，向参观单位提出有关的要求，取得参观单位的配合与合作。在此基础上，要向学生进行动员和宣布参观计划，规定参观的纪律。

2. 在参观活动进行中，教师要争取参观单位的有关人员进行具体的讲解和指导。要把学生的注意力集中到要观察的主要问题上来，不要在无关的问题上浪费精力。要启发学生提出需要解决的疑问，并给予解答，同时还要指导学生搜集有关材料做好必要的笔记。整个参观进行中，教师都要发挥领导作用，教育学生严格遵守纪律，注意安全。要兼顾所有学生，不能只迎合少数人。

3. 参观之后，要注意做好总结工作。可以组织学生进行座谈、讨论，也可以要求学生写参观报告或布置其他的作业。对整个活动的进行情况，教师要进行全面的总结，以便巩固收获，明确经验和教训。

（三）访问

访问，与参观同样，都是校外进行的教学活动。访问的对象是人，如对英雄模范人物的访问，对老工人、老农民、老战士的访问。访问可以使学生受到现身说法的教育，对增长知识见闻和思想教育都有重要作用。

访问可以通过报告、座谈、对话等方式来进行，也可以单独组织。访问最重要的是要慎选访问的对象，保证达到预期的教学目的。

参观活动的基本要求，也适用于访问活动。

五　实验和实习

实验和实习，都是在教师的指导下，学生进行独立作业的方法。实验，是在自然条件下或有意选定的条件下，利用一定的工具和器材设备，引起事物或现象的某种变化，通过这个变化过程和结果的观察来获得知识、技能的方法。如理化实验，生物实验等。实习，是在教师的组织领导下，从事一定的实际工作，在工作中运用所学过的理论，进一步掌握一定的工作技能、技巧和获取实际知识与本领的方法。如生产实习、动植物的饲养栽培实习。实验和实习，都可以获得直接的实际知识，都可培养独立思考和独立工作能力。

实验和实习，都要求具有明确的目的，并做好各种有关的准备工作。制订好实验说明和实习计划，准备好各种有关的工具器材。教师要向学生讲述实验和实习的具体要求。实验之前，有时需要教师为学生作示范性实验，以明确工作要求和步骤。在实习前，常常要组织必要的见习活动和观摩活动。实验和实习，都要做好组织工作，进行纪律教育和安全教育。

在实验和实习进行过程中，教师要进行具体的指导。对独立工作能力较差的学生要给予个别指导，注意及时发现问题、解决问题、排除障碍、纠正工作中的错误。要引导学生独立进行工作，不要代替学生的操作。要鼓励学生的创造性，积极加以引导。应使所有学生都积极投入到实验或实习活动中来，不允许袖手旁观，坐待其成。对实验实习的工作进程、结果和有关数据，应要求学生注意记录和积累。

实验或实习之后，学生应根据一定的要求，写出实验报告或实习总结，作为教师评定学生学习质量的依据。

六　练习和复习

（一）练习

练习是学生在教师的指导下，巩固与运用知识，培养技能、技巧的方法。各科教学都普遍运用练习。正确组织的练习，不仅可以使学生将学过的知识得到运用和巩固，形成一定的技能、技巧，而且对于发展学生的认识能力，培养创造精神，锻炼意志性格都有重大意义。因各门学科的特点不同，中小学的教学要进行多方面的练习。

练习应按一定程序来进行，首先要提出练习作业的任务、要求；其次是教师做出示范性的练习；再次是学生独立进行练习；最后教师要做出练习的小结，指出练习的优缺点和改进要求。

各种练习活动，应普遍遵守的要求是：

1. 认清练习的目的与性质，掌握有关技能的基本知识。

2. 掌握正确的练习方法，包括思维方法和动作方法。只有方法正确，才能保证练习的效果，达到预期的目的。

3. 练习必须有计划、有步骤、有系统地进行，循序渐进，经常连续，持之以恒。

4. 要使学生知道每次练习的结果，同时培养他们对练习结果进行自我检查的能力和习惯。

5. 要正确掌握练习的速度和质量要求。练习的进行应先慢后快，认真按照规定的要求来进行，加强基本功训练。

6. 要坚持"多练"，一要注意练习方式的多样化，一要注意保持足够的练习次数。练习的方式和次数都要适当，不能无限制地增加练习，过犹不及，同样无益。

7. 要注意练习时间的合理分配。一般来说，适当的分散练习比过度集中的练习优越。在分散练习中，开始阶段每次练习的时间不宜过长，但各次练习之间的时间应短一些，随着技能的掌握，可适当延长各次练习之间的时距，以便达到熟练掌握，并继续加以保持。

（二）复习

复习是学生对学过的知识进行巩固保持和把知识系统化的方法。作为教学方法的复习，是在课堂内教师指导学生进行的。课内复习对学生课外进行的独立复习产生着直接的影响，它不仅可以打下复习的基础，而且便于掌握复习的方法，并有助于养成良好的学习习惯。

课内复习可分学期开始的复习、日常复习、单元复习和总结性复习等几种类型。

复习是防止遗忘的主要手段，要把学过的知识牢固地保持在记忆中，就必须复习。有领导的课内复习，不仅可以加深学生对知识的理解，还可以帮助教师及时发现学生掌握知识的缺点和漏洞，以便采取必要的措施加以弥补，同时更重要的是可以把学生的知识系统化和条理化，使他们掌握知识的内在联系，为进一步学习和提高打下基础。

复习是对学过知识的巩固过程，在教学上所采取的各种方法，如讲授、谈话、演示、实验等，都可用作复习的方法。什么情况下采用什么方法，视复习的性质和内容来决定。各种类型的复习，都要十分重视新旧知识的联系和把学过的知识系统化，这是巩固占有知识的基本保证。

七　讨论

讨论，是在教师引导下通过集体（小组或全班）的组织形式，说出个人的看法，相互启发，取长补短，达到深入消化、理解学过的知识和增长新知识的教学方法。它可以活跃学习思想，充分发挥学生的主动性和积极性。

讨论应在学生对讨论的问题具有相当的知识储备和认识基础上来进行。在中小学，讨论常常是配合其他教学活动进行的，如在讲授、谈话、参观、实验、实习之后或在这些活动的过程中采用，很少用来作为独立获取知识的方法。

讨论，要求事先做好准备。教师应向学生提出讨论的问题和要求，指出注意事项，布置应阅读的材料。学生要严格地按照教师的要求，独立地进行准备，写出发言提纲。不做好准备，无法收到讨论的应有效果。

讨论，可以分小组进行，也可以全班进行，根据情况可由教师主持或由学生主持。讨论中，每个学生都要积极地投入到讨论活动中，注意围绕讨论的中心发言，不要离开讨论的主题，特别要鼓励那些平时不愿意发言的学生说出自己的意见。教师要给以指导，不要包办代替。注意指出矛盾的所在，有时还要提出疑点，引导学生对问题的各个侧面展开争论，达到对问题的深透掌握和理解。

每次讨论，都要进行小结。小结应紧密联系课题的内容，解决疑难问题，作出明确的结论。

八　教师的语言

（一）教师语言在教学活动中的作用

语言文字，是人们交流思想，传递和延续人类文明与文化的工具。在教学活动中，教师的语言具有特殊的重要作用。我们知道，教学当中学生对教材的感知和理解不外两种途径，一是直接通过演示、观察、实验、实习、生产劳动或其他社会活动等手段来获得知识，一是通过阅读教科书以及教师的语言描述来掌握教材，这两种途径都离不开教师的语言。

在第一种情况下，教师在引导学生直接感知所学对象时，他要借助语言指引学生注意观察对象的关键部分、重要的特点和相互联系。这样学生才能自觉地整理和评价自己所感知的东西，并把它纳入到以前所获得的知识体系中。没有教师的语言指导，就不可能使知觉具有明确的目的性和指向性。在第二种情况下，教师的语言更重要，有时它甚至是使学生认识现实的唯一手段。因为学生虽然可以通过阅读教科书来获得知识，但阅读能力的培养，却是通过教师系统地讲解而逐步提高的。教师讲授的内容，是否能被学生所理解，关键是教师所使用的语言，是不是适应学生的知识水平和接受能力。只有紧扣教材的通俗易懂的语言，才能收到应有的教学效果。

教师语言的重要作用，不仅表现在传授知识上，也表现在培养学生的实践技能和技巧上。任何一种动作方式的训练，都要教师既做示范表演，又要对这个动作进行说明和解释。当学生按照教师的要求进行练习时，教师还要借助于语言进行必要的指导。

教师在传授知识、培养学生技能、技巧的过程中，不仅揭露客观事物的内在联系，同时还通过语言把教材的思想因素传授给学生，激发他们的情感，加深他们的体验，影响他们的行为和品德。所以，教师的语言，对学生的政治立场和思想道德起着教育与培养作用。

不仅如此，通过教师语言的直接感染，也关系着学生语言的发展，使他们的听、说、读、写能力得到培养。语言是学习的基本工具，教师越是注意丰富学生的词汇，发展学生的语言，越有助于学生更好地理解和接受教师所讲授的教材。

可见，教学工作能否获得成功，教师的语言是个重要的条件。

教师是教育家，也是宣传家。良好的语言，是对教师的基本要求。毛泽东同志于1929年提出的对红军的十项"教授法"① 中，直接规定教师语言要求的就有四条，指出"说话通俗化（新名词要释俗）""说话要明白""说话要有趣味""以姿势助说话"，充分说明了教师语言的重要性。广大教师必须深刻认识这个问题，努力提高自己的语言表达水平。

（二）教师语言的基本要求

教师的语言，是教育上的语言，是为实现教育目的服务的。这是它的首要特点。教师的一言一行，一语一动，都是学生模仿和效法的对象。教师的语言，必须符合教育要求，在教育上经得起推敲和考验。教师语言的另一特点，是它以正在成长着的青少年一代作为对象。儿童和青少年处在长身体长知识的关键时期，他们的身心发展有特殊规律，他们有渴求知识的愿望，而生活经验又十分不足。正因为此，他们极容易接受来自客观的各种积极的或消极因素的影响。所以，教师总是要根据这个对象，而决定和变化自己语言的表达内容、方式和方法，注意从学生已有的知识和经验基础上，引导他们的认识和行为达到更高的境界。

教师语言，是教育上经过加工的语言。对这种语言，必须有特殊的要求：

1. **教师的语言要科学、准确、严密精练，具有鲜明的逻辑性和系统性**

教师的基本任务是向学生传授科学知识，他的语言必须科学、准确。各门学科的知识从不同角度反映着客观现实，它们都有其特殊的语言范围，教师要熟练地掌握本门学科的科学术语，专用词语和概念，并善于使用恰当的表达方式，使语言的结构严密，内容精练，既有系统，又合乎逻辑。做到眉目清晰，重点突出，论点明确，论据充分。防止旁征博引，信口开河。

2. **教师的语言，要富于思想性和情绪上的感染力**

教师是党的教育方针政策的贯彻者，他的语言应该具有高度的思想性。语言的思想性与科学性是直接联系在一起的，在传授科学知识的同

---

① 《毛泽东同志论教育工作》，人民教育出版社1992年版，第3页。

时，要保证培养学生的共产主义立场、观点和方法。同时注意使自己的语言富于情绪上的感染力。要在语言中凝结着对教材的深透体会，饱含着对青少年学生的热切期望。对于是非、善恶、美丑，都要表明自己的态度，使学生既能准确地掌握知识，又受到思想上、情感上的积极培养。

3. 教师的语言，要丰富、生动、形象具体

各科教学内容，反映着客观世界各个方面的事实和规律，它本身就是丰富多彩的。教师讲课避免平铺直叙，照本宣科。要善于把现实生活、政治形势、学生思想现状同所讲授的相关的内容融合在一起，选取各种例证，增强讲授的生活气息，使教学内容丰富、充实。注意唤起学生的已有经验，使用恰当的比喻，做到使表述的问题形象具体。还要注意语言表达上的情节变化，适当穿插一些有风趣的插话，往往会使讲授更加生动灵活，增强语言的表现效果。

4. 教师的语言，要富于启发性和含蓄性

教师的责任是充分调动学生的学习积极性，使他们开动脑筋独立地去获取知识。启发和含蓄，就是从学生的实际情况出发，既通俗易懂地说出学生想知道而不知道的东西，又要不把问题说完说尽，以便给学生留有思考的余地，使他们经过自己的努力掌握知识。教师语言的启发性和含蓄性同深透详明地讲授教材是统一的。不能认为需要启发和含蓄，就可以放松对教材的深入讲解；也不能为了启发和含蓄，而故意在学生的学习上制造不必要的障碍。

5. 教师的语言，要坚定、灵活

教学中传授的科学知识，是在实践中经过验证的真理，是客观世界的真实反映。传授这些知识所用的语言，必须是坚定的、确切的，不允许模棱两可、似是而非。但在表达方式上又必须灵活。坚定，表现为忠实贯彻党的教育方针和目的，表现为对科学知识的尊重，表现为对学生认真负责的态度上。而灵活则表现为充分考虑教学的对象，表现为恰当对待青少年掌握知识上的复杂性和差异性。语言的灵活性，是一种在教材处理和教学方法上的要求。教师要善于变化语言的表达方式，以鼓舞学生的求知欲望和学习兴趣，保持学习上的旺盛精力。

上述这些要求，归结起来应注意两个基本方面，即语言思想内容、科学内容和语言的表达技巧。在教学实践当中把这两个方面统一起来，才能收到良好的效果。

为了不断提高教学质量，教师应注意培养自己的语言表达能力。认真备好课，深入掌握所任学科的教学内容，注意深入生活，深入学生，学习人民群众的语言，多方面地吸取有用的知识；同时还要通过教学实践有意识培养和锻炼自己的语言表达能力，不断总结经验，提高语言表达水平。

现代化教学手段与普通教具[*]

在教学工作中经常起作用并直接关系教学效果的基本因素有两个：一个是人的因素，主要是教师，教师的语言尤其起着重要作用，这个问题在前面已经叙述过了。一个是物质的因素，即有关教学工作的各种物资设备和这些设备的有效使用。本章将侧重说明教学的物质条件中关于现代化教学手段和一般教具问题。

一　教学手段现代化的重大意义

教学的物质设备这个概念，包括范围很广，诸如房舍、桌椅、教科书、黑板、粉笔、教学仪器、教具等都是。属于把现代化科学技术引入教学领域借以加速教学进程、提高教学效果，是现代化教学手段要回答的问题。现代化教学手段，也叫现代化教学技术，它是针对在教学工作上运用现代化科学技术成果的手段和方法来说的。由于这些手段主要采用声光设备进行教学，因此又称视听教学。由于这种声光设备是以电能作为动力的，因此，我们通常称之为电化教学。这些设备只是在教学过程中传输教育信息，促进学生感知和理解的手段，对教学活动起着媒介作用，并不能取代教师的教和学生的学。因此，这方面的有关设备又统称为"教学媒体"或"教育媒体"。现代化教学技术，是新兴边缘科学教育工艺学的重要研究课题之一。

教学手段的改进，是随着科学技术和教育事业的发展而发展的。从运用普通教具到现代教学技术，是近几十年来教学工作手段上的一个重大突

---

[*] 选自《教育学》，唐文中、刘树范、王福均、李乙鸣、齐亮祖等编著，黑龙江人民出版社 1983 年版，第 191—225 页。

破，现在世界上各先进的国家都十分重视教学手段的现代化。它同教学内容的改革，同样都是提高教学质量和效率的重要措施。不仅设有专门的生产、供应和管理现代化教学器材的机构，而且还有专职的研究人员。最近几年来，我国也把推广和发展电化教学列入发展教育事业的重要日程，并且已经取得了很大成绩。

教学手段现代化的重大意义是：

（一）它可以丰富教学内容，提高教学效果

现代化教学手段能在短时间内表现大量事物，使学生感受逼真，印象深刻，经久不忘。如电影、电视教学就能广泛使用各种技艺充分揭示教学命题，表现宏观世界和微观世界，大至宇宙、星体，小至分子、原子，都可以明确地呈现在学生面前。还可以表现高速低速运动，展示复杂的工艺过程，把抽象内容具体化，把肉眼无法观察到的东西形象化。一些带有危险性的教学实验，如爆炸、光辐射、原子反应、细菌活动、破坏性试验等，以及复杂精细的外科手术都可以通过电影、电视表现出来。这样的教学，既便于理解接受，又易于巩固记忆。

（二）可以节约师资，缩短教学时间

现代化教学手段可以真实地记录和有效地传递教学活动及科研成果，学生借助于这些设备可以进行自学。一个课题只要请一位有经验的教师进行讲授，就可以使更多的学生通过电视进行学习；一种教学活动或某一学习客体拍摄成教学影片，更可以到各种场合去放映。某些现代化教学设备还可以代替教师批改作业，进行测验考试和记录学生成绩。这样就可大大减少教师的数量和减轻教师的劳动。使他们有更多的时间和精力从事进修和提高。由于采用先进的教学设备可以丰富教学内容，提高学习兴趣，便于理解记忆，这就能使学生在固定的时间内学到更多的内容，极大地节省教学时间提高教学效果。

（三）可以加速普及教育，发展成人教育

办教育要求师资、设备、经费及各种条件。这些条件都不是很容易解决的，现在不论是发达的国家或发展中国家都把注意力更多地投放在现代化教学手段上，都注意大力发展广播教学和电视教学。有的国家更利用通信卫星或专门的教育卫星来开展教育活动。加强领导和做好组织工作，这

是极有利于教育的普及和提高的。

我们国家在电化教学上，由于基础差、起步晚，无论在数量上或质量上都十分薄弱。随着四个现代化和教育事业发展的需要，我们必须十分重视搞这方面的工作。有计划有步骤地充实、丰富学校的电化教学设备，大力提高教育质量。

二　电化教学设备及应用

电化教学包括光学设备、音响设备、视像设备和实验设备等，内容丰富广泛，形式多种多样。下面介绍一些主要项目。

（一）幻灯机、投影器

幻灯机在教学上的应用，已有近百年的历史。它结构简单，造价低廉，经济耐用，使用方便，效果显著，易于普及。至今仍是一种有力的教学手段，它是当前我国中小学普及电化教学的重要项目。

幻灯机是由源和光学镜片组合而成的映像装置。教学上使用的幻灯机种类很多。从操作上看有手控幻灯机和自动幻灯机；从性能上看，有简易幻灯机、显微幻灯机、实物反射幻灯机和屏幕幻灯机（自带屏幕）等。

投影器，是一种放大反射装置。可以把较小画面、文字材料，甚至一些理化、生物实验投射到屏幕上，形象逼真，便于观察。它实际上是一种结构较为复杂的幻灯机，也叫作投影幻灯机。

用幻灯机及投影器进行教学，能够增强教学的直观性，提供生动形象的画面，提高学生的学习兴趣和教学效果。幻灯机是一种静片，在教学上便于学生进行观察，增强视觉感受，具有电影、电视代替不了的优越性。

利用幻灯机及投影器辅助教学，首先要注意使用的目的性，教师应根据教学内容的需要适当选片，不要画蛇添足。其次是注意幻灯片的质量、颜色、形象都要力求真实，使之具有教学的特色。要大力提倡自己动手，绘制幻灯片。最后是认真编写讲解提纲或说明，提出注意事项以供放映时进行解说。解说要努力做到知识准确、语言生动，保证学生深刻领会所学的内容。

（二）电影放映机

利用电影进行教学是电化教学的重要形式。教学上使用的电影放映机有 8 毫米、8.75 毫米、16 毫米和 35 毫米等几种。当前各国仍以 16 毫米放映机为主，适宜于中等大小的教室中使用。

教学影片，是针对特定的教材拍摄的。电影教学具有形声并茂、视听结合的特点。它可以用不同的方式表现各种学习内容，富于感染力，使学生如身临其境，极有利于提高教学质量。视听结合对提高学习效果是十分显著的，实验表明，单纯靠听觉获得的知识能记 15%，靠视觉获得的知识能记忆 25%；如果视听结合，记忆的内容则可提高到 65%。因此，现在它已成为各个国家普遍采用的教学手段。电影教学最重要的问题是大量摄制供教学使用的教学影片。我国已经成立了专业的教育电影制片厂，随着教育工作上的需要，教育影片一定会有更大的发展。

（三）收音机、电唱机、录音机

收音机早已是一种普遍的教育、宣传工具。在教学上使用，主要是收听特定的教育、教学节目。我国多数省市都设有专门的教育广播电台或在一般电台安排特定的教育、教学节目。对青少年教育和成人教育起着重要作用。学校内部的有线广播更有广泛的发展。学校应配合课内学习组织青少年系统收听有关的节目，并进行必要的检查和指导。

电唱机在教学上主要用于播放专门录制的教学唱片，特别有利于进行语言训练和朗读教学。还有一种带有中途停顿装置的电唱机，可以自由控制使其停顿或停放某些段落，适合于重复学习疑难的问题，在教学上使用十分方便。

录音机的广泛使用，开始于 50 年代一些发达国家，他们的磁带录音机早已普及到中小学。适应教学需要专门设计的录音机有两种：一种是带声控开关的录音机，录音机放出标准发音，当学生跟着朗读时，机器自动停止，朗读完了，再继续放下去。如果不跟着朗读，它就连续放下去。一种是双通道录音机，一个通道是老师的示范发音，另一个通道是学生录制自己的发音。两者便于对比，进行发音练习。录音机不仅直接用于语言教学，还可以把教师的讲授录制下来，帮助学生复习和为缺课学生补课。对于优秀教师的讲课，更可以借此加以推广。

（四）录像机、电视

录像机和电视都属于视像装置，电视并兼有音响和影像，是电化教学的重要设备。

磁带录像机分黑白与彩色二种，它可以把教学的各种场面拍摄下来。补课或进行教学观摩、经验介绍都十分方便，把录像机磁带接上专用的电视机，既有图像，又有声音，效果显著。

电视在发达国家已经普及。有黑白及彩色二种。电视从其播送范围上分：一是广播电视，亦称开路电视，用无线电发射方式输送节目；二是闭路电视，用同轴电缆输送节目，通过一定的线路把发射装置与接收装置连接起来也可以叫有线电视；三是低功率广播电视，是指2500—2600兆周之间的电视频道，电视信号覆盖半径为8—25英里，能够覆盖整个学校系统。广播电视是专业电视台使用的，学校内由自己控制的电视系统是闭路电视和低功率广播电视。

电视教学的优点是服务面广，节省师资；形象生动，丰富多彩，便于学生理解和记忆。我国的电视教学发展较晚，近两年来已引起普遍重视。

（五）语言实验室

语言实验室是供语言教学，主要是外语教学而设计的专用教室。这种实验室设计的指导思想，是广泛创设语言实践条件，加速听、说、读、写、译能力的培养。改变传统外语教学读、写在先，听、说在后的做法；大力加强听、说能力的训练，使听、说在先，读、写在后，提高外语教学的效果。

从物资设备上，语言实验室设有许多为学生使用的隔音座位，一般有十几个或几十个互不干扰的装有隔音玻璃的课桌，每人使用一个座位。座位内装有耳机、话筒或耳机话筒组、幻灯机、录音机、电视机和有关的选择键，通过线路和中心控制台即教师的讲台联系起来。控制台装有耳机、话筒，一般有两台录音机，有控制隔音座位的线路和控制幻灯机、电视机的开关。另外还有与电影放映室连接的信号装置。控制台是语言实验室的中枢，教师通过控制台的有关设施进行教学。每个学生戴上耳机，使用录音、电视装置。学生可以直接与教师联系、交谈，教师也可以纠正学生的错误。学生可以适应自己的程度进行语言上的各种实际练习。

利用语言实验室进行语音教学有很多优越性，它可以增加学生的实际训练，有利于尽快掌握听、说能力；它可以通过视听装置，帮助学生掌握语言现象，如发音口型、表达姿态、手势动作等，增强语言实感；它还可以发挥教师的主导作用，调动学生的主动性和积极性。目前，不少学校积极创造条件，因陋就简，设置了这种专业教室，值得进行效法和推广。

现代化教学手段，已经发展到广泛利用电子计算机、通信卫星或教育卫星等先进装置，这里就不再加以介绍了。总之，这是当前改进教学工作，提高教学质量的一个重要课题，在中小学教育中必须引起足够的重视。

三　普通教具

普通教具，是指在教学过程中作为学习对象的相应辅助物而采用的一般教学用具。使用教具，是用简单的、直观形象的方法来表现那些深奥的知识，帮助学生树立正确的明晰的观念和概念。在教学工作中，有其特殊的使用价值，应给予足够的重视。不应当因为有了现代化教学手段而忽视或放弃普通教具。

（一）普通教具的种类

在长期教学实践中，适应各科教学内容的需要，人们广泛地使用着各种教具。这些教具从其制作来源和特点来看，基本上有以下三种：

1. 实物教具

指直接来源于自然界和社会实践中的实在物品，它不经过特殊的加工，保持其本来的形体和性状。目的在于使学生直接感知这些实物，认识事物的本来面目。这类教具包括活的动物及新鲜植物、动植物整体及其某些部分的标本、矿物、各种实用工具、教学仪器、器械、工业品、建筑材料和书画、印刷品等。平时应注意积累和保存，以备教学的需要。

2. 复制品教具

复制品教具，是为适应教学的方便，根据原实物的特点，突出其某些部分，简化其形状，改变其颜色或形状，把活动的东西变成静止的东西，或把静止的东西变成活动的东西，进行加工复制而成的。这样就可以成为实物教具的代用品。这类教具可分为立体复制品教具和平面复制品教具。前者如各种可以活动的模型，后者如各种图画、照片等。

3. 象征性教具

这类教具不是所学对象的直接模写，而是以一定的形象、符号、颜色、线条等对事物的间接描绘。它是人为地规定其所学对象的代表和象征，而不是所学对象的本来面目，包括地图、地球仪和各种统计图表。学生需要首先认识各种象征的含义，然后才能通过这些教具获得必要的知识。

（二）普通教具的使用

教具是教学的辅助手段，使用必须适当。它首先是被教学目的、教材内容和学生年龄与知识发展水平决定的。使用什么样的教具、怎样使用，都必须从这几个基本条件出发。

一般来说，在学生没有实物的表象而又能够得到实物的情况下，应尽量使用实物教具。在实物教具不能达到教学目的或找不到有关实物的情况下，则要采用其他教具。学科不同，对教具的选择也不同。自然学科较多运用实物和模型，社会学科则多用图画、照片或图表。从学生年龄上看，低年级运用实物教具较多，随着学生知识水平的增长，教具的种类也趋于多样、复杂和细致。

在选用实物教具时，为了达到教学目的，常常要突出实物的某些部分，如为了引起学生的注意，在某些部分可以涂上颜色或改变某些部分的自然状态，这时一要注意突出某些部分和整体之间的联系，把突出部分放在整体的背景上；一要防止对个别部分做更大的改变，以免使其外形失真，而妨害学生在生活实践中去认识它。

复制品教具，可以排除在使用实物教具时主要部分与次要部分混杂在一起，因而出现主次不分的缺点。它是针对教学的需要而把主要的东西突出出来，那些与教学无关的细节则被省略。在使用这类教具时，最主要的是使它和真实的东西密切联系，一方面利用这类教具的优点讲清学习对象的关键部分，一方面要注意使学生学到真实物品的完整形象。

对于象征性教具，重要的问题是首先要使学生掌握各种象征的含义。例如，地图要讲清图例、方位，使他们牢固地建立象征及其内容的联系。只有这样，才能更好地在教学中使用这类教具。

教师对所教学科，各章节课题需要使用哪些教具，必须心中有数。每次上课，都要做好使用教具的准备。熟悉教具的使用说明，做好教具的检查和操作预演，以保证课堂上发挥教具的实际效果。

（三）自制教具

各科教学单纯依靠购置生产单位供应的教具是远远不够的，必须自己动手，制作教具。这不仅可以发扬自力更生、勤俭办学的革命精神，而且在师生制作教具的过程中，还可以学到各种工艺技巧，获得关于各种材料的性能、作用的丰富知识并拓展有关学科的知识。在材料的有效使用，教具成果的展览、保管过程中，更可以使学生受到德育的培养。

自制教具，首先要破除迷信，解放思想，不要迷信工厂的出品，要相信自己的力量；其次要就地取材，因陋就简，发扬勤俭节约的新风尚。有的教师总结出"坛坛罐罐，能当仪器，拼拼凑凑，可做实验"的经验，正是体现了这样的精神。不要追求形式，要把注意力集中在"适用""有效""提高教学质量"上。对已有教具，效果好的可以仿制，应该改进的则要改进。更重要的是开动脑筋，努力创制一些实用的有价值的新教具。

有的教师对自制教具的规格要求，总结为"简单，明了，尺寸够大"。认为简单，造起来就可以省工省料，符合勤俭办学精神；明了，用起来就可以突出重点，一目了然，能避免繁杂和主次不分的弊病；尺寸够大，是要使全班学生都能看得清楚，达到好的讲课效果。这些要求，是可供借鉴的。

自制教具，要有计划，要注意经常积累和保存，以使各个学科都有符合教学大纲要求的成套的教具。不少实物教具，教师只要平时注意组织学生搜集就可以很容易得到。如充分利用学生学工、学农和野游的机会，搜集本地区的矿物、岩石，采摘各种植物和农作物，捕获昆虫、动物，积累有关的工艺品等。只要把这些东西系统地加以整理、分类，按照一定的要求加以保管，并作好说明，就能积累起大量的实物教具和各种标本。有了这些东西，还可以同外地进行交换，这就能使教具丰富多彩。对学生来说，也是开展小科学研究活动的主要内容，使他们学到课堂内无法学到的东西，养成他们的科学态度和习惯。

自制教具，还要有组织地进行，各科教师，特别是自然学科的教师，除自己动手制作，还应根据学生的兴趣和爱好，建立教具制作小组。这类小组可以和学科课外活动小组结合起来，也可以单独组织。不论怎样，都不应单纯局限于一些工艺技术性的活动，而要结合进行必要的学科知识教育和科研活动。

教师要加强自制教具活动的领导，他要对全部工作过程有充分的考虑，要对学生的能力和特点有深入的了解。在工作之前，要对材料、工具做好准备，对要做的教具结构、尺寸和工作作出规划。在制作过程中，要给学生较充裕的时间，以免增加学生的负担，影响教学的质量。因此，制作教具应是经常性的任务，不要等上课前去临时突击。各种教具应有专用房间加以分类陈列和保管，以备教学时随时选用。

自制教具，不仅是师生的事，学校领导和教育行政部门也要给予足够的重视。一要鼓励师生自制教具活动，如组织交流、观摩、展览和推广；一要积极创造条件，提供工具和原料，避免放任自流和听其自然。

教学工作的组织形式[*]

一 教学工作组织形式的概念及课堂教学的产生与发展

任何时代的教学工作，都是通过一定的组织形式实现的。在教学工作中，为了达到教学目的，怎样把一定的教学内容传授给学生，教师和学生如何加以组织，教学的时间、空间以及其他相关的条件如何妥善地安排和有效地加以利用，就是教学工作组织形式所要解决的问题。

教学组织形式受以下一些条件所制约：

1. 生产斗争和阶级斗争对人才培养的客观需要；
2. 反映人们认识成果的教学内容的广度与深度；
3. 科学技术的发展为教学手段的变革所提供的必要性和可能条件。

因此，教学工作组织形式并不是一成不变的。在长期的奴隶社会和封建社会中，教学工作是采取个别教学的形式进行的。一个教师在同一个时间以内只能教一个学生，尽管在一所学校里可以有几十个学生，例如我国封建社会的私塾，但每个学生学习的内容和进度都是各不相同的。教师教完一个学生再教另一个学生，其余的学生则进行书写或背诵学过的内容。教学时间也没有特定的安排，从早到晚，纷纭喧嚣，效率十分低下。中国古代的教学经验都是在这种形式下总结出来的，这种形式是与当时低下的生产水平和科学发展水平相适应的。

近代课堂教学或称班级教学的形式是随着资本主义生产方式的产生和

---

[*] 选自《教育学》，唐文中、刘树范、王福均、李乙鸣、齐亮祖等编著，黑龙江人民出版社1983年版，第202—225页。

发展而逐渐完善起来的。资本主义使生产的规模和速度远远超过了历史上任何一个时代，与此同时，科学也获得了空前的发展。物质生活的丰富和生产上的需要，要求教育工作必须做相应的发展。不仅学习内容大大增加，而且对国家领导和生产管理人员及劳动者文化知识的要求也越来越高了。原来那种效率低下的个别教学的形式，再也不能满足客观需要。欧洲在十六七世纪首先在学校实践上创造了课堂教学的形式。17世纪捷克的资产阶级教育家夸美纽斯（1592—1670）适应时代的需要，总结当时的教学经验，对这一形式进行了理论上的阐述说明。但他的主张和今天课堂教学的要求比起来还是很初步的。只是在长期实践过程中不断改进，才使课堂教学的形式完善起来。

我国采用课堂教学形式，是在19世纪60年代清朝末年兴办学堂以后开始的。随着科举制度的废除和学校的建立，课堂教学成了普遍采用的教学组织形式。

所谓课堂教学，就是教师按照确定的日程表，在规定的时间内，根据各门课程的教学大纲所规定的教学任务，按同一进度，采取适当的教学方法，在一个有固定人数的班级，对学生进行教学的工作形式。教学的任务主要是通过课堂教学来完成的。它可以充分发挥教师的主导作用，使教学工作具有明确的目的性和计划性；它可以保证学生获得系统的完整的科学知识，并受到思想教育；它可以充分发挥班级集体的作用，促进学生学习上的相互观摩、取长补短；它是在同一个时间内向全班学生进行教学，节省时间、节省师资，可以用较小的精力获得较大的教学效果。因此，我们把课堂教学作为教学工作的基本组织形式，我们要重视课堂教学，加强课堂教学。

课堂教学是教学工作的基本形式，还要采取其他的辅助形式，如现场教学、自学辅导、家庭作业、课外科技活动等相配合。

课堂教学也并不是一成不变的，随着生产的发展和教育事业的发展，教学工作的组织形式也必将经历推陈出新的过程。不单课堂教学本身要不断改进和完善，随着现代化教学手段的普遍采用也可能出现其他更好的组织形式。但在当前却不允许削弱课堂教学的作用，更不能用其他形式来代替课堂教学。一种新的教学组织形式的出现，应该是在长期教学实践过程中并且与教育事业发展的客观需要以及教学的内容、方法、手段相适应的条件下产生的，不能采取简单的办法来解决。

二　教学工作的基本形式是课堂教学

（一）班级的编制

课堂教学是分班进行的。班级是由一定人数的学生组成的集体，是学校进行教学工作和其他教育活动的基本单位。

班级的编制分单式与复式两种。单式的班级编制，是指一个班级只是由同等年龄和同等文化程度的学生所组成，教学时教师以同一的内容对全班学生进行施教。我国城镇及人口较密集的农村中小学校多采取这种编制，是主要的一种班级编制。复式的班级编制是指在同一个教室内把两个或两个以上年级的学生分别编在一起，教师采取交替教学，在对一个年级的学生进行教学时，其他年级的学生则要求他们进行自习或完成作业。这主要是在较偏远的农村、山区，学生人数不多或由于教师、教室不足的情况下采用的。适应复式教学的特点，教学工作的安排和进行，都有其不同的要求。我们这里着重论述单式编制的课堂教学。

级是指年级，学校里一个年级可以有一个班或若干个班，各班学生人数一般应在30人至50人之间。当前我国城镇学校因入学率很高，学校基本建设适应不了学生人数增长的需要。班的编制往往超过50人，有的甚至达到60余人。人数过多，会给教学工作带来一定的困难。

班级的编制，应遵照学生的年龄和文化程度两个条件。我国的学制对儿童入学年龄有明确的规定，这保证了一个班级的学生基本上是同等年龄的条件。在程度的统一上，又规定了升级制度，对个别成绩优异的学生或程度过低的学生，采取了跳级、留级的必要措施。但由于每个学生的程度并不是完全一致的，特别由于十年动乱期间正常的教学制度遭到破坏，近年来我们的中小学生学习程度在同一个班级里出现了严重参差不齐的情况，给教学工作带来重大的困难。对此，很多学校采取了按程度编为快班、普通班或慢班的措施，这对保证顺利的教学条件是完全必要的。但分快慢班的教学只是在特殊情况下所采取的过渡性的教学组织形式，是教育战线上拨乱反正的权宜之计。在建立了正常的教学秩序之后，就不应再采取划分快慢班的做法。因为：第一，容易把主要注意力只集中在少数优秀的班级，而忽视普通班级的教育；第二，容易在学生心理上造成部分学生的优越感和另外一些学生的自卑感，给教育、教学工作带来严重的困难和不良的后果。在取消快慢班的划分之后，教师应善于在教学工作中恰当地运用多种教学形式并注意因材施教，以使所有的学生都能在原有基础上不断地得到提高。

（二）课的类型和结构

由于教学的对象不同，教学的目的、任务和内容不同，上课不可能采取同一方式来进行。研究上课的不同方式和进程，就是课的类型与结构要回答的问题。

课的类型是指根据教学的基本任务而划分的课的种类。课的结构是指每一种类型的课的基本组成部分及各个部分的进行顺序、前后联系和时间安排。

课堂教学就是指由经过教师自觉而严密组织的前后联系的各种类型的课来说的。正确划分和运用课的类型，对保证课堂教学的质量有着重要的意义。教师能够根据教学内容的具体要求，恰当地选择和运用不同类型的课，使每一类型的课都成为课堂教学整个体系中一个必要的环节，就能够保证全部教学工作的完整性和系统性，就能够使学生系统地、牢固地和有效地掌握教学大纲中规定的知识技能，并使他们的各种能力得到相应的发展。

课的类型基本上分两大类，一是单一课，一是综合课。

在一节课内只完成一种主要任务的课，称为单一课。单一课包括几种主要的类型，即：以讲授新教材为目的的传授新知识课；以巩固复习所学知识为目的的巩固课或复习课；以培养学生技能、技巧为目的的练习课或实验课；以检查学生知识、技能为目的的检查课等等。这种单一课是中学高年级普遍采用的上课类型。

在一节课内同时实现两种或两种以上任务的课，称为综合课。综合课是小学和中学低年级经常采用的上课类型。这一方面因为这些年级在学习内容上比较简单，不需要一节课都用于讲授或实现其他单一任务；一方面更主要的是因为这一年龄阶段的儿童和少年的随意注意还不发达，他们还不习惯于把注意力长时间集中在一种活动上。因此，在一节课内常常要把讲课、复习巩固、检查提问、作业练习等交错起来进行，但这绝不是说在中学高年级不采用综合课，也不是说在小学和中学低年级完全排除必要的单一课。

课的结构是因课的类型不同而不同的。各种类型课的基本组成部分包括组织教学、复习检查、讲授新教材、课堂练习、巩固新教材和布置家庭作业等。

1. 组织教学

组织教学是保证教学工作正常而有秩序进行的基本条件，各种类型的课都要求做好教学组织工作。通过组织教学，可以保持课堂的良好纪律，提供正常的教学环境；通过组织教学，更重要的是集中学生注意力，让学生把全部精力用在学习上。

组织教学是贯穿于全部教学进程中的。上课开始，教师首先要了解学生出缺席情况，检查学生对本堂课的物质准备与精神准备。物质准备是本次课必要的书籍及文具，精神准备是学生接受新课必须具备的积极心理状态。有经验的教师，常常通过自己进入课堂的态度和神色、对全班学生的注视、恰当的开场白和课题的宣布，迅速地把学生注意力集中到当前的教学活动中来。在课业的进行过程中，主要是通过生动、灵活的讲授，合理的活动安排来吸引学生的注意力。但仍然需要注意同个别破坏课堂纪律和分散注意的现象作斗争。这种情况，一般不是把课停下来，而是运用自己的语言和目光，以及必要的提问来对学生进行引导。所以，教学进程中的组织工作是同教学活动本身结合起来进行的。上课结束的组织工作，是由教师恰当的总结来实现的。教师应在规定的教学时间以内，从容地做好课业结束工作。做到既不使学生在课间休息时留下持续的心理上的紧张状态，又要为学生更好地完成家庭作业和上好下一节课作好精神上的准备。

2. 复习检查

复习检查既可以作为综合课中的一个环节，也可以作为单一课中独立实现的主要任务。复习检查的目的，是复习已学过的知识内容，检查他们知识、技能的掌握情况，加强新旧知识的联系，为学习新课打下有利的基础。

在综合课中，复习检查的内容，主要是上次课学过的知识和技能，或以前学过的但与学习当前新课内容直接有关系的部分。在单一课中，上复习课或检查课，则是在教学的一定阶段对一个单元或几个单元的内容进行全面的复习或检查。复习检查的方法，可以由教师根据事先准备好的问题进行重点或系统地提问，也可以让学生做板书演算和书面解答，还可以由教师提要讲述或通过检查家庭作业的方式来进行。复习检查过程中，教师除了要作必要的提示、说明和总结外，还要对检查的结果作出评定。

3. 讲授新教材

讲授新教材是上课的最重要部分。任何类型的课都是为了使学生连续不断地获得新的知识和技能。在综合课中，它是在复习检查之后进行的，在单一课中，它在上课开始组织教学之后就进行讲授。

新教材的讲授是从再现学习新教材所必需的旧知识开始的。教师首先要通过各种提示和复述的手段唤起学生对已学知识的回忆，把学生的注意力导入到新课的学习上来。在学生有了足够的思想准备的基础上宣布新课题。在新课的讲授中，首先，要通过各种直观手段或语言描述，使学生打下理解新教材的感知基础；然后对具体材料进行深入分析，在比较论证的过程中，来揭示所学对象的本质，达到理性认识；最后，要对所讲授的内容作出简要的总结，以使学生加强理解和巩固掌握教材中最重要的部分和关键环节。讲授要做到深入浅出，善于抉择恰当的教学方法，启发和引导学生积极思考。任何知识的掌握，都是通过学生自身的消化理解才能实现的，教师绝不能包办代替。因此要自始至终把调动学生学习的主动性和积极性放在首要地位。

4. 课堂练习

课堂练习的目的，是在教师的直接指导下，通过学生的作业练习来培养他们运用理论知识的技能和技巧。在综合课中，它是在讲授新教材之后进行的。语文、外语、教学中常常要组织单一任务的练习课。

课堂练习的进行步骤，首先，是提出练习的任务，使学生明确练习的具体内容和要求；其次，是引导学生回忆与当前作业有关的理论知识，教师进行示范性的练习；接着便组织学生独立地完成指定的作业。在学生进行练习的过程中，教师要注意发现问题进行具体的指导，对个别有困难的学生给以必要的指点，对某些成绩优异的学生可以给他们安排难度较大的补充作业。当学生完成了作业练习之后，教师应针对这次练习的情况进行检查和总结。

5. 巩固新教材

综合课中巩固新教材的目的在于使学生对所学过的知识和技能，做到当堂消化、当堂理解和当堂巩固。单一课的巩固课或复习课则是为了对学过的知识进行系统的复习和巩固。

在领导学生进行复习的时候，教师要运用提问、复述、重点讲解、练习等方法。为了保证学生的学习兴趣和对教材的深入理解，要注意紧密结合学生对知识的掌握情况，对学过的教材进行合理的安排，使重点突出，纲目分明，并补充必要的例证，防止简单地重复学过的内容。

6. 布置家庭作业

这是各种类型的课所必要的构成部分。学生的学业是通过课内的教学和课外的独立工作共同实现的。布置家庭作业是对学生课外学习活动的安排，其目的是使学生合理地利用课余时间，进一步巩固所学的知识、技能，培养他们独立工作的能力。

在布置作业时，教师要结合讲授的内容提出明确的要求，作业的形式应根据本学科的特点力求灵活多样，选取那些有代表性的有助于活跃学生思想和深入理解教材的问题，防止简单重复和不必要的机械训练。对难度较大的作业，应当提示完成作业的方法；每次作业的分量要适当，防止过重负担。

上面这些环节是课的基本组成部分，因课的类型不同，有的只包括其中的几个部分，有的则可以包括上面所有各个部分。除组织教学与布置家庭作业之外，其余都可以单独进行，成为单一课的主要任务。究竟每一类型的课具体包括哪些部分和各个部分所需要的时间，则要根据每次课的具体要求、课的内容和学生的不同情况而灵活加以掌握，不能硬性规定。形而上学地对待课的类型与结构，是十分有害的。课的各个部分是根据具体任务相对划分的，教师在上课时应注意各个部分之间的联系，要从前一部分自然地过渡到下一个部分，把各个部分联结起来组成一个完整的教学活动，不能支离割裂、互不连属。

（三）上课的基本要求

上课是学校教学工作的基本形式。教师对教材的理解与掌握，对教学规律的认识，对教学原则和教学方法的运用，教学工作的技能和技巧，都要在上课时集中地表现出来。教师必须切实努力把课上好，把学生教好。

怎样才算一节成功的课呢，其基本要求是：

1. 每堂课都要有明确的目的。教师上课要解决什么问题，完成什么任务，达到什么预期效果，必须做到心中有数。一堂课的教学目的既是被总的培养目标、本学科的教学任务决定的，又要从学生的实际出发，以当前要讲授的课题内容为依据，不能想当然，不能从教师的主观愿望出发。教学是以传授知识、培养学生认识世界改造世界的能力和本领为主要目的，每堂课都必须首先明确给予学生哪些基本知识和基本技能，如何培养他们分析问题和解决问题的能力。教学是培养德、智、体、美全面发展新人的基本途径，因此，在完成智育任务的同时，必须要考虑思想品德的培养，考虑保证学生身心的健康发展，注意把知识的传授与思想教育结合起来，并结合相关的内容和教师的表述方法给学生以美的感受和陶冶。教学目的是教师和学生共同达到的，不仅教师要掌握教学的目的，也要使学生知道学习实现的预期结果。明确教学目的之后，教师和学生的活动都要围绕着实现教学目的来进行，抓住主要矛盾集中精力解决主要任务，不要分散精力，主要问题解决了，其他问题也就可以迎刃而解了。这样，才能取得良好的教学效果。

2. 要有正确的教学内容。教学的基本内容是由教学大纲和教科书规定的。但在一节课中，对教材的组织和安排，对内容的说明与解释，必要的例证和材料的补充等，则是由教师决定的。教的全部教学内容，要求正确无误，不论科学上和思想上都要符合教育要求，讲授时要站在现代科学发展的高度作出确切、清晰的阐述。既注意教材的重点、难点和关键，又照顾教材的系统性和知识间的内在联系和前后课之间的关系，更要时刻注意培养学生的思维能力。绝不可模棱两可，似是而非，更不允许用唯心主义观点对待任何事物和现象。正确的内容，是教师上课的最重要的要求，必须认真加以注意。

3. 遵循教学的客观规律，贯彻教学原则，选择恰当的教学方法。这是一堂成功的课所必须具备的基本条件。每堂课都要注意掌握学生接受间接知识的特点，贯彻经过实践检验的各项教学原则，注意调动学生学习的积极性，并灵活地运用教学方法。同时还要创造条件采用现代化的教学手段，以使学生生动、活泼、主动地进行学习。

4. 要有严密的计划性和组织性，有条不紊地进行工作。一堂课怎样开始，怎样结束，中间经过哪些步骤，每个步骤的联系与关系，什么问题需要启发提问学生，哪些内容要求教师细致地讲解，都应按照预定的计划来进行。要有效地利用一节课的时间，不浪费每一分钟。上课一开始，就要造成一种既严肃认真又生动活泼的学习气氛。并且自始至终都要保持师生的高度积极性，教师要情绪饱满，坚定认真，学生要积极主动，轻松愉快、虚心好学。要把所有的学生都组织到学习活动中来，既考虑一般学生，又要兼顾个别学生。课堂上要保持良好的秩序，教师要随时注意学生的学习情绪，不要过于紧张，要防止破坏课堂纪律的现象发生。

5. 一堂成功的课的基本标志，是它最终获得的教学效果，即学生是否真正掌握了教学大纲中规定的基本知识和基本技能，是否增长了分析问题解决问题的能力。因此，在分析和衡量一节课的教学质量时必须把这个要求同前面几项要求结合起来加以考虑。一般来说，前述的几项要求做到了，也一定会取得良好的教学效果。

上述一些基本要求，提供了上好一节课的客观标准，教师应根据这些要求上好每一节课。

三　教学工作的其他形式

教学工作不单通过课堂教学这一基本形式来进行，还要通过其他的形式，包括现场教学、自学辅导、家庭作业和课外活动（这里没有写教学的准备工作）等形式来进行。这些形式都与课堂教学相联系，并直接或间接地被课堂教学所决定。它们对课堂教学来说只处于辅助和补充的地位，我们称这些形式为教学工作的辅助形式。只有把教学的辅助形式和基本形式有机地配合起来，才能使教学工作收到更好的效果，完成教学任务。

（一）现场教学

现场教学，是教师组织学生到生产现场或事件发生的现场进行教学的工作形式。例如农机课到农业园地，理化课到有关的工厂，语文、历史、政治课到有关的遗迹及纪念馆，结合现场的实际情况组织教学活动。这类教学形式是结合一定教学内容的需要，适应课堂教学的进程配合个别课题或几个课题的综合要求而组织的。由于教学主要是传授间接知识这个特点的规定，也由于现场教学受到时间和其他具体条件的限制，现场教学只能是课堂教学的一种辅助形式。

现场教学是课堂教学的补充，它可以给学生提供直接知识，丰富他们的感性认识，对于理论结合实际，特别是结合生产实际，有着重要的作用。通过现场教学，能够更深刻地理解和掌握书本知识，并培养他们运用知识的能力。由于这种教学是对实际事物的直接接触，因而有助于把学到的东西牢固地记忆和保持。在现场教学中，可以使学生更好地认识社会、认识现实。通过对革命遗迹、文化古迹和祖国社会主义建设成果的了解，对学生思想认识、道德品质和政治态度都有着重要的影响。这些在知识方面和思想品德方面的特殊教育作用，是单纯课堂教学中所难以得到的。因此，要注意摆好现场教学在教学工作中的地位，但由于学生要在短期内学到大量的各种基础知识，依靠现场教学是无法办到的。

组织现场教学，首先要有明确的目的，要根据教学任务、内容的要求，选择恰当的课题，物色适宜的现场。一次课要解决什么问题、预期的效果是什么、怎样同课堂教学有机地结合，教师都要心中有数，并且要使学生清楚了解。这样才能保证现场教学与课堂教学及其他教学形式的配合与衔接，才不致流于走过场，收到现场教学的教育效果。

其次，组织现场教学必须事先做好准备工作。一是教师要对有关的教学内容进行认真地准备，明确在现场教学中要解决的主要问题。考虑具体的教学方法，还要引导学生做好相关知识的复习和巩固，以使他们有足够的知识储备，为接受现场教学中新知识打下有力的基础；一是要取得现场工作人员的合作与支持，教师不仅自己要事先充分熟悉现场的有关情况，还要争取实际工作者的具体指导，常常要请实际工作人员直接进行讲解和说明。这就更需要教师根据教学任务的要求，事先同现场工作人员共同拟定计划，研究教学的重点，对学生进行组织动员工作，使学生做好必要的思想准备和物质准备。

再次，在现场教学进行中，必须重视理论的指导，现场教学是理论与实际结合的好形式。教学现场提供了大量的实际知识，教师一定要注意理论指导，引导学生在充分的感性材料的基础上进行抽象概括，上升到理性认识；或根据实际观察验证和说明课堂内学过的理论，从理论的高度分析和认识实际问题。

最后，要做好现场教学的总结工作。这种总结有时是在现场做的，有时可回到学校结合课堂教学来进行。其目的在于巩固现场教学的主要收获，因此，应抓住现场教学中的主要问题，作出重点地提示或说明。总结可采取教师讲解的方式，也可以采取分组座谈心得体会的方式。

现场教学是课堂教学的必要辅助形式。一门学科结合讲授内容可以单独组织现场教学；几门学科结合各自相关的内容也可以联合组织现场教学。

（二）自学辅导

自学辅导是在教师的指导下，学生通过自学独立地获取知识的教学形式。一个人的间接知识，一方面靠教师的传授，一方面还必须要靠自学，靠自己读书学习。在学校中，通过自学，才能更好地复习、巩固和丰富课堂中学过的内容，离开学校以后，更要结合实践的需要依靠自学来获取必要的科学知识。在现代科学技术飞快发展的今天，学生如果不具备自学能力，他在出校以后就会遇到很大困难。有人说，一个人一生中所用到的知识，只有20%是在学校获得的，其余80%要到工作实践中去补充，这就要求他们去自学。因此，教师一定要善于运用自学辅导这一形式，来培养学生读书的方法、能力和习惯。

　　一切有重大成就的科学家和学者，都是自学的模范。毛泽东同志也历来十分重视自学，他自己的渊博知识，主要是靠自学得来的。他曾反复强调"要自学，靠自己学"。他在青年时候就曾亲自组织过自修大学，提出"自己看书，自己思索"，并指出在自修的同时，"也要有随时指导的人做学生自修的补助"①，这就是自学辅导。

　　自学辅导的内容包括：1. 对教科书的理解消化、预习和复习的辅导；2. 对课外读物的阅读和辅导；3. 对写读书笔记的辅导。教师在辅导学生自学时，要结合学生的具体情况，根据他们的爱好和兴趣，进行学习目的和学习态度的教育，帮助他们选择适合程度的学习内容，解答有关的疑难问题，并对他们的学习方法进行指点，扫除学习过程中的障碍。

　　自学辅导，一般是个别进行的，教师要深入了解每个学生的课外学习情况，以便有的放矢地进行指导。有时也可以小组的形式来进行，如对缺课学生或某些成绩落后学生的补课和对一些成绩优异学生的课外辅导。只有在遇到全班学生共同需要解决的问题时，才对整个班级进行集体辅导。

　　自学辅导，顾名思义是以学生的独立活动为主，教师指导为辅的。因此，必须切实贯彻因材施教的原则，从学生的实际情况出发，充分调动学生的积极性，认真培养学生自学的兴趣，养成他们自学和独立获取知识的习惯。对不同年龄不同程度的学生，应提出和采取不同的要求和方法。学生的自学，也必须是结合课内学习的进程，循序渐进地进行。

　　自学辅导，既然作为一种教学的辅助形式，就必须充分发挥教师的主导作用。教师在自己的全部教学工作中，要把这种教学形式安排到适当的位置上，要对学生提出明确的要求，为学生创造自学的条件，并对他们的学习结果进行必要的检查和评定，不能放任自流。

　　自学辅导，要注意学习效果，这就要求教师从学习内容到学习方法给予必要的指导。恰当地选取学习材料，学会写各种形式的学习笔记，合理地支配学习时间，注意劳逸结合，提高自学质量。自学时要把主要精力集中到解决根本问题上，不要在无关的问题上花去过多的时间。学生在课内学习的知识是有限的，而自学所掌握的知识却是无穷的。在中小学阶段，学生掌握了自学的方法，养成了自学的能力和习惯，就能使他们更好地适

---

① 湖南省图书馆校编：《湖南革命史料选辑——新时代》，湖南人民出版社1980年版，第81页。

应高等学校的学习要求，并为他们走向工作岗位后独立获取知识提供莫大的方便。

（三）家庭作业

家庭作业或称课外作业，是课堂教学的延续和辅助形式。它的效果是与课堂教学的讲授质量和课内作业质量直接联系的。

家庭作业是由学生独立完成的。对作业内容的思考，作业的完成和质量的检查以及作业时间的分配和工作的步骤等，都是对学生独立思考和独立工作能力的最好训练。在教师的指导下，学生经常地完成规定的作业，不仅能够锻炼他们的脑力活动，及时地复习、巩固所学的知识，形成相应的技能、技巧，而且可以养成整洁珍惜时间的良好习惯，并培养学生的责任感和克服困难的勇气和毅力。

家庭作业的内容是被不同学科教学大纲和教科书的具体要求确定的，基本上可分三个方面，即：

1. 口头作业，包括朗诵、阅读、背诵、复述、答问和口头解释与分析等；

2. 书面作业，包括完成书面练习、书面答问、演算习题、作文和绘制图表等；

3. 实践活动作业，包括观察、实验、实地测量、参观调查、模型与机械的装卸、教具的制作等。

教师在布置家庭作业时，要依据不同课题的要求和学生的实际水平，灵活地确定作业的内容。作业的难度要适当，既要考虑大多数学生的具体情况，又要因材施教，对不同学生提出不同要求。一般来说，不要过于简单，但又必须是经过努力能够独立加以完成的。

作业的重点应放在基本知识的掌握和基本技能的培养上，并最终是为了发展学生分析问题解决问题的能力。因此，作业的分量不在多，而在于它的典型性和代表性。通过作业，应该保证学生学会遇到问题时从哪里着手与解决，了解为什么要用这个方法，能不能设想用其他的方法来解决，以及遇到不同类型的问题时如何运用不同的方法，为什么会出现这样那样的错误等。有些教师一味追求作业数量，让学生去从事重复而单调的练习，其结果是加重学习负担，有害于身心健康。不能简单地强调"多练"，重要的是练得得体，练得恰当。教师在布置作业时，一定要经过深思熟虑，注意选择一定数量的各种习题，引导学生一方面消化课内学过的内容，一方面逐步自觉地掌握解决问题的方法，使他们学会识别矛盾、解决矛盾；学会找到事物的内在联系，从已知的条件出发，导出未知的结论。这样，他们在遇到了新的问题时，就具备了分析和解决的能力。为了达到这个要求，教师应使课内作业和家庭作业密切配合，使课内作业成为课外作业的准备和基础。要在布置家庭作业之前，引导学生共同进行课内作业，一起分析、探讨解决的方法，明确问题的症结和思路。这样就能保证学生更好地去完成家庭作业，也免得过多地增加学生的课外负担。

布置家庭作业，教师要提出明确的要求和必要的指导。有时要举出相关的例证在课堂内加以示范解答；有时要提供完成家庭作业的方法；有时要对作业中的难点、疑点进行必要的分析和说明。对作业的完成时间，也要做出具体的规定。各科教师应协调作业的分量，以使学生合理地支配课外学习时间，防止忙闲不均。

教师应通过家庭访问与家长保持其他形式的联系，了解学生在家里的学习条件和完成作业的情况，及时帮助解决存在的困难和问题。

无论是教师或家长都应该注意培养学生完成家庭作业的良好习惯。要求学生制定和执行合理的作息制度，按时完成当天的功课。作业一定要由学生自己独立地来完成，不要抄袭别人的现成答案。作业完成之后，还要习惯于进行自我检查，培养判断正误是非的能力。

为了掌握学生课外学习情况，不断提高作业的质量。教师对学生家庭作业应进行检查、批改和评定。对检查的结果，除通过评语和个别谈话给学生以具体地指导以外，对一些有代表性的问题，还要向全班学生进行分析和讲解。教师对家庭作业检查得越认真负责，学生在作业中可能出现的错误就越少，而在他们完成作业的态度上也就越积极自觉和一丝不苟。不能对学生的作业采取放任自流的态度，也不能有布置无检查。

（四）课外学习活动

课外活动包括校内课外活动和校外活动，涉及范围十分广泛。这里所说的课外学习活动是单指与教学相联系的文化学习和科技活动来说的。作为课堂教学一种辅助形式的课外学习活动，特点是在活动内容上不受教学计划和教学大纲的限制，它是一种根据学生的实际程度及其爱好与特长，采取多种方式而进行的有目的、有计划、有领导、有组织的学习活动。

课外活动，对于开阔学生的知识眼界，培养学生学科学、爱科学、用科学的学习风尚有重大的意义。在课外活动中，学生能把课堂上学到的理论更好地运用到实践中去；可以通过各种实际活动丰富他们的直接经验；为了解决所遇到的疑难，又促进他们认真地去学习和钻研理论。活动的内容尽管是比较单一的，但往往会成为他们进入科学大门的突破口，不仅可以培养学生对某一学科深入钻研的兴趣，而且可以带动其他科目的学习。由于这类活动有更多的机会从事亲身的实践，因而所得到的知识也能够更易于巩固、保持，经久不忘。有些科学活动还可以打破成规获得有益的成果，为生产带来直接的收益。因此，我们的中小学应该重视课外活动这一教学形式，把它作为课堂教学的必要补充。

与教学工作相联系的课外活动的内容是多种多样的，主要有扩大和加深学生文化科学知识的学习活动、科学技术的学习钻研活动及艺术性的活动等。

课外活动的形式有以下三种：

1. 个人活动

这是适应不同学生的特点而分别组织起来的个别活动形式。它可以是后进生针对某一学科的学习需要而进行的活动，也可以是适应个别学生的爱好与特长而进行的活动。个人活动的主要内容包括课外阅读、完成观察、实验等独立作业，采集、搜寻各种实物、标本、制作模型等。学生应在教师的指导下选择适当的活动内容。

2. 小组活动

这是课外活动的主要形式。把志趣相近的学生组织在一起，人数三五人、七八人不等，可以是同班同学，也可以是上、下级的同学，建立具有各种活动内容的课外小组。组织方便，调动灵活，既便于适应学生的兴趣、爱好与特长，又能够相互钻研，取长补短，培养合作精神和集体主义思想。

可以建立学科小组，如文学、数学、物理、化学、历史、地理、天文、气象等学科小组。这类小组的活动内容应既以课堂教学为基础，又不局限于教学大纲和教科书所规定的知识范围，以扩大和加深某一学科的知识为主要任务。学科小组应在相关教师的指导下开展活动。也可以建立各种技术小组。如无线电小组，航空模型小组，以及化工、电工、木工、航海、动物饲养、植物栽培小组等。还可以建立艺术小组，如绘画、雕刻、摄影、作曲、唱歌、乐器演奏等小组。

3. 群众性的活动

这是由教师、学校或校外教育机关针对某一年级或某些相近程度学生的需要而组织起来的集体的课外学习活动形式。这类活动主要有：各种文化知识和科技知识的讲座与报告会、各门学科的晚会、文艺演出会、群众性的读书活动以及参观、旅行活动等。开展群众性活动，可以在个人活动和小组活动的基础上进行，也可以与团队活动结合起来进行。

组织课外活动应遵循以下要求：

1. 坚持无产阶级的培养方向，使各项活动都为实现党的教育方针，实现四个现代化服务。注意选择活动的主题和内容，合理安排活动的内容和方法，目的要明确，计划要周详，以保证学生能够增长知识受到教育。

2. 要适应学生的年龄特征，激发学生学习和钻研的兴趣与爱好。活动内容要力求丰富多彩，活动形式要多种多样，富于吸引力。要保证充分调动学生的主动性与积极性，使学生积极自觉地投身到活动中来，做活动的主人。

3. 要加强组织领导，帮助学生解决活动中遇到的各种困难和问题。教师要深入到学生中间，帮助他们确定活动目的，制定活动计划，并对具体活动进行辅导。这是保证课外活动能够收到应有的教育效果的基本条件。

总之，我们的中小学教育，应当在搞好课堂教学的基础上为学生开辟各种学习途径，把教学工作搞得生动活泼，各种教学形式要密切配合，有主有辅，使广大青少年尽快成长为国家所需要的又红又专的建设人才和各行各业的劳动者。

四　教师的教学准备工作

教师要搞教学，最重要的是做好充分准备工作。只有做好准备，才能保证教学工作的自觉性和主动性，才能收到应有的教学效果。"不打无准备之仗"，不备课，就不能走入课堂。这无论对新教师还是对老教师都应该是一项最起码的要求。

教师的教学准备工作，包括学期或学年的教学准备，课题或单元的教学准备，课时准备和每一种教学活动的准备。课堂教学要做好准备，各种辅助形式的教学也要做好准备。

教师广义的教学准备工作是从师范院校接受专业训练时开始的。他们的思想品德的成长、一般文化科学和专业知识的积累，都应该是以如何做一个优秀的人民教师为其努力的目标。这种准备越充分，他们就越是具备胜任所担当的教学工作的条件。一个师范院校的学生，必须要有牢固的专业知识，努力于自己的学业。

具体地说，教师在接受了一门学科的教学任务之后，首先就要着手学期或学年的教学准备工作。他要在了解自己的教学对象的基础上，深入地熟悉本门课程的教学大纲和教材，通读教科书；明确本门学科总的教学目的、任务及其在整个教学计划中所处的地位；本门学科所包含的主要内容，章节、课题的顺序，教材取舍上的特点，以及相关学科的纵横联系与关系。只有做了这些准备之后，才能开始制定出学期或学年的进度计划。进度计划包括：对学生情况的分析；学科的教学目的、任务；按章节、课题对教学时间的分配；各种教学形式以及期中、期末考试的安排；教学方法、手段和物质条件上的基本要求等。在教学形式和时间分配上，进度计划应该反映出不同章节内容上的特点，对难易轻重的内容应有不同要求，不能平均使用力量。

在制定了学期或学年的教学进度计划之后，接着便是章节、课题的单元教学准备工作。在每一单元讲授之前，教师要对一章、一节、一个课题进行全面的考虑，并在此基础上制定单元教学计划。单元计划中应包括章节课题的名称、教学目的、主要的内容、课时的划分、备课时教学的形式、上课的类型、教学方法、电化教学手段和必要教具的采用等。制定单元教学计划时，教师应明确本课题在整个学科知识体系中所处的地位与前后课题之间的关系，考虑课堂教学与其他教学形式的相互配合，以保证学生掌握知识的系统性与连贯性。

教师的教学工作是通过一个个课时来进行的。每堂课的工作质量，是要求教师的课时准备来加以保证的。学期学年的计划和单元的计划必须落实到每一课时的准备工作上来。所以，课时准备是更直接更具体的教学准备，每次上课之前必须认真做好这方面的工作。

课时准备，要求教师进一步地深入钻研教材，找出一堂课讲授内容中的基本思想，重点和难点，确定本堂课的具体教学目的，规定使学生掌握的基本知识和技能的范围，发展学生认识能力的要求和思想培养上应完成的任务。考虑一堂课的进行步骤，确定课的结构，规定每一步所需要的时间，选择适当的教学方法和准备好必要的教学用具。最后要写出课时计划即教案。课时计划因教师对教材的熟练程度和实践经验等具体情况不同，可以有详有略，不必强求一律。一般包括如下一些项目：班级、学科名称、讲授时间、课题名称、教学目的、课的类型、教学步骤与进程（教学内容的安排、教学方法的运用和教学时间的分配)、教具等。其中最重要的是规定教学目的和写出教学的步骤与进程。只有在深入了解学生和掌握教材的基础上，才有可能写好这两个方面的内容。除新教师观摩教学课需要写出包括所有项目的课时计划外，一般只着重写好这两项就可以。有的学校要求每个教师在每节课之前都填写固定格式的课时计划，往往流于形式，在教学实践上并没有什么好处，应允许教师根据教学的实际需要灵活地写出切实可行的课时计划。

课堂教学要做好准备。现场教学、自学辅导、指导家庭作业和课外活动等每一项有关的教学活动都要做好准备。如果需要采用现代化的教学手段，则更要在课前选择恰当的电教资料，检查机件的运转情况。

教师备课，主要是做好钻研教材和熟悉学生两方面的工作。

教师对教材必须有深透的钻研和了解。钻研教材包括钻研教学大纲、教科书和阅读有关的参考书。教学大纲是由国家统一制定的教学指导纲要，它规定了一门学科的目的和任务、基本内容、编排体系和教学的具体要求。教师备课，一定要以教学大纲为依据，不能独出心裁，自搞一套。不仅在制定学期、学年计划时要全面掌握教学大纲的精神实质，而且在进行每一课题的准备时，也必须要对教学大纲的相应规定作深入细致地研究和体会。当然不能机械地去执行，当前我们中小学的教学大纲还是在试行中，如果发现其中的问题，应总结经验，反映到教育主管部门加以改进。

教科书是学生的学习用书，是教师备课的基本材料，教师讲课就是要讲清教科书规定的内容。因此，教师必须对教科书进行透彻的研究，掌握教科书的编辑意图和组织结构，弄清各项内容的精神实质。为了把课讲得生动灵活，深入浅出，单纯依靠教科书进行备课是远远不够的。在钻研教科书的基础上，教师还要广泛阅读有关的参考书，借以丰富和扩大自己的知识和眼界，加深理解要讲授的有关问题，并从中选取必要的材料，用来充实教学内容。这样，他才能在教学上真正做到居高临下，既简洁，又深入。

钻研教材，首先要求把教材弄懂吃透，把教材的基本思想、基本概念及每一词语都要弄清楚，都能够作出科学的、准确的解释和说明；并对教材的各个部分加以透彻地理解，掌握知识的内在联系和因果关系。其次要熟练地加以运用和掌握，真正做到融会贯通，化作自己的内在财富。这样，他才能在教学时摆脱对现成材料的机械搬用和转述，避免照本宣科；才能在讲授中运用自如并凝聚和贯注着教师真实的思想和感情，使学生接受起来既亲切自然又便于消化理解，在头脑中留下深刻的印象。所以，教师钻研教材是无止境的，一定要精益求精。

备好课的另一项重要工作是熟悉学生，对学生进行全面的了解。教师的教学对象是正在成长变化的学生，只有经常地对学生的具体情况进行深入地研究和了解，才能使自己的教学切合实际，有的放矢。了解学生，主要是了解学生的原有基础；了解他们的知识质量和思想面貌；了解他们的学习方法和学习态度；了解他们的兴趣、爱好和对本学科的主观状态；了解他们对每次课的接受状况和学习效果。既要掌握全班学生思想认识上的基本状况，又要了解个别学生的优点、缺点和学习上存在的问题。在了解的基础上，还要进行认真地研究，以便找出原因，预见可能出现的问题，在工作中有针对性地加以解决。教学内容的组织、教学方法的选择等，都是在钻研教材和了解学生的基础上进行的。

教师备课，以个人的独立钻研为主。在此基础上还要进行集体的研究和讨论。在教研组的组织下担任同一门课程的教师进行集体备课，可以收到交流经验、相互切磋、取长补短的效果。对于明确教学方向，统一认识，解决共同存在的问题有重要意义。但集体备课必须以个人的充分准备为前提，而且所研究的内容应集中在教学内容和教学方法的重大问题上，不要流于形式，不能统一过死，应给予教师以充分发挥自己教学才能的余地。

学生知识、技能的检查与评定[*]

一 检查与评定学生知识、技能的意义与作用

检查与评定学生的知识、技能，是教学工作的重要组成部分。它是在学生掌握知识和技能的一定时间与阶段内进行的，它包括平时考查和阶段考试。教学应当在全面熟悉学生知识发展水平的基础上来进行。在教学活动之前，需要对学生已有知识进行检查；在传授知识、技能之后，又要求对学生掌握知识、技能的情况进行了解。因此，检查和评定学生的知识与技能，总是同传授知识、技能的活动交错进行的，它构成了教学工作中一个不可缺少的环节。

检查和评定学生的知识与技能，对保证教学工作的顺利进行和提高教学工作质量有十分重要的意义。

对学生来说，可以使他们正确了解自己的学习状况，看到前进的步伐，知道自己的缺点和不足之处。从已有成绩上得到鼓舞，从缺陷处受到督促。培养他们的学习责任心，激发他们学习的主动性与积极性，使他们认真地对待自己的学业，切实理解和消化教师讲授的内容，努力复习功课，不断地巩固和加深所学的知识和技能。

对教师来说，可以使他们熟知自己的教育对象，了解学生掌握知识、技能的真实情况，便于从学生的实际程度出发来组织自己的教学工作。对学生学习内容、方法和学习态度给予具体的指导，肯定他们的优点，帮助克服和解决学习上的缺点和遇到的困难。同时，学生的学习水平也反映了

---

[*] 选自《教育学》，唐文中、刘树范、王福均、李乙鸣、齐亮祖等编著，黑龙江人民出版社1983年版，第226—239页。

教师的教学水平，检查评定学生知识技能，不仅可以了解学生，也是教师对自己的教学工作进行自我检查的必要手段。教师在对学生进行检查时，就可以总结和分析自己的工作，找出经验教训，明确今后的注意事项，作为改进和提高自己教学工作质量的依据。

学生的升级、留级或毕业，一所学校，一个教师是否完成了国家规定的工作任务，是否实现了培养目标的要求，都是以检查和评定学生知识的结果为依据的。教学工作当中，如果不及时地检查和评定学生的知识与技能，就无从了解教学工作的进行情况，就无法衡量学生是不是达到了培养目标，因而也必将使工作陷入盲目性。在生产上不能只问耕耘，不问收获；在教学上也绝不允许只顾教、不顾会，无的放矢地进行工作。

检查和评定学生的知识与技能，不仅是学校教学工作的有机组成部分，也是同国家选拔人才的要求联系在一起的。通过毕业考试和升学考试，使学校和教师的工作得到检验，使上下级的学校衔接起来，使社会主义建设各条战线上人才的培养得到保证。

考试是在历史的发展过程中出现的，当前各国的学校都普遍采用考试和考查衡量学生的学习成绩，还没有什么其他的办法能够代替它。尽管在检查学生知识的目的、要求和方法手段上需要在实践中不断地加以改进，但绝不能因此而否定学校必要的考试和考查。我们的中小学，必须重视和加强这方面的工作，以使我们的教学工作质量得到促进和提高。

不仅要认真考虑学生的知识和技能，还应该注意考查学生的能力，考查他们的智力水平以及其他能力。国外较重视这方面的工作，采取各种测验手段，衡量学生的发展水平，用来作为职业定向和就业、升学的参考。多年来我们对此注意得很不够，今后应该把这方面的工作提到日程上来，注意摸索和积累这方面的经验，把它同检查和评定学生的知识、技能配合起来，作为全面了解学生的依据。

二　检查学生知识、技能的方法

学校里检查学生知识、技能的方法是多种多样的，就其实施的目的和内容来看，可以分考查和考试两大类。考查是在教学过程中，为了随时掌握学生的学习状况而采用的；考试则是在教学工作进行到一定阶段，例如一个学期或一个学年，为了全面检查学生所学知识技能的情况，集中一段时间进行全面复习之后而进行的。这两类不同的知识检查方法，是互为补充和相互联系的，它们各有不同的目的和要求，应共同受到重视，不能偏废。

（一）考查

教师在平时的教学工作中，检查学生的知识和技能，主要采取日常观察、课堂提问、检查作业和书面测验等方法。

1. 日常观察

日常观察是在各种教学活动中，是在同学生的经常接触中进行的。有目的有计划地对每个学生和全班学生总的学习表现进行细心地观察，不仅可以直接了解学生学习的真实情况而且能够为检查学生知识、技能采取的其他手段打下基础，使课堂提问、检查作业和书面测验等更加自觉和有计划性。日常观察能够深入到学生学习的各个方面，发现他们平时不易表现出来的优点和缺点，提供判断学习质量的材料，因而它又是其他考查手段的重要补充。留心观察学生的学习表现，可以帮助教师克服和防止出现学习成绩落后的现象，可以使他更好地贯彻因材施教的原则，把全部教学工作组织得更加合理，更加符合教学过程的客观规律。

在日常观察中，教师应注意了解每个学生在个性、知觉、理解、记忆、思维、语言以及学习上的注意力意志力等方面的优点和缺点；了解他们的学习条件和学习方法；熟悉他们的兴趣、爱好及其才能和禀赋；找出学生成绩优异或落后的原因；帮助学生解决学习上的困难，促使他们在原有基础上更快地发展和提高。

观察学生，要坚持一分为二的原则，既看到他们的优点，又看到他们的缺点。要从学生的发展变化中看待他们，不能对学生抱有成见，要相信每个学生的能力并对他们寄予希望。

教师对学生的观察结果，要注意记录和分析，并进行指导，作为衡量和评定学生学业总成绩的参考。

2. 课堂提问

这是平时考查的重要方法，各科教学都普遍采用。它可以在讲授新课之前用来检查前次课学过的内容，也可以在讲授新课的过程中检查相关知识的巩固程度，还可以在讲授新教材之后检查学生的消化理解和接受情况。课堂提问一般是作为各种类型课的组成部分，也可以用整堂课的时间对学生进行系统地检查提问。课堂提问与谈话法都是采取师生问答的方式来进行，但谈话法的目的是传授新知识，而课堂提问则是为了检查学生知识、技能的掌握情况。

课堂提问是师生面对面的答问活动。它有利于教师对学生的学习进行直接的了解。在学生答问的过程中，教师不仅可以检查和衡量学生质量，而且对他们考虑问题的方法、分析问题与解决问题的机智与敏感、语言的逻辑性和表达技巧等，都可以作出客观判断，从而能够及时地给以有针对性的帮助和指导。课堂提问的方式比较灵活，通过对问题的启发、追问和补充提问，还可以更深入地了解学生知识的深度和广度。由于课堂提问是在全班学生共同参与的情况下进行的，对个别学生的提问，也会唤起全班学生的共同注意和思考，督促他们对学业采取主动和积极的态度。这些都是其他考查方法所不可能做到的。

课堂提问，主要要求学生做口头回答，根据问题的性质，也让学生做板书回答。有的教师同时准备了很多问题，在要求一个学生做口头答问时，指定几个学生到黑板上回答，而让其余的学生做书面回答，最后再分别进行检查和订正。这是把课堂提问和书面测验结合起来，称作平行提问。优点是可以在同一个时间内对更多的学生进行检查，缺点是学生往往只顾自己的答问，不能思考对其他学生提出的问题，收不到课堂提问那种相互促进的效果。

课堂提问可以只要求学生做口头叙述，也可以要求学生运用直观教具进行解释和说明。为了唤起全体学生注意，教师提问应面向全班学生，经过一段思考之后，再指定个别学生回答。在一个学生回答问题时，应要求其他学生注意倾听，准备订正或补充。在学生答完之后，教师不一定由自己立即加以评价，可在其他同学做了订正补充之后，再进行总结并评定分数。这样才能保证把全班学生都组织到答问的活动中。

为保证课堂提问的质量和取得预期的教学效果，教师事先要做好准备。对问题的性质和提问的对象，都要有计划地加以考虑和安排。问题所涉及的面应着重于所学知识、技能的基本方面和关键部分，并适合被提问学生的具体情况。提问对象要尽量普遍，不要经常集中在少数人身上。应使每次提问都既做到检查、了解学生的学习质量，又能鼓舞他们的学习积极性和克服困难的信心。教育他们认真而积极地对待自己的学业。

3. 检查作业

学生的作业，包括课堂作业和家庭作业，它直接反映了学生的学习质量，反映了他们对知识和技能的领会情况与牢固程度。每一种作业，不论是书面的或其他形式的作业，都是学生对所学知识和技能的初步运用，也是保证他们能够把学到的知识、技能运用于未来的社会实践的桥梁。教师对学生的各种作业必须提出严格的要求，并进行经常性的检查。

检查作业是平时考查的重要方法。这种检查不仅是了解学生学习质量的手段，也是督促学生以认真的态度对待作业，培养他们学习责任感的重要手段。教师对学生作业的检查，是同批改作业结合进行的，在批改作业的过程中，对他们作业质量，是否达到了预期的要求，作业的内容和书写的形式，主要优缺点，有没有独立见解和对知识的创造性运用，缺点和错误是实质性的还是技术性的，是经常的还是偶然的，都应该细心加以考查，并做出恰当的评语和评分。教师认真地积累平时检查作业的结果，就可以配合其他形式的检查，在学生学完这门学科之后对学生的学习质量作出准确的判断。

检查作业，主要是课外时间进行的。但某些课内作业，也可以当堂进行检查。对学生作业中的共同性问题或突出的难题与疑点，还可以和课堂提问结合起来加以检查，在提问中要求学生回答作业的完成情况，教师加以分析、订正和讲解，使全班学生受到教育。

教师应把检查作业当作一项经常性的工作来对待。有些教师放弃批改和检查作业的责任，把它交给学生去做，或委托少数学生如班级干部去检查，或要求同学之间相互核对作业的结果。这是一种不正确的和有害的做法，应该加以制止。

4. 书面测验

为了考查学生在一个时期内的学习质量，常常采用书面测验的方法。一般是在比较短的时间内举行。可以利用 10 分钟、20 分钟，也可以用一节课的时间举行测验。测验之前，根据需要可以通知也可以不通知学生事先准备。

书面测验所取得的效果，是以教师所出的测验题目为转移的。测验题目首先要考虑测验的目的，依据教学大纲的要求，同时注意学生的具体情况。题目的难易、多寡必须适当，否则不但不能反映学生的真实水平，反而容易把学生的注意力引到错误的方向上去。

每次测验之后，教师要及时评阅，可以评分，也可以写出评语。同时要对测验的结果进行分析，就共同存在的问题向学生加以总结和说明，并对学生今后的学习提出明确的要求和切实的指导。

在平时检查学生知识与技能时，上述几种方法是相互补充的。只有把几种方法结合起来采用，才能收到平时检查的应有效果。

（二）考试

考试是对学生知识、技能进行总结性的检查时所采用的。学生对各门学科的学习告一段落，为了系统地检查和衡量他们所学过的东西的全面掌握情况，就要进行考试。

1. 考试的种类及其意义

作为检查学生知识、技能手段的考试，可分为两大类。一类是校内考试，如期中考试、期末考试、学年考试、毕业考试。期中、期末考试，是在学期中间或学期终了举行的；学年考试是与第二学期的期末考试结合进行的，它的考试成绩是决定学生升级、留级的依据。学年考试主要考第二学期学过的内容，但应参照前一学期的考试结果来确定他一个学年的学业成绩。毕业考试可以规定几门主要学科全面考查他们的学习成绩；为不增加学生的负担，也可以和毕业学期的考试结合起来进行。但在确定毕业成绩时，应参考以前各次考试的成绩。毕业考试没有达到要求的不准毕业。各种校内考试，一般是由校内担任同样学科的教师出题交学校领导审查决定的。但一个地区的教育行政部门根据实际需要，也可以组织有关教师共同出题进行统一考试。统一考试便于比较各个学校中所存在的实际问题，有利于促进教学水平的提高。其缺点是容易造成不必要的紧张。因此，统一考试的次数不能过多。

一类是校外考试，主要是指升学考试。小学升入初中，初中升入高中，高中升入大学，都要举行这类考试。它是由有关的教育行政部门组织的专门负责升学考试的机构来主持进行的。这类考试都带有择优选拔的性质。在中小学教育逐步普及的情况下，小学和初中之间，初中与高中之间，因为贯彻普及与提高相结合的原则，有重点学校与一般学校之分，仍然要择优录取到重点学校。至于高等学校招生，更是需要择优录取了。

校内考试与升学考试之间有着密切的联系。校内考试是升学考试的基础，升学考试又直接影响着校内考试的方向和要求。各类考试的重要特点是它的竞赛性，通过考试，分出成绩上的优劣。成绩好的得到肯定，成绩差的受到督促，便于形成学生积极向上的优良学风。特别是统一考试和升学考试，不仅对学生起到竞赛的作用，而且对学校、教师也同样起着竞赛的作用。这类考试常常对学校教学工作方向要求上起着"指挥棒"的作用，因此，必须在考试科目范围和考题要求上严格加以注意，重点放在关键学科的基础知识和基本技能的训练上。正确组织考试，对促进教学质量的提高，鼓舞学生热心于自己的学业，有着十分重大的意义。

2. 考试的方式

考试主要分笔试和口试两种方式。根据考试的目的、学科的特点和其他有关的条件，一门学科的考试可以进行笔试或者口试，也可以两种方式都采取。

笔试是对全班学生出同样的问题，在规定的时间内要求学生做出书面回答。它的优点是便于教师评价和比较全班学生的学习成绩，也容易发现教学工作上和学生知识技能的掌握上共同存在的问题。笔试一般是采取闭卷考试，不让学生参看书本。但如果为了综合检查学生对某些问题的分析能力和理解能力或其他特定的情况下，也可以进行开卷考试。开卷考试的题目不应是书本上已有的现成答案，否则便失去了考试的意义。笔试应用的范围很广，它是中小学各种教学所普遍采用的一种方式。

口试是学生根据教师所出的题目，当面进行口头回答。由于每个学生都要进行面对面的答问，因此要占用较多的考试时间。口试时，教师可以在学生答问之后，提出补充问题，能深入确切地了解学生的学习质量，便于掌握每个学生的具体情况。口试之前，教师要根据教学大纲的要求，拟定大量的考题，并根据考题的性质和难易程度进行搭配，做成包括二至三个题在内的考题，考签数应不少于应试学生的 2/3。考试时学生抽取考签，进行短时间的准备，一般是经过 10 分钟至 15 分钟的思考，写出简要的答问提纲，然后进行回答。教师要细心听取学生的回答，并进行必要追问或补充提问。口试结束，教师应对学生的回答作出简要小结并当面给他们评定分数。口试和笔试同样，也适用于各科教学。有些学科除进行笔试之外，还必须进行口试，如语文教学检查学生的朗读能力，外语教学检查学生的听说能力。

3. 考试的要求

考试是教学上一项严肃的工作，应遵照如下要求来进行。

（1）考试之前，必须保证一定的复习时间，使学生认真复习学过的课业。在这个时间内，教师要做好复习指导，针对教材中的基本理论和学生的知识缺陷上好复习课，并根据学科特点编制复习提纲，帮助学生解决复习过程中所遇到的各种疑难。复习的范围要力求做到全面、深入，以保证学生真正掌握学过的知识，获得较好的考试成绩。

（2）考试的效果很大程度上取决于考题。它不仅直接决定检查质量，而且还影响着学生的学习方法。考题的性质、范围、难易、数量应适合于学生的程度，并要与考试的时间相适应。在考虑大多数学生程度的前提下，还可以出一两个难度较大的机动试题，供程度较好的学生回答。考题出好以后，为便于对学生成绩作出客观评定，应写出标准答案，特别是统一考试和升学考试，更必须有标准答案。

（3）考试不应使学生过度紧张和给他们增加过重的负担，校内考试的科目和次数都应合理安排。学年考试或毕业考试，可集中几门主要学科，其他学科可根据平时考查来决定成绩，或安排在期中考试或期末考试中去进行。在考试时，各个学科应有适当的间隔，不要过于集中，以免影响学生的系统复习。

（4）要重视考试的思想教育工作。每次考试都会给学生带来思想负担。考试前，要注意进行思想动员，使学生正确认识考试的意义。对于选拔性的考试，如升学考试中落选的学生，更要做好思想工作，无论是学校或家庭都不应给他们施加任何压力。

（5）考试时，要教育学生遵守考试纪律。考试是要检查学生的真实本领，不允许交头接耳和抄袭书本，不允许弄虚作假。要建立正确的群众舆论，使他们习惯于自我监督，善于严格要求自己，把考试作为争取提高学习质量的武器和动力。

（6）每次考试都是对教学工作的全面检查，教师对待考试的结果必须进行认真地分析和总结。既要重视试卷中反映出来的普遍共同性的问题，又不能忽视个别的典型的问题。这样才能针对不同问题产生的原因，找出经验和教训，作为不断改进和提高教学质量的依据。

考试和考查两种方法各有不同的侧重和要求，教学工作中只要能够妥善地加以运用，就能收到全面检查学生知识质量的效果。

三　评定学生知识、技能的要求

对学生知识、技能的评定，是在教师进行考试和考查之后作出的。这样评定不仅便于比较学生彼此间的成绩，发现教学工作中的问题，而且对于学生能否升级、升学或者就业时考虑分配给他们何种社会工作都有决定的意义。检查学生知识技能的结果，最后是通过作出什么样的评定表现出来的，教师必须认真、严肃地对待这一工作。

（一）计分和评语

计分和评语是评定学生知识和技能的两种基本方式。在平时考查中，书面测验常常要记分，检查书面作业和课堂提问则有时记分、有时作出评语。定期考试的成绩都要评定分数，但对学生总的学习情况则要由班主任作出评语。评分易于看到学业成绩的等次，评语则更能反映和表述学生学业上具体的优点和缺点。无论是计分或评语都应反映出：

1. 知识的范围及相应的技能和技巧；
2. 对知识的理解和巩固程度；
3. 独立分析问题和解决问题的能力。

常用的记分方法有两种，一是百分计分法，一是等级计分法。

百分计分法，是以百分为满分，从零分至一百分，六十分是及格。在应用到几门学科的成绩时，可以计算到小数点以后的数字。因而在比较学生的成绩时便于排列出先后顺序。凡是带有择优选拔和比较性质的考试都采取这种计分法。另外这种计分法能较明显地标志出学习上的进步序列，所以也能较有效地鼓舞学生为争取高分而努力于自己的学业。当前我国中小学都较普遍地采用百分计分法。缺点是由于序列过细，相近分数常难于反映出学生知识水平的真正差别，而且统计起来也比较麻烦。

等级计分法，是用规定的等级来标志学生的成绩。主要有五级计分法和四级计分法。五级分把学生成绩分为五等，用五分、四分、三分、二分、一分来区别和记录学生的成绩。五级分也用优、良、中、可、劣来记录。四级分则用五级分的前四等，用五、四、三、二分，或优、良、中、劣，以及甲、乙、丙、丁来记录。不论是五级分或四级分都是以五分作为最优成绩，三分为及格，二分为不及格。只有在学生对所学一无所知的情况下才给一分，这在高年级是不容易出现的，所以高年级只用四级记分法。等级记分法的优点是记录方便，等级分明，便于明显地看出学生学习成绩的等差。在课堂提问和检查作业时常用这种记分法。但如果定期考试采用百分计分法，在计算总成绩时则需要将等级记分换算为百分。等级计分法的缺点是无法记录学生成绩上的细微差别，不能进行各科成绩的平均计算，因而也不能排列等次。

无论是百分法还是等级分法，都是记录学生的学习成绩的手段，它们各有自己的特点，应根据考试和考查的目的和需要加以采用。

（二）评定学生知识、技能的基本要求

教师对学生的知识、技能的评定，标志着学生的学习态度和努力程度，标志着他们是否完成了规定的学习任务。每次评定都应该起到既使他们正确地认识自己，在学习上有自知之明，又起到鼓舞他们向争取更高的学习成绩而努力的作用。为此，教师在评定学生的学业成绩时，必须遵循如下的基本要求：

1. 教师评定学生成绩要遵循严格的评定标准

每一学科的教学大纲所规定的知识范围、水平和相应的技能，是评定学生成绩的基本出发点。在评分或评语中必须反映出学生所获得的成绩与教学大纲所规定的要求之间的关系，教师不能任意提高或降低教学大纲所要求的标准。

2. 教师评定学生成绩，要重视学生的创造性及分析问题和解决问题的能力

成绩的评定直接关系着学生的学习方向，教师在评定学生成绩时，一定要重视学生知识掌握的创造性，重视他们独立分析问题和解决问题的能力。要引导学生不要拘守于死记硬背现成的结论。教师事前制定的标准答案是评定成绩时的依据，但不能机械地用标准答案来衡量学生的答案，应允许学生用不同的方式来回答教师的问题，一切有创见的回答都应受到鼓励。

3. 教师评定学生成绩，一定要公正、客观

评分应正确反映出学生的答案质量。不能从对学生的主观印象出发。学生的思想品德、学习态度、努力程度、健康上的缺陷等，都不能影响学习分数的评定。

4. 教师评定学生成绩时，除了评分之外，还要运用评语

评语可补充评分的不足，把难以从分数上反映出来的问题，如学生学业的上升与下降趋势，他们的学习特点，主要的优点缺点，今后学习上的注意事项等，都可以运用评语对学生作出评定。评语的特点是便于根据学生的具体情况进行说明，针对性较强。评语要力求写得简明、扼要、具体。防止一般化。

5. 教师评定学生成绩，要尽可能将考查成绩和考试成绩结合起来

怎样将考查成绩和考试成绩综合起来计算学生的总成绩，现在没有统一的规定。一般来说，对学生总成绩的评定，应坚持发展的观点和全面的

观点，以考试成绩特别是最后的考试成绩作为评定总成绩的主要依据。但为了督促学生平时认真学习，也必须重视平时的考查成绩，使平时考查成绩在总成绩中占有一定的比重。

总之，无论是知识技能的检查还是评定，都是提高教学质量，保证和督促学生更好地完成自己学业的手段，不能本末倒置，不能把任何形式的考试作为目的。有的学校为了追求升学率，任意改变教学工作的正常进程，擅自增删教学大纲中规定的内容。这种做法是不正确的，有害的。只有首先使学生系统完整地把教学大纲中规定的基础知识和基本技能学到手，才能保证在考试中获得优良的成绩。

关于教学过程本质、规律、原则及其体系[*]

一

一个严密完整的理论体系，它的概念、范畴、命题及命题之间的关系、层次必须是毫不含糊的。教学这一概念，首先就应该对它的内涵和外延做出明确的规定，否则，其他的一系列概念就难以说清楚。不是有这样的责难吗？认为现在的教育学把德育、美育、体育与教学论并列，难道教学中没有德育、美育、体育问题吗？或者说德育、美育、体育不应当在教学论的研究范围里吗？确实，许多教育学著作并没有对教学概念作出明确的界说和确定教学这一概念的基本内涵，因此，类似上述的责难是不足为怪的。

从概念的严格界说上看，教学首先与教育这个概念区别开来。一些教育学著作常常把教学定义为"在教师指导下专门组织起来的一种教育过程，目的在于激发学生的求知欲，对他们传授的科学知识、技能、技巧，培养他们的辩证唯物主义世界观，并发展他们的创造力和才能"[①]。这个定义有一定的代表性，我国的教育学著作也多与此类似，看不出与教育的概念有多大区别，问题就在于这样一般的面面俱到的描述性定义，只是把教学的各项任务罗列在一起，没有指明教学这一概念的根本性特点。

我们觉得，学校教学的根本特点，就在于它是传授知识，离开了传授

---

[*] 原载《东北师大学报》（教育版）（唐文中、赵鹤龄）1985年第4期。
[①] ［苏］И. Ф. 哈尔拉莫夫：《教育学教程》，丁西成等译，教育科学出版社1983年版，第131页。

知识，就不叫教学。教育活动可以是非知识性活动，但教学则不可，这是教学与教育概念的根本区别。德育过程中有传授知识活动，但它不构成教育的根本特点。同样体育和美育过程也有相当的知识性内容，但也不构成它们的最基本的决定性的内容。普通学校的美育与美术专业课程有区别，美育也不等于美术或音乐课。同样，普通学校的体育与体育研究生的课程也是不同的，体育课也不能构成体育的全部内容。反之，教学过程中也可能存在某些非知识性活动，但这不是主要的，基本的，而是少量的不决定教学本质的活动。对整个教育而言，说智育第一不甚妥当。但对教学来说，知识中心却是应该的。当然，现在有提倡能力中心的，这待下文评述。所以，教学过程与德育、体育、美育过程有交叉却又有各自的根本特点。

就教学过程本身来说，自然不仅是传授知识，还包括培养学生的技能、技巧，发展学生的能力，以及道德品质教育和世界观教育等等。我们说，培养学生的技能、技巧，这是教学的重要内容，不但生活实践要求学生形成某些心智和动作方面的技能、技巧，而且也因为它是进一步学习知识的必要条件，但是这不能构成教学的基本特点。譬如，军事学校之所以称之为学校，因为它要传授军事知识。军事技能、技巧则不能构成军事学校的基本特点，否则就不叫学校，而叫兵营。军事教学未必不需要军事操练相辅，但它不构成军事教学的基本特点。况且普通学校非军事学校所能相比，它的教学更是以传授知识为主，并且它的一切技能、技巧的训练都是在传授知识过程中进行的。

同样，能力的培养也不能构成教学概念的基本内涵，但至少目前是这样。这里且不谈能力的本质是什么这个悬而未决的问题，单从教育历史实践看：裴斯泰洛奇有形式教育之父的美称，他和离他相去不远的英国教育家洛克及法国教育家卢梭不同，虽然这两个人对他曾产生过强烈的影响。洛克要培养一种吃穿不愁、优哉游哉的英国绅士，卢梭憧憬的是左右时代潮流的新兴资产阶级的英才，两人说来都是以培养上层人物的高雅性格为限。而裴斯泰洛奇既是一位教育家，也是一位乐善好施的慈善家，他同情下层劳动者，要拯救他们的命运。他认为习得智慧和劳动是穷人摆脱贫困的根本途径，但是，穷人不可能有钱念大书，面对这个矛盾，裴斯泰洛奇似乎从哲学家莱布尼兹"单子论"那里得到启迪。在莱布尼兹那里，单子是万物的基础，是能够自己运动的独立精神实质。裴斯泰洛奇觉得人天生就有智慧和能力这种单子，这种东西用不着通过长时间的高深知识学习，而只要探索出智慧和能力训练的最基本、最简单的要素，就有可能在短时间通过简化了的教学使人的潜在的智慧和能力由不活动状态转变为活动状态，这形成了他的以开启人们某种潜在的能力为宗旨的形式教育理论。显然，裴斯泰洛奇的形式教育的出发点和根据与现在主张能力培养为中心的同志是大相径庭的。

在对能力的认识上，还有近代史上风靡世界的智力测验。从积极意义上说，智力测验的产生是基于这样的思维前提：20世纪初，随着欧洲普及义务教育运动的兴起和发展，过去一度为上层社会所垄断的学校教育开始向大众开放，但是这些学校尤其是质量高的学校，只能容纳20%的适龄儿童，因此，考试选拔十分严格，入学的多是家庭教育良好或是受过早期学校教育的富家子弟或知识界子弟。为了消除这种由社会造成的不平等，一些教育理论家搞了智力测验。这种智力测验，不是检查入学前由家庭或学校教育决定的知识水平，而是要通过非知识性的检测题目来检验学生某种天赋的智力水平。这种智力检测几十年来虽然搞得很有些成绩，但是遭到的攻击越来越强烈，原因是这种测验是建立在人的智力和能力是天生的这种靠不住的前提上。

以上两例是教育史上很有影响的思想流派，他们所以失去了过去曾有过的辉煌的地位，是由他们主导方面的非科学性所决定的。今天，提倡"能力中心论"的同志出发点显然不同于过去。这些同志强调的是知识的增长速度问题。当今和今后人类知识的总量确非前代所能相比，所以人们企图以培养人的能力来代替传授知识的教学以应付知识太多的困难。这种忧虑和见解不无道理，过去我们确实存在着强调知识传授忽视能力培养问题。但是解决的途径仍然是以什么样的方法传授什么样的知识的问题，并在此过程中发展学生的能力并非以能力中心代替知识中心的问题。其中，解决知识太多的方法是如何提炼和处理这些知识，使之既能保证知识的再生产又与个人的接受能力相适应。事实上，这不是今天才把这个问题提到人类思考的日程上。孔子删诗书、定六经，恐怕就已经包含选择知识、编订教材的意思了。我国古代经史子集以及小说家者流的杂书早已浩如烟海，古代外民族恐怕也是如此，单是基督、释迦、犹太、伊斯兰四大宗教五花八门教派的经卷加起来也是足令人望而生畏。但是人们很快就懂得择其精萃而读之，智慧的火花并没有被窒息。人类知识作为人对自然、社会和人本身的思考的结晶是不断的产生出来，同时又在不断的被淘汰，某些知识只能作为历史的文明而闪烁幽光。哪些知识必须由后代来掌握，要由时代来选定。即便当代人们的实践活动领域扩大到整个宇宙空间，所需要的知识远非前代人相比，但是人们还是有可能做出恰当的选择。于光远同志曾做过这样的推想，他说人类的种族进化从猿到人经历了亿万年之久，但是这个漫长的进化过程却在母胎里压缩为九个月，人类的认识进化过程也是可压缩的。中世纪前人类几百万年的知识，到中世纪压缩为文、法、神、医四大学科，而我们现在初中课程则远远大于中世纪文法神医四大学科中真理性知识的含量，相当于17世纪、18世纪的科学课程。我们现在的高中课程则相当于20世纪末21世纪初的全部的主要科学课程。课程内容的淘汰、压缩、下放，也是人类知识进化的一个缩影。因此，对于"知识爆炸"问题，取乐观态度有一定道理。

　　人类认识的总体成果与个人的认识容量永远是不可相比的数字。不用说今天，就是没有纸张、印刷术的所谓第二信息革命前时代，那些写在龟甲、牛骨、兽皮、石板、钟鼎及马草纸、绢帛、竹木简上的文字，也是耗尽一个人的毕生的精力也难以读尽的东西。因此，那些以当今知识多得一个人无论怎样精壮也无法读完作为改变以学习为主的理由，是不够充分的。问题的核心还是学生的能力能否脱离知识的学习和技能技巧的形成而形成。知识诚然不就是能力。但是脱离了知识的学习、掌握和运用，能力则成为不可捉摸的神秘东西，它既失去了赖以形成的手段，也失去了借以表现的形式。古人讲，水无当于五色，五色弗得而不章。如果这里把水理解为能力，五色理解为知识，是说有了驾驭知识的能力，知识才能成为有用的东西，这是有道理的，但是，如果只有水而没有五色，也只能是白茫茫的一片，水的功能也无法显示了。现在不在于把教学工作以传授知识为基本任务改变为培养能力为基本任务，而是要改变那种单纯传授知识忽视能力培养的倾向，改变那种对传授知识的目的、意义和任务的狭隘的理解。

　　总之，现今对知识与能力，教学与发展的理论研究表明，不能改变教学以传授知识为主的基本特点，这个基本特点反映了过去与当代教学过程的本质。其他问题如教学过程中的思想品德和世界观的教育与传授知识的关系等，则没有更多的异议，有异议是过去政治挂帅、思想领先时代的事。教学中的教育性是由教学内容本身的科学性自然决定的，而不应是外加的。教师准确生动地讲述知识内容本身，就是贯彻这种教育性的最基本的要求，因此，它对传授知识是教学的基本特点没有什么干扰。

　　以上分析，不过是想说一下教学中知识传授与技能技巧训练、能力培养和思想教育等方面的关系，从而确定教学的基本特点是传授知识，而其他各项不过是通过教学要完成的任务，没有这些任务，教学纯粹是为传授知识而传授，会大大降低教学的价值。反之，如果离开了传授知识，其他各项任务也无以为托，教学也就无从谈起。因此，对教学的概念应下这样的定义：教学是在规定的条件下教师传授和学生学习知识的活动。这就够了，没有必要面面俱到地罗列，因为这只能给教学的定义带来混乱，从而因为教学论的第一个概念的含糊而对整个教学论概念体系造成逻辑上的问题。其他，如教学中学生技能、技巧训练，能力的培养、思想品德教育各项放在教学任务中阐述。人们普遍感到教育学著作中某些内容重复，甚至有点乱，如果我们首先能把教学这一概念阐述清楚，会有助于避免这种情况。

二

教学概念如果有了合适的规定，阐述教学过程的本质就方便多了。教学是人们的一种实践活动，从理论思维角度看，这种活动表现为一种有机的活动过程，这就是教学过程，因此，教学过程是理论思维的概念。那么这个过程内部构成如何、怎样展开、动力是什么以及有什么规律可循呢？

19世纪细胞学的创立，给人们展示了一幅科学的图案，似乎一切物质运动都可以找到它们的基本要素、基本的单位、基本的构成。循着这个图案，产生了原子、电子、粒子、量子理论。马克思发现了人类社会经济运动的基本细胞——商品，建立了马克思主义的政治经济学理论。近年来，教育理论界对教学过程这一物质运动的现象的基本要素和构成进行了探讨，不管国内外目前的两因素、三因素还是四因素说哪个妥当，教材、教师和学生作为教学过程运动构成的基本因素，是为大多数人承认的。不管三者之间构成了什么样的运动模式，他们之间存在着相互依存、相互制约的对立统一关系也是被多数人承认的。但是人们更关心的是它们之间构成了怎样的一种运动。教学过程中活动尽管多种多样，但最终是引起学生的活动。学生的活动尽管表现为手、眼、口、耳、脑的活动，甚至是整个身体的运动，但是教学所引起的活动的主要形式是脑的活动，并且每一种活动都要经过脑的指令。这种脑的活动，本质上是人的认识活动，因此，教学过程的本质应是学生的认识活动，不过这种活动是一种由外界因素控制的有组织、有系统的认识活动，是主、客观统一的认识活动。纵然，教学中的技能和能力的培养不能完全用认识活动来概括，但这些不是教学的本质的东西。

教学作为学生的认识活动，亦即脑的活动，那么这个活动究竟是怎样展开的，则是十分困难、复杂的课题，人们试图从哲学和心理学中找到解决这个问题的钥匙。从心理学上，自赫尔巴特的统觉理论后，又相继有了许多学习理论，如影响较大的格式塔心理学派的顿悟理论，巴甫洛夫心理学派的刺激反射理论，行为主义的操作反射理论以及现在欧美盛行的认知学习理论，等等，但是，由于这些理论的自然科学基础脑科学的不完善，造成它们之间的抵牾和矛盾，对教学过程仍然得不到统一的认识。本文赞成这样的观点，目前，我们以唯一正确的马克思主义的认识论为基础，做思辨性的考察，找出教学认识论自身的特点，从而对教学过程的运动作出描述。

马克思主义哲学认为，任何物质运动的原因都在于事物内部的矛盾斗争。教学过程的展开，也是教学过程内部矛盾斗争的结果。苏联心理学家维果斯基提出，儿童心理发展的动力和过程，是儿童心理上新的需要和他们的已有心理水平之间的矛盾。具体说儿童主体和客体事物互相作用中，外界不断地向儿童提出新的要求，这些要求内化为儿童的心理需要，而这种需要与儿童的已有心理水平之间有距离，这段距离维果斯基称作"最近发展区"，实质上这个发展区就是新的需要与已有心理水平之间的矛盾，由于外界的客观需求不断地转化为儿童新的需要，因此与儿童已有心理水平的矛盾就会不断地发生，矛盾不断地产生又不断地解决，就构成了儿童心理发展的连续的有机的过程。

维果斯基这个理论用来说明教学认识运动的动力和过程也是可以的。教学过程可以指从儿童接受学校教育开始，经过小学、中学乃至更高一级学校结业，是一个大过程，也可以指某一学习阶段的小过程。在这些过程中，学校、教师对儿童的学习不断地提出新的学习任务和要求，这个要求内化为学生的个体需要，就是求知欲望。这种求知欲望与已有的认识水平之间产生矛盾，解决这个矛盾，就是发展，就是教学过程的运动。显然，在学校有组织、有计划的教学中，这种矛盾是连续不断的，这就构成了教学认识运动的全过程。因此，我们可以得出这样的结论：教学认识过程的动力是学生需要和已有认识水平的矛盾，教学过程的展开是这个矛盾的运动过程。这里可能有这样的问题要提出来：既然前文已说明教学过程的构成因素是教材、教师和学生，理应是它们之间的矛盾才构成教学认识运动过程。其实，这三者中教材和教师已经概括为客观对学生认识的作用，并且这种客观作用还要内化为学生的需要，才能与学生头脑中已有认识水平构成矛盾运动，因此并无矛盾。为了清楚起见，对上述教学过程的本质的构成和展开情况试做如下图示：

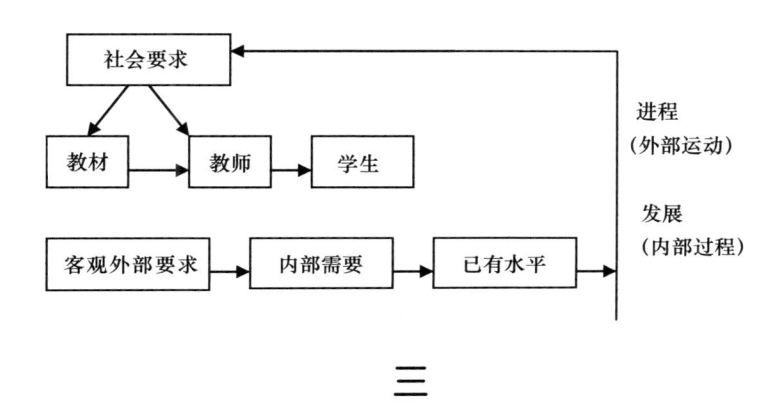

```
                社会要求
              ↙  ↓  ↘_____
         教材 → 教师 → 学生              │  进程
                                         │（外部运动）
                                         │
    客观外部要求 → 内部需要 → 已有水平    │  发展
                                         │（内部过程）
```

三

在对教学过程的本质作一番探讨和说明后，就应该在此基础上进一步对教学活动的规律给予概括。显然，这里把教学过程的本质和教学活动的规律并不完全看作是一样的事。列宁在《哲学笔记》中说过这样的话："规律和本质是表示人对现象、对世界等等的认识深化的同一类的（同一序列的）概念，或者确切些，是同等程度的概念。"① 这里只是说本质和规律在认识事物的深度上是同一水平的，看不出就是一回事。至于两者区别，许多哲学著作中却没有说清楚。甚至对于本质的定义，虽然大同，但也有小异。后来只好翻阅苏联编写的哲学词典，见到有这样的说明："本质所表现的是主要的东西，这种东西能说明事物的特性，事物内部最重要的方面，事物内部所发生的过程。"规律是"现象内部的本质联系，这种联系决定了现象的必然的合乎规律的发展"。两者说来还是有区别的。我们上面对教学过程本质的分析，基本上符合定义的要求，下面我们说一下对教学活动的规律的看法。

规律是事物内部的本质联系，存在于教学过程中的基本联系，我们认为主要有以下三个方面：

教学与社会要求之间的联系；

---

① ［苏］列宁：《哲学笔记》，林利等译，中共中央党校出版社1990年版，第166页。

教学与学生身心发展之间的联系；

教学中学生、教师、教材之间的联系。

首先，谈关于教学与社会的联系。这主要表现在社会对教学活动的目的、内容、方法、手段提出规定性，而教学总是要反映一定社会发展需要所提出的要求，并对社会的发展产生积极的影响。这个提法很容易使人想到它与教育的规律即教育与社会相互制约相互作用的规律相混淆，而不能肯定这一联系。我们的看法是：第一，教学与社会要求之间的联系是个基本事实。正是因为社会发展的要求促进了学校的发展，试看历史上教学内容、对学生的知识水平提出的标准以及提供的设备、手段和历次的教学改革，哪一项不与社会的发展息息相关呢？应该说，教学对于社会发展的反应是最为敏感的，比如说，资本主义社会三百年的历史到今天，他们的教育目的、教育价值观念基本没变，但他们的教学改革却不断地发生，教学内容、教学质量有着巨大的变化，这个极为重要的事实难道可以忽视吗？第二，教学促进学生认识的发展，重要原因是不断地提出新的要求，以使学生不断地产生新的需要，从而使学生不断成长。那么这个要求的本质是什么呢？在宏观上说，只能是社会发展的影响作用，因此，没有社会发展的历史影响，也就没有教学发展的动力，学生发展也就会停止不前。第三，教学与社会的联系，是更为广泛的联系，其中包括了教学与社会的联系，这种联系正是教育与社会联系最大最重要的方面，是教育与社会联系的具体体现。

教育与社会、教学与社会的联系，可以说是不同范围、不同层次的联系，忽视从教学与社会的联系的角度来探讨教学的规律是可惜的事。历史上的教育家在他们的理论中教育和教学的分野并不那么分明。我国古代教育史上"教"字的涵义既可为教育，也可为教学；"学"字也有时做"教"讲（读作敩），其义也可为教育或教学。西方教育史也是如此，哲学家的教育或演说家的教育，说它们是指教育理论的特点或教学理论的特点都是无可无不可。即便是当代诸如要素主义、改造主义、永恒主义或结构主义教育，也难以分清是教育理论还是教学理论。不过，我们总算是划清了。

谈教学与社会的联系，还有一种意见认为这不是教学活动的内部联系，因而也不能成为基本关系。其实，内部与外部本是相对的，可以相互转化的。外部的一个力作用于一个物体上，使物体发生位移或形变，这时这个外力就已经转化为物体本身运动的内部因素了。社会对教学的要求，可以体现在教师和教材内容上，这时的内外关系已经实现了转化，而按社会的要求成长起来的学生对社会的发展和延续就会发生明显的作用，这就是教学对社会的反作用。

当前，学校教学工作与飞速发展的社会经济关系十分密切。信息时代对教学的面貌产生深刻的影响，这是当前教学改革的基本动力。因此，应该重视教学与社会发展的关系的研究，探索这方面的规律。

其次，是关于教学与学生身心发展的联系。这主要表现为教学受儿童身心发展水平的制约并促进儿童的身心发展。教学和发展的关系，是当代教育理论界最关心的重大问题之一。人们都知道，苏联赞科夫的实验其目的在于"以最好的教学效果促进学生的一般发展"，他所谓的发展，除智力外，还包括情感、意志品质、性格及集体主义思想等方面的内容，即整个心理水平的发展，而一切心理水平的提高又都与身体的发展联系在一起，使学生的身心水平达到最良好的状态。这些看来是当前教学与发展的流行的观点。教学与学生身心发展的关系，是教学活动中最基本的关系之一，人们一般不否认这种关系，但是作为教学论中的一条基本关系，也有一部分同志不愿接受，原因也是在谈教育规律时，也谈到了它。我们觉得，这种关系作为教学论的一条基本关系是反映了客观的存在，这是不以人们意志为转移的东西。具体如何认识这种关系在整个教育理论中的地位，道理与前边阐述教学与社会的关系相似，这里不再重复。总之，因为谈教育规律涉及了教育与儿童身心发展的关系，因此谈教学就不能再作为基本关系，未免涉嫌作茧自缚，似不可取法。

最后，谈一下教学过程中学生、教师、教材三者关系。在这三者中，作为最本质的关系，前文提到的教师和教材作为外在的要求和条件与学生认识发展之间的关系。我们可以把这种关系表述为教师指导下学生作为认识的主体以学习间接知识为主的认识过程，这是对三者关系的概括和抽象。这里除阐明了教学的本质是学生的认识过程外，还明确了另外两方面的问题的重要性。其一，是教师在教学中的地位。教师在教学中，对于认识主体学生来说是外在的条件，但是这个条件具有影响学生认识发展方向、进程和水平的作用，人们称之为主导作用。确定教师这种地位是出自于对教学的历史经验和现实要求的考虑。历史上曾有过教师中心和儿童中心两个偏向，这两种偏向都背离了教学的客观规律。其二，是强调学习间接知识的特点。教学认识活动的根本特点是学生作为认识的主体对人类历史认识活动的成果的再认识。学生在校并不排除学习某些直接知识的可能，但最基本是学习间接知识。这里用"再认识"这个词，意思在于强调学习书本上的间接知识也不排除用人类发现知识的方法去学习知识。教学的认识活动尽管排除了人类认识史上的某些弯路。使学生能够在最短的时间内按科学的逻辑体系去学习知识，但是科学的正确的认识道路和方法对学生深入理解知识，发展他们的创造性也是十分必要的，甚至科学发现上的曲折道路也有十分丰富的方法论意义，学生对这些过程做某些必要的了解是有好处的。因此，不可把学习间接知识的特点理解得过于狭隘。目前西方兴起的所谓"发现法"教学，也许就是出于这种批判性的考虑。

综上所述教学过程中有三条最基本的规律：教学是适应社会生活的需要并促进社会发展的过程；教学受学生身心发展的制约并促进学生身心发展的过程；教学是教师指导下学生作为认识的主体以学习间接知识为主的认识过程。这三条中，第三条规律是核心的规律。

四

但是，在极其复杂的教学活动中概括抽象出三条基本的规律，这是不够的。事实上，许多教育学著作者也不能同意这样做，因为人们从千百年来的教学实践活动中，所发现并概括出来的不仅仅是这三条，比如人们阐述的教与学的关系、间接知识与直接知识的关系、传授知识与发展能力的关系等等，都接触到了教学活动的本质并反映了教学活动的规律。因此，把这些说成是教学的规律也未尝不可。

但是本质有等级，规律有层次。列宁说过：人对事物、现象、过程等等的认识从现象到本质，由所谓的初级的本质到二级的本质，这样不断地加深下去，以至于无穷。① 规律也是这样，任何规律都是狭隘的，不完全的，都是全体性与局部性的统一。因此对同一事物抽象概括的诸规律有大小和层次的区别。唯物辩证法对立统一、质量互变、否定之否定是三条基本规律，其中对立统一是更为根本的规律，其他两条要服从这个规律。此外唯物辩证法的基本范畴也表现为宇宙物质运动，物质关系的本质和规律，具有普遍的真理性，是从不同角度和不同方面揭示对立统一这一根本规律，是这一规律的补充和丰富。

---

① 参见《列宁选集》第 2 卷，人民出版社 1972 年版，第 608 页。

教学论中已知与未知、间接知识与直接知识、知识传授与思想教育、教与学、学习与发展是教学活动中的基本关系，也是教学论体系的基本范畴，它们从不同侧面揭示教学活动的本质和规律，是对教学基本规律的补充和丰富，但它们最终都要服从教学是教师指导下学生作为认识的主体以学习间接知识为主的认识活动的规律。多年来，搞不清教学活动有多少规律，原因之一恐怕就是把不同等级和层次的规律并列。许多教育学著作在阐述教学的本质和基本规律之后，又立专门一节阐述教学活动中的各种关系，实质上是在进一步阐述和丰富教学的本质和规律，把这一节列入教学本质一章是正确的、必要的。这种叙述结构与哲学著作体系在阐述了基本规律后，又立专章讨论哲学的一系列基本范畴是类似的。我们也应该把教学论中这几组重要关系看成是阐述教学本质和规律的基本范畴，否则，在逻辑上就难以讲通。某些认为现有教学论中类似章节是罗列堆砌，原因之一是没有说清这些关系的理论意义和内在的逻辑联系。

教学原则在教育学著作中是很有特色的一部分。许多教学原则的提出已有悠久的历史，它的重要性和实践性被普遍承认，对教育历史的继承很重要是体现在教学原则的继承上。教学原则与教学规律和作为基本范畴的几对关系不同。教学原则体现了人们对教学工作客观规律的主观认识和运用，具有很强的主观色彩和实践色彩。从揭示教学规律方面看，它们是基本规律、基本范畴之后的第三个层次，并与之有着内在联系。它们是从不同环节和不同方面体现着对教学规律的运用，甚至可以找到它们的对应关系。正是如此，苏联现代教育家巴班斯基在确立和阐述教学原则时，力图使教学原则的体系和内容乃至于原则的命题都与教学诸规律照应起来。此外，由于教学原则大多有着悠久的历史，因此它体现了人们对教学活动的认识历史过程，体现了历史的逻辑性。这种逻辑性与教学原则体系的理论思维方面的逻辑性相结合的特点，使教学原则有很高的价值。因此，把教学原则作为教学论体系中的重要组成部分，有着它的内在合理性。至此，可以对教学论的基本理论体系做这样的安排：

1. 教学的概念

教学是在规定的条件下教师传授知识和学生学习知识的活动。

2. 教学过程的本质

（1）教学过程的构成因素

教材—教师—学生

（2）教学过程的结构模型（见前面图示）

（3）教学过程的动力和内部过程

学生的需要（由外界的要求转化而来）与学生已有水平的矛盾及运动。

3. 教学基本规律

（1）教学是适应社会生活需要并促进社会发展的过程；

（2）教学是为学生身心发展所制约并促进学生身心发展过程；

（3）教学是教师指导下学生作为认识的主体以学习间接知识为主的认识过程。

4. 教学的基本关系（基本范畴）

（作为教学基本规律的补充和丰富，是从教的不同侧面揭示教学的规律）

（1）已知与未知关系；

（2）间接知识与直接知识的关系；

（3）教学与发展的关系；

（4）知识性与教育性的关系；

……

5. 教学原则

（理论与实际的结合，对教学规律的具体化和运用）

（1）目的性原则

（2）理论联系实际原则

（3）直观性原则

（4）启发性原则

（5）循序渐进原则

（6）巩固性原则

（7）因材施教原则

……

对于这个体系，有两点需要说明：一是近年来有些同志认为教学过程的动力与展开过程即需要与已有水平之间的矛盾和发展是教学的根本规律，当然这是有道理的，但是，应该看到这种抽象水平并不高，它仅仅停留在由直观到思维的抽象水平，还应该继续上升到思维具体的水平，否则它是空洞的、贫乏的。我们正是基于这种考虑才把它具体化为前文所述三条教学基本规律。二是这个体系总体上说还是我们30多年来一直沿用的体系，这篇文章的一个基本目的是要探讨这个体系的科学性合理性，并试图对这个体系的阐述提出些看法。

在哈尔滨召开的全国教学论讨论会纪要[*]

一 对教学论研究的发展和现状的评价

一些同志回顾了全国教育学研究会第一届年会以来教学理论研究的发展，认为到目前为止，虽然提出了许多十分重要的理论问题，如教学的概念、教学过程、教学规律、教学理论研究的方法、智力发展与能力培养、教师的主导作用、教学质量管理与评价，等等，并发表了许多好的见解，开展了一系列的教学实验和教育调查。但是，基本理论的研究没有更大的突破，许多问题仍然是争来争去，得不到统一的认识。理论脱离实践的状况没有得到根本改变，难以对教学实践有切实的指导。中小学教师对教学理论不感兴趣，觉得学了也无多大用处。教学论教学中，教师感到内容空洞、贫乏，许多问题说不清楚；学生学习觉得单调乏味，科学性不强。更重要的是，当前的教学论新的东西吸收不了，容纳不下，体系本身又不能得到改造。概括说来，教学论理论的研究落后于教学实践的要求，不利于多出人才，出好人才。

有的同志不同意上述看法，认为三中全会以来，教学论进入了更新的发展阶段，是教学理论研究的大好时机。因为世界新的技术革命给教学论发展带来了新的信息，国内的政治形势给教学论发展创造了有利的气氛，经济改革对人才的需求给教学论发展带来了新的动力，一系列新兴科学的出现给教学论研究增添了新的手段，大批特级教师的宝贵实践经验给教学

---

[*] 选自《教育学文集·教学》（中）（唐文中、赵鹤龄），瞿葆奎主编，人民教育出版社1988年版，第659—667页。

论发展输送了新的血液,教学论发展的前景是有希望的。历史上赫尔巴特奠定教学阶段理论到它的最后完成经过近二百年。现在我们正在开始新的教学理论研究,这个阶段是从知识的教学向知识与能力辩证发展的教学发展的阶段,尽管这个理论还在起步,但是这种思想已经深入到广大教师和学生心中。当然,现在教学理论研究仍然有脱离实际的问题,教学实践中提出的许多问题还没有得到很好的解释,但是,也有实际脱离理论的问题,比如,片面追求升学率问题,这不是理论研究没说清楚,而是实际存在着的体制问题、"望子成龙"的社会思想问题,尽管一再呼吁,可是仍然无济于事。还有,教学理论中一些正确的、行之有效的东西之所以不能在教学实践中推广,还有师资水平、教学条件等问题。因此,对于教学论发展面临的困难,也要有个辩证的、实际的观点。总的说来,教学论面临新的发展阶段、新的历史时期。

会上,一些同志对传统教育和现代教育概念提出了不同看法。一部分同志认为,教育体制改革决定和中央领导同志有关讲话,提出"我国的传统教学思想和教学方法"必须改变,是指我国长时期在教学实践上存在着忽视学生独立性、创造性能力的培养这一根本缺点来说的,这种情况同样存在于教学理论中。有的同志不同意这种看法,他们认为,《决定》和领导讲话中所说的传统教学思想和教学方法,是指我国封建社会政治、经济和社会思想背景下的教学思想和方法,是与封建社会的需要相适应的东西,这种东西现在已经从根本上得到改造,我们的教学论不是这种东西。但是,在社会、学校中还残存着这种思想的影响,是需要改变的,这也是教学论理论研究的任务。有的同志还认为,传统教育和现代教育两个概念本身的含义就是模糊的。杜威称赫尔巴特是传统教育,赞科夫称凯洛夫是传统教育。一些同志认为三中全会以前都是传统教育,有人甚至把自己观点以外的理论都称作是传统教育理论,这样,两个概念就都搞糊涂了,因此,不宜提这种没有精确含义的概念。也有的同志认为陈腐的教学思想和教学方法不仅有我国封建社会的东西,也有外国的东西,以及"文革"前后和"文革"中的东西。现代教育是三中全会以后中国教育发展的特点,具体说,这种教育就是面向现代化、面向世界、面向未来的教育,相对而言,则是传统教育、传统教学思想和教学方法。因此,传统教育和现代教育是有确切含义的概念,是可以使用的。

二 关于教学论理论体系建设

（一）学科性质

对于教学论学科性质的看法，有两种意见：第一种意见认为，教学论是理论科学，它研究教学活动的一般原理和规律。教学论作为理论科学也要密切联系实际，在此过程中检验和发展教学理论，但这种联系是一般性质的，不是具体对哪一门学科而言的。因此，与分科教学法不同，分科教学法是应用科学。第二种意见认为，教学论必须是理论科学和应用科学两种性质兼而有之的科学。现在教学论理论体系不严密、空洞、流于一般化，理论性和应用性的特点都不突出，因此，两方面都应该加强研究。

还有的同志提出另外的看法，说不管教学论是何种性质的科学，都要在一般地研究教学活动之外，建立一种实用教学论或叫教学工艺学的东西，使一般教师避免大量抽象理论的学习，能够从中快一些学到具体的教学方法、教学技术，对教学起速效作用。

与会的同志觉得教学论的学科性质问题确实要搞清楚，它关系到教学论的研究和发展方向问题。

（二）理论基础

一般到会者都认为，现代教学论所涉及的方法论理论基础包括马克思主义的认识论、控制论、信息论、系统论等。但在认识上有两种不同意见：第一种意见认为，马克思主义的认识论是教学论方法论的唯一的理论基础，我们现在不是用得很好、很够了，而是相反。教学论中许多争论不休的问题，说明对马克思主义的认识论理解还不够深入。三论（控制论、信息论、系统论）是马克思主义辩证法、认识论的具体运用，在马克思主义辩证法、认识论里已经包含着丰富的三论思想，因此，归根结底，马克思主义认识论是教学论唯一的方法论基础。

另外一些同志认为，作为现代新兴科学，控制论、信息论、系统论已经获得了一般方法论的意义，在相当广泛的领域里具有指导性作用，因此，不应当忽视三论的独立意义。而且，我国教学论理论必须引进现代新兴科学加以改造，否则理论体系的改造难以完成，这是现代理论科学的发展趋势所决定的。

有的同志提出教学论应以"五论"作为理论基础，既要坚持实践论、矛盾论的观点，也不能忽视信息论、系统论和控制论的观点。

还有的同志认为，教学论应该改变一种理论形式、一种格局的情况，可以在马克思主义总的指导下，各自从不同的理论基础和方法论基础出发，建立各具特色的教学论，形成不同的教学思想流派，丰富、发展我国的教学理论。

（三）教材建设

从丰富和发展我国的教学思想、学派出发，也从我国教学论发展的实际需要出发，一些同志认为，教学论有进一步分化的必要。从横向分化角度，提出建立教学控制论、教学信息论、教学系统论、应用教学论、教学工艺学、创造教学论、智力开发教学论，等等，形成不同的教学思想流派。从纵向分化角度，编写高等学校教学论、中等学校教学论、中等专业技术学校教学论、初等学校教学论、职业教育教学论、成人教育教学论、特殊教育教学论、犯罪教育教学论，等等，形成不同层次的教学理论。同时还可以写出分科教学论，区别于普通教学论，也区别于分科教学法。

通过这些分化工作，把教学理论研究同教学实践密切结合起来，一方面求得对教学实践有效地指导，另一方面求得对一般教学原理、规律的进一步认识，改造一般教学理论体系，使之发展和丰富起来。

（四）研究方法

许多同志认为，研究方法的改进，是目前教学论发展的关键，并且认为教学论研究必须摆脱单纯从理论到理论这种局面，广泛地、多种形式地、多方面多层次地开展调查研究和教学实验，没有这些工作，教学论就不会有发展。有的同志认为，教学实践固然重要，但是离不开理论的指导，没有理论指导的实践是盲目的实践，出不了理论。对现状调查研究和教学实践，也同样存在着提高要求的问题。应该重视教学实验的设计、调查研究结果的分析、资料的统计、调查和实验结果的论证。要求结果要有科学性、普遍性，结论要系统化、理论化。避免把片面的经验、错误的经验，当作普遍性的东西、正确的东西加以提倡。

有的同志还认为，教学论的研究方法，不能排除理论的推导、论证，没有这种方法，理论不会成为体系，只能是经验的堆砌。目前需要的是把理论推导与实践的检验结合起来，强调任何理论必须经过实践检验。与此同时，还要做中外历史遗产的分析、鉴别和继承工作，任何理论都必须是历史的、实际的、具体的，否则就会肤浅、空洞、没有实际指导意义。

三 关于教学、教学规律、教学原则

有的代表发言说，五六十年代不太强调研究事物的规律，"文革"完全违背了规律，三中全会后，特别重视教学规律的探讨。教学作为一种社会现象，它的运动、发展，一定要遵循特定的原则，有一定的秩序，因此，也一定存在着特定的规律，研究教学的规律是完全必要的。但是几年来对规律的研究意见分歧很大，有提出三条、五条规律的，有提出十条、二十条规律的。历史上的教育家也同样，夸美纽斯提出了三十条规律，第斯多惠也不少。教学原则也是如此，有的人归纳一下，教学原则多达七十多条，而且，教学原则和教学规律的界限也不清楚，例如：有把循序渐进作为规律的，也有把循序渐进作为原则的。这样，难免对教学论的科学性产生怀疑。因此，人们要问，教学原则是否应该取消？教学规律是否一定要明确列出一、二、三条？

有的同志认为，目前对教学规律的阐述也很肤浅，比如说，知识的传授和能力的发展辩证统一的规律，没有阐明它们是在什么样的条件下怎样的统一，它们为什么有时候不统一，怎样才能保证他们的统一。笼统地说两者是辩证统一，看来没什么错误，但是不起任何作用，这也是教学论空洞，人们学了觉得无用的原因。

会上，许多同志提出规律的层次性问题，认为教学论中诸规律是有层次性的，存在着一般性规律和具体规律。在一般性规律中谈社会的制约性问题比较多。但是一部分同志认为这种制约性虽然是客观存在，是非常重要的问题，但只能是一种宏观的制约作用，不能作为教学论中讨论的规律，因为社会制约性不仅对教学有作用，对教育现象的各个方面都起作用，应当是教育的规律。不同意见的同志认为，恰恰是社会的制约性要求造成了历史上各次的教学改革运动，忽视这种客观性，忽视对教学活动的各种制约性关系做多层次的综合的考虑，人为地、封闭地、孤立地考察教学现象，是教学论中许多东西说不清的原因之一。如果教学不谈社会的制约性，教育的社会制约性也是空洞的东西。

对于目前教学规律的提法不统一，一些同志认为原因是非常复杂的。有认识的深度问题，有看问题的角度问题，还有方法问题。看法不一致不一定不好，人们尽可以发表意见，构造自己的体系，形成不同的派别。经过一段时间在实践中运用,行之有效的理论体系、观点,会逐渐地被人们承认下来,不正确或不适应教学实践要求的东西会逐渐被淘汰,这时意见会逐步趋向统一。

对于目前教学原则诸多的提法,有的同志发表意见认为,不应该设想有一种无所不包的教学原则体系。一些原则的提法要注意科学性、层次性,避免随意性和想当然。例如有人试图把赞科夫和凯洛夫的教学原则结合起来,提出高难度和量力性结合的原则,高速度和巩固性结合的原则,这是不正确的。赞科夫是从发展的角度提教学原则,凯洛夫是从知识掌握的角度提教学原则,两者根本不能相提并论,这种综合有什么好处呢?历史上各教育家都是从不同的角度,在不同的理论体系基础上提出教学原则,因此,不能表面化地理解这些原则,也不能一般化地比较、综合。

会上,对教学的概念也进行了讨论。有的同志认为,现在教学论中的教学概念面面俱到地下定义,是教学任务的罗列,与教育的概念没有区别开。应该突出教学活动的根本特点,这个根本特点是教师传授、学生学习知识。至于发展学生的能力,训练学生的技能、技巧,思想教育固然十分重要,但是不能成为教学的根本特点,因此,教学的概念应该是定义为"教学是在规定的条件下教师传授知识和学生学习知识的活动"。也有的同志认为教学的定义不应该退到"传道、授业、解惑"的定义上去。教学概念要有所发展,体现新的认识高度,因此应定义为"教学是在传授知识的基础上使学生全面发展的活动"。但是,有的同志说,"传道、授业、解惑"本来就不是对教学的定义,而是对教师的定义,只是说了教学活动中教的一面,教学的定义不存在后退的问题。"教学是在传授知识的基础上使学生全面发展的活动",实质上没有划清同教育概念的区别。

四 关于课程、教材改革

一些代表认为,我国课程、教材的改革必须考虑宏观因素。我国幅员辽阔,人口众多,各地经济、文化发展不平衡。城乡有差别,民族传统、文化水平有差别,学校类型、级别有不同,但是我国当前课程、教材是单一化的颁布统一的课程、教材,教学质量管理也统得很死,不利于大面积教学质量提高,不利于教育改革决定中规定的各项任务的完成,也不利于我国课程论思想的发展。应该放宽统一管理,下放课程设置和教材编写权限,调动和发挥各方面的积极性,根据不同情况、不同的培养目标,编写教材。即便是同一类型、同一培养目标的学校也可以鼓励从不同的教学思想、课程论思想编写多种教材，供教师、学生选择使用，这样对于课程、教材和课程论思想，课程论理论研究的发展都是有好处的。

现在的教材内容偏难偏深，课程设置也多，中小学生学习负担很重，学生没有更多时间自己选择学习内容、发挥自己特长。教材内容偏重学科本身的科学体系结构，对学生的心理发展结构、创造能力、创造思维的培养没有更多的考虑，表现出课程论思想陈旧的一面。因此，我国课程、教材的改革，首先是教学思想、课程论思想要改革，反过来，只有课程、教材改革，才能使教学思想、教学方法乃至整个教育的改革得到保证。因此，课程、教材的改革对于我国教育改革的关系十分重大。

会上有的同志还提出课程改革要有发展的观点、平衡的观点，处理好工具科目和文化知识科目的关系，普通学科与职业技术基础学科及职业技术专业学科的关系，选修科目与必修科目的关系，教学科目和课外活动的关系，等等。课程设置和安排要考虑统一性和灵活性统一，等等。

会上，有的同志特别强调农村学校课程的改革。认为中国 10 亿人口、8 亿农民，农村课程改革是提高全民族文化素质、完成普及九年义务教育任务的重心。课程改革必须从农村中小学课程改革入手。改革必须从我国农村经济发展对人才的需要出发，还要充分考虑农村人口素质特点，农村师资情况、教学设备、设施情况和今后对教育可能达到的投资标准。

大家认为关于课程问题的理论研究，应该十分重视。过去教学论研究中对课程问题所摆的位置是不妥当的。有的同志建议把课程论从教学论中分化出来，建立专门的学科，以便于进行独立的深入的研究。

五　当前教学论的研究重点

到会同志在分析了教学论的研究现状和存在问题的基础上，对当前教学论的研究重点也发表了很好的意见。

理论要结合实践，教学论的研究必须为培养人才的客观需要服务。会上比较一致的意见是应该把中共中央《关于教育体制改革的决定》作为教学理论建设的重要指导思想，使教学论的研究为大面积提高教学质量，为多出人才、出好人才作出贡献。

为此，代表们提出，一要加强基础理论建设，二要重视应用研究。这两项任务是紧密联系不可分割的。在基础理论建设上有很多问题需要解决。诸如：教学论的概念、规律和理论体系问题；教学论的理论基础问题；对历史上和当代主要教学理论、教学思想的比较研究和分析评价问题；课程改革问题；关于建立具有我国特点的社会主义教学论的理论问题和实际问题，等等。在应用研究上，大家认为今后实行普及九年制义务教育，对教学理论研究提出了许多重要课题，其中最重要的是如何使各级学校都能保证相应的教学质量问题。教学论必须研究：减少落后生，大面积提高教学质量问题；因材施教培养拔尖人才问题；如何培养创造型或开创型的人才问题；现代化教学手段的运用问题；学生的学习动力与主动性积极性的调动与发挥问题；教学组织与教学方法的改革问题，等等。以上一些问题，至少在今后一段时间内应该作为教学论研究的重点。

在研究方法上，大家认为教学论的研究者必须从思辨的书斋式的研究中摆脱出来，积极走向实际。不仅选取研究的课题应该从实际中来，而且研究的成果更应该有助于解决教学中的实际问题。为此，目前有两项工作必须引起足够的重视。一是深入调查研究，开展总结优秀教师先进经验的活动。只有把这些先进经验总结起来，才能抽象概括出有价值的理论。二是广泛开展教学实验研究。这是教学理论建设的有效途径。目前这方面的实验研究数量还很少，在已有实验研究中，多是分散进行，彼此间较少联系和比较研究，而且多数理论工作者都与实验研究脱节。今后应改变这种状况。理论工作者要深入到教学实践中去，总结分析已有的实验成果，开展新的教学实验，特别是要开展综合性的教学实验。

会上，代表们还就组织起来，发挥集体力量，建立和组织课题组进行专题研究的问题交换了意见。

我省普及九年义务教育的师资培训问题

——从一个县的教师现状看我省师资队伍的建设[*]

社会主义现代化建设的成败，取决于人才；人才问题的解决，关键在于发展教育事业；教育事业能否得到发展，最终则决定于教师。《中共中央关于教育体制改革的决定》中指出："建立一支有足够数量的、合格而稳定的师资队伍，是实行义务教育、提高基础教育水平的根本大计。"这一要求对全国，对一个省都是如此。解决师资问题，已经成为具有战略意义的大事。

我省地处边陲，教育事业一向比较薄弱，师资问题更为严重。在中央做出实施九年义务教育的决定之后，我们曾对尚志县的师资现状做过一次调查，更加使我们感受到我省师资培训任务的艰巨性和迫切性。

尚志县在我省是一个中等县，全县共有学校570所，在校生44438人，教职工总数6856人，其中专任教师5737人，行政人员571人，工勤人员440人，校办工厂、农场职工108人。

从调查中我们发现了如下的问题。

一　教师文化水平太低

全县有高中教师370人，文化程度达到本科水平的只有52人，仅占14.5%，而中专、高中程度的167人，竟达45.1%；初中教师本专科以上程度的212人，只占11.7%，而中专、高中程度的1386人，占75.4%，中专、高中肄业及初中毕业的203人，占11%。（见下表）：

---

[*] 原文系"黑龙江省教育学会第六届会员代表大会暨第八次学术讨论会"的参会论文，1987年5月。

表一　　　　　　　　　　尚志县专任教师学历情况

	合计	本科及以上者	专科和本科肄业以上者	本专科肄业未满两年者	中专及高中以上者	中专、高中肄业及初中毕业	初师、初中肄业及以下者
普通高中	370	52	140	11	167		
	%	14.5	37.5	2.9	45.1		
普通初中	1837	28	184	36	1386	203	
	%	1.7	10	1.9	75.4	11	
农职高中	107	9	24	1	73		
	%	8.4	22.4	1.0	68.2		
小学	3423				1769	1419	225
	%				51.7	41.5	6.8

一般来说，县城学校优于乡镇学校的教师队伍。该县三阳乡37名中学教师，全部只有高中程度，新光乡中学53名教师只有一名教师具有专科水平，占1.9%。小学教师学历较多达到要求，但业务水平也多适应不了教育事业发展的需要。教师学历低、文化浅，严重影响教育质量。实施九年义务教育，重点在农村。当前，教师水平的现状，实在令人担忧。

二　教师年龄结构不合理，青年教师比例过大

教师队伍在年龄上、工作经验上应有合理的梯队，老、中、青要有恰当的比例，这样才能以老带新，相互促进，有利于提高教学质量。但实际情况却不是这样，请看下表：

表二　　　　　　　　　尚志县教师年龄分布情况

	合计	30岁以下	31—35岁	36—40岁	41—45岁	46—50岁	51岁以上
普通中学	2207	980	498	383	245	79	22
	%	44	22.6	17	11	3.6	1.8

续表

	合计	30岁以下	31—35岁	36—40岁	41—45岁	46—50岁	51岁以上
农职中学	107	54	26	12	8	4	3
	%	50	24.3	11	7.5	3.7	2.8
小学	3423	1341	945	584	403	124	26
	%	39	27.6	17	11.8	3.6	0.76
合计	5737	2375	1469	979	656	207	51
	%	41.4	25.5	17	11.4	3.6	0.9

从上表可以看出，50岁以上的教师只有51人，不到教师总数的1%，而35岁以下青年教师则高达67%。造成这种情况的原因是：1. 毫无约束地抽调教师从事政府工作及其他工作；2. 不合理地接班顶替制度造成部分年长教师提前退休；3. "文革"期间对教师队伍的破坏没有得到完全恢复。由于教师队伍的过分年轻化，虽然使学校更富有生气，但工作上缺乏有经验的老教师的带动，加之这些青年教师多数没有任何专业训练，必将使他们无法按照教育科学的要求来开展自己的工作，直接影响着教育、教学质量的改善和提高。

三 学科教师不配套，有些学科的教师亟待补充

表三、表四、表五分别反映了普通中学、农职中学、小学学科教师的分布状况。

教师学科分布不合理的情况，主要表现在比例失当，所需学科不齐、不足。中小学的语文、数学、政治等科及农职中学文化课教师相对充裕，而与当前急需的农职中学的专业课教师、中学的外语教师和小学的音、体、美、劳教师则十分缺乏。有些中学由于没有专业课教师无法开办或停办已有的职业班，有的职业高中只能请社会上有某些专长而文化水平不高的工匠充任。外语教师数量不足，质量不高。全县500多所小学，只有音乐教师127人，美术教师88人，平均几所学校才有一名音乐或美术教师，而且这类教师多数没有经过专业训练，且多由不能胜任其他课的教师充任或由其他科任暂代。这种情况不仅影响教学质量的提高，无法实现全面发展的教育目标，而且阻碍普及九年义务教育的实施。

表三 尚志县普通中学专任教师学科分布

	政治	语文	数学	物理	化学	生物	地理	历史	英语	俄语	日语	体育	生理卫生	音乐	美术	劳动技术	职业课
高中	26	64	68	45	43	15	12	19	42	3	1	24			3	5	5
初中	113	374	383	158	100	51	101	110	205	6	4	82	38	34	18	9	1
总计	139	438	451	203	143	66	113	129	247	9	5	106	38	34	21	14	6

表四　　　　　　　　尚志县农职中学教师学科分布

	合计	文化课	农科	林科	财经	修理
农职中学	107	87	4	13	1	2

表五　　　　　　　　尚志县小学教师学科分布

合计	思想政治	语文	数学	语文数学双科	外语	自然	地理	历史	体育	音乐	美术	劳动	农业常识	唱游	写字
3423	88	16	22	2313	5	235	111	94	167	127	88	4	99	21	33

四　骨干教师较少，相当数量教师勉强胜任或不能胜任

表六　　　　　　　　尚志县教师工作胜任情况

	总人数	骨干教师		能够胜任		勉强胜任		不能胜任		急需进修	
		人数	%	人数	%	人数	%	人数	%	人数	%
中学	2207	662	30	571	25.9	486	22	488	22.1	574	26
小学	3423	682	19.9	1259	36.7	685	20	797	23.3	1472	43.3
合计	5630	1344	23.9	1830	32.5	1171	20.8	1285	22.8	2046	36.3

从上表可以看出，全县骨干教师不足1/4，而勉强胜任和不能胜任的教师高达43.6%，而亟待进修提高的教师则占教师总数的36.3%，充分说明教师的业务能力还是很低的。

上述尚志县的教师队伍情况在我省是具有代表性的。根据1986年1月全省教师的统计，我省中小学教师的达标率，即小学教师具有中师水平，初中教师具有师专水平，高中教师具有高师水平的比例是很低的。全省小学教师的达标率是53.2%，刚刚超过教师总数的一半，初中阶段（包括普通初中和职业初中）教师的达标率是21.1%，占教师总数的1/5。高中阶段（包括普通高中及职业高中）教师的达标率是19.1%，不足教师总数的1/5。同全国其他省市比较，我省教师队伍状况，不论从数量，抑或从质量来看，都是处于下游的。如不加以根本改变，不仅不能完成九

年义务教育的实施目标，而且必将严重阻碍工农业生产的发展，使四化建设的任务无法实现。

加强教师的培养和训练，积极改善教师队伍的现状已经成为发展教育事业，实施九年义务教育的当务之急。为此我们建议：

（一）加强师范院校的建设

师范院校是培养教师的基地，一定要重视师范院校的建设。目前我省有 11 所高师院校，包括师大一所、师院两所、师专八所，受到规模和条件的限制，每年虽培养一定数量的新教师，但这远远满足不了教育事业发展的客观需要。因此，一方面要挖掘现有高师的办学潜力，改善办学条件，针对需要调整系科，扩大招生名额；一方面增设新校，特别是职业技术师范院校，使每一市（地区）至少有一所高师院校，同时要增加师大研究生的招生专业和名额，以解决高师院校的师资来源。为改善小学教师队伍的现状，每县应办一所中等师范院校。师范院校以培养新教师为主要任务，但也应负责训练提高现有教师，办好短期或长期的教师进修班。

（二）充分发挥现有教育学院、教师进修学校的作用

分属于省、地、市、县的教育学院和教师进修学校，是培训师资不可忽视的力量，但目前这类院校多数是规模小、条件差、培训能力薄弱，而且一般只能对现有的少数行政领导干部和教师进行短期培训。今后应该扩大规模、充实力量、提高质量，在以培训在职教师为主要任务的基础上，也应创造条件担负一部分培养新教师的任务。与师范院校紧密配合，取长补短，形成教师的在职培训与职前培训的两支重要力量。

（三）调动其他高等学校的积极性，负起培训职中专业师资的任务

解决职业中学专业师资短缺的困难，除开办职业技术师范院校外，要具有现实意义的是发挥各类高等学校的专业特长，针对职业中学的事业需要，培训各相应专业的师资。普通中学的个别学科（如外语）也可通过这个途径加以解决。我省现有几十所各类高等学校，系科齐全，专业门类多种多样，师资设备条件优越，如能在改善我省师资队伍方面作出贡献，其对实施九年义务教育的作用是不可低估的。

（四）组织讲师团深入山区、林区及边远县份，协助教育行政部门培训师资

讲师团要从高等学校、省市机关抽调力量，对口包干、定期轮换，利用寒暑假集中培训教师，解决这些地区师资数量短缺、质量低下的矛盾。

（五）组织教师利用卫星电视进行系统提高

国家教委决定，今年7月1日开始进行卫星电视教育试播。将播出中小学教师培训节目，其中包括"教育实践讲座""每天一课""各地节目连播""教育参考"等四个栏目。这是培训中小学师资的一项十分重要的措施。教育行政部门及学校领导应认真组织教师收听收看，提出要求，坚决贯彻。

（六）统一要求，严格考试考查制度

师资队伍的培训，必须统一标准、统一要求、从实际出发、分步提高，实行严格的考试考查制度，凡达到一定学历，就发给合格证书并给以相应的工资待遇。对一些水平太低、不适宜从事教师工作的应调离教师岗位，以保证师资队伍的质量。

（七）增拨教育经费，提高教师的社会地位和物质待遇

教师的社会地位与物质待遇，是加强和改善师资队伍素质的重要条件，在我省财力允许的范围内，应增加教育经费，提高教师的社会地位，并改善相应的物质条件，使教师真正成为最受人尊敬的职业。

当前我国教学改革试验概况*

教学改革是推动教育事业发展的动力，教改实验则为教学改革开辟着前进的道路。教育是培养人的工作，它的每一措施和变革，小则影响个人的成长与发展，大则关系到国家社会的命运与前途。先试验，后推广，不仅便于取得经验，树立典型，减少盲目性，而且可以把由于工作上的某些失误而造成的损失减到最低的限度。因而它是既经济有效，又符合事物发展规律的一种可靠的工作方法。各个国家，一种新理论的验证，一个新的设想和方案的提出，都要首先经过教改实验。

进行教改实验，要求具备一定的客观条件。即：1. 要有政策保证，任何实验，都要争取成功，这是毫无疑义的；但也要允许失败，允许接受失败的教训，改进原有方案重新进行实验。2. 要有正确的理论指导，要有完善的实验设想，既有努力争取的目标，又有切实可行的实施步骤和方法；3. 要有一定的人力、物力和财力，要考虑实验学校的领导力量、师资、设备，要保证必要的经费来源。

20 世纪 50 年代起，我国少数地区和学校就已经开展了不同形式的教改实验。但直到近十年来才真正被人们重视。不仅过去已在进行的实验得到发扬光大，而且全国各地都在积极开展各种形式的教改实验。其中有的是全面的、综合的、整体的实验；有的是局部的、单项的、个别的实验。成为推动教育教学改革的一个重要依靠和借鉴。在此向大家介绍几个影响较大的教改实验。

一　识字教学的改革实验

识字教学是教学工作的第一关。识字不仅是语文教学的基础，而且是

---

* 原文系作者 1987 年 10 月 5 日至 10 月 18 日赴日本明星大学讲学之讲稿。

学习一切课程的基础。能否有效地解决识字教学的任务，是关系儿童智力能否得到及时开发和国民基础教育质量能否得到保证的大问题。

汉字是音、形、义统一的表意方块字。一向被认为难识、难读、难写、难记。汉字总共有4万多字（《康熙字典》收汉字47035字）但一般书报杂志、日常生活中最常见的也只有三千字左右。《毛泽东选集》四卷共用2981字，五卷加在一起也不超过3100字。现在小学一、二年级儿童读物大约有七八百个汉字。以往小学把识字教学时间拉得很长，如旧中国，1936年，小学一、二年级学生只识989字，新中国成立后，1950年至1959年，一、二年级识字1200个，六年级识字2800—3100个。这种不能尽早过识字关，极大地限制了学生的阅读范围，对他们的学习进度和智力开发都是十分不利的。因此，如何在小学一、二年级能够掌握常用的基本汉字，便成为教改实验的一个重要课题。

识字教学的改革实验，是从50年代末60年代初开始的。实验形式有多种，以下着重介绍一下集中识字和注音识字。

1. 集中识字

集中识字是相对于分散识字而言的。分散识字是把识字的任务分散在课文教学之中，也叫随课文识字。这是一种传统的识字方法。集中识字则是把识字的任务集中在小学低年级来做，按照汉字的规律，结合音、形、义特点分组归类进行的一种分批识字教学。

北京景山学校从60年代开始进行这项实验。20年来，他们在20批共66个班级2800多名一、二年级小学生中进行了这项实验。结果证明这是一种成效显著的识字方法。学生在同时学习语文、算术、外语的情况下，两年中可以识字2200—2500个，全部能够临写，并默写其中的90%；能掌握由这两千多字组成的五六千个常用词汇；能造300—400个句子；能阅读课文150多篇，能阅读普通儿童读物。到第四学期，一般都可以写出三四百字的作文，会用六种常用的标点符号，还学会了音序、部首两种查字典的方法。

他们的做法是，运用汉字规律，抓住儿童认识汉字过程中各个阶段的主要矛盾，掌握儿童年龄特征，充分调动学生的学习积极性，严格基本训练，采用分批集中识字与阅读教学相对集中交互进行的办法，使大量识字与写字、读书、作文适当地结合起来。

小学生学习汉字，最大的困难是在字形上，如何把字音、字义同字形统一起来，这是识字教学的关键所在。汉字在字形构造上一般可分为两大类，即单体字与合体字，单体字如日、月、禾、火，一字一义，不能分割，不仅字形简单，而且常是构成其他汉字的基本字；合体字是由简单字（或基本字）构成的，如日、月构成明，禾、火构成秋，字形虽然复杂，但如果学生掌握了基本字，则可以化繁为简，学生只要了解字义，记住构成这个字偏旁、部首和基本字就可以掌握它。

在合体字中，又分两类，一类是形声字，其特点是声旁示音，形旁示意。如"巴"字，可以变化出吧、芭、笆、疤、把、靶、爸等，读音都用"巴"字的四声，意思则与偏旁有明显的联系，很容易记忆。另一类，是由一个基本字加偏旁、部首或其他的基本字构成，可称为"基本字带字"，如基本字"工"，可以变化出江、扛、缸、红等。在构造上与形声字一样，行义之间有密切联系，也比较好记，只是读音不像形声字那样规则。

这样常用汉字的构造特点，大体上可以归到上述"基本字""形声字"和"基本带字"三类中去。剩下一些不规则的字数量就不多了。集中识字就是按照汉字的构造特点把相近的字归入一类，引导学生举一反三，触类旁通，在短期内掌握大量的汉字。

其教学步骤，儿童入学先教汉语拼音，然后看图识字，教一批基本字，接着，采取按照汉字构造特点归类的方法，集中识一批字，读一批课文，这算是正式识字阶段，如此循环不已，直到在四个学期内完成认识2500字的任务。

他们在解决读、认、写、用"四会"问题上是分步进行的，既有联系，又有侧重。根据学生识字过程的发展，抓住主要矛盾。第一学期，学生开始识字，字形是主要矛盾，所以重点抓住认读和书写，着重字形分析；第二学期，学生已熟悉字形规律，并已学了一千字，因此对词汇的理解成了主要矛盾，教学上便要重点抓解词组词，通过课内外阅读丰富和积累词汇，要求他们扎扎实实地掌握一批词汇；第三学期，学生认识将近两千字，并掌握相当的词语，于是着重抓造句子，使学生比较自如地表达一个意思而避免病句；第四学期，学生认了两千多字，经过字、词、句的基本训练，就具备了抓作文的条件，可以着手联句成段，连段成篇，看图作文等作文基本训练。这样难点分开，前后联系，比一字一字地要求"四会"就方便得多了。

目前，集中识字，已在全国许多省县推广，都收到了很好的效果。

2. "注音识字、提前读写"

"注音识字，提前读写"的实验，倡导于黑龙江省。实验周期为三年，自 1982 年至 1985 年已完成一轮实验。国家教委初教司组织专门调查组深入了解，给予了充分的肯定。现正在进行第二轮实验，实验点也已扩展到全国各省市。

这个实验总的设想是：以学好汉语拼音，发挥其多功能作用为前提；以发展语音，寓识汉字于学汉语之中为原则；在儿童入学不久，未识汉字或识字不多的情况下，采取提前读写和阅读与写作同时起步、密切结合、相互促进的做法，以达到发展儿童语言，培养听、说、读、写能力，发展儿童智力的目的。其具体目标是：用三年时间进行听、说、读、写的全面训练，基本上完成《全日制五年制小学语文大纲（试行草案）》规定的读、写教学任务；识字和写字只要求达到或高于同年级（三年级）的实际水平。其实验范围，不仅限于识字，而是把识字、拼音以及读、写、结合，综合提高语文教学水平的实验。

实验班在经过三年的实验之后，不仅汉语拼音掌握纯熟，普遍都能直呼音节，进行阅读和书写，而且识字量大大提高，五年制小学识字量规定为 3100 字，实验班在三年内平均识字在 2935 至 3032 字之间；对掌握汉字音、形、义的正确率都高于普通班五年级学生。至于阅读能力则更为突出，据统计，实验班学生在三年课内外阅读总量平均每人 300 多万字，最多达 400 万字。阅读书籍除童话故事外，还有自然、史地、科技常识等方面，部分学生阅读了《水浒》《三国演义》《西游记》等文学名著。在作文训练方面，课内作文量三年平均为 120 篇。作文测试结果，普遍高于普通班五年级的写作水平。几所实验学校的学生，分别参加了当地 1985 年小学五年级的语文毕业、升学考试，经统一阅卷、评分，在基础知识、阅读、作文等方面，除个别实验班低于五年级 1 分外，其余均高出普通班 2 分到 3 分。

从以上成绩看，说明"注音识字、提前读写"的实验所取得的成绩是十分明显的，现在已引起教育界的普遍关注，并正在全国范围内推广实验。

二 课堂教学的改革实验

以提高教学质量为目的的课堂教学改革实验是五花八门的，这里只介绍以下两种：

（一）六课型单元教学改革实验

这是首先在湖北省开始的一种实验。这种实验是分析了学生掌握书本知识的过程，共有八个环节，即制定计划、课前自学、专心上课、及时复习、独立作业、解决疑难、系统小结、课外学习。在此基础上，把其中六个重要环节，作为相应的六种课型。即：自学课、启发课、复习课、作业课、改错课和小结课。主张每一个单元的课题内容，要通过这样六种课型由教师依序地组织教学活动。

所谓自学课，是指学生在教师指导下，运用科学的思维方法和有关的学习手段（参考资料、工具书、仪器设备等），在已有知识基础上，进行独立思考与独立作业，以获得新的知识和技能。这种课不同于没有教师指导的学生独立完成的预习。

在自学的基础上，继续上启发课，包括精讲、典型实验和基本技能的讲解与演示，主要解决学生在自学课中难以解决的共性问题。目的在于启发学生深入理解教材，提高分析问题解决问题的能力。

复习课，是指导学生对所学新知识进行独立复习，目的在使学生继续掌握新课程中未掌握的问题，使所学知识系统化、概括化，并牢固地加以记忆。

作业课，安排各种作业，培养技能，促进学生智能的发展。

改错课，在教师指导下，认真分析作业的正误，找出原因，改正错误，掌握正确的方法。

最后是小结课，通过复习、练习对全部学习内容进行小结，以便使学到的知识、技能系统化、综合化、提高自学能力和一般智能。

这项改革的重要特点，不在于增加了上课类型活跃了教学形式，而在于：

1. 有效地发挥了教和学两方面的积极性，改变了"教师讲、学生听"的旧格局。使学生由被动地听讲，变为主动地学习，成为教学过程中的主体。

2. 贵在强调自学，自学能力是一切能力的基础。旧的教学方法最大弊病是束缚了学生自学能力。这个改革实验把自学课放在首位，而且自始至终都坚持学生独立获取知识，这就保证了学生自学能力的发展。

3. 教和学的关系紧密，教学活动可以得到及时反馈。每一课型都是在教师直接指导下进行的，下一课又必须是在前一课的基础上进行的。掌握学生反馈信息，对保证教学质量起了重要的作用。

（二）六步教学法的改革实验

六步教学法是辽宁省一个青年教师在初中语文教学中提出并加以实行的，取得了十分显著的效果。

六步教学法是在教师指导下充分调动学生学习积极性与主动性的一种方法。其六步，是指定向、自学、讨论、答疑、自测和自结。

定向，是指确定本节课的学习与训练的重点，事先告诉学生，使之心中有数，方向明确。

自学，学生根据学习重点和难点，自己做答案。学习较差的学生，可以根据自己的实际水平，完成部分自学内容。

讨论，对在自学中没有解决的问题，由同学共同讨论和研究，寻求答案。

答疑，各组学生把通过讨论而仍未解决或有分歧的问题，提交教师解答。

自测，根据定向指出的重点和难点，自拟一组约需10分钟的自测问题，自己评分，自检学习效果。

自结，下课前，每个学生总结一下自己在本节课中的主要收获。教师在上、中、下三类学生中，选有代表性的学生，讲明自己的学习过程和收获，以使各类学生获得的知识信息都能及时得到强化。

总之，这个方法，是指每堂课都把学习重点告诉学生，使之心中有数，然后围绕学习重点进行自学。对在自学中没有解决的问题，进行分组讨论；讨论仍未解决的问题，则向全班提出，师生一起答疑。疑点解决了，就当堂测试，了解学生的学习情况。下课前，每个学生要总结自己的学习收获。其目的是使学生发挥主观能动作用，培养学生善于思考和表达的自学能力。

六步教学法，是以知、情、行、恒相互作用的规律为依据，培养学生的自学能力。

知，是使学生认识求知的重要，唤起求知的欲望。情，是让学生体验获得知识的欢乐和幸福。行，是让学生了解自身学习活动的方向和规则，提高学习效率。恒，就是在学习中要有恒心，坚持到底，不半途而废。

他们总结出"四遍八步读书法"。第一遍，跳读。其中第一步记梗概，第二步记主要人、事、物或观点。这一遍的阅读速度，是每分钟

1500 字。第二遍，速读。第三步重复内容，第四步清理结构。这一遍的阅读速度，是每分钟 1000 字。第三遍，细读。要完成理解和掌握字词句，圈点摘要，归纳中心这样三步任务。这一遍的阅读速度，是每分钟 200 字左右。第四遍，精读。完成第八步分析写作特点的任务，速度不限。四遍八步读书法，旨在培养初中学生的阅读和思维能力。

运用这一教学方法，要注意对学生教以"三结合"的自学方法。即 1. 听说写结合；2. 课内外结合；3. 学与用结合。不仅要教给学生眼前的知识，更要引导学生掌握有利于未来有利于人类和终身受用的能力。

三　小学教育整体结构改革实验

教育是一个庞大的系统工程，要充分发挥它的作用，就必须了解它的各个方面，不是从一个局部，而是从它的整体，从各部分的关系与联系去研究它。教育整体结构改革实验就是基于这样的设想而开展起来的。其目的是通过小学整体结构的优化，达到全面贯彻国家的教育方针，全面提高教育质量，使全体学生都得到全面发展，从而探索改革小学教育结构的有效途径和方法。

这项实验坚持如下原则。即：1. 整体性原则；2. 以学生为主体的原则；3. 在活动中发展的原则；4. 因材施教的原则。

实验的主要项目：

1. 学生发展过渡衔接的实验

儿童的生理成熟和心理发展是一个有阶段性和连续性的进行过程。小学阶段，学生身心发展有三个大的过渡期。一是从幼儿园进入小学一年级；二是从低年级升到高年级身心、智能发展的过渡；三是从小学到初中的过渡。实验的目的主要是为实现顺利的过渡而寻求恰当的教育措施。学生发展过渡衔接问题是整个实验的一个主轴，贯串于实验的全过程。其他各实验项目，都要围绕学生发展各个过渡衔接的要求，统一安排，促使学生身心获得全面发展。

2. 学制与课程设置的调整

在学制上进行小学五年制的实验。在课程设置上也作了必要的调整。如一年级，为便于从幼儿园到小学一年的过渡，语文、数学都各减少一节，语文加一节说话训练，另外增设劳动、唱游和自然常识各一节。教材内容上，一般采取统编教材，但根据实验需要作了某些技术性的处理。为减少重复有所增删，为明确基础知识和基本技能的教学范围，为注意知、能发展的相互渗透，又重新拟定实验教学大纲。

3. 思想品德教育与常规训练

这项实验要求以爱国主义和集体主义教育为中心，对学生进行社会主义思想品德教育。使学生逐步形成正确的道德观念，培养学生具有"五爱"的道德情感，辨别是非、善恶、美丑等初步的道德判断能力，逐步养成良好的道德行为习惯、自我控制和自我管理的能力。

根据低、中年级小学生的特点，思想品德教育要以常规训练为主线，以《小学生守则》和思想品德课的内容为中心，通过学校教育的各种途径来实现。对高年级则要注意：（1）提高认识，统一要求；（2）分段实现，逐步提高；（3）讲清道理，启发自觉；（4）各项活动坚持常规；（5）及时评价，反复巩固。

实验班采用"学生操行评定卡"，每月评定1—2次。每次评定，先由学生自评，接着是小组互评，再是家长签署意见，最后由班主任评定。不但起到督促作用，而且极有益于培养学生道德行为的自觉、自控能力。

4. 课堂教学结构和方法的改革

教无定法，但有规可循。以传授知识为主为课堂教学结构，实验班要求："创立情境，激发兴趣；引导自学，发现疑难；读读议议，解疑深化；课堂小结，巩固运用。"以实际操作训练为主的课堂结构，一般应是："讲清任务，提出要求；教师示范，启发诱导；学生操作，手脑并用；议议练练，掌握要领；当堂巩固，形成技能。"在处理课堂教学中讲练关系方面要坚持讲练结合，精讲巧练，注意讲的针对性，练的指导性，学的实际性，不搞形式主义。总之，在课堂教学结构和方法的改革实验中，关键在于端正教师的教学思想，实验班的教师要善于引导学生爱学、善学、会学，解放思想，大胆创新，勇拓新路，取得成效。为此，在贯彻总的实验要求上，教师每人都应有自己独立的实验课题。

5. 课外活动中学生个性的充分发展

课外活动是相对于课堂教学活动来说的。实验班坚持"课内打基础，课外求发展，课内课外结合育人才"的原则。在开展课外活动时，对低、中、高年级提出不同要求。低年级要求普及，在普及的过程中培养儿童的兴趣，发展他们的个性、爱好；中、高年级要求提高，培养有发展前途的"尖子"人才。课外活动强调自愿参加，但要加强组织领导，不能放任自流。因此，要注意安排指导力量，让有热情并富于责任心的教师参加指导。坚持因材施教，发扬特长的原则。

6. 学校和社会、家庭高效教育场的建立

在整体实验中，十分重视学校、家庭、社会的协同教育作用。因此，建设一个以学校教育为主体，社会和家庭密切配合的多层次的高效教育场是极其必要的。所谓多层次的高效教育场，指的是以实验班的班主任为核心的各学校教师对学生的教育、教学要求的一致；再以实验班为基础的整个学校教育要求的一致；又以学校教育为主导的，社会和家庭教育要求的一致。这样，学生在良好的班风、校风、家风和社会风气的熏陶下，必将得到健康的成长和发展。在这几重关系中，加强学校与家庭的联系，是搞好小学教育十分重要的一环。一定要做好这方面的工作。

7. 考试制度的改革

旧的考试有很多弊病。师生都疲于奔命，不利于教，更不利于学。实验班不搞突击性的统考，不搞期中考试。要求任课教师每教完一个单元，随堂进行一次测验，使学生及时得到复习巩固。学期末进行一次考试。考试内容以基础知识和基本技能为主，同时也要考学生的智能发展水平。在有条件的学校，在高年级还可试行优等生免试制度。免试生必须是学习目的明确，学习态度端正，成绩优秀的"三好"学生，经同学提名，教师或班主任推荐，学校批准，张榜公布。免试可以一个学科，也可是全部学科。这种制度有利于因材施教，有利于优秀生的脱颖而出。

8. 后进生的转化教育

为使全体学生都得到良好的教育和发展，实验班还十分重视做好后进生的转化教育。对后进生，一般是采取如下教育措施：（1）在课堂教学中，教师尽可能多同他们接触，让他们参与教学活动，如答问、板演、朗读、课堂练习等，以便提高他们的注意力和学习责任感，针对他们的缺陷给以及时的指导。（2）课余有针对性地给他们补课，缺啥补啥，重点放在提高他们的学习兴趣、信心和自学能力上。（3）重视吸引他们参加感兴趣的课外活动，扩大他们的知识眼界。（4）加强同这些学生家长的联系，及时交换学生在学校或家庭的学习情况，共同教育他们。

这个实验，在不同的层次和系列中提出了不同的要求。在整个社会的教育影响上，他们安排了"学校—家庭—社会"高效教育建设的实验项目；在学校教育这一层次上，实验是通过调整教学计划、开展常规训练和思想品德教育措施，调节德、智、体、美和生产劳动等各育的关系；对教师，要求建立以班主任为核心的教师集体；对学生，则坚持因材施教原则，进行培优补差，尤其强调后进生的转化教育；而在教育媒体这一系列中，则进行课程、教材和教法的改革；在教育活动上，则一方面强调课内各科教学的相互渗透，另一方面着手课外活动的序列化，并提出："课内打好基础，课外求发展，课内课外结合出人才"的主张，力图使课内课外形成整体的教育活动。因此，在整个实验活动中，整体性的指导思想是十分明确的。他们不是着眼于个别方面的改革，而是抓住教育工作的各个必要环节。坚持"整体大于部分之和"的观点，优化各个环节的工作。追求教育活动的整体效应。通过几年的实验，已收到了十分明显的教育效果。

上面简单地介绍了我国当前教学改革实验的几个有关事例。

十年"文革"之后，我国教育事业进入了新的历史时期。九年义务教育开始实行，学校教育蓬勃发展，国内外先进的教育理论广泛流传。与此同时，教改实验也出现了空前的景象。其特点：

1. 教育改革实验受到教育行政部门和广大实际工作者的普遍重视，实验项目多，试验规模大。各项试验正在得到政策上的保障。

2. 所有教改实验都围绕着提高教育质量，增强工作效率来进行。不论是单项改革实验，还是整体改革实验，都着眼于提高全体学生的学习质量，并促进他们身心的全面发展。正在得到政策上的保障。

3. 教改实验直接促进着教育理论的繁荣和发展。教改实验是教育理论和教育实践结合的最好形式。教改实验是在教育理论的指导下进行的，教育理论一方面在教改实验中得到验证、肯定和推广，一方面要回答教改实验中提出的新问题。因而必将促进了自身的飞跃和进展。目前我国教育建设已经进入一个建立具有中国特色社会主义教育理论的独立发展的新时期。蓬勃发展起来的教改实验正在为教育理论的大发展开辟着道路。

当然，我国的教改实验，也不是一帆风顺的。最大的阻力是片面追求升学率的思想。它使得不少教改实验只能在小学，最多是在初中来进行；至于高中，由于它直接关系着大学的升学录取，则很难开展教改实验。同时，在人们用升学率来衡量办学质量的情况下，也很难为教改实验建立客观的科学的评价标准，除此以外，教改必须以客观可靠的信息为依据，而取得这些信息的重要手段就是教育测量和评价，而我国的教育测量学的研究目前还是薄弱环节，这对开展教改实验也是一个十分不利的因素。相信这些阻力和问题会随着教育理论及其分支学科的研究和对传统的陈腐的教育思想的批判、消除而得到解决的。

教学论研究十年[*]

自党的十一届三中全会到今天已经十年了，这是我国教学论发展最有生机、最有希望的十年。回顾和总结这十年我们所走过的道路，实事求是地总结我们的成绩和不足，想想以后我们应该怎么办，会是有益的事。本文尝试就这些问题谈谈我们的拙见。

一 十年来教学论发展的道路

大体上说，十年来我国的教学论研究经历了恢复重建、开放引进、综合创新三个阶段，与我国十年来政治、经济改革进程很相近。

（一）恢复重建阶段

三中全会后最初的几个年头，在我国致力于经济发展和民主建设的良好政治气氛和社会环境里，教学理论界长期被压抑的理论热情终于有机会表现出来。人们用辩证唯物主义的立场、观点、方法重新确立了马克思主义对教学论研究的指导地位，批判了违背"百花齐放、百家争鸣"方针的极"左"路线和违背辩证法精神的现代经学派的教条主义倾向，从根本上实现了"拨乱反正"，获得了思想解放。与此同时，对新中国成立后30年的教学论研究也进行了深刻的反思，坚定了教学论研究的根本任务是揭示教学活动规律的信念，明确了教学论应该坚持自己独立的研究领域和对象、独特的讲文方法，把发展我国的现代教学论作为唯一的历史使命。

---

[*] 本文系唐文中和赵鹤龄合著。选自《党的十一届三中全会以来中国教育科学的回顾与展望》，《教育研究》杂志编辑部编，教育科学出版社1988年版，第345—364页。

以思想上的"拨乱反正"和历史反思为契机,这个阶段教学论的教学和科研得到了恢复并有新的发展;各高等师范院校恢复了教学论教学;对教学基础理论开展了学术争论;对不同历史时代、不同国别和社会背景、不同世界观指导下的中外教育家的教学理论和思想进行了重新评价;恢复了教学改革实验,等等。这个阶段给人们的总体印象是百废俱兴,恢复是在新基点上的恢复,重建是在创新意识推动下的重建,虽然一切都刚刚开始,却蕴藏着发展的潜力。

(二) 开放引进阶段

在进入 80 年代后到 1985 年全国教育工作会议召开这段时间里,我国教育理论界对外国的现代教学理论①译介和评述空前活跃,在教育界、社会上反响也很大,成为这个阶段教学论研究的主要特征。

众所周知,自新中国建立以来,苏联凯洛夫的教学理论曾是我国唯一有影响的教学理论,虽然人们很早就感到这种理论有着严重的缺陷,但由于科研工作没有正常的环境,因此始终没有多大进展。三中全会以后,人们在批判了全盘否定凯洛夫教学理论历史作用极"左"做法的同时,也深感这种理论的保守、贫乏以及与现代教学论发展潮流之间的巨大鸿沟,希望教学论能有新的突破。因此,这个阶段人们把兴趣转移到对国外现代教学论研究的原因,除了需要填补由于多年闭关锁国造成的这块空白之外,更多的是由于现代教学论与传统教学论多有抵牾,人们从那里产生了共鸣,发生了对现代教学论研究发展趋势的认同,从而激发了研究的热情。在这个阶段里,苏联的赞科夫、苏霍姆林斯基、达尼洛夫、休金娜,美国的布鲁纳、奥苏贝尔、加涅、布鲁姆、罗杰斯,以及东、西欧其他国家教学改革经验和教学理论大量地翻译介绍进来,对开阔人们的理论视野、推动我国的教学改革和教学论发展有着重要的意义。如果说 19 世纪末至 20 世纪初我国发生的那次"西学东渐"曾对我国教学理论现代化有过启蒙的作用,那么这个阶段的工作对几十年缺乏国际文化交流的人们来说,也有着类似的作用。

(三) 综合创新阶段

1985 年是我国教育历史发展重要的一年。这一年公布了《中共中央

---

① 是指 20 世纪 50 年代以来,在世界性的教学改革潮流中出现的教学论流派。

关于教育体制改革的决定》，召开了全国教育工作会议，标志我国的教育发展进入了一个新的历史时期，我国教学理论研究也开始了一个新的阶段。

值得提出的是这个阶段是伴随着人们对教学论某种忧患意识开始的。邓小平同志在1983年给北京市景山学校题词，提出"教育要面向现代化、面向世界、面向未来"，全国教育工作会议提出了发展现代教学理论的任务并对传统教学论某些腐朽观点进行了尖锐批评，这些都无疑加深了教学理论工作者的历史责任感。而教学理论工作者所面对的现实是：传统教学论要更新、发展，不能再抱残守缺；国外的现代教学论在其本国尚路途艰难，在我国则更需要改造、消化，没有哪一种可直接搬用。于是在1985年6月召开的全国教学论研讨会第一届年会上，一些同志发出了"教学论处于困境中"的呼吁。事实上人们并不否认前几年所取得的成绩，而是要求教学论有更大的发展。

1985年全国教学论研讨会第一届年会结束以后，人们以很大的热情投入到教学实验和理论综合研究上来。在1987年召开的第二届年会上，教学实验的介绍及其论文讨论、现代教学论的综合研究已成为会议的主要议题。两次讨论会表明，教学论研究已经更深入、更扎实。工作重点已转移到结合我国的教育实际情况开展教学论实验和理论综合、创新方面来，并成为迄今为止教学论发展第三个阶段的主要特征。

我国的教学论研究从百废待兴的局面出发，经过恢复重建、开放引进，到综合创新、不断深化。应该说，十年来我们所走过的道路是一条合乎我国实际情况和事业发展逻辑的道路，是一条富有开创精神的道路。

二　十年来教学论研究的情况和成绩

（一）教学论发展成为一门独立的学科

教学论研究的历史是很久远的，公元前几个世纪已经取得很辉煌的成果，我国的孔子、古希腊的苏格拉底就是那个时代的代表。教学论成为独立的研究领域一般认为始于公元16世纪捷克教育家夸美纽斯。但他的名著《大教学论》却是一种同教育学没有充分分化的体系。其后的一些教学论始终只是教育学的一个部分，直至20世纪60年代翻译出版的苏联达尼洛夫《教学论》仍然坚持教学论不是一门独立学科的观点。然而，近十年来，教学论在我国已经成为一门独立的学科，这是我国教学论史上的重要成绩。虽然 70 年代后，苏联教育理论界已经承认教学论是一门独立学科，但是我们是立足于我国近 40 年的教学论研究，反映了我国教学论发展水平。

教学论成为独立学科的标志之一，是我国近十年来出版了十余部教学论教材和专著，还出版了几部学科教学论教材，填补了空白。这些著作对新中国成立以来的教学论研究进行了总结，对新的研究成果在很大程度上作了概括和吸收，对教学论体系的发展也做了有益的尝试，方便了教学论教学和研究。

（二）基本理论研究得到深入

1. 教学过程本质问题

教学过程本质一直是教学论的基本问题。所谓本质，人们通常理解为存在于事物内部的最重要的方面，发生在事物内部深处的过程，最能代表事物的性质的东西，等等。因此，全面地揭示教学过程的本质是教学论的根本目的。但是，由于事物的本质深藏于事物的内部，因此认识它有待于逐步深入。这种逐步深入既取决于人们实践的水平，同时也受人们认识问题的方法的限制。近十年来人们对教学过程本质的认识则经历了从独断论向多元论，从原子论向综合有机论发展的过程。

凯洛夫教学理论认为系统地向学生传授知识、技能、技巧是教学的根本任务，我国教学论长期以来也持有同样的观点。现在这种观点已经发生了动摇，因为教学是非常复杂的现象，教学不仅要发展学生的认识，同时也要促进学生智力、思想感情、意志品质、个性乃至身体等方面的全面发展；从宏观上看教学与整个社会环境也存在着客观的联系。上述看法近年来已接近统一，但有一些问题仍有争论。争论的焦点是能够作为教学过程本质的东西究竟是一个还是多个或是有限多个。争论中形成了"唯一本质论""多本质论"和"有限本质论"三种观点。为了说明问题，本文把第一种观点也叫作"独断论"，后两种观点叫作"多元论"。

唯一本质论首先承认多方面认识教学过程的必要性，但他们强调教学过程无论多复杂，最终还要有个根本过程。这种论点主要根据有两个：其一是主要矛盾说，比如，认为教学过程本质是学生的认识发展过程。这种观点认为，在教学这个复杂的矛盾统一体中，总存在一个主要矛盾和主要矛盾方面，它规定了教学的性质和属性，这就是教学的本质。主要矛盾和主要矛盾方面只能有一个，否则就不能称为主要矛盾，因此教学过程的本质也是唯一的，而不能是多个。其二是基本矛盾说，比如，认为教学过程本质是学生发展水平与培养目标之间的矛盾。这种观点认为决定事物发展的基本矛盾是稳定的、唯一的，因此，教学本质也是唯一的。两种观点的立论方法都有令人质疑之处：前一种观点在于主要矛盾和主要矛盾方面不是固定不变的，是可以转化的，因此才说马克思主义的灵魂是具体问题具体分析，何以教学过程中某一种矛盾是固定不变的主要矛盾呢？后一种观点看来是对前一种观点的修正，但问题在于用基本矛盾来说明事物的全部本质是否不够全面。两种观点共同的思考问题的方向是认为事物的本质只能由一种矛盾构成，因此我们称"唯一本质论"为独断论。

多本质论和有限本质论本质上都是多元论，是与唯一本质论的独断论对立的观点。这两种观点的立论可以从列宁关于本质问题的论述中找到根据，列宁说"人的思维由现象到本质，由所谓初级本质到二级的本质，这样不断加深下去，以至无穷"[①]。这是人类认识事物本质的发展过程。比如人们对物质本质的认识，从分子到原子，又到电子、原子核再到质子、中子，乃至更微观的物质结构和过程，这些都是对物质本质认识的层层深入。

多本质论和有限本质论都认为应该从多方面揭示教学过程本质，比如从认识方面、智力发展方面、社会关系发展方面，等等。因为，教学过程不仅仅是认识发展过程，也是学生全面发展的实践过程。因此，教学本质的揭露，不仅有认识论问题，也有心理学、伦理学、社会学问题。这两种观点招来批评，其原因，首先，是多本质论没有处理好有限和无限的关系，忽视了真理的相对性和人类认识发展的阶段性，实际上陷入了不可知论。其次，缺乏认识事物本质时的时空概念，即层次概念，至少没有处理好这个问题。因此笼统地说"多层次""多本质"自然招来批评。有限本质论虽然避免了第一方面的错误，但是第二方面的错误却仍然存在，因此，人们批评有限本质论缺少逻辑分析，是机械罗列。

如果要谈点我们的看法的话，我们认为，第一，应该注意到，独断论大体上是从本体论角度看问题，而多元论则从认识论角度看问题的特点较突出。本体论和认识论在承认世界的物质性前提下如何实现有机的统一，是哲学领域尚在讨论的问题，因此，不可简单地肯定或否定哪一方。第二，事实上，各种观点都有可取之处。例如，唯一本质论关于教学过程基

---

① 《列宁全集》第38卷，人民出版社1963年版，第278页。

本矛盾和主要矛盾的分析，对于教学过程发展动力、教学发展的辩证法的研究是其他分析不可代替的；而多元论对影响教学过程诸因素、诸方面的分析则有利于对教学过程本质的全面认识。此外还应提到，"三论"的方法把教学看成一种特殊的系统，用信息传递、反馈、自调性等观念去解释教学过程的运行机制，也是对教学过程本质的一种描述。其最大特点是强调了综合有机性。相对而言，唯一本质论也好，多本质论、有限本质论也好，都是原子论式的分析。因此，我们说，从独断论向多元论、从原子论向综合有机论发展，是近十年来在教学过程本质研究中呈现的动向。

2. 教学规律问题

对教学规律的研究，其成绩首先，表现在教学论的基本命题的讨论更加深入了。教学过程中教师与学生的关系、教学与自学的关系、传授知识与思想教育的关系、巩固知识与教学发展的关系、直接知识与间接知识的关系、理性知识与感性经验的关系等都是教学论中的基本命题，这些命题的讨论正在深入。例如，近两年来全国各报纸杂志刊载的关于教师主导作用与学生主体地位关系的讨论文章就不下几十篇。这些基本命题的讨论丰富了对教学规律的认识。

其次，表现在提出了某些迫切需要解决的问题。揭示教学规律是教学论的根本任务。列宁曾讲过"规律就是关系……本质的关系或本质之间的关系"①，又讲过规律和本质是同一类、同一序列或同等程度的概念②，因此，对教学规律的研究与对教学过程本质的研究具有同一的性质。但目前的教学论在研究教学规律和本质问题上有三种情况：第一种情况是只谈教学过程，过去的教学论著作大多属此；第二种情况是既谈教学过程本质又谈教学规律，现在的教学论著作大多属此；第三种情况是只谈教学规律，这种情况较少。第一种情况读后使人对教学规律的印象比较笼统、模糊；第二种情况似乎本质和规律是两回事，使人觉得有些勉强；第三种情况虽然清楚，但却给人支离破碎的感觉。因此，如何处理好两者间的联系是有待研究的问题。此外，对教学规律的阐述过于明显有随意性，似乎谁都可以对教学规律说点什么，但谁也没有把握说好。这说明对教学规律的体系总体研究还很不够。上述只是两个例证，其实都是早已存在的老问题，现在显得更加突出，更加复杂，这表明人们对教学规律的探讨更加深入了。

---

① ［苏］列宁：《哲学笔记》，人民出版社1956年版，第161页。
② ［苏］列宁：《哲学笔记》，人民出版社1956年版，第159页。

最后，表现在对教学原则的研究也取得了一定成果。与教学规律研究密切联系着的还有教学原则问题，这方面的突出成果是人们肯定了不同的教学原则体系并存的合理性，同时传统教学论的教学原则吸收了现代教学论原则的一些新内容，从而使传统的教学原则涵义有了很大改善和发展。此外，人们还依据不同的理论构想提出了一些新的教学原则，例如自主性原则、反馈性原则、优化的原则、整体性原则，等等。上述这些原则虽然有待于进一步研究，但是它们已在不同情形下被广大教师所使用，已经发挥了实际的效能。

3. 智力发展问题

智力发展问题的研究，其成绩主要表现在加强了智力本质、智力发展及其培养规律的阐述；强调了智力发展与传授知识，智力因素与非智力因素多方面、多因素之间相互制约、相互促进的关系；阐述了发展智力在全面贯彻教育目的、促进学生全面发展、增强学生对社会发展适应性的重要性；并把发展智力作为一般原则渗透于整个教学论体系中，使教学内容、教学方法、教学组织形式、教学评价等各个传统理论范畴的阐述得到了改善。

发展智力问题是当代世界各国教学改革注意的中心。我国对传统教学论的批评也集中在这一点上。但许多文章作者忽视了这样一个事实：首先是凯洛夫用辩证的观点明确地批判了历史上曾有过的形式教育和实质教育两种狭隘的教学价值观，并且曾经特别强调"在掌握'有益的知识'的进程中，用不着特别努力就可以使才能得到发展"，从而"对学生的记忆、逻辑思维、想象以及其他各种心理过程的发展采取放任自流的态度都是不能令人容忍的"[①]。因此笼统地批评传统教学论忽视智力培养不算公允，一般化地提倡发展智力也没多大意义。从布鲁纳、赞科夫等人进行的教学改革实验看，问题的实质是要求教学以传授知识为核心向以发展智力为核心转变，即实现教学基点和策略的根本转移，而不是泛泛地讲发展智力。问题的关键在于智力究竟是什么、智力发展和认识发展究竟是怎样的过程等问题没有搞清楚。现在能让人聊以自慰的是毕竟有了一些进展。例如智力的本质问题，心理学中莫衷一是，但人们通过认真的研究相信：虽然知识不等于能力，但个人的智力必然含有知识，赤裸裸的智力在现实的人中是不存在的；智力的发展与知识的增长可能不是同步的，但是智力与

---

① [苏]凯洛夫：《教育学》，陈侠等译，人民教育出版社1957年版，第100页。

知识可能有同构异质的特点，因此理想的教学可以使知识与智力同步增长；调动教学过程中的非智力因素，让学生自己多动手、多实践是发展学生的有效措施，等等。此外，一些教师还创造了一些有效的发展智力的教学方法，比如数学的"发散思维训练法"，语文的看、听、说、读、写结合法，等等。这些观点和方法显然不同于那些"智力与知识是辩证的统一"之类的一般化论断，而是深入了、具体化了。同时也说明教学论研究不是其他学科研究所能代替的。

4. 教学论体系发展问题

我国的教学论，原本是 20 世纪 40 年代苏联的凯洛夫根据其本国的实际需要建构的体系，其特点是以巴甫洛夫心理反射学说为科学依据，用辩证唯物论的方法解释了教学现象，在当时来说是很先进的、很有特色的。近 40 年过去了，教学的内外条件已经发生了很大变化，教学论体系几十年不变当然也不行。目前已经出版的教学论著作大多做了一些变通，但总的说来没有根本性突破。其成绩主要表现在视野扩大了，不再拘泥于一家之言，而是广泛地吸收当代国内外教学论新的研究成果。比如国外赞科夫的一般发展的思想、布鲁纳的结构课程论、布鲁姆的目标分类和教学评价理论、罗杰斯的人格发展理论等，对现在我国的教学论影响都是很大的。相应地，巴甫洛夫的心理学也不是唯一的心理学依据，而是多方面地引进了维果斯基、列昂节夫、皮亚杰的研究成果以及马斯洛、弗洛伊德的心理学思想。同时，现在出版的教学论很注意用国内外教学实验的成果作为论据，加强了实证性成分。这些提高了教学论体系的科学性。因此，教学论体系虽然没有出现根本性的突破，但其进步还是明显的。

（三）广泛开展了教学实验

长期以来教学实验在我国开展得不够好，是我国教学理论发展缓慢的重要原因。"文化大革命"前大多以政治运动代替教学实验，违背科学发展规律和实验准则，成果甚微。而为数很少的教学实验也一波三折，历尽坎坷。三中全会后，我国的教学实验得到了恢复并逐步发展，目前已广泛开展起来，几乎各省、市的高等师范学校、教育学院、教育科学研究所及部分高校和普通中、小学都在进行教学改革实验。实验的课题、类型、目标、规模多种多样，各有特色。一些实验严谨、扎实令人敬重；一些实验设计精巧、新异令人称赞；一些实验以目标宏伟令人瞩目；还有一些实验则以坚持探索的精神令人钦佩。据研究，目前我国教学实验从内容上分类，可有五种类型：1. 教师领导学生自学的实验，例如中科学院心理研究所设计的"数学自学辅导实验"；2. 学习知识、发展智力的实验，例如北京市马芯兰同志设计的"改进知识结构，加强能力培养实验"；3. 教育整体改革实验，例如上海师范大学教科所设计的"中小学教育体系整体改革实验"；4. 汉字识字教学实验，例如黑龙江教育学院设计的"注音识字，提前读写实验"；5. 大面积提高教学质量实验，例如上海青浦县教育局设计的实验，哈尔滨师范大学教育科研所与齐齐哈尔教育学院设计的"教、学、评、管系列改革实验等等"[①]。

目前，我国教学实验总的趋势是由重复、移植、改造外国的教学实验设计项目转向自主的创新性实验；由单科、单项实验转向多学科、多项目整体综合实验。一些开展较早的实验正在注重总结，逐步扩大实验；一些起步较晚的实验也获得了初步成果，正注重改进实验措施，提高实验的科学性和效度。

（四）开创了新的研究方法和路径

系统论、控制论、信息论是 20 世纪发展成熟起来的新的横断学科。它们的思想、理论、原则具有一般性方法论意义。近十年来，人们把这些理论和方法引入到教学论研究中来，开创了教学论研究的新途径。这些研究或者比较系统地引进了"三论"的理论、概念、原则来描述整个教学现象，创造出完整的理论模型。例如，教学控制论、教学信息论、教学过程最优化理论；或者利用"三论"的某个原则描述教学论的某个具体范畴，比如教学的反馈性原则、整理性原则；或者利用"三论"的哲学意义去说明、解释教学论的新的研究成果，指导新的研究，例如近年来对教学模式、教学设计、教学目标、教学评价、教学艺术、潜在教学的研究。此外，"三论"的思想还对教学实验影响很大，比如北京、上海、杭州、武汉的"教育改革整体实验"就是以系统论的整体性原则为指导思想的。

应该说应用新理论、新方法研究教学的工作才刚刚起步，其成果还是初步的，距离指导实践还要有段过程。但是这些研究的确给教学论研究吹进了一股新的空气，启发了人们的思维。此外，这种理论研究本身也是很有前途的，尤其是在解决教学论的量化研究方面将会开拓一条有希望的道路。

[①] 王策三：《对近年来我国教学实验的教学论思考》，《北京师范大学学报》1987 年第 6 期。

（五）实现了组织起来开展研究的愿望

"组织起来开展研究"是教学论同行多年来的愿望，这种愿望只有在三中全会后"科学的春天"里才能成为现实。1985年6月在中国教育学会教育学研究会支持下，成立了全国教学论专业委员会。教学论专业研讨会到目前已经召开了两届年会，实践证明，组织起来有利于开展科研活动，交流科研成果，掌握科研动向，切磋琢磨，相互砥砺，相互启迪，有利于探讨教学论发展大计，推动教学论研究的发展。

三 对今后教学论研究的几点看法

十年来教学论研究取得了很大成绩，同时也提出了许多亟待解决的问题，这些问题对教学论研究的进一步发展是非常重要的。这里仅结合近年来理论研究的感受，就基础理论研究、教学实验研究、教学经验总结和教学论的方法论问题谈一些看法。

（一）基础理论研究

这里所说的基础理论研究是与实验研究和应用研究相对应的。人们曾一度对这种研究产生过怀疑，记得几年前一次学术讨论会上，有同志曾把我国教学论的现状比作是"梁上君子"。这个比喻尽管可以有多种理解，但我们体会主要还是说教学论太脱离实际，对教学活动指导不力。应该说这种看法是有一定根据的。比如，教学论有许多重大理论问题尚处在争鸣中；教学论教材许多概念涵义模糊，理论命题存在多义性，理论范畴之间逻辑关系不明确，体系不够严整，新的研究成果和教学经验不能很好吸收和融合，等等。这些问题都影响到指导教学实践的效用，但绝不能因此得出放弃乃至鄙夷基础理论研究的结论，相反应该加强。

基础理论研究对其他研究来说是非常重要的。比如研究教学实践。人们常说脱离实际的理论是空洞的理论，没有理论指导的实践是盲目的实践。就教学论研究而言，理论与实践结合就更重要。因为教学论研究的对象——教学客体，不是自在的而是人们构造起来的，与自然客体不同。因此，落后的理论指导下的教学实践或盲目的教学实践是不会产生先进的实践和先进的理论的，而只有先进的理论与先进的理论指导下的教学实践结合，才能使理论和实践相映生辉。还应看到，虽然理论最终离不开实践，但理论的产生有它相对独立的过程，而对实践的研究却一刻也离不开理论的指导，否则即便实践提供了理论材料也会视而不见，还谈什么研究实践呢？因此，不可片面地强调研究教学实践而忽视基础理论研究。

基础理论研究对教学实验研究也是非常重要的。它的典型意义在于任何教学实验都必先有理论假设，也许因此才叫"实验"而不叫其他。事实上也称理论假设为"思想实验"或"理想实验"。实验前的理论假设可以是相当具体、细密的，但也可以起初不十分具体而以后逐步具体起来，某些探索性实验就具有这样的特点。总之，教学实验只是一种特殊形式的实践，如果说教学实践离不开理论指导，那么理论对于教学实验就更为重要，甚至可以说没有先进的理论假设，就不会有先进的教学实验。

（二）教学实验研究

目前，教学实验已经广泛开展起来，现在人们普遍感到要把教学实验引向深入，需要解决的问题还是很多的。早在1985年已有同志撰文指出：教学论发展到现代，没有教学实验是绝对不行的，现在突出的问题是如何认真搞好[①]。近年来报纸杂志上探索教学实验的论文日渐增多，显示出人们对这个问题的普遍关心。现在需要从理论上解决的问题是：教学实验与自然科学实验到底有哪些不同；如何使教学实验设计更符合实验科学的准则和要求；如何提高教学实验理论设计的科学性、先进性；如何提高教学实验的内、外效度；如何检测和评价教学实验并界说其成败，等等。这些问题都是非常重要的，如果要避免"一哄而上""严格讲不能叫实验"这样的批评，实验者就需要认真对待这些问题。

现在人们提出的问题已经很尖锐，比如人们提出这样的质疑，为什么在我国教学实验中不乏成功的实例，却几乎没有失败的记录？这个问题直接关系到教学实验能否算作科学实验[②]。因此，有必要从教学实验的性质、特点、原则、成败标准等方面作出回答。这些问题研究起来可能是很复杂的，比如实验成败问题，假如以显著性作为标准，那么美国布鲁纳搞的教学改革实验恐怕不能说显著性不强，但是人们却从效度问题上对他的实验提出批评；假如以效度为标准，那么实验的先进性也不能不成为一个

[①] 王策三：《简谈教学论的研究对象、任务和方法》，《教育研究》1985年第9期。
[②] 郑继伟：《教育实验若干问题的探讨》，《教育研究与实验》1988年第2期。

重要指标，但这常常又与实验的人道主义原则有矛盾，即因为实验对象是学生，不允许实验失败的代价太大；假如要充分地考虑人道主义原则，使实验稳妥些，少冒失败的危险，这样又会使大多数实验平平，这样又怎能使我国的教学实验成为国际上有影响的实验，而后者也不应是我们追求的目标吗？这里谈这些问题的目的不是要把实验中提出的问题一一剖析，只是想说应重视这些问题的研究，不应使实验停留在表面的轰轰烈烈上，而应充分注意实验的效果。

（三）教学经验研究

先进教师创造的教学经验，是教学论研究的重要方面，我国历来提倡对这些经验的总结和研究。现代先进教学经验是教师对某种教学理想、教学理论和观点自觉地、创造性地实践。从这一点上说，先进教师创造教学经验的过程也具有教学实验的性质。如果说教学实验相对于自然科学实验是准科学实验，那么先进教师的教学实践相对于教学实验也可以说是准教学实验。由于教学经验来自于实践，因此它的"外效度"很高，可模仿性强，具有很高的价值。

但是，目前我国总结、介绍先进教学经验的材料虽然很多，系统性却很差，要比较全面地了解某一教师或某一方面的材料很不容易，这给研究工作带来不少困难。因此，对先进教师教学经验的总结应系列化，并有较好的检索系统；对先进经验总结的水平也需要进一步提高，光有经验性的概括描述还不够，还要深入揭示其理论意义，同时注意经验总结的科学准则和科学形式，增强材料的可靠性和可用性，提高其科学价值。此外，还应该研究教学经验的使用和吸收问题。过去教学论习惯于把教学经验材料的片断作为佐证材料，或是堆砌、罗列这些材料，这样既不利于教学论本身的发展，又常常割裂了经验材料的总体精神。目前，我们希望教学经验材料能够通过系统地积累自成体系，并升华为新的理论流派。近年来苏联提出的"合作教育学"就说明了这种可能性。另一方面，也希望教学论能探索与教学经验结合的形式。目前教学论对教学模式的探索看来是一条有希望的道路，它可以使一些教学经验作为一种模式整体被吸收到教学论中去。我们还希望创造出更多的研究教学经验的方法，使广大教师在教学实践上的创造性工作与教学理论工作者的工作有机地结合为一体，共同推动我国教学理论事业的发展。

(四) 教学论的方法论问题

教学论要求得到发展，方法论思想的更新，是目前很重要的问题。恩格斯曾说过："每一时代的理论思维都是一种历史产物，并且具有非常不同的形式和内容。"① 我国的社会科学理论体系大多是 50 年代初来自于苏联的模式，那个时代用马克思主义占领思想阵地，不仅是政治任务，也是学术研究的任务，因此，苏联社会科学理论模式的僵化对我国影响很深。我国的教学论体系也是如此，虽然这期间曾批判过"全盘苏化"，但出于"左"的政策的禁锢，这种模式非但没有松动，而且愈趋僵化，更严重的是人们头脑中形成了相当顽固的思维定式。于是，当改革、开放、发展、创新的潮流到来时，人们发现，突破头脑中这种思维定式比突破已有的理论模式本身更难。那么，如何突破已有的思维定式，更新教学论方法论思想呢？

第一，掌握科学的时代精神，强化"突破"意识。从 19 世纪末开始，科学的时代精神已经经历了深刻的变革。原子论、机械论世界观的统治已经成为过去，整体有机论、系统综合方法已经成为新的科学思维精神。这种精神要求人们在科学研究中有强烈的"突破"意识，并与自身的惰性、固执、迷信作斗争。教学论研究要走出传统的理论模式，必须自觉地认识科学的时代精神，强化"突破"意识，锲而不舍地追求理论创新。

第二，完善知识结构，运用现代方法。现代科学研究的特点之一是打破了社会科学和自然科学的学科界限，运用多学科知识进行综合研究。实践证明，教学现象这种十分复杂的客体，没有多学科的综合研究是难以有更大突破的。因此掌握现代具有整体性综合研究的方法便是一条捷径。但是运用这些现代科学方法要求有合理的、完善的知识结构，这种知识结构不仅要求个人有必要的多方面知识修养，更重要的是人们应走出个人狭窄的专业小天地和专业群体小圈子，实现"横向联合"，搞科研协作，这是进行整体综合研究的根本方法。

第三，掌握科学发展机制，推动教学论发展。科学研究的目的是揭示对象的规律，但科学研究活动本身也有规律，研究者也要遵循这些规律。关于这方面的知识，过去我们多从理论与实践的关系方面想问题，这是必要的，但也是不够的。有必要增加科学学、科学活动论、科学哲学方面的

---

① 《自然辩证法》，人民出版社 1971 年版，第 27 页。

知识，这些都是新兴科学。对西方科学哲学理论也应该认真研究，例如波普的"证伪主义"、库恩的"范式"理论、拉卡托斯的"科学研究纲领论"、费耶阿本德的"多元主义方法论"等等，这些理论在揭示科学发展的规律和机制方面是有价值的。我们应该自觉地掌握和运用科学研究发展的机制去推动教学论研究的发展，这同人们自觉地运用市场机制去发展经济是一样的道理。

第四，注意学术研究动态，广泛借鉴其他学科的研究成果。当代科学发展体现了一种相互渗透的精神，在这样的背景下出现了"相似论"思维方式理论。这是一种有效的创造性思维方式，广泛的借鉴是这种思维方式的重要形式。例如我国哲学界正面临着如何走出已有的理论模式问题，一些同志以主客体关系的讨论为突破点，提出坐标系转换的主张，即把一切以客体为中心的哲学模式转换为一切以主体为中心的模式体系[①]。这是一种很有启发的主张。教学论同样面临着突破已有理论模式问题，是否也可以考虑把过去以知识为中心、以教师为中心的理论模式转换为以智力发展为中心、以学生自主性为中心的理论模式，实现所谓坐标系的转换。当然这不能与杜威搞"儿童中心"、宣称实现了"哥白尼式的革命"等同起来。借鉴的形式可以是多种多样的，因为"相似论"原理到处可见。比如，人们可以从第五代电子计算机搞专家系统智能机，想到知识教学与智力发展之间的策略关系；可以从贝塔朗菲关于某些社会系统目前无法量化，以及计量历史学关于计量方法应用的局限性，想到教学论量化研究可能出现的困难和量化方法的局限性。总之，教学论研究把眼界放宽些，关心学术研究的动态，多方面借鉴研究成果，是有益于开阔思维和寻找解决问题的途径的。

---

① 安启念：《商品经济和当代中国的马克思主义哲学》，《新华文摘》1988年第3期。

论教学系统的特征[*]

研究一项事物的特征是认识该事物的必要过程。一项事物的特征应来自于该事物的整体，因此，应该用整体论的方法去揭示它。本文依据一般系统论的观点对教学的整体性特征作出了阐述。这些特征就是教学作为一个系统所具有的特征。

依据系统论的观点，我们可以把教学看作一个系统，把教师、学生和其他教学物质条件因素各看作子系统。也可以把教学目的、教学方法和策略、教学的动力等等非物质因素各看作子系统。这些子系统之间相互联系、相互作用，形成了教学系统的整体特征。这种整体特征有功能方面的、也有组织化方面的。本文将对它们作出分析。

一 教学系统功能特征

系统的功能是指系统的功用和能力。系统在实现自己的功能时，表现出整体性和两重性特征。教学系统在实现自己的功能时，同样表现出这两种特征。

（一）教学系统功能的整体性

教学作为一种系统，有着不能还原于它的组成因素性质和功能的整体特性。系统论专家拉兹洛在指出教学系统功能这一特性时说，在苏格拉底问答法中，教师与学生"通过互相质问和对答，两个人就更接近真理，他们当中任何一个通过自己的努力，都不可能接近到这种程度。这种论辩的结果，绝不仅仅是一个人的知识同另一个的知识加在一起了。这种论辩造

---

[*] 原文系唐文中和赵鹤龄合著。原载《课程 教材 教法》1989 年第 11 期。

成的是某种他们俩原先谁也不知道的知识，并且单靠自己的努力，他们俩谁也不可能知道。这种由两个组成的整体拥有的性质，不可能还原成他们每个人自己所拥有的性质"[1]。拉兹洛这一段分析是教与学统一性的绝好注脚，教学的功能不能归因于教师，也不能归因于学生，而是要归因于教与学相互作用时所产生的整体性功能。因此，离开了教师的教或离开了学生的学，都不能称之为教学。但是，拉兹洛是就一种比较简单的、原始的教学作出的个案分析，事实上，现代教学已经日趋复杂化，参与教学的因素不仅仅是教师和学生，还有教材、教学、教学工具、教学计划、教学大纲、教学组织形式、教学方法和模式，等等，这些因素构成了十分复杂的教学系统，每个因素在系统中都发挥一定作用，不仅把教学系统的功能归因于其中任何一个因素不行，而且归因于教师和学生之间的相互作用也不行，教学系统所实现的功能要归因于实际参与教学过程中的全部因素相互作用的结果。

教学系统功能的整体性作为一项基本原理，是现代教学过程最优化理论的基石。苏联的巴班斯基曾依据这一原理设计了苏联罗斯托夫市两所学校的实验，为他的最优化理论提供了实证性依据。他认为，在以系统论观点和方法处理教学过程的最优化问题时，必须坚持以整体性为基本出发点；以联系性为考虑各种因素关系的方向；以综合性为处理具体问题的方法手段；以最优化为制定方案的目标和标准[2]。概括说来，就是要求在考虑教学的全部制约因素和现实条件下达到可能达到的最佳效果。巴班斯基的教学过程最优化理论是对用教学系统功能的整体性原理指导教学实践这一研究课题的贡献，他为这一研究开辟了一条可行的道路。

教学系统功能的整体性原理也是现代教学模式理论的基石。现代科学理论的一个常识是任何物质的性质、任何系统的功能都不取决于它的组成因素，而取决于它的组成结构。教学系统功能的整体性同样是由它的结构决定的。人们曾认为教学的结构之所以称之为教学结构，是因为它是由教师、学生、教材组成，其实应反过来理解：由于这些因素进入了教学组织结构中，他们才被称之为教师、学生、教材。显然，如果他们出现在书店里，只能被称之为读者和图书。教师、学生等只是教学系统中的角色系统

---

[1] [美] E. 拉兹洛：《用系统论的观点看世界》，闵家胤译，中国社会科学出版社 1985 年版，第 24 页。

[2] [苏] 巴班斯基：《教学过程最优化——一般教学论方面》，张定璋译，人民教育出版社 1984 年版，第 7 页。

的承担者，具体的人总是要变的，但角色系统不变。维系角色系统的是一系列的教学目的、教学计划、教学组织方案、教学常规、教学法思想、教学原则、教学规范，等等。它们排列组合构成一体，便形成了教学系统的结构，并显示出整体的功能。而它们不同的排列组合又形成了不同的结构，并显示出整体功能的差异。事实上，作为一种一般性的教学系统结构只能在理论上、观念上存在，在现实中只存在着形形色色的具体的教学系统结构。现代的教学模式理论就是旨在研究这些具体的教学系统结构和功能的理论。因此说，教学系统功能整体性原理也是现代教学模式理论的基石，这种理论研究为用教学系统功能的整体性原理指导教学实践开辟了又一条道路。

（二）教学系统功能的二重性

教学系统作为独立的系统，它是一个整体，但作为社会大系统的子系统，它又是部分。这种整体与部分的二重性，使教学系统的功能也具有二重性。这种功能的二重性意味着教学系统一方面要维持本系统内各子系统功能的正常发挥，另一方面又要作为社会系统的子系统发挥整体功能。

就教学系统作为社会系统的子系统而言，它要求人们自觉地认识和遵循社会对于教学的制约规律。当代的教学论对于这方面的研究越来越重视。苏联的达尼洛夫在《教学过程》中曾说："社会的客观要求——生产、技术、科学、文化、社会关系的进步——对教学的历史发展具有决定性的影响"[1]。美国的布鲁纳在他的《教学论》中指出："在不同的社会阶层、两性间、不同的年龄组和不同的种族中，对于智力活动的态度是不同的，这种文化传统态度也决定着用脑的方式……教学论关心的是如何用既定的文化模式去达到教学的目的。"[2] 西方的一些学者曾就社会因素对学生学业成绩的影响作过大规模地、长期地实证研究，并出版了名叫《科尔曼报告》《普洛登报告》两部著作。两种报告指出：通常被认为学校内部的那些因素，如教师的质量、教学设备条件、班级人数、教学方法、课程设置、教学时数，等等，对学生成绩的影响只占10%—20%，而80%—

---

[1] ［苏］达尼洛夫：《教学过程》，《外国教育资料》1984年第6期。
[2] ［美］J. S. 布鲁纳：《布鲁纳教育论著选》，邵瑞珍等译，人民教育出版社1989年版，第134页。

90%是来自校外因素的影响，这些因素包括家庭文化背景等[①]。我国学者近年来对社会环境与教学之间存在着的具有规律性的联系作出了深入研究，指出社会环境对于教学目的、教学内容、教学中的师生关系性质，教与学双方的积极性都有着决定性作用，丰富了人们对教学规律的认识。总之，教学作为社会分工发展起来的专门系统，它的功能主要是为社会培养所需要的人才，这就要求教学系统与社会系统保持密切的联系，不断取得社会人才需要信息，保证教学为社会发展服务。

就教学系统作为独立的系统而言，它要求人们根据社会的需要，保持系统功能的效率。这就需要不断地对系统内部各子系统作出调整，发挥各子系统的功能。诸如师资队伍的建设、教材更新、教学工具的增置、教学组织形式的变革、教学方法的探索，等等，都是为了使各个子系统更有效地发挥功能，从而实现教学系统整体功能的优化。

总之，由于教学系统具有功能的二重性，才得以作为社会大系统中的一个独立系统而存在。在教学理论研究中存在着一种观点，认为教学理论不应该研究教学与外部的联系和规律，只应该研究教学内部的联系与规律，认为研究外部联系是教育学的任务，教学论只能研究与教育学的联系。这是一种狭隘的观点，它割裂了教学功能不可分割的二重性。因此，揭示教学系统功能的二重性既有理论意义，也有实践意义。它要求人们在从事理论研究时既要研究教学的内部联系与规律，也要研究教学与外部的联系与规律；而在进行教学实践改革中，既要考虑教学系统内部调整的需要，也要考虑到社会发展的需要。

二 教学系统组织化特征

系统发展的实质是系统组织化的提高，因此，系统组织化特征即指系统发展的特征。教学系统在自身组织化提高过程中存在着两种基本特征，即恒常性与再生性。

（一）教学系统发展的恒常性

热力学第二定律说明，一切系统总的趋势是走向衰败。所以，一个系

---

① ［法］罗歇·吉罗：《教学对知识的实际影响》，张人杰译，《外国教育资料》1984年第2期。

统要保持上升的趋势，必须不断地从环境吸收能量，提高系统内部的组织性、有序性，从而实现系统的自我保持。教学系统在发展过程中也显示出这种自我保持的能力，我们称之为教学系统发展的恒常性。

教学系统自我保持的先决条件是其开放性。就是说，教学系统的恒常性是一种动态平衡，它需要不断与环境进行交流来实现自我保持。如果一个教学系统处于同环境隔绝的封闭状态，这个系统中的构成因素就会逐渐衰败，直到整个教学系统老化、瓦解。因此，要维持教学系统的发展和功能的实现，就需要不断地促进教师、学生、教材、教学设备的更新。这些更新常常看来是很自然的过程，比如，学生对于一个学年来说是一年更新一次，对一个学校来说，大约4—6年更新一次。教师随着自身自然素质的衰退，大约30年也要更新一次。从教师的专业和业务知识来说，大约10年至20年就会体现出较大的更新，现在还有着加快的趋势。相应地，教材和教学设备也循着差不多的周期实现更新。当今的教师已经不太可能像过去一样，一本书差不多以不变的方式教一辈子，现代的教师大多在不同程度上感觉到了这种变化。因此，现代的教学组织者和教师更多的是自觉地促进这种更新。

教学系统实现自我保持还要依靠自身的自我调节机制，这种自我调节机制包括了教学的体制、组织计划、教学常规、教学规范，等等。有了这些，教学工作就会像一个自行运转的机器系统显示出自我恒定的特点。因此，有经验的教学组织者特别重视教学常规的形成，一个好的教师也很重视自己教学风格和教学模式的形成，教学理论研究则趋向于最终提出一套教学原则，试图给教学行为提供一套规范，这种规范虽然不能规定教学的具体行为和策略，但它可以提供一种衡量和评价标准。

不难理解，以上种种表现都是在于提高教学系统的组织性、有序性，从而保持系统的恒定。但是，应该指出这些意在使系统自我保持的种种制度、计划、常规、原则、模式不是一成不变的，如果一成不变，反而起到了窒息的作用，而是通过不断地调整，在动态中保持连续性、恒常性。在调整过程中，一些对维持系统生命的有利因素被保留下来，而另一些则被淘汰，每一次教学改革都显示出这种特点，而且每一次教学改革都表现为教学系统恒常性水平的提高。

（二）教学系统发展的再生性

教学系统的恒常性是讲教学系统有自我保持的能力，但教学系统发展只有自我保持的能力是不够的，如果只有这种能力，教学系统就不会有发展、进步。事实上，教学系统还有着在条件发生变革时适应变革的自我创造能力，从而表现出再生性。

教学系统的再生性首先表现在社会系统发生较大变革。在我国教育历史上，曾发生三次较大的变革，第一次发生在西周晚期，这个时期正当我国奴隶制社会瓦解，奴隶制的教学体制崩溃，社会上流行着"无学不害"观念。但教学系统并没有从此消失，而是在动荡中涅槃，以私学的形式再生出来。这种私学已经蜕掉了奴隶制性质的外衣，具有完全的封建性的形态，因此，是教学系统的一次自我创新。第二次较大的变革发生在清末。随着我国封建制的解体，社会上形成了"废科举，兴学校"运动。旧的教学系统又一次受到激烈冲击，在冲击中，教学系统以现代的教学形式被创造出来，实现了又一次再生。新中国建立之初，我国在马列主义思想指导下所进行的院系调整和课程改革，也是一次具有历史意义的重大变革。在我国教育史上第一次实现了教育、教学的人民性，是我国教育、教学发展的一次新生。

教学系统的再生性还表现在适应于来自系统内部的挑战，这种再生性以渐变的形式表现出来。由于教学是由人组织起来的系统，一方面人们通过制定一系列计划、条例、常规、原则来维持系统的恒常性；另一方面由于来自不断变化的环境要求，人们又会不满足于维持已有局面，并由此而产生创新的动机，创造出新的教学法思想、新的教学模式和方法，使教学系统在渐变中发展，使教学系统的恒常性得以再生。

最后，当代教学系统的再生性还表现为组织化规模的扩大。当今教学系统并不限于一个班级教师与学生等因素组成的系统，学校教研室、学科研究组是这种系统的延伸。在校外则有各级教学研究和指导机构，在一个国家内有许多类似官方和民间组织，它们也是教学系统的进一步延伸。此外，国际上也有许多教学研究和指导机构，有些是世界性的，有些是地区性的，它们是教学系统的再一次延伸。教学系统这种不断地向高层次延伸发展是教学系统组织化程度提高的重要表现。当今一所学校、一名教师关起门来教学，不受任何外界控制和影响，已经是不可能的事。事实上，过去联系不十分密切的教学单位越来越强地被组织到更大的教学系统中去，已是教学系统发展的一种趋势，这将有利于教学质量的提高。

以上所述的教学系统的整体性、二重性、恒常性和再生性，构成了教学系统的特征，它们即教学的整体性特征。

教学过程的社会交往现象分析[*]

现代教学论研究表明，教学过程中的社会交往具有十分重要的教学意义。学生个性的发展、教学目的的实现，不仅取决于传授知识的性质和质量，而且更重要的是取决于教学交往关系本身的性质。学生对社会的认识、价值观念的形成、社会规范的认同、社会交往经验和技巧的获得以及人格的发展等，相比较而言，教学过程中的人际交往影响更具有根本性意义。不仅如此，这种交往关系对学生知识的掌握和智力的发展也有着重要影响。

一 教学过程中社会交往对学生社会观念形成的作用

这里所说的社会观念，是指个人对社会性质的认识和体会，对社会规范、行为准则的认同水平，对个人权利与义务的理解，以及个人对他人、对集体、对社会的态度和适应水平等。一个在社会生活中的人，必须在上述方面形成自己的观念，否则他便难以形成具有独特个性的人。

社会观念的获得是一个人社会化的结果。刚来到人世的婴儿，只是一个生物性的存在，要成为一个社会存在，必须通过社会性学习，即通过与他人交往来实现。作为社会性学习的结果之一，便是社会观念的形成。儿童的社会化自出生就开始了，在家庭中与父母交往是其早期社会化的途径，但儿童的社会化途径主要是学校生活，学校交往生活的社会化程度无论从哪一方面说都比以血缘关系为纽带的家庭生活更高。同时，从总体来说，学校生活对学生社会化的影响比学生在校外交往中受到的影响要大，

---

[*] 原文系唐文中和赵鹤龄合著，原载《教育研究》1990年第3期。

因为社会生活的基本特征是其组织性,而校外交往是自发的,缺少约束力。当然,如果学校教育生活削弱,校外影响作用就要大了。教学又是学校生活的基本活动,仅从这一点而言,教学过程中的人际交往对学生社会化的影响就不容忽视。

教学过程中的人际交往主要是学生与教师之间的交往和学生与学生之间的交往两种形式。

教师与学生之间的交往可分为权威型、民主型和放任型三种形式。在权威型师生关系中,教师对学生行为具有绝对的支配权力,学生唯教师意志是从。在典型的权威型关系中,教师是社会统治者的代言人,他的言行对学生来说具有"法律"效应。我国古代有所谓"天地君亲师"之论,有法律上的"背师""逆师"之罪。在教学过程中宣教式的讲授,学生心唯口诵,不可有半点疑心。在这种师生关系中,必然形成填鸭式、注入式的教学。在民主型师生关系中,教师与学生在教学过程中处于平等地位。教师不是以权威者自居,而是以引导者出现;不是把知识讲给学生就完事,而是让学生自己去思考、质疑、行动。因此,"在真理面前人人平等"是这种关系的必要原则,启发式的教学则更为这种类型的师生关系所需要。在放任型师生关系中,教师采取放任的态度,学生处于自由主义状态中。教师没有责任感,没有周密的计划,只向学生布置一些学习内容,没有必要的检查评价;学生没有明确的目标,也没有责任感和约束感。这种放任型的教学作为一种思想,可以在20世纪初美国出现的"道尔顿制"中找到原型。但在教学实际中,那些对教学不负责任、没有兴趣和信心的教师,对学生"大撒手",这种师生关系也是放任型的。

上述三种不同类型的师生关系对学生社会观念发生不同的影响。教育社会学家的研究表明:教学过程中师生关系的类型,归根结底是一个社会中社会关系结构类型的投射。专制社会中的教学倾向于权威型师生关系,民主制社会中的教学倾向于民主型师生关系。所以有这种对应关系也不难理解,因为,一个社会的社会关系精神总会通过正式或非正式渠道影响到教学过程中的人际关系。从正式渠道来说,一个社会的政治、经济、法律、宗教、道德规范、行为准则必定要求在教学目的、教学计划、教学思想、教学制度上得到反映;从非正式渠道来说,教师的思想、行为、人格等方面必定渗透着他那个时代、那个社会的精神,学生也是如此。这些就决定了教学中师生关系类型从总体上是特定社会中社会关系类型的缩影。正因如此,学生才得以通过师生交往,从中有意或无意地学习到一定社会的社会规范、行为准则，并且还随时可能得到来自教师或肯定或否定的评价，使这种学习不断在尝试成功和失败中得到强化。最终，学生把特定的社会规范、行为准则内化为他的社会观念，成为他的行为内在的法则。这就是教学过程中学生社会观念形成的过程。

教学过程中除了师生的交往，还有学生之间的交往。这种交往同样影响到学生社会观念的形成。学生之间的交往可分作有组织和自发的两种。有组织的交往包括发生在教学讨论小组、实验小组、作业小组等活动中的人际接触，自发的交往是学生自愿结成小伙伴之间的人际接触。在有组织的学生交往活动中，交往关系类型大体上也有权威型、民主型和放任型三种情况，它们与师生关系类型相似。学生这种有组织的交往使学生在师生交往中体会到的社会观念得以进一步强化，是学生对已获得的社会观念的实践。在自发的学生交往中，学生之间是自愿的、平等的、感情化的交往，但也并非无任何准则可言。事实上，学生能够自愿地结合在一起，必定存在某种可被共同接受的准则，比如公平、对权威的承认等，这些仍然是社会规范和行为准则的渗透。因此，自发的学生间交往对学生社会观念的形成也有一定影响。学生在同自己学习伙伴相处的日子里，会从成功与失败中体会到一定的人际交往经验。

但是，教学过程中的人际交往并非完全被动地为社会关系类型所决定。所谓社会关系类型，其实质是一个社会中占支配地位的社会关系类型。由于社会中存在着不同的阶层、阶级，不同的利益和价值观念，他们之间的冲突也会自发地影响到教学过程中的人际关系。教学过程中权威型关系也好，民主型关系也好，放任型关系也好，都可能受到教师和双方自觉或不自觉地选择。因此，在专制社会中并非师生关系都是权威型的，在民主社会中也并非师生关系都是民主型的，而不论何种社会放任型都可能存在。学生个人也有着自己的独立经验，也常常会与教学关系类型发生冲突。这种冲突的结果可以是正向的，表现为学生最终对于教学关系类型的顺应；也可以是负向的，表现为学生对教学关系类型的社会性离轨。这种顺应和离轨只是一种中性说明，对其性质的肯定与否定则取决于人们的社会价值观。比如，对权威型教学关系的离轨，从权威型教学关系的支持者角度看，当然是否定的，但从民主型关系的支持者角度看就不一定是完全否定的。

学生间自发的人际关系也可以影响到教学进行。它可以是正向地，也可以是负向地影响到教学关系类型。比如，日本的一位叫田薰的学者在他的《教学过程——其实证研究》中谈到他的一次观察。他发现，在一个班的课堂上，当学生发生意见对立时，持有不同意见的两派成员常常是稳定的。后来他才明白，这是由于这个班存在着两个学生"集团"。当两个"集团"的首领意见分歧时，讨论就会出现两派对立，两个头头之间不让步，讨论就会僵持下去。

以上情况说明，教学中人际关系并非总是被动地为社会关系类型所决定，而是存在着复杂的选择过程。学生正是在这种复杂的人际关系相互作用中，认识自己与他人、与集体、与社会的关系，学习社会规范和行为准则，形成社会观念的。

二 教学过程中的社会交往对学生交往能力形成的作用

人生活在社会中只在观念上把握社会交往经验是不够的，还要有实现社会交往经验的能力和技巧，这样才能适应社会生活。人的交往方式和能力需要通过学习才能获得。社会学家倾向于把人类交往方式分做语言交往和非语言交往两类。语言交往方式是以人类的语言、符号为工具的交往方式，非语言交往方式是以非语言符号工具进行的交往方式，比如通过人的动作、表情、语音、语调提供信息进行交往的方式等。由于人类的交往方式和能力是在成长过程中习得的，因此，教学过程的人际交往无疑是学生学习社会交往方式、形成交往能力和技巧的重要途径。

（一）对学生语言交往能力的影响

人类的语言交往可以分为书面语言交往和口头语言交往两种情况。读、写、算是书面语言交往能力的基本方面，这方面水平的高低构成了人与人之间交往能力的重要差别。毫无疑问，人们的这种能力和技巧主要是通过学校学习获得的。学校把形成学生读、写、算能力和技巧作为教学的基本任务明确列入教学大纲，因为读、写、算能力和技巧还是学生能够进一步学习深造必备的基本功夫。但是书面语言能力的形成主要是通过有计划地练习活动形成的，并不取决于人际关系交往，所以，我们这里主要阐明的是由人际关系交往决定的口头语言交往能力的技巧。虽然在初等学校教学大纲中也有关于口头表达能力培养的明确要求，但这种能力和技巧的许多重要方面是依靠长期的人际交往活动形成的。

口头语言表达能力和技巧在于让听者能注意你的讲话并能听明白、感兴趣。因此，进行口头语言交往时，一定要选择合适的内容、语言、速度，观察对方的表情，看对方是否听明白了自己的话，是否感兴趣；如果对方心不在焉，或者没听明白，就要对自己的谈话作出调整。这些就是口头语言表达能力和技巧。孔子的"未察颜色而言谓之瞽"，批评的就是那些不懂口头语言表达技巧的人。有好的口头语言交往能力和技巧可以增强交往的效果，而拙劣的口头语言交往常常会造成交往的中断。因此，应该重视学生的口头语言交往能力和技巧的培养。

教学过程中学生要表达的思想常常比日常生活中要表达的思想复杂，选用的语言、词汇要求有较好的规范性，交流的环境对使用的口头语言也比较挑剔，这些都决定了教学过程对学生口头语言交流质量的提高有重要作用。

与口头语言表达密切联系的还有倾听和答问能力和技巧。《学记》中讲，当教师要讲究说的技巧（"其言也，约而达，微而臧"），也要注意倾听学生的谈话（"必也其听语乎"），还要讲究回答问题的技巧（"善答问"）。注意倾听别人的意见，会使谈话者感到对方是尊重他、对他的谈话感兴趣，从而可以使他把自己的意见表达得更完善，这样有助于深化交往。在倾听与自己不同的意见时，更要求有一定的修养和能力。孔子讲"毋意、毋必、毋固、毋我"，也就是我们平时所说的宽容和理解。这些都是必要的品质和能力。与别人谈话时，准确把握对方的意思是最根本的，若所答非所问，交往就无法进行，当然还要讲究其他方面的技巧，这里就不一一说明了。教学过程中，说、听、回答问题是最基本、最大量的活动，对于学生上述品质、能力、技巧的培养无疑起着巨大作用。应该特别指出的是，教学过程中的语言交往是在学习科学知识、追求真理的过程中发生的，因此，这种交往类似于科学家间的交往情境。科学家之间的意见交往把人类的交往发展到了一种崇高的境界，教学过程对于发展学生类似的交往品质、能力和技巧具有其他语言交往过程和语言交往环境不可代替的功能。

（二）对学生非语言交往能力的影响

人的非语言交往方式种类很多，诸如语音、语调、手势、目光、姿态、交往距离、个人仪表乃至气味、声息都可以成为非语言交往方式。它们之所以能够成为交往方式是因为能够传递信息，表达思想。比如，同样是目光、注视、怒视，传达的信息便不同；同样一句话，大声说、柔声说、怒声说，表达的意思可能十分不同；在一些情境中，交谈的距离近些，可以表示友善、亲密，而在另外一些情境中，则可能引起反感，迫使交谈中断。非语言交往在人际交往中拥有不可忽视的作用，加州大学心理学家艾伯特·梅拉比安根据研究提出自己的"传播效果公式"：在传递信息的形式中，语言信号占 7%，声音和面部表情两种非语言信号各占 38%、55%。非语言交往能力和技巧是在人的交往生活中潜移默化地形成的，但有明显的区别，即有文野之分，这在很大程度上也取决于一个人的文化教养。这样，教学过程对非语言交往的品质、能力和技巧就有着特殊意义。

非语言交往方式是教师与学生交流思想的重要手段。教师在课堂上的声调、目光、手势起着重要的辅助作用，不仅给学生以特定的信息，也是学生学习非语言交往方式的可供模仿的榜样。在一些情境中，学生还要同样用非语言交往方式同教师交流思想和信息。这些都有助于学生形成良好的非语言交往能力和技巧。学生之间在教学过程中同样存在着大量非语言交往。学生之间往往在非语言交往方式上有自己的特点，社会环境和班级风气往往给这种特点带来很大影响，其结果可能使学生之间的非语言交往显得文质彬彬，也可能使之带有"流气"的色彩。教学过程中的交往绝大多数情况下是健康的、有组织的交往，因而在矫正学生不良的非语言交往方式、发展健康的非语言交往方式方面同样具有重要作用。

三 教学过程中社会交往对学生人格发展的作用

人格是人们都熟悉的概念，但说清楚人格究竟是什么却很困难，有的研究者曾统计过，心理学家、社会学家给人格下的定义竟有 50 种之多（阿尔伯特）。这里采用的是系统学家的看法，即人格是人的心理的总体特征。事实上，日常生活中人们对人格的理解与这种看法很相似，例如，人们常常把尊重他人人格与尊重他人同等看待，也把侮辱他人人格看作是侮辱他人。在这种看法中，人格即包括了人的一般特征，也包括了人的个体差异特征。

一个人的人格同样是在他的社会化过程中形成的。按着当代人本主义心理学家马斯洛的看法，人格的发展则是人的能动的自我实现过程，这个过程包括生理、安全、从属、尊重和自我实现一系列从低到高的心理需要的满足。虽然马斯洛的理论有其局限性，但他的需要层次学说在人格理论中是很有影响的。我们可以借助这一理论框架，对教学过程中学生的人格发展作出说明。

马斯洛认为，生理需要是人的基本需要，当这一需要得到满足后，是安全的需要。儿童在家庭需要父母的保护，在学校需要教师的保护。这种保护包括身体方面，也包括精神方面。学生在学校有恐惧感，则不利于健康人格的形成。安全需要得到满足后，是从属的需要。学生生活在集体中，需要集体对他的接纳、认同，需要老师和同学对他的爱和关心。如果得不到满足，他会产生遗弃感、孤独感，这同样不利于健康人格的形成。接下来学生还有尊重的需要。学生有自尊感，并要求他人对自己的尊重。学生在学习中感到有信心，能胜任，并且能够得到老师和同学的肯定和称赞，有助于尊重需要的满足。反之，经常遭到挫折，也得不到对他的力量的肯定，会使他对自己的人格产生怀疑，乃至丧失自我、自甘暴弃。安全、从属、尊重是健康人格的最基本需要。自我实现需要是人格最高层次的需要。这种需要表明人有着要求把自己全部潜能充分实现出来的愿望，这意味着一个人是科学家材料就成为科学家，是画家材料就成为画家。对学生来说就是要形成自己的理想，有理想与否是衡量学生人格发展水平的重要标志。

上述需要的满足过程就是人格发展过程，教学过程总要对学生这些需要发生影响，因此也必定会对学生的人格发展发生作用。所不同的是教学过程既可能促进学生需要的满足，也可能有损于学生需要的满足。换言之，教学过程既可以有益于学生健康人格的发展，也可以损害学生的人格或阻碍学生健康人格的发展。因此，应重视教学过程对学生人格发展的作用。

那么如何使教学过程有益于学生健康人格的发展呢？当代教学理论研究表明，教学必须把发展学生的人格、促进学生潜能的自我实现作为根本目的之一。因此，教学不应以知识为中心，而应该把满足学生感情、兴趣、情绪需要放在重要位置。这种教学要求教师不是把教好知识作为唯一的根本工作，还要求把信任学生、尊重学生、同情学生、真诚地对待学生作为根本责任。只有这样，才能实现教学的目的，发展学生健康的人格。

传统教学无视学生人格发展问题，甚至也没有尊重学生人格的观念。一些教师把体罚、嘲笑、侮辱学生看作是对学生负责，是所谓"恨铁不成钢"，这种错误在教学实践中仍然十分严重地存在着。以上这些问题，与传统的教学理论没有把教学过程对于发展学生人格的意义阐述清楚有很大关系。

四 教学过程中社会交往对学生智力和创造力发展的影响

说明教学过程中的人际交往对学生智力发展的影响，莫过于罗森塔尔效应这一事例。罗森塔尔曾做过一项教师期望效应实验。首先他对小学六个年级中每个年级的一部分学生做了智力测验，然后从被测验的学生中随机地选出一部分学生，告诉任课教师这些学生能够比其他学生智力发展得更快。隔一段时间再进行测验，结果，这些学生智力确实取得了发展，特别是低年级更显著。罗森塔尔把学生这种发展归因于教师的期望。那么教师的期望为什么可以促进学生智力发展呢？这是因为教师由于事先有了某些学生更有发展的印象，会使他在同这些学生的交往中更有热情。这种交往方式上的异样，会不自觉地把暗含的期待传达给学生，从而影响到学生的动机、兴趣、情感和意志品质，并进而对学生的智力发展发生作用。因此，无论是实验结果，还是理论分析，都可以说明教学过程中的人际交往可以对学生的智力发展产生很大影响。其中，教学过程中的人际交往常常是通过影响学生的非智力因素间接地对智力发展产生影响这一点，值得特别注意。学生在教学过程中不可避免地要同教师、同学交往，并产生肯定或否定的体验，从而在情感、动机、兴趣等非智力因素方面发生作用。因此，要促进学生智力发展，就不能忽视教学过程中的人际交往作用。

如果说教学过程中的人际交往是间接地对学生智力发展发生作用，那么对学生创造力的发展则更接近于直接发生作用。首先应清楚，不能把智力与创造力等同起来，虽然创造力要求有最低限度的智商值，但两者并不存在明确的相关性。[①] 因此，教学过程中的人际交往对学生智力和创造力的影响也会有所不同。心理学家戈登认为："所谓创造性，它本质上乃是一种情绪、情感过程"[②]；心理学家吉尔福特认为"创造性活动是由儿童生活的社会气氛培养出来的"[③]。所以这样说，是因为创造性是一种异样

[①] 段培京：《吉尔福特论创造力》，《心理发展与教育》1986 年第 2 期。
[②] 钟启泉：《着眼于人格发展的教学模式》，《外国教育资料》1984 年第 3 期。
[③] ［美］J. M. 索里，［美］C. W. 吉尔福特：《教育心理学》，高觉敷等译，人民教育出版社 1982 年版，第 304 页。

行为，因此，对于培养创造性来说，心理安全和心理自由是必须具备的条件。对于教学过程来说，保护学生的好奇心和异样行为，解除学生恐惧心理，鼓励多样性和个性，就是培养学生创造力的根本措施。这样看问题就不难得出结论，教学过程中的人际交往性质对学生创造力的发展具有根本性的影响。

谈教学方法的改革[*]

一　任何教学改革都要有切实可行的教学方法

教学改革就是要充分发挥人的主观能动性，迅速地把先进的教学理论应用于实践，最大限度地提高教学质量，并在实际探索中进一步丰富和发展教学理论，是一种科学性和实效性都很强的活动。不管是一所学校的改革还是一个教师自己的改革都要有一套完备的切实可行的教学方法作为保障才能取得成功。

教学不仅应传授知识而且要发展智力，要促进学生的全面发展。这是对几千年来教育教学经验的总结，它是体现了时代要求的先进观念，是每位教师追求的共同目标，可只有那些真正掌握了激发学生智力的教学方法的教师才能切实地做到这一点。

凡是已经取得了一定成绩的教学改革实验都有经得起考验的教学方法。如，自学辅导实验的"启、读、讲、练、结"的课堂教学模式，育才中学的"读读、议议、练练、讲讲"的茶馆式教学法，小学拼音识字的听、说、读、写全面训练的教学法等。也正是由于有了这些切实可行、效果显著的教学方法，才使得这些改革取得了可喜的成绩，经受住了各种考验并逐渐被人们接受，日益推广开来。

这些事实都告诉我们，任何先进的教学理论或教学观念，都必须依靠具体的教学方法才能发挥作用，否则难以见效。

教学方法改革的主体是广大的人民教师，而只有充分发挥广大教师的创造性，使他们在每天的实际教学中真正地按照要求创造出最优的教学方

---

[*] 原载《北方论丛》（唐文中、温恒福）1990 年第 5 期。

法，教学改革才能成功，改革的成果才能巩固。

教学方法的改革不同于其他改革，具有更多的自主性、灵活性和教师的个性。从自主性上看，教学目标、教学内容等改革可以由学校领导或其他研究人员帮助完成，但教学方法的改革却必须由教师本人亲自来做，是任何人都代替不了的事；从灵活性上来说，教学方法虽然有一定的规律可循，但没有一成不变的模式可以模仿，一切都要靠教师根据具体情况灵活处理；从教师的个性方面来说，由于教师的特长和兴趣不同，在相同的教学情境中，不同教师采取的方法也不相同，就是采取相同的方法，往往也有不同的表现形式。正是在这种灵活应变中，方体现出教师的艺术水平和教学风格。所以说，是否重视教学方法改革是关系到能否调动广大教师的积极性和创造性的大事。

另外，在有的教学改革中，虽然提出了许多新的教学原则和教学观念，但忽视了教学方法，结果在实际教学中，教师仍是按照原来习惯了的方法上课，只不过工作态度更加认真又多加了几节辅导课而已。这样的改革很难取得科学成果，即使在分数上有所提高也不能确定就是那些教学观念或教学原则所起的作用，因为参加教学改革的本身就能增加教师的责任感使改革者更加努力。

综上所述，我们可知，在提倡整体改革的今天，千万不可轻视教学方法的改革，任何教学改革都要有切实可行的教学方法作保障，否则再先进的理论也难以发挥作用。教学改革只有把握住教学方法这一由理论到实践的关节点才能成功。如果说教学观念的更新是教学实践前进的杠杆，那么教学方法的改革就是教学实践向前发展的车轮。

二 教法改革的出发点在于如何帮助学生进行创造性学习

分析一下当代中外的教学理论成果和当今的教学改革动向，我们可以发现，不管是理论研究还是实际教学都越来越强调"教会学生学习"，使他们能够在情况变化后仍能自我更新、不断创造。研究的重点正在由一般的智力发展向综合地培养人的创造性品质，开发人的创造潜能方向发展。

由夸美纽斯开创赫尔巴特完成的传统教学论是教学论发展的第一阶段，它比较重视系统知识的传授，学生在心理方面得到的训练主要集中在记忆力方面，被称为记忆教学论。进入20世纪后，在反传统的教学改革和教学研究中，涌现出了大批注重智力发展的教学理论家，如杜威、皮亚杰、布鲁纳、赞科夫、克拉夫基等等。他们的教学理论有一个共同的特点，那就是反对机械地接受知识，强调在理解的基础上记忆，注重独立思考，提倡在解决问题的思维训练中获取知识、发展智力。这些特点使教学理论发展到了一个新的高度，波兰教育学家 W. 奥根把它称之为"思维教学论"。随着科学的进步，人们逐渐发现，人的创造力就是人的生命力，各国经济竞争的胜负以及个人的成长都直接地取决于人的创造力，它不是一般的智力，而是记忆力、思维力、想象力、观察力、操作力等多种能力相互合作的结晶，是一般智力的升华，它不仅与智力因素有关，而且与非智力因素有关，不仅涉及人的意识状态而且涉及人的无意识状态，虽然人皆有之，但若不能有意识地不断开发，它就会逐渐泯灭。从而人们开始以培养人的创造性品质为出发点来重新研究教学改革问题，把对创造性问题的研究提到了又一个新的高度。如果我们暂且把这种用全新的观念来研究如何在教学中培养学生的创造性品质、开发人的创造潜能的教学理论称之为创造教学论，那么，由记忆教学论发展到思维教学论，再由思维教学论发展到创造教学论已经成为一种历史的必然趋势。

从教学方法本身的发展来看，通常把学生掌握知识的深度分为三个层次，一是理解并记住知识，二是具有运用知识的技能与技巧，三是善于进行创造性活动，传统教学方法多半是为了达到第一级和第二级水平的教学方法，现在世界教学方法改革的趋势正在向使学生达到第三级水平发展。布鲁纳的发现法，日本广岗亮藏的"解决课题法"，法国教育家弗雷内的自治教学法，美国哈佛大学的教育专家兰本达提出的"探究和研讨教学法"，苏联的"局部探求法"和"问题教学法"等等，都是在这方面探索的成功经验。我国的自学辅导法以及魏书生同志的教改经验之所以能够被广大的中学教师接受，其主要原因就是它们打破了旧的课堂教学模式，在调动学生的积极性，培养学生的创造性方面有很大的实用价值。

我们一定要顺应这一历史潮流，通过培养学生的创造性品质、增进人的创造力积极地推进教学改革。为此，教学改革需要在以下几个方面做出努力：

第一，要树立教为学服务的新观念，以帮助学生进行创造性学习为根本出发点。以教师为中心的传统教育养成了教师的专断作风，从而阻碍了学生智力和创造力的发展。严峻的现实迫使人们在观念上对师生关系作出反思，正如《学会生存》中所说"我们应该从根本上重新评估师生关系这个教育大厦的基石,特别是当师生关系变成了一种统治者和被统治者的时候。"人们在反思中逐渐发现,教学中的任何活动,教师所做的一切努力,在根本上都是为了学生,都是为了教会学生如何进一步地学习,从而获得了一种新的师生关系,这就是,教——教会学生学习,学——学会如何学习。使教与学统一于学生的学习活动。把教学工作的出发点放在了如何使学生更有效地进行学习上。

创造性的品质要在创造性的活动中产生与发展,欲培养学生的创造力,就应使学生在教学过程中进行创造性学习。创造性学习作为一种高级学习形式,具有四个特性:1. 自动性,2. 自得性,3. 自新性,4. 自知性。自动就是以主人翁的姿态积极主动地寻求、探索,它要求教师必须在教学中充分调动学生的积极性;自得是指通过积极思维获得所学内容的意义,这就要求教师在教学中要给学生思考的机会和自我探索的机会,使学生获得的经验都是对自己经历的总结,实验证明,只有如此,知识才能在心中生根,正如孟子所说"自得之,自得之则资之深、资之深则左右逢其源"(《孟子》);自新是指在学习和应用知识的过程中创造出前所未有的新品质,自新是对自动和自得的检验,是自主和自得的目的,自动和自得是自新的基础;自知则有两方面含义,一是要知现在,即对自己形成的新品质及其功能要有所认识,二是要知未来,要能够预测未来的发展并拟定出进一步的学习计划。

如果一位学生能在教学中,不断地进行创造性学习,那他的各种创造性品质就会日益丰富和发展起来。我们作为教师,其任务就是设法帮助学生做到这一点。

第二,放下权威者的尊严,实行民主教学。创造是变不可能为可能的过程,是打破先例的活动,过多的限制是要不得的。我国的春秋时代和欧洲的文艺复兴时期之所以人才辈出,其主要原因就是有一个宽松的可以自由探索的环境。教学也是如此,如果教师和蔼可亲,鼓励学生发问,学生的积极性就高,就有质疑问题的勇气,如果教师总以权威者自居,板起面孔,盛气凌人,那么学生就只能被动地听从教师的教导,而不敢越雷池一步,更谈不上大胆想象了,一个不敢怀疑、不敢提问的学生又怎能发展起创造力呢?从某种意义上说,人类的一切科学成就,一切新思想、新观点都是从疑问开始的,诚如陶行知先生所说"发明千千万,起点是一问"[①],

---

① 陶行知:《行知诗歌集》,生活·读书·新知三联书店 1981 年版,第 12 页。

在教学中一定要鼓励学生大胆怀疑,大胆猜测,而不惧怕任何权威,要让学生们清楚地认识到,事物总是发展变化的,先例是为了被打破而存在的。

另外,教师不应把学生控制得太严,大事小事都唯师是从,应给学生一定的选择的权利和可以自由支配的时间。苏霍姆林斯基曾说:"自由时间的问题,不仅涉及教学,而且涉及智育,全面发展的最重要的问题之一,正像空气对于健康一样,自由时间对于学生是必不可少的。"①

合作教育学的实验教师们在这方面也做出了令人启发的事例, И. П. 沃尔科夫,只给学生出一个题目,如"让我们来做骑士""让我们来做飞机"等,至于怎样做,则留给学生自己去想,让他们自己去创造,② 教儿童,从儿童的个性出发,在民主、和谐的气氛中与学生紧密合作。

第三,改变"三多三少,三重三轻"现象。在我们目前的教学中,存在着"三多三少,三重三轻"现象,即教师讲得多,学生活动少;灌输知识多,发展能力少;粉笔用得多,现代技术和实验用得少;重课内,轻课外;重结果,轻过程;重模仿,轻创新。这些现象都不利于培养学生的创造力,应当以此为突破口,从而设计出一套有效的改革方案来。

第四,创造出多种教学方法相结合的最优教学方法联合体。讲授法、谈话法、读书指导法、练习法、演示法、实验法、讨论法、研究法等,这些在教学论中常讲的教学方法没有好坏之分,它们各有不同的功能,适用于不同的教学情况,在实际教学中,为了完成一项教学任务,我们常常需要把几种教学方法结合在一起用,这时就存在一个"选择"和"组合"的艺术。根据巴班斯基的研究,选择教学方法的标准有六个:1. 教学原则;2. 教学目的和任务;3. 专题的内容;4. 学生学习的可能性;5. 现有的条件和所规定的教学时间;6. 教师本身的可能性。为了在实际教学中能够依此标准选择适合的教学方法,每位改革者都应认真地分析一下各种常用教学法的功能适应的范围等,以便扬长避短,择优而用。有了实现各个分目标的教学法以后,还要依照目标的顺序把各种教学法有机地组合在一起,构成一个完整的教学模式。例如,自学辅导教学的"启、读、练、知、结"模式就是读书指导法、练习法和讲授法的有序结合。其实,这一

---

① [苏]苏霍姆林斯基:《给教师的建议》,杜殿坤译,教育科学出版社1980年版,第69页。

② 杜殿坤:《苏联关于教育思想的论争》,教育科学出版社1988年版,第10页。

模式只是千万个可能组合中的一个，每位教师都可以根据自己的特长和具体的条件创造出最优教学模式，需要注意的是，每当其他条件有所改变时，教学方法的组合也应作出相应的调整，不可固守一个模式不放。

教学方法的组合技术，还表现在教学方式的组合和各节课的教学方法、各单元的教学方法的组合上。大家知道，教学方法是由一系列的教学方式组成的，如谈话法的本身包含有按一定逻辑顺序提出问题的方式，提出启发性问题的方式，在谈话中使全体学生积极化的方式，校正错误回答的方式，作结论的方式，评价学生活动的方式，等等，怎样把这些方式巧妙地结合在一起形成一个好的谈话法是很值得研究的。另外，在教学过程的前后单元和各节课之间的教学方法也应相互配合，前后呼应。比如，如果前一节课不作任何铺垫，那么下一节课就很难直接采用研究法或发现法。只有使每种教学法的各种教学方式之间、各单个教学法之间、各节课的教学法之间、各单元的教学法之间都能相互配合，才能使我们的教学方法真正地成为最优的教学方法，才能使多种教学方法在相互促进中最优地完成帮助学生学习、促进学生发展的任务。培养学生的创造性、开发学生的创造潜能，大幅度地提高教学质量等美好理想，只有在一个个教学方法最佳组合的实施中才能实现。

教学论的研究对象、学科性质及研究方法[*]

一 教学论的研究对象

(一) 教学的概念

教学二字,在我国古代很早就出现了。商代甲骨文中有"𤕦"[①]、"𣥂"[②] 两个古文字,这是迄今发现的"教""学"二字的最早书写形式。在西方,教学在现代英语中写作 instruct,来源于拉丁语 instruere,有"积累""堆积"的意思;还写作 teaching,其古英语形式是 taecan,来源于希腊语 deiknyne,意思是"解释""指示""演示""引导"。由于使用的场合和习惯的不同,上述二词都可以表达"教授"和"教学"的意思。

广义的教学,包括人类在所有情况下教和学的共同活动,不论是有组织的或无组织的人与人之间的传授与学习的活动,都可以称作广义的教学。教学论所研究的教学,是狭义的教学,它是专指在学校中教师与学生之间的有组织的教和学的活动。

教学是一个复杂的、有多重联系的社会活动。历来学者各自从不同的角度为教学下定义,对揭示教学的本质属性作出了积极的贡献。我们认为要阐释教学的概念并赋予它以科学的定义,必须做到两点,其一是要揭示一切学校教学的共同属性;其二是要反映出教学区别于非教学的其自身所

---

[*] 选自《教学论》,唐文中主编,黑龙江教育出版社 1990 年版,第 1—24 页。
① 郭沫若:《殷契粹编》,第 114 页,第 1162 号片。转引自沈灌群《中国古代教育和教育思想》,湖北人民出版社 1956 年版,第 4 页。
② 胡厚宣:《战后京津新获甲骨文集》,第 209 页,第 4245 号片。转引自沈灌群《中国古代教育和教育思想》,湖北人民出版社 1956 年版,第 5 页。

独具的特点。

首先，教学是在教师的引导下师生之间的共同活动。在教学中，教师和学生各有自己的独立活动，教师的主要活动是教、是传授；学生的主要活动是学习，不能相互取代。教和学又是相互依存、相互制约的，没有教，就没有学；没有学，也就无所谓教。教和学是同一活动的两个侧面，教影响着学，学也影响着教，二者缺一不可。

其次，任何教学，都是为实现一定社会的教育目的而专门组织起来的培养人的活动。它要在较短的时期内以简洁有效的方式使学生掌握人类长期积累的文化成果，学习人类社会的历史经验，获得系统的知识、技能，发展学生的认识，形成一定的人生观和世界观基础。

最后，教学还是适应人的自我完善的需要、促进人的身心发展的活动。通过教学给学生的体力、智力以及道德和审美情操等方面的发展打下基础，从而促进学生身心得到全面的、良好的发展。

了解教学的这些特点，便可以为教学下如下的定义：教学是在教师的引导和学生的参加下由教育机关专门组织起来的教和学的统一活动。其目的是使学生掌握一定的知识、技能并获得身心各方面良好的发展。

（二）教学论的历史概述

教学论，是关于教和学统一的理论。英语的 didactics，俄语的 Дидактика，都来源于拉丁文 didactica，原意有"教导"和"教授"的意思，在教育史中最早赋予这个词以教学论含义的是 17 世纪德国教育家拉特克（Wolfgang Rateke，1571—1635）。1632 年捷克教育家夸美纽斯（Johann Amos Comenius，1592—1670）所完成的历史名著《大教学论》也使用了这个词，1657 年此书用拉丁文发表之后，教学论一词开始被人们所公认。教学论一词，在我国早年曾译为教授学、教授法、教学原理或普通教学法，今统称为教学论。

教学论现在已经发展成为一门具有丰富内涵的独立教育科学学科。在教育发展史中，从古代、中世纪到近现代，教学论经过了由经验描述到科学理论，由个别的教学思想、论著到独立学科，又由单一学科分化出诸多下位学科的漫长的发展过程。

我国是最早有文字记述教学论思想的国家之一。在距今两千五百年之前的春秋时代，首开私人讲学之风的孔子（公元前 551—前 479）就是这方面的代表，他一生 40 余年的讲学实践积累了丰富的经验，在《论语》这部书中记述了他宝贵的教学论思想。他对教师提出了"学而不厌,诲人不倦""循循善诱"的要求;他对学生强调因材施教;他是最早提倡启发教学的人;他主张学与思结合,学与习结合;他强调身体力行、博学、多闻。后来的《中庸》一书把孔子的这一思想发展和概括成为"博学之,审问之,慎思之,明辨之,笃行之"的学习阶段理论。先秦诸子中墨子重视躬行实践、言行一致和学必量力;孟子提倡"自求自得""专心有为""渐进有恒"的学习方法;荀子重视环境影响和"锲而不舍"的学习精神以及"闻、见、知、行"的学习历程等等,都是十分可贵的主张。这些言论不仅长期成为我国封建社会最有影响的教学思想,而且至今仍不失为有用的教学格言。但由于历史条件的限制,他们对教学问题的讨论都是同他们的哲学、政治、伦理等学说融合在一起的,还不是教学论的专门著述。

我国古代较为集中论述教学论问题的是成书于战国末期的《学记》。当时正是我国封建社会生产关系成熟并建立统一的封建国家的前夜,该书总结了先秦诸子百家教育大师的教育、教学经验。在这本仅有 1229 字的论著中,不仅论述了教育的作用、目的与制度,而且重点阐述了教学的内容、原则和方法;在教育史上,它首先揭示了教与学之间相互影响、相互渗透的关系,提出了"教学相长"的原则;它发扬了孔子启发教学的精神,要教师做到"善喻",做到"道而弗牵,强而弗抑,开而弗达";它主张对学生要"知其心",提出了"长善救失"的原则;尤其重要的是它分析了教学成功失败的具体原因,指出"既知教之所由兴,又知教之所由废,然后,可以为师也"。虽然,受到历史的限制,很多问题还只能说是一些经验性的认识,但它仍然是一部系统的教学论著述,应该肯定在当时确实达到了很高的水平。

秦汉以后,在我国长期的封建社会中,由于专制制度的束缚,加以汉武帝实行"罢黜百家、独尊儒术"的政策,大一统的封建思想代替了诸子百家学术上的自由争鸣,教学论思想的发展也受到一定的限制。但历代学者的从教治学中仍不乏关于教学论的精辟见解,尤其有关对教师的要求、教材内容、识字教学、读书方法等方面更积累了许多成熟的经验。其中比较著名的如汉代的董仲舒、王充,唐代的韩愈,宋代的张载、朱熹,明末清初的王夫之、颜元以及清代的王筠等人,都在丰富我国教学论思想上作出不同程度的贡献。

古代的西方,大约公元前五世纪,出现在古希腊的智者学派是一批以传授文法、修辞（雄辩术）和哲学（辩证法）的职业教师，他们积累的经验可以说是西方教学论思想的萌芽。苏格拉底（Sokrates，公元前469—400）采用对话和辩论的方式进行教学，被称为"助产术"问答法。罗马的教育家昆体良（Marcus Fabius Quintilianus，35—95）写出的《雄辩术原理》是一部总结罗马教育实践的著名的教学法著作。他强调应该根据学生的能力、资质进行教学；他主张对课业的学习应该交替进行，他说，"如果变换课业，精神就可以得到恢复"[①]。此后，中世纪的欧洲也和中国封建社会类似，教学论的发展是缓慢进行的，在专制制度的统治和经院主义思想支配下，学校专注于典籍的注疏、解释和传授，教学理论研究没有获得更有价值的成果。

教学论得到重大发展和进步是近现代的事。开其先声并奠定了教学论基础的是夸美纽斯的《大教学论》。在这部著作中，夸美纽斯总结了自文艺复兴以来先进的教学经验和有关理论与学说，并为正在兴起的资本主义教育勾画出了一个完整的蓝图。他不仅论述了教育的目的、作用和制度，而且着重阐发了教学的原理、内容、原则和方法。他是泛智主义者，主张把一切知识教给一切儿童，因此他对课程、教材提出了新的主张，要求把自然科学、社会科学都纳入到学生的知识体系中。他对当时学校低下的教学效率和混乱状态深为不满，明确主张建立学年制和分班授课的教学制度，对保证学校教学工作的计划性和实现由传统的个别教学向现代集体教学的过渡作出突出的贡献。为实现他改革传统教学工作弊端，达到"教员因此可以少教，但是学生可以多学"的愿望，他提出了一整套的教学原则与方法，虽然他所依据的适应自然的方法论并不正确，但他提出的直观、循序渐进等诸多原则的合理因素却为后人所继承并不断得到充实和发展，而他反对强制和灌输、重视学生学习愿望和主动性的具体教学方法则更是应该加以肯定的。总之，夸美纽斯为教学论范畴的确定、体系的建立、理论的阐述都做了大量的奠基性的工作。可以说自《大教学论》问世之后，教学的理论才作为一门独立的学科而确立起来。

夸美纽斯之后，卢梭（Jean Jeacques Rousseau，1712—1778）、裴斯泰洛奇（Johann Heinrich Pestalozzi，1748—1829）和乌申斯基（Конетантин дмитриевич Ушинский，1824—1870）等人都对教学论的丰富和发展作出

[①] 王天一、夏之莲、朱美玉：《外国教育史》（上册），北京师范大学出版社1984年版，第72页。

了重大的贡献。此期间，在教学论发展史上产生巨大影响的是赫尔巴特（John Friederich Herbart，1776—1841）及其学派。他们建立起以掌握书本知识为主旨的、被称为传统教学论的完整理论体系，由于裴斯泰洛奇大力提倡而由赫尔巴特进一步实现的教学论与心理学的联系与结合，使得教学论在原来以哲学为理论基础的同时又有了心理学作为理论基础，这对后来教学论的发展产生了重要的影响。赫尔巴特认为办教育是为了培养服从现存社会秩序、安分守己的人，而达到这个目的的最根本的手段是教学，为此，他提出了"教育性教学"的原则，揭示了教学的社会本质。他从心理学的要求出发，认为教学必须依靠和激发学生的兴趣，并提出了四段教学程序，即明了、联想、系统和方法，这就是有名的"形式阶段论"。后来，其学派的戚勒（T·Ziller，1817—1882）把它发展成为预备、提示、比较、总结和应用，形成了"五段教学法"。赫尔巴特及其学派的教学论主张曾风靡一时，流传于许多国家。他们所制定的教学规范为掌握间接知识带来了许多方便，但随着广泛应用电力的第二次技术革命的到来，这一只重书本知识的教学理论很快便暴露出它的缺陷。

针对赫尔巴特教学论的主知主义倾向和思辨推理的弊病。19世纪末20世纪初在欧洲出现了一系列新的教育思潮，如"新学校""劳作教学""实验教学""实用主义教育学"等，他们把传统教学论作为批评对象，提出采用科学的实验方法，研究儿童的身心特点，主张以实验的结果和数据，作为建立教学理论、确定教学内容和方法的依据。在这些新思潮中，实用主义教育理论的倡导者杜威（John Dewey，1859—1952）是最具有代表性的。他提出了一整套与赫尔巴特及其学派针锋相对的主张，并称赫尔巴特为传统教育派，而把自己标榜为现代教育派或进步教育派。他指责传统教育为教师中心，自己则倡导儿童中心；他认为传统教育只要求学习书本知识是不对的，他强调直接经验，主张活动课程，反对学科课程，认为只有让儿童参加到积极地开展的活动中才能学习生活中所需要的东西；他强烈抨击赫尔巴特的形式阶段论，认为他抹杀了儿童自我活动的可能性，因此，提出了"教育即生活""学校即社会""从做中学"等口号。在20世纪最初的几十年，杜威的理论曾产生过重大的影响，由于传统派与进步派在教学基本问题上各执一端，因而形成了两大派的长期争论。

十月革命后的苏联开始也曾受到杜威教学论思想的影响，30年代以后，他们根据本国建设的需要开创了自己的教学论的发展道路。他们继承赫尔巴特、乌申斯基以及欧洲民主主义教育家的思想道路，力图以辩证唯物主义认识论来解释教学过程和探求教学工作的客观规律，重视基础知识、重视学科教学。代表人物主要有克鲁普斯卡娅、凯洛夫、达尼洛夫和叶希波夫等人。东欧一些国家和我国50年代后的教学论研究基本上也是沿着这条道路进行的。

当代教学论的发展是从50年代开始的。适应科技发展和国际竞争的需要，各个国家都把培养科技人才和提高人的素质摆在突出的位置上。如何科学地组织教学过程、全面提高教学质量引起了普遍的重视。与此相应，教学论的研究与探索也进入空前活跃的时期。由传统派与进步派两派的争论，发展为各种学说争奇斗艳，而原有看来许多不可调和的对立观点，如教学任务上的实质教育与形式教育、课程安排上的统一计划与多样选择、教学方法上的发现学习与接受学习、教学组织形式上的集体教学与个别教学，以及教学原则上的高难度与量力性等等问题，都在向综合的方向发展。不同观点的对立双方不是全面地否定对方，而是把对方的合理因素吸收和纳入到自己的理论体系之中，这就把人们的认识深化一步，从而把理论提到更高的层级上。

综上所述，我们可以看出教学论是随着社会的发展、随着科技和生产的发展、随着不同时代人才规格的不同需要而发展的，它的发展过程是由初级向高级不断走向科学化、不断揭示更深层规律的过程。正确了解教学论的发展历程，是深入学习和研究教学论的必要前提。

（三）教学论的研究对象和范围

1. 教学论的研究对象

科学以其不同的研究对象而被划分为不同的门类。每门科学都有自己特定的研究对象，教学论也不例外。笼统地说，教学论是研究教学活动这一客观现象的，在社会历史发展进程中，人们所积累的社会实践经验不断扩大，教学活动的任务和手段不断变化。与此同时，教学论的研究对象和范围也在不断地扩展、更新并更趋于明确。

教学论是教育科学中的一个独立分支。夸美纽斯在《大教学论》一书的论述中虽然还包罗了教育和教学的各种问题，但他给教学论下的"把一切事物教给一切人的全部艺术"的定义，已经清晰地指出了教学论是把事物（知识）教给学生的艺术，而不是研究人的成长发展的全部教育活动。尽管这个定义并不确切和完善，但实际上我们必须看到他把他的这一著作命名为《大教学论》的主旨和用心。应该说的是"教的艺术"或者说"教的技巧",这就是夸美纽斯最初给教学论规定的研究对象。正是在这个基础上,适应产业革命对劳动者掌握知识的客观需要,特别是经过赫尔巴特对教学理论的丰富和发展,如何有效地传授间接经验即书本知识,便成了近代以来长达三百年间教学论的主要研究指向。

当代教学论是把教师的教和学生的学当作统一活动过程来看待的,不仅研究教,也要研究学,从教与学统一的角度探索教学活动的规律,这是与传统教学论的一个重大区别。在教学过程中,把学生的学提高到重要的地位,是从杜威的理论开始的。虽然一方面人们说他贬低和削弱教师的作用,片面强调"儿童中心",但另一方面却唤起了人们对学生的重视。我们认为教和学是不可分的。在教学过程中,教师是教育者,是教学活动的领导者和组织者,任何时候都不能否定教师的这种作用;但教是为了学,教学的目的是在教师的领导下通过学生自身的努力、自身的主动性、积极性的发挥来实现的。因此,教学论的研究不能离开教和学的联系。有人主张把教学论分为"教论"和"学论"两个部分,这种人为地把教和学分开是不对的。虽然过去长期忽视学生在教学过程中应有的地位,现在强调对学生学习的研究是十分必要的,但教学论对学生学习的研究应不同于心理学对学生学习的研究,更不能脱离开教师的教来研究学生的学。对学生学习的研究必须放在教和学的统一的前提下来对待,教学论对学习规律的探索是揭示教与学的对立统一关系中学生学习的特殊性,而不是一般地去研究学习。教学活动中既没有孤立地教,也没有孤立地学,二者总是相互联系、相互影响和相互结合的。因而,论述教师的教也好,或论述学生的学也好,都必须注意到它们间的联系和统一。这是考虑教学论的研究对象首先应该加以明确的。

教学的社会职能是传授人类历史发展中积累的社会经验,它不能不受到不同时代对人的不同要求即社会文化政策直接规定的教育目的任务的制约。传授什么,如何传授以及最后在学生身上形成什么样的品质,是教学论的核心问题。传统教学论是以如何传授间接经验或者说是以知识本位来建立自己的研究体系的。20世纪50年代以后,由于科学技术的迅速发展和新知识的急剧增加,客观上对人才规格的要求也发生了重大的变化,仅仅掌握现成的知识已不能适应时代的要求,而必须在掌握知识的基础上有效地发展学生的智力和能力,与此相应的教学论的研究也出现了由知识本位向智能本位的转化。由于传授知识着眼于发展学生的记忆力,而发展智能则着眼于运用思维,所以有人把前者称为"记忆性教学论",而把后者称为"思维教学论"①。当前理论界更把注意力集中到儿童个性的全面发展上，他们认为智能的发展虽然远远超越了单纯的知识传授，但还不是儿童完整个性的全部内容，今后的教学将"不是在学科上下功夫，而是在整体的人身上下功夫"②。这种旨在改变师生对立关系为合作关系以求得儿童个性整体得到发展的教学思想，展示了教学论研究的新变化。

  以上叙述说明了教学论的研究对象和重点是随着历史的前进而不断变易和深化的。现在给教学论的研究对象作出恰当的说明，就应该对当代教学论的研究方向、重点作出全面概括。由于对教学的意义、作用及其本质的认识不同，中外教学理论界对教学论的研究对象至今还没有一个公认的统一的看法。例如，有人说"教学论是教育学的一部分，它是阐述教育和教学的理论"③。有人说："它研究教养的一般规律"④。教养这一概念在我国教育学中是不常用的，它一般是指社会生活所必需的，体现在知识、技能、创造力和对世界与人的相互关系上的社会经验的综合体系⑤。由于社会生活的进步，教养概念的内涵也在不断丰富和发展着。说教学论是研究教养的规律，目的是把教学的过程和教育的过程分开，避免使教学论的研究对象同教育学相混淆。还有人说："教学论对象是教和学的联系、相互作用及其统一。"⑥ 这是把教学当作传授社会经验的有目的的活动来看待的，因而认为教和学的相互联系的活动，教和学的统一，是教学论整个体系区别于其他学科的具体体现。我国较有影响的对教学论对象的主张是"研究教学的客观规律"⑦。以上各种论断都从不同的角度提出了各自的看法，对正确认识和把握教学论的研究对象具有重要的意义。

  我们认为，科学研究的目的是寻求对事物规律性的认识，某一学科的研究也是如此。这是没有疑问的。问题在于如何得到这种规律性的认识，通过对什么问题的研究才能得到这种认识。一般说来，把教学论的研究对象确定为研究教与学的统一、变化与发展，是基本正确的说法。但是应该

---

① 钟启泉：《现代教学论发展》，教育科学出版社 1988 年版，第 5 页。
② 杜殿坤：《苏联实验教师们的教育主张》，《教育研究》1988 年第 5 期。
③ ［苏］达尼洛夫、叶希波夫：《教学论》，北京师范大学外语系学生译，人民教育出版社 1961 年版，第 5 页。
④ ［南］弗·鲍良克：《教学论》，叶澜译，福建人民出版社 1984 年版，第 6 页。
⑤ 韩骅：《苏联东欧学者关于"教养内容"的论述》，《外国教育》1988 年第 5 期。
⑥ ［苏］斯卡特金：《中学教学论》，赵维贤、丁西成译，人民教育出版社 1985 年版，第 15 页。
⑦ 王策三：《教学论稿》，人民教育出版社 1985 年版，第 54 页。

进一步具体化。因为教与学的统一、变化与发展是由许多因素决定的。根据系统论的观点，事物的性质和规律是存在于其各组成要素的相互联系与相互作用之中，同样教学的性质和规律，也只能存在于教学的各组成因素的相互联系与相互作用之中。因此，要得到教学活动的规律性的认识，就应当对教学过程中诸因素的关系以及作用方式进行研究，这样才能得到关于教学这个事物的具有规律性的认识。显然，要回答教学论的研究对象，就必须从这个分析中得出结论。因此，我们认为，教学论的研究对象是教学过程诸因素相互联系相互作用的方式及其规律。换一句话，也可以说教学论是研究教学中诸因素相互联系相互作用的结构及其发展规律。总之，必须全面把握住教学中诸因素的相互关系这个重要方面作为研究指向，才能正确地确定教学论的研究对象、范围及其性质和任务，才能不断地丰富和发展教学论这门学科。

2. 教学论的研究范围

明确了教学论的研究对象，就可以进一步探讨它的研究范围了。教学论的研究范围是教学论研究对象的具体化。根据教学论的历史和现状，我们认为它的研究范围应该包括以下几个主要方面：

（1）研究教学的价值、目的及其教学活动的具体目标。确立正确的价值观，探讨教学目的、目标制定的依据及其与教学活动的联系和关系。

（2）研究教学的本质，揭示教学过程的因素、结构及其客观规律。

（3）研究教学内容，探讨社会、教师、学生与教学内容的制约关系，揭示教学内容的制定、变化和更新的机制，研究课程、教材的正确选择与合理编排的原则和要求。

（4）研究教学的模式、原则与组织形式，研究教学的手段和方法，为教学实践活动建立规范，提出要求。

（5）研究教学评价，探讨教学评价的标准、要求和手段，为调整教学活动环节，保证和提高教学质量提供科学的反馈系统。

（6）研究教学艺术的理论和实践，研究教学科学与教学艺术的联系与结合。

（7）研究国外教学论流派，了解和借鉴当代各国教学理论与实践的先进成果。

（8）研究教学论学科自身的建设与发展，明确它的研究对象，扩展它的研究范畴，更新和完善它的体系。

二 教学论的学科性质及其研究任务

（一）教学论的学科性质

对教学论学科性质的认识，历来存在着分歧。远在这门学科建立的初期，拉特克说教学论是一门科学，夸美纽斯则认为它是一种艺术。1930年，美国全国教育协会年会上对教学论的学科性质还开展过一次激烈的辩论，有人强调教学论是一门科学，有人坚持教学论是一种艺术。我国近几十年教育理论界对此也曾开展过讨论，结果也莫衷一是。究竟应该如何认识这个问题呢？

我们认为，应把作为一门学科的教学论和作为一种社会实践活动的教学分开来看。教学论是教育科学的一个分支，它不属于艺术学科。因为教学论是教学实践活动的科学概括和抽象，教学论是把教学作为一种由诸多因素构成的相互制约、相互影响的因果系列活动来进行研究的，它的各种结论是运用科学抽象的方法得出的。教学论揭示教学的客观规律，并提供教学行为同教学客观规律协调一致的规范和要求。进行教学必须以科学理论为指导，并遵循教学理论中的规范和要求。否则，就无法进行有效的教学活动。实践证明，教师对教学规律认识得越深刻，他的教学理论修养越高，在教学工作上获得的成功就越大，教学效果也越好。正是从教学必须以教学论的科学理论为指导的意义上，有些论者才说"教学是一种科学"。

但，教学不同于一般的社会活动，它是由师生双方共同组成的、富有浓厚情绪色彩的创造性活动。教学的主客观条件都是处在不断变化之中，师生的教与学的活动不可能囿于固定的程式，因而，也不可能机械地照搬某些现成的规则或简单地模仿别人的经验。同一教学规范和要求，不同的教师在不同的情况下可以做不同的运用和发挥。同一个课堂上，不同的教师有各自不同的教学风格和特点。在这里，教师的教学修养和教学的体验，教师个人的言语、行为和态度，对教学质量的保证和提高起着极其重要的作用。把教学理论转化为教学实践，没有教师运用自己的聪明才智进行创造性的工作是不可想象的。因此，可以说教学是一种创造性的劳动，任何一堂好课都是科学和艺术的高度结合。这不仅为无数优秀教师的成功经验所证实，而且不少教育理论家也进行过大量的研究和论述。例如马卡连柯（Антон Семенович Макаренко，1888—1939）就曾认为如果一个教师缺乏教学艺术的应有修养，他就"不可能成为良好的教师"。苏霍姆林斯基（В. А. Сухомлинский，1918—1970）也把科学、技巧和艺术列为教育和教学过程三个不可缺少的源泉。所以，教学既应遵循教学论的科学规范，而它本身又是一种艺术创造。在教师的教学活动中，科学与艺术都是不可少的，越是高超的教学，越要求二者高度的结合。教学的艺术，应是教学论研究的必要课题。

与教学论学科性质的争论相关的另一问题是教学论属于理论科学，还是应用科学。有人坚持前者，有人坚持后者。我们认为从教学论的发展现状及其社会实践价值来看，它既具有理论学科的特点，又具有应用学科的特点。教学论是面向教学实际的一门学科，它研究教学活动，既要揭示教学活动的客观规律，找出教学活动中各种因果关系及其必然联系，并通过科学的加工，建立自己的理论体系，指导教学实践；也要在教学活动的各个环节上，明确教学理论同教学实践的关系，提出在教学操作和方法技术上应该遵循的要求。这两个方面都是不能忽视的。多年以来，广大教师指责教学理论脱离实际，认为对改进教学工作和提高教学质量帮助不大。这固然同理论研究不够深入有关，而更多的原因是忽视应用研究，忽视认真总结优秀教师的先进经验，结果使理论陷入抽象、空洞，缺少说服力。有人说应用研究是分科教学法的任务，而理论研究才是教学论的任务，并据此而认为教学论应是理论科学。这也不尽然。分科教学法是把一般的理论应用到具体学科的教学上，它要从本学科的特点出发来研究具体的教学方法。但还有各门学科都要采用的、带有共性的教学方法，则是教学论必须要加以研究的。另外，像教学的模式、组织形式、教学手段、教学评价，等等，都不仅要研究它们的理论，也必须要研究它们的应用。因此，不能说教学论只研究理论而不研究应用。何况，分科教学法也不能只限于应用研究，它也有本学科的教学理论问题，近年来分科教学法向分科教学论发展的趋势就是证明。教学论与分科教学论应都视为理论与实践相结合的学科，即既是理论学科也是应用学科，其区别在于研究层次不同。至于今后随着教学实践的深入和教学理论的发展，教学论也许会出现进一步的分化，如出现教学原理论或教学哲学论、教学艺术论、操作教学论或应用教学论，等等，每门学科都有自己特定的侧重研究理论或侧重研究应用的明确界限，那就另当别论了。但在目前情况下，教学论没有出现上述分化之前，说它既属理论学科又属应用学科还是较为妥当的。

综上所述，我们认为教学论这门科学，它既是理论学科，也是应用学科。这既反映了教学论发展的实际情况，又符合学科分类的要求。只有这样看，才有利于教学论自身的建设和发展。

（二）教学论的研究任务

教学论研究的基本任务是发展和完善教学理论，对教学实践及其发展作出科学的论证。其具体要求是：

1. 研究国内外的教学实践和教学理论

一门学科要保持其旺盛的生命力，永不落后于时代的要求，它就必须十分熟悉本门学科发展的实际状况。不断发展的国内外教学实践和教学理论，永远是教学论研究的立脚点和出发点。

研究教学实践，就是要深入到教学实践当中，了解教学的现状，发现并解决教学实践中的矛盾和问题；就是要研究教学中成功的经验和失败的教训，总结先进教师的经验，寻求教学中合理的规范和要求。

研究国内外的教学理论，就是要研究教学理论的各种流派，研究它们的基本观点和理论，研究它们的哲学思想和方法论依据，研究它们各自主张的实践价值与实践效果，对比、借鉴和吸收一切先进的认识和观点。

一种教学实践和教学理论的形成，除有其现实的条件外，还有其历史的原因。因此，为了更好地对它进行研究，还要对它以往的历史和未来的发展前景作出正确的探索和判断。只有把横向研究和纵向研究结合起来，才能实现这一研究任务。

2. 揭示教学活动的客观规律

研究教学活动，从教学实践中揭示教学规律，是教学论研究的另一重要任务。

教学活动是一种特殊组合的社会活动，影响它运动变化的各种因素和条件之间呈现着极其复杂的关系。在这些关系中，有的是基本的、主要的、制约着教学全过程的，有的是非基本的、次要的、制约着较低层次或一个局部的教学活动。教学论的研究不仅要把在每个方面经常起作用的普遍的联系和关系揭示出来，而且要分清规律的层次性，找出它们在什么范围和在多大范围起作用。

近年来我国教学理论界比较重视对教学规律的研究和探讨。如何认识教学规律，教学活动中都有些什么规律，这些规律之间又有什么关系，它们对教学实践起什么样的制约作用，等等，已经发表了许多有益的看法。虽然认识尚未统一，问题的提法、出发点也不相同，但对最终把握和认识教学的客观规律却是十分必要的。

教学实践是不断发展和深入的，教学客观规律的揭示和探索也是没有止境的。不仅已发现教学规律有待于认识上的深化，而且一切教育、教学改革和革新都会为教学内部或外部形成新的关系与联系，这些都有待于深入地研究和认识。

3. 构造教学理论

教学规律是存在于教学活动中的本质联系，被人们认识了的教学规律是构造教学理论的必要前提。但教学规律还不等于教学理论。教学理论是关于教学活动及其规律的系统化的知识体系，是研究者对教学这一社会现象的总体的、概括的、抽象化的认识形式，它是通过理论思维对教学的经验、事实进行逻辑加工的产物。教学论研究要不断揭示教学规律，也要不断地构造教学理论。

理论是以概念的形式表现的。教学论的概念有三种情况，一类是在教学实践中自然形成的、在历史上因袭下来的概念，称自然概念；一类是根据学科发展需要适时创立的、有固定含义的概念，称人工概念；一类是借用其他学科的概念。教学论和某些社会科学同样大量使用的是自然概念，这类概念的特点是常随时代的推移而不断改易和丰富其涵义，这是构造教学理论时必须加以注意的。人工概念一般都有准确的涵义，不会产生模糊的认识。借用概念应限制在最小的数量，并且只应是在最必要的情况下才加以使用，否则便会造成混乱，并破坏本学科的独立性。

构造教学理论还要考虑学科结构和理论体系问题。学科结构和理论体系是在学科的发展过程中逐渐形成和完善的，它既是相对稳定又是不断变化的。一项新的研究成果出现，某一问题认识上的深化，都可能引起结构和体系的变化。教学论研究的任务是根据大量的教学实践经验和已揭示的教学规律建立起来的、合乎逻辑的学科结构与理论体系，使之最大限度地去解释、概括与说明教学实践，并以最简明的形式反映出教学论的学科全貌。

4. 指导教学实践

理论不仅应论证已有行为的合理性，而更重要的是为如何合理行动提供正确的规范和要求。指导教学实践，改进教学工作，提高教学质量，应是教学论研究的最终任务。

指导教学实践，是发展教学理论所必要的。教学实践是教学理论的源泉，教学实践每日每时都在涌现出新的经验和问题，它吸引着人们去研究和探索，它推动着教学理论的创新和发展。

指导教学实践，更是检验教学理论的客观性与正确性所必要的。只有在教学实践面前，才能辨明教学理论的真伪，检验教学理论的社会实践价值。

指导教学实践，并不是把理论简单化、庸俗化，更不是片面地追求实用主义的效果，而是树立教学论研究上的实践观点，使之既有利于改善教学实践，也有利于推动教学理论的创新和发展。

三 教学论的研究方法

（一）教学论研究的方法论要求

方法论是人们认识世界和改造世界的基本观点。任何一门科学的研究方向和研究方法都受一定方法论的制约。在阐述教学论研究方法之前简要说明一下教学论研究的几个方法论要求，是非常必要的：

1. 理论与实际结合

理论结合实际是马克思主义认识论的一条重要原则。教学论研究必须以此为准则，应该既重教学理论研究，也重教学实际研究，不能畸轻畸重，顾此失彼。在研究过程中，应本着实践—理论—实践的认识道路，在实践中通过观察、调查、实验进行分析、概括、推理，得出结论，再经过实践的反复验证，获得正确的认识。每一理论的提出和确立，都要有大量的事实依据，不能凭主观臆想或单纯依靠思辨作出论断。

2. 宏观研究与微观研究结合

宏观研究与微观研究结合，是既要注意涉及全局的大问题的研究，也要注意细小问题的深入探索。就教学论研究来看，大至教学与社会历史发展、科技发展和人类自我完善的关系，小至一堂课的组织、一个字、词的教学都要深入地研究。教学工作上还有很多未知的问题有待于开发和探索，在大小课题的纵横交错中往往能揭示出新的奥秘。因此，教学论的宏观研究与微观研究必须兼顾，不能偏废。

3. 定性研究与定量研究结合

任何事物的存在都是数量与质量的统一，定性研究与定量研究结合就是这种统一的必然要求。但在理论研究上定量与定性常常脱节。有时过多从思辨、推理方面去寻求问题的结论，使定量研究失去应有的地位，从而把结论架空；有时则只在数字上打主意，忽视理论方面的思考，无法揭示到问题的实质。这两种倾向都是不可取的。因此，在方法论的要求上必须注意定性研究与定量研究的结合。

4. 批判与继承、综合与创新

对教学的认识是历史积累的结果，因此，必须珍视历史遗产、继承历史遗产。但历史的东西拿到今天不一定是正确的，只有用今天的认识加以扬弃和抉择，去其糟粕，取其精华，才能把前人的优秀遗产继承下来。因此，在教学论的研究上要处理好批判与继承的关系，既不是历史虚无主义，也不是国粹主义。继承前人的遗产，并接受他人的正确主张，需要一个综合过程，在综合的基础上，提出自己的创造性的见解，这就是创新的过程。综合与创新，在教学论研究上有重要意义。当代教学论的不同流派，都十分注意这个问题。他们在建立自己的学说时，不是排斥而是吸收别家的优长，纳入到自己的理论体系之中，但又不停留在综合别家的成果之上，而是在综合中实现创新。

5. 借鉴系统科学和其他科学的研究方法

系统科学包括系统论、控制论和信息论，是最近几十年发展起来的新兴的横断学科。它所提供的研究方法，已被各门学科所采纳，它为自然科学和社会科学开辟着新的研究领域和方法。如关于系统结构与功能、系统控制与反馈、信息的获取、加工、传输与储备的理论，等等，对教学论的研究有重要的启发意义。现在系统科学方法论的应用，正在引起教学理论界的普遍重视，并且已取得了可贵的成果，今后，应注意在教学论研究中更加广泛运用系统科学的方法。

其他科学，包括自然科学与社会科学中所使用的方法，如数学模型法、物理模拟法、医学临床法等，也应在教学论研究中借鉴和采用。

(二) 教学论的研究方法

教学论采用教育科学通用的研究方法，主要是：

1. 观察法

观察是一种自觉地、有目的地感知的过程。人们借助感官接受外界的信息形成对周围事物的感知就是观察。教学论研究中，可以就教学的全过程进行观察，也可以对其中某一环节进行观察；可以是一次性地观察，也可以是多次性地观察。观察不仅为获得某种感性认识所必需，而且也是验证某种结论所不可少的。观察要有计划，包括观察目的、对象、时间和方法。观察结果可以随时记笔记，也可以录音、录像，以便进行整理分析。

但是，观察是在无控制的情况下进行的，"单凭观察所得的经验，是决不能证明必然性的"①。要取得教学论研究的正确结论，还要借鉴其他方法。

2. 调查法

与观察不同，调查是通过掌握有关材料间接地研究教育、教学现实的方法，不受"直接发生的现象"的局限。它的重要作用就在于使研究者深入到教育、教学实际中去，掌握研究课题的第一手材料和必要数据，为解决问题提供依据。调查的主要方法是访问、座谈、问卷和填写调查表，还可以查阅有关文件、档案表格等书面材料。调查的工作步骤一般要经过准备（制定计划）、实际调查和总结三个阶段。进行教学调查，要注意揭示问题的实质，研究者要虚心求教，保持冷静、客观的态度，要求实、求真，防止唯书、唯上。

3. 文献法

文献法是对各种文献包括以文字、音像及视听手段记录下来的材料进行查阅、整理、分析，从中得到客观结论的方法。教学论研究中的文献主要有书刊、报章、文件、表册、计划、总结、教案、作业以及教学录音和录像，等等。文献法一般需经过三个步骤，即文献资料的搜集、阅读和整理。要学会科学地使用文献的方法，在教学文献的研究中，不仅要对文献资料进行深入分析，还要注意所得结论与教学实际相印证，以有助于解决教学上存在的问题。

4. 实验法

观察与调查都是对处于自然状态下的事物所进行的研究，它不控制和改变事物发展的条件和过程，文献法则更是利用一些现成的材料。实验法不同，它是为了实现某些预想的目的，增减某些条件、控制事物的进程、考查其结果以研究其因果联系、验证研究者初始设计是否正确的方法。

开展教学实验，首先要有解决某一问题的设想或有待证明的理论框架，同时要了解前人在这个问题上已经做过的研究和取得的成果，然后要进一步权衡进行这个实验的主客观条件，在此基础上制定实验方案。其中包括实验目的和预期结果、理论依据、实验的场所与对象、实验的组织领导与实施、数据的积累和效果的检验，以及可能出现的问题和弥补措施等。为了统一思想认识和步调，对参加的人员要定期培训。教学方案的实施过程中，一要尽量按照预定计划来进行，忠于实验方案，不能擅自改变

---

① ［德］恩格斯：《自然辩证法》，人民出版社 1971 年版，第 207 页。

实验进程；二要及时记录，积累各项材料，并进行分析整理，以便为最后总结提供依据。实验完成以后，要运用科学检验手段和统计方法，对各种数据和材料进行整理，提出有理有据的结论，以利于推广和应用。

5. 预测法

预测法是根据事物发展规律及当前情况，推断各种条件的变化，对未来发展趋势作出预测的一种研究方法。教学论研究采用预测法的目的，就是要对教学工作及其理论的未来发展能够得到超前的认识，以便更好地规划当前的措施。它要探索在未来的一定时期内教学活动内部因素及其外部联系的变化与趋势，掌握教学理论的发展动向。一方面要探究未来社会人才特点给教学工作提出的要求及学校教学可能出现的新变化；一方面要研讨教学内容、课程结构、教学模式、方法和手段的发展与更新。

预测一般采取三种方法。即：（1）前景设想。指研究者运用主观推想，以研究对象过去和现在的发展道路以及各种具体材料为依据，通过逻辑推理预测它在若干年后将出现的情况的方法；（2）专家预测。指根据要预测的问题制订提纲，聘请有关专家，就其所长提出自己的看法，然后进行综合整理提出研究报告的方法；（3）趋势外推。指运用预测对象的主要特征和条件在以往历史中演变的性质和速度，推演到未来的岁月，从而确定今后可能出现的变化与结果的方法。

上面简单地介绍了教学论研究的几种方法。

教学论的研究目的在于构建新的教学理论，探索实现教学目的、提高教学质量的有效的途径、手段和方法。研究者要积极参加到教学实践工作中去，通过观察、调查和文献资料的查阅，了解教学工作的现状和以往走过的道路，总结经验，发现问题，抓住苗头，通过实验和预测进行深一层的科学探索，提出新的理论，反复验证，找到改进今后教学工作的必要措施、规范和方法。在这里，总结经验，并不是简单地描述这些经验，而是要进行比较、分析，干预这些经验，改造这些经验。特别是当已有的经验不足以解决新的教学任务时，则更要进行深入地研究。当前广泛开展教学的科学实验，其重要意义就在这里。因此，对待教学论的各种研究方法，不能把它们彼此孤立起来，而要做到有机地结合。

教学过程的系统论观点[*]

一 教学过程概述

在教学论中,教学过程是关于教学现象的本质和规律的范畴,是教学论研究的核心,它给人们提供了关于教学现象的最基本的知识。

(一) 教学过程定义

教学过程,简而言之,就是教学活动的过程。教学是在教师的引导和学生的参加下由教育机关专门组织起来的教和学的统一活动。其目的是向学生传授知识、技能,发展他们的体力和智力,使他们受到世界观、人生观和道德品质及审美方面的教育。那么,教学过程也就是在教师的引导和学生的参加下由教育机关专门组织起来的教和学的统一活动过程。其目的是向学生传授知识、技能,发展他们的体力和智力,使他们受到世界观、人生观、道德品质和审美方面的教育。

(二) 研究教学过程的意义

要认识一种事物,是不能满足于给该事物下一个定义的。虽然给事物下定义的目的在于揭示事物的本质属性,这对认识事物是非常必要的,但这还只是认识事物的一个初级阶段。要全面地深入地认识事物的本质,还需要通过对该事物的发展变化进行考察,通过这种考察做到全面地揭示事物的本质。

---

[*] 该文系唐文中、赵鹤龄合著。选自《教学论》,唐文中主编,黑龙江教育出版社1990年版,第92—135页。

教学本质这个概念就是要求揭示教学现象所有的具有根本意义的方面。给教学下定义，揭示的是教学本质表现的一个方面，但还不是教学本质的全部。按照全面揭示教学的本质的要求，还应该对教学作动态考察，在教学活动的发展、变化中，找出引起发展、变化的那些根本原因，这样才可能全面地揭示出教学的本质。因此，在教学论中就有了教学过程这一概念。这一概念的引出，目的就是为了对教学现象作动态的考察，进一步揭示教学的本质。因此，教学过程本质这一概念指的就是那些在教学活动发展、变化过程中所表现出来的具有规律性的方面。现代教学论非常重视对教学过程本质的研究。

（三）教学过程研究的历史

在早期的教育历史上还没有明确的教学过程概念，但是，所讨论的教学问题许多还是与教学过程有关的，其关系的程度则与他们思考问题的方式有密切联系。

我国古代的学者大多是用整体的思维方式认识世界的，因此，这使得他们一开始就能够从教与学统一的角度来说明教学现象。比如，《说文解字》把"教"字解释为"上所施下所效也"，《学记》讲"教学半""教学相长"，都是把教与学联系在一起，从它们之间的关系中引出论断的。又比如，《学记》认为教师的教主要体现在一个"喻"字上，朱熹认为教师的教"只是做得个引路人""证明人"，这是用学生的学来限定教师的教的意义。与此相反，《荀子》所说的"今之人性恶，必待师法而后正"，"学莫便乎近其人，学之经（径）莫速乎好其人"，又是用教师的教来限定学生的学的意义，这些也都体现了教与学统一的思想。但是，应该看到，虽然我国古代学者得益于整体的思维方式，在阐述某些教学问题时能够把教与学两方面联系起来考虑，但是还没有以此为基础，把所有的教学问题或经验论断都纳入这种联系中来，构成完整的、系统的教学过程理论。因此，我国古代教学理论著述虽然很多，有些见解在教学实践中曾产生过重要影响，比如《中庸》中阐述学生的学习过程应该是"博学之，审问之，慎思之，明辨之，笃行之"，《荀子》讲"君子之学也，入乎耳、著乎心，布乎四体，形乎动静"，但仍然是局限于经验的、个别的论断。

在西方，古代希腊学者总的说来也是用整体思维方式认识世界的，但是，他们并没有把自己的认识局限于直觉经验，而是一开始就探索了世界本原问题，这使得他们的教学理论更具有思辨性。比如，柏拉图认为世界的本原是理念，知识是引导灵魂接近理念的手段。学习算术是为了了解数的性质，学习几何是为了激发哲学情绪，学习天文是为了想象宇宙的无穷。依据这样的看法，不难得出结论：教学是激发思考，引导人们走向理念世界的过程。又比如，亚里士多德认为世界本原有形式（理念）和质料（物质）两种性质不同的成分，它们在个别事物身上的统一是最高的善。教学就是促进灵魂与肉体的统一，实现德、智、体和谐发展的过程。

古代希腊的教学理论思想对近、现代教学过程理论的发展有着重要的影响，但那时的这些方面的论述只是哲学、政治学、伦理学的副产品。历史上被称为有完整体系的教学过程理论，是近代捷克教育家夸美纽斯在《大教学论》中所创立的理论。夸美纽斯在西方传统的"适应自然"的思想基础上，提出了人与自然"平行"的观点，认为在人、自然与社会之间普遍起作用的那些共同的联系也就是教学活动要遵循的规律、原则和原理。比如，他提出的"教导的严谨秩序应当以自然为借鉴"[①]，等等。值得注意的是，这里已经包含着现代系统论中那种广泛联系和相互作用的观点，是用系统的观点研究教学过程的早期形态。

在近代末期，另一个对教学过程理论发展作出重要贡献的人，是19世纪德国教育家赫尔巴特。他提出了一种"统觉"心理理论，并在此基础上完成了他的教学过程形式阶段理论，（见绪论和第五章）。在赫尔巴特看来，教学过程是由一些有时间顺序的、相互区别又相互联系的教学阶段组成的直线式发展过程。显然，这与夸美纽斯那种广泛联系的教学过程观点是不相同的，在他们身上体现了两种不同的思考问题的方式，但两个人的教学过程理论都对现代的教学理论有着重要的影响。

应该指出，无论夸美纽斯，还是赫尔巴特，他们虽然都生活在近代，但对于发生在近代的由思辨向实验转变的科学思维方式的变革都没有作出应有的反应，他们的理论基本停留在传统的思辨性质上。19世纪末、20世纪初，现代西方的教育家力图在实验的基础上建立近代科学意义上的教学理论，他们把力量集中于儿童科学、学习科学和课程论研究方面，希望在此基础上引出一些教学策略，完成教学理论的科学化。这些努力确实给教学理论研究带来了生机，当代有重大影响的教学理论，比如，苏联的赞科夫、达尼洛夫，美国的布鲁纳、加涅、布鲁姆，在相当程度上都是这种实证主义传统的继续。但这种研究方法的局限性在当代也日益显露出来。

---

① ［捷］夸美纽斯：《大教学论》，傅任敢译，人民教育出版社1984年版，第79页。

他们似乎不是把教学论作为独立存在的客观事实来研究，比如，加涅曾声称，"我很少使用关于教育机制（或'逻辑学'）方面的假设。这种逻辑性的因素没有一个是'不需论证'。反之，我们所陈述的观点是，教育过程的这些特点应该由促使学生有效地学习的条件来决定。所以，在讨论其含义时，我们假定，学习建筑、教科书、书桌、黑板乃至教师不是必需的……唯一必须假定的东西就是有一个能够学习的学生的存在，这就是出发点"①。这实际上是否定了教学论有自己独立的研究对象，也不存在教学过程问题。布鲁纳和赞科夫的理论研究也是如此：布鲁纳认为教学论只是一种"规范性"理论，赞科夫的最高理论范畴也只是关于教学过程本质的理论。

把实验或实证的方法应用于教学过程的研究中来，在当代仍是一个值得探讨的问题，看来有必要把实验或实证的方法同传统的思辨的方法结合起来。这方面 80 年代的苏联出现的"合作教育学"和我国出现的某些教学实验已经作出了初步的尝试。

应当指出，在现代教学理论发展中，实验或实证主义的方法并没有取得垄断地位，思辨的传统仍然被继续下来。在西方，美国的杜威就是其中的代表。英国的教育史专家博伊德说他"是一位卓越的哲学家而不是一位好的科学家"②，他虽然也做过一些实验，但他的教学理论最终是他哲学研究的副产品。他把教学过程理解为是儿童的社会化的过程，是他对教学过程理论的重要贡献。

在现代思辨的教学过程理论中，另一位有重要影响的人物是苏联的凯洛夫。他力图用苏联哲学教科书中的辩证唯物论哲学和巴甫洛夫的条件反射心理学解释教学过程，并重新研究了教学形式阶段。教学是学生认识发展过程是他的理论的基本观点。他的理论在 20 世纪 50 年代后的中国和东欧有着重要的影响。

（四）近年来我国对教学过程本质问题的讨论

进入 20 世纪 80 年代以来，我国教学理论界在讨论教学过程本质问题中，大体上形成了两种类型的意见，它们被概括为"唯一本质论"和

---

① ［美］R. M. 加涅：《学习的条件》，傅统先、陆有铨译，人民教育出版社 1985 年版，第 25 页。

② ［英］博伊德、E. J. 金：《西方教育史》，任宝祥、吴元训译，人民教育出版社 1985 年版，第 391 页。

"多本质论"。

在唯一本质论中有这样一些意见：

教学是传授知识，发展学生的认识的过程；

教学是学生智力发展的过程；

教学是社会历史认识与个体认识之间的矛盾发展过程；

教学是学生的发展水平与培养目标之间的矛盾发展过程。

这些观点尽管不相同，但其内在的理论依据都是"主要矛盾"说或"基本矛盾"说。对此，人们有这样的疑问：事物发展中的主要矛盾和次要矛盾是可以转化的，为什么教学过程中的主要矛盾是一成不变的？而基本矛盾虽然是稳定的，但基本矛盾与本质并不总是具有相同的外延，比如，生产力与生产关系这对基本矛盾反映了社会本质，但阶级矛盾、生产力水平与国民物质需求的矛盾不都也同样反映社会的本质吗？不过，虽然存在着这些疑问，这些研究对深化教学过程本质的认识还是有积极意义的。

在多本质论中，比较典型的意见是认为：对于教学过程来说，既有认识论方面的本质，也有心理学、生理学、经济学、伦理学方面的本质，因此，"教学过程的本质应该是一个多层次、多类型的结构"。这种观点的合理之处在于承认人们可以从多方面、多角度去认识同一事物的本质。但是，这种观点恰好忘记了我们现在需要的是从教学论的角度去揭示教学过程的本质。认识论提供的是思维的方法，而生理学、心理等学科提供的是科学基础，只有教学论才能对教学过程本质作出解释，这是由教学论特殊的研究对象决定的。

（五）教学过程的系统论观点

一位英国学者曾说："过去四百余年用来获得这样好效果的古典科学方法尚集中于各个孤立因素的研究。复杂现象和实体被击破成了它们的构成组分，这些组分的性质被考察。这种程序被描述为构成主义方法或还原主义方法。在过去三十年里，人们已经认识到，在科学技术的许多部门里，这种方法无法考虑我们生活于其中的世界的基本方面，即大多数事物不是孤立地存在的，而是以有组织的复合体或系统的组成部分存在着，构成这些系统的元素以这样一种方式彼此相互作用。这种方式是，整体所具有的特征并不存在于分离的部分中，统一体要比它的各个部分的简单集合包含的东西更多……因而科学思维需要基本的重新定向以帮助我们理解系统、有组织的整体、有意义的复合体的基本本质。"① 这里所说的"科学思维重新定向"所产生的方法，就是系统论的方法。这种方法已经给现代的研究者在不同领域内的探索"提出了一个统一的图式和共同适用的基础"。用系统的观点和方法研究事物早在古代中国和希腊就已经存在，前面已经说过，近代的夸美纽斯对教学过程的阐述也包含着系统的观点。但是，这种方法是在近几十年中随着系统论、控制论、信息论的产生才逐渐引起人们的重视。近十年来，我国的科学工作者从各种程度上运用系统的观点和方法研究教学和教学过程的文章也逐渐地多起来，并日益受到人们的重视。

从系统论的观点来看教学过程，这种过程不是一种由一系列有时间顺序的、相互联系又相互区别的一些教学阶段组成的过程，既不像赫尔巴特或者凯洛夫所描绘的那种教学阶段理论中的那种过程；也不像前面所介绍的那种"唯一本质"论者所描绘的由 a 决定 b，又由 b 决定 c 的直线过程，而是一种状态的变化，这种状态变化过程类似于物理学中相互作用的场，在这个场中，影响教学过程的各个因素相互联系、相互作用，其中每一个因素的变化都可能引起其他因素的变化，从而体现了教学过程的发展。因此，从系统论角度看，所谓的教学过程，就是那些引起教学活动系统状态变化的诸因素之间的相互联系、相互作用过程，而所谓的教学过程的本质，就是这些因素相互联系、相互作用的方式及其规律。

依照这样的观点，显然要认识教学过程的本质，就必须对影响教学过程的诸因素相互联系、相互作用的方式及其规律作出分析和阐述，而要做到这一点，就要求把教学作为一种系统，对它的一般性结构特点和功能以其特有的结构特点和功能作出阐述。下面的内容就是按照这样的要求，分作教学系统的一般性结构特点、教学系统的认识结构和功能、教学系统的人际交往结构和功能、教学系统的动力结构几部分所作出的具体的阐述。

二　教学系统的一般性结构特点

教学系统的一般性结构特点，是指教学系统深层结构所具有的特点。按着系统论的观点，这种特点就是任何系统的深层结构都具有的那些特点，它们是：系统在实现其功能时所表现出的整体性和二重性，以及系统

---

① ［英］W. I. B. 贝弗里奇：《系统论》，《自然科学哲学问题丛书》1985 年第 2 期。

在其发展中所表现出的自我保持和自我创造的特性。阐述教学系统结构的这些特点是认识教学过程本质最根本的工作，因为这些特点构成了教学过程的最深刻的本质，也构成了教学活动所具有的最一般的规律。

（一）教学功能的整体性

教学作为一种系统，跟其他系统一样，有着功能不能还原于它的组成因素的性质的整体性特征。系统论专家拉兹洛在指出教学系统功能这一特性时说："在苏格拉底的问答法中，教师与学生通过互相质问和对答，两个人就更接近真理，他们当中任何一个，通过自己的努力，都不可能接近到这种程度。这种辩论的结果，决不仅仅是一个人的知识同另一个的知识加在一起了。这种论辩造成的是某种他们俩原先谁也不知道的知识，并且单靠自己的努力，他们俩谁也不可能知道。这种由两个人组成的整体拥有的性质，不可能还原成他们每个人自己所拥有的性质。"[①] 拉兹洛这一举例分析是教与学统一性的绝好注脚，所谓教与学的统一性，就是教学的功能具有不可还原于它的组成因素性质的整体性。即教学的功能不能归因于教师，也不能归因于学生，而要归因于教与学发生相互作用时所产生的整体性功能。因此，离开了教师的教或离开了学生的学，都不能称之为教学。但是拉兹洛是就一种比较简单的、原始的教学作出的个例分析，事实上，现代教学已经日趋复杂化，参与教学的因素不仅是教师和学生，还有教材、教学工具、教学计划、教学大纲、教学组织形式、教学方法与模式以及它所处的环境因素，等等。这些因素构成了十分复杂的教学系统，每个因素在教学系统中都发挥一定作用，不仅把教学的功能归因于其中任何一个因素的性质不行，而且归因于教师和学生之间的相互作用也不行，教学所实现的功能要归因于实际参与教学过程中的全部因素的相互联系、相互作用的结果。

教学功能的整体性作为一项原理是理解现代教学模式理论的钥匙。现代教学理论的一个常识是任何物质的性质、任何系统的功能都不取决于它的组成因素，而是取决于它的组成结构。教学的功能同样取决于它的结构，这个结构不是别的，就是组成教学系统的诸因素相互联系、相互作用的方式。人们曾一度认为教学的结构所以称之为教学结构，是因为它是由

---

① ［美］E. 拉兹洛：《用系统论的观点看世界》，闵家胤译，中国社会科学出版社1985年版，第24页。

教师、学生、教材组成的，其实反过来理解更恰当：由于这些因素进入了教学组织结构，才被称之为教师、学生、教材。因为教学的性质并不取决于教师、学生、教材各自性质和他们的累加性质，而取决于他们的相互联系、相互作用方式的性质。显然，教师、学生、教材如果出现在书店里只能被称之为读者和图书，因为他们不具备教学那种联系和相互作用方式。

在整个教学结构中，教师、学生所构成的是角色系统，维系这个角色系统的是一系列的教学目的、教学计划、教学方案、教学常规、教学思想、教学原则、教学规范，等等，由于有这样一系列因素的参与，才使教师和学生以及教学的其他因素之间产生特定的相互联系、相互作用方式，实现特定的功能。

但是，应该注意到，由上述一系列因素形成的联系和作用方式虽然造成的一定是教学这种结构，但是，教学实践中并不存在一种一般化了的教学结构，而只存在着形形色色的具体的教学结构。因此，就产生了一种教学模式理论。教学模式理论的实质和其意义是在于从整体上具体地研究、探索和把握教学的各种因素相互联系、相互作用的方式，研究它们的各种具体结构，达到整体上认识教学规律的目的。

教学功能的整体性作为一项原理是现代教学过程最优化理论的基石。苏联的巴班斯基曾依据这一原理设计了罗斯托夫市两所学校的实验，为他的最优化理论提供了实证性依据。他认为在以系统论观点和方法处理教学过程的最优化问题时，必须坚持以整体性为基本出发点；以联系性为考虑各种因素关系的方向；以综合性为处理具体问题的方法手段；以最优化为制定方案的目标和标准。[①] 概括说，就是要求坚持整体论的思想方法，全面地考虑教学的制约因素和现实条件，选择最佳方案，达到最理想的效果。巴班斯基的教学过程最优化理论对用教学功能的整体性原理指导教学实践是一种有益的尝试。

（二）教学功能的二重性

一般系统论认为，在世界大系统中每一个系统在其中都起到一种"配位分界面"（Interface Coodination）的作用。意思是说，每一个系统一方面要使其内部的各子系统发挥正常功能，另一方面又要以其整体功能在更大

---

① ［苏］Ю. K. 巴班斯基：《教学过程最优化——一般教学论方面》，张定璋译，人民教育出版社 1984 年版，第 7 页。

的系统内发挥其作为子系统的作用。任何系统要维持自己的存在,都必须具有这种功能上的二重性质。毫无例外,教学作为一种系统,也表现出这种功能的二重性。

教学功能两重性一方面表现为教学必须充分发挥其内部各因素的作用,其中最重要的是充分调动学生和教师的积极性,这是中外教育家都特别强调的,没有学生和教师双方的积极性,实现教学的功能便无从谈起。其次是重视教材的改革,教学方法的探索,教学工具的改进等等,这一切从系统论观点看都是为了使教学的各子系统能更充分有效地发挥其功能。另一方面表现是教学必须使其整体实现的功能符合社会大系统需要。教学作为社会分工发展起来的专门系统,它的功能主要是为社会培养所需要的人才,这就要求教学与社会必须保持密切的联系,不断取得社会人才需要信息,保证教学为社会发展服务。

教学作为一种系统所具有的这两方面功能是不可分割的整体。一方面,教学通过培养的人才为社会发展服务,并以所培养的人才质量的高低影响到社会发展的速度。另一方面,社会也影响着教学的质量。西方的一些学者曾就社会因素对学生学业成绩的影响作过大规模的长期的实证研究,并出版了名叫《科尔曼报告》《普洛登报告》两部著作。两个报告指出:通常认为是学校内部的那些因素,如教师的质量、教学设备条件、班级人数、教学方法、课程设置、教学时数,等等,对学生成绩的影响只占10%—20%,而80%—90%是来自校外因素的影响,这些因素包括家庭文化背景,等等。[1] 我国学者近年来对社会环境与教学之间存在着的具有规律性的联系作出了深入研究,指出社会环境对于教学目的、教学内容,教学中的师生关系性质,教与学双方的积极性都有着决定性的影响作用。苏联的学者也作出了同样的结论,达尼洛夫在其《教学过程》一文中曾说到"社会的客观要求——生产、技术、科学、文化、社会关系的进步——对教学的历史发展有决定性的影响"[2]。社会因素对教学的影响无论从广度上还是从深度上对教学的发展有着巨大作用,这一点要求每一个教育工作者都能自觉地意识到,作为教学理论工作者更应当如此。然而,在教学理论研究中存在着一种观点,认为教学理论不应该研究教学与外部

---

[1] [法]罗歇·吉罗:《教学对知识的实际影响》,《外国教育资料》1984年第2期。
[2] [苏]达尼洛夫、[苏]斯卡特金:《教学过程》,孙祖复译,《外国教育资料》1982年第6期。

的联系和规律，只应该研究教学内部的联系与规律，认为研究外部联系是教育学的任务，这是一种片面性的观点，它割裂了教学与外部客观存在着的联系。因此，揭示教学功能的二重性，并自觉地认识教学发展的这一规律，既有理论意义，也有实践意义。它要求人们在从事理论研究时，既要研究教学内部诸因素的联系与规律，也要研究教学与外部诸因素的联系与规律；而在教学实践中，既要考虑教学内部诸因素调整的需要，也要考虑社会发展的需要，这样才能有效地促进教学的发展。

（三）教学发展的恒常性

热力学第二定律说明，一切系统总的趋势是走向紊乱和无序。所以一个系统要保持上升的趋势，必须不断地从环境吸收能量，提高系统内部的组织性、有序性，从而实现系统的自我保持。教学作为一种系统在其发展过程中也显示出这种自我保持的能力，我们称之为教学发展的恒常性。

教学在其发展中自我保持的先决条件是其开放性，就是说教学发展的恒常性是一种动态平衡，它需要不断与环境交换能量和信息来实现自我保持，如果一种教学处于同环境隔绝的封闭状态，这种教学的各种构成因素就会逐渐衰败，直至老化和瓦解。因此要维持教学系统的发展和其功能的实现，就需要不断地促进教师、学生、教材、教学设备的更新。这些更新看来常常是很自然的过程，比如，学生对一个学年来说是一年更新一次，对一个学校来说，大约3—6年更新一次。教师随着自身自然素质的衰退，大约30—40年更新一次。从教师的专业和业务知识来说，大约10年到20年也会出现较大的更新，现在还有加快的趋势。相应地，教材和教学设备也循着差不多的周期实现更新。当今的教师已经不太可能像过去一样，一本书差不多以不变的方式教一辈子，现代的教师大多在不同程度上感觉到了这种变化，因此，现代的教学组织者和教师更多的是自觉地促进这种更新。

教学在其发展中实现自我保持还要依靠自身的自我调节机制，这种自我调节机制包括了教学的体制、组织计划、教学常规、教学规范，等等。有了这些，教学工作就会像一个自行运转的机器系统显示出自我恒定的特点。因此，教学的组成因素虽然有着个性的不同，并且在流动中，但是进入这套机制中，就能按着既定方向运转，并实现其特定功能。在教学实践中我们可以看到，有经验的教学组织者特别重视教学常规的形成；一个好的教师也很重视自己教学风格、教学程序和步骤的模式化；教学理论研究则趋向最终提出一套教学原则，试图给教学行为提供一套规范，这种规范虽然不能规定教学的具体行为和策略，但它可以提供一种衡量和评价标准。这些其实都是教学发展中的自我调节机制在起作用。

不难理解，以上种种表现都在于提高教学这种系统的组织性、有序性，从而实现教学发展中的恒定性。但是，应该指出，这些意在使教学在发展中自我保持的种种制度、计划、常规、原则、模式不是一成不变的，如果是一成不变，反而起到了窒息作用，而是它们本身也要在发展中实现自我保持，即通过不断地调整，在动态中保持连续性、恒常性。在调整过程中一些对维持教学发展有利的因素保留下来了，而另一些则被淘汰。在实践中，每一次教学改革都显示出这种特点，而且每一次教学改革的结果都显示出教学总体的恒常性水平的提高。因此，教学的恒常性是作为一种规律在起作用的。

（四）教学发展的再生性

与教学的恒常性密切相关的是教学所具有的再生性。教学的恒常性是讲教学在发展过程中表现出一种自我保持的能力，但教学只有这种自我保持的能力是不够的，如果只有这种能力，教学就不会有大的发展和进步。事实上，教学在发展过程中还有着在条件发生大的变革时，适应变革的自我创造能力，这就是我们所说的再生性。

教学发展的再生性首先表现在社会环境发生较大的变革时期。在我国教育历史上，曾发生两次较大的变革，第一次发生在西周晚期，这个时期正当我国奴隶制社会瓦解，奴隶制的教学体制崩溃，社会上流行着"无学不害"观念的时刻。但教学并没有从此消失，而是在动荡中以私学的形式再生出来。不过这种私学已经蜕掉了奴隶制性质的外衣，具有的是封建形态，因此，是教学发展中的一次自我创新。第二次较大的变革发生在清末，随着我国封建制的解体，社会上形成了"废科举，兴学校"运动，旧的教学体制又一次受到激烈冲击，在冲击中，教学系统以现代的教学形式被创造出来，实现了又一次再生。

教学发展的再生性还表现在适应于来自系统内部的挑战，这种再生性是以渐变的形式表现出来的。由于教学是由人组织起来的系统，一方面人们通过制定一系列计划、条例、常规、原则来维持教学的恒常性，另一方面人们又不会总是满足于维持已有局面，而是在环境变化的推动下不断产生创新的动机，创造出新的教学法思想，新的教学模式和方法，使教学在渐变中发展，使教学的恒常性表现出一种动态的平衡。

最后，教学发展的再生性还表现为组织化规模的扩大。当今教学并不限于一个班级教师与学生等因素组成的系统，学校教研室、学科研究组是这种系统的延伸。在校外则有各级教研和教学指导机构。在一个国家内有许多类似官方和民间组织，它们也是教学系统的进一步延伸。此外，国际上也有许多教学研究指导机构，有些是世界性的，有些是区域性的，它们是教学系统的再一次延伸。教学系统这种不断地向高层次延伸发展是教学系统组织化程度提高的重要表现。当今一所学校、一名教师关起门来教学、不受任何外界控制和影响，已经是不可能的事。事实上，与过去联系不十分密切的教学单位越来越多地被组织到更大的教学系统中去已经是一种发展趋势，这是教学发展的自我创造规律在起作用，这种趋势将有利于教学质量的不断提高。

以上所述的四个方面便是教学系统的一般性结构特点，认识这些特点对于深刻地认识教学过程的本质和规律，在实践中指导和管理教学有着重要的意义。

三 教学系统的认识结构和功能

教学系统的认识结构和功能，是教学系统特有的结构和功能的重要方面，它所具有的特点和规律是教学过程本质的一方面基本表现。

教学系统的认识结构，是指教师与学生以教材为中介实现的相互联系、相互作用方式，这种结构所具有的功能对全面实现教学的目的具有重要意义，因此，有必要对其作出分析和阐述，以达到进一步揭示教学过程的规律和本质的目的。

（一）教学系统的认识结构

1. 教学认识的主体、客体与中介

教学系统中的认识结构与人类一般认识活动中的结构一样，也是由认识主体、认识客体和中介工具组成的结构，但是，它有其特殊的规定性。教学认识活动中主体既可以是学生、也可以是教师，既可以是学生集体、也可以是教师集体，他们都是教学认识活动的主要参加者。但这并不是说参与教学活动的教师和学生都可以自动取得主体地位，教与学双方取得主体地位要取决于他们主体作用发挥的程度。就是说，教与学双方必须通过教学效果来证明自己是教学的主体。比如，如果教师只满足于向学生灌输某种知识，学生也确能复述那些知识，这种情况就不能证明教与学双方发挥了主体性。何况还有一些情况下学生听不懂甚至根本不听、也不真正参加教学活动，这些情况下就谈不上主体作用。因此，教学认识活动中的教与学双方主体性的获得是有条件的：一方面要求教学双方有必要的动机和明确的目的，另一方面要求选择正确的方法、策略，等等。

教学认识活动中的客体可以是教师、学生、教材及其教学手段。教师可以是教学认识活动的客体，是因为教师可以直接成为学生认识的对象，学生可以直接从教师那里获得知识，这些知识可能是书本上有的，也可能是没有的。教师的客体性还表现为教师要成为自我的客体，因为教师在教学中要通过对自我进行反思，才能改进自己的知识、行为和教学方法，等等，没有这个过程就难以提高教学质量，也无所谓"教学相长"。学生成为教学认识活动的客体，同样也表现为两个方面：一方面学生是教师认识和实践的对象，教师的一切活动都是为了认识和转化学生的思想和行为，促进学生发展；另一方面，学生也是自我的客体，学生要在学习中不断审视自己，改进自己的学习态度、方法，没有学生自觉的自我认识，或者学生的自我意识没有达到应该达到的水平，教学是不会成功的。最后，教材成为教学认识活动的客体是不言而喻的，教材是人类精神活动的成果，是人类精神客体之一，教师和学生必须学习和掌握它，这是学校计划明确规定的。与教材相类似的教学客体还有教学手段等等，就不一一赘述了。应当说的是，教师、学生、教材要成为教学认识活动的客体也是有条件的。比如，教师要成为学生认识的客体，他必须在学识、人品、能力等方面堪为楷模，能满足学生认识和学习的需要。同样，学生要成为教师认识和实践的客体，也必须符合教学的起码要求，因此，各级各类学校都要通过一定的考核选择自己的学生，就是这个道理。最后，教材要成为教师和学生认识的客体，也必须要求具有教材的特点，一般的科学和文学著作不行，它们必须通过改变使之具有适合教学需要的那种形式。

认识的主体与客体通过认识中介工具联系起来。教学认识活动的中介工具对教师来说主要是语言、教材、教学仪器，等等，对学生来说，还包括学生已有的知识，这是他们用来理解、掌握新知识的必要前提；教材和教学仪器，它们在第一意义上属学生认识的客体，但从第二意义上说是中介工具，因为学生是借助于教材和仪器去认识现实世界的；最后，教师对学生来说也有认识中介的作用，因为学生要借助教师组织的学习环境和辅导活动来学习教材和教材以外的东西。

通过上述分析可以看到：教师在教学认识活动中充当了三种角色，他既是认识的主体，又是认识的客体和工具，这就要求他善于获取知识、把握教材、了解学生，又要为人师表，成为学生楷模，同时还要求他具有组织教学、辅导学生的能力。学生在这种认识活动中则兼有主体和客体的双重角色，作为主体，要求他必须发挥学习的积极性、主动性；作为客体，则要求他保持与教师的良好的交流，争取教师对他的了解并提高自我意识的水平。

2. 教学认识中主体与客体的统一

在教学认识活动中，认识的主体与客体相互区别，各自独立，但他们又相互联系、相互转化。后者就构成了认识主体与客体的统一性。

教学的认识主体与客体的统一性表现为他们之间是互为前提、互相规定。前面已经讲过，无论教师主体还是学生主体，他们主体地位的获得和主体性的发挥都是有条件的，而且最后是要通过他们指向的客体的变化、发展得到确证。而当教师、学生、教材作为客体时，同样是有条件的，他们要取决于自身的性质和对主体需要的适合性。这样教学认识的主体和客体就成为不可分割的统一体，离开了教学认识客体便无所谓教学认识的主体，反之亦然，两者是互为前提、互为规定的。

教学认识的主体与客体的统一性还表现为他们之间相互转化。这种相互转化首先表现为教师和学生都具有主客体的双重性。从一个角度看他们是主体，从另一个角度看，他们又是客体。在教学活动中他们都同时既是演员又是观众。其次，这种相互转化还表现为主体的客体化和客体的主体化。所谓主体的客体化，对教师主体来说，他必须通过自己的工作在学生身上实现自己的目的，从学生的成长中看到自己主体的力量。《学记》中讲"善歌者，使人继其声；善教者，使人继其志"，就含有这样的道理。对于学生主体来说，他必须用自己的学习成绩、成长变化来获得教师对他主体力量的确认，作业、习作、考试成绩以及他们的行为特征便是他的主体客体化的结果。所谓客体的主体化，是指当教师、学生、教材作为客体时，他们的某些方面被主体所转化，成为主体力量的一部分。例如，教材作为学生的客体时当被学生所掌握成为学生思维、意识的内容，学生达到"使其言如出吾口，使其意如出吾心"的境地，这时就可以说教材客体已经实现了主体化。客体的主体化同主体的异化不同，主体的异化是主体性的失落，表现为学生成了心默口诵的书呆子，客体的主体化则是以学生的主体性增强，学习能力提高为特征。

教学认识活动就是这样一个客体到主体、主体到客体的不断转化过程。从这种复杂的相互转化中我们可以得到这样的具有规律性的认识，即教学认识过程中的主体是能动性与受制性的统一。即无论是教师主体还是学生主体，他们作为主体都是有条件的，并且在另外角度他们又都是客体，他们主体性的确证也要体现在他们各自指向的客体身上。因此，他们作为主体一方面表现出主动性的一面，另一方面表现为受制性的一面。在教学认识活动中绝对的不受制约的主体性是不存在的。教育理论中的教师中心论和学生中心论之所以错误，就是因为他们片面地把教学认识中一方的主体性、能动性绝对化。因此，不是夸大了教师的主体性、能动性，就是夸大了学生的主体性、能动性。正确的认识应该是充分发挥教师和学生两个主体的积极性、能动性，使教学认识活动在两个主体的相互制约、相互促进中发展。

（二）教学系统认识结构的功能

任何事物的结构都具有特定的功能，教学认识结构也具有特定的功能。通过对教学认识结构功能的阐述，可以进一步认识教学过程所具有的规律。

教学认识结构所具有的功能主要表现在可以使学生通过学习知识和技能、技巧，发展学生的认识，培养学生的能力和创造力，使学生受到思想和世界观方面的教育，促进学生心理成熟和各方面心理素质、心理能力的提高，等等。下面主要对发展学生的认识、发展学生的智力与创造力、进行思想教育三方面的功能作具体说明。

1. 发展学生的认识

人类的认识发展可区分为三种情况，一是人类的社会历史认识发展；二是人类个体认识发展；三是成长中的个体认识发展。人类社会历史认识发展是指人类产生以来至今 200 万—300 万年间以后若干世代里认识的发展，它的认识主体是整个人类社会，认识客体是成为人类历史实践对象的自然界、社会和人类精神文化，认识的结果是人类积累的全部知识文化；人类个体认识发展是指一个人一生中认识的发展，人类个体认识总是发生在有限的领域里，是一定领域里的认识主体，并以特定的客体为认识和实践对象。人类个体总是以人类历史认识的成果为基础从事认识和实践活动，并以自己的认识和实践新成果来丰富和发展人类的社会历史认识的；

但是，人类个体认识发展又可以分做两个阶段：先是准备阶段，这个阶段主要是用来掌握前人的认识成果，并在体力和智力上积蓄力量，待到一定时期，便进入到第二个阶段，即直接从事实践和认识活动阶段。所谓成长中的个体认识发展，就是指个体认识发展中的第一个阶段——准备阶段，学生的认识发展就是处在这样的阶段上。由于处在这个阶段上的学生在认识的任务、认识的方式上与人类社会历史认识、成熟的个体认识存在着不同，因此，就形成了某些特殊性。这些特殊性首先表现为学生主要是通过学习间接知识发展认识的。知识是有直接知识与间接知识之别的。所谓直接知识，是指人们在生产、生活实践中直接获得的认识；所谓间接知识，是指从书本上或他人那里获得的认识。就人类历史认识来说，所有的知识都是直接知识；就个体认识来说，则既有直接知识，也有间接知识；而就成长中的个体来说，则主要是间接知识。特别是学生，他们主要是通过系统地学习书本知识和听取教师的讲授来获得知识的。因此，学生的认识发展具有间接性的特点。由此而来的又一个特殊性是学生认识发展的迅捷性。即学生的认识发展相对于人类历史认识的发展具有更为迅速这一特点。人类的知识是千百年间世代积累的结果，人类每一认识成果都要经历若干次实践—认识—实践过程。人类为了让下一代能继承自己这份财富，创造了文字、符号，用文字、符号把人类认识的精华部分以简练、精确、近乎美的形式记录下来，使下一代能在很短的时间里去接受他们，以便在一代比一代高的起点上去扩展人对世界的认识。学生在学校学习就是为了完成这个任务，这就决定了学生的认识发展具有迅捷性的特点。事实上，学生学习现成的知识与人们最初发现知识在时间上是不可能相比的，学生可以在一节课上学会一个定理，可是最初发现这个定理却不一定如此容易。重要的是学生学习知识是在学校环境中进行的，学校里有精通各门课程知识的教师，有把各门科学知识改编为易于掌握的课本，有各种帮助学习的工具，还有精心组织的教学计划、教学方法和教学形式，这些都可以缩短学习前人积累的知识的时间，因此，学生的认识发展具有迅捷性的特点是毫无疑问的。

　　由于学生是通过学习间接知识发展认识，并且是在短时间内使认识水平得到迅速提高这样一些特点，因此，在教学过程中存在一些制约性，这些制约性也是至今人们已经发现的教学规律的一部分。

　　（1）学生的认识是在参加实践和活动中发展起来的

　　在教育史上，直观性原则曾是教学理论中最重要的原则。这个原则要求学生在学习知识时尽可能地给他们提供所学事物的映象。可以肯定，直观性教学原则在今天的教学条件下仍然对学生的认识发展是必要的、有效的。因为人的认识发展离不开感性直观这一必要的初始阶段。但是，从现代认识论和心理学观点看，直观性原则并不具有教育史上曾有过的那种绝对重要的地位，因为现代认识论和心理学认为决定学生认识发展的是实践和活动。对于这一点可以从瑞士心理学家皮亚杰做过的一项简单的实验得到一些说明。他的实验是：有三组不同的儿童要求他们记住许多小正方块是怎样集合在一起的。（a）一组儿童只是看到集合在一起的一堆小正方块；（b）一组儿童亲自把它们搭配起来；（c）一种是成人搭配，儿童在旁边看。比较结果表明，（b）组记得最好，c组并不比a组好多少。这个实验说明，儿童亲自动手参与活动，比静态的感知（直观）对发展儿童的认识更有效。在当代，值得注意的心理学领域里发生的变化是活动在心理发展中的作用越来越受到重视，这是由于受到了皮亚杰以及苏联的维果斯基、列昂节夫、鲁宾斯坦等人研究成果影响的结果。皮亚杰以其杰出的研究证明了儿童的思维发展是儿童一系列不同水平活动内化的结果。这一结论证明了儿童的活动在儿童思维和认识发展中具有决定性的意义。在这里特别值得一提的是皮亚杰对活动概念的解释。众所周知，活动这一概念很早就被一些教育家所强调，但其涵义却很不相同，比如，在卢梭那里，活动是指接触自然；在裴斯泰洛奇那里，活动是指参加生产劳动；在福禄贝尔那里，活动是指儿童的手工课，如折纸船，等等。皮亚杰认为，活动可以包括儿童从出生后最初的吮吸、抓握动作到后来的复杂的思维活动，即儿童发展过程中一切外显和内隐的活动。儿童发展的早期是以实物性活动为特征，晚期则以内隐的思维活动为特征的。那么依据皮亚杰的解释，在教学中，学生一切独立的读、写、算、观察、实验、实习等等都是活动，并且正是这些活动构成了学生智力和认识发展的机制。

与学生活动密切相关的问题是学生的实践，毫无疑问，实践也是一种活动。因此，实践对学生认识发展的意义也是不言而喻的。但是，实践毕竟不能与活动完全等同。实践是人类活动的特殊形式，是指人们改造客观世界的活动，它是人类历史认识发展的基本机制。而活动并不完全具有这种特征。尤其是成长中的个体活动更是如此，他们的大多数活动不具备实践那种特定的含义，但儿童的智力与认识发展却主要是依靠这些活动，因此，相比较而言，学生参加与教学有关的实践固然是必要的，也是很重要的，也应该尽可能地创造机会使学生多接触实践，这样可以使学生的认识获得发展，但是，更多的、更基本的途径是依靠学生参加学习活动来发展他们的认识。如果说，人类的认识是在实践中发展的，那么，我们则可以说，学生的认识主要是在实践和活动中发展起来的。认识这一规律的重要意义在于必须使学生在教学过程中活动起来，既动脑，又动手、动口，积极参与教学过程，而不是静听、静观。这是涉及教学观念变革的一项具有根本意义的问题。

（2）教学必须与学生的心理结构相协调，才能促进学生的认识发展

学生是成长中的认识主体，他们的认识发展不但受到他们个人的认识历史的影响，还要受到他们自身心理发展和心理成熟水平的制约。在教育史上曾有可接受性原则，这一原则就是注意到了这种制约性。深入研究这个问题，这里首先要解决的是教学与心理成熟的关系问题，20 世纪以来，在这个问题上形成了三种观点：第一种观点认为，儿童的心理成熟是自然过程，外界对其不发生什么实质性影响。人们曾用一个未受任何训练的儿童和一个同年龄的受过超前训练的儿童爬楼梯没有明显差异的实验对这种观点作了证实。这种观点也被其他一些人的理论研究所支持。按着这种观点，教学必须跟着儿童心理成熟的秩序走。第二种观点认为，到目前为止有关儿童心理成熟的知识都是靠不住的，但儿童具有可塑性则可以完全证实，因此，可以断言，儿童的行为是外界刺激类型的产物。这种观点来自于桑代克等人的动物学习实验，他们实际上是不理会儿童的心理成熟问题，只强调教学对心理的形成作用。第三种观点认为，儿童心理成熟是客观存在的过程，但不完全是自然过程，它要受到外界环境的影响，这种影响虽然不能改变其成熟的秩序，但可影响其速度和质量。作为教学来讲，可以跟在心理成熟后面走，也可以与之齐步走，并且还可能走在前面推动心理成熟的发展。这种观点是半个世纪前由格式塔心理学提出来的，苏联心理学家特别欣赏其"超前"的思想。但超前总要有个限度，为此，维果斯基把儿童分做已成熟部分、正在成熟部分和尚未成熟部分。超前度就是指"正在成熟部分"，并起个名字叫"最近发展区"。维果斯基这种超前教学思想为我国和苏联多数教学理论工作者所接受。作为一种信念，人们相信教学对儿童的发展不是被动的，而是在儿童心理成熟秩序的制约下，可以加速儿童的发展，并且儿童只有在教学这种条件下才能迅速发展。苏联的赞科夫正是基于这种信念，提出高难度、高速度进行教学的思想，这是对传统的可接受性原则一种革新性的认识。

基于以上认识，我们认为教学必须与学生的心理结构相协调，才能促

进学生的认识发展。那么，儿童的心理结构是什么？皮亚杰认为儿童的心理结构成熟依次经历了感知运动、前运算、具体运算和形式运算四个阶段。布鲁纳在皮亚杰研究的基础上提出成熟的智力或认识结构是由动作模式、影像模式和符号模式构成，三种模式也是在儿童心理成熟过程中逐次发展起来的。他们的研究为有根据地依据各阶段学生心理结构进行教学提供了方便。但是，需要强调的是，无论皮亚杰还是布鲁纳，他们揭示儿童的心理结构的目的，决不仅仅是要求教学只能被动地服从它们的发展秩序，而是要求教学在保持与儿童心理结构相协调的同时，积极地促进儿童的认识和智力发展。对此，皮亚杰曾说："首先，就是说，我们必须承认有一个心理发展过程的存在，一切理智的原料并不是所有年龄阶段的儿童都能够吸收的，我们应该考虑到每个年龄阶段的特殊兴趣和需要。其次，也就是说，环境在心理发展中能够发挥决定性作用，每个阶段和每一个年龄的思想内容并不是固定不变的，所以良好的方法可以增进学生的效能，乃至加速他们的心理成长而无所损害。"① 布鲁纳则通过实验证明儿童可以学习比较高深的数学问题。布鲁纳这一结论与皮亚杰并无矛盾，因为他是依据儿童的心理结构，对所教的内容进行了可被儿童理解的转换。他的实验给依据学生的心理结构进行高难度教学，促进学生心理与智力水平的提高，加速学生认识的发展提供了有益的启示。

（3）学生的认识发展必须借助非智力因素的推动

非智力因素概念是 20 世纪初由西方学者提出并逐渐使用起来的。西方学者所说的非智力因素包括的内容很广泛，即指除了智力因素以外的所有属于人的自然的和社会的因素，诸如情感、意志、性格、人格、价值观乃至体质，等等。我国学者对非智力因素的理解主要是指认识过程以外的其他心理过程，即指一个人的动机、需要、兴趣、情感、态度、意志、性格，等等。近年来我国学者对于非智力因素对学生学习成绩的影响作了实证性的研究，研究表明：非智力因素对智力水平不同的各类学生学习成绩都有很大影响；② 造成学生间学习成绩差异，既有智力方面的原因，也有非智力方面原因，其中，成绩较差之间的学生成绩差异主要是由于非智力

---

① ［瑞］皮亚杰：《教育科学与儿童心理学》，傅统先译，文化教育出版社 1981 年版，第 177 页。
② 丛立新：《非智力心理因素对学生学业成就的普遍影响》，《教育研究》1985 年第 4 期。

因素品质不同造成的;① 大学生的学习成绩随着入学时间的增长非智力因素影响越来越大,从某种意义上讲其影响超过智力因素的影响。②

非智力因素对学生的认识发展来说,其根本意义在于它的动力作用。一般说来,非智力因素品质的提高,是由更为广泛的因素决定的,比如社会、家庭等因素,但教学对学生非智力品质的提高也具有重要的作用,这种作用主要来自于教学过程中的人际交往。这里应指出的是学生的认识发展对学生的非智力因素品质的提高也有重要作用。两者之间存在着相互影响、相互促进的关系。就发展学生的认识来说,必须依靠非智力因素的推动作用。这一点很早就被人们认识到了,我国古代教育家有"乐学"之论,西方教育家十分重视学生学习的兴趣,可以说明这一事实。应该进一步指出的是,学生是通过学习书本知识这种间接的途径来发展认识的,这与人们从实践中直接获得认识不同,因此,特别需要诸如兴趣、需要、动机、态度等非智力因素的支持。这样,认识到学生的认识发展必须借助于非智力因素的推动这条规律是十分必要的。

2. 发展学生的智力与创造力

发展学生的智力与创造力是教学认识结构的又一方面功能。学习知识与发展能力的关系问题讨论已经一个多世纪了,50 年代以来这个问题的讨论进一步受到重视,目前,人们已经认识到的问题有:智力与知识的发展不是同步的,知识也不等于智力,因此,知识多不等于智力水平高,智力水平高也不等于知识多。但是,知识是智力发展的基础,离开了知识无从发展智力,反过来,智力又是学习知识的心理条件,没有这个条件,学习也无法进行,知识的掌握是受智力发展水平制约的。因此,学习知识与发展智力二者之间可以互为手段与目的,并表现在统一的教学过程中,这是迄今为止我们所能得到的具有规律性的认识。

但是,这里有必要对一些问题作出进一步的说明,比如,为什么知识与智力不等同?为什么又能是统一的、相互促进的?回答这些问题,可以从另一个角度去研究它们。

我们说,就人类整体而言,智力、认识、知识并没有本质的不同。它们之间的发展也基本上是同步的。从人类认识发展史看,人类实践水平有

---

① 王晓柳、李宁玉等:《智力因素、非智力因素对不同成绩的学生学习的影响及其机制》,《华东师范大学学报》(教育科学版)1988 年第 2 期。

② 吴福元:《大学生智力因素和非智力因素与学习成绩的关系研究》,《教育研究》1987 年第 5 期。

多高、人类的智力和认识水平也就有多高，一定历史阶段的知识就是那个阶段人类智力和认识活动的成果。它不会超越也不会落后于人类实践、认识和智慧的水平。这样我们就可以得到一个重要的结论：知识与智力发展的不统一、不同步现象只是人类个体学习间接知识中可能存在的特殊现象，特别是学生智力的发展更是这样。那么为什么会出现这种现象呢？这可以借助系统论的观点作出解释，即这主要是与学生已获得的知识的状态有关。如果学生头脑中的知识组织化程度很高，或者说是已有结构的形式存在，我们有理由认为这是知识与智力的统一，因为这样的学生会表现出很高的灵活运用知识去分析与解决问题的能力。但是，并非学生学得的知识都是以组织化很高的形式存在于头脑中，而恰恰在一些情况下是以"堆"的形式存在的，这是一种零碎的、片面的、未经消化和融会贯通的知识堆积，是一种无序的因而也是没有整体功能的知识堆积。这种以"堆"的形式存在的知识虽然可以记忆和复述，但常常表现为不能灵活地用来分析和解决问题，从而表现出知识积累与智力发展的不统一、不同步特征。学生学习同样多的知识，但智力水平不同，也可以用知识在头脑中组织化、结构化、系统化水平不同来解释这种差异。"书呆子"就是那些头脑中知识堆积得很多，但组织化差的人。从学生学习知识总要经过一个理解、消化过程来说，知识的学习与智力的发展不统一、不同步是绝对的，统一和同步是相对的，后者是前者转化的结果。教学的功能不仅在于传授知识，而且更重要的是促进其向智力的转化。在这种转化工作中，促进学生知识内在的组织化是基本策略，而其实质是发展学生的智力结构。教育史上曾有系统性这个原则，这个原则在表述上的缺点是片面强调了按知识和学科逻辑教学，而对学生内在的知识组织化的意义阐述不够。美国的布鲁纳提出教学要使知识的结构与儿童的心理结构统一起来，这对促进学生内在的知识组织化、系统化是一种有益的教学探索。近年来，我国广大教育工作者对教学中如何发展学生的智力问题作了大量的研究。他们依据心理学中对于智力研究，要求教学中要特别注重发展学生的注意力、观察力、记忆力、思维与想象力和动手操作的能力。并且要特别注意依据儿童的心理特点，在不同阶段各有所侧重，比如，小学阶段要着重于发展学生形象思维的能力，初中阶段要着重于发展学生逻辑思维能力，高中阶段要着重于发展学生辩证逻辑思维能力，等等，实践证明，这些主张在指导实践中确实收到了较大效果。从知识的内在组织化观点看，这些做法实质是促进知识在不同水平上实现组织化和在不同水平上发展了学生的认知结构。

在发展学生认识的同时，使学生的创造力得到发展，这是教学认识结构功能的又一方面内容。这里首先要明确的一个观点是不能把智力与创造力等同，两者之间也不存在明确的相关性，因此，才有必要单独讨论学生创造力培养问题。从思维和认识角度来看创造力，一些研究者主要把它归结于学生发散性思维的发展，在实践中是通过鼓励学生在教学活动中尽可能多地、尽可能带有独创性地给出问题答案来培养创造力的，这种方法对活跃学生的思维，鼓励学生大胆的想象确实是有效的，但并不是每个问题都可以这样做，这是这种方法受到限制的一个方面。另一些研究者则主要依据建构心理学的观点来看待学生创造力发展问题。在这种观点看来，学生学习任何知识都不是机械的、被动的，而是要通过学生主体的重新组合、重新建构、重新创造。因此，在一种学生能够积极参与活动的教学过程中，学生的知识掌握、认识发展的本质就是创造，它不是那种外在的、指向新产品的创造，而是内在的、指向自我的创造。学生的创造力主要是在这种指向自我的创造过程中培养起来的。依据这样的观点，一些学校搞了教学实验，这种实验通过编制特殊结构的教材和教学方法，使学生在教学活动中必须做到手脑并用，以此发展学生的认识的同时培养智力和创造力，效果也是很好的。

3. 使学生受到思想教育

人们很早就认识到教学具有教育性，并受到高度重视。19世纪赫尔巴特提出了"教育性教学"这样的概念，在后来的许多教学论著作中都阐述了教学的教育性原则。在这些阐述中，大多把教学的教育性涵义限定在学生的思想、道德、世界观等方面。对于这种限定是很有必要的。

那么，教学认识结构为什么具有教育性的功能呢？这可以归结为以下几个方面：

第一，学生可以从教材的学习和教师的讲授中受到社会观点和政治观点教育。因为在教材中，特别是在社会科学中总是要渗透这些方面内容的，而且一些国家在学校还开设有政治课、法律课、公民课，这些课是在于对学生直接进行政治、思想和社会规范的教育。此外还应看到，教师在讲课过程中也会在不同程度上、以不同方式把自己的政治、社会观点表露出来。因此，学生在教学中受到影响是不可避免的。

第二，学生学习知识的科学性决定了教学对形成学生科学的世界观具有决定性作用。所谓科学的世界观就是人们对自然和社会持有的科学的看法和正确的态度,学生学习的知识则是这些方面的总结。事实上,科学的世界观主要是通过学生在学校学习形成的,至少打下了基础。

第三,教材内容和教师的讲授中渗透着对于人生目的方面真善美和假恶丑的评价,对于学生的人生观、价值观、审美观以及情感、兴趣的发展有着重要的影响。这些方面的观念和行为的形成,也是要以认识为基础的,认识水平的高低,直接影响到学生这些方面的品质,影响到学生的发展水平。

以上几方面决定了教学认识结构具有教育性的功能。应该说,人们的一般认识和实践活动也具有教育性的因素,但它不具备教学认识结构所具有的教育性功能的典型性。在教学中对学生进行思想教育是教师的自觉行为,因为教学的最终目的是要培养完善的个性和全面发展的人。因此,教学具有教育性也是一条不以人们的意志为转移的客观规律。

以上是对教学系统认识结构及其功能的阐述。当然,就教学系统认识结构的功能来说,还不仅限于发展学生的认识、培养学生的智力与创造力、对学生进行思想教育等几个方面,它还具有培养学生学习的技能、技巧、发展学生的认识兴趣和习惯等方面的功能,这是必须引起注意的。因此,就全面地揭示教学过程的规律、认识教学过程的本质而言,还有待于作出更多的阐述。

四 教学系统的人际交往结构和功能

教学系统的人际交往结构和功能,是教学系统特有的结构和功能的又一重要方面,它所具有的特点和规律是教学过程本质的另一方面的基本表现。

教学系统的人际交往结构是指教师与学生、学生与学生在教学过程中直接发生的相互联系、相互作用方式,这种方式对全面实现教学目的同样具有重要的意义。通过对教学系统中人际交往结构和功能的分析和阐述,可以进一步丰富人们对教学过程本质和规律的认识。

(一) 教学系统中人际交往的结构

20世纪以来,教学中的人际关系的教育作用日益引起人们的重视。在西方,人们认识到学生在课堂上学到的东西远不止课本上规定的那些,学生还学到了诸如理想、态度、社会观念、行为规范等等方面的东西,这些东西直接关系到学生个性的形成。在当代，西方的学者在所谓"隐蔽课程"（hidden curriculum）的名堂下对班级中的人际关系结构进行了研究。这里介绍一下他们之中的"对应说"和"抵抗说"。①

"对应说"认为，班级里的社会关系同社会经济领域里的社会关系存在着一种结构性的对应，即班级里的教师与学生、学生与学生之间的关系相当于劳动生产中的等级分工关系。因此，教师与学生、学生与学生之间的关系同支配劳动场所的关系一样，是一种统治与服从、权威与控制的关系。在这种关系中的学生完全处于被动状态，完全被外在的教育、课程内容、教学程序所异化，学生在这种情形下得到是一种"硬性的"社会经验。

"抵抗说"认为，学生与其所处的社会关系之间不是被动的，他们甚至可以创造性地控制他们所处的社会关系环境。这对于社会下层子弟学生尤其明显，他们可以形成"同辈文化"以抵抗最终由社会统治阶级决定的那种正统的班级文化。这实质是对社会关系结构作了阶级分化分析。

以上两种班级人际关系结构观点的共同之处在于他们都认为班级人际关系的结构反映了社会关系的结构，与社会关系结构的某些部分或方面具有对应性。但两种观点的片面性是很明显的，事实上两种观点可以互补，这样也许可能更好地说明班级人际关系结构的实质。

我们认为，教学过程中人际关系的结构是社会关系结构的缩影或投射。社会中所具有的各种矛盾关系都可以在教学过程中的人际关系中反映出来，一个社会人际关系性质改变了，班级或教学中的人际关系结构性质也会随之改变。从总体上说，教学过程中的人际关系结构的性质是由其所在社会的人际关系性质决定的。学生正是在这样的特定的人际关系氛围中形成对社会的认识，形成价值观念、产生对社会规范的认同，获得社会交往的经验和技巧的。下面就具体说明一下教学过程中人际交往结构的这些功能。

（二）教学系统中人际交往结构的功能

1. 促成学生社会观念的形成

这里所说的社会观念，是指个人对社会性质的认识和体会，对社会规

---

① 唐晓杰：《西方"隐蔽课程"研究的探析》，《华东师范大学学报》（教育科学版）1988年第2期。

范、行为准则的认同,对个人权利与义务的理解,以及个人对他人、对集体、对社会的态度和适应水平,等等。社会观念的获得是人的社会化的结果。儿童的社会化自出生时就开始了,与家庭成员的交往是早期社会化的途径。但儿童的社会化主要是在学校通过学习和与师生的交往完成的。这些交往既发生在教师与学生之间,也发生在学生与学生之间。仔细对这些交往作出分析,可以得到一些具有规律性的认识。

教师与学生之间的交往可分为权威型、民主型和放任型三种形式。在权威型师生关系中,教师对学生行为有绝对的支配权,学生唯教师意志是从。填鸭式、注入式的教学最适合于这种师生关系下的教学。在民主型师生关系中,教师与学生在教学过程中处于平等地位,教师不是以权威自居,而是以引导者出现。不是宣教,而是让学生自己去思考、质疑、行动。这样的师生关系,必然要求启发式的教学与之相适应。在放任型师生关系中,师生双方都没有责任感和约束感。学生处于一种自由主义状态中。美国早些时候的"道尔顿制"教学就有这种倾向,一些对学生"大撒手"的教师也有这样的特点。

上述这三种类型的师生关系怎样对学生的社会观念发生影响呢？教育社会学家研究表明,教学过程中师生关系的类型,归根结底是一个社会中社会关系结构类型的投射。专制社会中的教学倾向于权威型师生关系,民主制社会中的教学倾向于民主型师生关系。所以有这种对应关系也不难理解,因为一个社会的社会关系总会通过正式或非正式渠道影响到教学过程中的人际关系。从正式渠道来说,一个社会的政治、经济、法律、宗教、道德规范、行为准则必定要求在教学目的、教学计划、教学思想、教学制度上得到反映；从非正式渠道来说,教师的思想、行为、人格等方面必定渗透着他那个时代、那个社会的精神。学生一定程度上也是如此。这些就决定了教学中师生关系类型从总体上是其社会中的社会关系类型的缩影。正因为如此,学生才得以通过师生交往有意识或无意识地学习到一定社会的社会规范、行为准则和价值观念,并且还随时可能得到来自教师或肯定或否定的评价,使这种学习在尝试成功和失败中不断得到强化,最终,学生把特定的社会规范、行为准则、价值观念内化为他自己的心灵和行为的法则。这就是教学过程中学生社会观念形成的过程。

教学过程中除了师生的交往,还有学生之间的交往。学生之间的交往可分为有组织和自发的交往两种。有组织的交往包括在教学讨论小组、实验小组、作业小组等活动中的人际接触。在有组织的学生交往活动中,其关系类型大体上也有权威型、民主型和放任型三种情况，它们是师生关系类型影响的继续。这种交往使学生在师生交往中体会到的观念进一步强化，是学生对已获得的观念的实践。在自发的学生交往中，学生之间是一种自愿的、感情化的交往，这种交往也存在着某种可被共同接受的准则，比如公平、对权威的认可等等，这些仍然是社会规范和行为准则的渗透。学生在同自己伙伴相处的日子里，会从成功与失败中体会到人际交往方面的经验，教育作用也很大。

但是，应该看到，教学过程中人际交往并非完全被动地为社会关系类型所决定。所谓社会关系类型，其实质是一个社会中占支配地位的那种社会关系的类型，由于社会中存在着不同的阶层、阶级，不同的利益和价值观念，他们之间的冲突也会自发地影响到教学过程中的人际关系。因此，教学过程中权威型关系也好，民主型关系也好，放任型关系也好，都可能受到教师和学生双方自觉或不自觉的选择，因此，表现为专制社会中的师生关系并非都是权威型，民主社会中的师生关系并非都是民主型。而放任型的师生关系在任何社会都可能不同程度地存在。学生也有自己的独立经验，一些是与教学关系类型有冲突的。冲突的结果可以是正向的，即最终顺应于教学关系类型的。也可能是负向的，即最终表现为对教学关系类型的社会性离轨。这种顺应和离轨只是一种中性说明，对其性质的肯定与否定取决于人们的社会价值观。比如对权威型教学关系的离轨，一些人看来是否定的，而另一些则是肯定的。

学生间自发的人际关系也可能与教学关系类型不一致。比如，日本一位叫田薰的教育学者在《教学过程——其实证研究》一书中谈到他的一次观察。他发现在一个班的课堂上，当学生发生意见对立时，持有不同意见的两派成员常常是稳定的。后来他才明白，这是由于这个班存在着两个学生"集团"。像这种情况下的学生关系很难说与教学关系类型一致，但它却实际上影响着教学的进程。

以上情况说明了教学中的人际关系并非总是被动地为社会关系类型所决定，而是存在着复杂的选择过程。学生正是在这种复杂的人际关系相互作用中认识自己，认识自己与他人、与集体、与社会的关系，学习社会规范和行为准则，形成社会观念的。

2. 发展学生的社会交往能力

人生活在社会中，只在观念上把握社会交往经验是不够的，还要有实现社会交往经验的能力和技巧。人的交往能力和方式需要通过学习才能获得。社会学家倾向于把人类交往方式分为语言交往和非语言交往两类，语言交往方式是以人类的语言、符号为工具的交往方式，非语言交往方式是以非语言符号工具进行的交往方式，比如，通过人的动作、表情、语音、语调提供信息进行的交往方式，等等。教学过程中的人际交往是学生学习社会交往，形成交往能力和技巧的重要途径。

（1）对口头语言交往能力的影响

人类的语言交往可分为书面和口头语言交往能力。书面语言能力的形成主要是通过有计划的训练形成的，它不取决于人际交往，但是口头语言交往能力和技巧主要是依靠长期的人际交往活动形成的。口头语言表达能力和技巧在于让听者能注意你的讲话，并能明白、感兴趣。因为进行口头语言交往时，一定要选择合适的内容、语言、速度，并通过探询、观察对方表情看对方是否听明白了，是否感兴趣。如果对方没听明白或心不在焉，就要对自己的说话作出调整，这些都要求改进口头语言的表达技巧。好的口头语言交往能力和技巧可以增强交往的效果，而拙劣的口头语言交往常常会造成交往的中断，因此，应该重视学生的口头语言交往能力和技巧的培养。教学过程中学生要表达的思想常常比日常生活中要表达的思想复杂，选用的语言、词汇要求有较好的规范性、准确性，这些都决定了教学过程对学生口头语言交流的质量有重要影响。人们常常可以从一个人的谈吐中看到一个人的教养水平，这一事实很能说明这个问题。

与口头语言表达密切联系的还有倾听和答问能力与技巧。因为与他人进行口头语言交往，不是只有自己在说话，还要听别人的说话，回答别人的问话。注意倾听别人谈话、回答别人的问话，会使对方感到是尊重他，对他的谈话感兴趣，从而使各自的思想表达得更完善，深化双方的交往。这就要求具有一定的这方面的修养和能力。孔子讲"毋意、毋必、毋固、毋我"，平时所说的宽容和理解，教学过程中，说、听、回答问题是最基本、最大量的活动，对于学生这方面的品质和能力、技巧的培养有巨大作用。并且，教学过程中的语言交往是在学习科学知识、追求真理过程中发生的，这种交往就有类似于科学家之间交往的意味。科学家之间的意见交往把人类的意见交往发展到了一种崇高的境界，教学过程对于发展学生类似的交往品质、能力和技巧具有其他口头语言交往过程和交往环境不可代替的功能。

（2）对非语言交往能力的影响

人的非语言交往方式很多，比如，语音、语调、手势、目光、姿态、交往距离乃至气味、声息都可以成为非语言交往方式，这是因为它们能够传递信息，表达思想。非语言交往在人际交往中拥有不可忽视的作用，加州大学心理学家艾伯特·梅拉比安根据研究提出：在传递信息的形式中，语言信号占7%，声音和面部表情两种非语言信号各占38%、55%。非语言交往能力和技巧是在人们交往中潜移默化地形成的，但有文野、巧拙之分，这在很大程度上取决于人的文化教养。这样，教学过程对这方面的能力和技巧的培养就负有责任。

事实上，非语言交往方式是教师与学生交流思想的重要手段。教师在课堂上的声调、目光、手势起着重要的辅助作用，不仅给学生以特定的信息，也是学生学习非语言交往方式的可供模仿的榜样。在一些情境中，学生也要用非语言交往方式同教师交流思想和信息，这些都有利于学生形成良好的非语言交往能力和技巧。学生之间在教学过程中同样也有着大量的非语言交往。学生之间的非语言交往方式有着整体性特点，这是由于受到了社会环境和班级风气的影响，这种影响结果可能是健康的，也可能是不健康的，因此，在矫正学生不良的非语言交往方式、发展健康的非语言交往方式方面具有重要作用。

3. 发展学生的健康的人格

人格是人们都熟悉的观念，按照系统学家的看法，人格是人的心理的总体特征。事实上，日常生活中人们对人格的理解与这种看法很相似，例如，人们常常把尊重他人人格与尊重他人等同，也把侮辱他人人格看作是侮辱他人。在这种看法中，人格即包括了人的一般特征，也包括了人的个体差异特征。

一个人的人格同样是在他的社会化过程中形成的。按照当代一些心理学家的看法，人格的发展是人的能动的自我实现过程，这个过程包括生理需要、安全、从属、尊重和自我实现一系列从低到高的心理需要的满足。生理需要是人的基本需要，当这一需要得到满足后，其次，是安全的需要，儿童在家庭需要父母的保护，在学校需要教师的保护，这种保护包括身体方面，也包括精神方面，学生在学校有恐惧感、畏难情绪，则不利于健康人格的形成。安全需要得到满足后，再次，是从属的需要，学生生活在集体中，需要集体对他的接纳和认同，需要老师和同学对他的爱和关心，这种需要得不到满足，他会产生寂寞感、遗弃感、孤独感，这同样不利于健康人格的形成。此外，学生还有尊重的需要，学生在学习中需要得到老师和同学的肯定和称赞，要求得到尊重，使他感到有力量、有信心、能胜任，反之，经常遭到挫折，得不到对他力量和人格的肯定，会产生自卑感，乃至丧失自我，这样就不利于形成健康的人格。最后，是自我实现需要的产生，这是健康人格的集中体现。这种需要表明人有着要求把自己全部潜能充分实现出来的愿望，意味着一个人可能是什么材料，就成为什么样的材料。对学生来说，就是形成自己的理想，并为理想奋斗。

上述需要的满足过程就是人格发展的过程，教学过程总是要对学生这些需要发生影响，因此也必定会对学生人格发展起作用。所不同的是教学过程既可能促进学生需要的满足，也可能有损于学生需要的满足。换言之，教学过程既可以有益于学生健康人格的发展，也可能损害学生人格或阻碍学生健康人格的发展。因此，不能不重视处理好教学过程中的人际关系。从发展学生的健康人格方面讲，要求教学必须把满足学生感情、兴趣、情绪、需要放在重要位置，要求教师不仅要教好知识，而且要求把信任学生、尊重学生、同情学生、鼓励学生真诚地公正地对待学生作为一项根本任务。只有这样才能全面地实现教学目的。传统教学把知识传授、智力发展放在第一位，轻视或无视教学对学生人格发展的作用，甚至缺乏尊重学生人格的观念，错误地把嘲笑、侮辱、体罚那些学习差的学生当作所谓向学生负责，是所谓"恨铁不成钢"，这就背离了教学的宗旨，不可能正确地完成教学的任务，因此，在这方面必须提高认识。

4. 影响学生智力和创造力的发展

说明教学过程中的人际交往对学生智力发展的影响，莫过于罗森塔尔效应这一事例。罗森塔尔曾做过一项教师期望效应实验。首先他对小学六个年级中每个年级的一部分学生做了智力测验，然后从被测验的学生中随机挑选出一部分学生，告诉任课教师这些学生能够比其他学生智力发展的快些，隔一段时间进行测验，结果，这些学生智力真的得到了较快发展，特别是低年级更显著。罗森塔尔把学生这种发展归因于教师的期望。那么教师的期望为什么可以促进学生智力发展呢？这是因为教师由于事先有了某些学生更聪明、更有发展的印象，会使他在与这些学生的交往中更有热情，更有耐心和信任感。这种交往方式上的异样，会不自觉地把暗含的期待传达给学生，从而影响到学生的动机、兴趣、情感和意志品质，进而对学生的智力发展产生作用。因此，无论实验结果还是理论分析，都能说明教学过程中的人际交往可以对学生的智力发展产生很大影响。事实上，学生在教学过程中不可避免地要同教师、同学发生交往，并也不可避免地产生肯定或否定的情感体验，从而对学生动机、兴趣等非智力因素产生效应，这种效应又一定对学生的智力发展产生作用。因此，要促进学生智力发展，单单注意传授知识发展认识兴趣是不够的，还要注意到教学过程中的人际交往的作用。值得一提的是，一些理论认为，在人的各种智力中，就包括有一种人际交往智力。按着这种理论，那么要发展学生的智力，就更要理所当然地重视学生在教学过程中的人际交往能力的培养了。

如果说教学过程中的人际交往对学生的智力发展有着间接的或者直接的影响，那么对于学生的创造力发展同样也有着重要的乃至是直接的影响。现代心理学研究表明：所谓创造性，本质上是一种情绪、情感的过程。[①] "创造性活动是由儿童生活的社会气氛培养出来的。"[②] 因为创造性是一种异样行为，对于教学过程来说，保护学生的好奇心和异样行为，解除学生恐惧心理，鼓励多样性和个性，让学生有充分的心理安全和心理自由，是培养学生的创造性的必要条件。教学过程中是否能创造这样的条件，主要看在这个过程中人际交往的性质如何。一般说来，只有民主化的教学关系，才能创造出这种条件来。因此，当代教学改革的根本精神在于推进教学过程中人际关系的民主化，因为只有这样，才能达到发展学生健康的个性，培养学生创造力、促进学生智力发展的目的。认识到这一点，才可以理解为什么西方人本主义思想受到重视，苏联阿莫纳什维利等人的合作教育思想产生了很大影响。人们对教学本质和规律的认识取决于人们教学历史实践的深度和广度。当代教学改革所以普遍重视改善教学过程中的人际关系问题，表明了人们对教学过程本质和规律的认识已经达到了一个新的阶段。

五 教学系统的动力结构

教学过程发展的动力问题，是近年来国内外学者普遍重视的问题，这个问题成了研究教学过程本质和规律的重要方面。从系统论观点看，教学过程发展的动力并非由一种矛盾构成，因为系统论的方法不是孤立地看待教学现象或孤立地看待教学现象的哪方面，而是要求全面地考察影响教学过程的诸因素的相互作用，因此，推动教学过程发展的那些相互联系、相

[①] 钟启泉：《着眼于人格发展的教学模式》，《外国教育资料》1984 年第 3 期。
[②] ［美］J. M. 索里、C. W. 特尔福特：《教育心理学》，高觉敷译，人民教育出版社 1982 年版，第 301 页。

互作用或矛盾也可能是一个有层次的结构，这个结构就是教学系统的动力结构，因此，研究教学过程发展的动力问题，就是需要对教学系统的动力结构问题作出阐述。

系统论认为，系统的发展依赖于系统自身的自我调节能力。教学作为一种系统，它的自我调节能力表现为自身的内在矛盾，这些矛盾成为教学过程发展的动力。近年来国内外学者对教学过程的发展动力问题作了很多研究，研究的结果趋向三种意见：

第一种意见，认为个体认识和社会历史认识过程之间的矛盾是教学过程发展的动力。

这种意见是从教学认识论分析角度提出的。与这种意见相类似的看法是：教学过程发展的动力是社会对青年一代必须具备的修养提出的要求与青年的修养程度之间的矛盾。这种观点没有把矛盾局限于教学认识论分析上，因此，包括着更为广泛的内容。这类观点的特点是把教学过程发展的动力问题放在社会发展的大背景下，从广泛的相互作用中引出问题的结论的。

第二种意见，认为在教学中起推动作用的基本矛盾就是不断复杂化的教学要求跟学生可能性（他们的知识水平和发展水平，他们的动机和具有的方法）之间的矛盾。与此相类似的观点是认为教学过程发展的动力是教学过程内部所固有的中心矛盾，这种矛盾是学生在教师影响下所产生的掌握一定知识、技能的需要，同满足这些需要的实际可能性之间的矛盾。表面上两种观点不同之处在于教学要求与学生需要两个概念，其实是一个东西，因为教学要求内化以后就是学生的需要，两者只是一表一里。而共同之处还在于两者都是从教学内部矛盾分析角度引出问题结论的。

第三种意见，认为教学的动力来自于教学双方，尤其是学生方面的个人心理动机。尽管我国、苏联等一些国家学者也很重视教学过程中学生积极性、自觉性和学生的兴趣、动机等心理因素，但是，比较欧美国家的学者来说，他们则更重视这些方面，因此，在他们看来，所谓教学过程发展的动力，就是指这些东西，就是一种个体适应型动力观点。

从系统论角度看，上述三种以矛盾分析方法引出的结论都有其合理之处，又都不全面。系统论认为，开放系统在维持自身动态平衡中存在两种基本调节类型。第一种调节类型是由广泛的相互作用支配的，它是系统维持动态平衡的动力基础和源泉。上述的矛盾分析方法所做出的第一种动力学观点便是属于这种水平的动力理论。第二种调节类型是由固定的机构即系统中的反馈机构实现的调节，这种调节是由可控的相互作用支配的，这种动力是一种可控制的动力。上述的矛盾分析方法所做出的第二种动力学观点便是属于这种水平的动力理论。也就是说，用矛盾分析的方法所做出的第一种动力学理论在教学与社会环境关系这种广泛的范围内讨论教学过程发展的动力问题，这种动力或矛盾推动着我们在第二节所讨论的教学系统的一般性相互联系、相互作用，使教学表现出种种一般的规律性。而第二种动力学理论是在教学内部诸矛盾中寻找动力，这种动力显然是在可控制的系统内发生的矛盾，对于教学来说是一种可控制的动力，这种动力或矛盾推动着我们在第三节和第四节中所讨论的教学的特定性的相互联系、相互作用，使教学表现出种种特有的规律性。两种理论所揭示的动力或矛盾并非不相干，第一种教学动力是整个教学过程发展的动力基础和源泉，而第二种教学动力则是第一种动力的内化，二者之间存在着不可分割的联系。

此外，教学作为一种属人的系统，还存在着第三类调节，这就是人的心理调节，它构成了教学过程发展的第三种动力，即教与学双方的心理动力，这种动力从本质上说是前两种动力的内化，这是由人的需要、动机的社会性决定的。这种心理动力同样对教学过程的发展是不可缺少的。

从以上分析可以看出，用矛盾分析方法所揭示的三种教学过程发展动力理论都有其合理性，它们分别是教学作为一种系统所具有的三种调节形态的动力。它们可以视为三种不同的动力，也可以视为同一种动力三种不同层次的表现，它们本身便构成了一个系统，这就是教学系统的动力结构，也就是教学过程发展的动力系统。我们需要强调的是，教学过程发展并不是由一种矛盾或一种动力推动的，而是由各种水平，各种层次上的矛盾或动力的合力推动的，取决于教学系统的动力结构或教学过程动力系统的整体效应。这是从系统论观点分析教学过程发展动力问题所得出的最终结论。

高师教育

谈高等师范学校加强基础理论、基本知识和基本技能训练问题[*]

为了实现高等学校的培养目标，使学生沿着又红又专的道路前进，在专的方面，应加强基本理论、基本知识和基本技能训练。这"三个基本"的加强，对于提高教学质量，使学生获得坚实可靠的知识和技能，成为各行各业合格的建设人才有着重要的意义。但究竟什么是"三个基本"；"三个基本"是就各门课程的关系说的，还是就一门课程的内容说的；"三个基本"各包含一些什么具体内容，以及教师如何在教学工作中加强"三个基本"等等问题，目前在理解上还是有很大出入的。本文拟结合高等师范学校特点，谈谈个人对这个问题的一些粗浅体会。

一

首先应该明确什么是"三个基本"。有人说"三个基本"是就三种不同类型的课程说的，因而要加强它，就只能从教学方案的课程设置上和教师配备上加以考虑，并认为只要给予这三类课程以足够的教学时间，并注意教好这些课程就够了。有人不同意这种看法，认为"三个基本"主要应当体现在教学方案中所有课程的具体内容上，每一门学科都有"三个基本"，只要把每门学科当中的"三个基本"加强，就能达到提高教学质量的要求。这两种说法究竟哪个对呢？我认为两种说法都有道理，但都不够全面。加强"三个基本"，既应当从教学方案的制订，各门课程的设置来考虑，又应当从每门学科的具体内容与方法来考虑。前者是说在教学方案中有些学科是属于"三个基本"的学科，有些则不属于"三个基本"的

---

[*] 原载《哈尔滨师范学院学报》（社会科学版）1963年第1期。

学科；后者是说教学方案中所规定的每一门学科具体内容中，有些是"三个基本"的内容，有些则不属于"三个基本"的内容。

在高等师范学校的教学方案中，就课程性质来看可以分成这样几类，即：政治理论课、教育理论课、专业课、教育实习和其他课（如外国语、体育等等）。这些课程中，哪些课程是"三个基本"的课程呢？这必须结合高师特点、每门课程的性质以及它们在整个教学方案中所占的地位和它们在实现培养目标上所起的作用来加以考虑。其中政治理论课和其余各类课的关系，是红与专的关系。马克思列宁主义是一切自然科学和社会科学的基础，它不仅给学生以方法论的知识，而且对形成学生的世界观起着直接的作用，这类课程是各科教学中基础的基础，必须加强，否则就不能体现社会主义高等学校的特点。但政治理论课并不属于"三个基本"的范围之内。我认为"三个基本"主要是侧重专的方面。我们要迅速改变我国"一穷二白"的面貌，把我国建设成为具有现代工业、现代农业、现代国防、现代科学文化的社会主义强国，必须在培养人才的工作上，摆好红与专、基础和提高的关系，否则便会降低教学质量，降低培养人才的质量。正是在这种情况下提出了加强"三个基本"的问题。所以"三个基本"主要是在正确解决红专关系的前提下针对着专的方面即业务理论、知识和技能方面提出的。

除去共同政治课以外，在高等师范学校中还有各系所共同开设的教育理论课和教育实习课。这类课程和各系的专业课比较起来具有特殊的性质，它们是培养中等学校师资所不可缺少的。它们不但可以用马克思列宁主义的教育理论武装学生，而且还给予学生以从事教育工作的基本训练。这类课程体现了师范教育特点。作为师范院校来讲，各系专业课学得再好，如果不具备从事教育工作的理论知识和技能，也不能认为已经达到了培养目标的要求。所以，这类课程也是属于专的方面的。至于围绕各系专业要求所开设的其他课程，大部分都是属于工具性质的或较深的文化知识基础方面的学科，没有这些方面的基础，往往会给专业课学习造成无法弥补的困难，所以它也应是属于专的方面的。明确了各类课程的红与专的性质，这样就很清楚了，考虑"三个基本"的课程，主要应从专业课、教育理论课、教育实习课和其他课即一般文化基础课去考虑。在这些课程中，按照不同学科的内容特点和性质以及它对其他课程的关系来看，尤其是对在该专业中进一步学习更高深的理论和技能的课程来看，有着重要的基础性质的课程，就是应该加强的"三个基本"的课程。以教育系而论，生理学（主要是高级神经学说）、心理学、教育学就是基础理论课程，中、外教育史是基本知识课程，教育实习则是基本技能训练的课程。当然这种划分只具有相对的意义，不能绝对化，特别是基本理论课和基本知识课有时是很难划分开的。如有些系的某些课程，就既具有基础理论性质又具有基本知识的性质，同时还包括基本技能训练的性质，这时就不一定勉强划分成三类，而只要把这些课程找出来就可以了。如生物系的基础理论课和基本知识课则是动物学、植物学、动物生理学、植物生理学等课，而基本技能训练课除单独开设的生物技术、野外实习外，结合前述一些课程的实习课也属于这个范围之内。至于教育学则是高师各系共同的基本理论课，分科教材教法、教育实习是共同的基本技能训练课。此外，外国语也是很重要的，按照正常的要求，这方面的能力应当在中学里得到培养，但就当前情况来看，学生的外国语水平都较差，也应当注意加强。

有人认为"三个基本"的课程就是基础课，并把基础课和专业课对应起来，认为加强"三个基本"的课程，不包括专业课，这种看法是不够妥当的。我认为基础课主要是对应提高课（或称专业提高课，或专门化课）说的，专业课中，除去专业提高课外，还包括专业基础课。如上面谈到的教育系的心理学课和教育学课就是这样。教育系的学生学习心理学、教育学，这当然是专业课，但它在专业课中又是基础的课程。只有学好心理学，才能为后来开设儿童心理学、教育心理学打好基础，只有学好了教育学，才能给学习教育史、教育行政以及其他有关选修课铺平道路。所以在"三个基本"课程中排除了专业课是不对的。

也有人把教学方案中所规定的各门专业课程，根据学科内容特点，分别划入"三个基本"课程当中，并把它们统称为基础课，以基础课和选修课相对应，认为所有专业课都是打基础的，而选修课才是提高性质的。这种认识也是不合适的。首先，这样安排在"三个基本"课程中就排除了教育理论和教育实习课。前面谈过，高师是培养中等学校师资的，不把教育理论课和教育实习课纳入"三个基本"的课程中来考虑是不对的。其次，把所有专业课都作为"三个基本"课，实际上等于说要加强所有专业课，在专业课中自然也就没有非"三个基本"课程了。事实上所谓基本课程，本身就是带有选择性的，有基本的就有非基本的，既谈加强"三个基本"的课程，就不是就全部课程说的。

为什么要加强"三个基本"的课程呢？这是因为加强这些课程才能学好其他的课程，才能更好地实现高等师范学校的培养目标，才能把理论和实践结合起来使学生学到基本的知识和技能。这些知识和技能，是他们出校后从事教师工作所必需的，也是在不同专业上进一步提高自己的业务水平所必需的。过去有一个阶段，过分强调专门化，强调提高，攀尖端登高峰，忽视基础课的学习，是不恰当的。因为提高，必须建立在牢固的基础上，这已是很普通的道理。就高等学校的特点来看，高等学校是专业性质的学校。从事某一方面的专业学习，必须要具有坚实的普通文化科学知识基础，这个任务是应在中小学来完成的。除此以外，要想在某一专业方面获得高深的造诣，还需要打好专业基础。而在四年制的高等学校（包括高等师范学校），绝大多数的课程，还是为了打好专业基础而设置的，至于专业提高的课程，还不是主要的。当然也必须明确，我们强调"三个基本"的课程，绝不意味着可以放松其他非"三个基本"的课程。在教学方案中规定的全部课程，都是不可缺少的，它们都在实现培养目标上担负着特定的任务，也都必须教好，否则就不可能培养出国家所要求的又红又专的人民教师来。强调"三个基本"的课程，也不意味着可以放松专门化的提高的课程的教学。使学生在某一专业上获得更高深的知识，永远是我们所要求的，但高深的理论不是凭空而来的，打不好基础，提高只能是一句空话。加强"三个基本"的课程，这是根据教学工作的客观规律提出的，这个规律就是循序渐进。科学知识有基础有尖端，学生掌握科学知识要由浅入深。在教学方案中明确"三个基本"的课程就能使我们在工作中抓住重点，有意识地加强这些课程。帮助学生攻克科技尖端和从事实际工作打下牢固的基础。

二

加强"三个基本"，除了从不同性质的课程加以考虑以外，还应该从每一门学科的具体内容来考虑。就一门学科来看，这门学科在教学方案中，可能是属于理论性质的课程，基本理论是它的主要因素。但除此以外，它也包含着基本知识和基本技能的因素。同样一门基本知识性质的课程或基本训练性质的课程，也都除了包括体现这门课程性质的主要因素之外，还同时包括另外两个方面的因素。所以一般来说，任何一门课，不论它是属于"三个基本"的课，还是不属于"三个基本"的课，都同时包括基本理论、基本知识和基本技能训练的因素。要教好这门课，必须首先了解这门课在教学方案中的地位，了解这门课的性质，即了解它是属于理论性的课还是知识性的课或者技能训练性的课，教学时除了要教好体现这门课性质的那方面的因素以外，也绝不能忽视其他方面的因素。所以，加强"三个基本"绝不能理解为只是担任基本理论课、基本知识课和基本技能训练课的教师，而必须认识到每门学科都有"三个基本"的因素，每个教师都必须教好本学科中"三个基本"的内容。

那么，什么是一门学科中的"三个基本"的因素呢？

（一）基本理论

科学是客观世界的规律性的反映，每一门科学都从一个特定的方面反映客观世界的规律性。学校里开设的各门学科是根据科学内容来安排的，但它并不完全等同于科学。为了适应教学的需要，常常要把一门科学分解成许多不同的学科来进行讲授。有的学科着重讲授它的理论部分，有的学科着重讲授它的实用的部分，有的学科着重讲授它的基础部分，有的学科讲授它的尖端部分。不管是讲授哪一类的学科，都不可能不涉及一定的理论问题。所以，弄清什么是基本理论是很重要的。在一门学科中，所谓基本理论，总的来说是指认识特定方面的客观世界的那些基本观点和原理，就是指能使学生在马克思列宁主义指导下认识自然界或社会生活的某些方面的基本规律。在一门学科中的基本概念，应包括于我们所说的要加强的基本理论的范围中，因为概念是客观事物本质属性的反映，没有概念就谈不到理论（当然概念并不等于理论）。

理论应具有现实性，它应反映这门科学发展上的最高成就。因此，这门科学的历史、这门科学的发展中曾经出现过的某些理论，而在今天已经被扬弃或者被否定了的不能算作理论，如果必须让学生掌握，那也只能算是一种知识，不能划在理论范围内。如化学中关于燃烧现象的燃素说，热现象的热质说，物理学中关于光现象的光粒说，电现象的电液说，磁现象的磁液说，都在科学发展的一定阶段中形成过解释这些现象的"理论"，但经过科学的进一步发展，这些"理论"都被证明为错误的。我们为了讲清正确的理论，有时也对它们加以介绍，但不能算作我们所说的理论。但那些虽然在时间上是在过去被人们揭露的规律，而今天看来仍是正确的，不在此限。当然也应该指出，今天看为正确的理论也是具有相对性的，在科学发展中也还要用更为正确的东西来代替它或丰富它。一般说来，在一门科学中可以称得起我们所说的理论的东西，至少必须具备以下两个条件：

1. 符合马克思列宁主义的基本原理。马克思列宁主义是科学的世界观，是正确认识世界的唯一方法。不论是自然科学的规律，还是社会科学的规律，都必须符合马克思列宁主义的基本原理，否则便是不科学的，便不能称得上我们所说的理论。

2. 必须反映这门科学本身的特点，必须界线分明，不能和其他科学泛化。讲一个理论，要揭露其所反映的问题的独有的特点，独有的规律性，不能与别的科学混同。模棱两可，似是而非，在这里讲可以，在那里讲也可以，不能算作这门科学独有的理论。

这是就一般理论来说的，我们要探讨的是基本理论。基本理论，是指一门学科中所阐述的诸多理论中的那些打基础的和最基本最重要的部分。在教学当中，不能把本学科的全部理论都作为基本理论，那样就会出现主次不分，轻重倒置。怎样来划分基本理论呢？

1. 要从培养目标上去考虑。高等师范学校是培养中等学校教师的，各门课程的设置都是为实现这个目标服务的。因此，应该从中等学校教学的实际需要出发，凡是那些作为中等学校教师目前的和长远的所必须具备的理论知识，就是基本理论。

2. 要从各种知识的联系中、各门学科的关系去考虑。就一门学科的内在体系来看，各个问题都是密切联系的。凡是在掌握这门学科全部知识的过程中，影响整个学习质量的那些具有打基础性质的关键性的理论问题，就是基本理论。就各门学科的纵横关系来看，各门学科是相互关联的，凡是那些直接影响学生进一步学习其他学科所必须具备的那些理论问题，就是基本理论。

（二）基本知识

就通常情况来说，知识这一概念的涵义是比较广泛的。诸凡人们认识客观世界的全部结果，都可以称为知识。所以当我们说到掌握知识时，常常把关于客观事物的理论都包括在里面，有时甚至连某些技能也包括其中。例如我们在中小学里，只谈基础知识和基本技能。这是不是说中小学的教学内容就一点也不包括探讨客观事物的内在规律的理论成分呢？不，只是因为中小学和高等学校比较起来，相对来看，讲授基本理论是较为次要的，对于他们来说主要是学习普通的文化基础知识，所以就没有必要单独提出基本理论的任务，而把它包含在基础知识中。但如果把知识和理论、技能并列提出，则知识是有特定涵义的。这就是：所谓知识是就客观事实、现象、事件经过和过程来说的，是就人们认识客观规律和运用这些规律去解决实际问题所必需的基本材料来说的。它是掌握高深的专门的理论的必需条件和不可缺少的工具。就一门学科来说，基本知识是掌握本学科和学习其他相关学科的基本理论所必需的，也是形成基本技能所必需的。

基本知识和基本理论的关系，是十分密切的。它们是史和论的关系，是材料和观点的关系。理论是客观事物的基本规律，是人们对客观事物的本质的认识，而知识则是据以形成规律的基本材料。例如我们在历史唯物主义教学中讲封建社会生产关系的理论时说：在封建制度下，生产关系的基础是封建主占有生产资料和不完全占有生产工作者。而要讲清这个理论，就必须教予学生关于中外封建社会历史发展的具体知识，不仅从正面介绍必要的论据，还要从反面介绍并批判一些反动主张。没有这些必要的知识，就无法使学生深刻地掌握前述的理论。又如在《教育学》中讲德育过程和教学过程，以马克思列宁主义观点阐发这些问题的基本规律，属于基本理论，而为了使学生更好地掌握这些理论，一方面要从教育、教学实践中选取具体实例，一方面还从历史上介绍一些典型的有代表性的主张，并对这些主张进行必要的分析和批判，指出这些主张的演变过程，这就属于基本知识的范围。虽然不同教育家对此问题也都各有一套不同的"理论"，但这些"理论"对我们的学生来说，除去要吸取其合理因素之外，是不能照搬过来用它作为指导社会主义教育和教学实践的依据的。因此它也只能是为了更好地掌握我们所说的基本理论的基本知识。在讲授其他学科或其他问题时，也都具有类似的情况。

因学科性质和它在实现培养目标上的地位和作用的不同，基本知识的范围和深度是各不相同的。总的来说，所谓基本知识，不外两个方面：一是属于基本的历史知识，一是属于基本的现实生产斗争和阶级斗争的知识。这两类基本知识当中，又包括正面的知识和反面的知识，直接经验的知识和间接经验的知识。在教学当中，把基本知识和基本理论对应起来，我们说基本知识具有具体的、材料的、论据的性质，这是不是说它不重要了呢？或者说它和基本理论比较起来居于次要地位了呢？不，不能这样看。基本知识是很重要的，在高等学校的教学中，我们必须给予学生足够的基本知识。不仅使他们具有丰富的广阔的知识，还要使他们掌握系统的理论。打一个不十分恰切的比喻，基本理论好比植物的枝干和动物的筋骨，基本知识则好比植物的花叶和动物的血肉，两方面都不能有所偏废。

一门学科中的基本知识应该符合下述的要求：

1. 基本知识，一定要准确无误，真实确切，要有具体的事实，清楚的脉络。正面的东西要讲准，反面的东西也要讲准，不容含混或出现错误。

2. 基本知识，一定要系统连贯，不能零碎片断不相连属。虽然在讲授中，基本知识有时是以论证的形式出现的，但它不同于一般的例证，每一项基本知识都应该是在掌握本门学科中必不可少的，而且应相互联系的构成完整的体系。

（三）基本技能训练

所谓技能，一般是就人们通过练习而获得的在实践中顺利完成一定任务的那种动作方式或智力活动方式来说的。学习一门学科，不仅要认识客观现实，而且要学会改变现实的一定的能力，如果说掌握基本理论和基本知识是为了认识现实，那么基本技能则是为了获得改变现实的能力。

技能就其本身的性质和特点来说，可以分为两种：一是智力活动的技能，这是指借助于内部言语在头脑中进行的认识活动，包括感知力、理解力、记忆力、想象力、思考力，等等。我们学习了阶级斗争的观点，能用它来分析纷繁复杂的国际关系和现实生活中人们不同的言论和行动；学习了数学的公式、定理，能用它去解答和演算习题，这种能力就属于智力活动的技能。一是动作的技能，这是指借助肌肉和动觉器官而实现的关于生产劳动、学习活动、体育活动中的实际动作，如写字、体操、运用实验仪器进行实验以及生产劳动的实际操作技能，等等，都属于动作的技能。这两类技能是密切联系的，常常是伴生的，难于截然分开的，但根据它们活动的主导方而言，又是有区别的。

就高等师范学校的培养目标来看，对学生至少应进行以下几方面的基本技能训练：

1. 学习和吸收知识不断提高知识水平和实际本领的技能训练

主要在于使学生获得在学校中由教师引导或独立获取知识技能和出校后不断提高自己的能力。前者如听课能力，阅读讲义及中外古今参考书、使用仪器进行实验等能力；后者如自学能力，针对学习上工作上存在的问题选择阅读书籍的能力，善于从生活中从别人身上吸取教益的能力等。学生进入到高等学校以后，在他们的学习历程上，是一个重大的飞跃。高等学校的学习和中等学校比较起来，有很大的不同。在这里，从学习内容上看，适应着不同专业的需要，他们要接触到更为广阔的高深的理论知识，从方法上看，他们需要具有更多的独立钻研的性质。如何使学生在入学以后尽快地掌握高等学校的学习方法，具备各种学习能力，对提高学生的学习质量获得更高的教学效果具有重要的意义。每一学科的教学中，都应该结合本学科的特点有意识地给予学生这方面的技能训练。使他们首先具备在课内课外学好知识和技能的能力和良好的学习习惯，并注意培养他们自学、独立获取知识和观察问题的能力。这样他们才能在校学好功课，而出校后也能适应工作和科学发展的需要具备不断提高自己本领的能力。

2. 从事教育、教学工作，教好功课、教好学生和解决各种实际问题的技能训练

主要是在于使学生形成了解、分析、研究学生的能力，根据教育目的从学生实际出发对学生进行教育、教学工作的能力。具体如积累选择教材、组织教材、运用教学原则教学方法、清楚明确地阐述教材、熟练地进行实验的能力；培养教育学生集体，指导团队工作和组织学生进行生产劳动、课外及校外活动的能力；分析评价一堂课、一种教育活动的能力，等等。这些能力对高等师范学校的学生来说，都是必不可少的，否则便将无法胜任中等学校教师的工作。当然这些能力还不可能全部都于在校学习期间掌握到纯熟的程度。因为要熟练地掌握这些能力是需要通过一定时期的教育、教学的实际训练，才能达到的。但，他们在校学习期间必须接受过这些方面的"格式训练"，必须打下足够的基础，了解进行这些方面工作的基本要求。这样在他们开始担任教师工作的时候，才不至于感到陌生，才真正称得起是受过师范专业训练的人。

3. 初步的治学和从事科学研究的技能训练

高等师范学校和综合性大学的培养目标不同，它不是培养一般的科学研究人才，而是培养中等学校的教师。因此，对培养学生具有治学和从事科学研究的技能方面，很容易被人忽视。其实，这是不对的。我们知道教师的工作，是培养人的工作，是最富有创造性的工作之一。要真正做好这一工作，是非对这一工作具有深厚的感情和精湛的研究不可的。一个中学教师他可以在自己所教学科的科学领域中进行深入研究，获得更高的造诣；他也可以在教育、教学理论问题上进行研究，作出更大的贡献。我们国家有这样人数众多的教师队伍，充分发挥这支队伍的力量，对发展社会主义科学和文化，尽快改变我国"一穷二白"面貌将起着重要的作用。而且，这种研究也是做好教师工作本身所要求的，任何工作都应该精益求精，不求进取，自满自足，是做不好教师工作的。因此，我们应当使学生

在校学习期间，具有初步的治学和从事科学研究的能力，学会一些关于这方面的基本技能。如：使用工具书、查阅资料索引的能力，进行实验研究的能力，积累整理材料、分析总结评价自己的或他人的工作经验并把它们上升到理论的能力，等等。具备这些能力，不仅使他们知道如何在科学发展已有水平上探索悬而未决的问题，而且使他们学会如何通过不断地刻苦钻研来稳步提高自己当前的教育、教学工作质量。

上述这几个方面的技能，只是极其粗略的划分。这些技能从其本身特点来看有些只具有比较狭窄的和单一的性质，有些则具有比较复杂的和综合的性质。培养这些基本技能，当然绝不是任何一门学科的教学能够独立完成的，而必须是各门学科协力实现的。因此，每一学科的教师都应以培养中学教师的要求并按照本学科的特点，明确了解本学科应该培养学生的基本技能的具体任务。

技能的形成，是以深透地掌握所学的理论和知识为基础又反过来影响进一步获取新的理论和知识的，因而基本技能训练和基本理论与基本知识的教学是密切联系着的。但理论的掌握和知识的领会还不等于技能的形成，如果认为只要讲深讲透理论和知识，就自然完成了技能训练的任务，那就错了。因为掌握技能和掌握理论是两种性质不同的学习过程，学生的技能并不是自然地从理论和知识的基础上生长起来的，而是系统地训练和培养的结果。不但那些要求特殊操作程序的动作和技能需要经过专门训练，而且就是那些一般的智力活动的技能，也是非经过一定的训练不可能达到的。正是因为这种缘故，所以才把加强基本技能训练和基本理论与基本知识的教学并列起来，每一学科的教学虽然按照学科性质和特点在这"三个基本"上具有不同的侧重点，但三个方面都是不容忽视的。

三

在高等师范学校的教学工作中，怎样加强基础理论、基本知识和基本技能训练呢？前面已经谈过，"三个基本"既是就教学方案中各门课程的关系来说的，又是就每一学科的具体内容来说的，所以要加强这一工作，也必须从这两方面着手。

从各门课程的关系来看，首先，要在教学方案中给予"三个基本"的课程以应有的地位，根据不同系科的特点，开设必要的课程，并保证足够的教学时间，摆好这些课程和其他课程的关系。曾经有人片面地从学生出校后的实际需要出发，认为那些与生产、生活直接联系的课程才是主要的，应该尽可能多设置这方面的学科，并安排给它较多的教学时间，至于那些和实际联系不是十分紧密的打基础的理论性质的课程则是无足轻重的。在高师则错误地理解联系中学实际的原则，片面强调"一切面向中学"，跟中学跑，中学讲什么课程，高师就应加重什么课程，中学有什么内容，高师就应加强什么内容。这种认识是不对的，他们没有看到理论和实践的正确关系，没有看到有些理论课程不能直接和实践相联系，但它们却是学习那些实践性的课程的必不可少的基础，不学好这些课程，是无法使学生掌握那专门化的或实践性的课程，因而也就无法实现高等学校的培养目标。在高等师范教育中，也曾有人在一个阶段中为了提高学生的专业科学水平，不恰当地提出了"向综合性大学看齐"的口号，认为高师专业科学水平降低，主要是由于设置了教育理论课、教学法课和安排了教育实习造成的（当然教育理论课、教学法课和教育实习占用过多的时间也是不对的），结果不顾师范教育特点主张过分削弱甚至取消教育理论课、分科教材教法和教育实习，而利用这些课程的时间来加强专业提高课。这也是不对的。实践证明，不同专业是应有不同的课程设置的，师范专业性质的学校必须开设教育理论课、教育实习课，工科性质的学校必须开设相应的生产理论课、生产实习课，这是属于要加强的"三个基本"的课程范围之内的，削弱或取消这些课程，不是提高高师的质量，而只能是取消了高等师范学校，所以这些做法是不利于或无法完成高等师范学校的培养目标的。

其次，要加强"三个基本"课的教学工作，教好这些课程，学好这些课程。为实现这个要求，最重要的就是配备有经验的教师担任这些课程的讲授。

为什么一定要这样做呢？我们知道，一门课程讲授质量的高低归根结底是由教师本身的条件决定的。配备有经验的教师讲授这些课程，才能教好这些课程。因为只有具有比较丰富广博的知识和经验，才能在专业知识上站得高看得远，才能深刻地理解这些课程在整个教学方案中和在实现培养目标上所占的地位和作用，才能妥善地处理教材，恰当地联系专业特点，为学习其他课程打下良好的基础。同时也只有配备有经验的教师担任这些课程，才能更加引起学生对这些课程的重视，调动起学生学习的主动性和积极性，从而保证学好这些课程。

此外，从领导上和担任这些课程的教师来看，还要有意识地注意认真积累和总结经验，以便把这些课堂的教学质量提到更高的水平。

下面谈谈在一门学科的教学中加强"三个基本"的问题。

首先，教师要努力备课，深入钻研教材，对所教学科中"三个基本"的任务做到心中有数，深透掌握。备课是教好课的十分重要的保证，教师在备课时一定要有加强"三个基本"的指导思想。从整个教学方案来说，教师要明确所教学科在实现培养目标上的地位和作用，明确这一学科与其他学科的关系，了解它是属于哪一种性质的学科，是属于理论性质的还是知识性质的或者技能训练性质的，然后在这个基础上逐章逐节地找出"三个基本"的内容和具体要求。有的教师他们根据教学大纲的要求，在反复钻研全部教材的基础上，把整个学科中"三个基本"的因素全提炼出来，然后逐章逐节地列出提纲，在备课当中把"三个基本"的内容提到首要地位，在教学当中有意识地加强这些方面，是一种行之有效的作法，值得提倡。

其次，注意从教学的各个环节上加强"三个基本"的教育。高等学校的教学工作是通过讲授、辅导、作业等一系列的环节来实现的，在所有这些环节上，教师都必须认真加强"三个基本"的教育。

讲授是全部教学过程中最重要的环节。讲授不仅直接影响学生接受理论知识的质量，而且对学生认识能力的发展、基本技能的形成有着重要的作用。教师在讲授时必须做到重点突出，主次分明。任何一门学科的科学知识都是十分丰富的，而且科学又是不断发展的，内容又是不断增加的，要在有限的课堂教学时间内讲授全部的科学知识是不可能的。所以教学必须要有重点，精讲主要的关键性的问题，防止庞杂冗繁，泥沙俱下。讲授重点的确定要因教材特点和学生的接受程度的不同而异，一般说来，属于"三个基本"的内容，都应列为教学的重点。对教材中的基本概念和基本理论一定要准确交代，深透说明。所用例证也要力求鲜明具体，做到理论密切结合实际。在高等师范学校讲授各门课程除了根据不同学科的具体内容联系生产斗争、阶级斗争的实际以外，特别要注意联系中等学校教学的实际。同时还要自始至终地注意学生的实际水平，因材施教，根据学生的接受程度、理解能力妥善地处理教材、选择教学方法。这样才能收到良好的效果。

作业是课堂教学的延续。各科教学除了课堂的讲授之外，都要留一定数量的课外作业。通过作业可以使学生巩固验证与加深所学到的理论知识并把它初步地运用到实践中去，培养和锻炼学生的阅读能力、口头或书面表达能力以及分析、批判、计算、实验等能力，作业是更好地掌握基本理论与基本知识，特别是培养学生基本技能的重要环节。所以教师对作业必须予以足够的重视。在教学当中，教师一方面要在作业的内容上慎重考虑，精选那些有助于学生更好地掌握"三个基本"的题目，使他们在课堂内学到的东西得到巩固和锻炼；一方面要做好作业的指导工作，精批细致，严格要求，不放过每一细小的错误，使作业达到更高的质量。这样才能保证学生获得更高的学习效果。

辅导也是高等学校教学工作中一个不可缺少的环节，但它和讲授比较起来有着特殊的意义。一般说来，讲授是教师课堂上面对全班学生按着经过选择的事先准备好的内容进行系统地讲解，因此，教师可以完全处于主动的地位；但是辅导中，则主要是由学生提出问题而由教师来进行解答，就某种意义上讲，教师往往处于"被动"的地位。由于具有这个特点，所以有时辅导这一环节常常被人忽视，认为学生提出问题就给予解答，提不出问题就无事可做。在实际工作当中，教师在这方面也常常放松了对学生的要求，结果便把辅导置于可有可无的地位。其实，这种看法和做法是不对的。必须看到辅导是高等学校教学工作的重要一环，它的任务是不可能用其他环节来代替的，对这一环节的任何忽视或削弱都将为教学工作带来不可弥补的损失。因为我们所要学生掌握的知识是要求既深且广的，任何一个教师都不可能把教学大纲中所规定的全部内容或关于这一学科的全部知识都在有限的课堂教学时间内彻底加以解决的，讲授只能解决一些最关键的问题，而另外一部分问题则是留待课外通过学生自己的复习巩固、解答习题作业、阅读课外参考资料来完成。在这些活动中，学生总是会感到大大小小的疑难问题的，何况就是讲授了的内容当中学生也不可能全部按着教师的预想完全理解和掌握，辅导正是为了适应各种需要而设置的，所以教师必须重视上好辅导课。通过辅导更好地加强"三个基本"的教育。首先，在辅导课中教师必须起主导作用，按照"三个基本"的要求，事先做好准备，预知学生可能提出的问题或应该提出的问题。如果辅导和讲授是由不同教师来担任的，则必须与主讲教师密切配合，做到心中有数。其次，在辅导时不能只是被动地等待学生提出问题，而要把解答学生的问题和质疑问难结合起来，善于运用启发诱导，以便把学生的注意力集中到有关"三个基本"的主要问题上来。再次，在辅导时必须正确贯彻因材施教的原则。辅导的主要形式是个别进行的，即使是集体辅导也是根据学生的要求和疑难所在来组织的，因此，辅导是最便于贯彻因材施教的原则的。教师在辅导时，一定要有意识地针对不同的学生给予他们以不同的指导。有些学生在掌握基本理论和基本知识上是比较差的，有些学生则忽视基本技能的锻炼。教师辅导时要注意长善救失，使基础好的学生学得更好，使基础差的学生逐步成为学习好的学生。

除此以外，组织学生进行实验、观察，在考察和评定学生的学业成绩时，都要把"三个基本"提到重要的地位。用"三个基本"来衡量学生的学习质量，用"三个基本"来检查教师的教学效果，把师生的注意力集中到这方面来，自然就能够教好、学好。

最后，加强"三个基本"的教育，教师还必须严格要求自己，要求学生。教师严格要求学生和严格要求自己是统一的。为了实现培养目标，使学生牢固地掌握基础理论、基本知识和基本技能，必须严格要求学生，使他们按照教师所提出的要求，一丝不苟地完成学业。但要求学生，也必须严格要求自己，以身作则，认真备课、讲课，关心爱护学生。要知道教师身上不具备的东西，是难于在学生身上形成起来的。在高等师范学校里，这个问题尤其重要。教师不仅要深透准确地掌握本学科的教材，讲好基本理论和基本知识，细心指导和训练学生的基本技能，而且还应该注意自己的一言一行，从政治思想到语言态度，都要给学生以榜样。因为学生出校后做教师的本领，主要是他们在学校学习期间从教师身上学来的。高等师范学校的每一学科的教师，都有责任给予学生以从事中等学校教师方面的基本训练，这样才能使学生沿着高师的培养目标，即又红又专的中等学校教师的道路成长。

发扬高师院校在建设社会主义精神文明中的优势[*]

党在新的历史时期的总任务是在我们国家实现工业、农业、国防和科学技术现代化，把我国建设成为具有高度物质文明和高度的社会主义精神文明的社会主义国家。这个总任务是全党和全国人民的奋斗目标，也是各条战线和各行各业的行动纲领。

一个国家的物质文明和精神文明是密切相关、不可分割的。物质文明是精神文明的基础，而精神文明则是保证物质文明的发展方向和推动物质文明建设的动力。要实现物质生产的高度发展，必须努力建设高度的社会主义精神文明。胡耀邦同志指出："这是建设社会主义的一个战略方针问题。社会主义的历史经验和我国当前的现实情况都告诉我们，是否坚持这个方针，将关系到社会主义的兴衰和成败。"[①]

实现建设社会主义精神文明的任务，要求我们各级政权机关、宣传机关、教育部门以及一切负责意识形态工作的单位和个人在党的统一领导下，结合本部门、本职工作的特点，发扬优势，自觉地、坚持不懈地进行工作，其中教育部门，特别是高等师范院校，具有特殊的重要地位和作用。

一

建设社会主义的精神文明，树立新的社会风尚，更新人们的精神面

---

[*] 原载《黑龙江高教研究》1982年第3期。

[①] 胡耀邦：《全面开创社会主义现代化建设的新局面 在中国共产党第十二次全国代表大会上的报告》，人民出版社1982年版，第27页。

貌，是在意识形态领域中一场移风易俗的重大革命，它在一定意义上比建设物质文明更重要，也更艰巨、更持久。不仅老一辈人要大力进行宣传提倡，身体力行，做出榜样，言传身带，形成风气，而且更重要的是搞好教育的普及和提高，使青少年一代打下坚实的思想、文化和道德基础。首先，因为青少年是我们的未来和希望，是我们民族兴旺发达的命脉所系，他们朝气蓬勃，终究要接替老一代成为国家、社会的主人。如果能使青少年从小就养成守纪律、讲文明、讲礼貌、讲道德、爱劳动，维护集体利益和团结互助、关心人、尊重人的良好习惯，我们的社会主义精神文明的建设就有了根本的保证。而且他们掌握了坚实可靠的文化科学知识和为人民服务的本领，把这种精神力量投入到物质财富的生产上，我们的物质文明建设也就有了可靠的智力资源。其次，青少年的教育和培养，小则关系每个家庭，大则影响整个社会，他们掌握了现代化的科学知识，树立起新的精神面貌，也必将改变我国各族人民的智力结构，推动整个社会风气的好转，形成全社会的积极向上，奋发有为的新风尚。因此，不论从长远利益和现实意义上看，搞好教育事业，充分发挥教育工作的积极作用，教育好青少年一代，都是极为重要的。

多年以来，由于我们在人本身的生育上缺乏计划性，我们国家在人口结构上失去了平衡，青少年多于老壮年。据统计，全国平均年龄偏低，有很大数量的人口是处在初生至学龄期的儿童和青少年。目前在校学生就有2.1亿左右。仅从这个数字看，就足以说明教育工作的重要性。建设社会主义的精神文明，不把重点放在教育青少年这一关键环节上是不行的。还由于十年内乱，使意识形态领域遭到深重灾难，党的优良传统被严重破坏，是非、善恶和美丑的标准被搞乱，人们的精神面貌蒙受了极大创伤。其中受害最深的是青少年一代。他们从一降生或开始懂事的时候，就处在动乱的环境中，接受各种非无产阶级的思想影响。十一届三中全会以后，教育工作步入正轨，高考制度的恢复和贯彻执行，各级学校都大抓教学质量，重视思想政治工作，青少年的思想面貌有了根本变化。但由于长达十年的动乱影响，不是短期内能够彻底消除的，又加上对外开放政策的实行，国际交往的频繁，在接受资本主义国家先进的生产技术和自然科学的同时，资产阶级腐朽的精神文明，如文艺、歌曲、服饰、生活方式、作风等艺术方面和思想、道德方面的消极颓废的东西，也通过各种孔道渗透进来。它们正在对我们青少年的精神面貌产生着不可低估的恶劣影响和腐蚀作用。这就更加重了教育工作的责任。

马克思说:"要改变一般的人的本性,使他获得一定劳动部门的技能和技巧,成为发达的和专门的劳动力,就要有一定的教育和训练。"① 实现四个现代化,科技是关键,教育是基础。从事物质文明的建设,要开发智力,要利用教育这个有力的手段,把人的这个生产中最积极、最活跃因素的聪明才智最大限度地解放出来和调动起来;同样,在精神文明的建设上,更必须充分发挥教育的作用,使我们的青少年一代,不仅具有高度的文化科学素养,而且具有充实健康的精神世界和高尚的道德情操。党的十二大明确地把教育问题同农业问题,能源、交通问题和科学问题列为实现国家建设宏伟目标需要解决的最重要问题之一。发扬高等师范院校在建设社会主义精神文明中的优势,必须首先认识教育工作的重要性。

二

要提高各级学校的教育质量,关键问题是师资队伍的建设。许多地方的调查材料表明,目前我们的师资质量是偏低的。以中小学教师为例,合格的、勉强合格的和不合格的,约各占三分之一。这同教育事业发展的客观需要是极不适应的。师范教育是整个教育事业的"工作母机",高等师范院校的任务是培养中等学校的师资。要改变师资队伍的状况,必须办好师范教育,大力发展和提高高师的数量和质量。高师在建设社会主义精神文明中的优势,正是被它所担负的培养师资这一重大社会职能决定的。

高师在建设社会主义精神文明中的重要作用,可以从微观和宏观两个方面加以分析。从微观上看,高师和其他高等学校同样都是培养国家建设人才的最高教育机构;不同的是它培养的不是从事物质生产的建设者,而是培养从事精神再生产的人民教师。教师一词,意味着以自己的学识和思想品德来教育人和影响人的人。培养教师的学校无疑应该有更高的要求。在这样的学校,从党政领导、教师到全体工作人员都是教育者,而在这里学习的学生则是未来的人民教师。正人先正己,教育者必先受教育。这一基本特点,就规定了他们必须要做在精神文明上严于律己、境界高尚和学识丰富的人。在这样的学校,有从事专业学习和进行教育科学研究的优越条件,有形成敦品励学、尊师爱生、教学相长等优良风气和传统的良好环境。因此,高等师范院校,它本身就是建设社会主义精神文明最优越的

---

① 《马克思恩格斯全集》第 23 卷,人民出版社 1972 年版,第 195 页。

基地。

从宏观上看，教育事业的社会职能是进行精神生产、是提高全民族的科学文化水平、是继承和传递及发扬人类在社会斗争和生产斗争中所积累的认识成果和精神财富。它是由多层次多部类的相互影响、相互制约的教育机构组成的有机整体。其纵向联系，从婴幼学前教育、初等教育、中等教育直到高等教育（包括研究生教育）；其横向联系，则有普遍提高人民文化水平的普通教育和适应国家各方面建设需要的多种形式的专业教育和职业教育。此外，还有适应不同对象不同要求的特种教育，以及继续提高成年人和在职职工科学文化技术水平的函授、广播、电视等的业余教育和脱产定期培训教育。而中等教育则是整个教育机构中承上启下的中间环节。保证中等学校质量的师资条件，提高中等教育的培养水平，一可以带动初等教育质量的提高，二可以保证高等学校和各种专业学校有高质量的学生后备来源，三可以为国家建设部门提供足够数量的有社会主义觉悟的有文化、有生产本领的劳动后备力量。在我国逐步实现普及中等教育的过程中，中学和它的同等学校直接关系着整个国家物质文明和精神文明的建设，直接影响着四个现代化宏伟目标的实现。高师担负着培养中等学校师资的任务，高师的教育质量，不仅决定着中等教育的质量，而且从社会发展建设的效果看是关系全局的，关系各个方面人才培养的质量的。何况高师培养的毕业生不仅限于中等学校的师资。他们有的在高师毕业后直接投身到其他类型的学校、教育科研部门，或政府机关；有的在做了一段教师之后，担当了学校的领导工作或教育行政部门的领导工作。这样，就使他们的影响直接或间接地扩展到社会的各个方面。因此说高等师范院校是社会主义精神文明的播种者或培育者，是一点也不会感到过分的。虽然，所有的高等学校都在建设精神文明上起着重要的作用，但高等师范院校以其国家和社会所赋予它的光荣使命和其本身的专业特点所带给整个教育事业的影响，却是任何其他高等学校所无法比拟的。

"文革"期间，由于林彪、江青一伙推行极"左"路线，宣扬"读书无用""白卷光荣"，教育事业遭到严重破坏，师范教育的地位也受到了致命的损害。粉碎"四人帮"以后，不重视师范教育的状况有了根本的转变。几年以来，高等师范院校由1977年的59所发展到现在的170所，在校学生由1977年的11万发展到现在的30万人。特别是1980年夏召开的全国师范教育会议，总结了三十年来师范教育经验，从我国当前四化建设的实际状况和需要出发，进一步明确了师范教育的地位和作用，确定了今后的任务，坚定了要发展教育事业，必须办好师范教育的信心与决心。这是发展师范教育，发扬高等师范院校在建设社会主义精神文明中的作用的有利条件和可靠保证。

但是，仍然有人指责师范教育质量低，学生知识面窄，认为师范院校的办学要求和教育专业训练影响了学生一般文化科学知识的掌握和限制了学术水平的提高，坚持向综合性大学看齐，主张削弱师范院校的师范性，甚至取消师范院校，以某些资本主义国家为榜样，改由综合性大学担负起培养中等学校师资的任务。当前，有些师范院校由于受到师资水平和其他办学条件的限制，在教育质量上同教育事业发展的客观需要还有一定的差距，应该积极改善办学条件，大力提高教育教学质量，培养出合格的中等学校师资。同样在不同的综合性大学或其他高等学校不也存在着这种差距吗？怎么能因此而得出取消师范院校的结论呢？至于把某些资本主义国家的做法照搬过来更是错误的。目前，世界各国培养师资的办法有两种形式。一种是采取封闭式的，即一律由师范院校培养师资，其他高等学校不负责培养师资的任务；一种是开放式的，即取消了独立设置的师范院校，改由一般高等学校或综合性大学培养师资，和综合大学同样接受科学知识教育，而由附设的教育学院或独立设置的教育学院给以教育理论和实践的训练。以日本为例，战前采取封闭式的办法，战后改取开放式的办法，最近他们总结了两种办法的经验，又出现了由综合性大学培养师资过渡到专门设置的教育大学培养师资（实际是回到专由师范院校培养师资）的新趋势。至于苏联等国则一直采取专由师范院校培养师资的办法。因此，从国外经验看，由综合性大学负责师资培养任务也并不是确定的成功的经验，何况我们国家当前正处在教育事业亟待发展，师资队伍亟待补充和提高的情况下，削弱或取消师范院校更是不能允许的。

发扬师范教育在建设精神文明中的优势，必须正确对待加强师范性和提高教育质量的关系。师范性是师范院校不同于其他高等学校的特点，也是它之所以作为一个独立的学校类型而存在的前提条件。提高师范院校的教育质量，就要加强师范性，而且只有加强师范性，才能培养出高质量的又红又专的人民教师。这本来是不容怀疑的，但有人却把二者对立起来，认为强调了师范性，就会降低师资培养的质量，而要保证高师的培养质量，就不能加强师范性。这种认识显然是片面的、错误的。正像理工科有理工科院校的特点，同样，师范院校之所以是师范院校，就在于它具有师范性；这类院校之所以在建设社会主义精神文明上具有自己特殊的优势，也在于它的师范性。提高师范院校的教育质量，必须立足于培养高质量的师资这一根本性的要求上，无论是课程设置或教育活动的安排，都应服从这一要求。办好高等师范院校，必须在全面理解和贯彻党的教育方针的前提下，研究师范教育的规律性，认真实现师范院校的培养目标。只有明确这个办学思想，并在这个思想指导之下，妥善地组织教育、教学活动，在思想品德、专业思想和文化科学知识方面给予学生以全面的培养，才能在建设社会主义精神文明上，发挥出师范院校应有的作用。

三

一个社会的精神文明，是包括多方面内容的。有人把它概括为两个方面，即：一方面是教育、科学、文化、艺术、卫生、体育事业的发展规模和发展水平，另一方面是社会政治思想和伦理的发展方向和发展水平。前者属于文化建设，后者属于思想建设。这两个方面的要求具体化到每个人的精神面貌上，就是又红又专，就是既有坚定正确的政治方向和高尚的道德品质，又有良好的文化科学知识修养。这样的人就是有理想、有道德、有文化、守纪律的人。这是对我们社会主义国家的社会成员的基本的、共同的要求。而对一个师范院校的毕业生来说，除了必须具备作为中等学校教师的思想品德和文化知识的要求外，由于他们的社会职务是从事精神文明的再生产，是要负起教育青少年的光荣职责。因此，他们还必须具备把自己的精神财富转化为年轻一代精神财富的本领和修养，也就是说他们还必须经受从事教育工作的专业训练，掌握教育工作的规律，学会教育工作的方法。胡耀邦在1980年全国师范教育工作会议上的讲话中，对广大教师提出过三项基本要求，即："一要学习和掌握比较渊博的知识；二要认真研究掌握教育科学，懂得教育规律；三要有高尚的道德品质和崇高的精神境界，能为人师表。"[①] 这实际是对高等师范院校的培养目标所作的明确而又具体的规定。师范院校的毕业生只有具备这些品质，才能担负起向青少年传授文化科学知识，塑造青少年的灵魂，使青少年在德育、智育、体育、美育几方面都得到发展的任务。

一个高师毕业生，在走向工作岗位之前，除了必须具有高尚的思想品

---

① 胡耀邦：《中央书记处举行师范教育座谈会》，《中国青年报》1980年6月28日，第1版。

德这一根本要求之外，在专业要求上还必须要具备两个基本条件：一个是具有胜任中等学校教师的知识、本领和能力；一个是忠诚党的教育事业，有自觉地从事教育工作的愿望和决心。这是衡量学校是否实现了培养目标的标志，也是高师发挥其在建设社会主义精神文明上应有作用的保证。

胜任教师工作的知识、本领和能力，是指他的专业知识和能力，包括所学专业的有关学科的知识与能力和教育学科的知识与能力。一般地说，这方面的知识越宽广深厚，相应的能力与本领越熟练多面，他们越有胜利完成未来工作的基础和条件。学校应该大力提高教育质量，搞好各科的教学工作，并组织相关的课内课外的实践活动，以充实和丰富他们的知识，锻炼和培养他们从事教育工作的实际本领和能力。忠诚党的教育事业，是指他们的专业思想，他们对教育事业、对教师工作的认识和态度。专业思想是教师一般思想品德在对待本职工作上的具体化和集中表现，它是做好教师工作的内在动力和意识指向。这种自觉地对待从事教育工作的愿望与决心，比起知识和能力来，就某种意义说是更为重要的。因为有了这种决心，他们就会在工作上、学习上充分发挥主观能动性，就会对工作精益求精，就能千方百计地去增长自己的知识和能力。而如果缺乏这种愿望和决心，他们不仅对自己的工作漠不关心，不求上进，甚至积久生厌，而使已经学到的知识和能力也将黯然无光，并逐步衰落和枯竭。因此，高等师范院校在实现自己培养目标的过程中，必须十分重视学生专业思想教育。著名的德国诗人歌德在谈到作家人格的重要性时说："一般说来，作者个人的人格比他作为艺术家的才能对听众要起更大的影响。"[①] 对教师来说也同样如此，教师的思想品德和专业思想构成教师人格的核心，不具备这方面的基本要求，他就无法对学生产生积极的影响。高师要使自己培养的学生在建设社会主义精神文明上起到应有的作用，一定要大力加强专业思想教育。

高师学生的专业思想，首先，是热爱党的教育事业，热爱教师工作和热爱青少年学生。深刻地认识到教育事业是关系我们国家能否实现四个现代化的伟大事业，是发展和巩固社会主义制度的根本保证，是国家和民族繁荣昌盛的千秋基业。认识到教师是教育事业的中坚人物，是青少年的培育者，而青少年则是祖国的未来和希望。并在这些认识的基础上培养起对事业、对工作和对新一代人的深厚感情。其次，要有终生献身于教育事业的高尚情操和专业道德，勤勤恳恳，忠于职守，克服困难，百折不挠，任

---

① 爱克曼、朱光潜：《歌德谈话录（1823—1832）》，人民文学出版社1982年版，第38页。

劳任怨，乐在其中。

巩固的专业思想，实质上是对从事教育工作的坚定信念。这种信念的培养和树立，是在高师的全部教育、教学工作中实现的。我们的思想政治教育工作必须把专业思想教育提到重要的位置上。整个思想政治教育是专业思想教育的基础，而学生的专业思想面貌则是检验思想政治教育工作成败的最好尺度。

林彪、江青反革命集团对教育事业的破坏，曾严重地损伤了和贬低了教师的社会地位和作用，在高师学生中也不同程度地存在着对教师工作的错误认识。党的十一届六中全会通过的《关于建国以来党的若干历史问题的决议》中已明确地指出："要坚决扫除长期存在，而在'文化大革命'期间登峰造极的那种轻视教育科学文化和歧视知识分子的完全错误的观念，努力提高教育科学文化在现代化建设中的地位和作用，明确肯定知识分子同工人、农民一样是社会主义事业的依靠力量，没有文化和知识分子是不可能建设社会主义的。"这是纠正人们对待教育工作和教师地位的各种错误认识极其有力的政策依据。近几年来，在提高教师社会地位上国家已经采取了许多重要的措施，去年更普遍调整和提高了中小学教师的工资。今后随着国家经济状况的好转，还将逐步地改善教师的生活和物质待遇。那种轻视教育工作看不起教师职业的现象，在我们国家一定会成为历史的陈迹。所有这些事实，都是高师对学生进行专业思想教育的有利条件。我们必须充分地利用这些条件，对学生的思想、政治、文化诸方面进行全面的培养，以使他们在出校以后，做一个符合国家和人民要求的教师，在建设社会主义精神文明中发挥应有的作用。

四

高等师范院校不能把自己的工作只局限于学校范围以内，列宁说："学习、教育和训练如果只限于学校以内，而与沸腾的实际生活脱离，那我们是不会信赖的。"[①] 而应该发挥自己在教育工作中的优势，关心教育事业的发展，同中等学校及有关教育行政部门建立普遍的联系，了解他们的工作情况，借以改进自己的工作，并根据他们的需要，尽己所能地给他们以帮助，积极地发挥其在建设社会主义精神文明中的能动作用。

---

① 《列宁选集》第4卷，人民出版社1972年版，第355页。

高等师范院校同社会实际生活的联系形式之一，是关心本地区教师队伍的建设，提高教师队伍的质量，改变教师队伍的智力结构。高师以其高效果的教育、教学工作，培养出具有坚定教育事业心的又红又专的中等学校教师，源源不断地充实到教育战线上去，是它在师资队伍建设上所做的基本工作。除此以外，它还应该关心在职教师的进修与提高工作。特别在当前中等学校师资水平普遍偏低，而现有负责在职教师培训提高工作的教育学院和教师进修学院还满足不了客观需要的情况下，高师更应该利用自己系科齐备、师资优越的有利条件，采取多种形式在中等学校教师队伍的建设上作出应有的贡献。近年以来，我省高师有的利用假期或业余时间进行分科短期培训，有的开展教育科学讲座，有的接受教师离职进修，还有的深入到中等学校帮助教师解决教材、教法中的具体问题，都收到了极好的效果。这些措施，不仅对中等学校提高教育质量产生了积极的影响，而且对高等师范院校，特别是对高师的教师了解中等学校的实际情况，改进自己的工作，提高教育、教学质量也起着重大的推动作用。

一个地区的高等师范院校，是这个地区在教育方面的最高学府，它不仅是培养师资的基地，也应该是教育科学的研究中心。高师同社会实际生活联系的另一重要形式，是充分发挥它在教育、教学理论研究中的重要作用。理工科院校的科研任务，重点是解决物质生产上的理论问题和实际问题，高师的科研重点则必须放在解决教育的理论问题和实际问题上，当然这并不妨害某些教师在特定的学术领域上进行精心的探索，但就高师整个科研方向上如果离开教育科学的要求，则是舍本逐末，抑长扬短。因此，高师的教师应该深入教育实际，深入了解教育发展中的需要，并从有关部门领取科研任务，确定研究课题，有针对性地解决实际问题，为推动教育事业的发展作出贡献。同时，高师还应该建立教育科学的资料中心，为广大中等学校教师进行理论研究提供资料，提供指导力量。这样，高师就能够在建设社会主义精神文明上发挥更大的作用。

胡耀邦同志在党的十二大的政治报告中强调指出："我们一定要用最大的努力，适应建设时期的新的条件和情况，把建设社会主义精神文明的工作认真做好，用革命的思想和革命的精神振奋起广大群众建设社会主义的巨大热情。"高等师范院校是培养从事精神文明建设者的基地，必须坚决响应党的十二大的号召，充分利用自己的优势，为尽快地把我国建成具有高度的物质文明和高度的社会主义精神文明的社会主义国家贡献力量。

坚持高师特点培养合格的中学师资[*]

高等师范院校的任务是培养中学师资。怎样才算完成了这个任务，合格的中学教师应符合什么要求，为何培养这样的教师，我们过去的毕业生是否具备足够的条件，今后必须坚持什么样的办学方向和办学思想，等等。我们带着这些问题深入中学实际，调查了二百多名正在从事教师工作的我校历届毕业生和部分教育行政领导同志。他们依据工作中的切身体验，提供了十分宝贵的意见，使我们大开眼界，深受启发，更加提高和坚定了坚持高师特点的认识和信心。本文仅就合格的中学教师必备的条件以及如何培养这样的教师等问题，作一些概括的说明。

一

哈师大是新中国成立以来黑龙江省第一所高等师范院校，至今已有三十二年的历史，毕业生分布在全省各地，多数都已成为中学的骨干教师，有些并已担任了学校和教育行政部门的领导工作。这些毕业生从思想条件、业务能力和身体情况来看，普遍被认为是符合要求的，比较受欢迎。但由于不同时期政治形势、招生来源和办学思想的不同，毕业生的具体条件和表现也是不尽相同的。在新的历史时期，一个合格的中学教师应符合哪些要求，综合各方面的意见，认为应该从知识结构、教育才能、思想品德和身体条件等几个方面来加以考虑。

教师的基本任务是向学生传授一定范围的科学知识，他本身必须是先有知识的。中学生正处在渴求知识的时期，他们不仅有强烈的求知欲望，

---

[*] 原文系唐文中、刘景波、张玉琴合著。选自《高等师范教育论文选》，黑龙江省高等师范教育研究会秘书组、哈尔滨师范大学科研处、教育科学研究所主编，1983年，第246—260页。

而且有广泛的学习兴趣，为了适应这种需要教师在知识结构上：

（一）教师要有多方面的知识储备，知识面力求宽广

教师的知识面要力求宽广，这不仅因为中学生可能会提出各种各样的问题要求教师来解答，而且更重要的是教师要讲好某一门课程，必须要有大量的辅助知识。不能要求一位中学教师去精通所有的学科，但属于一些普通的文化和知识，诸如语文、史地以及自然科学方面的知识，却是各科教师所不可少的。教生物的如果缺乏国家渔业、林业资源等地理方面的知识，他就不可能是一个优秀的生物课教师，教化学的如果不掌握国家轻化工业发展的现状和前景，他也难于把课讲得生动、灵活并调动学生对本门学科的学习积极性。调查中发现，所有教学质量较高并得到学生爱戴的教师，除了思想品德、工作方法等条件外，他们的知识都是比较宽广的。而没有受过完整的中等教育，以同等学力考入高师，毕业后又没有设法弥补自己普通知识缺陷的教师，尽管他们的专业知识无可指责，但他们在教学工作中仍有较大的困难，不仅不能在讲授上左右逢源，运用自如，而且还常常感到语词枯竭，孤陋寡闻，甚至还不时地出现一些常识性的错误。因此，教师必须要有多方面的知识储备。这些知识多数应在中学或高师学习时打好基础；在从事了教师工作后更应该具有广泛的兴趣，多方面吸收知识。学无止境，这句话对教师来说具有更深刻的意义。

（二）教师要精通自己所教的专业，要有牢靠而坚实的专业基础知识

教师应该熟练掌握本门学科有关的基本概念、基本原理和基本技能，而且对这些知识要十分准确，不能模棱两可，似是而非。在本门学科的体系上，要分清知识、理论的层次与结构，了解各种知识的联系和关系，掌握理论体系中的关键环节。这样他才能在教学中居高临下并能自如地驾驭这些知识。此外，教师还应对相近的学科有一定的了解，占有必要的知识，以便于掌握不同学科之间的横向的联系。

（三）教师要了解科学发展的动向，掌握本门学科的最新成果

现代科学技术发展日新月异，知识领域不断扩大，新的学科大量涌现。这种情况不仅促进精尖学科的急剧发展，而且对基础学科也产生着重大的影响。基础学科也在经历着前所未有的深化、更新和重新组合。因此，做一名合格的中学教师，也必须掌握相当范围的高深理论，了解本学科的科研方向和成果。有人错误地理解高师特点，以为教师特点就是联系中学实际，就是把高师院校办成"大中学"，在知识结构上只求博，不求精；只重基础，不重提高，这显然是一种偏颇之见。要知道，高师首先是高等学校，在学术水平和培养方向上是不能降低要求的，同时又是师范即培养师资的场所，这个特殊的任务是不能改变的，否则就不成其为师范院校。高师就是师范性质的高等学校，绝不能排除要给予学生以相关学科的高深的理论知识。

（四）教师要有教育科学方面的知识，掌握中学教育的原理与方法

要有教育科学的知识，懂得教育学、心理学和分科教材教法，掌握中学教育的规律、原理和方法。教师要使自己成为真正的教育工作的内行，他就必须通晓教育理论，掌握教育方面的专业知识。有了这些知识，才能提高教师工作的自觉性；才能正确地评价自己和别人的工作；才能懂得按照教育的要求什么是应该做的，什么是不应该做的。有了这些知识，教师就能不断地总结自己的工作，把自己的工作经验上升到理论的高度，并使自己的工作精益求精。调查中有些教师深有感触地说，他们在学校时，由于不重视教育理论课的学习，出校以后又自认为在高师学过了这方面的课程，而不注意结合工作提高自己的教育理论水平，结果不但日常工作遇到各种各样的困难不会解决，而且当要总结一下自己的工作经验时，又由于缺乏教育理论的指导而无法把经验提到应有的理论高度。

教师的知识结构是属于认识领域的事。教师掌握了足够的知识和技能，这只是说他具备了教育学生的知识储备。但如何使学生顺利地掌握适合他们自身发展需要的知识与技能，则还要求教师必须具有教育方面的才能。教师的教育才能是教师的一般智能和特殊能力的质的组合，它应包括：敏锐的观察力、丰富的想象力、牢固的记忆力、注意的分配力、深刻、敏捷、独立的思考力以及情感的感染力、坚强的意志力、对教材对学生的组织力、教育的机智力，等等。它是教师能否把自己学到的主修专业与教育专业知识应用于教育实践的关键，是教师高质量地完成自己的工作任务时必不可少的条件。具体地说，它包括：

1. 善于了解学生

了解学生是教育学生的先决条件。只有准确地了解学生，才能恰到好处地教育学生。教师要有敏锐的观察力和周密的思考力，他要有善于根据学生的行为表现洞察学生内心活动的能力，他要一分为二地对待学生，准确地掌握存在于学生身上的积极因素和消极因素。这种能力是教师在长期的教育实践中系统了解学生的过去和现在的表现,了解他们的家庭和社会关系、同学关系,了解他们的情感、意志、兴趣、爱好和个性特点等心理品质的基础上逐步形成起来的。有了这样的能力,他就能及时地得到每一教育措施的准确的反馈信息,他就能使自己的工作变得越发主动和自觉。教育的效果决定于师生双方在统一的教育活动中对待有关问题的认识和态度。教师能够正确地了解学生,他的教育行动也就更容易得到学生的理解。

2. 良好的表达能力

包括口头的和书面的表达能力,特别重要的是口头表达能力,语言是教育、教学活动中交流信息的主要工具,教师具有良好的口头表达能力是保证教育、教学效果的基本条件。无论是传授知识,还是进行思想品德教育,都要通过语言。因此,教师讲课或平时说话,必须做到口齿清楚,发音准确,善于明确而坚定地表达自己的思想和感情。既要通俗易懂,鲜明具体和灵活自然,又要注意自己的语调、速度和响度。同时,教师的语言还应注意规范化,要努力矫正方言,坚持说普通话。除了口头表达的要求之外,还要有书面表达能力。不论担任什么学科的教师,都应有流利地运用文字的能力,善于掌握书面语言,能够自如地书写讲授,阐述定义,总结自己的工作经验和写出自己的研究成果。无论口头表达能力或书面表达能力都不是天生而来的,教师必须自觉地进行这方面的练习。尤其是在某方面存在不足的教师,更应该有意识地加以练习。

3. 组织能力

教师所面向的教育对象,是由各种不同具体情况的个人所组成的学生集体,在这个集体面前,教师是领导者,也是学习活动的组织者。他要提高自己的工作质量,就必须善于做人的工作,善于与学生进行交往并建立良好、融洽的师生关系,充分调动学生学习的主动性与积极性。从掌握每个人的各种表现和他们的特长,到分配学习任务,采取某些教育措施,直到对他们的学习结果和行为表现作出正确的评价,都要掌握分寸,恰如其分,并考虑对受教育者本人以及给学习集体带来的影响。教师要善于利用学生对集体的荣誉感而把学生组织起来,教师要对学生大公无私,平等相待。在工作中,任何时候都不能靠发号施令,而要使学生发自内心地愿意接受教师的指导。

4. 教育机智

机智是指人们的应变能力,教育机智表现为教育者善于针对受教育者的各种不同表现给以恰当的教育，也就是表现在教育方面的随机应变的能力。教师依据教育方针并长期积累教育经验而形成的有原则的教育学生的应变能力是非常必要的。学生因人而异，而且同一个人在不同的时间、条件、地点，不同的主观状态和客观环境影响下，他的表现都是不同的。这在教育上就不能采取同一模式，不能无区别地、千篇一律地来对待学生，而要因人、因事、因时、因地而异。教师在教育、教学工作中要准确、恰当地判断问题和有效地解决问题，并且要善于对自己的工作结果进行自我评价。教育机智是教师的一种重要的综合能力，它不仅要求教师具有细致的观察力，准确的判断力和思维的灵活性，还要求他具有敢闯新路的创造力，同时他还要善于控制自己的感情或情绪，不论是高兴或忧伤，喜悦或愤怒，都应该使其对教育工作产生积极的效果。

5. 自学能力

这是人们独立吸取知识，扩展和开拓新知识领域的能力。自学对任何人来说都是非常重要的，教师要教好学生，提高教育质量，更要继续学习，不断深造。自学能力包括阅读理解古今书籍的能力，运用工具书的能力，查阅科技文献资料的能力，笔记能力，资料处理及整理总结的能力，等等。这种能力自小学中学就应加以培养，而在高等学校学习和走向工作岗位之后更要不断地提高和加强。教师的自学能力不但有助于更新自己的知识和提高工作效果，而且直接关系着对学生自学能力的培养，因而它是十分重要的一种能力。

6. 科研能力

广大中学教师是一支重要的智力集团军，它不仅担负着继承传授人类智力成果的任务，还应在科学研究特别是在教育科学研究方面作出重要的贡献。因此，教师还要具备科研能力。他要关心教育科学的发展，善于发现问题、提出假设并论证自己的观点，他要善于吸取别人的研究成果并在这些成果的基础上发现新的矛盾，提出自己的独立见解。科研能力是一种追求真理、研究问题的能力。它包括选题、设计能力、分析和解决问题的能力，进行调查研究和开展实验的能力以及撰写科研报告和论文的能力，等等。科研能力与自学能力和教学能力是相辅相成的。

教师的责任是培养学生，对学生全面负责，是管教管导，教书教人。因此，对教师思想品德的要求是最为重要的。教师的知识和教育才能归根到底是通过他本身的言行来影响学生的，没有什么东西能够比得上教师的思想品德所给予学生的影响更为重大的了。教师是国家的职工，国家、社会对职工思想品德的一切要求，也都同样适用于教师。但教师是教育者，这个特殊使命决定了在思想品德方面应具有更高的要求：

首先，教师要有牢固的专业思想，热爱教育事业，忠诚党的教育事业。这是教师做好工作的思想基础。教育专业思想是教师体现在自己工作上的对党、对人民、对社会主义的思想感情的集中表现。教师必须自觉地认识到教育工作的重要性，并且要树立起一定要搞好教育工作的坚定信念。有了这种认识和信念，他的积极性和主动性才能真正地发挥出来。一个人如果对工作没有感情，缺乏积极性，他就很容易失去做好这项工作的兴趣。据研究，对工作如果积极性很高，他可能发挥出他的80%至90%的才能，反之，如果没有积极性和主动性，他只能发挥出他的才能的20%至30%。调查中发现，毕业生中凡是工作出色的骨干教师，共同特点是事业心比较巩固。相反，在工作上不求上进，敷衍塞责的人，没有一个具有牢固的专业思想。当然，目前相当一部分教师缺乏事业心，原因很多。不论从哪方面来看，这是个必须认真解决的问题。

其次，教师要有高尚的职业道德，崇高的精神境界。教师以培养祖国下一代为己任，必须有远大的理想和宽阔的胸怀。从事教育这一职业所要求的一切最优秀的品质，都应该在教师身上反映出来。他要勇于进取，善于学习，任劳任怨，大公无私，严于律己，不骄不躁。他是青年一代的教育者，必须热爱学生，关心学生，具有高度的责任感，要做学生的知心人，要与学生的成长进步共忧乐。他要努力改进和提高自己的工作，勤恳认真，一丝不苟，精益求精。他所要求于学生的，自己首先要做到。为人师表，率先垂范。这样，他才能在学生面前享有崇高的威信。

最后，教师要有端正的仪表，健康的身体。仪表上的要求，是被教师的工作特点所决定的，五官或肢体有缺陷的人，是不宜做教师的。身体是做好教育工作的物质基础，教师应有从事体育锻炼的爱好和习惯，经常锻炼身体。教师具有从事体育锻炼的知识和技能，这不仅能保证自身的健康，而且也有利于对学生的全面培养和教育。

总之，对一位合格的中学教师的要求是多方面的，他既要有专长，多才多艺，又要品德高尚，身体健康；他既要善于教育学生，掌握良好的教育、教学方法，把年青一代培养成国家社会所要求的全面发展的新人，又要善于自我教育，掌握自学方法，养成自学习惯，不断提高自己的品德修养，更新自己的知识。而这些要求，又是相互联系、相辅相成的。

二

高等师范院校，应如何改进工作，提高教育质量，培养出符合前述要求的中学师资呢？我们认为下列一些问题必须予以注意：

首先，在办学思想上，必须坚持高师特点，走出自己的办学道路。办好高师的规律，只能从高师本身去找，不应从综合大学或其他性质的高等学校去找，这是必须加以明确的。"向综合性大学看齐"的口号是错误的。任何性质的学校都有自己的特点，忽视自身的特点而屈从于其他学校的特点，就等于否定了自身的存在。高师的任务是培养中学师资。附带说明一下，本文所谈的高师是指普通高师来说的，它的任务就是培养普通中学的教师，其他中等专业学校或职业学校的师资，应设职业高师或类似的师资培训机构，不在本文论述之列。高师的特点是被它的任务和培养目标规定的，高师的任务就是培养中学师资，它的一切工作都必须服从这一需要。它的系科设置、课程门类、活动安排，它的科学知识教育和思想品德培养等等都必须考虑中学教师的规格，考虑中学教师质量的实际需要。所谓面向中学，就是从这个意义上来说的，不是用办中学的办法来办高师，也不是中学有什么课程高师就开什么课程，更不能说面向中学就是降低质量，面向中学就是落后性。相反地倒是，越要提高高师的质量，越要面向中学。能否培养出合乎要求的中学师资，永远是衡量高师办学水平的重要标志。无需证明，如果高师培养的毕业生，尽管他在某些专业造诣上有较高的水平，然而他不能担任教师，那也只能说是我们办学的失败。我们培养的学生在毕业之后尽快地适应中学的工作，一要愿意做中学教师，二要能做好中学教师。就这两个问题，我们曾对近百名往届毕业生作了调查。结果是：毕业后就愿做中学教师和稳定了教育工作情绪的占57%，其余43%是在一年、二年甚至五年之后才适应教师工作的；在业务能力上毕业后一年内就能够自如地做好中学教师工作的占52%，其余48%的人是在二年甚至五年后才适应教师工作的。近两年的毕业生在专业思想上存在的问题更为严重，有的系反映，毕业生中无条件地服从分配并情愿做教师的只占5%—6%。这些情况都说明了我们坚持高师特点的办学思想的重要性和迫切性。我们必须清除干扰，从领导到教师认真解决办学思想问题。必须使学生在学习期间既受到良好的基础知识和学科专业知识的教育，又得到足够的教育专业训练；既在德、智、体各方面获得较好的发展，又要特别在教育专业思想方面打下坚实的基础。以使我们的毕业生不仅具有做好中学教师工作的实际本领，而且要树立忠诚党的教育事业的信念，愿意为培养年青一代奋斗终生。

其次，修订教学计划，使其密切符合高师培养目标的要求。当前高师的教学计划有以下几个问题必须解决：

1. 加强基础课，包括一般基础课和专业基础课

高师学生的来源是中学。由于一些学校片面追求升学率，结果导致许多中学生偏科现象十分严重，即使升学考试的科目，也往往学得支离破碎。因此，高师基础课的教学具有更为重要的意义。各系都应针对中学教师的实际需要，增加必要的基础课，把"大学语文"列为共同必修课，增加学生的文理科基础知识，以扩大学生的知识面，并为进一步学习专业提高课打下必要的基础。

2. 加强教育理论课程

教育学、心理学，虽然从来就是各系的共同必修科目，但时间过少，而且得不到应有的重视。至于各系的分科教材教法课也遭到同样的命运，学生不愿学，教师不愿教。无论教师和学生都在不同程度地看重专业提高课，而忽视教材教法课，有的甚至配不上教师，有的则时开时停，根本无法积累系统的教学经验，更谈不到提高教学质量。教育课程是高师特点的重要标志之一，必须认真加强和改进这些课程，增加教学时数，提高它的地位，充实教学内容，改进教学方法，改变某些师生对这些课程的模糊认识和错误态度。

3. 增加教育见习和教育实习的次数和时间

高师毕业生要到中学去工作，了解中学和关心中学应是高师教育的重要内容。这不仅有利于确立学生的学习目标和专业思想，而且通过对中学教育的参加和实践能更好地使他们学到一名合格的中学教师的实际本领。国外的高师院校以及同类学校都十分重视教育见习和实习。苏联高师的教育见习和教育实习分三种情况，一般在一、二年级进行教育见习，每月专门规定"中小学活动日"，定期深入中小学参观见习；二、三年级期末进行两次夏令营的辅导员实习；四、五年级到中小学进行教学实习，掌握教学工作的全程。通过这些见习和实习，全面培养学生的教育专业能力，对中小学生集体和个别学生从事设计和进行教育工作的能力，准备和进行各种课程的教学能力，组织课外活动的能力和担当少先队辅导员的能力，等等。他们认为高师学生的教育工作能力在很大程度上是依靠教育见习和实

习来解决的。美国（以肯特州立大学教育学院为例）不仅重视 300 学时左右的毕业教育实习，而且在实习前的整个教育专业教学计划中安排 300 学时左右的实践活动，以便提早并加强培养师范生的独立工作能力。而我们的高师却只有几周时间的毕业教育实习，不但次数少、时间短，而且活动内容也极为单调，实习三五节课和组织一次班会，又基本上都是在教师反复指导下进行的，这很不利于培养学生独立活动的能力。要加强师范性，必须：（1）尽可能早日使学生接触中学，了解中学生。在进行入学教育时，就应安排到中学的参观见习活动；（2）在基础课学完之后，一般可在二、三年级之间举行四周左右的教育见习和实习。着重于了解中学的教育、教学情况。在教师深入指导下实习几节课的教学工作和组织一二次班级活动。同中学生建立感情，培养教育事业心；（3）毕业前举行五六周的教育实习。这时要以学校中正式教师的任务和要求来进行实习，以使他们全面学习和掌握作为一名中学教师的全部工作，包括教学工作和班级工作。努力缩短毕业后走向工作岗位承担教师任务的适应时间。办好高师一定要把教育见习和实习作为培养高师学生的一项重要教育形式来看待，充分有效地利用时间，组织活动，提高质量。

4. 减少必修课，增设选修课和讲座课

在课程设置上，要给学生独立和研究留有余地。目前高师有些系科课程设置过多，课时过多，有的每周上课多达二十八九节。教师上课又讲授过多，学生课后忙于复习教师讲授的内容，很少有独立活动的时间，严重妨碍学生学习的独立性和主动性的发挥，影响学生智能的发展，这种情况必须迅速加以改变。要在保证学生学好基础课的前提下，适当减少必修科目，把一些必修课改为选修课，增加选修科目。使学生能够根据自己的兴趣和爱好，学好选修课。此外，还应开设讲座课，进行专题讲座，可以是教师、学生的研究成果，也可介绍学术动态和有关学科的最新成就，以扩大学生的知识眼界，并培养他们的钻研兴趣和从事科学研究的能力。

再次，改进教学方法。高师各系科的专业教师都必须懂得教育规律，注意改进教学方法，不仅要重视科学知识的准确性和思想性，而且要注意教学技巧，运用讲授、讨论、答疑、实习、设计等多种教学形式，在教学实践上给学生作出榜样。这不仅对提高教学质量、发展学生智能是必要的，而且通过潜移默化的影响对培养学生的教育才能、教学模式和风格也起着重要的作用。当前改进教学方法的最重要问题是要充分调动学生学习的积极性，采取单一的讲授和满堂灌的办法是不利于发挥学生学习主动性的。高师的教师在教学中必须改变单纯传授知识的做法，必须切实注意培养学生的智能。在传授知识的同时告诉学生认识问题的方法，通过介绍各家学派，各种争论的问题，以及学术动态，扩大学生的视野，活跃学生的思想，启发学生的智慧，并引导学生进行探索和钻研。应该特别注意的是各科教师都要重视学生的基本功训练，教师要以身作则，在板书、教态、教学作风等各个方面成为学生学习效仿的楷模。为实现上述要求，教师除了树立起明确地重视高师特点的教学思想外，还应了解中学，熟悉中学。这是高师教师的必备条件之一。如果说在一般高等学校教师只要在所教学的专业学科方面有广博的知识，精湛的造诣就可以的话，而高师的教师却必须同时是中学教育的专家，至少应该熟知中学教育情况。可以通过到中学兼课，指导中学教师钻研教材和开展科研，或编审中学教材与教学指导书，培训中学教师等办法深入中学，以便在了解中学的基础上，改进自己的教学方法，使自己的教学工作能够适应培养合格的中学教师的实际需要。

最后，开展课外活动，改善教育条件。贯彻高师特点，不仅应重视课内教学，而且还要重视课外活动。学校的教务部门和各系科应配合课内学习有计划地开展有关的课外教育活动，青年团、学生会也应在党委统一领导下采取学生喜闻乐见的形式组织有关从事教师工作所必需的竞技、比赛活动，如运动项目的竞技活动、音乐、艺术的欣赏表演活动，讲演比赛活动，书法比赛活动，中学教育的报告活动，学术报告活动，等等。所有这些活动都应以教育工作为主题，突出师范教育的特点。整个学校应该具有师范的气氛。形成良好的校风。环境的布置、教育人员和工作人员的表率作用，都要加以注意。这样才能使学生在潜移默化中受到良好的教育和熏陶。学生在师范院校学习时的各种感受，对他们的一生都起着重要的作用。高师一定要注意改善教育条件，从各个方面保证给学生以积极的影响。学校要有足够学生利用的丰富的图书资料，要提供良好的学习环境。特别要树立尊师爱生的良好风尚，高师教师的各种表现以及他们的地位、生活条件等，对学生的专业思想有着最直接的影响。要充分发扬教师的模范作用。调查中许多往届毕业生每当谈起给他们留下深刻印象的老教师时，都情不自禁地表现出无限怀念和景仰，这说明了教师楷模作用的影响之深，也说明了这个问题的重要性。

总之，要培养合格的中学教师，就必须坚持高师特点，充分发挥高师的教育潜力，并根据教育发展形势的需要，改进工作，提高质量。任何企图扭转这一办学方向的主张，都是错误的，违背高师的发展的客观规律的。

开展调查研究　提高高师教育质量
——对哈尔滨师范大学毕业生的调查与分析[*]

最近，我们到齐齐哈尔市对哈尔滨师范大学历届毕业生的思想政治状况、专业知识水平、能力发展和教育专业训练等方面的情况进行了调查研究。我们对 8 所学校 200 余名来自 11 个系的毕业生作了一般性了解，并对其中 93 名毕业生进行了更深一步的调查。调查过程中，我们除举办两次有 18 名毕业生参加的座谈会和一次有 8 位中学领导参加的座谈会之外，还走访了市教育局的领导同志和部分中学教师，并深入到课堂听了毕业生的课。调查的方法采用问卷法、谈话法和观察法。整个调查过程尽量排除干扰因素，使被调查者处于自然状态，力求反映真实情况。

通过调查研究，对毕业生总的情况可以这样来概括：绝大多数毕业生是思想积极上进，热爱党的教育事业的。他们所掌握的专业知识有一定的深度，思维能力、辨别能力、观察能力都比较强，较普遍地重视教育理论的学习。他们是胜任中学教育工作的，许多人已成为教学中的骨干，并在学校各项工作中发挥着重要的作用。但是，还有一定数量的毕业生在有些方面还不适应中学的需要。它反映出在我们的教育教学工作中还存在着一定的缺陷，亟须努力加以改革。

从毕业生的毕业年限来看，他们当中有 2/3 是毕业于"文革"之前，有 1/3 是在"文革"当中和"文革"之后参加工作的。这里，既主要反映了我校 50 年代和 60 年代初期学生的某些特点，也可以看出 70 年代在校生的一些情况。它可以从一个侧面折射出当时我们学校的教育质量，将为改革我们高师的教育教学工作提供重要的依据。

下面从四个方面来考察：

---

[*] 原文系刘景波、张玉勤、唐文中合著。原载《黑龙江高教研究》1984 年第 1 期。

一　思想政治状况

（一）坚持四项基本原则，热爱党的教育事业

尽管我校毕业生都经历了"史无前例"的十年动乱，并且大部分人都程度不同地受到过冲击，尤其是近几年来国家实行开放政策，各种政治思潮又不时地袭击着他们。但是，各学校领导在评价毕业生时却普遍认为，他们政治思想表现是好的，专业思想是牢固的。他们的思想主流积极上进，坚持四项基本原则，关心党和国家的前途与命运，热爱党的教育事业。他们在工作中积极肯干，自强不息，作风踏实，为四化建设而努力地工作着。民族中学领导满意地说："在我们学校六名哈师大的毕业生中，有三名任教研组长，另外三名也都是教学骨干，他们都是学校的硬手，用得上。"齐市二中现有哈师大毕业生十三名（50年代毕业的六名，60年代毕业的五名，70年代毕业的二名），其中三名分别担任学校的党支部书记、校长和教导主任，还有六名是学校的骨干教师。二中校长高兴地说，"师大毕业生到中学受欢迎，水平比较高，教学上顶用，不少人成了学校的台柱子。"据各中学校长评价毕业生政治思想表现的统计数字表明：表现好的占81%，表现一般的占19%；专业思想牢固的占78%，一般的占19%，较差的占3%；工作作风好的占77%，一般的占23%。

这些毕业生之所以有这样优良的思想品质与作风，究其原因有以下几点：

1. 他们的政治素质是好的。

2. 在哈师大受到了良好的思想政治教育。齐市第一中学政治教研组组长鲁延军是1964年我校政治系毕业生。她回忆说，毕业时"我母亲是高干，可我当时根本没想利用这种关系留在大城市，而是服从分配到艰苦的林区一所普通中学教书。有人说我傻，我看傻点好。当时环境十分艰苦，政治课、历史课、音乐课啥都教过，工作任务压得很重。也哭过，可我的专业思想却从来没有丝毫动摇过，一心一意地干工作，1979年入了党。我的思想基础是在母校打下的，当时的大学思想政治教育工作对我的成长起到了很大作用"。

3. 党的十一届三中全会以来，党的知识分子政策得到了落实，他们从中看到了希望与前途，对教育工作充满了信心。

可是，值得注意的是尚有20%左右的毕业生是属于"表现一般"的。

根据我们所掌握的谈话材料分析,这些同志并非思想落后、专业思想不稳定和工作不积极,而仅仅是由于他们对社会或学校工作的某一方面感到不满意,或认为"教师的社会地位低、工资少、生活条件差",或"在'文化大革命'中挨过整、受过冲击",或现在工作单位的"领导不够重视、心情不大舒畅",等等。这同时也说明,进一步落实党的知识分子政策仍是一项长期而艰巨的任务。

(二) 身体状况欠佳,心理品质较差

表1　　　　　　　　　　　毕业生的平均年龄

年龄	20—29 岁	30—39 岁	40—49 岁	50 岁及以上
百分比（%）	5	10	76	9

从表1可以看出,85%的毕业生的年龄都在四十岁以上,他们都具备"人到中年"的某些特点。教龄在十五年以上,工作任务繁重,工资待遇长期偏低,家务负担较重,身体状况不太好。从表2中,我们较明显地看到身体健壮、精力充沛的人数和身体一般以及较差的人数各占一半。他们在工作中感到"力不从心",苦干实干的精神减弱了,模范带头作用差了。齐齐哈尔市民族中学支部书记王经久同志说,"师大应从招收新生起就要把好身体关,入学后要经常教育他们锻炼身体。有的毕业生刚开始工作就有病,不是胃溃疡,就是严重神经衰弱"。

表2　　　　　　　　　　　身体状况与心理品质

身体状况	身体健壮,精力充沛	50%
	一般	43%
	较差	7%
模范作用	工作中起模范作用	70%
	一般	28%
	较差	2%
实干精神	任劳任怨、坚强、实干	76%
	一般	22%
	较差	2%

齐齐哈尔市教育局人事干部和有些中学领导在座谈会上反映，师范院校近几期毕业生思想起点低，缺乏吃苦耐劳的精神。"许多人报考师范院校是为了抱个铁饭碗，"一位中学校长说，"现在师范院校毕业生分配工作时挑肥拣瘦，他们的志愿是：一机关、二高校，实在不行到企办校。"市教育局一位同志讲，"哈师大七七、七八两级毕业生专业知识面挺广，教学满够用，但是思想状况不大好，较普遍的问题是缺乏吃苦耐劳的精神。他们讲待遇、图安逸、生活散漫，不能为人师表，分配工作时拉关系、走后门。有一个毕业生竟托了五六个重要人物为他说情、奔波，图的是找个轻闲工作。"齐齐哈尔二十中刘校长十分感慨地说，"如果师大毕业生哪里轻闲往哪儿去，哪里挣钱往哪儿去，实质上把自己等同于一个小市民，成了废品。"为了培养合格的高师毕业生，一位学校领导建议我们把好三个关："一是招生关，一定要把优秀的高中毕业生选拔到高等师范院校中来，否则，就会形成高师学生质量差→中学师资水平低→中学教育质量下降这种恶性循环。二是思想关，要对高师学生自始至终坚持进行理想教育、专业思想教育和教师职业道德教育。三是毕业关，不能让高师学生抱铁饭碗，不合格的不能分配工作，有的在校混了四年，分配到中学也成了累赘，要实行留级制。"

这些近期毕业生，他们是"文革"后期渡过小学阶段的，错误思潮污染了他们幼小的心灵。加上他们又是恢复高考制度之后入大学的，进校后便一心扑到文化知识的学习中去，很少过问政治问题。虽然他们也常常议论一些政治问题，社会上的不良风气问题，但由于他们思想起点低，认识问题也必然是肤浅的。像对待社会上不正之风这类现象，在情感上是共鸣的，行动上必然随波逐流。除了上述原因外，与我们师范大学思想政治工作薄弱不无关系。我们要不断总结经验，用疏导的方针，知识性、趣味性、思想性强的教育形式，不断地向学生灌输共产主义思想。

二 专业知识水平

了解毕业生的专业知识水平，我们是采取向中学领导问卷与毕业生座谈相结合的办法。但所得到的结论基本上是一致的，并且是符合客观实际的。至于他们在师大所学到的知识和中学实际结合的程度，毕业生的回答是明确的、肯定的。他们之中有1/3以上的人认为"在师大学到的知识是脱离中学实际的"。

从各中学校长对毕业生专业知识水平的调查中，我们了解到：掌握知识有一定广博程度的占33%，一般的占62%，较差的占5%。掌握知识有一定深度的占60%，一般的占36%，较差的占4%。掌握教育理论较好的占58%，一般的占33%，较差的占9%。科研水平较高的占35%，一般的占50%，较差的占15%。一位政治系毕业生在座谈会上说，"在哈师大学习的专业知识比较扎实，毕业后满可以胜任中学教学工作。像政治经济学、党史、哲学，到中学很有用。逻辑学、伦理学还应加强，大学讲得过于简单。法学概论太空洞，现在初中都开法律常识，学的东西不适应中学教学工作。"

可是，我们认为师范大学学生的知识还应广博一些，知识应该更具有综合性。长期以来形成的理科与文科分离、教学与科研割裂、各专业之间互不沟通的状况，造成师范大学学生的知识结构存在严重缺陷，不能更好地适应中学教学实际的要求。我们从调查中发现，我校文科毕业生缺乏自然科学知识，理科毕业生当中，文、史、哲方面的知识一般和较差的居多，占62%；而文理科毕业生当中，掌握教育理论一般和较差的占41%。一位文科毕业生说："我们文科学生应该学点理科知识，七七级、七八级师大毕业生到中学讲哲学，书中有不少物理、化学知识，中学生能看懂，可老师却讲不明白，出了不少洋相。"在实验中学工作的一位毕业生反映："教育学、心理学应该加强，教育实习时间应该延长。毕业后，我们感到专业知识不缺，可教不好课。"齐齐哈尔二中校长说得好："师范大学课程设置既要考虑有一定的深度，又要有一定的广度，现在的问题是缺乏广度；既要给学生一些尖端的知识，又要加强基础课的教学和基本技能的训练，现在的问题是基础课和基本训练薄弱；既要开一些高等的课程，又要面向中学实际，现在的问题是面向中学实际不够。总之，既要高瞻远瞩，管学生毕业后的几十年，又要始于足下，考虑到毕业后的应急。"

三 能力的发展

我们在调查中，是从毕业生的认识水平、教学工作和班级管理等方面来了解能力发展的。调查表明，在哈师大学习期间提高了辨别是非能力的占56%，提高了思维能力的占60%，提高了观察能力的占58%。

相反，回答在校时实际操作能力"一般"和"没有提高"的却占54%。数学系毕业生提出"应加强'初研'的深度和难度"；物理系、化学系的毕业生认为"实验课的教学应该进一步加强"；生物系毕业生建议"生物技术教学和野外实习还应进一步加以重视"；文科毕业生则普遍要求加强教育见习与实习。

回答在校时口头表达能力和书面表达能力"一般"和"没有提高"的分别占55%和54%。一位毕业生回忆说，他"在校读书期间很少有在公开场合讲话的机会"，要求师大"应在培养学生口头表达能力上下功夫"。数学系毕业生于铁琴提出，"师大毕业生应该既能搞好教学，又能从事科研工作，这样，在搞好教学的同时，还能把教学经验总结出来"。可是我们在调查中，却有91%的毕业生回答在校时科研能力"一般"和"没有提高"。

回答在校时组织能力"一般"和"没有得到提高"的占65%。一位毕业生说："师大毕业生应该掌握一套做中学生思想政治工作的真实本领。光靠教育学课讲点班主任工作常识，实习时蜻蜓点水似的主持一次班会不行，应该重点地讲，真刀真枪的练。"认为"师大招生应该逐步实行面试，看看考生的身体、仪表；听听他们的口头表达能力；测一测他们的组织能力。"有的主张"学生班委会的工作应由学生轮流担任，以便提高每个人的独立工作能力和创造能力。"七七届历史系毕业生朱光很有感触地说："师大应注意培养学生的表达能力、文体活动能力和组织能力，不要成为书呆子。工作之后，他们大部分都要当班主任，要组织学生打球、唱歌。光有专业知识不能算是一个好老师。"

从上述材料中不难看出，我们师大学生的能力是有些畸形发展的，其中实际操作能力、组织能力和科研能力更差。这反映出我们师大许多教师的教学偏重于知识的传授，培养学生的能力问题还未引起广大教师的足够重视，有的虽已着手工作，但是具体措施还是十分不足的。生物系一位毕业生很中肯地说："咱们师大有的老师反倒不按教育学、教学法的要求讲课。他们上课念讲稿，满堂灌，培养我们的不是思考力、表达力和实际操作的能力，而是上课速记能力、下课对笔记能力和考试背笔记的能力。请问：一个缺乏自学、表达、科研和实际操作能力的毕业生，怎么能够更好地适应中学的教学和教育工作的要求呢？"看来，这恰恰击中了我们教学中的时弊，很值得我们认真思考和严肃对待。

四　教育专业训练

这个问题我们是从毕业生对学习教育理论和参加教育实践活动的看法，对教师职业所持有的态度以及对教育见习、实习的建议等几个方面来进行调查了解的。

表 3　　　　　　　　毕业生对教育理论和实践的看法

教育学				心理学				教育实习		在师大教育教学能力	
愿意学	不愿意学	学了有用	学了没用	愿意学	不愿意学	学了有用	学了没用	收获大	收获小	有提高	没提高
87%	13%	95%	5%	88%	12%	93%	7%	89%	11%	90%	10%

我们在调查中欣喜地发现，绝大多数学生在师大愿意学习教育学和心理学，感到学习教育理论有用处。他们说"学不学教育理论大不一样，"不学习教育理论"即使脑子里有再多的专业知识，嘴里也倒不出来，即使浑身是劲，也使不出来。"有一位毕业生在会上现身说法：一次，校长让她和一位北大毕业的老师用同一个教材搞观摩课，结果那位老师把学生讲困了；对她却给了很好的评价。她谦逊地说，"不是我高明，是因为我比他多学了教育理论。"

可是，我们从表 3 中清楚地看到，还有百分之几到十几的学生，在学校不愿意学习教育理论或认为"学了没用"。主要认为我们的教师在教学中存在着"三多三少"的现象：课内讲得多，课外教育活动少；条条框框讲得多，生动活泼的实例举得少；教师积极性发挥得多，学生练习得少。有的说，"开心理学和教育学之前先搞一段教育见习，增加点实感，学起来会更重视。"还有的建议，教育理论课与教育实习不要脱节，"教育理论讲完之后，及时组织学生到中学实习，这样便于教育理论与实践更紧密的结合"。

从图一"毕业生对教师职业的看法"的调查中，我们了解到，有近 50% 的学生在入学前是愿意当教师的，而且随着学校的一系列教育措施，

毕业生对教师职业的看法

图一　毕业生对教师职业的看法

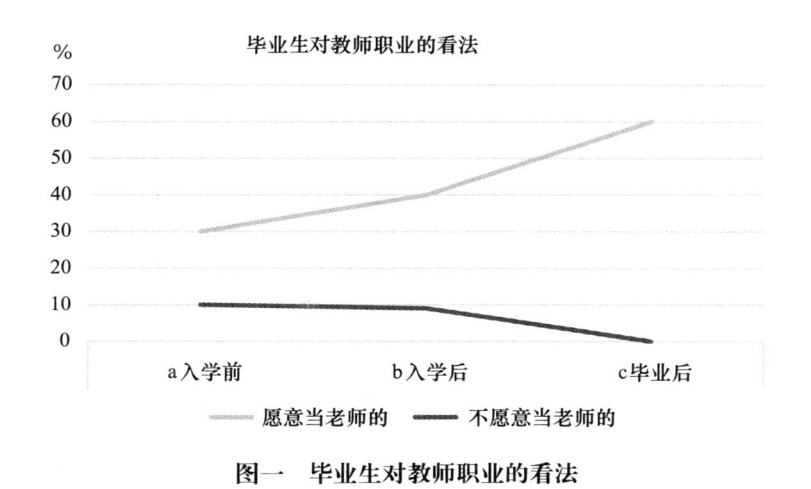

毕业后全都热爱这一工作。这个高起点反映了 50 年代和 60 年代初期毕业生的实况，不足以代表"文革"后入学的学生专业思想情况。

表 4　你何时才稳定了从事教育工作的情绪

毕业后就稳定	57%
毕业一年之后稳定	18%
毕业二年之后稳定	10%
毕业三年之后稳定	3%
粉碎"四人帮"之后稳定	12%

表 4 所呈现的调查的情况，基本上与图一所示是一致的。大部分同学工作一年之后，从事教育工作的情绪就稳定下来了。并与"青少年建立了深厚的师生感情"，对教学工作"开始入门"。摆在我们高师教育面前的任务是，应该尽早地缩短这个"时间差"，使更多的学生在学校就稳定从事教育工作的情绪，热爱教师工作，这对毕业生尽早、尽快地适应教师工作，对提高教学质量是有极大益处的。

在征求毕业生对教育实习的意见时，有 60% 的毕业生建议除教育实习之外，再增加一次集中见习时间，并有 76% 的毕业生认为教育实习时间应进行两个月。

有的毕业生说，"应该进行两次教育实习，第一次时间短一点，第二次搞两个月。否则，实习只教那么四五节课，工作之后还得摸索很长一段时间才能适应教学工作"。许多中学领导对我校的教育专业训练也提出了不少宝贵的意见。民族中学一位领导说，"哈师大毕业生的专业知识都掌握得不错，突出的感觉是教育理论与技能差一些，尽管在师大也经过学习和训练，可在实践中就感到不足了。"二中一位校长说，"哈师大毕业生业务能力强，班级管理能力低，他们到中学敢接课，不敢接班主任工作。"另一位校长补充说，"师大搞教育实习时，重视教学工作实习，忽视班主任工作实习，有的甚至把它作为见习来对待。建议今后要重视班主任工作实习，在比例上、时间上作适当调整。"一位老校长倡议，"能不能用一段时间组织师大学生到中学进行一次真杀真砍的实习。让他亲自带一个班，教两个班的课，干它两三周。"齐齐哈尔第十五中学顾校长插话说，"我们十五中有六名哈师大毕业生，其中有四名不会当班主任。"

还有几位中学校长对师大开设"教材教法课"提出了意见。他们说，"师大毕业生专业知识还行，但教材教法不过硬，他们容易好高骛远……要搞好教学工作，在知识的掌握上既要居高临下，又能脚踏实地才行。""有的师大本科毕业生不会钻研中学教材，尽吃高级药治不了病，可是能治病的药，他们却不会用。"还有一位中学领导十分中肯地说，"有的高师毕业生在教学和班主任工作上顶不上中师、高中毕业生，不是高师生水平低，而是他们对中学教材和中学的学生不熟悉。高师学生光有后劲儿不行，起跑时就得有股子冲劲儿，毕业后的头三脚一定要踢好。"这些意见很有分量，也颇有见地，值得我们去认真研究思考。

我们的调查仅仅是初步的，分析得也不够充分。我们愿和大家共同努力，不断加强调查研究工作，为进一步提高高等师范教育的质量作出新的贡献。

从"三个面向"谈高师教学计划的改革[*]

教学计划是学校进行教学工作和安排教学、科研、课内、课外全面工作的依据，是贯彻教育方针落实培养目标的保证。当前我国教育事业正面临着全面改革的新形势，提高教师素质改善教师的智能结构是教育改革的中心一环。为实现这一要求，妥善改革高师的教学计划，已成为当务之急。

新中国成立以来，我国高师的教学计划是以苏联高师教学计划为模式制定的。三十多年来，随着客观形势的变化，虽经多次改革，但至今并没有从根本上改变：1. 以知识教育为中心，忽视对学生的智能培养；2. 只着眼于中学生升学的需要，无视于广大中学生就业的需要，没有把中学教师必备的职业训练内容纳入到高师的教学计划之中，教育与生产劳动脱节；3. 教育理论课时比例偏低，没有把教育专业训练提到应有的地位，缺少掌握现代化教学手段的基本训练；4. 专业训练与科学研究较少联系，只重课内学习，忽视课外活动，没有把学生的独立自学和独立钻研纳入日程；5. 在专业学习上，只重视单向培养，忽视学科间的横向联系。这种状况同教育事业发展的客观需要，同新的一代人的成长和发展是很不适应的。

邓小平同志指出："教育要面向现代化，面向世界，面向未来。"根据现代化的要求改造我们的教育，同时要注意解决两个关系问题。一是今天和明天、现实和未来的关系，一是中国和世界的关系。从前者看，我们考虑任何事业，都必须要有发展的观点，要有预见性。既不能无视于现实的条件，又不能不考虑未来的前景。就教育事业说，尤其应该这样。教育事业是周期性比较长的事业，从根本上说，它是为未来准备人才的，一个

---

[*] 原载《北方论丛》1984 年第 5 期。

刚入学的儿童，总要一二十年后才能走向社会，发挥作用，今天教育界任何一点小的失误，都可能造成未来难以弥补的缺漏。从后者看，当今世界，真正是"小小环球"，任何国家的发展都不可能孤立于世界之外。我们必须洞察整个世界的发展趋势。一方面要向世界学习，把别国的先进经验吸收过来变为我们自己的东西；一方面要在我们自己的土地上，根据自己的情况，创造出新的成绩，为世界作出贡献。归结为一句话，就是从现实出发，迎头赶上。改革高师的教学计划，必须既要考虑跟上四个现代化的步伐，考虑各项建设事业对人才培养的现实需要，又要考虑未来社会的发展方向，考虑新的技术革命将要带给整个社会和整个教育事业的新变化。这是改革教育事业，也是改革高师教学计划的重要指导思想。

高师院校的任务，是适应国家教育建设的需要培养德智体全面发展的又红又专的中等学校师资。教育事业是一个整体的事业，它对全社会来说是培养教育下一代，为各项建设事业输送人才。而它的内部又划分为不同的层次和结构。小学和中学属于普通教育的范围，随着国民经济的发展，我们不仅要普及初等教育，而且要逐步普及中等教育。中等教育和初等教育同样，都属于基础教育。中学教育升学与就业的双重任务，决定了它的教育质量高低不仅影响着专业人才的培养，也影响着劳动者智力结构的改善。高师院校培养的师资，不能只限于中等学校开设课程的直接需要，还必须考虑到中等学校在整个教育事业中的地位及其对社会生活、对经济建设以及对科学技术的发展所起的重要作用。高师的培养方向、课程设置和活动安排都必须面向中学并要有全局的观点。这是改革高师教学计划另一重要指导思想。

基于如上的指导思想，高师的教学计划，迫切需要解决以下几个问题。

一 正确解决知识教育与智能教育的关系

一个高师毕业生，也就是一个合格的中学教师，应当具有什么样的知识结构与智能结构，这是改革高师教学计划，必须首先要解决的问题。

有一种说法，叫作教师要给学生一杯水，他自己必须要有一桶水。这是强调教师必须大量占有知识的一个典型观点。如果从传统的以知识教育为中心的角度来要求教师，无疑是有一定道理的，但在今天已远远落后于时代的要求了。这是因为：现代社会由于科学技术的迅猛发展，新的知识大量涌现，知识的陈旧周期日益缩短，有人统计，世界上的知识今后每隔七年到十年就翻上一番，这就是说知识总量不是以算术级数而是以几何级数在增长。一个人即使占有了再多的知识，他也无法应付客观世界所提供的新的知识信息的冲击。何况，人的头脑不仅是具有感受贮存知识的功能，而且同时具有分析、判断、想象、创造等功能。如果只注意感受和贮存知识，势必使其他功能得不到发展，反过来也必将阻碍知识的感受与贮存。因此，单纯的传授知识，显然已不是教育的唯一职能，而必须要正确处理占有知识和发展智能的关系，在传授基本知识的同时，侧重培养学生的智能，使学生具备驾驭知识运用知识并不断更新自己的知识的能力和本领。这样才能有利于学生智力的开发，有利于他们的身心成长和发展。值得重视的是，长期以来我们的教育理论界竟是大力宣传了这个"一桶水"的观点，而我们的高等师范院校也在按照这个要求来培养师资。无怪乎很多教师在面临新的教育改革，在强调培养学生能力这一新课题上感到一筹莫展了。

教师要搞好教学，自己没有足够的知识，当然不行，但单是有知识，而不具备相应的能力，他就绝不可能是一个合格的教师。从实际工作中我们发现一个优秀教师的教育工作中学识所起的作用约占他全部才能的1/3，而其余则是教育机智、事业心与工作态度和其他能力，包括自学能力、组织管理能力和研究创造能力，等等。它们各自所占的比重可以用下表来表示：

项目	学识	教育机智与表达能力	事业心与工作态度	自学能力	组织能力与管理能力	研究能力及创造能力	总计
%	35	15	15	20	10	5	100

改革高师的教学计划，应该摆好知识教育与智能教育的关系，并且要把培养学生的智能作为重点。教师的学识占35%，这绝不意味着降低了对教师的学识要求，而是反映了教师智能在其全部才能中的重要性。在知识教育上要特别强调打好基础，强调综合性。在学科的设置上必须要有相对的宽度，同时要注意各种知识之间的联系，以便于执简驭繁，运用自如。在智能培养上，则必须要开辟多种渠道，不仅要重视除讲授以外的其他教学形式，还要把各种有益的课外活动纳入教学计划，以便于使师范生得到多方面的培养和锻炼。以知识传授为重点，还是以智能培养为重点，

这是传统教育与现代教育的重要分界。高师教育要适应"三个面向"的需要，必须从教学计划的改革上使这个问题得到落实。

二 增加职业教育的内容，开设职业教育的课程

四个现代化，需要各种不同层次的建设人才，既需要高级的技术人才，也需要更多的中级技术人员和技术工人。为此，除了办好不同部类的高等和中等专业教育外，还必须加强中学的职业教育。高师教育计划中，增加职业教育的内容和开设职业教育的课程，正是由中学发展的需要决定的。

近几年来，高等学校的招生数量，只占中学毕业生的百分之几，而百分之九十以上的中学毕业生则要走向不同的劳动岗位。随着高等教育的发展，今后，升学的比例可能要有所上升，但同就业人数相比总会保持较大的距离。一个中学毕业生在走向劳动岗位之前，应该具有一定的劳动技能和本领，不能等待他就业之后再去接受劳动训练，不然就会造成极大的浪费。西方各国都十分重视中学生的职业训练，采取各种措施进行生产劳动教育。苏联最近公布的教育改革方案，主要是普通学校和职业学校的改革，他们在提出普通中等教育结构和职业教育结构改革的同时，把提高教学教育工作质量，改进劳动教育、教学和职业定向工作列为重要的内容。我们今天的中、小学生，基本上将要在 20 世纪末和 21 世纪初发挥作用，要适应未来社会的需要，对中学生加强职业训练，已是势在必行。

改革中等教育，关键是师资问题。要解决中学职业教育多种学科的师资，是需要采取不同途径包括建立职业技术高师院校来培养的。从普通的高师院校来说，它的毕业生要适应中学增加职业技术教育内容的需要，必须一方面结合所学的专业联系现代化的生产，掌握生产劳动的知识和本领；一方面要开设职业训练的专门学科，以便于更好地根据学生的特点进行职业定向的指导工作。

三 增加教育科学的课时比重，加强教育专业训练

前面谈到，一个优秀中学教师的知识与智能结构中，教育机智和他们的事业心与工作态度占有相当重要的分量。这是因为教师在进行教育教学工作中，没有对教育事业的深厚感情，不具备勤恳的工作态度，不善于针

对不同学生的具体情况果断地采取灵活、恰当的教育措施，他就根本没有做好教育工作的可能。教师的工作态度是以能否具备较高的教育科学理论修养和掌握教育规律为前提的。

许多国家的师资培养工作中，都把教育专业训练摆在重要的地位。英国四年制师范本科生的课程中，教育学、教学法课程的比重高达总学时的1/3，而且在整个四年中与专业课程平行开设，包括教育和社会、教育心理学、教学法、教学实习、高级信息交流技术、儿童学校和社会等学科[1]。苏联五年制的师范学院教育课程占总学时的25%，设有心理学、教育学、教育史、分科教学法、学校卫生法、生产实习和教育实习等学科。他们经常开展联系中、小学的活动，并特别重视教育见习和教育实习。一般在一、二年级进行教育见习，二、三年级期末进行少先队夏令营辅导员的实习活动，三、四、五年级到中、小学进行有关功课的教学实习活动[2]。美国师范教育的教学计划没有统一的规定，各州情况不尽相同。但基本方面无大出入。他们设置的教育专业课程有：中等教育原理、中等教育方法、教育课程、教育原理、电化教育、比较教育、教育史、教育心理学、成长与发展心理学、青年心理学、教育评价辅导，等等。教育课程在全部课程中占40%。教育课程不仅学科分得细，而且学时的比重很大。与此同时，他们还非常重视教育实习，教育实习不及格者，是不准毕业的。一般来说教育实习的总时数占全部课程的7%左右[3]。当然，各个国家都有自己的特殊情况。但同我国的师范院校比较起来，我们的教育理论不仅门类少而且时数比重也实在太低了。我们高师院校只设普通心理学、教育学和分科教学法，占总学时的比重不超过5%或6%，而且只有一次教育实习，平时也很少有接触中学教学实践的机会。这样少的教育专业训练还仍然有人以"向综合性大学看齐"为理由，主张削弱教育理论课，增加专业课。这种情况，如不加以改变，是很难培养出热爱教育事业、掌握教育规律的合格中学师资的。

增加教育理论课的学时，加强教育专业训练，目的在于使师范生提高对教育事业在四化建设中的重要性的认识，培养热爱教育事业并终生为之奋斗的专业思想，在于认识教育、教学工作的客观规律，掌握教育学生的

---

[1] 磊生：《英国理科师范教育的若干特点》，《外国教育资料》1984年第1期。
[2] 朱勃：《美苏两国的师范教育》，《外国教育动态》1980年第1期。
[3] 朱勃：《美苏两国的师范教育》，《外国教育动态》1980年第1期。

工作方法，获得运用现代化教学手段的实际本领。师范生的教育专业修养，是不可能用其他的专业知识代替的。改革高师的教学计划，必须把这项任务列入日程。

改革高师的教学计划，使之适应"三个面向"的需要，培养出合格的师资，是一个重要的课题，需要进行深入的研究。它不仅涉及整个教育事业特别是中等教育的改革，也涉及专业设置、学科安排以及教学大纲和教材编写等问题。就目前可行的条件看，应争取作如下的一些调整：

（一）调整各类课程的比例关系，减少必修课的课时，增加选修课，增加课外活动的时间，为学生独立学习和钻研创造条件。

（二）加强主干课，打好基础，密切主干课之间以及与其他课程间的横向联系，实行文理渗透。

（三）增加教育理论课的门类和学时，开设"电化教育"课，掌握现代化的教学手段。为使师范生早日接触中、小学实际，于一至三年级开展"中、小学联系"活动，两周一次，持续进行，使之与四年级的教育实习相衔接。

（四）开设"电子计算机的原理与应用"课，掌握现代化的信息手段。

（五）加强教育与现代化生产劳动的结合，把"职业指导"列为必修课程。

（六）加强教学与科学研究的联系，开展大学生的科研活动。开设"讲座课"，以扩大学生知识眼界，掌握科学上的最新成就，并获得综合性的知识。

高等师范院校的教学原则[*]

　　原则是行动的准绳。原则把人们的行动纳入在一定的轨道上，对行动起着指导和约束的作用。教学原则是人们在长期的教学实践中总结出来的进行教学活动的准则，它是各种成功的教学经验的理论概括，它来源于教学经验，但又高于教学经验。在教学活动中，自觉地遵守经过实践检验的行之有效的教学原则，就能保证教学工作的顺利进行，并极大地提高教学效果，事半功倍。因此，深入探讨和掌握教学原则，不仅对教学实践有重要的意义，也是教学理论研究的一个重要课题。

　　教学是实现培养目标的基本途径，它是一种目的性和自觉性极强的活动，每一种教学活动都被一定的目的所支配。规定教学活动方向和步调的教学原则首先要从属于一定的教育目的，从属于一定的人才培养方向和培养规格。从这个意义上看，教学原则是具有主观性的。人们在依据某种活动准则来组织自己的行动时，都力求更简捷更有效地来达到自己的目的，而只有当活动的要求符合活动对象的客观规律时，才能提高活动的效率和效果，不考虑活动对象的客观规律而盲目地去行动只能招致失败而达不到预定的目的。因此，教学原则在从属于一定的教育目标的同时又必须符合教学工作的客观规律。从这个意义上看，它又是具有客观性的。归结起来，教学原则就是根据教育目的并反映教学工作客观规律而制定的进行教学活动的准则。不同的历史时代和不同的阶级需要不同的教育目的，而人们对教学规律的认识又是随着教学实践的深入而不断深化的。教学原则也就既是发展变化不断完善的，又是前后继承相对稳定的。因此，考虑教学原则，既不能脱离一定社会的教育目的，又不能不考虑反映教学规律的最新认识成果。

---

[*] 原载《黑龙江高教研究》1985 年第 1 期。

在当代社会中，教学活动的实践领域是极为广阔的。各级各类学校，各种不同培养目标和教育对象的教学活动，应有既反映教学的普遍规律又反映其特殊要求的不同的教学原则。当前教育学中所提出的教学原则，提法尽管不同，但都是针对普通学校的教学来加以论述的。这些原则既反映普通学校特点，也反映着教学工作的普遍规律。不能否认，对探讨其他类型学校的教学原则同样是可以有所借鉴的。但不同类型的学校各有不同的培养对象和不同的任务，在教学上也有各自不同的要求。为了提高教学效果，研究和制定相应的教学原则，则是十分必要的。基于这样的想法，本文试图探讨一下高等师范院校的教学原则，以就教于同道。

高师是培养中等学校师资的高等专业学校，这使它既不同于普通学校，也不同于其他类型的高等学校。它的重要不同之点，就在于它的师范性。多年来，在要不要师范性这个问题上进行过长期的争论，殊不知师范性，是高师的根本标志和固有特点，也是高师必须坚持的办学方向和办学思想。离开这个特点就失去了高师这种类型学校存在的依据，就无法了解高师的教学规律。因此，探讨和制定高师的教学原则，坚持师范性是首先必须明确的重要指导思想。

教育要面向现代化，面向世界，面向未来。这是新的历史时期我国教育事业所面临的极其光荣而艰巨的任务。"三个面向"的中心问题，是培养适应历史发展潮流和适应我国社会主义建设需要的一代新人。这样的人应是品德高尚、知识渊博，并且不囿于成见，不因袭传统，敢于与陈旧的智慧和教育内容挑战，乐于接受新的思想观念，新的行动方式，能够适应社会的各种改革和变化的全新的人。要培养这样的人，除了要对教育制度、内容、管理等方面进行一系列改革以外，关键的问题是要培养出一支优秀的教师队伍。高师要完成这个历史任务，它就必须从教学内容到形式、方法进行全面的改革，提出合理的要求与措施，这样才能使教学工作呈现一个全新的面貌。因此，坚持"三个面向"，总结教学改革的经验，应是探讨和制定高师教学原则的另一重要指导思想。

根据以上的认识，我们认为提出以下一些基本要求作为高师院校教学工作的指导原则。

一　目的性原则

从培养学生的全过程看，教学是一种手段，其最终要实现一定的教育目的。目的性就是为了有效地发挥教学的作用而提出来的。这一原则是指教师在全部教学活动中都要有明确的目的，并力求达到这个目的而完善自己的教学过程。它是各种教学活动具有共性的一条教学原则，也是高师院校应该特别重视的一条教学原则。

教师的任务是把自己的教育对象培养成国家各条战线上需要的建设人才。深刻地理解和贯彻目的性原则，对教师更好地完成自己的工作任务具有重要的意义。高师院校的教育目标是把学生培养成德、智、体全面发展的、又红又专的中学师资和教育专家。这一培养目标要贯彻到学校各项工作中去。教学工作以其在学校中的特殊地位在实现教育目标上起着极为重要的作用。教学能否达到预期的效果，是以教师在自己的工作过程中对教育目标的掌握和贯彻的自觉程度为转移的。教师对教育目标理解得越深刻，对自己的教学工作同这个目标之间密切关系认识得越清楚，他就越能够更好地完成自己的工作任务。

当前，在四化建设对人才的迫切需要同教育事业发展的现实之间还存在着较大的差距，在人们对教师这一社会职业认识上的种种错误观念还没有了解清楚的情况下，高师教学工作中认真贯彻目的性原则，尤其显得重要。从高师学生的入学志愿看，抱有终生从事教师工作这一愿望的学生比例是很低的。重点高师虽然采取了第一表招生的措施，但真正从第一志愿录取的、成绩较高的学生仍是少数。因此，加强学生的教育专业思想教育，一直是高师院校所面临的一项经常性的迫切任务。解决这个问题，除通过各种途径的思想政治工作外，最重要的是教学工作。每个教师都必须明确自己的任务，不仅要使我们的学生在校学习时掌握足够的知识和能力，具备从事教师工作的品德和本领，而且要树立起牢固的教育专业思想，愿意做一名中学教师，热爱教育事业，成为教育上的专家，为社会主义的教育建设而奋斗终生。

目的性原则要求教师具有实现教育目的的自觉性，明确自己所任学科在整个教学计划和实现高师培养目标中的地位和作用。对教学大纲中所规定的学科任务和各章节课题的教学目的，要很好地理解和掌握，并根据学生的实际情况，把它落实到每一节课的教学中。各课时的教学目的既要前后呼应紧密联系，又要使其在整个学科的教学中体现出各自的特点。不仅教学内容，而且教学的形式、方法、手段都要服从教学的目的。同时教师还要养成善于从教学目的的要求出发对教学结果进行自我检查和评价的习惯，以便找出经验教训，不断地提高教学质量。

教学是师生双方的事，目的性原则不仅要求教师掌握教学目的，还要求学生有明确的学习目的，使教的目的和学的目的统一起来。学生的学习是受学习动机支配的，只有当坚定的学习目的同学习的实际需要联系起来，才能形成正确的学习动机。教学时要善于采取启发疏导的方法，使一切偏离高师培养目标的学习目的得到纠正，树立他们正确的学习方向，培养他们坚定持久的学习动力。

二　科学性原则

科学性原则是从教学内容的角度提出来的。它是指在安排教学内容、编选教材，直到知识的传授都必须坚持科学的世界观，坚持马克思主义的方法论。保证学生学到准确无误、事实确凿的科学知识。这条原则在高师的教学中之所以必要，一方面是被我国的社会性质和教育方针所决定，我们是辩证唯物主义者，要培养学生成为德智体都得到发展的、有社会主义觉悟的、有文化的新人，就必须坚持用人类最先进的科学知识武装学生的头脑；一方面也被高师本身的特点所决定，高师是教育工作的"母机"，是教师的摇篮，它培养的学生还要去从事教师工作，这些未来的教师在学校里掌握什么样的知识和如何掌握知识，对他们所担负的工作关系至巨，对他们所要培养的教育对象影响极大。因此，必须突出地强调科学性原则。

科学性原则与教学的教育性或思想性是统一的。学生对客观事物的现象、属性、联系和关系认识得越深刻，亦即他们掌握的知识越准确，他们对社会的政治和思想及其所应采取的行为和态度就会越加自觉和坚定。反之，学生的思想觉悟得到提高，便越会提高他们掌握科学知识的自觉性与积极性。因此，要处理好科学性与教育性的关系。

高师教学中坚持科学性原则，要十分注意打好基础并不断更新教学内容。使学生掌握广博坚实的基础知识，重视基础课的教学，这不仅是未来教师的工作需要，也是他们进一步完善自己的专业知识与本领的基础。尽管当前科学技术的发展日新月异，新的知识不断涌现，但基础知识所发生的变化是不大的，各个国家的普通教学科目和基础学科都是比较稳定的。师范院校的学生如果不认真学好基础知识，如果他们的知识面过于狭窄，他就无法担当未来的教师工作。但这并不是说要我们固守于陈旧的教材体系和内容，相反，要实现教学工作面向现代化的要求，还必须注意科学发展的动向，善于吸收最新的科学成就，纳入教材体系，更新教学内容，以适应社会主义建设对教师培养的要求。

贯彻科学性原则，还要求重视教材的系统性与逻辑性。任何一门独立科学都是按照一定的体系和系统来反映人们对客观事物认识成果的。我们讲授的学科，必须尊重科学的系统性与逻辑性。教师要认真钻研教材，把握教材系统的来龙去脉，纵横关系，并结合学生的实际情况，区分主次，确定重点，明确问题之间的内在联系，以便于学生理解和掌握，并有助于逻辑思维的培养。

三　智能培养原则

传统的教学只把注意力集中到知识的传授上，并以占有知识的多寡作为衡量教学效果的尺度，其结果反而限制和束缚了学生知识的掌握和认识的发展。把只重视传授知识转变为既重视知识更重视培养学生的智能是现代教学论思想的核心，智能培养原则就是在这种思想的指导下提出来的。在高师的教学中，这条原则十分重要。师范生如果在校学习时不培养起相应的智能，他们在出校后就无法胜任自己的工作，并且会直接影响到青年一代智能的培养。

培养智能和掌握知识并不是矛盾的，重要的是要处理好二者的关系，并认真改变忽视智能培养的状况。在教学中要使学生掌握坚实可靠的科学知识在任何时候都是不容怀疑的，但光是传授知识是不行的。掌握知识的目的是应用，而应用则要求必要的能力。再者，一个人的精力有限，不可能把所有的知识都学到手。在新的科学技术飞快发展的今天，已有的知识很快就会变得陈旧，单靠掌握一些现成的知识，也无法适应社会发展的客观需要。而如果具有较高的智能，他就有了足够的应变本领。因此，必须要把培养智能提到应有的地位。培养智能，离不开知识，那种脱离开知识的掌握单纯追求智能培养的观点是错误的。但有了知识，并不等于就有了智能，那种随着知识的掌握自然地也就发展了智能的观点同样也是错误的。智能与知识二者并不是同步增长的。这就要求我们在教学时把培养学生的智能当作一项重要的任务来对待，一方面要给以足够的重视和摆在应有地位，一方面要采取必要的措施，改革教学的内容和方法。

在教学中培养学生的智能应该是多方面的。一般来说包括：1. 接受信息或知识的能力，如观察力、注意力；2. 储存和处理信息的能力，如思考力、想象力、记忆力；3. 运用知识解决实际问题的能力，如实际操作能力、模仿能力、创造能力、研究能力和发表能力等等。这些能力的培养都是不容忽视的。在高等师范院校，特别重要的是培养自学能力和研究能力。前者保证了知识的补充和更新，而后者则推动认识与实践的创新与发展。这两种能力既是前述各种能力的综合运用，也使它们能够得到进一步地巩固和发展。

贯彻智能培养原则，要处理好教师与学生的关系。教师的任务是教，学生的任务是学。学离不开教，但教不能代替学。教师的工作主要是引导和指导学生，调动学生学习主动性与积极性。不要只是教内容，更重要的还要教方法。在大学的教学中，企图把某一学科的专业知识全部教完是根本办不到的。讲授的内容要力求做到少而精，把重点放在学习方法的指导上。只有少而精，才能使学生有更多的精力和时间去培养智能。只有掌握学习方法，他们才懂得如何去培养智能。有人说，教学中培养智能就是使学生由"学会"到"会学"的发展过程，这是有道理的。对重要的基本的知识与本领必须学会，但不能满足于学会，即使学会的东西再多，也还是有限的。因此，必须在学会的基础上达到会学，即掌握独立学习的能力，这样他的智能才真正得到了培养和发展。这是我们每一个教师在自己的教学工作中都必须加以注意的。

贯彻智能培养原则，必须给学生创造独立学习活动的条件并保证有较充裕的活动时间。主要措施可以是：1. 修订教学计划，针对不同学科的具体情况，压缩学时，增加学生独立活动时间；2. 采用多种教学形式，精讲精练，改变"讲授唯一"的积习，增加有指导的自学、讨论、实验、实习、心得报告等教学形式的比重；3. 开拓第二课堂或第二渠道、开展科研、演讲、讲座、调查等培养多种能力的综合性活动。总之，要给学生创造独立地动脑动手的机会。这样不仅可以有助于扩大学生的知识面，使学生智能得到多方面的锻炼和发展，而且可以极大地提高他们学习的自觉性和主动性。

四　因材施教原则

学生的知识和发展水平的差别是客观存在的。因材施教原则指的是在教学工作中要有针对性地从学生身心发展的实际水平出发来实施教育。这是一条具有悠久历史的教学原则，远在我国春秋时代就提出了这条原则。

当代脑科学、心理科学和教育科学对人身心发展研究的新成果更丰富了它的科学论据，使它成为各级各类学校教学工作中普遍的重要的一条教学原则。

因材施教不是片面地强调个别教学，它是与班级集体教学结合在一起的。在班级集体教学的形式下，同一个班级的学生，既有共性，又有个性，教学时一方面要对学生提出统一要求，并采取统一的措施，使他们都能达到国家所规定的培养目标；一方面还要针对学生的不同情况，帮助他们得到相应的发展。因材施教也不能片面强调面向全体学生。长期以来，在我们的教育工作中有一个"面向全体学生"的口号。要求全体学生都达到一定的目标和规格，这是无可非议的。但由于平均主义思想的作祟，实践的结果，往往是只注意了一般要求，而忽视了个别培养，常常抑制了个别学生的发展，则是应该警惕和防止的。

因材施教要敢于并且必须对少数拔尖学生进行特殊的培养。在一个学生集体中，从实际水平看，总会有上、中、下之分。教学时，在面向多数的前提下，可以把因材施教的重点放在学习后进的学生身上，也可以把重点放在拔尖学生的身上。实践证明，后者是优于前者的。第一，可以带动全班学生勤奋学习，形成争优夺魁的集体意识；第二，可以提高人才培养的教育经济效果，有利于快出人才，出好人才。目前，有的高等学校对待政治上表现好、学习有进取心、成绩优良，特别是学习过程中表现比较强的自学能力、善于独立思考、有强烈的探求精神、语文基础较好、有一定的外文阅读能力、在某一学科显露出特殊才能，并且身体健康、注意锻炼身体的学生，经过申请、推荐和批准，确定为拔尖培养的对象，对他们配备指导教师，拟定超越教学计划的培养方案，并给予使用图书资料、仪器设备、教学科研经费的特殊照顾，以促进他们的成长和发展。这是应该大力提倡的，也是值得高等师范院校教学工作中借鉴和效法的。

贯彻因材施教的原则，要提倡教师深入学生，通过直接接触观察和了解学生，摸清学生的底细，掌握他们身心各方面的特点，包括学习思想、学习态度、兴趣、爱好、健康状况、智能表现等等。在此基础上，分析成绩上升下降的规律，找出学习上先进和落后的原因。

贯彻因材施教的原则，还要在了解学生的基础上，改进教学方法，采取有效的教育措施，长善救失，培植并发扬他们的优点，并在发扬优点的过程中克服他们的缺点。

五　面向实际的原则

面向实际原则是理论与实际相结合这一认识论的普遍原则在高师教学原则中的具体表现。它包含两方面的含义，其一是指在高师的教学工作中传授各门学科的知识都必须坚持以理论为主导，使理论密切联系实际，以保证学生深入地掌握理论，沟通理论与实践的通道，并为未来的实践作必要的准备；其二是指把高师院校面向中学、联系中学实际这一办学方针落实到具体的教学中，探索中学教育的规律，研究中学教育的发展趋势，以便根据中学教育的实际需要，有针对性地改革和加强高师的教学工作。对于前者，虽然在贯彻上还有许多不足之处，但在认识上却没有抵触。对于后者，则不光在贯彻上而且在认识上也还有较大的分歧，有待于认真加以解决。

高师院校的任务是培养合格的中学教师，这里的"合格"是指毕业后走向工作岗位就熟悉中学，就能胜任愉快地担当起中学教师的工作。而事实上，目前绝大多数毕业生是达不到这个要求的。他们不仅在思想上没有树立起热爱教育专业的事业心，而且在业务上也与中学教师的要求存在着很大的差距，很多方面不得不在当了教师以后再学习做教师。造成这种情况的重要原因之一，是我们工作上的脱离实际。因此，在教学工作中贯彻面向实际的原则是极为重要的。

面向实际原则，要求从课程设置、教材内容、教学方法以及开展相应的活动等方面加以贯彻。要合理安排教育专业课、学科专业课及其他公共课的比例；要从培养中学师资的需要出发，有计划地编写高师院校各学科的专用教材，改进教学方法。同时，要大力开展教育科研和训练作为一个中学教师必需的自学能力、组织能力、发展能力等的有关活动。高等师范院校，具有同其他高等院校的共性，这就是为国家培养通晓各种专业的高级的建设人才。但这个共性是通过不同的个性体现出来的，高师的个性就是培养中学师资，我们的教学工作如果脱离这个实际需要，就无法得到改进和提高。

面向实际原则，还要求在教学中为学生创造接触实际、了解实际的条件。我们从毕业生的调查中知道，他们真正了解教育工作和对教育工作的感情多数是在担当教师工作之后培养起来的。在校生也是如此，经过一次教育实习，很多学生的专业思想都发生了明显的变化。这都说明没有对中学实际的了解是无法产生对从事教育工作的感情的。苏联的师范院校,除了安排较大比例的教育见习和教育实习以外,他们还从师范生入学之后就开展"中小学活动日"的活动,使学生广泛地接触中小学实际。这是值得我们效法的。我们也应当通过教育理论课和相关的专业课,使学生自入学之日起,就有计划地安排他们深入中小学,见习中小学的教育活动,担当一定的工作。这不仅可以增长中小学教育的知识与才干,而且对树立明确的学习方向和培养巩固的专业思想有重要的作用。

究竟在高等师范院校应提哪些教学原则还是一个新的课题。前述五个原则,并没有把高师教学的基本要求全部都概括进去。本文只是抛砖引玉,希望引起更多的同志探讨这个问题。

教学原则的落实和贯彻,不是主观愿望所能决定的,它还要求具备一定的条件。这些条件是:

1. 要树立新的教学思想,发挥广大教师教学改革的主动性与积极性。要敢于冲破传统的保守思想和习惯势力,从教学内容到方法手段进行大胆的改革。合理地发挥教师的作用和学生的学习能量,探索各学科的最佳模式。

2. 建立和改革各种教学制度,使教学制度成为促进教学改革、提高教学质量的保证,如教师工作量制度、教学优质奖及科研成果奖制度、联系中学实际的制度、教师职务评定制度,等等。这里最重要的问题是树立对教学工作的新的评价观,搞好教学评价。教师的任务是什么、教师应该如何进行教学工作、优质教学的标准是什么、对学生的要求是什么、怎样评价学生的学习成绩,等等,都应该应用新的教学思想来加以检验,推陈出新。正确的教学评价,不仅可以为师生的教和学提供努力的标准,而且也使各种教学制度的改革有所遵循和依据。

3. 加强教师队伍的建设。教学工作的改进,教学原则的贯彻,关键在于教师。高师是培养教师的学校,高师的教师是教师的教师,他们必须知道怎样做教师。为此,在建立教师队伍的过程中,除了政治、品德方面及学科专业方面的要求外,还应该考虑教育专业这一必备的条件。高师的教师,应该是经过教育专业训练、熟悉中学情况的。只有具备这个条件,才能更好地完成培养合格的中学师资、培养教育专家的任务。

高等师范教育结构[*]

一 高等师范教育结构的沿革与现状

（一）高师教育结构的沿革

历来年青一代的学校教育，都是在教师的领导下进行的。但是，专门培养教师的学校却是在近代才出现的。师范教育的产生和发展是同资本主义生产力的高度发展和整个教育事业的普及提高紧密联系在一起的。机器的普遍使用，生产工艺的复杂化，要求学校培养出大量的具有一定文化并掌握熟练劳动技能的生产劳动者，而专门担负培养师资任务的师范教育则成了发展教育事业的直接需要。1672 年在法国里昂创办的圣查理教育研究所，首开培养教师之举，可以说是师范教育的先声。1794 年法国设立的有名的巴黎高等师范学校是最早的高等师范学校。19 世纪随着先进国家义务教育的实施，师范教育获得了真正的、巨大的发展。一个国家师范教育的发展，是以该国初等和中等教育的发展为前提的。初等和中等教育对师资数量和质量的要求，规定了师范教育发展的规模和速度。当代所有发达国家都有过一个师范教育大发展的历史时期。

我国的师范教育是在清朝末年废科举、兴学校的过程中产生的。最早的师范学校是 1897 年创办于上海的南洋公学师范院。后来，1902 年京师大学堂设立了师范馆，即今北京师范大学的前身。师范馆的建立距今只有八十余年的历史。1903 年，设立优级师范学堂培养中学堂的教员，并规定京师及各省均可设立一所。辛亥革命后，1912 年 9 月改优级师范学堂为高等师范学校。1922 年公布的"新学制"又将高等师范学校改为师范

---

[*] 原载《黑龙江高教研究》1985 年第 3 期。

大学，同时规定设立培养初中教师的师范专修科。这就是在我国近代教育史中高等师范教育制度逐步形成的过程。

1928年，国民党取得政权之后，对高师教育的结构做过几次变动。如1938年规定为培养中等学校师资设立师范学院；1941年又规定为培养初中师资在师范学院附设初级部。对高师教育结构做出较完整的规定是1946年公布的《修正师范学院规程》。其中规定：1. 师范学院修业年限为五年，男女分校；2. 师范学院得设第二部，招收其他大学性质相同系的毕业生，给以一年的教育专业训练，结业后充任中学教师；3. 师范学院得附设专修科，招收专科学校毕业生，给以一年的教育专业训练；4. 师范学院可附设研究所，招收大学毕业生，期限二年，考试合格者授予教育硕士学位，这样，在高师教育结构上就形成了专科、本科和研究所三个层次。不过，由于旧中国整个教育事业都得不到应有的重视，高等师范学校更是寥若晨星了。国民党统治时期最高一年（1947年）高师学生数只有20845人，到1949年更减少到12117人。这充分说明高师教育在旧中国的境遇。

中国共产党领导下的中央苏区设立的第一所师范学校，是1932年10月设立的中央列宁师范学校。1933年又设立了中央教育干部学校。1934年以后，中央教育人民委员部把培养教育工作干部和师资的学校分为四类：1. 高等师范学校；2. 初级师范学校；3. 短期师范学校；4. 小学教员训练班①。当时或以后老解放区的师范教育，主要属于干部教育性质。由于适应革命战争和阶级斗争的需要，所有学校在学习期限、招生对象、课程设置等方面，都没有严格的规定。

高师教育的真正发展和高师教育结构的完善化，是新中国成立以后的事。新中国成立初期的高师教育，一方面沿袭了旧中国高师教育的某些建制；一方面又学习了苏联的师范教育体制。1951年中央人民政府政务院发布了《关于学制改革的决定》，把各类师范学校的学制确定下来。明确规定高等师范学校分师范学院和师范专科学校两种，分别培养高中和初中的教师。1952年至1953年，经过高等学校院系调整，过去附设在普通大学内的教育学院、师范学院，均独立设置为师范学院。到1953年为止，全国已有高等师范学校37所，其中师范学院27所，师范专科学校10所。此外，还有新疆民族学院师范部和延边大学师范学院。高师学生数达到40560人，比1949年增加了234.73%，同国民党统治时期学生数最高一

---

① 熊明安：《中国高等教育史》，重庆出版社1983年版，第442页。

年（1947年）相比，增加94.57%。

自1953年至1957年，我国高等师范教育一直在稳步向前发展着，学校数和学生数都在逐年增长。学校从1954年的39所发展到1957年的58所，学生从1954年的53112人发展到1957年的114795人，基本上适应着国家建设的发展步伐。1958年，共产风和浮夸风使许多事业都脱离开正常的轨道，高等师范教育也陷入在盲目的发展中，学校数量出现了极大地增长，1958年达到171所，到1960年更达到227所。这种情况不仅超过了国家财力物力的负担限度，而且师资、设备都无法满足学校急剧发展的客观需要。结果是降低规格，徒有虚名，空有数量，没有质量，不得不作出合理的调整。经过几年的整顿，到1965年，学校数调整为59所，接近了"大跃进"之前1957年的学校数字。说明脱离社会主义建设的客观规律而盲目追求学校数量的发展，是不正确的。

表1　　　　　1949—1978年高师学校数及学生发展情况

年份	解放前最高年	1949	1950	1951	1952	1953	1954	1955
学校数	22	12	12	30	33	33	39	42
学生数	20818	12039	13312	18225	31551	39958	53112	60657

1956	1957	1958	1959	1960	1961	1962	1963	1964
55	58	171	175	227	163	110	61	59
98821	114795	157278	192285	204498	186841	137561	114296	97462

1965	1966	1967	1968	1969	1970	1971	1972	1973	1974
59						44	44	45	57
94268	72003	48776	25078	2516	9140	16840	33567	56365	78554

1975	1976	1977	1978	1982	1984
58	58	59	157	194	242
97362	109731	165105	249940	288106	361800

十年内乱，教育是重灾区，师范教育又是重灾区中的重灾区。广大教师身心横遭摧残，尊师传统荡然无存，教育科学被否定，知识分子成了

"臭老九"。专门培养教师的师范学校当然就更无存在下去的必要了，许多师范院校停的停，并的并，撤的撤，迁的迁。勉强维持下来的少数学校也处于风雨飘摇，朝不保夕。后期虽然也开始招生，但学制、课程、方法都搞得十分混乱，失去高师院校的本来面目。

粉碎"四人帮"以后，党内的各项政策得到落实，教育事业开始受到重视。在新的历史时期，实现四个现代化，科学技术是关键，教育是基础。几年之间，师范教育重新得到恢复和发展。不仅老校获得新生，而且成立了不少新校。从表1中可以看出，1978年有高师157所，到1982年，学校数增加到194所，在校学生达到288106人。两年后的1984年，学校发展到242所，学生发展到361800人。培养高质量的师资，是发展教育事业的关键，办好高等师范教育，已成为教育建设的当务之急。

（二）高师教育结构的现状

三十多年来，我国的高师教育已逐步形成了较完整的体系。

1. 高师教育的层次结构

当前我国高师教育主要有三个层次，即专科生、本科生和研究生。适应这三个层次有以下几种学校。

（1）师范专科学校。以培养初级中等学校的师资为主要任务。学制二年或三年，招收高中毕业生及同等学力的适龄青年入学。

（2）师范学院或师范大学。以培养高级中等学校的师资为主要任务。学制四年，入学条件与师专相同，毕业后可授予学士学位。设备条件较好，师资力量较强的，由教育部直属或省属的重点高师，一般命名为师范大学，其余均称师范学院。师大与师院在培养目标、任务、学制等方面没有区别。

（3）硕士研究生或博士研究生。有条件的学校，主要是有指导力量的学校、专业或学科经批准均可招收攻读硕士学位或攻读博士学位的研究生，也可招研究生班。学习期限各为二至三年。经论文答辩成绩合格者授予硕士或博士学位。毕业后充实高校教师队伍或从事相应的研究工作。为迅速改变高校教师青黄不接的现状和提高教师队伍的素质，师资力量较强的高师可办助教进修班，经考试入学，期限二年，学习成绩优秀者可申请硕士学位论文答辩。合格者授予硕士学位。

根据1982年的统计，全国194所高师院校中有本科院校66所，专科学校128所。在办学规模上，学生在500人以下的26所，500人至1500人的123所，1500人至3000人的25所，3000人至4000人和4000人至

5000 人的各 10 所。由于新建的院校较多，办学规模在 1500 人以内者占绝大多数。

2. 高师院校的专业结构

我国目前的高等师范院校多为普通高校。它的培养对象是充任普通中学教师和其他中等学校的普通教育科目的教师。因此，它的专业设置基本上是对应着普通中学及其他中等学校的普通教学科目而设置的。近几年来，在教育部属高师和一些基础较好的高师，除普通学科专业以外，根据国家建设和科学技术发展的需要，以及师资设备等条件，增加了一些新的专业，如图书馆学、无线电电子学、生物化学、计算机科学、地貌、天文学及电化教育技术等专业。在技工师范学院设置机械制造和工业自动化等专业。规模较小的地方所属的师范院校，有的将学科性质相近的专业合并设置。据 1981 年统计，全国高等师范院校有 186 所，在校学生 32.2 万人，设置的专业共有 37 种，1443 个点。其中本科 641 个点，专科 802 个点，详见下表。[①]

表 2　　　　　　　1981 年高等师范院校专业设置基本情况

序号	专业名称	专业点 合计	本科	专科
	总计	1443	641	802
1	汉语言文学	181	65	116
2	中国少数民族语言学	11	9	2
3	英语	161	54	107
4	俄语	17	17	
5	日语	9	8	1
6	历史学	67	36	39
7	政治教育	87	48	31
8	学校教育	5	5	
9	学科教育	5	5	
10	心理学	7	2	5

---

① 《中国教育年鉴》编辑部：《中国教育年鉴（1949—1981）》，中国大百科全书出版社 1984 年版，第 26 页。

续表

序号	专业名称	专业点		
		合计	本科	专科
	总计	1443	641	802
11	数学	183	65	118
12	物理学	179	62	117
13	化学	176	60	116
14	生物学	67	37	30
15	地理学	49	31	18
16	体育	100	46	54
17	音乐	38	25	13
18	美术	41	24	17
19	德语	1	1	
20	法语	1	1	
21	哲学	2	2	
22	政治经济学	2	2	
23	教育学	14	14	
24	图书馆学	3	3	
25	天文学	1	1	
26	无线电电子学	2	2	
27	生物化学	1	1	
28	计算机科学	1	1	
29	地貌	1	1	
30	电化教育技术	1	1	
31	机械制造	2	2	
32	工业自动化	2	2	
33	政史	18	7	11
34	史地	2		2
35	理化	1		1
36	艺术	9	1	8
37	艺体	1		1

说明：前18种专业为高等师范院校的通用专业。

3. 课程结构

高师院校的课程分必修课与选修课两种，在必修课中又分共同必修课与专业必修课。课程门类有以下几种。[①]

（1）政治理论课。本科各专业和三年制专科文科各专业，开设中国共产党历史、政治经济和哲学三门；三年制专科理科各专业，开设中国共产党历史（或政治经济学）和哲学二门；二年制专科文科各专业，开设中国共产党历史和哲学二门；二年制专科理科各专业，开设哲学。

（2）外国语课。本科安排在一、二学年，有条件的学校可在高年级开设专业外国语选修课。三年制专科各专业安排三个学期。二年制专科不开设外语课。

（3）教育理论课。本科开设心理学、教育学和中学教材教学法三门，专科开设教育学与心理学两门。

（4）体育课。本科和三年制专科安排两个学年，二年制专科安排三个学期。

（5）专业课。包括专业基础课和选修课。本科学生在教师指导下按规定应选学的时间选修若干门课程，同时根据教学需要开设若干专题讲座，学生自由听讲，不计学时。专科一般不强调开设选修课。

除以上几类课程以外，高师院校各系、科学生都要进行教育实习。教育实习以课堂教学为主，并担任一定的班主任工作。理科各专业除教育实习外，还要加强实验课，并组织好专业实习。

4. 教师在职培训教育结构。除去培养新教师属于师资职前教育的高等师范学校系统之外，我国还有一条以提高现有教师为主要任务的教育学院或教师进修学院系统，这就是教师在职培训教育结构，它是和高师教育具有同等重要地位的。因为要改善教师队伍的知识结构和提高教师队伍的素质，总不外从两方面进行工作，其一是培养新教师，其二是提高现有教师。尤其在当前由于教师队伍急剧扩大所造成的教师文化业务水平普遍偏低的现实情况下，对教育学院（或教师进修学院）的重要性，更不能不寄予足够的重视。属于这方面的学院有以下几种形式：

（1）初级教育学院，或称地区教育学院。以地区为单位设置，负责培训本地区初级中等学校的教师和学校行政领导干部。可办不定期的短期培训，也可以办定期一年或二年的长期班。招收具有高中程度以上的教师入学，毕业后取得专科学校的证书。

[①] 《中国教育年鉴》编辑部：《中国教育年鉴（1949—1981）》，中国大百科全书出版社1984年版，第261页。

（2）教育学院。一般由省（市）所属，负责培训和提高高级中等学校的教师。可办短期半年或几个月的培训班，也可通过函授或定期二年的长期班，招收具有专科以上文化程度的教师，培训后达到大学本科文化程度，授予本科毕业证书。

（3）教育行政干部学院。多数由省（市）主办，负责培训现有的教育行政或学校行政干部及准备提升的后备干部。有时办短期班，也可办1—2年的长期班。程度视入学条件，可以是专科也可以是本科程度。

（4）教师进修学院。相当于教育学院，特点是任务单一，只负责现有教师的业务进修和提高。可根据客观需要针对中等学校的学科来设置系、科。学习期限2—3年，也可办理短期培训。

以上几种提高现有教师的教育学院或教师进修学院，除由教育行政部门主办的以外，有关企业和其他行政系统根据需要也可开办，主要负责培训本系统内所属学校教师和教育行政干部。

二 高等师范教育结构存在的主要问题

三十多年来，我国教育事业获得了巨大的发展，取得了显著的成绩。但由于"左"的路线干扰，全党工作重点长期未能转移到经济建设上来，忽视对人才的爱护与培养，教育事业多年没有放到重要地位。在指导思想上，由于坚持"以阶级斗争为纲"，形成以政治代替业务，忽视教育建设本身的特点和规律；在领导体制上，对学校管得过多，统得过死，一切等待上级的指令，较少考虑地方特点和横向的联系，造成部门分割，地区分割，使学校缺乏应有的自主权和适应地方需要的活力；在学校设置上，忽视学校与经济建设的联系，职业技术教育没有地位，片面追求升学率；基础教育畸形发展，教育结构失调，中等教育形式单一，小学教育得不到普及。这一切情况，都直接影响到师范教育的建设和发展。十一届三中全会以后，随着各项政策的落实和建设事业的发展，师范教育虽然得到进一步的调整和发展，但至今在教育结构上还没有来得及全面的改革，明显地存在着不少问题。其中主要的有：

（一）师范教育的发展规模和速度不能适应教育事业发展的客观需要

师范教育是整个教育事业发展的关键，没有足够数量和质量的师资，学校的发展就是一句空话。高师院校的任务是为中等学校培养合格的师资。从教师的质量看，根据国家对教师规格的要求，初级中等学校的教师应具有师范专科学校毕业的学业水平，高级中等学校的教师应具有高师本科毕业的学业水平。当前，从全国中等学校教师的情况看，都达不到这个要求。下面仅从1982年普通中学专任教师的学历中就可以看出问题的严重性：普通中学的专任教师总计2680559人，而其中在中专、高中毕业及以下程度的竟达1810619人，占67.5%，其余也并未完全达到应有的要求，见表三。

从当前中等学校新教师的供需情况看，高师教育结构也同现实和今后的需要有较大的差距。如黑龙江省1984—1985年度，高中共需补充新教师2600名，同年高师毕业生只有1355名，缺额1047名。初中共需补充新教师13700名，同年高师专科毕业生只有3964名，缺额9736名（详见表四）。表四只反映了普通中学教师的供需情况，职业中学和其他中等专业学校的师资需要情况还未计算在内。今后随着九年制义务教育的实施，教师的要求更将要逐年增加，高师教育结构不适应教育事业发展的差距还要继续增大。这不仅会直接影响教育事业的正常发展，而且还会继续扩大不合格教师在整个教师队伍中的比例。

表3　　　　　　　　　普通中学专任教师的学历　　　　　　　　单位：人

	合计	高等学校本科毕业及以上的	高等学校专科毕业及肄业两年以上的	高等学校肄业未满两年的	中专、高中毕业及以下的
总计	2680559	297816	442045	130078	1810619
初中	2214742	116674	289736	109093	1699239
高中	465817	181142	152310	20985	111380

（二）高师教育形式结构单一，限制了中等学校师资的培养

高等学校有各种形式，如全日制学校、业余学校、函授、广播、电视学校以及自学考试等等。国家历来号召广开入学门路多种形式办学，近年来，各种形式的高等教育有较大的发展，在高师教育中，也开始办起各种函授教育和其他形式的业余教育。但从办学的要求上，仍没有改变全日制办学占压倒地位的单一形式，其他形式还没有受到应有的重视。而且，已经办起来的函授系科都是针对现有教师的在职提高，对新教师的培养还只限于全日制的一种形式。在全日制培养师资这一办学形式上，"文革"前国家曾规定综合性大学也有培养中等学校师资的任务。事实上，由于在课程设置上没有或缺少教育专业训练，加以毕业生也不愿意从事教师职业，真正走上教师岗位的为数极其微小，结果是几乎全部中等学校师资培养的任务都压在全日制高师院校的双肩上。以目前高师教育的发展速度，是难以完成这一任务的。必须改变高师教育的形式结构，培养更多的师资，以适应中等教育发展的需要。

（三）高师教育在层次结构上，各层次畸轻畸重，比例失当

我国高师教育形成了专科生、本科生和研究生三个层次，这是在学制系统中早已明确规定了的。但在这三个层次的学校建设、发展规模和招生比例上却是不够恰当的，见表五。总的来说，是两头小，中间大，专科生和研究生数量偏少。首先，从中等学校的现实情况和发展需要来看，初级中等学校教师的需求量都是远远高于高级中等学校教师需求量的，但从表五中可以看出专科学生数却是低于本科学生数的。这种情况的出现，除了新成立的师范专科学校规模较小，招生数量较少以外，在办学思想上有一种"求大求高"的思想，也会影响着师专的发展。不少师专总是想向师院看齐，向往着办师院、招本科生，以为师专是向师院发展的一种过渡形式。其实，对高师的发展来说，至少在今后相当时期内，师范专科学校在我国还是一个十分重要的办学形式。因为，我们的教育事业正是处在大发展时期，九年制的义务教育已开始实施，教师数量严重不足，质量也偏低。要满足今后发展初级中等学校师资的需要，发展并且办好师范专科学校确属必要。其次，高师教育结构中，研究生的培养数量也是个薄弱环节。研究生是高校师资和科学研究人员的重要来源。目前按规定有二年制或三年制的硕士研究生和二年制的博士研究生两种规格，在高师教育中，这两种研究生的数量都很少。长期以来，高师院校的师资来源多是依靠优秀的本科毕业生来解决，缺点是专业知识基础薄弱，参加工作后，不得不采取进修、提高等措施进行弥补，拖长独立开课的准备时间，直接影响师资队伍的质量。如不采取措施，扩大研究生的招收名额，加强研究生的培养，高师的师资队伍仍是得不到正常、合理的补充和提高的。这种专科生和研究生在高师层次结构中偏低的情况，必须在今后大力发展高师教育的过程中逐步加以解决。根据教育建设的客观需要，使不同层次的学生人数有一个合理的比例。

表4　　　　　黑龙江省高师院校与中等学校师资供需情况　　　　　单位：人

需情		中等学校需要教师数				师范院校培养数			供需情况	培养情况
		合计	因在校生增加需要教师	补充自然减员	调整外流	合计	本科生	专科生	多余(+)不足(-)	函授夜大
高中	1984—1985	2600	1200	400	1000	1553	1553		-1047	778
	1991—2000	7100	3000	1100	3000	7749	7749		+649	16959
	1984—1990	9800	4000	4000	1800	37450	37450		+27650	9770
初中	1984—1985	13700	7700	2000	4000	3964		3964	-9736	1573
	1986—1990	19500	-200	5300	14400	13711		13711	-13890	10171
	1991—2000	42200	-400	300	18300	28310		28310		4440

表5　　　　　　　1981—1982年高师本、专科学生数　　　　　　　单位：人

	本科	专科	合计	合计中地方扩大招生		
				本科	专科	合计
1981	185487	135957	3210444	4834	3100	7934
1982	148609	139497	288106	2942	156	3098

（四）专业结构脱离教育建设需要，在培训规格上只着眼于普通教育的师资需要，无视于职业技术教育的师资需要

多年以来，由于鄙薄职业技术教育的陈腐观念没有得到清除，由于就业者的文化技术素质缺乏起码的要求，我国职业技术教育一直没有得到合理的发展，造成中等教育的发展畸形。1958年以后兴办了农业中学，"文革"期间又遭到全面扼杀，提出城乡都要普及中学，说什么学生上初中要不离生产大队、高中不离公社，盲目发展普通中学，把发展职业技术教育同资产阶级的双轨制等同起来，使职业技术教育的发展受到沉重的打击。这种情况对高师教育的直接影响是只办培养普通中学师资的普通高师，而不办培养职业技术学校师资的技术高师。近几年来，兴办了技工高师、职业高师，但为数寥寥，使新兴办起来的职业技术中学没有可靠的专业师资来源。我国当前教育体制改革的重要内容之一是调整中等教育结构，改革劳动就业制度，大力发展职业技术教育，力争在五年以内，使大多数地区的各类高中阶段的职业技术学校招生数相当于普通高中的招生数。这就是说职业技术教育必将获得重大的发展，并成为中等教育中的主干，而目前已经出现的高师专业结构单一

带来的职业技术师资严重缺乏的情况将更加严重。

上述高师教育结构中所存在的种种问题深刻表明，我国高师教育的现状同教育建设的客观需要很不适应，必须进行必要的调整与改革。发展教育事业，提高教育质量，关键在于教师。而师范教育则是教师的摇篮，是培养师资的基地。由此可以看出师范教育的重要性。党中央已经发出号召，要把师范教育作为发展教育事业的战略重点。我们必须把高师教育结构的改革作为教育体制改革的重要内容，使师范教育走在教育大发展的前面，为教育的大发展做好师资条件的准备。

三　建立合理的高师教育结构

前已述及，教育是四化建设的基础，而师范教育是教育工作的"母机"，是基础的基础。师范教育办得好坏，对整个教育事业的发展，对国家建设的现实和未来都有至关重要的影响。现在世界各发达国家的师范教育体制虽各不相同，但没有不重视教师培养工作的。为了更好地发展师范教育，为国家教育事业培养足够的高质量的师资，必须首先建立合理的师范教育结构。

（一）建立我国高师教育结构的原则

1. 坚持"三个面向"，适应教育事业发展的客观需要，重视师范教育

"教育要面向现代化，面向世界，面向未来。"这是邓小平同志对我国教育建设方向的精辟概括，也是建立合理的高等师范教育结构的基本指导思想。

实现四个现代化，进行社会主义物质文明和精神文明的建设，成功的关键是人才。教育为现代服务，就是培养出各条战线所需要的建设人才。从高等师范学校的任务来看，它直接培养的人才是中等学校的教师，而间接地却影响着各方面的人才的成长。因此，建立合理的师范教育结构，对师范教育作用的发挥有极为重要的影响。

建立合理的高师教育结构，必须从我国经济建设、教育建设对人才的实际需要出发，不仅考虑当前的需要，而且要考虑到十几年或几十年后的需要；不仅要反映出我国的特点，而且要考虑世界各国，特别是发达国家的人才现状。否则，我们将无法同其他国家进行竞争。为此，首先，要采取保证教师质量和数量的措施，真正把师范教育当作发展教育

事业的战略重点来对待。从院校的设置、布局、规模等各方面加以解决，而最重要的是要有足够数量的办学经费；其次，要保证高师院校的培养规格，为中等学校输送高质量的师资。要采取各种措施，如改革招生、分配制度，提高现有教师的地位、待遇，以稳定教师队伍，巩固高师学生的专业思想。

教育事业的发展同经济建设是息息相关、交互影响的。陈云曾指出："四化需要人才，人才需要教育，教育需要教师。"[①] 而教师则需要师范院校来培养。不重视师范教育，就会拖整个教育事业的后腿，而教育事业发展不上去，国家无可用的人才，也就谈不到搞经济建设，谈不到四个现代化。要避免这种恶性循环，就必须重视师范教育。从教育事业的发展，特别是从中等教育对教师的需求来考虑高师院校的建设和发展，这是建立合理的高师教育结构的首先原则。

2. 考虑国家发展教育事业的可能，明确不同层次的规格要求，力求取得最佳效益

发展高等师范教育，一方面要考虑客观需要，一方面要考虑国家所能提供的人力、物力与财力的可能条件，不能盲目地求高求大。我国目前还是一个发展中国家，经济力量并不富裕。教育事业是周期长、收效慢的事业，高师教育则更是如此。我们必须用尽量少的投资取得尽量多的成果，也就是培养出更多更好的教师，这就要认真注意高师院校的层次结构。据统计，培养一个本科生所需要的费用可以培养三个专科生。虽然，各发达国家教师培养规格越来越高，他们的初等和中等学校的教师，包括幼儿园的教师，都是由大学本科来培养的。但就我国当前条件来看，与其多办本科，不如更多地招收一些专科生。而就三年制的专科和二年制的专科来说，则应更多地办二年制的专科。这样既可节省财力，又可缩短培养周期，尽快满足初级中等学校师资的迫切需求。因此，规定高师院校必须建立合理的层次，明确各层次的培养规格和要求，规定恰当的学习界限和办学形式，制定不同层次的合理比例，以使高师教育得到更好的发展。

3. 服从教育事业发展的全局利益，调整现有的高师结构，适应多方面的教师需要

我国地域辽阔，人口众多，各地经济发展的不平衡和不同年龄阶段劳

[①] 朱敏之：《四化需要人才 人才需要教育——陈云同教师欢度春节》，《瞭望周刊》1986年第8期。

动者智力结构的差别，决定了我国教育形式和类型的多样性与复杂性。各级各类学校，不论普通教育和专业教育，不论全日制、业余和自学，不论普通的大、中、小学，函授、广播、电视教育，都需要相应的大量的师资。这些师资要全部由高师来培养，就当前我国高师教育的现状来看，是有困难的，或者说是不可能的。但高师的培养方向也决不能仅限于普通中等学校的师资，必须扩大它的服务面，增加高师的类型和专业，使普通高师和职业高师并重，使教师的职前训练与在职训练并重，担负起为各类中等学校培养新教师和提高在职教师的双重任务。这就要根据教育事业发展的客观需要，增建和扩建各种类型的高等师范学校，使高师的层次结构、类型结构和专业结构更加合理。

4. 运用动态观点，借鉴国外的先进经验并结合我国实际情况，不断完善高师结构

高师教育是受多种条件制约的，应根据社会的发展变化不断进行调整，使结构更趋合理。这种调整，一方面要借鉴国外先进经验，一方面要结合我国的国情。

国外高师教育的历史一般经过三个发展阶段，其一，是初创时期；其二，是大发展时期；其三，是稳定巩固和提高时期。这三个时期各有不同特点。初创时期，学校数目较少，学制也不健全。随着初等和中等教育的普及，师资要求量剧增，师范教育进入大发展，不仅数量多，而且也普遍受到重视。这种情况一般都持续几十年的时间。当中等教育已经普及，师资队伍基本饱和，高师教育主要解决师资自然减员的需要，他们的重点便放在稳定、巩固和提高质量上。有些国家停办师范院校，改由综合大学教育学院培养师资，并且不论学前教育、初等和中等教育的师资，一般都由大学本科来培养，对师资质量要求极为严格，正反映了他们的教育事业已高度发展的事实。

我们国家目前正处在普及小学进而实现九年制义务教育的时期，各级学校师资需要十分迫切。对我们来说，师范教育正需要大力发展。因此，高师要向综合性大学看齐，或停办高师改由综合大学培养师资的议论，不仅是盲目学习外国经验，而且是违背教育事业发展的客观规律的。但我们对待师范教育的发展，也必须要有动态的观点。随着我国经济状况的改善，教育事业的进一步普及和提高，我们的师资培养规格也要不断得到提高。若干年后，我们的学前教育及初等、中等教育的师资，也必将要由大学本科来培养，这是不容怀疑的。我们借鉴国外的经验，必须要结合我国

的实际情况，高师教育结构应该在这个前提下不断得到调整。

（二）建立合理的高师教育结构应采取的措施

根据当前我国教育事业发展的现实需要和高师教育结构存在的问题，亟须采取如下措施，以调整和改善高师的教育结构：

1. 开辟多种途径培养师资，建立多样化的高师结构

为满足各级学校对师资的需要，应采取定向培养与非定向培养结合，正规培养与非正规培养结合的方针，除了大力发展和办好定向的、正规的高师院校外，还要采取下列形式培养师资：

（1）综合大学负担部分培养师资的任务。"文革"前我国综合大学原来曾规定有培养中等学校师资的任务，现在看来，仍应恢复这项规定，保证综合大学一定比例的毕业生分配到教师岗位。在校期间，应有计划地开设教育学科的课程，以使他们受到必要的教育专业训练。从事教师工作的毕业生应与高师毕业生同样享受教师的工资待遇及其他待遇。

（2）由高师院校开办短期培训班，招收其他高校毕业生及具有同等学力的青年，给以短期（一年半、半年或几个月）教育专业的培训，考核合格分配做教师工作。

（3）在函授、广播、电视教育及自学考试中开设高师专业。毕业生经过严格考试凡达到规定标准者均可从事教师工作。

通过扩大培养师资的门路，就可以改变只由全日制高师一种学校培养师资的办法。不仅全日制学校，而且函授、自学都可培养师资，不仅师范院校，而且综合大学或其他高等学校都可为改善我国中等学校师资队伍作出贡献，这样高师教育的形式结构也就更加丰富起来。

2. 认真解决职业、技术教育的师资来源，为健全中等教育体制作出贡献

前面谈到，职业、技术教育在我国中等教育体制中占有极为重要的地位。由于多年来忽视青年的就业教育，职业、技术方面的专业师资从来就没有可靠的来源，如不采取措施加以解决，必将严重影响今后职业、技术教育的发展。解决办法：

（1）开办职业、技术师范院校，针对职业、技术学校的师资需要设系、科。除接受有关职业技术的专业教育外，还要接受教育学科的专业训练。

（2）在各类高等学校中开办对应的师资培养专业，如农科院校可培

养农业方面的师资，不同的工科院校可培养不同的工科方面的师资。可办专科，也可办本科。学生要接受教育专业训练，在学和毕业都要享受师范生同等待遇。这个办法有很多优越性，一是高等学校有较好的设备条件，师资力量也较雄厚，可以保证培养质量；二是高校系科门类齐全，专业范围广阔，容易满足职业、技术学校各种专业师资的需要；三是可以挖掘高校潜力，不需要开办新校，为国家节省开支。

（3）在有条件的高等师范院校，增设职业、技术教育的系、科，培养需要量大的、短缺专业的师资。

（4）委托有关高等院校，开办短期职业、技术教师培训班，可招收相近学科的现职教师，经过培训转教新课。

3. 根据教育事业发展的客观需要，调整专业设置，健全专业结构

高师院校的专业设置，应从中等教育发展对师资的需要出发，既要对现有各科师资的情况有全面的了解，也应预测到未来发展的师资需要。我国高师除少数部属学校有较大的服务范围以外，多数高师都是面向省、市或地区的。因此，专业设置也必须考虑到各地的特点。以黑龙江省的高师为例，全省共设 15 个专业，有 81 个分布点，存在的主要问题是小而全，有些专业满足或基本满足了客观需要，有些专业则数量不足或十分短缺。在 81 个专业中，政教、中文、数学、物理、化学、生物等六种专业有 52 个分布点，占 64.2%，其他九种专业只有 9 个分布点，占 35.8%。这种情况，如不加以适当调整，则会使专业结构畸轻畸重，影响师资的培养。另一方面，一些新的专业，如许多职业教育、学前专业、学校管理专业、心理学专业以及电子计算机专业等，都还是空白，也应创造条件逐步开设。这都是应该尽快加以解决的。此外，在普及九年制义务教育的过程中，初中教师的需求量必将大量增加，考虑适应农村初中数量多、规模小、班级小的特点，亟须能胜任双科教学任务的教师，师范专科学校的专业面必须加宽。因此，有些专业应实行双科教育，如数理、生化、文史、政史、史地等科，可以一科为主，一科为辅，有主有从。既有利于师资需要，也便于有侧重地培养和提高。

以上几项，是建立合理的高等师范教育结构亟须解决的问题。解决高师教育结构，既应全国一盘棋，又应适应地方的特点，使布局、形式、专业、课程等方面都建立起合理的结构，以形成具有中国特色的社会主义高师教育体系。

基础教育改革与高师教育[*]

李鹏同志在今年一月召开的全国高等教育工作会议上强调指出，高等学校改革的目标是使学校具有主动适应经济、社会发展需要的有效机制。不同类型的高等学校有不同的任务，对高等师范来说，实现这个目标，就是适应社会主义教育建设的需要，为中等学校培养合格的师资。因此，办好高师教育，必须关心和了解基础教育改革的现状和趋势。

高等师范教育是为中等学校培养师资的专业教育，它与中等教育的发展和提高有着极为密切的关系。有人把师范教育归入基础教育的范畴，就是从它们之间的这种特殊关系来说的。办好高师必须面向中学，并不是降低高师的学术水平；更不是采取实用主义的态度，中学设什么课，高师也设什么课。而是要完善高师与中等学校的反馈流程，研究中等教育的变化和发展，考虑中等学校对师资数量与质量的客观需要，预见中等教育的发展方向和问题，并把它落实到高师的教育、教学工作之中。因此，高师要十分熟悉中等学校的情况，在基础教育处于相对稳定静态发展的时期应该如此；在基础教育处于巨大改革变化的时期，更应该认真研究和掌握中等教育的发展规律。

一　改革是十年来教育事业发展的必然形势

党的十三大把"必须坚持全面改革"作为我国社会主义建设具有长远意义的指导方针确定下来，说明改革已经成为不可逆转的必然形势。这个形势在政治、经济领域如此，社会生产、生活如此，教育事业的发展更是如此。近十年来，我国教育事业的发展完全是在改革中前进的，尤其是

---

[*] 原载《黑龙江高教研究》1988 年第 3 期。

基础教育，当前更面临着深化改革的新形势。这是高师教育工作者不能不认真关注的问题。

过去的十年，我国教育理论和实践所走过的道路，大致可以划分三个时期。开始，为清除"四人帮"在十年内乱期间给教育事业造成的破坏和恶劣影响。在"拨乱反正，正本清源"的口号下，实践上着重于恢复和建立学校教育的正常秩序，理论方面则基本上溯源到前十七年以凯洛夫教育学为主的有关主张，特别是在教学理论方面更是如此。十一届三中全会对外开放、搞活的政策明确以后，教育事业的发展很快就进入了第二个时期。第二个时期的特点是学术开放，信息沟通，国外的教育发展现状和各家教育理论被大量地介绍进来。在实践方面，国外教育事业发展的规模与速度，教育与生产发展和现代文明建设的关系等等方面新的情况和问题，在反思和对比我国教育现状时，促使人们重新认识了教育的作用和价值。在理论方面，苏联的赞可夫、巴班斯基、苏霍姆林斯基，美国的布鲁纳、布霍姆，西德的瓦根舍因，匈牙利卢扎诺夫等人的理论，以及其他国家有关的教育学说，都相继涌入我国，开始了新中国成立以来教育理论空前活跃的时期。无数的教师、无数的学校开始借鉴国外的先进经验，在自己的工作中进行着改革的实验和探索。但总的来说，这个阶段的改革基本上还是处于局部的、缺少组织的实验，还没有进入有计划的全面改革，尤其没有涉及教育体制、结构、办学形式等方面的问题。教育是百年树人的巨大工程，它不仅因社会性质、社会制度的不同而不同；而且不同的历史条件、社会背景、经济发展水平以及观念上和教育本身的不同传统，都不允许照抄照搬别国的即使是行之有效的现成经验。一个民族的文化，是长期历史积淀的结果。要把别国教育建设上的精华化为我们自己的东西，必须认真地总结我们以往的经验，结合我们国家的实际情况，进行过细的筛选和抉择。同时要开展广泛的教育实验，在小范围内取得经验，再加以推广和普及。这就是十年来教育发展的第三个阶段的任务。1985年《中共中央关于教育体制改革的决定》的发布，标志着这个新阶段的开始。目前我们正面临着这个阶段，它与前两个阶段不同，不论在时间上、内容上和涉及的范围上都比以前更长、更深入和更为广泛。这是一个持续地深入地进行教育改革的时期。

从上面的回顾中，可以看出：1. 改革已经成为教育事业历史发展的必然趋势，它既与全国总的形势联系着，又有教育自身的发展特点；2. 教育改革正在由局部的分散的向整体的综合的方向发展，由自发的向自觉的有组织的阶段发展。教育的各个渠道、各种形式、各个层次间都密切地联系着，每一方面的改革都不能不考虑其他方面的改革，也不能不影响到其他方面的改革。

二　基础教育改革的成就和现状

十年来，不论教育体制、结构和学校制度的合理化、完善化，还是学校数量、入学人数、教师队伍建设以及教育、教学质量的增长与提高，都出现了历史空前的变化。在这些变化中，基础教育始终站在改革的前沿。其明显地直接与基础教育有关的变革有以下几点：

第一，在教育价值观方面，对教育的作用和重要性的认识有了根本性的变化。教育的社会职能，它对人才的培养和国民素质的提高以及由此而产生的由精神化为物质，在生产、生活和社会面貌的变化方面所焕发出来的巨大动力，是不能低估的。但长期以来，总是强调教育为政治、经济服务，较少阐述发展生产、提高社会生产力和人们物质生活水平必须依靠教育。在人们的认识上总认为办教育是社会消费事业，而不属于社会生产事业。在教育建设上，看不到教育对培养建设人才的超前作用，看不到发展生产必须做好人才的准备，看不到教育建设与生产建设的紧密联系，而是把教育的发展放在经济发展的后面。只强调没有钱不能办教育，不注意只有办好教育，培养了人才，才是促进生产发展的必由之路。而在学校建设上，总是把高等教育作为重点。相对来说，对基础教育则没有放到应有的重要地位。一句话，没有认识到教育在现代化生产中的真正价值，没有摆正发展教育事业与经济建设的关系，特别是没有认识到基础教育在整个教育事业中的重要性。党的改革、开放政策实行以来，对教育社会职能的认识发生了重大变化。《中共中央关于教育体制改革的决定》明确地提出了"教育必须为社会主义建设服务，社会主义建设必须依靠教育"的方针。党的十三大报告中更加鲜明地提出："把发展科学技术和教育事业放在首先位置，使经济建设转到依靠科学技术和提高劳动者素质的轨道上来。""从根本上说，科技的发展，经济的振兴，乃至整个社会的进步，都取决于劳动者素质的提高和大量合格人才的培养。百年大计，教育为本，必须坚持把发展教育事业放在突出的战略位置，加强智力开发。"这是对新中国成立后我国教育事业发展道路和近年来改革成果所引起的教育观念上变化的最好总结，也是制定今后教育事业发展方针政策的依据。也正是在这种认识的基础上，才把普及义务教育列入日程，才认识到职业技术教育的重要性，确定了普通中学与职业中学的合理比例，适应了在基础教育建设上普通教育与职业技术教育结合的世界潮流。

第二，义务教育法的公布，使国民基础教育的实施获得了法律上的保证，使我国教育事业的发展迈开了新的脚步。普及义务教育是现代国家教育文化水平的重要标志。1986年4月12日第六届全国人大第四次会议通过了《中华人民共和国义务教育法》，这是发展基础教育，促进社会主义物质文明和精神文明建设的一项重要措施。《义务教育法》的贯彻与实施，标志着新中国教育事业发展的一个新的高度，同时它也向深化教育改革提出了新的挑战。义务教育的学制规定为九年，即包括小学和初中。可以是分段制，也可以是一贯制，我国幅员辽阔，人口众多，各地发展极不平衡，在实施义务教育的步骤上，全国被划分为三类地区，分别提出了不同的要求。义务教育的实施，主要由地方政府负责。地方政府如何根据本地区的特点，落实国家在义务教育实施步骤上的统一规定，又如何在国家统一方针下，把教育办出地方特色，使教育与地方建设密切结合。也要求在实践中得到解决。普及义务教育的重要条件之一是师资。目前全国有950多万初中和小学师资，无论在数量上和质量上都有很大的差距。如何根据教育建设的客观需要，一方面培训提高现有的教师，一方面培养新的师资，建立起一个年龄、学识、学科结构合理的师资队伍，是摆在教育建设特别是师范教育建设上的十分紧迫的任务。

第三，蓬勃开展的教改实验，正在为教育、教学改革的深入发展开辟着新的道路。先实验，后推广，不仅便于取得经验，树立典型，减少盲目性，而且可以把由于工作上的某些失误而造成的损失减少到最低限度。因而它是既经济又有效符合事业发展规律的一种可靠的工作方法。各个国家，一种新教育理论的验证，一个新的设计方案的提出，都首先经过教改实验。

进行教改实验，要求具备一定的客观条件。即：1. 要有政策保证。任何实验，都要争取成功，这是毫无疑义的。但也要允许失败，允许接受失败的教训，改变原有方案，重新进行实验。2. 要有正确的理论指导，要有完善的实验设想，既有努力争取的目标，又有切实可行的实验步骤和方法。3. 要有一定的人力、物力和财力，要考虑实验学校的领导力量、师资、设备，要保证必要的经费来源。

50年代起，我国少数地区和学校就已开展了不同内容和形式的教改实验。但由于长时期内并不具备上述的客观条件，特别是没有政策上的保证，因而没有得到很好地开展。直到近十年，特别是最近几年才真正受到普遍的重视。全国各地都在积极开展各种形式的教改实验。其中有的是局部的、单项的实验，有的是综合的、整体的实验，成为推动教育改革的一个重要的依靠和借鉴。

在单项实验中，取得显著成果的有识字教学实验、课堂教学改革实验和教学方法改革实验。特别是识字教学的实验。北京景山学校用二十多年的时间在小学一、二年级进行了集中识字的教学实验，结果证明两年中可以识字2200—2500个，全部能够临写，并默写其中的90%，能掌握由这2000多字组成的5000—6000个常用词汇，能造300—400个句子。共阅读课文150多篇，能阅读普通儿童读物。到第四学期，一般都可以写出300—400字的作文，会用6种常用的标点符号。还学会了音序、部首两种查字典的方法。黑龙江省在更大范围内于小学一至三年级进行了"注音识字，提前读写"的教学实验，结果不仅汉语拼音掌握纯熟，普遍都能直呼音节，进行阅读和书写，而且识字量大大提高，小学五年级规定的识字量为3100个字，实验班三年内平均识字达2935—3032字之间，掌握字音、字形、字义的正确率都高于普通班五年级的学生。至于阅读能力则更为突出。据统计，实验班学生在三年中课内外阅读总量平均每人三百多万字，最多四百万字。阅读书籍除童话故事外，还有自然、史地、科技常识等方面，部分学生阅读了《水浒传》《三国演义》《西游记》等文学名著。在作文训练方面，课内作文量三年平均为120篇。作文测试结果普遍高于普通班五年级的写作水平（《"注音识字，提前读写"第一轮实验资料汇编》黑龙江文字改革办公室）。识字教学是教学工作的第一关，它不仅是语文教学的基础，而且是学习一切课程的基础。可以想见，如果这些经验得到推广，我们的基础教育将会发生多么重大的变革。

尤其值得重视的是，近年来出现了一股整体改革实验的热潮。整体改革是把学校整体功能优化的关键放在学校教育系统结构的优化上，把学校作为一个整体，从学制、课程、领导体制、教育、教学的各个方面进行全面的改革。既重视教育工作中各单列项目的改革实验，更重视单项之间的联系与联合。以单项推动整体，以整体带动单项，形成一个彼此有机联系的整体改革实验。这种实验可以在一所学校，也可以在一个地区进行多系列的改革。

在改革实验中，普遍遇到的共同性的问题是：1. 如何大面积提高教育、教学质量，培养合格的人才，保证劳动者的素质得到全面的提高。2. 如何适应地方发展的需要，使教育与生产劳动特别是第一线的生产结合起来；如何发展职业技术教育，使普通教育与职业技术教育结合起来。3. 发展教育事业，关键是师资，如何适应教育事业发展的需要，培养足够数量与质量的师资，建立适应现代化需要的师资队伍问题。这些问题，是当前教育改革所面临的重大问题，也是师范教育应该认真研究的问题。

三 改革高师教育的几个问题

前面谈到，高师教育与基础教育是息息相关的。近十年，高师教育适应基础教育的发展确实获得了很大的发展。但从教改的步伐看，却远远落在基础教育改革的后面。最明显的表现是高师毕业生不能适应中等教育发展的客观需要，不仅思想上没有树立起牢固的专业思想，在业务上也与中等学校的要求存在着相当大的差距。从当前情况看，我们感到高师教育至少有以下几个问题应该得到解决：

第一，应该明确地把"地方化"作为省属高师的办学指导思想。"地方化"，从实质上说就是办教育必须考虑本地区的特点，办教育要为发展本地区的经济服务。为提高本地物质文明与精神文明水平服务。就高师来说，就是为培养愿意并且善于为本地区基础教育服务的师资。国家教委副主任何东昌同志在接受《光明日报》记者采访时指出，县以下教育应重点为农村培养各种人才，使教育与经济形成相互促进的良性循环。又指出，目前农村升学率以小学毕业为基数，升入大中专的不超过5％左右，如果只追求升学率就会忽视当地没有升上学的95％的大头。[①] 这里确实存在着办学指导思想问题。目前我们高师培养的毕业生，相当多数不愿意到基层，不愿意到农村去，去了也不安心，千方百计调到城市。这怎么能实现县以下中学地方化的要求。要使高师毕业生扎根农村，高师办学必须树立"地方化"思想。黑龙江省是发达地区、中间地区和不发达地区同时存在的，发达地区是少数，多数是二、三类地区。我们省属高师必须解决毕业生不愿去农村和不适应农村中等教育需要的问题。不仅要加强思想教育，而且还要继续扩大定向招生的名额，使毕业生的流向在三类地区中形成合理的比例。办教育要使本地区满意，是世界上多数国家都十分注意解

---

① 戴宣长：《县以下教育的重点是为农村培养人才》，《光明日报》1987年11月10日。

决的问题之一。

第二，要适应发展职业技术教育的需要，调整高师系科设置，改革课程，增加职业技术教育的学科。重视教育与生产劳动结合，重视职业技术教育，已是发达国家早就得到验证的成功经验。联邦德国总理科尔认为他们国家之所以只用三四十年的时间在一片废墟上建成今天这样经济发达的国家，主要原因之一就是有发达的职业技术教育。该国各州政府一直到企业，都有专管职业教育的机构，从学徒工培训到中等高等职业教育，已形成了一个遍布全国的职业技术教育网。目前在 15—18 岁的青少年中，每两个人就有一个人接受职业技术教育。国家规定的培训专业就有 460 种。近年来，我国职业技术教育有了很大的发展，各地都设立了许多职业技术中学，严重的问题是职业技术专业课师资奇缺。新设的职中，有的靠原有教师改变专业转教职业技术课程，有的则从社会上吸收一些工匠来解决燃眉之急。真正合格的职技专业教师没有来源。解决这个问题，当然可以创建职业技术高师，或依靠有条件的工科或其他科的高等院校代为培养。但，更根本的是发挥现有高师的积极性。改变现有高师只培养普通中学教师的情况。调整系科设置，开设职业技术课程，增加必要的设备，培养担任中学职业技术课的教师。同时还要在普通系科中，精简课程内容，增设职业技术选修课程，使他们既能胜任普通文化课的教学，又能胜任职业技术课的教学，以适应基础教育中普通教育与职业教育结合的客观形势。

第三，要认真加强思想政治教育，培养学生为社会主义教育事业的献身精神。教育是百年树人的伟大事业。对师范教育来说，培养学生正确的思想观点，树立坚定的教育事业心，养成良好的职业道德规范，是关系事业成败的头等大事。因此，一定要十分重视学生的思想政治教育。当前师范院校学生专业思想不巩固，毕业后不愿从事教师工作的最大障碍是教师的社会地位和物质生活待遇偏低，在"奉献"与"获取"之间还存在着较大的差距。在我国生产力水平不高，物质财富还并不充盈的社会主义初级阶段，国家虽然在努力改善教师的物质生活待遇，但这种差距还是难以在短期内得到消除的。为此，师范院校的思想政治教育，必须一方面使学生深刻认识教育事业在社会主义建设中的重要地位；一方面必须大力培养学生为教育事业的献身精神。加强革命人生观的教育，使他们认识到人生的真正价值在于奉献，并树立起牢固的信念。

第四，要努力改进教学方法，大力提高教学质量。改进教学方法，是提高教学质量的关键。对于高师的教学来说尤其重要。教学方法得当，不仅有助于学生以较小的精力取得更大的学习效果，而且其本身就是对师范生的一种重要的培养和训练。师范生在校学习时接受了良好的教学方法的熏陶，出校以后他们就会在自己的工作中针对学生的具体情况改进自己的教学方法。那种在某些教师中流行的只管传授知识不管教学方法的倾向是十分错误的。

教学方法是为教学目的服务的，提高教学效果是检验成功的教学方法的尺度。不要把教学方法绝对化、片面化，不能企图找到一种十全的能够解决一切问题的方法，任何一种方法都是在一定条件下发挥作用的，在这种条件下起积极作用，换一种条件就可能起消极作用。改进教学方法，首先，要树立教学统一的思想，教好是为了学好，应既注意改进教法，又注意改进学法，要把改进教法放在有利于改进学法的基点上。其次，要注意各种方法的综合运用，根据教学目的、教材内容以及学生的具体情况，把多种方法结合起来，发挥它们的整体效应。这样才能收到积极的效果。高师院校的各科教师都能认真注意改进教学方法，就会对学生形成一种强大的良性的师范教育影响，使他们懂得如何对待自己未来的工作。

第五，要重视对学生的全面影响和培养，既搞好计划内的有形的教育，也要注意计划外的无形的影响，使学校成为一个时时处处都对学生产生积极影响的师范教育环境。在信息量不断增长的当今社会，教育上十分强调整体经验的学习。学生在学校里学习，不仅从课内也从课外接受教育，不仅从教师的接触中也从校内一切人员的接触中接受影响。有人把计划外的教育影响，称为潜在课程，并认为它与正式课程有着同样的重要作用，这是很有道理的。[①] 学生的课外活动、课余文化生活的安排，他们所接触的一切人和事，都对他们产生着影响。未来的教师，绝不应是只会传授现成的书本知识的书呆子，也不应是目光狭小，胸无大志的利己主义者。他们应该具有宽阔的胸怀，高尚的精神境界，忠于自己的职守，既有深厚的专业知识，又是多才多艺的全面发展的人。因此，高师必须努力创造给予学生多方面积极影响并使他们得到实际锻炼的教育环境和条件。当前，特别要加强校园文化建设，开展丰富多彩的课外活动，建立良好的校风校貌，养成文明礼貌的生活习惯。

第六，高师应该积极开展基础教育的研究，在理论和实践上为社会主义教育事业的发展作出贡献。高师应既是培养师资的中心，又是教育科研

---

① 吴也显：《潜在课程初探》，《教育研究》1987年第11期。

的中心。高师教育与基础教育有着天然的联系。开展基础教育的研究，是高师最大的优势。当然，基础教育改革中提出了大量的问题等待回答。高师应对自己的毕业生进行跟踪调查，对基础教育中的问题进行系统研究。用作自己工作取得的重要依据，在研究力量的组成上高师一方面应建立专门的研究队伍，对基础教育进行持续地、深入地研究，一方面应组织独立的课题组，对基础教育亟待解决的问题作出回答。开展基础教育研究，一要注意选题，要从基础教育的实际出发确定课题，一要注意研究成果的处理。为此，要同教育行政部门和实践部门取得密切的联系与配合，使基础教育中存在的问题得到科学地解决。也沟通和密切高师教育与基础教育的关系，使高师明确办学方向，为基础教育培养高质量的师资。

高师教育科研要为提高
基础教育质量服务*

哈尔滨师范大学与大庆采油一厂经协商，决定在该厂的初中、小学和幼儿园进行教改实验。自1991年开始到1994年暑期历时三年，经过一个完整的周期，全部工作已胜利结束。这一实验相继被批准为省教委和国家教委的科研项目。现就有关问题加以回顾和说明。

一

教育科研是高师院校的中心任务之一。大面积提高中小学教育教学质量问题是哈师大多年坚持的重点研究课题。为使理论与实际相结合，在教改实践中发挥应用研究的优势，急切需要建立中小学研究基地。大庆市在我国属于经济发达地区，教育也属发达地区。大庆采油一厂一向十分重视管区教育工作，在学校建设上做出了大量投入。多年来，学校本身也积累了丰富的办学经验，但在新形势下，为进一步提高教育教学质量，迫切需要理论的指导，亟待与高师院校结合并取得支持与帮助。这种共同的需要，是厂校联合开展教改实验的基础。

1991年初，双方达成了协议，决定以采油一厂所属的两所中学（大庆五中与大庆六中）、一所小学（大庆实验小学）和一所幼儿园为基地，开展以大面积提高教育教学质量为主题的教改实验研究。实验内容是：

在五中和六中，开展以"活动—训练"为中心内容的大面积提高教学质量的教改实验。两所中学分别选1991年秋季入学的初中一年级作为实验班。实验重点放在各学科教学质量的提高上，特别是语文、数学、外

---

* 原文系唐文中、马驰合著。原载《黑龙江高教研究》1996年第3期。

语、物理和化学等五门学科的改革。期限三年，直到初中毕业。未设对比班，实验结果一是同本校往届毕业生比较，二是同其他中学同年级学生比照。

在实验小学，开展"小学生日常行为习惯养成教育"实验。在一至六年级分别选出一个实验班、一个对比班。全校开六个实验班，包括7—12岁的251名学生。建立学校、社会、家庭三位一体的多渠道教育工作网络，通过行为规范教育、心理素质培训和生活指导三方面的教育，探索有效培养小学生文明行为习惯的途径和方法。

在幼儿园，开展幼儿入学前语言准备教学实验。以1991年入园的年满四周岁的幼儿为实验对象，期限三年。在全面加强幼儿常规教育的基础上，通过语言准备，提高幼儿的思维能力、认识能力和口头语言表达能力。

实验工作是分三个阶段进行的：

（一）准备阶段

1991年上半年，用了一个学期做准备工作。一是组织准备，双方都建立了实验工作的领导机构。哈师大方面成立了以副校长为首的包括科研处、教育系和各系有关学科教学法教师参加的教改实验领导及指导组；采油一厂方面成立了以副厂长为首的包括厂教育中心的同志以及各校校长参加的领导组，各实验学校分别成立了教改实验组。二是制定实验方案和实验工作的具体计划。三是对参加实验工作的教师进行培训，武装有关的理论知识，明确实验的目的和要求，增强实验教师的参与意识和自觉意识，以便充分发挥他们在工作中的独立性与创造性。四是做了必要的物质准备，并为幼儿园编写了系统的语言课教材。

（二）实验阶段

从1991年度到1994年度，为教改的实施阶段。"活动—训练"实验方案是根据当代心理学和教育学——教学理论的最新研究成果设计制订的。其主旨是使学生积极参与教学活动并在活动中通过严格训练而牢固地掌握知识、技能，提高智力水平和个性品质。"活动"不仅指表现于行为的那些可见的外在动作，如加强练习、重视操作等，而且更重视调动和指导学生内在的智力活动，如认识、记忆和思维方法的培养，并注意内在和外在活动的统一协调与相互促进和提高。"训练"，则是指在每一关键的学习环节或重要的技能程序、动作系统上给予反复的强化，以形成学生自动化的行为习惯。开展这项实验的目的在于寻求一种结合我国现实情况的教育途径和方法，使之在九年制义务教育过程中减少差生比例，大面积提高教育教学质量。为达到这一目的，就必须使实验中所采取的教育措施具有广泛的适应性，以便在同类学校中推广和应用。工作中坚持自然实验的原则，即在不改变学校日常教学秩序的前提下，采取提高教育质量的切实措施。从教的方面看，一是制订并坚持以"活动—训练"为指导思想的教学常规，使全部教学工作实现制度化、标准化和科学化；二是要求各科教学建立具有本学科特点的教学模式体系和教学评价体系，开展模式化教学和进行科学的分析。从学的方面看，要大力调动学生学习的积极性和主动性。一是加强学习方法的指导，采取集体的或个别的方式，既在学习思想与态度、学习原则与方法上给予普遍的指导，又针对不同学科、不同学习阶段、不同学生所出现的实际问题给予具体的指导；二是重视学生心理健康，对学生开展心理咨询和心理训练活动，排除心理障碍，促进心理健康发展。此外，还在学生中开展健脑操等益智活动。五中和六中的教改实验就是按这种要求进行的。小学的日常文明行为习惯养成教育的实验和幼儿园的语言准备训练教学实验，也都是在"活动—训练"的教改思想指导下加以安排的。

三年的教改实验，哈师大投入了很大的指导力量。参与此项工作的人员，从校领导到教师前后共29人，他们或一二人或三五人一组，定期或不定期地深入实验校进行指导。

对实验付出更大劳动的是实验教师，他们以高度的热情、负责的精神和积极的态度投身于这项工作，不仅认真领会实验要求并把它落实到工作中，而且还要不断地学习理论，以便使实验中遇到的问题得到正确的答案。

为考察实验对学生素质特别是他们智力的提高，除常规的学业考查以外，还专门在各实验校进行了抽样智力测验，积累下足够的数据，以备进行对比分析。

实验过程中，材料的积累受到足够的重视。对教师的课堂纪实、观摩教学以及学生的重要活动，都进行了录像和拍照；对少数教师还做了跟踪记录。这不仅使临时遇到的问题得到了及时解决，而且还保证了全面总结分析所需要的资料和数据。

（三）总结阶段

任何实验都是一种探索活动。为保证实验顺利发展，及时总结经验教训，发现问题并谋求尽快解决，是十分必要的。这次教改实验，一开始就把总结工作放在重要位置上。总结有一般总结和专题总结。从时间上分，又有平时总结、阶段总结和结束总结。这几种总结相互联系，只有作好平时总结和阶段总结，使经验突出，问题明确，保证实验顺利进行，才能为结束时的最后总结积累足够的材料和经验。所以，实验过程中普遍重视这几种总结形式。五中和六中的暑期总结，除有一般总结外，还特别重视专题总结。教师的专题总结与他们的科研活动相结合，对问题深入钻研探讨，最后写出有独立见解的科研论文。实验教师公开发表和获奖的论文，有不少都是在这种情况下写出来的。实验工作结束后，进行了全面总结和专题总结，这即是结束总结，它有每位实验教师、实验学校作的总结。同时，我们认真开好实验工作总结会和成果审定会，还编写并出版一部包括实验优秀论文在内的《"活动—训练"教学的理论与实践》[①]。反映小学和幼儿园情况的专编正在编写中。

二

这次教改实验活动，由于实验主题重要、持续时间长、涉及范围广、人力投入多，因而无论对哈师大还是对采油一厂来说，都是非常重要的。实验的收获是巨大的。

（一）从实验班学生方面看，学业成绩、思想品德都获得了大幅度的提高

初中的实验，学业成绩都比较高，及格率、优秀率、升学率都达到了实验的预定目标，有些还远远超过了原来的目标。五中实验班 70 名初中毕业生及格率为 100%，升学率为 98% 以上，其中考入重点高中者占 36.4%，开创了该校学生升重点高中的先例。分科优秀率，语文和数学都达到 47% 以上，物理为 54.29%，化学为 44.29%，这是该校建校以来的最高水平。六中毕业考试"一分二率"与市平均值比均为正值，英语学

---

① 赵鹤龄：《"活动—训练"教学的理论与实践》，黑龙江教育出版社 1996 年版。

科超过市值57.2%，升学率也达到了98%，实现了大面积提高教学质量的要求。在智力发展上，由于改革教学方法，多方组织学生活动，加强练习，并实施心理健康教育，使学生智力水平明显提高。对实验班实验后两次抽样智测表明：智力水平提高二级的占29.73%，提高一级的为45.95%；未达到智力升级水平的学生，其智商值也比原来有不同程度的提高。通过心理讲座和心理咨询活动，排除了不少学生的心理误区，包括对待学习、对待考试以及对待自我评价等等方面的错误心理，使他们的心理得到健康的发展。在思想品德上，实验班的学生也取得了可喜的成绩。以五中为例，学生思想品德合格率为100%，优秀率为50%，后进生转化率为100%，违法犯罪率为0。这说明教改实验为实施素质教育打下了良好的基础。

小学的文明行为习惯养成教育实验，经过三年的工作，95%以上的学生能够按照行为规范要求自己。学生的爱国主义、集体主义思想情感日趋强烈，遵守纪律、讲求文明的表现也很突出。三年来，全校有678名学生成为奖章队员，占全校人数的65%，其中实验班的学生占78%。六个实验班分别获市优秀中队、厂红星中队、校红旗班光荣称号；有一个实验班被评为省级红领巾劳动教育先进集体，一个班被团市委授予"小主人"中队称号；在礼仪教育调查中，实验班各项礼仪习惯均较对照班成绩好。不良行为习惯调查表明，实验班学生发生的频率普遍显著低于对照班。实验受到学生家长的赞许和社会的好评。

幼儿园的幼儿入学前语言准备教育，通过三年的实践，幼儿教育质量有很大提高。一是幼儿在词汇掌握与运用、课文背诵、讲故事、读编故事、看图说话等方面，普遍达到优秀或良好水平；实验班幼儿语言知识平均提高28个百分点。二是实验班幼儿养成了良好的学习品质与习惯；从大胆发言、安静读书等方面测试情况看，比对照班提高10%—48%。三是幼儿个性品质得到健康发展；实验班排演的节目多次在市、区、厂演出中获奖，讲演、绘画和舞蹈都获得过一、二等奖。实验得到了孩子家长的称道和社会的赞誉。

（二）从实验教师方面看，提高了业务水平和科研能力，为学校培养一支科研型教师队伍奠定了初步基础

教师是在教改实验第一线的中心人物，实验的成败与实验教师的工作息息相关。整个实验对教师是很好的锻炼。通过培训、讲座、研讨，特别是工作实践，使教师学到了理论，掌握了科学方法，增强了工作信心，提高了工作水平。各实验学校反映：实验教师的业务水平有很大提高。他们在参加各级教学竞赛活动中都获得了好成绩，不少教师还获得了市、区、校"教学能手"的荣誉称号。

实验工作在提高教师业务水平的同时，也推动了教师科学研究工作的开展。实验的目的、要求、工作方法以及工作步骤等，都改变着教师原有的工作习惯与程式。这不仅开阔了教师的眼界，也激发了他们对问题的思考与探索。在新事物面前，已有的经验有待于再认识，原有的工作方式也须加以改变，新出现的问题则亟待探索和解决，所有这些都要求教师认真地去搞好教育科研。有些教师从来就没有写过科研论文，现在却被卷入钻研教学、撰写科研文章的研究风气之中。据不完全统计，在教改实验过程中，六中实验教师撰写出的论文有30篇获不同等级的奖励，其中在省级以上刊物发表的论文或获省级奖励的论文就有5篇。论文发表层次之高、之多，创学校最高纪录。五中有11名实验教师的论文获厂级以上奖励，其中有省级2篇、国家级1篇，也创造了该校历史的辉煌。小学25名实验教师撰写的论文有12篇在省、市级刊物上发表，有18篇获不同等级的奖励。幼儿园实验教师也写出了一定数量的文章，有6人次先后在市、区、厂获论文奖。数字是枯燥的，但它真实说明实验教师学术水平和研究水平的提高。教改实验使实验教师的素质发生了深刻的变化。

教师是办好学校的关键。参加实验的教师多是中青年教师，他们是学校的骨干力量；他们的成长和发展，对学校未来的影响很大。通过三年实验成长起来的这支教师队伍，从长远看，对于为实验校建立一支高水平的教师队伍将起重大作用，随着时间的推移，这个作用将越来越明显。

（三）从哈师大方面看，锻炼了队伍，积累了开展大规模教改实验的工作经验，为教育科学应用研究开拓了一条重要的途径

这次教改实验，开创了哈师大与基层单位合作开展教育科研的先例。研究问题涉及之广、时间持续之长、动员人力之众、取得成果之多、经验教训之丰富，都是以往其他形式的科研活动所无法比拟的。这是一次成功的实验，实验的理论基础是科学的，它所提出的工作程式与方法是可行的，实验所取得的经验是宝贵的。

实验从幼儿园开始到小学再到初中阶段，涉及学前教育和义务教育的全过程，虽然各阶段研究的问题不同，却使我们有机会深入地了解到当前基础教育的现状、成就和问题。

每次实验，从设计方案到组织实施，平时发现问题和解决问题，直到系统的总结、资料的积累、数据的处理、结论的分析、成果的鉴定，等等，都使实验组摸索到一套系统的经验。

实验的成败，除了实验方案的因素之外，重要的是参与的实验人员。这次实验，涉及我校的人员较多，关系交错，因而力量的组织和人员的安排，都有不少具体问题。通过把这些问题处理恰当，做好有关的组织工作，也使实验组总结出许多值得借鉴的东西。

总之，这次教改实验活动，对哈师大来说，从校领导到教师都受到了一次很好的锻炼。它既是一次很好的摸索厂校结合、研究教改的活动，又是一次很好的开门搞科研、为基础教育服务的实践活动。它对今后高师院校开展教育科研特别是大规模的实验研究，将起到积极的推动和借鉴作用。

三

通过这次教改实验，体会颇多，这里只简述以下三点：

（一）关于教改实验的领导问题

三年教改实验，使我们深深体会到，领导问题极为重要，从一定意义上讲，它对实验成败起着决定性的作用。如此规模的实验工作，没有一个强有力的、始终如一的领导班子是不行的。它不仅包括哈师大与大庆采油一厂的领导，也包括各实验学校的领导。整个工作计划和要求能否得到贯彻，步调和程式能否统一，人员能否全部投入，任务能否实现，都与领导有直接关系。

大庆采油一厂与哈师大双方领导的相互信任、理解与支持，是这次合作研究的基础，而哈师大的实验指导组与各实验校的实验领导组则是落实实验方案、计划和要求的保证。尤其是各校的领导组的责任尤为重大，直接决定着实验的进行与效果。综合各实验学校的经验，这一级的领导机构，最好具备以下条件：1. 对实验的意义、重要性有深刻的认识，对实验的内容、要求、步骤和方法有充分的了解，并能及时地做出部署和安排。2. 有足够的权威和能力，能保证实验工作所需的人力和物力。3. 有强烈的责任心，遇事争相负责，不互相推诿；有团结互助精神，碰到挫折不互相埋怨。4. 领导成员要相对稳定，保持工作的一贯性。

实验方案的实施，及时指导十分必要，哈师大课题组三年累计派往大庆教师达几百人次。但哈师大的指导力量也不时地出现不能"到位"的情况，影响实验校教师的工作，也使存在的问题未能及时地得到解决，给实验带来不应有的困扰。为解决哈师大指导组与实验学校领导组之间的脱节现象，如果能够组织包括实验指导人员在内的领导机构，使哈师大的有关同志直接参加到实验学校的领导班子中，统一指挥，可能会对实验工作起到更好的作用。

（二）关于实验教师队伍问题

实验教师是实验工作的执行者，要为实验工作付出巨大的劳动。他们也应是实验成果的直接受益者。结合这次教改实验，在实验教师的选择与培养上，注意以下几点极为必要：1. 实验教师不一定要必备丰富的经验和高深的资历，但必须热爱本专业，胜任现有工作，有钻研探索精神，工作认真负责，勤于思考，勇于接受新事物。最好以中青年为主，他们热情高，精力充沛，传统束缚少，有利于实验工作的开展。2. 要做好教师培训工作，使他们明确实验的目的要求、方案计划、实施办法，调动他们参加实验工作的积极性。在实验进行过程中，也应当不断地结合新出现的问题去培训教师。培训教师，不应仅限于实验方法操作的指导，更重要的是从理论上武装他们，提高他们的认识，培养他们创造性地贯彻实验方案的能力。3. 参加实验的教师必须保持相对稳定，不能经常变动，更不能中断工作，影响整个实验正常运行。

（三）对实验因子的控制问题

这次教改实验，从学校范围上涉及幼儿园、小学和初中，从实验内容上则包括思想品德和行为规范的教育，智力发展和语言训练，以及教学方法的改革等诸多方面。这样大范围的实验，从一定意义上看有其好处，它使我们对影响大面积提高教育质量的诸多因素及其相互制约关系进行了多方面的探索并有更多的了解，但作为实验，在实验因子的控制上却遇到了难以克服的麻烦。

学校教育本身就是一个十分复杂的工作系统，学生的成长与发展更受着学校、家庭和社会等多种因素的制约。在教改实验过程中，虽然力求注意"纯化"或"净化"实验过程，正确操纵自变量，并对自变量以外的各种无关变量进行控制，减少和防止无关变量与实验自变量的混杂，消除无关变量对实验的干扰。但由于实验内容过于混杂，以致使实验自变量也互相干扰，理不出自变量的独立功能，要使自变量与因变量的关系明确地显示出来更是十分困难。其中最大的教训是：实验取得了成绩，成绩来自何方却难以说清；实验出现了失误，而失误的原因也不易准确把握。

今后开展实验，应注意简化实验内容，缩短实验时间，明确实验因子，使主要矛盾突出出来，以便于控制实验因子，减少无关变量的干扰，使实验的自变量与因变量的关系能够明显地显示出来，最后得出实验的正确结论。

大学教学论

高等学校的讲授课[*]

一

高等学校的教学工作，是由许多相互联系的工作环节构成的，诸如：讲授、课堂讨论、实验、实习、作业、自习、辅导答疑、考查、考试、学年论文或课程设计、毕业论文或毕业设计等等都是。在这些环节中，课堂讲授是最基本、最重要的教学环节。学校的中心工作是教学，而搞好教学工作的主要一环则是教师的讲授。

讲授，首先可以作为一种教学方法来理解，这是指教师通过系统连贯的语言表述来阐明教材，传授知识的方法。由于高等学校是专业性质的学校，在这里学习的学生已经具备了一般的文化科学基础知识，其教学内容是为了使学生在某一专业范围内掌握既深又广的科学知识，因此，高等学校的讲授和中等学校普遍采用的讲演方法不同。其特点是在内容上具有更强的学术性和专门性；在每次讲授的时间上具有更长的持续性；在方法上不是侧重于从教学技巧上去激发学生的学习兴趣和集中他们的注意力，而是要十分重视采取有效的措施打好理论基础，并使学生能够掌握独立地探讨知识的本领。

讲授，不单是一种教学方法，还应该作为一种教学工作组织形式来理解。由于高等学校教材内容较多，学生年龄较大，能够保持较长时间的定向注意，因此，教学形式与教学方法的关系，也与普通中小学校有所不同。在中小学，一堂课往往要运用几种教学方法，所以课的组织形式与教学方法之间界限清楚，无法重合，在论述上也总是分别提出问题，不把二

---

[*] 原载《求是学刊》1980 年第 4 期。

者混为一谈。而在高等学校，虽然教学方法和教学组织形式也各有自己的不同含义，但由于高等学校的一堂课往往只用或主要用一种教学方法，所以教学方法往往标志这堂课的特点。这样，教学方法和教学形式便重合起来，于是教学方法的名称也就成了教学形式的名称。不过教学形式与教学方法是在不同场合下使用的，当指明一堂课的组织形式时，称讲授为教学形式，这是与其他教学形式相对而言的；而当探讨这堂课的方法运用时，则要揭示讲授这一教学方法的特点。我们研究高等学校的讲授，应该兼顾上面两种情况。

在高等学校的教学工作中，课堂讲授具有特殊的重要意义。课堂讲授是教学的基本形式，它对整个教学工作的质量有着决定性的影响。因为理论知识是在前人实践经验的基础上总结出来的，它具有高度的概括性与系统性，不经过有经验的、已经掌握这些理论的教师作深刻地分析与阐述，学生就不容易把注意力集中到事物的本质联系上去，因而，也就不可能有效地加以掌握。可见，学生获得系统的科学知识并深刻领会理论，最简捷的途径是依靠教师的讲授。虽然有人主要是通过自学而不是通过教师的讲授，也在科学上获得了较高的造诣，但他所花的时间和精力是远远超过了在教师引导下的系统听课的，何况这种人终究是少数，不能作为我们培养人才的普遍要求。此外，学生对所学知识的理解程度和巩固程度，他们的观察力、思考力以及他们分析问题和解决问题能力的提高，都与讲课有着直接的关系。

至于教学工作的其他环节，如讨论、实验、实习、辅导答疑等，虽然也各有独特的任务，但总的来说都是在巩固、扩大、加深学生在教师讲授中所获得的知识，或在此基础上进行基本技能训练。它们和课堂讲授比较起来一般地说是带有从属性和辅助性的（当然并不能因此而降低其他教学环节的重要性）。这些环节的工作质量如何，在很大程度上，都与讲授的质量密切地联系着。可见，提高讲授水平，对提高教学质量是至为重要的。

二

不同教师在不同课程的讲授上，可以有各自的风格和特点，不能强求一律。但有一些关系讲授质量的基本条件则是共同的。这些条件主要是：

(一) 教师对培养目标的理解与掌握

这是决定讲授质量的首要条件。教师必须正确深刻地理解本专业的培养目标，并在自己的工作中认真加以贯彻。

培养目标是根据国家的教育目的结合本专业的特点而制定的。每一门课程的教学都是为实现本专业的培养目标服务的。教师一方面要从总的教育目的与培养目标的高度来认识本门课程在整个教学方案或教学计划中的地位与作用，另一方面还要了解本门课程与其他课程的关系。同样一门课程，在不同的专业中，它的设置目的、讲授要求与方法是不同的。教师对此必须有清楚的了解，才能在每次课的讲授中具有明确的目的性。

在一次讲授中，教材的内容如何选择和组织，采取什么讲授方法，怎样确定重点、难点，哪些问题要精讲或略讲，前后课的联系，同其他教学形式的联系，如何使学生牢固地掌握基础理论，怎样培养学生的能力等，都是被教师事先拟定的恰当的教学目的决定的。教师只有全面地了解学生的程度和需要，精通本门课程的体系和内容，才能制定出恰当的教学目的，并据以衡量自己的工作效果，总结经验教训，不断地提高自己的讲授质量。

任何时候，教学都是师生双方的活动。教师的教学目的，只有在学生身上产生了相应的积极效果时，才具有实际的意义。因此，教师使学生明确当前讲授的课程对他们成长方向和学习目标的意义与作用，了解每次课的教学目的，这对调动他们学习的自觉性与主动性有着十分重要的意义。在这方面学生和教师越是能够取得认识上的接近或一致，就越有助于提高讲授质量和学习效果。但在实际教学活动中，教和学的目的并不总是统一的。教师应该了解和分析产生这种情况的原因，使这个矛盾得到及时的合理的解决。

(二) 教师对讲授内容的选择和组织

教师课堂讲授的重要工作是根据教学目的精选讲授内容和妥善地组织与处理教材。这里有以下几个关系问题需要解决：

1. 教科书（或讲义）和讲稿（或讲授提纲）的关系

教科书是教学的依据，讲稿是考虑了学生的具体条件，根据教学方法的要求，教师对教材进行教学语言上的重新组织和加工。教师讲授既有确定的教科书或讲义，又有讲稿或讲授提纲。教师一般应按教科书的要求进行讲授。帮助学生更好地掌握教学内容，使他们既学到知识，又发展相应的能力，而不是脱离教材另搞一套。但讲授并不是简单地转述教科书的内容，因为再好的教科书也不能把日新月异的科学上的新成就全部及时地反映进去，何况教学对象又是变化着的。所以，教师讲授时还必须要有讲稿。讲稿比教科书具有更大的灵活性和适应性，不能把讲授同教科书对立起来。课堂上应着重讲授本门课程的基本内容，深入分析教科书中的关键问题，介绍科学发展的动态，阐明教师个人的见解，并指导学生的学习方法，培养他们独立钻研和独立思考的能力。所以，讲稿不是教科书的摹写。许多从事教学工作多年的老师，每次上课都要重新写出或整理补充讲稿，正说明讲稿的必要性和重要性。

2. 论与史，虚与实，观点与材料的关系

这是在不同课程的不同场合下的几种说法，它们的含义是一致的。教师在讲授时，既要给学生以抽象的理论内容，使他们学到关于事物的道理和规律；又要给学生以实际的具体的材料和知识，使学生能更深刻地掌握理论并扩大知识面。由于课程和课题的性质不同，教学内容中理论观点和实际材料的侧重点是不同的，但不能因此而孤立地只强调某一方面，而忽视另一方面，既不能离开具体材料去推演理论，也不能抛开必要的概括而只做材料的堆砌。教师对于理论观点，一定要鲜明确切、立论透辟、是非分明、界说严整，使学生易于把握它的精神实质；对于实际材料，则数量不在多而在精，要善于运用有代表性的能够反映和说明理论观点内在联系的例证。这样在讲授时才能做到虚实结合，观点与材料统一。教师处理好这个问题，不仅有助于提高讲授质量，而且可以使学生学到分析和评价具体问题的科学方法。

3. 系统连贯与重点突出的关系

科学知识是按照一定的序列和系统来反映客观事物及其规律的。教师讲授必须系统连贯地阐述问题。但因学生的主观条件不同，他们的已有知识和接受能力不同，加以课堂讲授又存在着教学时间和教学内容的矛盾，要做到在有限的教学时间内使学生学得更深更好，教师在处理教材内容时就不应平均使用力量。怎样做到既系统连贯，又重点突出，这是影响讲授质量的一个重要条件。只强调系统连贯，而忽视重点突出，则不易使问题深入；只强调重点突出，而忽视系统连贯，又容易使问题支离破碎。要处理好二者的关系，一是按照科学体系，分清主次，循序地安排教学内容，把重点问题有计划地分散在整个讲授系统中，而不是离开系统孤立地重点讲授。这样的讲授有主有从，在重点与一般的联系中保证整个内容的系统连贯。一是处理好学生自学内容与教师讲授内容的关系。因为受教学时间的限制，为了重点讲授关键的部分，常常留出一部分内容让学生去自学，这样课堂上虽然不进行讲授，只要把自学与讲授有机地结合起来，仍可保证学生获得系统连贯的知识。

（三）教师教学的方法和技巧

教学的方法和技巧是解决如何把知识传授给学生的问题，这对讲授质量的高低和教学效果的好坏，有重要的影响。有的教师讲授质量差，往往不是主要由于他们的学识水平低，而是由于他们缺乏恰当的教学方法和技巧造成的。因此，教师必须十分重视改进教学方法，提高讲授技巧。

教师提高教学方法和技巧的一个重要途径是善于从学生的实际出发，设身处地地为学生着想，洞察学生的心理状态，并据此而采取达到教学目的的恰当手段。讲授的目的是使学生学会，一切优良的教学方法都应当是切合学生积极占有知识、发展思维能力的需要。教师讲授，心目中要有学生，这样，在讲授中关于教材的处理和阐述的方法等教学设计才会是切合实际的，才能防止教学上的主观主义和形式主义。

教师提高教学方法和技巧的另一个途径是讲授中的机智和灵活。教学方法是为实现教学目的服务的。由于教学内容和学生条件的不同，没有固定不变的教学方法。教学上的机智表现在教师要善于预见讲授过程中的发展变化和可能出现的疑难问题，也表现在善于从对学生听课时外部表现的观察上来判断学生内心的要求和愿望。教学上的灵活则表现在善于根据学生的具体条件来调节自己讲授内容的深度与广度，表现在善于选取恰当的表达方式，用较少的精力取得较好的教学效果。

教师要不断改进和提高自己的教学方法和技巧，要把掌握教学规律和提高学术水平看做是同等重要的事，只有这样，他才能经常地注意总结自己的教学经验，不断提高讲授的质量。

（四）保持学生的思维活动处于积极状态

学生思维活动的积极状态是指学生对待学习活动能自觉而主动地运用自己的思考来说的，它常常是通过学生的注意状态、情绪状态和意志状态表现出来的。学生在上课过程中应该注意听讲、注意想象、注意对教师提出的问题进行积极的思维；应该热切地追求和探索未知的问题，努力掌握独立解决问题的本领；应该具有坚定的学习信心与决心，勇于克服学习过程中所遇到的困难。

保持学生思维活动的积极状态，首先要求学生要有明确的学习目的。在高等学校，学生的学习目的，不能仅仅停留在为满足个人的求知欲望或兴趣上，必须树立起为劳动人民的切身利益、为实现四个现代化而学习的正确目的。在学习上，经常起作用的是学生的政治思想和专业思想。在学校的全部教育工作中，正确解决学生这方面存在的问题，是使学生在各科学习中保持思维活动的积极状态的前提条件；而教师在讲授中使学生明确课程和课题的目的要求，随时注意启发学生思考问题，则是使学生在课堂上保持思维活动的积极状态的现实保证。

保持学生思维活动的积极状态的另一重要条件，是使他们经常看到自己努力的成果，不断增强学习的信心和勇气，才能在学习上不断表现出更大的积极性。在教学过程中应采取必要的措施，使学生了解自己前进的步伐。定期的考查和考试，在学习新知识或解决新问题时对已有知识的运用，参加学术问题的讨论和辩论等，都是使学生看到自己努力成果的有效办法。在高等学校里，学生应当习惯于进行学习上的自我监督和检查，从中看到自己的努力成果，从而得到鼓舞；同时也发现不足之处，在进一步的学习中加以弥补。

保持学生思维活动的积极状态，还要求学习活动有节律地进行，有劳有逸，有张有弛，否则便会降低学习效果。因此，教师在讲授过程中必须善于安排自己的讲授内容，分散讲授的重点和难点，穿插必要的事实和例证；同时注意在讲授抽象的理论问题时，既要善于引导学生积极紧张地思考，又要通过平易明快的解释和生动的语言，使学生的思考得到暂时的松弛。只有如此，才能增强讲授的效果。

这些只是从教和学这两方面提出来的影响讲授质量的条件。此外，教学的物质设备、各种有关的辅助手段等，也与讲授质量的高低有重要的关系，这里不作更多的说明了。

三

讲授是按照一定的进程展开的。一次讲授课的进程如何安排，由几个部分构成，这是讲授课的结构应该回答的问题。

高等学校的讲授课主要是讲授新知识，并提高学生的各种能力，因此，它在结构上也有别于中小学的课堂教学。一般可以分开始部分、中间部分和结束部分。下面分别说明它们的意义和要求：

（一）讲授的开始

这是指教师进入课堂后到新课题讲授之前，引导学生做好学习新课的思想准备来说的。它所用的时间虽然不长，但对一次课的讲授效果却有重要意义。为了使学生由休息状态尽快地过渡到课堂学习上来，教师需要在讲授开始，集中学生的注意力，并明确新课的教学目的、要求及讲授的计划要点，以使他们了解讲授的进程与发展，保持在新课学习上思维活动的积极状态。又因为各次课都是相互衔接的，因此，讲授开始，需要使学生重视前课讲授的基本内容，以保证讲授的系统性和连贯性。所有这些活动，教师都应该事先做好准备，问题要提得鲜明具体，语言要力求精练有力，使每次讲授课都有个良好的开端。

（二）主题的讲授

这是反映讲授的质量和效果的主要部分。一次讲授课虽然不能缺少开始部分和结束部分，但同主题的讲授相较，它们只能居于从属和辅助的地位。因此，对讲授的一切要求都主要是针对这一部分提出来的。讲授课的中心部分，一般应注意做到：

1. 正确处理传授知识和培养能力的关系，要兼顾这两个方面，不能顾此失彼。

2. 重视讲授课的计划性。主题的讲解，应循序进行；在新旧知识的衔接上，寻求加快讲授进程的捷径。

3. 内容精练准确，论证清晰明确，抓住事物的内在联系，突出重点，分散难点。

4. 每次课保证讲授相对完整的内容。

（三）讲授的结束

这是讲授的最后部分。当教师把预定的内容讲完以后，课业就进入结束阶段。结束部分的任务是：

1. 简要总结全部讲授内容，明确问题的系统和脉络，找出阐述理论过程中正确解决问题的思维发展线索，突出和复述重要的结论，以加深学生对知识的理解。

2. 布置课后作业，指定阅读参考书目，揭示讲授内容与其他教学形式中要解决的学习任务之间的联系，提示下次课讲授的主要内容，促使学生有计划地进行课外自学。

讲授课的结束部分所用的时间也是不多的，但它对学生深入理解新学过的知识内容有重要的作用。有些教师不重视讲授的结束工作，匆匆收场，影响学习效果。

讲授在高等学校的教学工作中，占有十分重要的位置。实践证明，在高等学校的教学工作中，轻视对教学法的研究，是不利于提高教学质量和加强教学效果的。为此，我们应对教学法继续进行深入的研究和探讨。

重视高等教育理论的学习和研究[*]

"按照客观规律办事",这句话已经成为许多同志的口头禅。不同的工作,各有不同的规律。我们是从事高等教育工作的,高等教育工作的规律究竟有哪些?当前高教工作的主要矛盾是什么?客观上存在着各种各样的问题应如何加以解决?等等,我们很少能做出明确的回答。能够回答一些问题,也多半是属于经验性质的,至于理论上的探讨,却是很不够的。

直到目前为止,我们还没有一本高等学校教育学,由于"四人帮"的干扰破坏,我国的教育理论总的来说是比较落后的,一是落后于我国四化建设过程中教育实践的需要,一是在许多方面也落后于世界上一些发达国家。主要表现在:教育理论研究队伍还较小,研究成果也较少;教育方面的实验研究较少,对许多重大的理论问题和实际问题还没有进行深入细致地探索。至于高等教育的理论研究,则更不符合形势发展的需要。过去一提起教育学,就是以青少年的教育成长为对象的普通学校教育学,至于其他许多具体的教育实践领域,则较少被人注意。这种情况是很不应该的。尤其在四化建设过程中,各条战线需才孔亟,要求高等教育源源不断地提供足够数量和质量的各种建设人才的情况下,矛盾就更加突出了。基于这样的想法,今天想与同志们谈谈"重视高等教育理论的学习和研究"的问题,大多是现成材料的归纳和整理,介绍给同志们供参考。

一　高等教育的重要性

高等教育是专业教育,它与普通教育不同,不是给人们一些普通的文化科学知识,而是在普通教育的基础上就某一个方面进行专业培养。在国

---

[*] 原文系作者在哈尔滨高等院校领导骨干科技业务班上的讲话,1980年4月17日。

家建设和社会生活中它占有非常重要的地位。高等教育从来都是一个国家的学术水平、科学技术发展状况的标志，是国家文明文化的门面。看一个国家发达不发达，兴旺不兴旺，从它的高等教育发展情况就可以直接反映出来。研究一下当前世界各国的现状，可以明显地发现，物质文明、生产建设、科技水平领先的国家，他们的教育特别是高等教育必定是十分发达的。美、日、苏、英、法、西德等国都普及了十年以上的中学教育，并且正在不断扩大和普及高等教育。生产力的发展与高等教育是一种正相关，今天生产力、科学技术和教育已经是三位一体，它们相互作用成为社会经济发展的一个根本推动力，这中间高等教育有特殊的重要性。

（一）当代生产力的提高越来越依靠劳动者的教育水平

搞生产，搞建设，从来都依靠两个条件，一是物的条件，包括资源、设备；一是人的条件，即对物的支配和驾驭力量。对于物的条件的重要性，这是早就明确了的，没有工厂就没有产品，没有原料和设备就无法开办工厂。但，对人的条件，长期以来却只着眼于数量，而没有重视他的质量。资本主义的生产方式出现以后，科学是以几何级数发展的。特别是第二次世界大战以后，科学技术飞速前进，一日千里。当前，我们正经历着一次新的技术革命。如果说前两次技术革命是以蒸汽机和电能为标志的，那么这次便是核能的利用。在由航海、航空进入到航天时代的过程中，不仅科学理论上，而且在技术上同时发生着飞跃。科学的物化过程也正在极大地缩短。20世纪前的摄影机从原理到应用经历了一百多年，蒸汽机80年、电话50年、20世纪的无线电35年、雷达15年、电视12年、晶体管3年，激光从提出原理到应用只有2年，电子计算机是60年代的产物，短短十几年的时间，就已经进入了第四代。这一切情况都迫使人们对人的质量，对教育事业的作用产生了新的认识。

18世纪英国古典经济学家亚当·斯密首次谈到教育的经济效能。20世纪20年代，更有人论述教育与经济发展的相互关系，但直到60年代以后，才真正被人们重视起来，并形成了一门新兴的边缘科学——教育经济学。它主要研究教育和经济发展的相互作用，教育的经济收益，社会发展中人的投资与物的投资的种种关系。这门科学为我们提出了一个重要的思想，即智力开发的思想，办教育就是智力投资的思想。

智力资源，是人类社会长期积累起来的智慧能力，这种能力首先是一种群众的集体的财富。人们对客观世界的认识，是历史积累的过程，但它却是通过个人而延续、保存和发挥作用。这种能力越是被更多的人所掌握，就越能够在物化过程中发挥它的巨大作用。一个社会这种能力表现的和发挥的越充分，就越能推动社会的进步和发展。怎样发掘和培养这种能力，当然依靠教育，特别要依靠培养专门人才的高等教育。

这是因为现代化的生产对劳动力质量的要求越来越高了，现代科学技术使劳动力向这样一种趋势变化，劳动者的智力因素的要求在提高，体力的要求在降低；智力因素中，现代科学技术和文化知识的意义在提高，一般传统的经验和技艺的意义在下降。因此，对劳动力的概念也就应有新的理解。过去认为劳动力是使用生产工具依靠一定生产经验和劳动技巧进行物质财富生产的人的劳动能力。这个概念是侧重于发挥体力的作用，发挥劳动经验和技巧的作用。它已经和当代生产发展的客观要求不相适应了。因为，第一，劳动者除了生产经验和劳动技巧之外，还必须掌握科学技术知识；第二，随着生产社会化的发展和生产专业化的加深，产品已经变成计划设计机构、科学研究机构的工作人员和工人集体努力的成果，因此，工程技术人员、设计人员和科研人员都应看成是劳动力。劳动力的界说正在人们的教育水平和智力要求上发生着变化。这个情况从一些国家劳动者的教育程度的不断提高就可以得到充分的说明。

日本从60年代后半期大学毕业生每年都增加10万人左右，这些人多数搞技术工作，他们生产部门的领导骨干都是59年前后的大学毕业生，一般年龄在四十二三岁。而技术骨干则多半是三十岁左右的60至70年代的高中或大学毕业生。日本经济之所以迅速发展，是由于受过高等教育的劳动力大量地进入新职业领域和劳动质量得到了普遍的改进。

苏联宣称，每10万个从事劳动的人当中，就有一个是从大学毕业的专家。他们在1976年至1979年间培养了三百万以上的专门人才，平均每年大学毕业生有78万人投入到国家建设岗位上。苏联在第九个五年计划期间（1971—1975年），有2500万人就业，其中1830万即3/4的人受过高等教育、中等专业教育和职业技术教育。在第十个五年计划期间，在职业技术教育系统接受教育的是1100万人，在高等和中等专业教育系统接受教育的是960万人，共2060万人，即有4/5的人在正规的学校接受职业训练，估计到1980年，普及职业技术的训练，可以在普通中等教育基础上进行，这就是说，普及高等教育已提到日程上来了。不仅苏联如此，其他发达的资本主义国家，有的已经这样做，有的正在开始这样做。因此，我们应该十分重视这种趋势。

要发展生产，要搞好四个现代化的建设，必须把教育工作，特别是高等教育工作重视起来。没有足够数量和质量的各种建设人才，就无法进行现代化的生产和管理。所以在提高物的投资的同时必须相应地提高人的投资。

（二）现代科学技术的发展越来越要求高等教育能够提供一个源源不断的科学研究队伍

科学研究的历史正在进入一个新的时代，其特点是既表现为高度的分化，又趋向于高度的综合。在以往认识的基础上，人们在向更深、更细、更尖端的问题进行探索，各种科学相互渗透，边缘科学大量涌现。科学研究促进了新技术的发展，新技术又广泛地被运用于科学研究上。但无论是新的理论或是新的技术要有所突破，每前进一步都要付出极大的努力。因此，这种情况就要求：一个国家要保持科学技术的领先地位，或者要跟上科技发展的步伐，就必须建立和保持并不断扩大一支庞大的科研队伍。多产的、杰出的科学家的人数，随着历史的推进而递减。过去在科学技术还不十分发达的时代，一个杰出的科学家一生可能有几项几十项甚至上百项或更多的重大发明，因此，依靠几个科学大师就足以将一个国家的科学水平推向世界科学中心地位。但，在科学技术已经高度发展的今天，光靠几个高超的科学家已经无济于事了。关键的问题是必须要有一个杰出的庞大的科学家队伍。这个队伍尽管单产的比例不多，但是单产的数量优势仍然可以造成赶超速度，使一个国家的科学事业迅速兴旺起来；在每一个领域中惊人的突破可能不多，但所有领域都有不同程度的推进，也可以获得大面积的丰收。因此必须要重视队伍的建设，从数量上和质量上不断提高群体和集团的研究能力。

近现代的科学历史表明，任何一个国家在科学上作出较大的贡献，都必须拥有一支杰出的科学家队伍。美国在1957年度培养了获得学位的专家共43.69万人，到1970年度就增加到121.1万人，几乎增加了两倍。苏联1970年在国民经济各部门中具有高等教育程度的专家共685.3万人，到1975年就达到947万人，增加了37.8%。

另外一项统计表明科学家的平均年龄也是很重要的[①]。历史上当意大利上升为科学中心前夕，杰出科学家平均年龄在30—45岁之间；英国成为

---

① 赵红州：《关于科学家社会年龄问题的研究》，《自然辩证法通讯》1979年第4期。

科学中心前期，在38—45岁之间；法国在赶超年代是43—50岁；德国的赶超阶段科学家平均年龄是40—45岁，都不超过50岁。从1950年至1960年全世界1249名杰出科学家和1928项重大科研成果的统计发现，科学发明的最佳年龄是25—45岁之间，其最佳峰值年龄在37岁左右。在20岁以下和50岁以上作出重大贡献的可能性明显地减少，前者的概率是7%，后者为14%。总的趋势是最佳峰值年龄随年代的增长而逐年增长，这可能与知识量增长造成发明困难增加有关系。这些统计材料告诉我们，科学家的队伍应具备两个条件：一是有足够的数量和质量；二是年轻有为。

看看我国的情况，由于"四人帮"的破坏，我国科学家队伍不仅数量少，比不上任何一个发达国家，而且平均年龄严重老化。据对全国物理学家和化学家学会22000名会员统计，1978年助理研究员以上的科学家平均年龄高达48岁。又据1978年对全国科技人员的统计，副研究员以上的科学家平均年龄高达58岁。这不仅远远超过科学发明的最佳年龄37岁，也超过当代全世界杰出科学家的平均年龄53岁。这种情况同我们国家四个现代化的要求是极不适应的。

从哪里去补充足够数量和质量的科研人员，当然依靠高等学校来培养。所以，从这个意义上看高等教育的任务和地位也是非常重要的。

除此以外，高等教育还直接影响社会结构的变化，影响社会成员的质量。在当代，进入国际竞赛的行列，高等教育也起着十分重要的作用，它往往是有无条件参加这种竞赛以及在这种竞赛中决定胜负的关键。

办好一所大学对社会和国家的贡献是非常巨大的。在英国历史上的40名首相当中，有29名毕业于著名的牛津大学。剑桥大学过去培养出牛顿、达尔文、克里斯托弗·伦和拜伦等伟大的科学家、建筑师和文学家。该校的诺贝尔奖奖金获得者到1977年时共46名，这是世界上任何一所大学都无法比拟的。

我们必须充分认识高等教育在四个现代化建设中的重要地位和作用，作为高等教育的工作者，有责任努力办好我们每一所高等学校。

二 高等教育的特点和需要研究解决的问题

教育工作区别于其他工作，因此我们要研究教育工作的规律，不能把政治斗争的规律应用到教育工作上来。高等教育区别于普通教育、特殊教育、幼儿教育，所以要对高等教育要进行专门的研究。能不能成为本门工作的内行，就在于我们能不能掌握自己所从事的工作的规律。算不算个内行，不在于你在这个行道里工作了多少个年头（当然工作的年头也提供了深入了解工作规律的条件），而在于你是不是对这个行道有深入的合乎规律的认识，不然只看工龄的长短，就容易产生经验主义，把本来不正确的东西，当作正确的东西来加以维护和坚持。

高等教育是近代学校教育发展历史中最早产生的，远在中世纪欧洲就产生了大学。最早的大学出现在 11 世纪，英国著名的牛津大学和剑桥大学都分别成立于 12 世纪和 13 世纪。但遗憾的是长期以来却没有把高等教育作为教育理论研究的重点。这方面的理论不仅在我国比较薄弱，在国外也是近年来才开始注意的。为了更好地学习和研究高等教育的理论，下面着重谈谈高等教育的特点和当前需要研究解决的主要理论问题。

（一）高等教育的特点

1. 高等教育的专业性和学术性

高等学校是建立在普通教育的基础之上，是根据国家的需要培养各种专门人才的场所，不仅学校与学校之间有不同的专业要求，而且同一学校内的系科之间也有不同的培养方向。尽管当前在高等教育中十分强调学好专业基础知识，重视相关学科基础理论的学习，以免过早的专业化，目的在于使学生在毕业以后能够更好地适应科学技术日新月异的变化。但专业的划分总是不可少的。"高教 60 条"规定，高等学校的基本任务是"培养社会主义革命和社会主义建设所需要的各种专门人才，做出高水平的成就，为实现我们党在新时期的总任务而奋斗。"高等学校是同国家建设事业密切联系在一起的，它不是培养一般的劳动力，而是培养高级的建设人才。这种教育的起点和归宿都不同于其他的教育。

高等学校不仅具有专业性，而且具有学术性。专业性反映不同学习领域的特点，而学术性则反映着专业的深度和广度。一种专业，一门学科，在高等学校里都要求达到精深的程度。在这里，汇集着各种各样的专门人才，他们在从事着教学，又从事科学研究。他们的责任是力图把教学水平和学术水平都推向新的高度。他们的工作是直接同国家科学技术现代化联系在一起的。我们说高等学校是国家的最高学府，就是从这个意义上说的，这些都与普通学校或其他类型的学校不同。

我们高等学校的工作者，要通晓自己的工作规律，就必须学习和研究高等学校的教育理论，而不能照搬普通学校的教育理论。

2. 高等学校的教育对象与中小学不同

大学生一般在 20 岁上下，他们在整个学习期间已进入青年中期和青年晚期，他们身心发展的状况、知识的积累、他们的思想状况、他们所关注的问题、他们对自己的前途的打算等等问题都与中小学生有所不同。他们在政治上已获得公民权，有了选举权和被选举权；他们的身体发育已基本成熟，既是成年人，又不是完全成熟的成年人。我们在教育上要求因材施教，如何对学生进行培养，必须考虑他们的特点，不能照搬中小学的做法。

在身体方面，这一时期，学生的各部器官都已发育成熟，体力、智力都有很大的增长，他们的身体条件已能承担较艰难的体力和脑力活动。神经系统的兴奋抑制也趋于平衡，不像少年期和青年早期那样易于冲动，但有的时候还有不够冷静的情况。由于各个系统发育的逐步完善化和体力的增强，他们对于各种疾病都有较大的抵抗力。但有些疾病如果不很好地加以预防，则易于在这个年龄阶段里感染和发生，如肺病、神经衰弱和妇女病等，在大学生的健康调查中都占有较大的比重。此外，近视眼在这期间也有发展，但不如少年期及青年早期发病率高。这些疾病都与学习生活有着密切的关系，因此，合适的营养与劳逸安排的得当就显得特别重要。

在心理方面，大学生由于经过了中小学长期的、系统的思维训练和生活影响，他们的有意注意和定向注意都比较发达，学习上定向注意的能力已有显著的提高，可以长时间地把自己的心理活动指向和集中到某一必要的学习客体上。两个课时连学同一课程的内容，在小学生是无法做到的，但在大学里则是经常的事。大学课堂中教学步骤和方法上的变化并不重要，重要的是教师能够善于通过新旧知识的联结，引导学生进行积极的思维活动，自觉地掌握系统、艰深的理论知识和实际本领。大学生的分析能力和逻辑记忆能力都比较发达，他们较长于把纷繁复杂的事物纳入到一定的条理和系统之中。他们喜欢争辩，特别是喜欢争辩一些抽象的饱含哲理的问题，他们好发议论，并常常要对一些事情进行哲学上的概括和说明，有时一些普通的问题往往被弄得高深莫测。这些都反映了他们思维上的特点，特别是反映了世界观形成时期的认识上的特点。大学生比较富于创造性的思维和想象，但不像中学生那样多的幻想和空想，而是能够联系实际，具有更大的现实性。他们对事物能作出独立的判断，并且比较自信。常常把自己的理想和个人能力与社会需要结合起来，因此在行动上也较为实际。这时期的青年都十分关心政治形势，注意国家的命运与前途。对政治问题喜欢发表议论，提出自己的看法，能够为实现美好的政治理想而献身，如为实现四个现代化而勤奋学习。但另一方面，他们在政治上还是不成熟的，有时分不清全面与局部，长远利益与眼前利益的关系，因而如果得不到正确的指导，也易于犯错误。

就大学生的身心特点来看，同中小学生是有很大不同的。

除此之外，无论学校的任务、培养方向、教学的内容方法和形式以及学校的管理方法等方面，高等学校都有自己的特殊要求，如果忽视这些特殊要求，就将给工作带来损失。我们在学习和研究高等教育的理论时，必须切实注意高等学校的特点。这样才有可能抓住问题的实质，深入到问题的内部，揭示它的内在矛盾，找到事物发展的客观规律，解决存在的实际问题。

（二）高等教育存在的主要问题

当前，为适应四个现代化的需要，高等教育方面有许多理论问题和实际问题需要认真加以回答和解决：

1. 关于教学、科研两个中心的问题

学校有许多工作要做，中心工作是什么，必须抓住不放。在中小学应当"以教学为主"，在高等学校则是既抓好教学，又抓好科学研究。

"高校 60 条"第二条规定："高等学校必须以教学为主，努力提高教学质量。必须正确处理教学工作与生产劳动、科学研究、社会活动之间的关系。生产劳动、科学研究、社会活动的时间应安排得当，以利教学。"第三条："高等学校是科学研究的一个方面军，要逐步增加科学研究的比重，认真搞好科学研究，建设成为既是教学中心，又是科学研究中心，努力为实现四个现代化作出积极贡献。"在高等学校，规定两个工作中心是完全正确的。目前对于这"两个中心"，一是理解问题，一是在实际工作当中如何加以安排的问题，都需要深入地加以研究。

高等学校既搞好教学，又搞好科学研究，这是被各国的教育实践早已证明了行之有效的做法。主要因为大学里集中了各行专业的人才和专家，有较好的物质条件和科研设备，有丰富的图书资料，它蕴藏着巨大的科研力量；也因为教学与科研相互交替既是提高办学质量，又是促进科学发展的良好办法。美国诺贝尔奖获得者有 90% 都在大学工作，他们规定教授要每年轮换教各门课程，以转换兴趣，拓宽研究领域。国家和企业把重大的科研项目寄希望于大学来解决。1977 年美国仅在高等学校开支的科研经费就达38亿美元。高等学校由于专业多，门类广，极便于进行跨学科的研究，有许多新的边缘科学都是首先从大学的教学和科研中兴起的。苏联也有相当大的科研力量在高等学校。1957年开始苏联在新西伯利亚城建立了科学院西伯利亚总分院，1959年正式建立了新西伯利亚大学。在这里，他们实行了科学研究与教育教学一体化。科研与教学任务统一，科研与教学力量相互配合，科研与教学过程结合起来进行。目前有400多名科学家在新西大讲课、主持学术讨论和上实习课，指导高年级学生的毕业论文和毕业设计。在400多名科学家中有院士13名、通讯院士20名、博士100多名。这种一体化的做法，在国内外引起很大的反响。1963年日本在离东京60公里的茨城县筑波地区建立了一个"现代化的科学教育城"——筑波研究学园都市，采取了许多使教学与科研结合的先进措施。大学对科学发展可以作出巨大的贡献，譬如美国的电脑科学就是一个突出的例子。斯坦福大学对美国电子工业的发展，起了重大的促进作用。大学南北几十里的地带，已叫做"硅谷"（Silicon Valley），是今天美国乃至世界半导体工业的中心。二三十年来，斯坦福工学院同附近的工业一直保持密切合作的关系，既发展了科学，也有利于教学。

我们也必须重视和研究国外的经验，结合我国的实际情况，在高等学校建立两个中心。高等学校首先要搞好教学，注意正确处理教学与科研、教学与生产劳动、教学与社会活动之间的关系。这是对所有高等学校的共同要求。在搞好教学和处理好以上几种关系的基础上再逐渐增加科学研究的比重，搞好科学研究，形成两个中心。因此，两个中心是只有在有条件的高等学校，当前首先是在一些重点高等学校才能做到的，当然这也是所有高等学校的努力方向和奋斗目标。否则，摆不好教学与科研的位置，脱离开本校的实际情况去片面地追求科研成果，就会本末倒置、两败俱伤。所以不能认为"两个中心"是对所有的高等学校提出的共同要求。在美国的2900所大学中，也只能有600所开展科学研究，搞"两个中心"。大多数学校应该是以教学为中心、以教学为主。

究竟如何大力提高教学质量和科学研究的质量，在不同的学校二者各占多大的比重，科研的方向如何确定，学校的科学研究又怎样同国家的需要相结合，科研和教学的力量如何合理地组织和使用以最大限度地发挥他们的作用，等等，都有待于从理论和实践上认真地加以研究和解决。

2. 高等学校的系科和专业设置问题

系科和专业的设置，直接关系着学校的培养方向，影响着高等教育与建设需要的适应程度。这是需要十分重视的问题。

欧美原来的大学只设系科，不设专业，旧中国的大学也是如此。新中国成立初年，院系调整时学习苏联，大学采取理工分家、广设专业，在同一系科下可以设几种不同的专业。这个办法是苏联在建设过程中为了解决所亟须的人才，要求大学进行对口培养的经验，应该肯定它是起过积极作用的。我国采用这个办法，也培养了不少与生产建设需要相适应的对口人才。但在实践过程中，专业越设越窄，理科原来只有四五十个专业，发展到 200 多个专业，工科更多。我省现有 27 所高等院校三万四千名学生，专业设置竟达 240 多个。专业过多过窄，就容易造成学非所用，浪费人才，适应不了不断变化发展的建设上的需要；同时学习的知识面过窄，他们不是广泛地打好理论基础，而是把大部分精力都用在个别技术或单方面内容的学习上，看起来好像在某一狭小领域学得深了一些，实际上由于基础薄弱，专业需要上稍有变化则无力应付，所以对科学的发展，对人才的有效使用都产生了不利的影响。因为科学技术向前发展的速度越快，其废旧率就越高。在学校中的知识面过窄，很可能在毕业后就有相当数量的知识用不到了。

因此，许多国家，特别是美、苏首先进行了改革，减少专业课，加强基础课。日本的大学原来把半数教学时间用于专业知识，基础知识和专业基础知识只占 26.8%。后来积极进行改革，有的大学如筑波大学，更取消了学系，而代之以学群，把学生需要学习的课程分成许多群、类，让学生自由选学有关的课程，另外还强调理工结合，文理互学。这样才能给学生打下广而厚的基础，不仅可以克服学非所用的弊病，而且有助于他们更好地去开发临界科学。据美国科学基金会调查，近几十年来，新的技术革新中，有 70% 起于基础科学，说明掌握基础科学的重要性。

我们的大学在系科和专业设置上还存在着不少问题，不少学校还基本上因袭着"文革"前教学计划中专业过细过窄的做法，虽有变动，但并未进行根本改革。怎样根据四个现代化的需要，既充分适应工、农生产和文化建设的发展步伐，又考虑科学技术的进步趋势，来改革与调整我们的系科与专业设置是非常必要的。从目前看，由于我们的生产水平还低，我们培养的人才与需要之间的矛盾可能还不太突出。随着四化建设的深入，国外先进科学技术的引进，我们的大学毕业生就将适应不了客观的需要。因此我们必须很好地研究和解决这个问题。

3. 教学方法方面的问题

大学的课程很多，数以千计，而且各有不同的要求和内容，这些都与中小学有很大的不同。现在高等学校教学工作中一个很突出的问题，是不讲求教学方法，认为教学方法是细枝末节，无足轻重，说大学讲课主要矛盾是教学内容，主要看知识理论的深度和广度发挥得如何。教学内容的重要性是不能否认的，它在全部教学工作中确实是占第一位的。教师的学识水平是决定教学质量的先决条件，你自己还没有掌握的理论和还没有弄清楚的问题，无论如何是无法教给学生的。大学里之所以要有教师职称的划分，就是因为同一学科的教师，他们的学术水平是有等次之别的。因此，我们要十分重视教师对教学内容的掌握。但也绝不能因此而否定和降低教学方法的作用。教学为主，本身就是说必须搞好教学，不断提高教学质量。如果不注意教学方法，不管教学是否收到了良好的效果，只管教不管学，哪里还谈什么教学为主。爱因斯坦是20世纪最伟大的物理学家，他也是一位优秀的教师，他"要求教师在他的本职工作上成为一个艺术家。"他主张培养学生的独立思考和创造才能，反对教师包办一切。而我们这里却有些教师根本不考虑教学方法方面的问题，这就难怪学生只会背诵现成的公式，而缺乏创造性的思维训练了。

教材怎样组织，一堂课的结构如何安排，怎样启发学生的思考，如何培养学生的能力，讲授课与其他形式的教学活动如何配合，怎样指导学生进行独立的学习和研究，都是我们应该关心和研究的问题。

4. 大学生的思想工作问题

学生的政治思想教育，永远是我们学校中一项十分重要的工作。这一工作之所以重要，不仅由于我们所培养的人必须是又红又专，既有社会主义觉悟又必须掌握高深专业知识这一目标决定的，而且还因为他们在整个学习期间一刻也离不开思想对学习的支配作用。因此，如果忽视思想教育工作，他们的思想成长与学习都会偏离正确的方向。

怎样做好思想工作，不能仅仅停留在一些形式化的要求和做法上。大学生与中学生有什么不同，他们在想些什么，他们最关心的问题是什么，他们都接受了一些什么影响，在一个时期中思想主流是什么，怎样才能建立牢固的马克思主义的世界观，他们对政治形势、国家的前途以及个人的理想都持有怎样的看法，大学生的思想工作有些什么规律，等等，这些都需要认真加以研究。

谁来做思想工作，现在是在党委领导下由学校团委、学生会、党支部、辅导员负主要责任。教师一般很少过问学生的思想工作，他们不了解学生的思想状况，也往往不插手这方面的工作。这种做法是否合适，大学教师要不要既管教学又管思想，这都是应该解决的问题。

5. 学校和系科的领导与管理体制、人员的编制、教学人员与行政人员的比例、教师与学生的比例等问题。目前的招生办法，从"四人帮"搞的那种所谓的"推荐选拔"确有根本的变化，但不是最好的办法，我们的高中毕业生能够升入到大学的比例极低，采取什么样的办法才能把确实值得培养的最优秀青年选拔到大学中来，简单地采取一次大学的入学考试能不能达到这个要求，有无必要参考他们的中学学习成绩。这些都值得我们深入地加以研究。

总之，高等教育所存在的问题很多，我们必须进行规律性的探讨和研究。不能空发议论，不能只谈感想，不能似是而非，以假乱真，不能以形而上学代替辩证法，不能随心所欲滥抓典型，滥用典型，更不能唯上唯书。我们研究高等教育的理论问题，一要有事实根据，二要有能说服人的数据，三要经得住实践的考验。这就要求开展调查研究和必要的教育实验，这样才能从中找出规律性的东西来。就谈这些，作一个发言就教于同志们，请指正。

大学教学论的对象、产生、意义及研究方法[*]

在学习和研究教学论的具体问题之前，首先应对大学教学论这门学科有个了解，本部分就是为了概括介绍这一学科有关情况而编写的。本部分将要论述：大学教学论的对象；教学论与大学教学论的产生和发展；学习和研究大学教学论的意义；大学教学论的研究方法。

一　大学教学论的对象

（一）大学教学论的概念

在阐明教学论的概念之前，先对教学活动作个简要的说明。

教学是人类复杂的社会活动之一。一般来说，一切传授知识、技能和行为规范的有教有学的活动都可以称作教学。教学论中所研究的教学，是专指学校中的教学活动。这种教学如果给它下一个定义的话可以作如下表述，即：教学是为实现一定社会的教育目的，在教师的引导和学生的参加下由专门的教育机关（学校）组织起来的教和学的统一活动。它是标志着学校质的规定性的活动，没有教学就不能称为学校。就人类文化传递的方式来看，教学是传递知识和经验、推动社会进步、促进历史发展的简捷有效的手段，不通过教学，就无法保证知识文化的传递和发展。为提高教学活动的效率和质量，就需要不断深化对教学的认识，即要研究和发展教学的理论。

教学论，简单地说就是关于教学的理论，就是教学活动的理论形态，它是从教学实践活动中总结和概括出来的揭示教学规律并指导教学行为的

---

[*] 选自《大学教学论》，唐文中主编，黑龙江教育出版社1993年版，第1—17页。

理论。这里的教学行为是广义的，既包括教的方面，也包括学的方面，特别是教与学的相互启动与影响；不仅指师生直接表现于教学活动中的行为，也指教学目的、内容、过程、模式、原则、手段、方法与评价等等方面的规范与要求。

"教学论"一词，拉丁语为 didactica，希腊语为 Didaktika，原是教导和教授的意思。17 世纪德国教育家拉特克（1571—1635）把它用于教育科学中，捷克教育家夸美纽斯（1592—1670）用它命名了他的教学理论著作，这个词才被赋予了"关于教学理论的学科"这一新的含义。现在统译为"教学论"。在我国，这一词早年曾译为教授学或教授法。教学论的现代涵义是泛指有关探讨教学规律的教学理论，它服务于各级各类学校的教学工作。20 世纪 50 年代以来，由于学校教育的大发展，教学实践领域的扩大，教学论又以其不同的研究范围分化出诸多的下位学科。

大学教学论就是从教学论中分化出来的一门独立学科，它是随着近代大学的产生发展而由个别的理论概括形成体系并演化成独立学科的。也有人说大学教学论是大学教育学的一个独立分支，这是从教育学包含着教学论、大学教育学包含着大学教学论推论得出的结论。其实，就其所研究问题的内容和性质来看，大学教学论是属于教学论范畴。教学论是研究教学活动的普遍规律，大学教学论虽然要研究大学的教学规律，但它必须受教学的普遍规律所制约。因此，说它是教学论的分支学科是更为确切的。

（二）大学教学论的研究对象

学科的研究对象是规定这一学科区别于其他学科的先决条件。因此，每一门学科都必须首先明确它的研究对象。

大学教学论是研究什么的，一般地回答可以说它是研究大学教学的，但这还不够准确，大学教学只能说是大学教学论的研究客体，还不能回答它的研究对象。因为大学教学可以成为多种学科的研究客体，如大学教学心理学可以以大学教学为研究客体，大学教学管理学也可以以大学教学为研究客体。研究对象是对研究客体的更深层次的明确具体的指向，只有在研究指向上有了明确具体的规定，才能突出这个学科的特点或个性，才能在这个独特的研究指向上发挥本学科认识上的优长并取得预期的研究成果。因而，准确地认识和规定学科的研究对象，对学科的发展是具有重要意义的。

自从夸美纽斯把教学论的研究任务界定为"寻找一种教学的方法，使得教师因此可以少教，但是学生却可以多学""要研究把一切事物教给每一个人的全部技巧"之后，历来学者对教学论的研究对象提出了多种多样的看法。有人主张"教学论研究教养的一般规律"（南斯拉夫，弗·鲍良克）；有人主张"教学论是研究最优教学法的科学"（日本，大河内一男）；有人主张"教学论关注的是怎样最好地学会人们想教的东西"（美国，布鲁纳）。总之对教学论研究对象的认识并不统一，虽然都针对教学这个研究客体，但侧重点却仁者见仁，智者见智。这是因为揭开对象的全貌是一个无穷无尽的过程，教学论的研究对象是随着历史的发展而不断深化的。在当前，我们认为确定一门学科的研究对象必须考虑到：1. 要抓住构成事物并在事物中经常起作用的基本因素；2. 要揭示事物内在的必然的稳定而普遍的联系。根据这个要求，苏联教学理论界某些学者曾提出教学论的研究对象是教和学的联系、相互作用及其统一，我国学者还提出了"研究教学的客观规律"，这都是值得重视的。前者认为教学的基本关系，一是学生与教材之间的认识关系，一是教师活动（教）同学生活动（学）之间的关系。揭示这些关系就是教学论的研究对象。后者则明确地提出了教学论的对象就是揭示教学的客观规律。我们认为，只是提出研究教和学的关系或只提揭示教学的客观规律尚不够完善。就大学教学论来说，要研究大学教学的客观规律这只能说是最终目的，还不就是研究对象，规律是存在于事物的基本因素的关系之中的，离开事物的基本因素就难以找到其运动变化的规律。因此，大学教学论的研究对象确切地说应该是：研究大学教学论中各种因素相互联系与作用的方式及其规律。[1] 认清这个对象，深入地进行研究和探索，才能使大学教学论这个学科得到深化和发展。

（三）大学教学论是一门独立的学科

前已述及，大学教学论是研究大学教学的一般原理、揭示大学教学客观规律的学科。在教育科学的发展过程中，它是从教学论中分化出来的一门独立学科。它既受一般教学理论发展的制约，又被大学教学的实践所决定。

一般教学论是各级各类学校教学活动的理论概括，它具有教学活动的广泛适应性，它是各类教学活动的理论基础。在研究各级学校教学理论

---

[1] 唐文中：《教学论》，黑龙江教育出版社1990年版，第8—12页。

时，都不能不考虑一般的教学理论。大学教学论一方面以一般教学论作为阐述问题的理论依据，一方面又以自己领域研究的成果，充实和丰富着一般教学理论。正是在这一点上，体现了大学教学论是从一般教学论分化出来的一门独立学科。

作为一门独立学科，大学教学论的存在和发展是以大学教学的实践活动作为源头和基点的。由于高等教育的发展，大学教学已经成为一个广阔的实践领域。它在培养对象和目标、系科专业的设置、课程选定与编排、教学的模式与方法手段等方面都有自己的特殊要求。这些都为大学教学论的研究提供了天然的土壤和园地，而它的研究成果也就愈加奠定了大学教学论这门独立学科的基础。

任何一门独立学科，在方法上也有其独特性，大学教学论也是如此，在方法论方面，大学教学论形成了它的特定要求。

大学教学论与一般教学论同样，都要坚持以辩证唯物主义作为方法论基础。它坚持实践第一的观点，把教学实践作为探讨教学理论的起点和归宿，用教学实践作为检验教学理论的唯一标准。不仅在对待教学的对象大学生的成长上要坚持辩证的发展的观点，而且对待教学活动中的一切问题都要坚持辩证法的普遍原理。对待在当代科学发展上产生了重大影响的被称为横断科学的"三论"即控制论、信息论和系统论上，大学教学论则要认真进行研究，吸取其精华，作为自己新的开拓性研究的方法论基础。"三论"的基本原理是整体原理、有序原理和反馈原理。整体原理是强调系统的整体效应，建立系统的最优结构和发挥系统单元的最佳性能；有序原理是坚持开放，反对封闭，要求与外界保持经常的信息交换，才能保证系统由低级走向高级，即由无序走向有序；反馈原理则要求建立和健全完善的反馈系统，要求反馈信息灵敏、准确和有力，以便调整系统的结构，使之发挥最佳功能。这些原理对大学教学论的研究和发展，都有十分重要的意义。它打开人们的眼界，启发人们的思路，为教学论的研究注入了新的活力。

科学的发展总是相互联系和相互促进的，特别是一些相近的学科。这种互相借鉴和推动更加明显。大学教学论与社会学、伦理学、生理学、心理学等等都有着密切的关系，其中特别是与心理学的关系，更必须引起足够的重视。心理学的研究成果是教育学包括教学论研究的基础。在 17 世纪教学论成为独立学科之初，夸美纽斯就曾重视儿童年龄心理的观察和研究，并把它运用到教学的活动之中，后来，裴斯泰洛奇、赫尔巴特、杜威、桑代克等人都曾对教学的心理学基础作过深入探讨和研究。例如桑代克是最早把量化的方法、测量的方法引进教学论的研究学者之一，其心理学试验还推动了教学方法和教学技术的发展。当代教学论的发展更进入了与心理学进行合作研究的新阶段。教学论研究者不仅广泛地借助心理学的研究成果，而且很多教学论专家本身就是心理学家。著名的教学改革家和理论家美国的布鲁纳和苏联的赞科夫都是造诣很深的心理学家，这都进一步说明了教学论的研究不能离开心理学的基础。大学教学论在同各门相关学科的关系上，重要的是借助和运用各门学科的最新研究成果来引发、丰富、论证、阐述、开拓、创新本门学科的理论问题和实际问题，要使自己永远成为一个开放的系统，而不要故步自封。当然在吸取其他学科的成果时，要做到博采他人之长，把它融合于本学科的整体之中，而不是照搬照抄，生搬硬套，否则便不仅阻滞本门学科的发展，甚至会失去作为一门独立学科存在的意义。

建立自己的研究体系和理论体系是一门独立学科的重要标志。在长期的实践和研究中，教学论形成了相对完整的理论体系，以往大学教学理论都汇合在一般教学论之中，后来由于高等教育的发展，大学教学实践领域的扩大，特别是二战以后，现代化的生产与社会生活的需要对高等教育提出了多方面、多层次的要求，为大学教学理论的深化提供了客观的基础。大学教学论的内容体系一般包括：大学教学在高等教育中的地位和作用、大学教学的目的任务、大学教学的对象、大学教学过程与模式、大学教学原则、大学教学内容、大学教学方法及其手段与组织形式、大学教学的检查与评价，等等。本书是适应高等学校青年教师掌握教学理论的需要而编写的。力求明确扼要，说理透彻，联系实际，便于应用。为此将采取如下的体系：绪论；大学教学价值论；大学课程论；大学和教学过程论；大学教学方法论；大学教学实践论；大学教学艺术论。一门学科的体系，不是固定不变的，可以肯定，随着高等学校教学实践的发展，随着教育科学研究的深入，随着人们对教学规律认识的提高，大学教学论的体系定会日臻充实和完善。

二 教学论与大学教学论的产生和发展

教学论与大学教学论经历过漫长的历史发展过程。在大学教学论没有分化出独立学科之前，教学论中包括了大学教学理论。因此，我们把两个问题结合在一起加以论述。

教学理论是在教学的实践中产生的,并随着教学实践的扩大与深入而得到发展和完善。从古到今,它走过了一条由个别教学思想、言论、论著到形成独立学科,再由单一学科分化出诸多下位学科的道路。下面按古代、近现代、当代的顺序简要加以叙述。

(一) 古代教学论

教学是伴随悠久的人类历史而出现的一种广泛的社会实践活动,但在有了文字以后,才开始记述关于教学的言论和思想。在我国先秦时期,《论语》是记述教学言论最多的一部书。孔子重视因材施教,主张学思结合,他说:"学而不思则罔,思而不学则殆。"他主张身体力行,多闻、多见。在教育史上,孔子是第一个提倡启发式的人,他说:"不愤不启,不悱不发,举一隅不以三隅反,则不复也。"他强调"学而时习之""温故而知新"。他要求教师"学而不厌、诲人不倦""循循善诱"。在先秦诸子中,墨子提倡躬行实践、言行一致和学必量力。孟子提倡"自求自得""专心有为""渐进有恒"。他在继承孔子启发思维的基础上提出"引而不发,跃如也",认为在教学中不应把现成的结论告诉学生,而要启发引导。他还主张从学生的实际出发,反对"揠苗助长"。荀子则重视环境的影响和"锲而不舍"的学习精神。这些言论,今天看来都是十分宝贵的。

《礼记》中《大学》篇,最早记述了我国古代大学的教育目标,即:"大学之道,在明明德,在亲民,在止于至善。"并提出了格物、致知、诚意、正心、修身、齐家、治国、平天下等八个条目和步骤。

我国古代在教学论方面的光辉成就之一,是公元前三世纪即我国战国末期出现的教育专著《学记》。它产生于统一的封建国家出现的前夜,它全面地论述了教学的目的、作用、内容、原则和方法,是我国古代教学思想与教学实践的全面总结。在这本只有 1229 字的专著中,记述的问题,却达到了当时教学理论的最高水平。

古代西方,古希腊智者学派教授文法、修辞和哲学提供的经验,可说是西方教学论思想的萌芽。苏格拉底提出的"产婆术"式的问答方法、罗马教育家昆体良于公元 1 世纪写出的《雄辩家的教育》,都是对后世有重大影响的成就。

古代意义的大学,不论东方或西方都很早就出现了,如埃及、巴比伦、印度和中国,当时的贵族学校和僧侣学校都具有大学的性质,这些学校都积累了有用的教学经验，这无疑也是古代教学论思想的一个重要来源。由于古代不论学校的类型、性质和内容都不可能有明确的划分，因而还无法分化出大学教学论的思想，当时教学论思想尚处萌芽和初创时期。

封建社会，教学理论在慢慢地发展着，不论东方或西方，都在传授和记忆以及注疏、解释、界说等方面积累了丰富的经验。

具有近代意义的大学，在中世纪的后半期，即12世纪前后出现了，如意大利南部的沙勒诺大学和北部的波隆纳大学以及法国的巴黎大学相继建立，此后英国的牛津大学和剑桥大学也建立起来。这些大学一般都学习拉丁语和"七艺"，并通过考试可以取得"学士""硕士"和"博士"学位。中世纪的大学都享有自治权和其他特权。大学的出现，无论从组织上或思想上都突破了教会对教育的垄断，并促进了世俗文化的发展。到了文艺复兴时期，大学更冲出了神本主义的羁绊，成为伸张人文主义思想的中心。

（二）近现代教学论

教学论形成独立学科和大学教育获得巨大发展是近现代的事。16—17世纪，资本主义还处在萌芽时期，捷克的教育家夸美纽斯就系统总结了文艺复兴以来教育的先进经验，并于1632年写出了著名的《大教学论》，这一伟大著作既为即将到来的资本主义社会提供了教育的蓝图，又使教学论从教育学中分化成为一门独立学科。在此书中，夸美纽斯全面论述了教育的目的、作用，特别在有关教学理论和实践的问题上，诸如课程的设置、班级的组织、教学的原则方法等等都作了极为详细地阐述，从认识上结束了中世纪以来学校教学的混乱状态，在理论上成为资本主义教育、教学的先声。

夸美纽斯《大教学论》所宣扬的思想，对近现代教育的发展起了重要的作用，不仅对普通学校，而且对大学的教学都产生了巨大的影响。17—18世纪，资产阶级登上政治舞台，在工商业发展的推动下，他们开始摒弃古典式的大学教育，而主张实利教育。培根提出了"知识就是力量"的口号后，在教学内容上更为重视自然科学、经济和商业。19世纪是大学摆脱传统教育观转向现代教育观的时代。学校的教学和系科设置力求按照资本主义发展的需要来加以安排。英国的"新大学运动"和德国柏林大学新的办学方向都是这方面的代表。与此同时，大学的教学理论也引起人们进行多方面的思考。洪堡于1810年创办柏林大学时，一开始就把着眼点放在高深的专门知识的研讨和科学学术水平的提高上。他首先提出了教育与科研相结合，大学不仅传授高深知识，而且必须担负起科学研究的任务；其次，他把哲学、法学、医学放在同等地位，降低了神学的地位，使大学成为哲学、科学和学术的中心；再次，开设"讲座"，采用新的教学方法，反对死记硬背，重视教授的讲演，提倡师生的独立研究和对学术方面的新的建设和贡献。① 这些都在大学教学理论的发展上刻下了深深的印记。

19 世纪末到 20 世纪初，教学理论在与心理学建立联系，并逐步科学化的过程中，出现了现代教育与传统教育两大派的论争。以德国教育家赫尔巴特（1776—1841）为代表的传统教育派主张以学习间接经验即书本知识为主，是一种主知主义的教学理论，而以实用主义教育家杜威（1859—1952）为代表的现代教育（或称进步教育）则集中了"新教育"思潮的主张，提出与传统教育针锋相对的论点。形成了三个对立，即教师中心与儿童中心的对立；书本知识中心与个人直接经验中心的对立；课堂教学中心与活动中心的对立。在教学理论界，两大派进行了长期的论战，在彼此的扬长抑短的争论过程中，为教学理论提出了很多有待解决的问题。

这期间，随着马克思主义的传播和无产阶级政权在俄国的建立，开始以辩证唯物主义和历史唯物主义特别是它的认识论作为理论基础；把教学作为培养全面发展的新人的基本途径，使教学的理论和实践密切地结合起来，为教学理论研究开辟了新途径。20 世纪 20 年代以来，在社会主义国家，教学论的研究取得许多成果，并在教学实践上产生着重大的作用。

（三）当代教学论

第二次世界大战以后，进入了当代教学论的发展阶段。由于现代化生产和先进科学技术的迅猛发展，由于人们对教育价值的新认识，特别是 60—70 年代，学校教育获得了巨大的发展，在全世界范围内形成了教育民主化、普及化的高潮。广阔的教育实践领域，为教学论的研究和发展提出了新的需求和条件。60 年代以来，教学论出现了空前的繁荣局面。其特点首先是出现了众多的学派。在美国，有认知学派布鲁纳的认识发展论、奥苏贝尔的意义言语学习理论、新行为主义的程序教学理论、以存在

---

① 王天一等：《外国教育史》（上册），北京师范大学出版社 1985 年版，第 195 页。

主义哲学和人本主义为基础的罗杰斯的人本主义教学理论等。在苏联，有斯卡特金、达尼洛夫和叶希波夫等人倡导的教学过程积极化学说、赞科夫提出的教学与发展理论、巴班斯基提出的教学过程最优化理论。近期还有以阿莫纳什维利、沙塔洛夫、雷先科娃等人为代表的合作教育学派的教学理论。在欧洲，有德国瓦根舍因和克拉夫基范例教学理论、保加利亚洛扎诺夫的暗示教学理论。他们各从不同的角度建立了自己的理论体系。跟进步教育与传统教育派争论有所不同，他们不是针锋相对，互不相让，而是努力借鉴对方的优长来完善自己的理论。其次，教学论与心理学建立了更加紧密的联系，各派教学论不仅都借助各自相应的心理学理论，而且不少教学论专家本身就是心理学家。这种联系与结合，不仅促进了两门学科的发展，而且为教学理论的阐述与说明奠定了牢固的心理学理论基础。

在一般教学论发展的同时，大学教学论也有了新的突破。以往有关大学教学的问题仅限于个别的专题论述，没有形成完整的体系。现在，则作为一门独立学科被重视起来，最早是在美国和苏联出现了大学教学论的专门著作，它标志着从教学论中分化出了一个新的研究领域。近十年来，我国教学理论界也涌现出不少大学教学理论的研究人员，并出版了若干部大学教学论著作。在有关教育的生产价值和经济价值已广泛地被决策者所接受，在世界范围内终身教育将获得深入发展的趋势下，人们正在重新审视高等教育对人的发展和经济建设的作用，高等教育大众化将逐渐成为现实，不同层次的多种形式的大学正在出现。大学教学论的研究，定会受到更广泛的重视，而大学教学的客观规律也必将得到深入地认识和掌握。

综上所述，我们可以看出教学论和大学教学论的产生与发展，是一个与社会的发展和教育事业的发展紧密联系着的历史过程。了解这个发展过程，对研究大学教学论具有十分重要的意义。它不仅可以明确大学教学论与作为母学科的教学论之间的理论继承关系，而且还可以了解大学教学论发展的历史背景，并从而找到它今后的发展方向。

三 学习和研究大学教学论的意义

学习和研究大学教学论的根本意义就在于认识大学教学的各种因素及其关系，揭示大学教学的客观规律，掌握进行大学教学的方法和手段，以便于把整个教学工作纳入到科学的规范和艺术地运用之中，以提高教学质量和效率，适应当代社会对高级人才培养的客观需要。

有一些不正确的看法，阻碍着高等学校教师认真学习和钻研大学教学理论。如认为教学理论无非就是掌握一些教学方法，而注意教学方法那是中小学教师的事，至于大学，学生的年龄大了，学习的自觉性增强了，不用重视教学方法学生也可以学好。又如认为大学的教学主要看教师的学术水平，至于教学理论懂不懂没有关系，而教学方法更是雕虫小技，无暇去加以考虑。他们把学习教学理论看作额外负担，看作可有可无的小事，因而无法纳入日程。近年来，在高校教师的职称评定工作中，有的地方认为科研是硬任务，教学是软任务，因而在评定标准的掌握上过多地重视科研的成果而相对忽视教学水平的情况，更加重了教师轻视学习和钻研教学理论的错误倾向。所有这些看法，都是不对的，都是对提高教师的教学理论水平有害的。

首先，应该看到，大学教学论是教育科学中一门重要的独立学科。这一学科的成熟和发展与大学教学的成败有至为密切的关系。大学教师不仅应该认真学习大学教学理论，把它作为提高自己教学水平的理论指导；而且还应努力研究教学中出现的各种问题，为充实和发展大学教学理论作出自己的贡献。当前，高等教育发展迅速，学校形式多样，教学方面要求解决的问题也日益繁多。诸如专业、课程、教材、教学模式、教学手段与方法等都有待于结合学校发展作出理论上的阐述与说明。特别是现代化教学手段在大学教学中的运用正在改变大学教学的现状。老一套口耳授受的教学，已不适应时代的要求了。因此，再不能认为教学理论只是探讨一些技术性的、枝节性的问题。要看到，作为高等学校教师，如果不重视大学教学论的学习与掌握，他就不可能做好自己的教学工作，更谈不到工作上的自觉性和教学质量的提高。

其次，高等学校教师开展科研和搞好教学是不矛盾的，不能把教师的学术水平同教学水平对立起来。教师能够学好教学理论，认真地对待自己的教学工作，不仅能够很好把自己所掌握的专业理论知识传授给学生，而且对提高学术水平是大有裨益的。美国诺贝尔奖获得者中90%的人都在大学担任教学工作。在哥伦比亚大学任教的科学家瑞恩华特说："要吃透一个新理论吗？最好的方法就是教它一遍。"[①] 可见搞好大学的教学工作对提高教师的专业理论水平是有促进作用的。因此，不能借口大学教学的学术特点而拒绝对大学教学论的学习和研究。

---

① 刘航：《教学与创新的辩证关系》，《江苏高教》1987年第3期。

最后，从对教师素质的要求来看，也不能忽视教学理论的学习与研究。对教师素质的完整要求，不能少于三个方面，其一是思想品德高尚，其二是专业知识深厚，其三是通晓教育教学理论，具备从事教育教学工作的能力和本领。这些要求对各级各类学校的教师都是同样的，其中第二项在不同层次的学校中可以有不同的要求，但第一、第三两项则对任何教师都是不可少的。说只有中小学教师才需要掌握教学方法，而高校教师只要有"学问"就够了的议论，于理不通，对实践也是有害的。每一位高等学校的教师都应该既是某一学科的学者专家，又是通晓教育教学理论的教育家。必须认真学好大学教学论，并努力研究和解决教学中出现的矛盾和问题。大学教师只有自觉地提高大学教学理论素养，才能减少个人教学实践经验的片面性，才能培养对各种教学问题的研究能力和鉴别能力；用科学的教学理论指导教学实践，才能明辨是非，善于汲取正确的合理的教学理论，抵制错误的不合时宜的教学主张。

四　大学教学论的研究方法

每门学科都有自己的相应的方法体系，这种体系既包括一般方法论方面的原则与要求，同时也包括一系列具体的研究方法。具体的研究方法常常具有共性特点，但学习这些具体的方法是研究和发展学科的重要条件。对于大学教学论来说，这些具体方法包括如下内容。

（一）历史法

历史法是对问题进行纵向研究的方法。具体说，历史法是考察一个问题的来龙去脉，从它的产生、发展、变化中得出规律性认识的方法。大学教学论研究的历史法是指对某教学现象或某一教学规律与方法进行历史的考察，从其时间的连续性上来寻找它发展变化的轨迹，找出影响其变化发展的内在的和外在的原因，弄清它的现实情况，预测它未来的发展趋势。

对问题进行历史性地研究，要注意：1. 问题产生的背景及有关的历史联系；2. 问题的发展阶段及每一阶段取得的成果；3. 问题发展变化的内在原因及其外部制约条件；4. 对问题已达到的认识水平及尚未解决的疑点与难点；5. 对问题进一步研究的前景。

对问题进行历史研究，主要应借助于各种文献、史料。从大的方面看，要借助于哲学史、教育史、科技史、思想史；从小的方面看，要重视学校的有关文件，包括学校的工作计划总结、规章制度、课程安排、教师的教案、学生的成绩手册以及试卷和评估材料，等等。对这些材料要进行全面地综合地考察，抓住要研究问题的主要矛盾，分清主要次要。善于选取能够说明和论证主要问题的材料，不要陷入旁枝末节之中。

对大学教学问题的历史研究，不能孤立地就问题研究问题，必须要重视教学与社会、教学与科技发展、教学与时代思潮等诸多的联系。以便于把研究的问题放在一定的社会历史背景之下。这不仅可以找出明确的历史线索，而且有利于预测未来的发展。

（二）比较法

比较法是指在事物之间进行对比研究的方法。可以进行历史的比较，也可以进行现实的比较；可以进行单项比较，也可以进行综合比较；可以定性比较，也可以定量比较。事物的普遍联系和它们存在的共性与个性，是比较法得以发挥其作用的内在根据。

大学教学论研究的比较法，旨在通过不同条件下教学活动的对比揭示教学现象的本质和规律，例如，两种不同流派教学主张的比较，不同结构教学内容的比较，不同教学模式、方法和手段的比较，等等。在两种事物的比较中，既可以明确其异同，找出其差距，又可以分析其原因，扬长而避短。

运用比较法，首先，要明确比较的目的，提出比较的具体要求；其次，要确定比较的对象和比较的内容，对象一定要具有可比性，不能把两种不相干的事物进行比较；最后，是制定比较的标准。做好了这样几点，就可以进行比较研究了。任何一种比较研究都要求得出一定的结论。结论必须具备客观性，切忌主观论断。要根据比较过程中所取得的事实，经过实事求是的分析，得出明确的结论。一个可靠程度高的结论，常常不是一次比较研究能够得出的，有的时候还需要经过实践的检验，在实践中把各种条件充分地暴露出来，最后才能形成可靠的结论。

（三）总结法

总结法是对一定时间内的教学实践活动进行系统地分析、概括，明确优缺短长，找出经验教训，指出努力方向的研究方法。可以是全过程的综合全面的总结，也可以是个别问题的单项总结。总结既是揭露矛盾深入认识事物的方法，又是改进工作提高工作质量的必要措施。

马克思说："人的思维是否具有客观的真理性，这并不是一个理论的问题，而是一个实践的问题。人应该在实践中证明自己思维的真理性，即自己思维的现实性和力量，亦即自己思维的此岸性。"① 这说明人要想取得对事物的正确认识，必须通过实践，只有在实践中才能证明认识的真理性。总结法就是在教学实践中认识教学客观规律的方法。总结是建构教学理论的必要手段，古今中外，很多教学理论都是从总结教学经验开始的。我国有数目庞大的各类高等学校，教学是一个广阔的实践领域，各个系科和专业都积累了大量的教学经验，无数有专业造诣的专家更是教学的能手，认真总结这方面的经验，可以给我们提供认识教学规律的原始材料和宝贵财富。必须把总结法摆在大学教学论研究的重要位置上。

总结法的效果，建立在平时的教学实践活动基础上，平时的教学实践要自觉地有目的地提出要求，高标准地进行，这才有可能创造出成功的经验。

总结法一般要经过如下几个步骤：1. 首先要确立总结的项目，即根据研究的目的来规定需要总结的内容；2. 注意平时积累相关的材料，包括经验、教训和必要的数据；3. 在一定的实践阶段后分析研究各种材料、工作进行情况，得出结论。

（四）实验法

实验法是根据预想的目的为了解决大学教学中某一课题而增减某些条件，控制发展进程，考查其结果以验证研究者初始假设的一种方法。它不是因袭已有的成规，而是改变现成的程式去进行新的探索和尝试。教育实验法的正确运用，对发展大学教学理论与实践具有特殊的重要意义。

实验是进行教育教学改革的先导，教学上一种新的设想和改革，首先要通过实验，在小范围内加以验证，取得成功的经验并揭示了某种规律之后，再进行大面积推广。这样既便于在小范围内反复进行实验研究，较快地取得研究成果，又可以把某些不必要的损失控制在最小的范围。当代一切重大教学理论的提出，都以实验所取得的大量数据与成果作基础。

进行教学实验，最重要的要有一个良好的实验设计或实验方案。为保证这一要求，研究者在确定某种假设之前，一要了解有关此研究课题的已有研究成果，前人已做了哪些工作，解决了哪些问题，遇到的困难是什

---

① 《马克思恩格斯选集》第 1 卷，人民出版社 1972 年版，第 16 页。

么，等等；二要权衡进行实验研究的主客观条件，包括实验队伍和实验对象、设备，等等。然后才能制定出包括实验目的、预期结果、理论根据、场所对象、组织领导、实施程序、数据积累与处理和效果检验等项目在内的可行的实验方案。第二步当然是方案的实施了。实施方案，必须有坚强的领导力量和严格执行预订的计划，忠于实验方案，不能擅自更改实验的要求和进程。同时要及时积累实验材料，做好记录，并有步骤地进行分析整理，为最后鉴定实验成果打好基础。实验完成后，要运用科学的检测手段和统计方法，对有关的数据、材料进行全面分析，提出科学的结论。这时特别要尊重事实、尊重材料，坚持科学的态度，不能附加主观的个人的臆断。为保证结论的客观性，有些实验有必要多次地反复地进行。

大学教学实践论[*]

实践活动是大学教学的有机组成部分,这些活动也是大学教学方法要研究的问题,但它的实践性质又有别于其他的教学方法,因此,我们把它独立成章加以论述。

一 大学教学实践的概念与类型

(一)大学教学实践的概念

大学教学实践,是指大学教学中的实践活动。包括课内和课外的实践活动,也包括分散的和集中的实践活动。这些活动在大学教学中占有十分重要的地位。

人类的实践,最基本的是生产实践。教学实践活动,不属于生产实践活动,但它与生产实践活动有紧密的联系。不仅大学生要掌握的教学内容中主要是生产实践活动的认识成果,而且他们在毕业之后还必须要回到以生产实践为主的各种社会实践活动中去。

人的认识是从实践中来的,没有实践,就不可能有人类的认识。教学实践活动是深化和扩展学生的认识所不可缺少的。一方面教学实践活动本身为学生提供了认识现实的条件,学生借助这些实践活动,走出课堂,到生产实践和各种社会实践中去,开阔了视野,可以学到在书本中无法学到的知识,这些对我们的大学生来说都是至为重要的。培养现代社会的高级建设者,眼界狭小,知识贫乏,或只有一些书本上的死知识,而无生活中直接得来的活知识,不了解现实,不了解社会,这无论如何也是不能容许的。要想学到直接的知识,提高和改善学生认识问题的态度与方法,就必

---

[*] 选自《大学教学论》,唐文中主编,黑龙江教育出版社1993年版,第190—212页。

须参加各种各样的教学实践活动。另一方面，只有在教学实践活动当中，才能创造一种有领导、有组织的环境使直接知识与间接知识结合起来，把书本上学到的东西在实践中得到验证。这不仅对加深理解和牢固掌握已学到的知识是有益的，而且在已知理论与实践接触和运用的过程中，才能转化为技能，形成能力，真正发挥出理论的物质能量。所以说，组织合理的教学实践活动，对学生扩大知识面，学到直接知识和掌握直接知识与间接知识结合的完整全面的知识，是十分必要的。

大学是专业性质的学校，它要培养直接投身现代化建设事业的各行各业的高级人才。这样的人才，不仅要具有本专业方面的完全的知识，还要具备从事本专业工作岗位的实际工作本领，如工科的要具有生产技术与设计的本领，医科的要具有临床的诊病治病和外科手术的本领，师范科的要有胜任教学工作和教育工作的本领，等等。这些本领的获得，除学习一系列的理论的应用的专业课程以外，还必须通过教学实践活动来接受实践训练，了解实际工作的进程和要求，获得具体的和实际的工作经验。

由上可知，大学教学实践活动在人才培养上具有不可替代的重要作用。某些领导和教师当中存在着重理论轻实践、对书本知识与实际活动的重视程度与投放力量上顾此失彼的情况，是不妥当的。应该在教学计划中对实践活动的时间安排恰当的比例，并认真贯彻执行。

（二）大学教学实践活动的类型

大学教学实践活动是多种多样的，由于所学专业不同，实践活动的内容和时间也是各不相同的。从学生活动表现来看，可以分成三种类型：

1. 模仿性的教学实践活动

这是教学实践活动的初级形式。基本上是运用本次课学到的原理原则及有关知识运用统计、运算、解题的方式回答某些相对应的问题。往往是直接采用教师传授的思维模式和解答方法，较少有学生个人的独立性和创造性。问题性质相对简单，运用的基础知识也较具体单一。如各种形式的课堂作业就属这一类。

2. 学生半独立性的教学实践活动

半独立性是指学生在从事的实践活动上还不是完全自主，而是在教师的指导下完成的。知识和理论的运用已带有综合性，但由于已有的知识和理论在范围上还不够宽广，在内容上还不够深刻，一般只是在几个相近学科之间的综合运用，同时在一定程度上要解答的问题还存在局限性，因而创造性的思维也受到限制。如有针对性的见习活动，短时间的结合课程需要的专题调查以及学年论文与课程设计，都属于学生半独立性实践活动。

3. 学生独立性的教学实践活动

这类实践活动主要是由学生独立完成的，虽然也有教师的指导，但与半独立性实践活动不同，它是从活动的安排计划、活动进行到最后结束都由学生独立来实现，教师从旁指点引导而不能替代。在这种活动中，知识的运用带有更大范围的综合成分，它不能因袭和模仿，而必须要发挥个人的创造性。如实习、毕业论文与毕业设计等等都属于学生独立性的教学实践活动。

二　大学教学的习题课

（一）习题课概述

习题课是大学教学普遍采用的一种教学形式。不论文科、理科或应用学科，凡在教学中留有作业并需进行课堂指导的学科，都采用习题课的教学形式。

习题课也称课堂练习，它包括的范围很广：数理课程的习题演算、语言课程的口头或书面练习、文史课程的工具书使用、文献检索和作品分析、统计课程的编制图表以及体育课程的体操练习，等等，都属于习题课的范围之内。也有人把习题课与课堂练习分开，称数理、技术等课程的作业为习题课，称文史哲经及语言等课程的作业为课堂练习。其实这种划分也并不十分严格，在此是合起来加以叙述的。

习题课是指在教师的直接指导下，根据教学大纲的要求，组织学生进行课堂练习，指导学生运用知识于实际，通过演算、解答、论述等实际操作将知识转化为技能的一种教学形式。习题课是学生实践活动的第一步，它主要是更好地理解、消化、巩固、加深课堂里所学过的知识，并在解答问题的过程中初步的加以运用，从而培养一定能力。由于是在教师指导下进行的，学生的活动还只是半独立的，而不是完全独立的活动。正因如此，才使练习的规范性与问题解决的科学性有了更好的保证，并为以后的独立作业打下良好的基础。

习题课与讲授课是密切联系着的，从学生对知识理解的深化和技能的形成上看，习题课是讲授课的继续和补充。在习题课上，教师要通过讲述、提问、讨论等方法，引导学生对教材中的概念、原理、疑点、难点得到正确的理解消化，在作业的完成中形成技能，这些都是讲授课中无法实现的。

习题课对学生顺利从事课外的独立作业活动有着重大的作用。在习题课上，教师面对面地进行讲题、指导。学生对问题的理解程度，他们的作业情况等，都可以及时地得到反馈。教师可以针对所存在的问题对学生启发帮助。学生从教师那里不仅解决了自己的疑难，而且还学到了分析思考问题的方法。这些都为学生课外独立完成作业打下了良好的基础。

讲授课、习题课、课外作业三个环节是前后衔接的，其中习题课起着承上启下的作用，教师必须有足够的重视。

（二）习题课的一般程序

习题课涉及多种学科，类型多样，很难提出固定的结构与模式。这里只能就其一般程序作个说明。

习题课的上课进程一般可分起始、中间、结尾三个部分。

起始部分，任务是做到与前次课的有机衔接和顺利地转入新课的学习。与前课衔接，主要是与讲授课衔接和与前次习题课衔接，目的在唤起学生与学习本次课内容有关的知识和技能。习题课是在讲授课之后进行的，课堂作业是讲授内容的运用和延续，因此，不可能脱离讲授课而孤立地进行习题课。教师可以采取提问或复述的办法唤起学生对旧课的回忆，也可以对新学习过的定理、原理作简要说明。然后就要有意识地引导到本次课所要解决的问题上来，点出新课的题目，提示有关的重点和要求。课的起始部分占用的时间不多，但它对全课的效果却起着重要的作用，教师的语言一定简练明确，要善于抓住主要的问题，把学生的注意力集中起来。

中间部分，这是习题课的主要部分，是完成习题课任务的关键。教师要揭示新的习题，提出具体的要求，说明作业完成的步骤和方法，并提示有关的理论知识。对作业的重点、难点和容易产生疑问的地方，要作出必要的指点和说明。有的时候，教师还要示范性地解答某些例题，以使学生有所遵循。教师在解释和说明作业习题的时候，最重要的是要给学生以方法，给他们指点思路引起他们积极的思维活动，不要越俎代庖，包办代替。在任何时候都不要忽视学生自身的主动性与积极性。习题课是在教师指导下要学生自己去完成课堂作业，学生的独立活动十分重要，必须要留有足够的时间给学生使用。在学生演算习题完成作业的时候，教师可巡回辅导，回答个别学生的问题。不属于带有普遍性的问题，不要占用大家的时间。但对某些带有共性并且大家都感兴趣的问题，也可以要求大家进行小型讨论，以便明确问题的焦点，把思维引向深入。不过，讨论的次数不宜过多，占用时间也不要太长。

结尾部分，是习题课的最后阶段，当多数学生完成了规定的课堂作业时，教师就可以结束这次课程了。这时，教师可根据在巡回辅导中发现的问题，作这堂课的简要总结，概述作业完成的情况，指出普遍存在的问题，肯定带有创造性的见解，布置课外作业并提出完成课外作业的注意事项和具体要求。

（三）习题课的注意事项

上好习题课，除掌握上课的进程外，还应该注意以下的问题：

1. 习题课是培养学生初步运用知识的教学实践活动，对正确地掌握概念、消化知识和形成技能有重要的作用，直接影响以后的学习质量和学习效果，无论师生对此都必须有足够的重视，不能敷衍搪塞。

2. 上好习题课，教师和学生都要做好准备。课前学生要认真复习学过的知识并预习相关的内容；教师要备好课，熟悉已有习题并编拟新的题目，对数理学科的一些难题要亲自演算一遍，以便把握指导的要点；习题要有启发性，要有助于学生的独立思考，有助于培养学生独立工作能力；要与讲授课相配合，体现知识的系统性，但要防止缺乏新意和机械重复。

3. 要把习题课上好，还要注意学生班组人数的安排。从方便指导的要求看，分班人数要适当，每班学额不宜过大，一般以 20—25 人为宜，人数太多，教师就难以普遍照顾，影响教学的效果。

4. 要注意个别指导，因材施教。学生的具体情况不同，他们的理解能力反应快慢各有自己的特点，习题课上必须加以照顾，分别对待。对成绩优异的学生，可以为他留一些较难的补充作业；对成绩较差的学生则要多进行个别指导，特别要注意发现他们知识缺漏和学习方法与思想方法上的问题，以便给他们以及时的帮助。

5. 担任习题课的教师与讲授课的教师之间要加强联系，沟通情况。特别要经常研究学生学习上的问题，以便于相互配合，妥善解决。切忌不通声息，各自为政。

6. 批改作业是上好习题课的一项重要要求。每次习题课后，必须及时批改作业。批改作业不仅是了解和检查学生学习质量的必要手段，也是研究和改进教学工作的依据，因此绝不能忽视这一工作，任何不负责任的态度都是错误的。习题课的作业，教师最好全部加以批改，只有任务过重无法完成时才做重点批改，但也要在一段时期内使每个学生的作业都有得到教师批改的机会。

三 大学教学的见习与实习

（一）见习与实习概述

见习与实习是两个密切联系的教学实践形式。这类实践活动有时是属于一门学科的教学组成部分，有时是与多门学科的教学活动相联系的综合实践活动。前者是适应一门学科或其中某一课题的需要而组织的单项活动，后者是在多门学科学习的基础上适应专业培养目标的需要而集中组织的实践活动。前者内容较单一，时间也较短；后者内容较复杂，时间也较长。

见习常与参观密切联系在一起，但二者并不相同。参观是把学生引到生产现场或事件发生的现场，通过学生的亲身观察和经历增长知识、扩大眼界或印证所学到的知识的方法。它通常所观察的范围比较广，场景、设备、活动等都是所观察的对象。见习则不然，它所观察的对象不是一些静物，而是去观察和学习那些由主体操作的活动进程和活动技巧，因而它是引导学生去看和学他人从事具体活动的方法。例如，师范院校的学生为了学习教学本领而见习课堂教学；医学院的学生为学习外科技能而见习手术操作，等等。

见习只是观察性学习，还没有进入自己动手的阶段，但它为自己动手做好了充分的准备。组织学生动手操作是实习法要解决的问题。

实习，也称实习作业。它是指教师结合教学工作和培养目标的需要组织学生到生产实践场地或其他实践场地从事某些实际工作，以获得有关专业的知识与技能，印证和巩固已学的知识，学会运用所学知识解决实际问题或独立完成工作任务的教学方法。实习是高等学校学生重要的实践方式之一。高等学校许多专业都要组织学生到现场从事一定的实际工作，借以培养实际本领，这与高校的专业性有直接关系，有组织的实习是培养学生走向工作岗位的必要培养环节。

见习与实习都是为了同一目的，即理论与实际结合而组织的。尽管它们之间有一个是进行观察、一个要动手操作的区别，但在活动进行中是有不少近似之处的。

（二）见习与实习的种类

高校的见习与实习一般分以下两大类：

1. 教学见习与教学实习

也称学科或课程的见习与实习。这是指结合一门学科或课程的教学需要而组织的见习与实习活动。根据教学大纲的规定，高等学校有些课程的相关环节和课题，必须到校内外的实习场地去进行见习和实习。这种活动，叫做教学见习和教学实习。尤其是专业技术课，这类活动更是不可少的。这种活动的优点是集中较短的时间解决一两个认识上或技术上的问题，收效显著，便于及时排除某个理论或技术操作上的障碍，为课程的系统学习铺平道路。

2. 生产见习与生产实习

也称综合见习或综合实习。是指学生学习了多门学科，掌握了相当的专业理论与技能之后，到有关现场进行综合观察与实践操作的过程。包括工农业上的生产见习与实习；医学方面的临床见习与实习；师范教育方面的教育见习与实习，等等。这类见习与实习，是培养新人才的基本要求，对培养学生专业能力使之顺利走向工作岗位具有重要意义。各类高等学校都有适应自己专业要求的综合见习与实习。生产实习细分起来，还可分为专业实习与毕业实习。前者是指学生在学到一定的专业知识之后，为综合运用学到的知识，培养某一方面的独立工作能力而组织起来的实践活动。后者是在学完了全部课程于毕业之前进行的全面运用所学知识全面检验各种能力的实践活动，它比前者具有更大的独立性。在一定意义上它是由学生走向生产岗位上的工作人员的一个过渡。毕业实习取得的成果，对未来的工作具有重要的意义。如果它是成功的，就可以极大地扫除未来工作的障碍并缩短由学生到一个熟练的工作人员的适应期。

（三）见习与实习的组织

组织见习与实习应注意以下的问题：

1. 见习与实习是教学计划和教学大纲中规定的重要的教学形式，不论是教师，还是校系有关负责人都必须十分重视这一活动，正确认识它的目的，把它看作为培养专业人才的必不可少的措施，因而必须加强领导，努力解决存在的困难和问题，并力求取得更大的效果。

2. 要做好见习与实习的准备工作。在实习过程中应解决的问题是比较复杂的，不做好准备是无法顺利完成任务的。首先，要制定见习与实习的计划，计划的具体项目包括：目的、任务、内容、时间、场所（地点）、阶段要求、日程安排、方法、参加人员、指导力量以及实习日记与总结报告的要求和经费开支等项目。计划要全面、具体、切实可行，要有明确的措施，不要空洞的口号。其次，要根据见习、实习的目的任务，编写工作纲要或指导书，同时制定各种相应的制度，以便在工作中有所遵循。最后，要联系和安排实习场所，沟通关系，交流情况。一定要取得实习单位的大力支持与帮助。实习单位的态度和条件，是关系实习质量的重要因素，必须认真解决好这个问题，有些院校注意和有关单位建立经常性的联系，对他们遇到的困难给予必要的支援，在进行实习时就会带来很大的便利。

3. 加强指导是实习进行过程中的必要措施，也是保证实习质量的先决条件。实习的指导力量来自学校和实习单位两个方面。校、系要派得力教师参加实习指导工作，可由任课教师及青年助教担任，一方面进行业务指导，一方面负责组织领导，实习单位在业务指导上负有更大的责任。生产岗位上的技术人员及班组长、教学单位的任课教师、医疗单位的临床医师，等等，在承担实习指导工作任务后，必须切实负起责任，勤于督促，认真指点，尽力把自己的经验传授给实习大学生。大学派去的指导教师要信任和依靠实习单位的指导力量，在业务上尊重他们的意见，遇到问题要协商解决，防止发生矛盾和冲突，注意搞好双方的合作共事关系。

4. 实习期间教师要提示学生及时积累各种资料和数据，要求他们把学到的理论和实践活动有机地结合起来，既防止忽视理论，单纯模仿操作技术，满足于一知半解，又不要只注意一般地了解情况，抠定理，抓数据，背条文，从而忽视实际经验的学习与操作技能的训练。在实习过程中，要指导学生培养良好的学习态度，掌握灵活的学习方法，勤学苦练，善于分析问题和解决问题。要养成逐日写实习日记的习惯，把每天的工作情况、实习内容、完成任务的数量和质量、存在的问题、与在校学习的对比以及实习的收获感想与体会等等记录下来。这不仅可以为最后撰写实习报告积累材料，而且也是培养分析综合资料能力、书面表达能力所不可少的。因此，必须重视实习日记，写好实习日记。写实习日记，不要不加选择地把所有的材料都记录下来，当然也不能过于简单。要本着实事求是的态度，经过筛选，去粗取精，记下可靠的数据、有意义的情节和深刻的感受。

5. 做好见习与实习的总结。相对来说见习总结比较简单，可以在每次见习之后对进行过程、遇到的问题、改进意见等加以总结。实习总结则要求较高。实习总结是对实习工作的检查和概括，它不仅关系到本次实习成功的评价，而且关系到今后实习工作的改进。因此，实习生个人或实习队集体都做总结工作。总结工作包括：1. 个人总结；2. 集体总结；3. 实习成果与成绩展览。每个实习生都要求写出书面总结并进行小组交流。好的个人总结以及实习队的书面总结应在总结上提出报告。展览会是对实习成果和实习成绩的一次总的检阅，对肯定已取得的经验和鼓舞学习情绪都有积极作用，从内容到形式都应善加安排。

（四）见习与实习的思想教育

思想教育不仅是见习实习工作顺利进行的保证，也是一切教学工作实现培养目标的重要教育要求。因此，必须重视见习实习过程中的思想教育。

学生的思想教育内容是多方面的，结合见习实习的特点，应特别抓好以下一些教育：1. 劳动观点和劳动态度教育；2. 科学态度与科学方法教育；3. 尊师敬长教育；4. 人际关系教育；5. 爱国主义教育，等等。进行这些教育，要联系实际、灵活生动，防止机械生硬和刻板的说教。可以采取生活会、经验交流会以及文体活动等多种形式，这样既丰富了生活的内容，又从中增加了实际的感受，收到积极的教育效果。

四 大学生的社会调查与实践

（一）社会调查与实践概述

社会调查与社会实践是一种结合培养目标和教学工作的需要组织学生深入实际，了解社会、服务社会、丰富阅历、增长知识与才干的教学实践活动形式。它是综合运用和验证所学知识的过程，也是丰富知识扩大眼界的过程。在社会调查和实践活动中，不仅可以学习和了解到在学校根本无法接触到的知识与经验，而且可以锻炼人的思想和品德，使其更加成熟起来。近年来，不少高等学校都十分重视这种实践活动形式，努力为学生创造深入了解社会现实的机会，组织他们进行不同形式的社会调查和社会实践。这样做对大学生的身心成长与发展确实起到了极其显著的教育作用。

越是在社会发生重大变革的时期，原有的认识与新的变化之间差距拉大，越是需要组织学生参加这样的活动。这是大学生在走向社会之前的不可少的教育活动。

社会调查与实践可以结合个别学科的教学需要进行，也可以综合各学科的需要，于毕业之前集中一段时间或利用寒暑假来进行，还可以根据社会变革或某一政治上中心任务的需要来组织进行，如社会主义教育工作队。

社会调查从对象上分，可以以人为对象，也可以以物为对象。从调查的范围上分，有全体调查（或全面调查）、典型调查（或个案调查）和抽样调查。全体调查规模大，范围广，耗资多，限于时间和人力物力财力，在教育上很少采用。如果采用则需明确范围。抽样调查和典型调查是学校中常采用的方式，它投资少，时间短，能够起到解剖麻雀的效果。但必须要注意选好对象，有代表性，能够举一反三，执一驭百。调查切忌挂一漏万，以偏概全。

社会实践常常是与社会调查结合进行的。从广义上看，社会调查对学生来说也是一种社会实践，但从狭义上看，二者是有区别的，社会调查是了解社会，而社会实践属于服务社会，可以把二者结合起来，在社会调查过程中参加必要的劳动或为群众做一些有益的事情，有利于接近群众，更好地了解到真实情况。二者相得益彰，便于达到预期的目的。

（二）社会调查与实践的方式

社会调查与实践的工作方式因工作对象和要达到的目的不同而有多种多样，主要有：

1. 谈话

谈话是个别进行的调查方式，主持谈话的人可以一至二人，但谈话对象只能一人。谈话要做好准备，根据要达到的调查目的确定谈话对象，对谈话对象的个性和经历事先要有充分的了解，他们的知情程度和可能提供的情况都要有所预知，以便于掌握谈话的分寸和方法。谈话过程中，要注意解除谈话对象的顾虑和善于提出问题，力求做到随和自然。对一些有价值的谈话内容可随手记录下来，以备日后整理利用。每次谈话应以掌握到基本情况为度，不要拖长时间。

2. 座谈法

座谈与谈话不同的是参加的人数较多，可三五人或十多人。遇有共同的主题而参加人彼此之间又不存在顾虑的情况下可以召开座谈会。座谈会应有主持人和记录人。座谈的内容应是参加人普遍感兴趣并能提出自己看法的问题。座谈应在和谐的气氛下进行，主持人要善于激发矛盾使之发表不同的看法，并能够引导大家不脱离座谈的主题。座谈会应遵守时间。为保证出席人数，除发出书面邀请之外，必要时最好会前再做一次约定。

3. 访问

访问是调查人员到被访人员住地或工作地点去了解情况的一种调查研究方式。一般是表示对被访者的尊重。访问应事先约定时间，访谈中应注意礼貌。有些问题可不从正面提出，为被访者回答的方便，可以多提一些辅助性问题。所有访问中要解决的问题都要在事先做好准备，要了解被访者的身世情况、性格特点，并估计到访问中可能遇到的问题。访问之后，要及时整理材料，记下主要的内容。

4. 问卷

根据要解决的问题拟定问卷提纲，制定题目，要求相关人员做出回答，然后加以整理，得出结论的方法叫做问卷法。和前几种方式不同，问卷不需要调查者与被调查者直接见面，而只要一份问卷就可以把要了解的问题答案集中起来。因此，这种方式可以面向更多的人。问卷最关键的是拟定提纲和编制问题，问题所表达的内容要准确，简短和便于回答，不能模棱两可，问题不宜做过多的文字回答，最好能以"是、非、可、否"或其他短语来回答，为减少回答者的顾虑，问卷可不记名。问卷收集起来以后，要及时评阅、整理，并算出统计数据。

5. 社会实践方式

社会实践即社会服务。其内容多种多样，如参加工农业劳动，科技扶贫活动，社会宣传教育活动，等等。社会实践可以和社会调查结合进行，也可以单独组织。这类活动有时与某种社会政治形势相联系，也受不同专业的教学需要的限定。组织社会实践活动要有明确的目的性，注意验证和运用所学过的理论知识，并自始至终抓好思想教育和安全教育。社会实践者最好和有关群众生活在一起，成为他们中的一员，这样既便于对他们有深入的了解，又有利于理论联系实际。

除以上几种方式以外，社会调查和社会实践还常常要查阅有关的文献资料，包括档案、文件、表册等，从中找出有关问题的根据和印证某些情节及其历史的踪迹。这里就不加详细说明了。

（三）社会调查与实践的准备工作

做好准备工作，是组织好社会调查与实践的先决条件。

1. 要明确社会调查与实践的目的任务。这是整个活动的前提。目的任务的确定，一要从教学内容的需要来考虑，一要结合社会实际。在具体要求上则既要从知识、能力方面提出要达到的目的，又要从思想品德方面提出应实现的任务。目的任务要切实具体，便于实现和检查，防止提一些空洞的条文口号。

2. 选择调查的对象和实践的场所，确定调查范围和实践内容。不是随便找个地方都可以，一定要选择那些能够顺利实现目的任务的对象和场所，注意那里的领导力量、群众基础和其他有关的条件，还要考虑其与学校的关系以及是否采取积极的合作态度。在确定了调查对象与实践场所之后，要制订活动的提纲，以明确调查的范围和实践的内容。提纲要全面，一般要按一定顺序列出调查和实践的项目，在项目之下再列出具体调查的问题和所要搜集的资料。提纲要求层次清晰，一目了然。

3. 要对学生进行编组、动员并要求他们准备调查与实践所需的材料。编组不要太大，一般以三五人为宜，要注意能力上的搭配。动员要着重讲清意义、活动进程及纪律要求。各组要根据不同的分工编写调查与实践提纲、问卷题目和有关表格，以备使用。

4. 要沟通学校与调查对象和实践场所的关系，征求他们的同意，协商解决有关的问题，取得他们的支持与合作，调动起双方的积极性，主动承担任务并解决存在的困难。

5. 要写出具体的活动计划。计划包括如下项目：目的要求、活动项目、时间和日程、活动步骤、主要方法、组织领导、注意事项、纪律要求，等等。计划要考虑周密，当然任何计划都不是一成不变的，但为了提高其可行性，必须使计划中的每一项目都符合实际情况。制定计划，要师生一起共同研究，这不仅可以集思广益，使计划更加完善，而且只有学生对计划的内容充分理解和熟悉，才能自觉地执行计划。计划制定后要同调查与实践的对象和场所的有关人员进行联系，取得一致认识，以便贯彻执行。

（四）社会调查与实践的结束工作

每次社会调查与实践活动完成之后，要做好有关的结束工作。

1. 各组分别分析整理调查与实践活动中积累的各种材料，进行分类，分出主次，发现遗漏或差错，要及时补充改正。整理材料一要核实其真伪，以保证其可靠性；二要根据目的任务的要求进行筛选，去粗取精；三要应用学过的理论进行分析。

2. 组与组之间进行交流，各抒己见，提出自己对调查结果的看法。

3. 集体与学生个人分别写出社会调查与实践活动的总结报告。总结报告要求材料可靠，观点鲜明，既有明确的结论，又提出相应的建议。

五　大学生的科学研究

（一）大学生科学研究概述

大学担负培养人才、繁荣学术和振兴科学的任务。自从 1810 年洪堡创办柏林大学把教学与科学研究列为平行的两项任务之后，世界各国的大学都坚持这个办学方针，科学研究水平成为衡量大学知名度的一个重要标志。与此相应的，大学生的科学研究训练也受到普遍的重视。

大学生是国家未来的高级建设人才，他不仅要系统掌握某一专业方面的广博知识、高深理论和实践技能与本领，而且还必须形成科学研究的能力，以便在毕业之后能够在工作岗位上担负起开拓和创新的光荣任务。为此，在校学习期间，必须严格进行科学研究的训练。把科研训练作为教学实践活动的必要组成部分。

科研训练是大学教学实践活动的高级形式。第一，它要求有较深厚的知识基础并对学过的知识进行综合运用。任何一种科学研究都不是个别知识的简单应用，也不是几种知识的相加，而是各种知识的综合运用；第二，科学研究不是重复旧有的模式，而是一种创新，它奠基于创造性的思维；第三，科学研究要求人的主观能动性，要求顽强的努力和执着的追求。所有这些都说明它不同于一般的教学实践活动。正因如此，大学生的科学研究一般是在高年级进行。到那时，他们已学完了基础课、技术基础课，并学了一定的专业课，具备了承担一定科研任务的条件。

科研训练是在日常的教学活动中，由教师引导通过各种形式的论文与设计实践实现的。

（二）日常活动中的科研训练

大学生有组织的科研活动一般应在中高年级来进行。但初步的科研训练则是从一入学就开始的，并且贯穿于整个学习过程中。大学本身就既是教学中心，也是学术中心和科学研究的中心。从人员的组成到环境设备都是适应这种要求而建构和配置的。因而一进入到这个环境之中就不可避免地接受有关科学研究的直接或间接的影响。这是对大学生进行科研训练的有利条件。

在课堂教学中，教师要阐述知识、理论、原理和原则，同时也阐述前人从事科学研究的过程、条件和方法。

在学生的自学指导中，不仅要教会他们读书的方法，还要指导他们使用工具书，查阅资料和整理与使用资料的方法。

在课外的时间里，有多种机会参加各种科学研究活动，如听取专家的学术报告，参加有关的学术讨论和参加各种课外科学研究会组织的活动。

结合某些课程的学习，还可以做教师的助手，在教师的指导下完成某些研究任务的辅助工作。

以上这些，都是平时对大学生进行科学研究训练的有效方式。做好这些工作，必须有目的地进行，必须纳入到教学计划之中。

第一，在大学的办学指导思想上，必须把培养学生具备科研能力作为一项重要的任务。并采取相应的措施，使全校师生重视这项工作，明确地认识到具备科学研究能力是培养高级建设人才的必备条件，不做到这一点，就是没有完成国家交付的培养任务，没有实现培养目标。

第二，在全校形成重视科学研究的良好风气，使对学生的科研训练成为教师一种自觉的行为，做到结合自己的教学工作和科研工作从各个方面加强对学生的科研训练，使他们接触科研工作，学到科研的技能，做科学研究的助手。

第三，注意培养学生自学习惯和独立工作能力。大学生不能单纯依靠课堂上获得知识，课堂只是打下基础，更主要的是依靠自学，依靠自己的独立活动去进行钻研和探讨。要学会独立进行实验，学会调查研究，学会搜集、选取和整理资料，学会数据处理。

第四，注意培养学生钻研问题的兴趣和志向。应提倡低年级大学生的课外活动，可以自愿地组织研究小组，在教师的指导下，选取一定的课题来进行研究。这类活动可以尝试科学研究的全过程，对培养科研能力有重要的作用。

第五，从全校、系及专业来说对学生的科研活动，要及时加以总结，并采取适当办法对科研方面表现优异的学生给予奖励。要找出在学生科研训练上的经验教训，使工作不断得到改进。

（三）学年论文和课程设计

学年论文和课程设计，是列入教学计划的必要教学环节，是大学生的独立作业，是科学研究训练的重要实践形式。它指在一个学年或一门课程范围内进行的论文写作或技术设计。前者不论文科、理科或其他学科都可以采取写论文的形式，而后者则只限于一些技术性的或生产性的学科才写课程设计。学年论文是大学生在教师指导下，根据教学大纲的要求，选定题目，制定计划，在一个学年内完成的论文或报告，它可以结合某一门课程的需要，也可以结合几门课程的需要，题目较为灵活，目的在于使学生学会用专业知识，并初步掌握科学研究的方法。课程设计一般是根据一门课程的要求进行的，其目的是培养学生运用有关专业课程的理论和技术来解决本专业某一方面的实际问题，从而培养和提高其计算、制图和使用技术资料的能力。通常是教师在课程进行过程中提出要求，并指导学生进行选题，制定设计任务书，并在规定时间内来完成。

无论学年论文或课程设计，都不同于一般的课堂作业或课外作业。课内外作业是根据课程中某一课题的需要安排的，涉及的知识范围窄而且固定，内容限定在课题范围内。而学年论文或课程设计，则重在对学过知识的综合运用，不仅涉及的知识面广，而且要求有更大的创造性，它不要求统一的结论，相反却要充分发挥个人的独立性和创造性，即使是一些简单的课题，也要求做综合的创造性的考虑。因此，不论在内容上、形式上或产生的效应上都远远高于一般的作业。特别是在独立分析问题和解决问题上，更有别于一般的作业。

1. 学年论文和课程设计要求

（1）要理论结合实际，能运用学过的理论解决实际问题，命题立意，要同学过的课程内容有关。

（2）要有理有据，言之有物。引用材料及提出的数据要准确无误。

（3）文字流畅，表述清晰，论述要有逻辑性和说服力。

2. 指导学年论文和课程设计的注意事项

（1）选题是学年论文和课程设计首先要解决的问题。题目由学生自己提出，可以一人一题，也可以几人（不超过三人）分工合作一题。题目要结合所学课程的理论并有实际意义，一般应受到教师的肯定，但要难易适当，论述的问题不要过大或过小，一定是学生力所能及可以预期完成的。题目确定后，教研室要分配给不同教师加以指导，也可以采取双向选择的办法由师生自由搭配，遇到问题再加以调整，每一教师指导人数不宜过多。

（2）论文与设计的质量如何，对学生起到的科研训练效果如何，很大程度上取决于教师，指导教师一定要负起责任。教师要指导学生确定论文与设计的目的要求，拟定进度计划，及时检查完成情况，帮助解决存在的问题。任何不负责任、搪塞应付的态度都是错误的。当然要充分发挥学生的独立性，凡学生能自己完成的事一定要学生去完成。教师的责任是指导，而不是代替。他的主要任务应放在研究方法上，不要过多地为学生解决具体问题。

（3）指导学生学年论文和课程设计，是了解学生的最好机会。不仅可以掌握学生的学习情况、业务能力，而且还可以了解他们的思想状况、学习要求以及对学校的建议，等等。教师要同学生打成一片，特别要把握学生的优缺点和学习上的不足之处，及时地向他们指出，以便在以后的学习过程中得到弥补和纠正。有关对学校工作、系的工作所提出的意见，也要及时向有关方面反映，作为改进工作的参考。

此外，系和教研室还应注意总结学生学年论文与课程设计的工作，找出优缺点和存在问题，以便逐年得到改进。

（四）毕业论文和毕业设计

毕业论文和毕业设计是在学生毕业之前完成的，是对学生科研实践能力的总的检验，是衡量学生是否达到大学生培养目标的一个重要方面。学生的毕业论文或毕业设计通不过，就不能取得某一专业的学士学位。所以，它是大学生从学校学习走向工作岗位的一个必要步骤。是他们从事实际工作之前的终结性考验。

学年论文与课程设计为毕业论文与毕业设计打下了基础，但二者的要求是不同的。前者是运用一门或几门课程的知识来解决一些不太复杂但却具有一定综合性、应用性的问题，从性质上说还是半独立性的科研实践活动，它是由习作性的课堂作业到独立性的科研实践活动的过渡。后者则是基本属于独立性的科研活动。在内容上或深度上都要求较高，它已是初步的科研成果，个别优异者可能具有一定的科学价值，对国民经济建设和文化事业作出一定意义的贡献，成为未来科学人才崭露头角的先奏。因此，大学的校系领导和教师对毕业论文与毕业设计必须要有足够的重视，并领导与组织好这项工作。

指导学年论文与课程设计的要求，基本上也适用于指导毕业论文与毕业设计，但也不完全相同。

1. 指导教师要发挥主导作用，做好以下工作：

（1）要按照教学计划和教学大纲的要求，制定毕业论文和设计的指导书，明确毕业论文和设计的目的、意义、任务、要求、内容、方法、进度和考核标准，统一步调，统一要求。

（2）指导学生选好题目，制定完成课题的进度计划，提供必要的参考文献。

（3）做好督促检查工作，在充分发挥学生主动性和独立性的基础上，给学生以必要的指点，协助他们解决工作进行过程中遇到的困难。

（4）对论文和设计进行审定，写出评语，评定成绩。

2. 毕业论文与毕业设计的选题应注意以下几个问题：

（1）选题要符合培养目标，有利于深化理解和综合运用学过的专业知识，有利于培养学生的独立工作能力。

（2）题目的来源可以从多方面考虑，如可以接受社会的委托，根据生产部门的现实需要选定课题；也可以同教研室或指导教师研究课题相配合，承担其中一个方面的任务；还可以从社会调查、实习活动中切身体会到的问题里面选出自己有兴趣的问题。

（3）题目要适合自己的条件和能力，要选择具有一定难度又是有把握能够完成的题目。

3. 学生在毕业论文和毕业设计的实践过程中，不仅把重点放在知识、能力的增长与锻炼上，还要特别注意培养正确的科研态度与科研方法。养成尊重事实、尊重他人成果、谦虚、勤奋、实事求是、一丝不苟和勇于探索的优良作风与品质。这些对未来的建设人才来说，是比专业知识更为重要的，一定要在走向社会之前就养成它。

4. 学生优秀的毕业论文和毕业设计应受到学校的肯定和奖励。对有应用价值的成果，要向生产部门或其他有关部门推荐。每一期毕业生中，都应选择出若干篇有代表性的论文与设计成果保存起来，用来作为鼓励和教育后来学生的材料。

高等学校的教学与教学方法[*]

一 高等学校教学概述

(一) 教学与教学论

教学，是指教和学的统一活动。广义的教学，泛指人类自发的或有组织的一切传授与学习的共同活动；狭义的教学，即作为教育学范畴的教学，单指在学校进行的有组织的教师与学生之间的教与学的活动。

教学在人类的教育活动中占有特殊重要的位置。学校出现之前，教学就在人类的社会实践中起着传递知识与经验的作用。借助于教学，把老一辈积累起来的知识、经验、习惯传递给下一代，使同辈间的知识、经验得到交流与传播。当学校产生之后，教育成为人们专门组织起来有计划进行和实施的社会活动，教学也就成了有明确目的的高度组织化了的继承传递文化遗产和培育一代新人的主要途径。因此，任何学校都把教学作为最主要的工作，而教学工作的成败，也最直接地反映出学校的办学质量。

教学是一个由教和学双方构成的复杂的活动系统，如果给教学下一个定义的话，可以做如下的表述：教学是在规定的条件下，为了实现教育目的而专门组织起来的以传授知识为中介的教师的教和教师指导下的学生的学的统一活动。在这个定义中有以下几点涵义。

首先，教学是一种培养人的社会活动。教学的方向、目的和任务、内容都是被社会的客观需要决定的，教学为社会服务，社会调节着教学活动。任何有组织的教学都具有教育性，都是实现一定社会教育目的的基本途径。

---

[*] 选自《高等学校教学方法》，唐文中主编，黑龙江教育出版社 1994 年版，第 1—20 页。

其次，教学也是人类自我完善的重要手段。人们由必然王国进入自由王国，人的身心由片面发展到全面发展，教学起着重要的作用。不通过教学，就不可能增进人的知识，丰富人的生活，延续社会的发展。因此，教学不仅被社会需要所决定，也同时被人的自身发展的需要所决定。

再次，教学是教师和学生双方共同的活动。教学活动是通过教师的教和学生的学来进行的。师与生，教与学，二者是不可分割、相互依存、相互制约的，缺少任何一方都构不成教学活动。无论教师或学生，都必须积极参与到教学活动中来，任何消极、被动、等待的态度，都不能完成教学任务。

最后，教学是一种自觉的有组织的活动，无论目的要求、内容手段，还是反馈评价，都是按照严密的计划和组织进行的。

如上的定义，基本上涵盖了各级各类学校的教学，包括高等学校的教学。

教学论是关于教学的理论。在长期的教学实践中，人们总结了教学的经验，经过反复地抽象概括，上升到理论的认识并建立了一定的结构和体系，这就是教学论。教学论的发展，经历了漫长的历史阶段。最早只有关于教学的言论，如论述孔子言论的《论语》就有大量的关于教学的言论。虽然基本上仍属于经验的描述，但对后世的教学工作起了重大的指导作用。其后，才出现了关于教育方面的专门著作，如出现在战国末期的《学记》及西方罗马时期昆体良的《雄辩术原理》（或译《演说家的教育》）等著作论述了教育的一般问题，还不是教学理论的专门著述。直到17世纪捷克教育家夸美纽斯（1592—1670）于1632年发表了《大教学论》之后，教学论才成为一门独立学科。200年后，即19世纪中叶，形成了以德国教育家赫尔巴特（1776—1841）为首的以传授书本知识为中心的完整的教学理论，即被后来称为传统教育派的教学理论。由于这一理论只看到教师的作用和书本知识的价值，于是遭到20世纪初盛行起来的以美国实用主义者杜威为代表的教学理论的攻击。他们自称现代教育派（或进步教育派），强调直接经验，提倡儿童中心和活动中心。直到第二次世界大战，这两大派一直在进行着辩争。20世纪50年代以后，随着科学技术的进步和生产的发展，各个国家都在培养尖端人才方面展开新的竞争，与此相应的教学理论获得了空前的发展。在两大派论争的基础上，吸取了心理学的研究成果，美、苏及西欧相继出现了众多的教学理论流派，对教学实践质量的提高起了重要的作用。

由于教学的对象不同，教学论又被划分为中小学教学论、高等学校教学论、成人教学论，等等。高等学校教学论是关于高等学校的教学目的、内容、过程、模式、方法手段及评价的理论。本书所要论述的高等学校的教学方法，则是高等学校教学论的重要组成部分。

（二）教学的基本因素

按照系统论的观点，要认识一个系统，首先要分析这个系统的基本因素（或要素）。教学的基本因素，是指在教学过程中自始至终都在起作用的那些决定教学过程性质的必不可少的要素。有二因素说，指人的因素和物的因素；有三因素说，指教师、学生和教材；还有四因素说，除教师、学生和教材外，再加上教学手段。把教学只划为人和物两个集合因素，显然不妥，至于教学手段虽然重要，但它是由师、生、教材三个基本因素派生出来的，因此，我们认为三因素说是较为妥当的。

教师、学生、教材（或教学内容）是教学活动贯穿始终的三个基本因素。任何学校、任何形式的教学，无论高等学校、中等学校、还是初等学校的教学；无论是以传授知识为主、还是以训练技能为主的教学都少不了其中的任何一个因素。对这三个因素在教学中的地位与作用的不同认识，形成了不同的甚至是相互对立的理论体系。这三个因素在教学实践中的多向的错综的联系，可以导演出无数生动活泼的教学场景。因此，对这三个因素的关系，必须有正确的认识。

首先，看教师。教师在教学活动中是领导者、组织者、传授者和教育者，他是一定社会对年轻一代实施培养任务的代表人物。从施教的角度看，他是教学的主体，而学生则是他的工作对象，是施教的客体。国家的培养目标，施教的方向，教学的内容、方法和手段，都是通过教师而影响学生的，因此，他在引导学生掌握教学内容上所起的主导作用，是不容怀疑的，但不能因此而无限制地夸大教师的作用。因为教学目标最后是在学生身上体现出来的，教师只能是学生学习的指导者。

其次，看学生。学生是受教育者，是学习者，他要在教师的帮助下在较短的时间内掌握现实社会所需要的以教学内容的形式出现的人类历史长期积累下来的知识财富。显然，要掌握这些财富，没有教师的帮助是办不到的。但，教师却不能代替学生的学习。学习是学生自己主动地、积极地占有教学内容的过程，因而教学活动中从学生学习的角度看，学生是学习的主体，教材是学生认识的客体，而教师则是实现学生掌握教材的指导者。

最后，看教材。在教学系统中教材是知识的载体，是教学内容，是教师教学的依据，是学生学习的对象。教材在教学过程中具有特殊的重要性，没有教材就不能形成教学活动。教材的结构组织，深浅难易，特别是它与师生的客观需要是否适应，都不仅影响教学活动的进行，也直接关系到教学的质量与效果。

可见，教学中三个基本因素的关系是错综复杂的，从理论上和从实践上正确对待三者的关系，是顺利进行教学工作的首要前提。

（三）高等学校教学的特点

高等学校的教学，具有所有学校教学工作的共性，也具有自己的特点。这是因为高等学校的任务与培养目标不同于普通学校。普通学校是基础教育，而高等学校是专业教育，它要为国家培养各行各业的专门人才。高等学校教学的对象不同于中小学，从身心发展看，高校学生已接近成熟阶段；从知识水平来看，他们已受完中学教育，具备了普通文化基础，世界观正在形成，他们在个体社会化的过程中已走过了相当长的一段路途。正是这些基本情况，使高等学校的教学具有自己的特点：

1. 在教和学的关系上，学生具有更大的主动性与独立性

高等学校的学生由于年龄的增长与心理上的成熟，不仅知识和能力远远高出于中小学生，而且学习的目的性也更加明确。他们都是接受过完整的普通教育又是在同龄人中经过选拔而进入到高等学校某一专业学习的，普遍都有较强的学习自觉性和责任感。这一基本情况规定了高等学校不同于普通中小学教与学的关系。高校学生的学习，不仅仅是靠教师的"给予"，而更主要的是依靠自己独立的探索和追求。因此，教师的责任虽不排除必要的传授，但必须把更多的力量放在疑难问题的启发诱导上，放在对学生学法的指导上。"教会学生学习"，在高等学校的教学工作上具有特殊重要的意义。每一教师都应重视充分调动学生的主动性和独立性，在教学的各个环节上引导学生自己读书，独立钻研，独立思考，独立地去解决问题。

2. 教学内容具有专业定向性和相互渗透性

高等学校是专业教育，在教学内容上，除少数要求大学生共同学习的政治课、体育课、外语课外，绝大多数课程都是按专业学习的需要而设置的，这种教学内容的专业定向性是普通中小学所没有的。在当代综合学

科、综合技术和边缘学科大量涌现的情况下，对专业定向绝不能片面地狭隘地理解，无论是理论研究还是专业技术要向纵深发展，取得高、精、尖的突破，都不能把自己局限在狭小的圈子内，因此，教学内容在不同专业的相互渗透，如自然科学与社会科学的渗透、文理渗透、理工渗透等就具有特殊的重要性。实践证明，专业定向与专业渗透并不矛盾，只有把二者更好地统一起来，才能培养出具有广博知识基础的专门人才。

3. 教学与科研并重，科研与教学结合

高等学校除坚持教学为主外，科研占有特殊地位。特别是一些师资、设备条件好的高校，既要建成教学中心，使教学达到高水平，也要建成科研中心，在理论研究和应用研究方面为国家作出更大的贡献。

高等学校要做到教学与科研并重，一是因为高校是国家的最高学府，要使自己的教学达到最高水平，不借助于科研是不行的；二是因为高校集中了大量专家学者，而且有良好的设备，这些人力物力，完全应该也有可能在完成教学任务的同时完成科研任务；三是因为从高等学校培养人才的客观需要来看，高校学生不应是被动地接受现成的知识，而应是积极去探索和发现，科研本身就应该是他们的学习内容。不仅教师应该搞好科研，而且应引导学生参加科研，培养学生具备科研的能力。只有把科研和教学结合起来，才能既有利于提高教学质量，不断用科学上的最新成果丰富教学内容，又提高科研水平，创造出新的科研成果，最终达到既培养人才，又出科研成果的双重目标。

4. 高等学校教学与社会有密切的联系

高等学校直接担负着为社会各行各业培养和输送人才的任务。为适应社会的需要，它必须了解社会、学习社会，同社会建立紧密的联系。

高校教学同社会联系的重要方式是组织好有关的课程见习和实习，使学生了解社会和生产实际，学到服务社会的实际本领。

近年来组织高校学生参加社会调查和社会实践，受到普遍重视。这不仅可以使学生了解社会，学到书本上学不到的知识和本领，而且可以使学生的思想品德受到锻炼和提高。而这些正是他们毕业后走上工作岗位所迫切需要的。

保持高校教学同社会的密切联系是由高校的性质决定的，只有把高校教学建立在社会需要的基础上，才能使高校具有旺盛的生命力，才能使教学工作做到理论与实践结合，才能更好地使学生完成从学习到工作，从学校到社会的过渡，才能培养出真正适应社会各行各业需要的人才。

（四）高等学校教学工作的地位与任务

1. 高等学校教学工作的地位

教学是实现教育目的的基本途径，离开教学不仅智育目标无法实现，德育、体育、美育的目标也是不可能达到的。因此，任何学校都把教学摆在重要位置上。新中国成立后几十年间曾出现几次忽视教学工作的现象，当时都是由于受到政治活动和劳动过多的冲击，把教学置于次要的或可有可无甚至取消的境地，结果使教育工作蒙受巨大的损失。

高校必须坚持"以教学为主"的办学原则。教学为主，是说学校的首要任务是搞好教学，把教学作为评价和衡量学校工作的主要依据；教学为主，是说学校必须把教学工作摆在中心位置上，要处理好各项工作，包括政治工作、生产劳动、总务后勤工作等与教学工作的关系，要处理好各方面人员，包括教师、学生和各种工作人员间的人际关系。要使全部工作、全体人员都树立起搞好教学，提高教学质量，为教学服务的思想。只有如此，才能建立起正常的学校工作秩序，完成高校的教育任务。

前面说到，高校不仅是教学中心，还要成为科研中心。教学为主与"两个中心"并不矛盾。两个中心，是从高校的办学需要、师资力量、设备条件等特点提出的，教学也好，科研也好，都是为了完成高校的主要任务，提高人才培养质量。"高等学校开展科学研究的目的是：提高教学质量和学术水平，完成一定的科学研究任务，促进学科的发展，为赶超世界先进科学水平，实现四个现代化作出积极贡献。""高等学校应该把教科书、教学参考书的编著和新型实验仪器设备的研究作为主要的科学研究工作。"[1] 因此，高校的两个中心，实质是完成一个目的，即培养高质量的人才。科研和教学是相互促进的，科研是促进和提高教学质量的重要方面。从整体上看，教学为主与两个中心是一致的。当然，在实践上也应处理好教学与科研的关系，当前由于评价晋级条件的规定和掌握，使得部分教师不能正确对待二者的关系，是可以通过工作来加以调整的。教学与科研结合，是被高等学校的性质所决定的，不能动摇。

2. 高等学校教学的任务

教学的任务由学校的性质、特点和国家赋予学校的培养目标决定的，也受一定时期教育、教学理论的主导思想的影响，如历史上的形式教育理

---

[1] 中华人民共和国教育部：《全国重点高等学校暂行工作条例》（试行草案），1978年。

论、实质教育理论和通才教育、专才教育等不同主张，都对教学的任务产生着影响。我国高等学校教学的任务，是被社会主义现代化建设对高级人才的客观需要决定的，它既总结了我国几十年社会主义教育建设的经验教训，也吸取了国外高等教育发展的先进经验。具体地说，有以下三项主要任务：

（1）使学生掌握基础理论、基本知识和基本技能

这是高等学校教学的首要任务。任何专业都有属于本专业范围内必须掌握的基础理论，基本知识和基本技能。这些理论、知识和技能的特点，一是基础性，包括一般基础和专业基础，不掌握这些基础的东西，就不可能在本专业方面获得进一步的发展和提高；二是基本性，要掌握最主要的有代表性的知识和技能；三是可迁移性。在科学技术飞快发展的今天，大学生具有广博而坚实的基础知识异常重要，不仅要有本专业的基础知识，而且还要有相关专业的基础知识。实践证明，先进的理论和尖端的技术，不是出自狭隘的专业范围，而是来源于多学科的综合运用，来源于两门或几门学科的边缘。因而在办学指导思想上，在课程设置上都应该得到体现，重视基础学科，重视横断学科，重视不同学科的交叉和渗透。当然并不排除尖端技术学科，重要的是处理好各种学科包括理论学科、应用学科和工具学科、基础学科、尖端学科之间的关系，培养出能胜任当前工作又具备长远发展条件的适应社会主义建设的人才。

（2）发展学生的智力，培养学生的能力，使之成为既会动脑，又会动手的创造性建设人才

培养学生的智能，是各级学校教学工作的共同任务，高等学校更具有特殊的重要性。大学生的智力主要表现于辨析力和创造力上，它是注意力、观察力、记忆力、想象力、思维力的综合表现。大学生的能力则主要包括：自学探索能力、发表能力、操作能力、人际交往能力、审美鉴赏能力和自我控制能力，等等。大学生具备这些方面的智力和能力，对他们未来的工作和发展具有十分重要的意义。尤其在改革创新、变化发展的年代里，优异的智能往往比现成的知识能够发挥更大的作用。高等学校各科教学都不仅要结合本学科培养学生相关的智能，更应注意培养学生的综合智能，使学生不仅具备广博深厚的知识，而且具备分析问题解决问题的发达的智能。

（3）管教管导，教书育人，培养德智体全面发展的社会主义建设人才

教书与育人，本来就是统一的。教书就是育人，是说教书是育人的一

个方面。教师要通过教书把知识技能传授给学生，任何社会培养人教育人都离不开教书。教书为了育人，是说教书是实现教育目的的手段，通过教学达到培养人的目的。在高等学校，由于除去教学人员外，还有专门做政治工作的人员，也由于其他方面的原因，长期以来形成教学与思想工作脱节的情况。似乎教学只是传授知识，可以不过问学生的思想，这是不对的。教书育人，应是教学工作的当然的任务。每一位教师在自己的教学工作中，都不仅要对学生进行业务传授，而且必须要负起思想品德的培养任务，以便保证他所培养的学生，都是坚持四项基本原则，德智体全面发展的社会主义建设人才。

二 高等学校的教学原则

教学原则是教师组织教学活动的行为准则，它与教学方法有着密切的联系。教学方法是师生教学活动的具体方式，而教学原则则是在总结教学实践活动基础上形成和概括出来的符合教学规律的制约教学活动的基本要求。它对组织课程、编选教材、选择和运用教学方法、指导教学实践都起着重要的制约作用。为了对高等学校的教学方法能有全面深入地了解，并为以后各章叙述的方便，这里对高等学校教学原则作一些扼要的介绍。高等学校应提出哪些教学原则，目前尚无统一的意见，现仅就几个较少争议的教学原则分述如下：

（一）政治方向性原则

政治方向性原则，也可称思想性原则。这一原则是由教育目的或培养目标决定的。

高等学校的培养目标，是为社会主义建设培养专门人才。这样的人才除具备不同专业的业务本领，还必须具备高度的社会主义觉悟和高尚的道德品质，能坚持四项基本原则，忠于社会主义事业，全心全意为人民服务。政治方向性原则，就是根据人才培养的政治要求而确立的。它是高等学校教学必须坚持的首要原则。

贯彻这一原则要求：

1. 教师在教学思想上要有明确的培养目标，使培养目标成为指导自己教学工作的坚定信念。

2. 教师要做到教书育人，对学生全面负责，不仅课堂上而且随时随地坚持对学生进行思想政治教育。

3. 教师要以身作则，言行如一，身教胜于言教，作学生的表率。

（二）理论联系实际原则

理论联系实际是马克思主义认识世界和改造世界的普遍原理。作为教学原则的理论联系实际是一种在教学认识活动的特殊情况下的理论和实际的关系。这只是学生顺利地掌握人类的间接经验即理论知识而创造和寻求联系实际的条件，目的在于用生动的事实来说明和解释抽象的理论。因此，这是一种以学习理论为目的以理论为主导的理论联系实际的原则。这个原则在教学上有特殊的意义。它把抽象的、难于理解的理论，拉回到实际中去，不仅可以使理论生动易懂，而且为把理论运用到实践中去和在实践中进一步发展理论，创造了有利的条件。所以，理论联系实际的原则被列为各级各类学校的一项重要教学原则。在高等学校这一原则的特殊重要性，在于不仅能使学生接受高深的理论，而且更重要的是在教学与科研以及专业学习与生产实践之间架起一道桥梁。

贯彻这一原则要求：

1. 教师首要任务是讲清理论，包括概念的解释、论断的关系以及方法论的要求都要阐述清晰。要对理论产生的历史条件、社会背景、前人的探索、应用的途径与方法等，作出准确地说明和讲解。讲解中联系社会、自然、生产、生活的实际例证，既有助于理解，也有利于应用。

2. 充分运用各种实践性教学环节，如参观、调查、实验、见习、实习、作业、论文、设计等，使理论和实际密切联系起来。要重视每一种活动，通过这些活动，既可以验证理论，又可以应用和发展理论。

3. 通过有组织的社会实践或生产实践，把所学到的理论运用于实际。这类活动包括政治活动、军事训练、生产劳动或服务性活动等，对学生学到的理论来说，都属于综合运用的活动。它们不是与个别学科有直接的关系，而是和所学到知识普遍的联系，更关系到学生思想品德的成长与发展，因而具有十分重要的意义。

（三）科学性原则

教学的科学性是各级各类学校教学的普遍要求。它是指教师在进行教学时不仅在内容上坚持尊重事实，尊重真理，而且要在方法上坚持科学的方法论。人们认识事物，不能满足于表面现象，还必须认识事物的本质，即对那些看不到的深层的东西，作出正确的解释和说明，这就不可能不涉及人们的立场、世界观和方法论。尤其是社会科学，只有在事实的基础上，坚持社会发展的前进方向，才能得出正确的结论。在高等学校，由于教学的内容大量的是抽象的理论，在世界观、方法论方面坚持科学性原则尤属重要。

科学本身具有系统性、逻辑性和有序性，因此，坚持科学性原则，当然也涵盖着系统性原则和循序渐进性原则。

科学性与思想性是紧密联系着的。真正符合思想性要求的应是最科学的，而任何科学的内容也应自然地落实到思想性的结论上。从这个意义说，科学性原则也涵盖着思想性原则。

贯彻科学性原则要求：

1. 在任何学科的教学上，在多种形式的教学活动中，都应坚持辩证唯物主义和历史唯物主义的观点，坚持科学的方法论。

2. 保证教学工作的正确性和严肃性。教学内容中一切概念、规律、定理、原则等都要正确无误。对抽象理论可以作浅易的解释，却不容许作庸俗的比附和曲解。为引导学生对未知领域进行深入的探索，可以对科学上尚无定论或正在争议的问题作出介绍，却不允许教师以某种主观的看法代替科学的结论。

3. 教师在教学中应坚持实事求是的科学态度，要认真、负责、谦虚、严谨和尊重别人，给学生树立良好的榜样，并注意培养学生科学的思想方法。

（四）科研性原则

这一原则本来是与科学性原则紧密联系着的。由于在高等学校科学研究有特殊的重要性，所以单列为一个原则。这个原则也可称为教学与科学研究结合的原则。

把教学同科学研究结合起来，是近代科学发展的产物，也是高校教学的需要。高等学校是培养高层次建设人才的场所，它不仅使学生在所学专业上掌握现成的高深理论，而且还应该使他们具备探索未知领域即从事科学研究的能力和本领。教学与科研的关系十分密切。高等学校既是专家学者荟萃的场所，又是具有优越的设备条件的场所，这使得在搞好教学的同时又搞好科学研究成为可能。这是普通学校所不具备的，因而，科研性原则是高等学校特有的教学原则。

科研性原则要求：

1. 在教学中要具有科学的探索性和批判性。高等学校的教学不应仅是告诉学生现成的结论，还应把科学发现过程即重要的科学史知识告诉学生。对于尚无结论的问题和科学发展前景，则更要激发学生去探索、去发现。在对外开放的形势下，学生必然会接触各种各样的资产阶级的思想流派，对此，不应采取回避或简单否定的态度，而应启发学生运用马克思主义观点进行分析批判，以提高学生的鉴别力，树立钻研探索、批判求真的良好学风。

2. 教学中要及时地将最新的科学成果、科研信息或教师本人的科研成果纳入教学内容之中，以便开阔学生的视野，激发与培养学生的探索精神和兴趣，强化学生对新情况、新知识和新信息的应变力与适应力。教师自己的科研成果，不仅为学生提供现实的学习榜样，而且也有助于改进师生关系，提高教师的威信，从而增进教学效果。

3. 给大学生以必要的科研训练。大学有从事科学研究的优越条件，在教师直接指导下，学生可以集体地或个别地从事某项科研课题的探索，得到科研程序、方法、操作方面的系统训练，以便有助于缩短他们毕业后走向研究岗位的适应期，培养他们从事研究工作的能力。

学校里如果认真贯彻科研性原则，不仅直接培养了学生的科研本领，而且对学生的德育也有促进作用。在科研实践中，学生的科学精神、科学态度、科学道德如勇于创新、实事求是、知难而进以及一往无前的献身精神，等等，都可以得到陶冶和锻炼。

（五）因材施教的原则

因材施教，是适应学生的个别差异和知识、智能发展的不平衡性而制定的教学原则。大学生虽然是经过选拔考试达到一定要求而录取入学的，但由于他们来自不同的学校，原有的兴趣及学习习惯各不相同，再加上入学以后学习态度和努力程度不一样，因而他们学习上的差别是很大的。教学时必须注意因材施教，从学生的实际情况出发，针对学生的不同特点，合理地组织教学活动。

因材施教，是两千年前孔子首先提出的，在历史上一直是我国教学活动的优良传统。但当时是在个别教学的情况下提出的，它与今天集体教学是不同的。在集体教学条件下，必须一方面注意对全体学生的统一要求，一方面又注意不同学生各自的特点而因材施教。

贯彻这一原则要求做到：

1. 因材施教是在对学生全面发展要求的前提下进行的。统一要求与承认差别是不矛盾的。在贯彻这一原则时，教师要认识到全面发展不是平均发展，更不是同一规格，因而必须注意每个学生的特点。有人认为因材施教只是注意少数差生和优等生，这种理解是片面的，教师在这部分学生身上多给予一些关注是必要的，但因材施教是指面向每一学生，针对每一学生的特点，调动他们的学习积极性，使他们得到充分的发展。

2. 深入地了解和研究学生的一般特点与个别特点，是贯彻因材施教原则的先决条件。著名的俄国教育家乌申斯基说："如果教育者希望从一切方面去教育人，那么就必须首先也从一切方面去了解人。"在教学过程中，除了要了解和掌握全班学生的一般身心特点和他们的学习基础以外，还要了解每个学生的个别特点，了解他们的气质、性格、兴趣和智能条件与努力程度上的差别，以便长善救失，因人施教。

3. 因材施教，要坚持经常。要看到学生的变化，并且要针对变化后的新情况给予必要而恰当的教育，以使他们在新的起点上不断得到提高。

（六）少而精原则

少而精是针对教学内容来说的，它是指教师在教学过程中要正确处理教学内容的数量与质量的关系，处理教师少教、精教和学生学多、学好的关系。

人类的知识是无限的，而人生是短暂的、有限的，人们以有限的生命学到无限的知识是根本不可能的。不要说全部知识，就是某一学科或某一门类，要完全加以掌握也是难以做到的，而且也是不必要的。因此，就人们所能学到或必要学到的知识内容来说，只能是少而精的。从这个意义上说，教学上的少而精乃是一条必然的客观规律。50年代以来，瓦根舍因等范例教学理论提出重视教学的基础性、基本性和范例性；认知学派的布鲁姆的结构主义教学理论重视掌握事物的基本概念和基本原理等等主张，都是从这一客观规律出发的。

在高等学校，贯彻少而精原则的必要性，不仅在于高校教学涉及极为广泛的基础知识和专业知识，要有效地掌握他们需要进行合理的构建，以便于学到最主要的东西，执简驭繁；还在于给予学生一种方法上的训练，使他们学会正确对待知识的体系和关系，学会有效地占有高深知识的途径和方法。

这里的"少"是相对的，是根据培养目标和学生承受能力相对于应学知识的总量来说的，并不是越少越好。"少"的度是"精"，少是以学精、精学为准，"少"是数量上的要求，"精"是质量上的要求。"少"是手段，"精"是目的，"学少一点"是为"学好一点"。必须把二者结合起来，并最大限度地实现培养目标，才是这一原则的本意。

贯彻少而精的原则要求：

1. 应从制订教学计划，编写教学大纲和教材着手。在当前科学技术日新月异，知识积累以几何级数增长的情况下，高等学校的教学任务与其说是为了占有全面知识，毋宁说是为了给学生打好知识基础和掌握独立学习与钻研的方法。因此，在课程设置上不应贪多求全，而要精选必要的学科。在教学时间的安排上也要给学生自学留有余地。至于每一学科的教学内容，在编写教学大纲和教材时，要力求在体系结构安排上，材料处理上做到削枝保干，抓住主要的关键的问题，既照顾知识的完整性和整体性，又重点突出，以便于控制学习数量，提高学习质量，使学生学到必要的知识。

2. 教师对教学内容的处理上要树立正确的指导思想，要辩证地对待多学与少学的关系。在教学中，学生必须学到一定数量的知识，才能保证教学质量，如果超过这个数量而使学生负担过重，则反而会降低教学质量。因此多学不一定多得，学得少些、学得精些反而能学得扎实可靠，提高教学质量。教师必须要根据培养目标和教学任务以及学生的实际情况，确定合理的学习分量，在讲授过程中抓住主要问题，讲深讲透，使学生突破一点，兼及其他。

3. 教学上的少而精，绝不是简单地削减必要的讲授内容，更不是浓缩应该掌握的知识。而是要求教师在本门学科上具有更高的学术造诣，精通教学内容，不仅掌握本门学科知识结构和体系，而且善于处理与相关学科的联系和关系。这样他才能在教材处理上运用自如，懂得何处应该少讲，何处应该精讲；了解哪些知识应该由教师讲解，哪些知识可以留给学生自学，使课内课外结合起来，使讲授与自学相得益彰；同时重视学生思想方法和学习方法的指导。通过这一原则的贯彻，不仅增进知识，提高专业水平，而且培养了认知能力和学习能力。

三　高等学校教学方法与教学组织形式

（一）教学方法的概念

方法一词，源出于古希腊文，原义为沿着某条道路行进，有途径、门路的意思。现代含义，方法被认为是为了达到某种目的而采取的行动、动作体系。在一切活动中，人们为了实现某种目的，总要采取这样或那样的途径、手段、措施和方式。这样便构成了一系列的动作，包括内部的如智力的、思维的、动作和外部的、如各种操作的技能的动作。所有这些为实现目的所采取的行动、动作的总和，就是方法。不同的方法，构成了不同的行动、动作体系。

教学方法是为了实现教学目的而运用的方法，如果给它下一个定义的话，可以说，教学方法是为了实现教学目的由教师组织学生在共同的教学活动中所采取的动作体系。首先，教学方法是为教学目的服务的，不同的目的要求不同的方法，教学方法的价值在于它实现教学目的上的有效性。有效性不仅是衡量教学方法使用的尺度，而且是把一定的教学方法同一定的教学目的联系起来的先决条件。其次，教学方法是教师组织教学活动所采取的方法。它主要应充分表现出教师的主导作用。方法的选择、设计、安排和运用首先由教师确定。虽然也必须考虑学生的具体情况，但决不能放松教师的责任。最后，教学方法虽然强调教师主导作用的发挥，但，它却不是教师单方面的事，而是师生双方共同的活动。因此，必须重视教与学的双边性。教学方法既不是教师单方面的教授法，也不是仅限于学生的学习法。它是融合教的方法与学的方法为一体的。教是为了学，要落实到学；学要实现教的要求，要领会教的意旨。教中有学，学中有教。教与学的活动是相互配合的，彼此渗透的。教与学的结合，是理解教学方法这一概念的重要前提。

教学方法是教学活动的重要组成部分。教学方法因教学目的、教学内容和教学对象即学生的不同而不同。不同学科、不同课题，以及不同年级的学生有不同的教学方法，即使同一教学方法在不同条件下其运用要求也是不同的。高等学校的教学方法是从高等学校的教学特点出发的。高等学校培养目标的专才性、学科内容的专门性和学生学习的独立性规定了其教学方法不同于其他门类和层级学校的教学方法。

（二）高等学校教学方法与教学组织形式的重合性

教学方法与教学组织形式都是教学工作不可缺少的活动，在教学实施中二者有十分密切的关系。

教学组织形式是指教学活动的诸种条件包括人与物、主体与客体、时间与空间等等如何采取有效的形式来加以组织和安排的问题。适应一定的社会历史背景和教学的特殊需要，建立合理的教学组织形式，对提高教学效果有重要的意义。在历史上曾经出现过个别教学、班级教学、小组教学等教学形式。尤其是班级教学更是近代以来普遍采用的形式，当前流行的课堂教学、现场教学、自学指导、课外活动等等都属于班级教学这一形式。

教学组织形式与教学方法不是同一概念，但在高等学校二者却常常是重合的、同一的。在中小学，教学方法的变化较大，为引起和保持学生的注意，一堂课往往采取多种教学方法。而一种教学方法也常常在不同的教学组织形式中使用，因而教学组织形式与教学方法有各自的独立性。而在高等学校，由于教学内容的增加和学生年龄上的成熟，要求教学活动持续的时间加长，而教学方法上的变化也就相对减少。在一堂课的教学中往往只采取一种教学方法，因而不同的教学方法也就决定了不同课的组织形式，如用讲授法上的课就称为讲授课，用讨论法上的课就称为讨论课，并形成了各自不同的结构与步骤。这样教学组织形式与教学方法在高等学校的教学活动中便重合在一起，而表现出二者的同一性。

（三）高校教学方法的选定依据

正确选定教学方法，是保证教学质量的重要前提。高校选定教学方法一般应注意：

1. 依据教学的目的与任务

教学的目的任务不同，所选用的主要方法和具体一次课的方法，都应有所不同，如传授知识的课和培养技能的课，显然应选取不同的教学方法。

2. 依据学科的性质与教学内容

学科性质与教学内容不同，教学方法的侧重点则各异。如自然科学多用实验法，工艺学科多用实习法，社会科学的教学要考虑社会调查或社会实践；文学、外语常用讲读法，艺术、体育多用练习法，医学多用临床实习，工科常用设计等。这些是就不同学科的特点来说的，而在同一学科中的不同课题，也要采取不同的教学方法。

3. 依据大学生的身心特点

大学生是教学的对象，是选定教学方法必须加以考虑的。大学生身体发育已经成熟，心理条件也趋于稳定，具有持久的注意力；逻辑推理能力也已初步形成，并且具有强烈的探索精神与独立活动的能力。在考虑教学方法时，重点应放在大学生的承受性上，而不需去像小学生那样追求灵活多变；应为大学生创造更多的独立活动的条件，而不需处处依赖教师。

4. 依据学校的设备及办学条件

搞好教学，仅有水平高的教师和使用的教材还是不够的，还要有完善的教学设备，包括观察、实验和实习的条件以及电教手段和图书资料，等等，这些都是考虑采用何种教学方法的依据。

教育管理

小学校长[*]

一 小学校长的工作任务与范围

(一) 小学校长

校长是学校范围内的首长，是学校工作开展的核心，他的责任是很重大的。

小学校长，他是代表着上级政府在学校范围内来贯彻我们国家关于儿童教育的方针政策的具体的领导者、执行者和监督者。他要在上级政府的直接领导之下来进行工作，他必须组织和领导全体工作人员，使每个人都能担负起适合他们自己能力的责任来向学生进行全面的教育、教养和教学工作。对于这一全面性的教育、教养和教学工作，校长，一方面要根据我们国家对儿童教育的要求与学校的具体情况来提出详密的计划和做好具体的布置，使全体工作人员都能遵循一定的方向和步骤来进行工作；另一方面还必须要对每一工作人员之工作执行情况加以及时的督促与检查。

此外，一个有经验的校长，他还会经常地注意深入钻研自己学校的各方面的工作，发现工作中的优点和缺点，找出工作中的规律，及时肯定工作中的经验和恰当地推广这些经验。

计划布置、督促检查和正确的总结，我们应该把它当作贯彻每一工作都不能缺少的一个有机统一体来理解，忽视其中任何一个步骤都会使工作停止在半路上或带来更大的损失。

---

[*]《小学校长》文稿是作者1951年撰写的，其中的"五、学校计划工作""七、学校总结工作"分别以《谈谈学校的计划工作》和《如何做好学校的总结工作》为题先后发表在1952年2月7日和1952年7月19日的《光明日报》第3版上。

发挥工作的最大效能，对于干部的掌握是具有头等重要意义的。校长，必须很好的配备干部、使用干部，同时要在日常工作中关心每个同志的进步，领导他们学习并经常注意为他们的提高创造有利的条件。

要使学校的每一工作都能顺利开展，把学校和外界隔离起来是不可能的；同样，要想对儿童进行良好的教育和教养，忽视了家庭对他们的影响也是不可能的。因此，小学校长还要把校外联系和家长工作列为经常性工作之一。

一句话，小学校长工作的基本要求，就是要做好祖国和人民交付给他的儿童教育工作，要做好自己学校内的领导工作。

（二）思想领导和具体领导

小学校长的领导工作，最基本最重要的便是思想领导和具体领导。思想领导，也就是原则领导。小学校长在领导工作上必须要掌握原则，在处理一切问题上，包括他自己日常的工作和在他领导下的其他工作人员的工作，都要有原则性。

原则，它是我们工作中要依据的基本法则，它是直接指导我们工作前进的。它指给我们方向并提供出一定的方法和步骤。根据正确原则办事情，它能使我们在执行当中充满着信心；根据正确的原则进行工作，它会使我们的工作永远在胜利中前进。不善于正确地批判各种错误现象和不善于有原则地对待问题，会使工作受到严重的损失。在学校的领导工作中，没有定见、左右摇摆、漂浮不定，那将是不堪设想的。一个领导者，学校校长，他首先应该是有原则的人。

小学校长的思想领导，具体就表现在他对学校各种工作的处理与进行上，是从党和国家教育方针和政策出发、是从人民的利益出发、从全校出发、从全面发展的儿童教育目的出发，而不是从个人出发或从自己的主观愿望出发。只有如此，他对校内和上级领导来说，才不会是本位主义者；只有如此，他对校内所有同志的关系上，才不致有亲疏远近或停止在私人朋友的往来上；也只有如此，他才能够正确地领导全校工作人员来全面地完成儿童的教育、教养和教学工作。

思想领导也就是政治领导。学校内，应该是充满着浓厚的政治空气的，学校中的工作者，应该是具有足够的政治觉悟并敏于接受新鲜事物的人。这样，才能保证我们所培养出来的人，是全面发展的祖国的建设者和保卫者。因此，小学校长，必须要起政治上的领导作用，必须要经常地注意提高同志们的思想水平和政治觉悟。

小学校长，要以马克思列宁主义和毛泽东思想来进行正确地领导。在学校中，要彻底肃清帝国主义、封建主义和官僚资本主义的残余思想，并注意批判资产阶级和小资产阶级思想。这是学校中进行思想领导的最基本最重要的问题。小学校长，必须深入到教学工作中，深入到每一项具体工作中，贯彻和体现此种精神。

思想领导，也表现在校长处理问题的坚持真理及与错误的思想行为不妥协的斗争上。校长要善于发挥群众的集体力量，要经常地在群众当中开展批评与自我批评。明辨是非，这是进行一切工作的起码条件，它会为工作进程铺平道路，它可以使每个同志知道他自己在任何时候应该做哪些和不应该做哪些。

思想领导，这是校长领导工作的重要一环。但是，单是思想领导还是不够的。有了思想领导，这保证着工作永远在正确的道路上发展，保证着工作在任何时候不至于发生偏差，不至于犯政治上的错误。若想使每一个工作人员都能够如政府和人民所要求的那样的来完成任务或创造性地完成任务，一个领导者还必须对每个同志的业务做切实地领导。因此，小学校长，除去要做好思想领导，还必须要做好具体领导。毛主席曾指示我们："我们不但要提出任务，而且要解决完成任务的方法问题……不解决方法问题，任务也是瞎说一顿。"① 很多学校教师工作质量不能很快地提高，与领导者只注意一般的原则而缺乏对工作具体的指导是分不开的。

小学校长对同志们的具体领导，最根本的就是做好教学工作的领导。学校中的中心活动是教学活动，我们国家对年轻一代的教育和教养目标，主要是通过学校的教学来实现的。校长必须对教学活动的领导提高到足够的重视，应该意识到教学工作是学校的压倒一切的中心工作。最不应该的是有些学校的领导者，他一天奔忙于事务上的琐事，而对教学放弃了领导，甚至根本就不加过问，这是舍本逐末，是不能容忍的。

教学，这绝不是单纯的知识传授，而是包括在学校中培养和教育学生的全部过程。"教学是旨在依照共产主义教育的一般目的与具体任务，在学校中有计划地实现下列的工作：以知识、技能和熟练技巧来武装学生，建立他们的共产主义世界观和有计划地发展他们的智力与道德品格；在教

---

① 毛泽东：《关心群众生活，注意工作方法》，人民出版社1951年版，第6页。

师领导之下，组织学生的积极活动，以实现这种工作"①。校长，要对全部教学活动，做有计划的、恰当的和适时的领导。

做好教学领导，首先要掌握和了解学校的教学情况。校长，不仅要熟悉教师的教课情况，而且还要熟悉学生学习的情况。在了解和考察教学的具体情况时是可以通过多种方式进行的。

教学是师生共同活动的过程，但学生的学习过程是在教师领导之下来进行的，而学生的学业质量也是以教师的教学质量为基础的。因此，校长对教学的领导，乃是对教师的领导。

教学领导，应注意教师本身的教学思想、教学态度以及讲授内容的科学性和思想性。教师的教学，必须要以国家建设方针、教育总目的和教科书的具体要求作为指导，而不容许有丝毫不严肃、不负责的态度。

小学校长对教学工作的具体领导，也就是经验领导。校长要以成熟的经验帮助新旧教师积极地从事教学工作。

教学领导，这包括在全部教学的每一环节上，去掌握和总结成熟的经验，也包括谨慎地去清理教学工作的毛病和缺点。

对于肯定下来的经验和缺点，校长有时候可以个别地予以鼓励和指导，有时候也可以组织一些同志进行进一步探索和研究，到一定的时候，应该向全体教师提出系统的报告。这个报告如果组织得及时恰当，对每个同志都具有重要的指导意义。

小学校长除去要对教学工作进行具体领导以外，对围绕教学工作的其他工作如学校事务工作，也应经常予以关注并在一定时期提出具体的改进意见，这样才能保证不断地提高各项工作的质量。因为学校内的各项工作都是彼此紧密联系着的，忽视了其中任何一项工作，都会直接影响到其他的工作。

具体领导应与思想领导紧密地结合起来，二者有着不可分割的关系，它们构成校长领导工作的整体。

（三）小学校长的工作范围

小学校长的工作范围，小学校长的领导工作基本上可分四个方面，即对教师的领导、对学生的领导、对经济事务工作的领导和对校外联系与家长工作的领导。确定小学校长的工作就是从这四个方面出发的。还包括以

---

① ［苏］凯洛夫：《教育学》，沈颖、南致善等译，人民教育出版社 1953 年版，第 56 页。

下诸项：

1. 认真执行和贯彻党和政府的教育政策与法令，并对上级机关作定期或临时的报告；
2. 负责召开校务会议，负责审查批准校内各种会议的决议；
3. 负责制作全校教育工作计划及总结；
4. 审核批准各项工作计划并督促检查其执行；
5. 掌握干部配备，注意教职员思想情况及身体健康状况，坚持贯彻各项工作制度；
6. 注意提高教职员工作质量，切实领导教职员业务、文化、政治理论学习；
7. 重视健康教育，关怀学生健康状况，增进学生身体健康；
8. 了解学生学习情况，注意掌握学生成绩的升降；
9. 经常深入课堂，检查教师的教学内容，教学方法和教学效果，并及时具体地给予批判与指导，随时注意提高教师的教学水平；
10. 掌握招生及解决失学辍学儿童的有关问题；
11. 根据学校具体情况可兼任一定数量的课程；
12. 要有计划地领导学生的组织，树立他们在儿童中的威信；
13. 掌握奖惩制度，鼓励与推动全体工作人员的工作情绪；
14. 监督事务管理，掌握经费开支，注意安全保卫工作；
15. 负责校外联系，参加校外一定会议；
16. 做好家长联系工作；
17. 负责处理一切偶发事项。

小学校长的实际工作，并不是依照条文规定呆板地去执行。相反，其中是很有伸缩领地的，领导工作是个细致的工作，他不是公式化了的死板的东西，而是因事制宜的，他应该根据学校具体情况做某些灵活的改变，但其基本精神却是不能违背的。

小学校长的工作范围，要依照学校规模的大小、班级学生及工作人员的多寡而有所变化。学校学生数目越大，教师与其他工作就需要得越多，而领导者的工作范围也就越比较复杂和广泛，领导者的责任当然也就越为重大。反之，我们分布在乡村的许多小学里，学生人数不多，教师数目也很少，在此种情况下，校长的领导工作也就不用花费更多的时间和精力了。很多时候是把主要精力放到他所教的课程上，而不需要放在领导工作本身上。

二　小学校长应具备的条件

（一）小学校长人选的重要性

政务院总理周恩来于 1953 年 12 月 11 日亲自署名发布了《关于整顿和改进小学教育的指示》，明确指出"小学教育是整个教育建设的基础，它的任务是教育新一代，使之成为新中国的健全公民"。小学教育关系着人民文化水平的提高，也关系着新中国各项建设干部的培养。要做好这一工作，当然要依赖我们从事工作的全体小学教师。但，小学教师能不能更大地发挥其应有的作用，则往往决定于其直接的领导者——小学校长。因此，我们便必须要以特别关切的态度来注意小学校长的人选。

我们学校的领导原则是校长负责制的，我们很清楚地可以看到：党和政府的意愿与要求能否具体地在学校中体现出来，校长是起决定作用的。小学校长的工作质量和整个学校的教育工作质量是紧密地联系在一起的。

当我们以一个重要的任务要求小学校长完成的同时，本身要对他是否具有完成这一任务的条件做周密的考虑。

什么人才能做小学校长呢？至少应该从以下三方面来权衡，即：政治修养、文化水平和业务能力。

（二）政治修养

这是决定小学校长人选的首要条件。从政治上权衡利弊，是确定任何干部所不可缺少的。我们要使学校彻底地为我们国家的政治和经济服务，要使学校培养出祖国所需要的合乎规格的人才，而不去考虑我们的学校领导者——校长本身的政治条件，那是不堪设想的。

然而，这是不是说一个小学校长必须要精通革命道理和具有多么高深的马列主义理论修养呢？当然不是的。这里所指的小学校长的政治条件，并非是过高的或很难达到的政治要求，而是一个普通的必需的要求。小学校长，首先，他是有坚定的无产阶级立场的人，应该是政治上可靠的人，这样，在我们交给他一个任务来完成时，才能保证他在完成任务时是踏实可信的。

其次，他需要是具有一定政治觉悟的人。他必须清楚意识整个世界的形式和中国社会的基本性质，他必须透彻了解我国过渡时期的路线及任务，确信无产阶级领导的思想是正确的；他必须有决心并逐步克服旧社会带来的残余影响，他必须准确地认识我国社会发展的前途和人民革命事业的胜利方向，他应热爱共产党，他自己要有牢固的革命热情。

关于有决心和逐步克服旧社会带来的残余影响，这对于我国现阶段的学校领导干部来说是很重要的。特别是对旧社会影响较深的干部来说是尤其具有重要意义的。

此外，一定的政治修养，也包括执行工作的心口如一，及以政治感情来团结同志。小学校长，在政治上不应该是个空谈的人，而应该是一个实践者，要能以自己的政治认识指导自己的行动。在对待同志的关系上，也应该是诚恳无间的，对待同志是以革命的政治感情而不是从私人情感出发的，这样他才具备着被同志们尊重及在全体工作人员中享有足够威信的起码条件。

（三）文化水平

小学校长应具备的第二个条件，是一定的文化水平。文化水平，即是一个人具有的关于自然科学与社会科学的知识水平。科学知识是我们了解客观世界、了解自身和人类社会规律的门户。一个人的认识能力和一个人的文化水平是分不开的。一个文化水平很低的人，不可能想象他会有很强的认识客观事物的能力。

在目前我们国家小学教育迅速发展的具体条件下，对于小学校长的文化水平有过高的要求，这显然是不可能的。但，如果因此而忽视这个问题，也同样是一个严重的错误。

小学校长，他应该具有中等文化水平。无论如何，他不能低于我国现行初中毕业生的实际程度。在条件允许的地方，当然这个要求是应该提得更高一些的。

小学校长，对于在自己整个学校内要向学生教授的各种课程的全部内容，应该是很熟悉的，起码也不要有只是很少理解或过分生疏的感觉。一个连四则运算题都不懂的小学校长，要他对自己学校内的算术教师的教学进行具体领导，是不可能得到保证的。

一定的文化水平，这保证着小学校长顺利地开展自己的工作，保证着在工作中能够及时地发现问题并在处理问题上减少困难，也保证着不断地完成自己的工作任务和创造性地改进自己的工作。每一个小学校长，都应当注意经常地提高自己的工作。

（四）业务能力

有了一定的政治修养和文化水平，还需要有足够的业务能力。斯大林曾教导我们：要根据政治的标准来挑选干部，就是说要看工作人员在政治上是否可靠的；也要根据业务的标准，看他是否适合于这样一种具体工作。

业务能力，就是具体从事自己所担当工作的实际能力。小学校长的业务能力，即是关于儿童教育方面的各种知识与技能运用能力，也是组织全体工作人员胜利完成儿童教育工作的领导能力。他不但要熟悉理论，而重要的是善于把理论贯彻到实际工作中去。

一个小学校长，首先应该懂得教育学的知识，对于这种知识的重视，在苏联它被提到任何国家所没有的高度，他被视为是每一个苏维埃公民都应具备的知识。

"教育学是属于这样一类的科学：这些科学的知识不仅为教育专家所必需，而且为每一个人所必需，因为每一个人在自己的生活里，无论如何也不可避免地要用到子女教育问题，而对于这些问题应持有负责的态度。青年教育是社会生活现象的如此广大和重要的领域，人如果缺乏教育知识，那么，便成为他们文化发展中异常重大的缺陷；教育知识，教育上的观点和信念，在每一个苏维埃公民的人生观里，应当构成极重要的一环。"[1]

教育学告诉我们关于教育方面的一般知识，使我们可以明确地认识教育的本质以及学校教育的目的和任务；教育学也告诉我们有关教学的理论，使我们知道教学过程的本质和教学的内容与方法；教育学也告诉我们教育理论，使我们不但知道德育、体育和美育的任务、内容、组织和方法，而且还可以了解儿童集体、课外与校外活动，以及学校与家庭联系的组织与作用；最后，从教育学中还可以学到与校长本身直接有关的学校领导与管理的理论与技能。

关于教育学方面所有的知识，对于小学校长来说都是不可缺少的。

除去教育学的知识以外，小学校长还应该具备关于儿童心理和生理方面的知识。儿童是我们培育的对象。对于他们，必须要有足够的了解，应该清楚地知道他们发展的阶段以及每一个阶段的基本规律。

---

[1] ［苏］凯洛夫：《教育学》，沈颖、南致善等译，人民教育出版社1953年版，第31页。

小学校长，必须深深通晓自己的本门业务，掌握领导技能，并且有丰富的教学及辅导上的经验，只有这样，才能进行熟练的领导。

政治修养、文化水平和业务能力，这是小学校长应具备的基本条件。作为一个优秀的领导者的一切其他条件，都是从这个基础上产生的。

（五）注意培养优秀的领导者

怎样才能具备这些条件呢？这并不是参加了这个工作以后就立刻可以达到的。一个优秀的学校领导者，是需要经过相当长时期的实际工作才可以锻炼成功的。因此，便要求我们重视干部的培养工作，特别是教育行政部门，应该善于培养优秀的学校领导者。这无论从儿童教育本身看或从我们国家的整个建设事业上来看，都不容忽视这一工作。

培养优秀的领导者，首先，要求校长工作的稳定性，没有长时期的继续同样的工作，是不可能产生成熟的经验的。小学校长的工作无论如何不应该经常发生变动。这样一方面可以使他经过长时期的工作实践系统地积累领导经验，另一方面也可以使他安心于自己的工作，培养他牢固的事业心。我们今天某些地区存在着随意抽调学校干部去从事其他工作的现象，是不应该的。这不仅对小学教育工作是一个损失，而且对其他的工作也没有好处。

苏联对中小学校长的任免，是非常慎重的。小学校长（即四年制学校校长）要师范学校毕业，有三年业务经验；中学校长要高等师范学校毕业，同样需要有三年业务经验，经地方党及地方教育局的推荐，然后由加盟共和国或自治共和国教育部来直接任免的。这样的任免程序，除去能保证校长工作的稳定性之外，而且对提高校长的威信和他自己工作的责任感也是具有重要意义的。

其次，教育领导部门，还应该经常关心小学校长的工作，了解他们的工作情况，并帮助他们系统地总结自己的工作和解决工作中的困难。适时地布置有关材料使他们进行学习和有计划地组织他们总结经验、交流经验以及抽调某些校长进行离职学习等办法，都是很必要的。

再次，小学校长本身，也必须高度重视自己的提高，加强学习，钻研工作，提高自己的政治、文化和业务水平。要领导别人，自己必须首先具备领导的条件。刘少奇同志说："只有自己有正确的原则，正确的理论，才能克服人家不正确的原则与不正确的理论。"[1] 这句话对于小学校长正

---

[1] 解放社编：《整风文献》，新华书店1949年版，第200页。

确认识提高自己思想、业务水平来说，是具有深刻意义的。

最后，对于小学校长最有力的助手——教导主任，也应当寄予着同样的关怀，在我们培养干部的原则下，他是最有可能被提拔为学校的独立领导者的人。只有我们一方面十分注意现有小学校长的提高，而另一方面又十分注意未来的学校领导的培养，才能保证我们学校领导者的质量。

三　小学校长的工作态度与工作方法

正确的工作态度与良好的工作方法，是保证增强工作效率和圆满达到工作目的的不可缺少的条件。小学校长怎样才能使自己具备正确的工作态度与良好的工作方法呢？最根本的问题是要正确地认识自己的工作。

小学校长，首先必须看到自己工作的重要性。一方面要看到儿童教育工作在整个革命工作中的意义与作用，另一方面也要看到自己所担当的工作在全校工作中的地位和影响。只有从这两方面来看待自己的工作，对自己的工作的重要性才可能产生正确的理解。

我们的国家，对于我们的下一代是寄予着无限希望的。今天的儿童，就是未来的社会主人，就是社会主义社会和共产主义社会的建设者与保护者。这一代儿童能否得到良好的发展与培育，将直接关系着我们祖国的命运。作为教育这一代新人的学校领导者——小学校长，应该随时感觉到自己工作的光荣和伟大。

高尔基说："教育儿童的事业是要求对待儿童有伟大爱抚的事业，是要求对待新世界未来建设者有伟大的忍耐和高度慎重的事业，所以应当由真心爱好这事业的人来教育儿童。"[1] 这段话对我们教育工作者来说，具有深刻的意义。

其次，小学校长要热爱自己的事业，要对自己的工作有种不可动摇的深厚的情感。这种深厚情感是做好自己工作所不可缺少的，这是一种有生力量，这是鼓舞工作前进的动力。这种力量不是来自私情的，而是在正确的认识和高度自觉中产生的。这种力量要求我们对工作采取认真负责的态度，这种力量也要求我们深入钻研自己的工作，并不断改进工作方法。

下面我们就几个主要方面来研究一下小学校长的工作态度与工作

---

[1] ［苏］A. N. 苏罗金娜：《学前教育学》（上），高天浪译，人民教育出版社 1953 年版，第 65 页。

方法：

（一）小学校长的工作要有计划、有重点，不犯事务主义

学校工作是非常复杂细致，如果没有计划，或计划得不好，必将给工作带来严重的损失。

小学校长在工作中，要有明确的计划性。计划，这是保证有步骤地执行与做好每天工作所必要的。校长在从事任何一种工作时，都应该是按照已定的计划来进行的。否则，便将陷入事务主义的泥潭。

某些领导同志，终日忙忙碌碌，但只是在一些琐碎的事情上兜圈子，而对于重大的事情却不加理睬，结果使自己的工作迷失方向，毫无成绩。这种情况是我们应该严加反对的。事务主义，是我们工作中的敌人，它会使我们无暇接受新鲜事物，它会使我们工作永远陷于混乱状态，而不能大踏步前进。

小学校长，应善于进行自己的各项工作，要在自己的工作中分出轻重缓急，根据学校具体情况定出一定时期内的工作重点。大的重要的事情处理完了，其他的问题就比较容易解决了。

一个有经验的领导者，除了能从容不迫地按着预定计划来进行工作之外，他还能每天都找出足够的时间来对整个学校的工作做出全面的思考，这种全面的思考问题，是很必要的。列宁曾指出："必须使自己摆脱杂乱无章，这种杂乱无章会葬送我们大家，要保证自己安静地全面思考工作的可能性。"① 只有这种全面的考虑问题，才能够使我们知道在自己的学校中应该做什么和不应该做什么，才能使领导者永远保持头脑的清醒。

（二）小学校长在进行工作时，一定要依靠群众而不犯官僚主义

依靠群众，这是革命工作者必须遵循的一条行动纲领。不论是巨大的工作抑或是细小的工作，只要是依靠群众，就一定会成功，反之则要失败。毛主席说："群众是真正的英雄，我们自己往往是幼稚可笑的。"② 小学校长，必须牢记这一条真理，当作自己行动的指南。

但有些学校的领导者，还较为严重地存在着官僚主义的作风，他们不深入到工作中去，他们不能很好地与群众联系，他们甚或有时会把和教师

---

① 解放社编：《苏联共产党的建设问题》，新华书店1949年版，第82页。
② 《毛泽东选集》，东北书店1948年版，第174页。

的谈话都视为是多余的。他们的特点之一是把自己的主要精力放在一些不相干的事情上,而根本放弃了教学领导,不与群众联系。一天关在办公室里,只凭自己的主观意愿办事情,因而时常给工作带来严重的损失。这是必须加以纠正的。

小学校长,要很好地联系群众,一方面要与教师联系,一方面必须与学生联系。小学校长,要依靠群众来进行自己的工作。要普遍地听取每个人的反映,并善于分析研究多种反映,做出恰当的决定;要普遍地发挥每个人的工作热情和积极性。依靠群众要贯彻到学校的每一个工作中去。

(三) 小学校长在处理问题时,要冷静,有毅力,不急躁

冷静可以使人永不陷入感情和意气的泥沼中去,它可以让一个人保持充分地运用自己的理智,它可以保证我们从多方面来分析研究一个问题的得失。为了使工作避免错误,冷静是不可缺少的。

一个学校领导者,除冷静之外,还需要有坚强的毅力,也就是有把工作贯彻到底的决心。这具体表现在对待困难问题的态度上,一个有毅力的人是勇于克服困难的。在学校的领导工作上,是会经常遇到一些困难问题的,对于这类问题事先必须做冷静的考虑,以求得到一个正确的结论,但一经决定以后,我们就应该把它贯彻到底,直到圆满地实现了预定目的为止。"畏缩不前""半途而废"是不可能成就任何事业的。

和冷静、有毅力相对立的那就是急躁,急躁是最坏事的。有急躁性格的人,是看不见客观事物的发展规律的。他不能遵循着事物的规律有步骤地进行工作,而是凭借着自己的主观愿望。这样就必然会把工作送往绝境。小学校长应注意避免它。

(四) 小学校长对待自己的工作要主动,并有预见性

工作的主动性和预见性是有机联系着的,它们都表现在对新鲜事物的敏锐感觉上。

主动就是以主人翁的高度责任感来积极地对待工作。小学校长在自己的工作中,是不可能也不应该一切都等待上级指示的,必须要主动地去发现问题、解决问题。一个革命工作者,只是照例地完成自己分内的几个固定的工作任务,是不对的。应该创造性地完成任务,对待上级的指示应把它看作像出于自己的指示一样,应认真体会其精神实质,不是机械地、被动地而是很好地结合着自己学校的具体情况认真地执行它。

不要怕负责任，要有一种强烈的责任感，要善于发掘问题，并创造性地解决问题。

主动，表现在对现实问题的态度上；而预见性，则表现在对未来问题的正确估计上，预见性，也就是要有远见。领导者要善于看到未来，只有我们随时都掌握着未来可能发生的情况，我们才能正确地抉择我们应走的道路，才能正确地规划我们的工作步调，才能防患于未然。小学校长的预见性，具体地就反映在其对学校的工作计划上，一个良好的学校工作计划是取决于校长有无远见的。

怎样才能使自己的工作有远见呢？那就是要善于掌握事物的发展规律，深入到工作中去，不要只看到今天的情况，同时应当看到昨天和明天；要正确地洞察明天的情况，就必须十分熟悉今天和昨天。只有如此，我们才能找出学校工作的规律性。

（五）小学校长对工作要负责、认真并讲求效率

小学校长的工作任务是很重大的，正如我们前面说过的那样。因此，他必须要有高度的负责精神，同时要认真地对待每一问题。

负责、认真，这就是说对所有的工作都要尽到自己最大的努力，都是实实在在、都是没有半点虚假成分的；他在完成任务时，不是虚夸的、表面的和形式主义的，而是着重于其内容和实质的。

讲求效率，那就是要保证依照预定计划按时或提早地完成工作任务。就是要争取时间，能够在较短的时间内完成工作，就可以使我们有更多的时间来从事新的工作。争取时间和草率地对待工作是根本不同的。讲求效率和负责、认真是统一的，必须要在负责、认真的基础上来讲求效率。学校里的工作是多种多样的，领导者必须是经常负责、认真和讲求效率的，否则，也许极其轻微的马虎大意，极轻微的拖拉，给学校带来的损失，或许都是难以估量的。

以上几点，就是小学校长一些比较重要的工作态度和方法。校长的工作，是极为细微和多样性的，这几点是远远不够的。小学校长必须在自己长期的工作实践中，积累经验，改进和提高自己的工作态度和工作方法。

四　小学校长的干部工作

小学校长的干部工作，就是对教职员工的领导与教育的工作，其中最重要的是对教师的工作。斯大林同志曾教导我们说：干部决定一切。[①] 干部工作，是非常重要的，它是保证事情成功的最基本的关键。小学校长对教职员的领导教育工作，直接决定着学校全部工作的质量。小学校长在执行学校领导工作时，必须把干部工作提到头等重要的地位。

（一）干部配备

小学校长的干部工作，首先要注意配备干部，对全体干部要有准确的分工。校长对学校内部每一个工作人员，都应该是非常熟悉的。不仅是一般地了解他们的工作情况和思想情况，而且还应深入地了解到每个人的个性和特长。这种了解是保证每个人都能分配到适合的工作的先决条件。

每个同志所担当的工作，从分量上看，虽然不能要求绝对的平均主义，但一般地说也应该是相差不多的。某些人负担过重，而另一些人则很清闲，不管是根据什么理由，都不能认为是妥当的。规定每一工作人员有一定的专责，这与发挥同志们工作上的主动性与积极性是直接联系着的。

新教师与老教师，能力较强的同志和能力较弱的同志，最好是把他适当地分配开，都集中在一起是不很合适的。在同一个学级、年级里包含着有经验的教师和没有经验的教师。这不仅可以起着弥补作用，而且对整个工作的推动也是有好处的。

校长在每一个新学年开始，应根据学校的具体情况，重新部署人力，什么人可以做班主任工作，什么人可以兼其他的工作，某些教师所担任的年级和课程是否合适，都要有很好的考虑。这种工作上的变化，如果可能最好是在前一个学年结束时就做出决定，使每个教师在离校时就知道下学年自己所担任的工作，以便于在假期就做好迎接新工作的各种准备。在变动某些同志的工作时，最好征得被调动者的同意，只有不得已时，才以命令行事。因为只有当他自己意识到这种调动的重要性时，才能使他自觉地来对待新的工作任务。

（二）发挥同志们的积极性，培养领导干部

在工作开始前是做好配备干部的工作，而当工作开始后便是发挥同志们在工作上的积极性和培养领导骨干的问题。

在我们要求以革命精神和革命办法办好学校教育的今天，发挥同志们

[①] 《斯大林选集》（下卷），人民出版社1979年版，第343页。

在工作上的积极性，是具有特别重要意义的。工作上的积极性固然是在同志们自觉地对待工作的基础上产生的，但与校长的领导却是分不开的。小学校长，必须用各种方法发挥每一个工作人员的积极性。

要发挥同志们工作上的积极性，必须使大家对学校的工作都具有高度的责任感。因此，校长对全校的工作领导上必须善于发扬民主作风。一个学校的好坏，不是决定于校长一个人的，而是决定于全体工作人员。校长必须从自己思想上明确这一认识。只有真正发挥了每一个同志的主观努力，学校才有办好的可能。在贯彻每一工作时都应该体现此种精神。要使同志们随时感到有责任做好每一项工作，同时要使同志们体会到学校工作的任何成绩都有自己的一份努力在内。要善于调动大家用脑考虑学校的重大问题，也要善于组织大家动手来做具体工作。

对于工作中有突出成绩的同志，校长要给予特别的注意。应当把他们培养成为学校的积极分子，以形成坚强的领导骨干。许多地方及许多机关工作推不动的根本原因，就是缺乏这样一个团结一致、联系群众的、健全的领导骨干。一百个人的学校，如果没有一个从教员、职员、学生中按照实际形成的（不是勉强凑集的）最积极、最正派、最机敏的几个人乃至十几个人的领导骨干，这个学校就一定办不好。健全的领导骨干，是调动同志们工作上积极性的基本动力，校长应及时地肯定他们的成绩并帮助他们克服缺点，以树立他们在群众中的威信。这种领导骨干是密切领导与群众的联系、统一全校的行动、把学校的各个组织和全体人员组织到教学工作上来，使得各种活动都围绕教学这一中心任务进行所不可缺少的；同样也是培养干部和教育干部所不可缺少的。

对于比较落后的同志，也必须要认真地进行帮助。最不应该的是有些校长，只依靠几个进步同志，对落后的同志采取听之任之甚至打击的态度，这对工作是有很大损失的。发挥同志们工作上的积极性，必须要发挥全体同志的积极性。团结进步的同志，同时也要帮助落后的同志。须知，落后的同志，当他克服掉缺点以后，也都是我们的好同志。要欢迎每个同志的微小进步，以此去争取他的完全进步。领导者的这种态度，对同志们积极性的发挥，是起着巨大鼓舞作用的。

校长对全体教职员同志们，都应该像刘少奇同志所指示的那样："要给干部们帮助，不要妨害他们工作，不要包办，要放手让干部去做。"[1]

---

[1] 刘少奇：《论共产党员的修养》，华东新华书店1947年版，第117页。

一方面要注意领导他们和帮助他们进行工作，一方面也必须要相信他们并为他们独立地改进自己的工作创造有利条件。

（三）掌握批评与自我批评

斯大林教导我们说："自我批评之于我们，简直是和日光、空气、水一样重要。"在任何工作中批评与自我批评都是非常重要的。学校中必须形成浓厚的批评与自我批评的空气，校长应把握批评与自我批评当做干部工作中最主要的一面。而校长自己首先应该是运用批评与自我批评的模范。

学校中的批评与自我批评应该形成一种制度和一种习惯。在一定时期来进行，有时可以是全校性的，有时则可以分组来进行，这要依照需求来确定。批评与自我批评的内容，应该包括学校内的全部活动，由同志们思想认识、工作情况直到个人生活，都可以当作中心。但完全脱离教学工作而只在一些无关轻重的琐碎问题上打圈子，也是不正确的。

校长在向某些工作上失职的同志进行批评的时候，一定要施之得当，说清事实原委，并分析其思想根源，这样不但教育被批评者本人，并教育全体同志。否则，含含糊糊、模棱两可，不指出犯错者是谁，也不说明错误的真相，是不妥当的，它会给全体同志都带来猜忌和不安。

在开展同志间的批评与自我批评时，应注意防止产生偏向。每次进行批评与自我批评之后，对同志们的思想都应该有较为显著的提高。对于某些典型问题，校长较有系统地做事之前的启发报告或事后的总结报告，有时也是很重要的。

（四）善于提高干部的工作质量

我们一方面要注意使用干部，发挥干部的最大力量；另一方面也必须善于提高干部的工作质量。只有如此，我们的工作才能不断地发展与不断地前进。小学校长，对于教职员同志工作质量的提高，应给予特别的关怀。这个工作在整个的干部工作中具有极大的现实意义，它的成绩和效果是最容易在实际工作中体现出来的。

提高干部工作质量，首先要加强对教师学习的领导。领导者在校内对教师的任何帮助都没有比想办法组织他们学习、提高学习水平更为直接和有效。校长应该把领导教师学习当作自己经常工作之一。要注意发挥和培养每个同志学习上的积极性与自觉性，使他们从思想上认识到学习的重要。谁能认真地进行学习，谁才能不断地提高工作水平。但这种学习绝不是形式主义的和脱离实际的，一定要与工作紧密地结合起来。任何学习，脱离开工作，它都是虚惘的和不能持久的。领导者在学习的材料的选取上以及同志们的思想认识上都应该注意这个问题。

其次，校长应深入到每个同志的工作中去，从实际的教学工作和辅导工作中去发现问题，并提出具体的改进意见。领导者对学校工作绝不能停止在一般原则的号召上，而必须要对每个同志的工作给予具体切实的帮助。特别是对新参加工作的青年教师，这种帮助更具有重要的意义。新教师到学校后，校长要周详地向其介绍学校的情况，并使他们很快地习惯于自己的工作。在对新教师的帮助上有时可以由校长及教导主任亲自负责，有时也可以责成有经验的教师具体进行。要注意培养他们的坚韧毅力，并介绍给他们成熟的工作经验和工作方法，以使他们能在最短时期内掌握到学校的已有经验，并在此基础上与其他同志同样的逐步提高。

在学校中必须养成一种优良的风气，使每个同志都能认真地进行学习和埋头钻研工作。校长要善于发现同志们在工作中的成绩和优点，及时地、恰当地给予肯定和表扬，这就是领导者对同志们工作质量提高的一种实际有效的支持，这就会给同志们用更大的努力来创造新成绩以更大的鼓舞。一定要注意总结工作中的成绩，虽然是一个很小的经验，也应使它被全体同志所掌握，要关心同志们的工作，要支持同志们的成绩。小学校长，必须培养同志们的创造精神，这种积极精神是助长同志们自觉地、积极地提高自己工作质量的动力。

（五）关心同志们的生活问题

对于同志们的生活问题，很多领导同志是不愿去注意的，以为那是一些生活琐事，与工作没有多大关系。而事实上却不知道，同志们在工作上闹情绪、消极怠工，忽高忽低犯冷热病，很多都是由于这种生活琐事造成的。

加里宁于1938年12月在《教师报》编辑部所召集的城乡优秀教师会议上曾说过："要知道，有时不只是纯粹的生活问题，也可能变成社会政治问题。每天都有各种层出不穷的生活问题发生。在这种场合，找到正确解决问题的方法，并且正确了解到，从马克思主义看来，应该怎样对待这些问题，这便是实际上检查一个马克思主义者。"①

同志们的生活问题，包括他自己本人及其家庭的一切有关物质生活和精神生活的问题，学校的领导者都应该对其加以足够的注意。关心同志们的生活问题，不仅可以拉近领导者与被领导者间的关系，而且是直接对工作有好处的。

解决同志们的生活问题，有时候要澄清某些思想上的错误认识，这需要领导者多方面了解情况，找出其思想根源，进行说服和批评；有时候则需要在某些方面给予具体的帮助。但最终的目的是解决问题，以集中其全部精力到学校工作中来。

总之，校长对干部工作，应该是多方面的。要注意了解干部，要在工作中发挥同志们的积极性，要掌握批评与自我批评，最终还要关心同志们的生活问题。要使自己真正成为同志们工作的核心，不但要使每个同志都感到校长对他们的领导和帮助，而且要使大家都感到校长对他们的体贴与关怀。

五　学校计划工作*

（一）学校计划工作的重要性

计划工作是我们做任何工作都不可缺少的一个步骤，不做好计划工作，可以说就没有做好工作的可能。我们国家的社会基础是计划经济，因此在这个基础上所有的上层建筑也都是有计划的。计划，这是社会主义社会的标志，我国过渡时期的一切社会主义建设事业和社会主义改造事业，都要求高度的、科学的计划性。学校工作有无计划，这是新旧教育的根本区别之一。小学校长，必须从思想上认识它的重要性。

学校工作计划，它保证着领导者全面地掌握学校工作，它保证着每一个工作人员都能科学地组织自己的工作，它可以使我们对每一件工作都有充分的准备，它可以使我们预见工作的发展，它可以使我们明确地看到工作目的与任务，它并且还可以告诉我们完成任务和实现目的的途径与方法，它是克服学校工作中的盲目性与忙乱现象的最有力的武器，它是使我们圆满顺利地进行工作的重要一环。对于领导者来说，有了工作计划，就

---

① ［苏］加里宁：《论教师的任务》，新华书店1950年版，第47—48页。
* 该部分以《谈谈学校的计划工作》为题发表在1952年2月7日《光明日报》第3版上。

能够使我们根据计划去检查工作质量,就能够帮助我们在工作中取得良好的经验和成绩,并且能把这些经验和成绩加以推广,使它贯穿到我们每一工作中去。对于同志们来说,有了工作计划,就可以使每个同志都按计划来安排自己的工作和进行自己的工作,就能够培养每个人的组织性、纪律性和建立每个人的高度责任感。因此,计划不仅具有帮助我们很好地完成工作的实践意义,而且也具有提高工作人员的教育意义。

苏联各级学校都非常重视计划工作,他们没有一件工作不是按着预定计划来进行的,他们的学校领导人从来不吝惜在考虑工作计划时所花费的时间和精力。而我们的情况是怎样呢?我们的领导部门是曾经一再强调过计划工作的重要性的,但我们很多学校领导同志却没有做到认真的贯彻,有的学校对计划工作的认识还是模糊的,以为只要认真工作有计划没计划都是一样。有的学校制订了计划,但却不按计划去进行工作,而使计划流于形式。给工作带来不应有的损失。这方面,我们必须要很好地向苏联学习。

(二) 小学校长的计划工作

学校的每一工作都应有工作计划,学校的每一工作人员也都有各自不同的工作计划。小学校长的工作计划是什么呢?他要自己动手制订全校工作计划,并要批准各项工作计划。小学校长需要自己动手制订的工作计划有整个学年或整个学期的全校工作计划,有较为具体的全校性的逐月工作计划,还有自己在执行工作当中的周计划和日计划。

整个学年或整个学期的全校工作计划,要在学年开始或在学期开始前制订出来。苏联一学年分四个学季,他们都有学年工作计划和学季工作计划,我们如有条件可做全年工作计划,一般只做好学期工作计划就可以了。

我们的一个学期有半年的时间,为了使工作便于进行,除去学期工作计划之外,还要有每月工作计划。月计划要根据学期工作计划来制订,要把全部问题都具体化。月计划可在每月开始前制订出来,并要向全体工作人员宣布。有的学校把一学期分为两个或三个教学阶段,也是可以采用的方法,每一阶段做好阶段计划就可以省掉月计划。

此外,校长在进行日常工作时,为了更具体和更有步骤,还需要有周计划和日计划,此种计划目的在于使自己执行工作方便,因此形式要力求简单具体,说明问题,自己看得懂就可以,要使它越明确越好,要避免空洞的条文。周计划一般是在一周结束时就考虑制订下周的计划，而日计划则是在每天晚上来考虑第二天的工作。小学校长必须适时地并认真地做好这一工作。

（三）学校工作计划的基本要求

怎样才能做好计划工作呢？必须对学校工作计划的要求有一明确的认识。很多学校的计划不能执行，以致形同虚文，多半都是由于没有明确这一认识的缘故。

计划是进行工作的准备，因此，良好的计划是经得住实践考验的。为防止计划的脱离实际和流于形式，在拟定计划时必须把各方面的条件都考虑到。一方面要根据国家的教育方针、政策及上级政府的有关指示；一方面还必须根据学校的具体情况。这两方面是缺一不可的，考虑教育方针政策要避免教条式地提一些空泛要求，而是要结合本校的实际情况，将它们具体化，保证其实现；至于根据学校的具体情况，就是要求在制订计划时，对学校整个情况进行细致深入地研究与分析，依据这些情况来提出具体办法。这样做出来的计划，才可能是全面的、切实可行的。

此外，在制订学校工作计划时，还要注意每项工作中间的联系，学校中的各项工作都不可能是孤立的，必须要很好地配合起来，找出它们的规律性，才能保证圆满地实现教育、教养目的。

具体地来说，学校的工作计划应该是这样的：

1. 学校工作计划要符合教育方针政策及有关指示；
2. 学校工作计划要适合学校的具体情况，要把一个学年或一个学期的重要任务都反映出来；
3. 学校工作计划一定要全面，各种工作应密切配合，有机联系；
4. 学校工作计划应详细切实，有明确要求，有具体方法，有执行人和完成时间，避免空洞口号；
5. 学校工作计划的叙述要开门见山，直截了当，避免与工作无关的描写与修饰。

（四）学校工作计划的具体内容

学校的工作计划，一般地说它是由三方面组成的。即：

1. 学校基本情况的分析；
2. 学期或学年的工作重点与任务；

3. 完成重点工作与各项任务的具体办法与步骤。

在这三方面包含着具体明确的内容，这些内容要依照学校工作重点来确定。

苏联学校全年工作计划的内容和格式都是值得我们学习和参考的。他们的工作计划在开端有一个简短的引言，下面包含十项主要内容。把它们介绍如下：

引言——若就其范围来讲是计划的一小部分，但它却是计划的最重要和最原则性的一部分。在引言里面要阐明教育部所颁布的法令与指示及其对学校所提出的各种要求，指明到上半年底本校的成就与缺点，并根据所有这些情况，来制订在本学年内学校集体所应特别处理的一些任务。

第一项是行政认识与组织工作。凡是涉及进行儿童普及教育的一切办法，学校工作的一般组织、经验工作和学校设备都包括在计划的这一部分之内。本部分可以分为下列三点：

1. 普及教育

登记本学区内学龄儿童，劝导儿童入学并防止退学，特别是对需要衣履和学习用品等物的儿童予以帮助，和对儿童漠不关心的现象进行斗争，在校内组织温热的早餐或茶点处以及其他，等等。在本项内也事先计划出对学生教科书和学习用具的供应事宜以及关于学校新学年开课日的事宜。

2. 一般的组织措施

班级的数目及各班学生名额，按分部上课分班，教师的人选和教师工作分量的规定，排定上课时间表和校内值日表，学校的全面工作计划和工作人员的各种工作计划的制订，每日作息制度的规定，制定课后作业时间表和校内规则，组织业务会议，校舍与教室之装备，招生事宜，学校文件之处理，学校一般的和统计的总结报告之编写，与地方苏维埃党政机关、社会团体和其他方面之间的联系。

3. 学校总结工作与教学设备

校舍的修理、取暖、照明的措施，学校设备用具之修缮措施，校园的组织与种植的措施，领购教科书、参观图书馆、文具用品和充实图书馆书籍的措施，预算和收支报告书的编制，学校财产之清理以及其他，等等。

上述三点，每一点应划分出有关学校对新学年进行准备工作的各项措施，将这些措施列为特殊项目，加上适当的标题。如每年制订一次学校工作计划，则上述划分出来为准备新学年的各种措施，仅列入下半年的工作计划中。

第二项是课内的教导工作。这一项所写的各项措施，其目的在总结学校以往工作所暴露的缺点，以便及时地、很好地完成教学大纲的要求。例如指出在哪些班、哪些科目上，教师应特别注意的是什么；提供有关发展学生独立作业的技能的方针；指出上课用的直观教具的设备；指出复习旧课、考察与评定学生成绩的布置；提供关于提高学生语言与写作修养的布置。拟定有关组织学生辅导的各种办法及对因情有可原以致学习落后的学生进行帮助的办法，指明研究学生和制订学生品行鉴定书的程序，指明有哪些修学旅行和应在什么时候进行，有哪些学校园地的实习工作，应该在什么时候完成，等等。在这一部分中同时也指明有关考虑与进行总结工作的问题（进行检查工作，加以分析作出结论，举办学生成绩展览会等等）。

所有这些措施的中心任务，应该是为了争取学生掌握的知识和接受的政治思想教育达到完满而稳固的地步，尤其是对将近毕业的那些班级，更应特别注意。

第三项是校务会议的工作。在这一项中，要确定学校中作为集体领导机构——校务会议——的工作大纲，拟定议事日程与会议日期，建立会议与学校各委员会、各组织之间的联系，并指出领导这些委员会和各组织的工作形式与制度。

第四项是教学法研究工作与师资水平的提高。在这一项中，规定校内各年级教师教学法研究会和各科教学研究会是一个什么组织，由什么人员组成，在谁的领导之下而建立起来；在各年级教师教学法研究会、各科研究会上将讨论哪些更为重要的问题；校内教育经验的交流将如何组织；将如何组织对青年教师进行帮助；怎样检查和帮助函授学习中的教师；为提高教师的思想政治水平和开展其自我教育，将进行一些什么样的全校性的措施；对于某位教师，按照其上学季工作的评价（教师对于研究教学大纲、教科书和教学方法等等的工作），应给一些什么样的个别任务。

这里提出关于业务会议的指示，关于学校和省（市）教育研究室及其他教学法研究机构之间的联系，关于学校参加省（市）教师会议工作的指示。在这一部分中，同时也指出各年级教师教学法研究会和各科教学研究会会议的工作计划的制定与批准，并且这儿也指出观摩教学和课外作业的计划（某一学科和某一班级由于某项目的，于某日举行观摩教学；某种示范的课外作业，由于某项目的，拟定于某日举行）。

同时与本项教学法研究工作、与师资水平的提高相联系还有下列几个问题：1. 对教师的思想政治工作；2. 教师参加函授学习和自修的问题；3. 关于各年级教师教学法研究会和各科教学研究会的工作；4. 关于学校的教育研究室的工作。因而制订学年计划的时候，不仅是要考虑而且也应该对上述各问题划分为各个独立的项目。

第五项是班主任的工作。在这一项中，根据过去教育工作的观察与经验而列入基本方针和具体任务，拟定关于班主任向校长或在校务会议上应作的关于自己工作的总结报告。

第六项是学校课外活动与校外活动的指导。这里包括组织课外阅读、故事讲述、座谈、讲演、演讲以及其他各种类型的群众性的课外活动与文娱活动（包括寒假、春假在内）；学校图书馆工作；组织学生公益劳动；组织小组工作与各个学生团体的工作；举办各学校学生代表大会；组织学生公益劳动；组织小组工作与各学生团体的工作；举办各学校学生代表大会、晚餐、旅行、参观博物馆、看电影、观剧以及其他，等等；出刊墙报和杂志等。这里也应该把实施《学生守则》的各种办法贯穿到学生的课外与校外的行为中去，同样也包括对于小组领导人活动的指导与检查的各种措施。在一切课外与校外的活动中，应特别加以注意的是学生思想政治教育的问题。

第七项是学生会、少年先锋队和青年团的工作。本项说明各学生团体的组织机构、相互关系和工作内容。学季工作计划的制订与批准日期，和学校领导方面对其工作领导的各种措施（参加各种集会，检查工作计划的执行，听取少年先锋队大队长、中队长和学生会主席的报告及其他，等等）。

第八项是体育和卫生保健措施。本项拟定校医对疾病预防及卫生保健工作。学生的健康检查、预防、注射、个人卫生规则之贯彻及校舍管理事宜，检查和管理校舍卫生，组织运动与体育游戏、远足、行军，拟定夏季各种保健措施及其他，等等。

第九项是对学生家长的工作。这里指出学校中家长委员会的工作，在居民中间进行教育宣传，为学生家长举行讲演、报告（报告的题目与日期），举行班级家长会（计划什么问题、日期），与个别家长商谈，研究学生家庭，等等。

第十项是检查与领导。本项包括关于校长及教导主任之间的职责分工，关于检查教学工作的各种措施（校长、教导主任查课的大体计划；检查教师对教课的准备，检查学生的知识、勤勉的程度、社会活动与纪律，查阅教师的工作报告，巡视学生的工作，查阅教师的教学日志等文件以及其他，等等）。同时在这项中也指出学校的工作人员，将怎样在各个部门中去实行检查与指导。其中也包括财政收支与事务问题。①

我们的学期（或学年）工作计划可以采取此种形式与内容来进行制订。但应注意结合我们学校的具体情况，防止机械地搬用。此外还应该在我们的计划中，特别注意学生的课外活动与校外活动，团、队、学生会的领导及督促检查工作等。这几点在我们的计划中一向容易被人忽视。

学生的课外与校外活动，在抗日战争时期曾占着很大的比重。由于客观条件的关系，学生的大部分时间都用在课外及校外活动上（如劳动生产、向群众进行宣传等）。但自新型正规化的要求提出以后，以课堂教学为主，部分学校于是就对课外、校外活动不加注意，特别是校外活动，有的学校根本不让学生参加，这显然是不正确的。我们今天在制订学校工作计划时应加以注意，要根据活动的内容给其以相当的地位。

对于学校中学生的集体组织——团、队和学生会的领导，在小学中特别是对于少先队与学生会的领导是注意不够的。有的时候只是委托一两名教师负责指导，而学校领导则很少过问。这主要是没有清楚认识到学生组织在学校中的作用和重要性的缘故，因此，在做计划时也就根本不考虑这方面的问题，这是不对的。

至于督促与检查工作，是非常重要的。有些学校的工作计划没能很好地贯彻，其原因之一就是思想督促与检查工作，以致使工作陷于自流。把督促检查工作写在计划里，规定出明确的要求、办法和时间，是完全有必要的。

学校的逐月工作计划的内容，基本上与学期工作计划的内容是一致的，但一定要具体。要写出工作内容及方法，要规定完成日期及进行步骤，同时还要把执行工作的人也写上去。在整个计划之后应附一逐日行事表，按周次、日期把要做的事和负责人都填进去。

小学校长的周工作计划和日工作计划则应当更简单、更明确，只要把主要的事情写上去就行了，如什么时间听哪个教师的课、和哪些教师谈话、开什么会等。

---

① ［苏］波波夫：《学校管理与领导》，北京师范大学教育系教育教研室译，人民教育出版社1953年版，第38—42页。

（五）制订工作计划的办法

制订工作计划的办法，最基本、最重要的就是要掌握毛主席所指示的"从群众中来，到群众中去"的那条原则。制订全校的工作计划，是一个集体的工作，应该由集体来制订。要把学校里主动性、积极性高的、能力强的、经验多的、知识水平高的同志们，都吸收到制订计划的工作中来。我们所说的学校工作计划是由校长负责制订，实际上是全体工作人员都要参加而由校长掌握原则加以精雕细刻和完成总工作罢了。

学校工作计划，是从前一学期或前一学年工作经验教训全面总结的基础上产生出来的。做工作总结的时候，就应该发动同志们认真考虑未来的工作，而把它当作今后努力方向写在最后一项上。校长在查阅各项总结时也就一般地掌握了各个教师对今后工作的意见。

学校里比较重大的或专门性的问题，可以委托有经验的教师组成小组来研究规定范围内的计划。这种研究，一般的是应该在学期结束时就要开始，以便早日得到结果，提交校长做最后的确定。

学校的教导主任和事务主任，应该是校长在考虑学校工作计划时最得力的助手，他们要参加共同研究问题和提出有关的材料。

校长在掌握了各方面的材料以后，便可着手写出工作计划草案。草案要在校务会议上研究、讨论和修正。最后由校长根据大家的意见加以整理，制订下来的计划，便是大家共同遵守和执行的学校工作计划。这样所制订出来的计划，不但可以集思广益充实了计划的内容，而且在贯彻这一计划时，也是起很大的推动与保证作用的。同志们自己用过一番思考所制订出来的计划，比起接受一个毫无思想准备由旁人一手造成的计划，在执行起来是会感到亲切的多的。

学校工作计划应在开学前提出，学校工作计划做好以后，应印刷给每人一份，以便在进行工作时有所依据。

（六）批准各项工作计划

小学校长，除负责制订工作计划外，还要批准校内各项工作计划。

校长负责批准的工作计划有：教导主任与事务主任关于教学工作与事务工作的计划；教师教学工作的计划；班主任工作计划；青年团、少先队、学生会的工作计划等。各项工作计划都应两份，一份提交校长，一份保存在自己手中依照执行。

校长在批准各项工作计划时，要认真审阅，必要时还要找有关同志谈话了解详细情况。看过以后应提出负责意见。

校长在批准各项工作计划时，必须争取时间，不要拖拉，以免影响各项工作的开展与进行。有时也可以找教导主任帮助审阅，但校长必须掌握实际情况，并同样应以校长署名提出校长同意的意见。

六　督促与检查工作

（一）督促与检查工作的意义与作用

一个工作开始以前，重要的问题是做好计划工作。但当工作开始以后，要保证完好的贯彻预定的计划，起决定作用的，则是领导者及时地、认真地督促与检查。为了使我们学校的每一工作都不至于放任自流，而是有领导地来进行，小学校长，必须做好督促与检查工作。

做好了督促与检查工作，可以使领导者永不间断地掌握着工作进行的情况，清楚地知道过去工作的结果，及时地肯定工作中的经验并防止工作中的失败与偏差；同时督促与检查工作，也是领导者决定下一步工作所不可缺少的依据，是鼓舞我们顺利完成工作的主要方法。只有通过督促与检查，才能使领导者对全校的工作了如指掌；只有通过督促与检查，才能真正体现和发挥领导者的领导作用。

有些学校很好的工作计划不能贯彻实现，而在工作中经常发生错误，其最根本的原因就是忽视了督促与检查。小学校长的督促与检查工作是多种多样的，既要监督教学工作，又要监督事务工作。他可以通过听课、观摩教学、检查教学、审查计划与综合分析学生作业来进行监督；也可以通过汇报、谈话及参加教师小组的活动来进行监督。但最重要的是应该深入到工作中去，和教师打成一片，和学生打成一片，从中发现问题。观察他们在校内、校外，在课内、课外，在休息的时间，在各种工作的中间，在集会和晚会上各方面的表现。

（二）经常听课

学校领导者对教师的督促与检查工作，最重要的方法就是经常听课。教师在课堂上的活动是教师全部工作最集中的表现，这里可以考查出一个教师的优点与特长，也可以发现一个教师工作中的问题和缺点。小学校长，应紧紧地掌握这一环。

校长在每次听课时都不应该是盲目的或灵机一动的,而必须有目的、有计划地来进行。应该做一个明确的听课计划,把听课当作每周工作的主要内容。计划上要规定:听课的目的、听谁的课、听课方法以及听课的次序和次数,等等。

听课大致可分两种:一种是作为总结经验与专门问题研究的听课,一种是作为平时考查监督的听课。这两种各有不同的作用,但都很重要。

听课的一般目的是要了解教师如何教课。有的时候是要了解怎样发挥教材内容和怎样进行思想教育;有的时候则要了解教学原则的掌握和教学方法的运用。对教师方面要注意:是否精通了他所讲授的教材;教材的组织是否连贯系统;讲授的思想性和科学性如何;课程类型是否合适;教学环节运用得怎样;课程的开始或结束是否恰当;教学时间分配得是否合适;教学方法有无偏差、是否灵活有力;是否注意了学生的独立活动;对发展学生智力的工作做得怎样;直观教具是怎样运用的;讲授当中是否有生动的吸引力、是否照顾到全体学生、新旧知识联系得怎样;课后作业留得如何;教学效果的检查如何;怎样考查与评定学生的知识,等等。对学生方面要注意:听课过程中学生的积极活动怎样;课堂纪律如何、是否注意听讲,是否完全理解了教师所讲授的内容;对知识应用的能力如何;独立解答问题的能力如何。这些方面都是很重要的,可以根据实际需要来决定听课的目的和重点。

听哪一个教师的课,也必须在事先计划好。学校里的教师各有各的特点。但一般的总不外三种类型:有些教师工作管理平常需要经常的给予注意,有些教师有较丰富的教学经验需要巩固和推广,另外一些教师则有较多的缺点而需注意改进与帮助。听谁的课呢?这是不能犯平均主义的。但只听这一部分人的课,而不听另一部分人的课,也是不妥当的。要根据预定的目的有重点地灵活掌握。选择重点的条件是:首先,要照顾多数,要照顾到课时多而影响较大的教师;其次,要照顾因某种特殊原因而增加负担的教师或新教课的青年教师;再次,是照顾存在困难较多的学科的教师;最后,也要考虑到领导本身的具体条件。

怎样去听呢?在某种情况下,可以按照课业进行的一般顺序去听课,由教师备课起到讲授直到学生作业止,观察一个完整单元的教学,但在另一种情况下则可以按照自己特定的目的抽听某一堂课。

听课之前,要充分了解教师的讲授内容,必要时还应阅读某些参考材料,其中包括关于与讲授内容有关的专门科学知识的材料,也包括属于该学科教学经验总结的有关材料。一定要避免无准备地听课。听课当中，要将所发现的优点或缺点随手记录在自己的记事本上，有经验的校长有为每一教师准备专用听课记录本，这是很必要的。听课之后，并应将所记载的材料加以分析和整理，这是保证提出正确的改进意见所不可缺少的。

听课之前是否通知教师，可以灵活掌握。听课时，没有特殊原因，最好是听完一节课。因为上课时，中途走进教室或走出教室，对教师或学生情绪上的影响都是不好的。此外，听课所站的位置或所持的态度都应该注意。在课业进行时，无论如何是不应该提出任何问题的。

听课后要提出负责意见，校长在提意见时，主要是根据自己记录的材料，但必要时也应了解学生的反映，这样就能使自己的看法更全面更准确。提意见应根据不同教师的具体条件，否则容易造成不好的效果，对缺点较多的教师应首先指出他对教学影响最大最迫切需要解决的问题，把所有缺点都提出来，会使他不知如何是好，削弱了他克服缺点的信心与勇气。提意见时一定要细致考虑，深入分析，从教师的具体教课出发，指出哪些做得对，哪些做得不对，并提升到教育理论高度说明为什么，是否切合什么原则，今后应如何做。这样，才能使教师深刻地认识到自己的教学水平，优点缺点，从而在以后工作中自觉地、有意识地去发挥优点和克服缺点。

总之，听课是监督教师工作最有效的办法，学校领导应特别重视它。苏联学校的校长，平均每天听两小时的课，这是值得我们效法的。

（三）观摩教学与检查教学

观摩教学和检查教学，一方面可以监督教师的工作，一方面还可以鼓舞教师的工作热情，发挥其工作中的积极性，和推广优良的教学经验。

观摩教学，主要的目的是总结和推广成熟的教学经验，自然也并不能忽视发现缺点。观摩教学的举行，有时在同科教师中组织，有时是在同年级的教师中组织，规模较小、人数较少的小学也可以组织全校性的观摩教学。它基本上是属于教师之间对教学工作相互学习的性质。

检查教学是不同于观摩教学的，如果说观摩教学是着重在肯定经验而向较有经验的教师学习的话，那么检查教学是没有这个限制的。它是由学校领导者或上级领导部门所组织的，它的目的是着重了解某一科目或某一教师的教学情况的，必要时可吸收某些个别教师参加，但一般不需要发动有关教师全体参加。

学校领导者应该组织领导并参加教师们的观摩教学，并且要有计划地组织教学检查。每次在事先都应该有明确的目的，做好准备工作，在事后应开好评议会，提出自己的负责意见。盲目地、计划不周地进行工作，或采取"听完了事"的态度，都不能收到预期的效果。

不管是在平时听课所发现的问题也好，或者在观摩教学与检查教学中所发现的问题也好，领导者都应该认真地进行分析，确定其为一般性的问题还是个别性的问题，然后根据具体情况加以处理。个别问题可找有关同志来解决，一般性的问题则要向全体同志作报告或总结，这样才能通过观摩教学与检查教学普遍地提高同志们的认识水平。

（四）审查计划、总结及其他材料

审查教师的工作计划、工作总结及其他材料（如教学笔记，教师日志等等），对督促检查工作来说，是很有意义的。

小学校长在审阅教师的工作计划与总结时，应是认真负责的。从这里可以看出教师的工作态度与工作方法，也可以看出他的能力与才干。在工作计划中，要着重注意其是否有内容，是否符合学校总计划的要求，是否切实可行；在工作总结中，则要注意其是否具体真实，注意其优点缺点以及其取得成绩的原因。在审查当中，发现的问题都应随手记下，以免遗忘。

审查教学笔记及教师日志等，会提供给我们一些更切实的材料。但这不需要经常去检查，校长为了了解某些情况时，可以有重点地去查阅，一般是应由教学主任经常地负担这个责任。

（五）汇报及谈话

汇报和谈话，也是学校领导者常采取的一种工作方法。通过这种方法，就可以补充和验证用其他方法检查的不足，就可以使我们知道同志们长期工作中的经验与成果，同时可以更深刻地了解同志们对某些问题的议论和看法。

汇报，有定期的和不定期的。定期汇报，主要是工作人员向学校领导者陈述自己工作的一般进行情况；不定期汇报，则往往是以事先所指定的某个专题作为陈述的内容。汇报有时是个别进行的，有时则采取会议的形式，这要依据汇报的目的和内容来确定。汇报当中遇到没听清楚的问题，应进一步地提出询问。学校中的工作汇报，一般是口头汇报，汇报人按照预先拟定的谈话提纲来加以陈述，但必要时也可以采取书面汇报。

谈话与汇报所不同的，是在内容方面比较广泛。学校工作人员和校长的谈话，有时属于工作范围内的问题，有时则是个人思想上的问题或纯粹私人生活问题。在进行的方式上，可以个别谈话，也可以召开座谈会，但必须根据一定的中心问题来互相交谈，发表彼此的意见。只有在一个问题结束以后，才能开始谈另一个新的问题。谈话不一定把每一个问题都得出结论，但也不应是漫无边际，必须要通过谈话解决一定的问题。

学校领导者应重视与同志们的谈话，在谈话当中要细心地倾听同志们的发言，表现出不耐烦的情绪和不等对方把话说完就把话头打断，都是不妥当的。领导者自己所说的话也必须经过深思熟虑，认真分析对方的具体情况和他的发言内容以后再行说出。必须随时注意，不要失去原则。

汇报与谈话，不但可以监督和了解同志们的工作，而且还可以拉近领导者与被领导者之间的关系。小学校长，应善于运用此种方法，既要有目的、有内容，又要进行得灵活和自然。否则，形式主义的汇报与谈话是收不到任何效果的。

（六）检查学生的各种作业

学生的课后作业的过程，就是对学到的科学知识实际运用的过程。这是学生在学到知识的基础上发展其一定的技能和熟练技巧的必要手段。从学生的各种作业中，可以发现很多有关于教学上的问题。

领导者应有计划地检查学生的各种作业。当然，要校长一个人普遍地检查各班学生作业是有困难的，而且也是没有必要的。我们可以有重点地进行检查，根据学生程度找出典型来检查，也同样是可以发现问题的。还可以发动教师同志之间互相检查，但领导者必须掌握检查的结果。

检查学生的作业，要注意学生作业的质量，有何优点，有何缺点，教师如何纠正学生作业的错误，教师对学生作业中错误的纠正有无遗漏，学生作业是否整洁，是否逐步提高，等等。

小学校长，检查学生作业的目的，不是单纯地为了一般地了解一下学生作业的情况，更重要的是根据这些情况进一步地加以分析，找出每种情况产生的原因，从而进一步地提高教学质量。学生作业直接地反映着教师的教学水平，从学生作业中就可以看出教师的教学情况。因此，在检查学业的过程中，必须注意发现问题，而在每次检查完了之后，则要找有关教师谈话，提出优缺点，并提出积极改进的办法。

（七）参加教师小组的活动

教师小组活动是多种多样的，有时是与教学工作有关的，有时则是属于文体活动方面的。领导参加教师备课、教学评议会、学习讨论会、文娱活动，等等，是有很大意义的。在这种场合，谛听他们的发言，观察他们的各种表现，可以多方面地了解每个同志的特点。

小学校长在参加教师小组活动时，要注意自己的言行，不要影响到活动的正常进行。如果是谈论会，一般情况是不要过多地表示自己的态度和意见，以免削弱教师中间的自由争辩。但在某些问题相持不下而需要得出最后结论，或多数同志对问题认识模糊而需要加以解释时，是不在此限的。

（八）对学校事务工作的监督

学校领导者的督促与检查工作，重点应放在教学工作上去，这是没有问题的。但对学校事务工作也绝不能是不闻不问的。事务工作比起教导工作来是简单一些，但它也同样占着很重要的地位。有些校长忽视事务工作的领导，是不正确的。

对学校事务工作的监督必须注意到：是否完成了保证教学工作正常进行的各项任务；是否为学校整个教育目标来服务；有无贪污浪费现象，对环境卫生注意得如何；对学生健康方面的物质条件注意得如何；经费开支情况如何，是否合乎精简节约的原则；对学校备品的购置保管得怎样，安全设备如何，等等。根据这些具体内容来检查工作进行的情况，并注意发现工作中所存在的问题。

小学校长要养成经常注意事务工作的优良作风，要与负责事务工作的同志取得密切联系，督促他们并帮助他们很好地进行自己的工作。

（九）督促与检查工作的注意事项

督促与检查工作是多方面的，它是加强教师思想领导与发挥全体同志的积极性与创造性的重要条件。要做好这一工作，除去善于运用前述各种方法外，还必须注意以下的几个问题：

1. 学校领导者一方面要以高度负责的精神对学校工作进行全面的督促与检查；一方面还要发挥集体力量，互相监督。

2. 进行督促与检查工作，必须要加强思想领导，要使全体工作人员认识监督的目的，不是互相监视，而是为了在互相督促中来改进工作方法和提高工作效率。

3. 督促与检查工作，必须有计划、有准备、经常地来进行，不是突击性的暂时任务。

4. 督促与检查工作，必须普遍到每一个同志的每一项工作中去。避免对自己不熟悉的工作不进行监督。不熟悉的东西，要争取熟悉它。

5. 督促与检查工作，必须避免粗枝大叶或形式主义，必须抓住问题实质，掌握可靠材料。

6. 检查中所发现的各种材料，要认真分析整理，找出优缺点，作出结论。并向有关同志提出建议，批评和鼓励。

七　学校总结工作[*]

（一）总结工作的重要性

从一项工作的进程上来看，计划是做好准备，检查是了解和监督执行情况，而总结则是肯定工作中的优点和缺点，找出经验教训和确定今后的努力方向。计划、检查和总结三者有着密切的关系，做工作计划要参考前一时期的工作总结，进行检查则必须依据计划，检查中随时发现问题，注意积累材料，最后分析整理，提高到理论认识，则成为工作总结的基本内容。因此，学校的总结工作，它不仅是对本学期工作的结束来说是必要的，而且对下一学期工作的准备与计划来说也是必要的。从实际情况出发，恰当地、适时地总结一定时期内工作的经验教训，这是提高教师改进教学水平的极重要的一环。

我们今天的学校领导者是怎样来看待总结工作呢？有一些人是相当重视这一工作的，但另外还有一些人对总结工作持异常冷漠的态度，他们把总结工作看作是向上级领导"交差事"，时常借口"没时间"或"不会做"来搪塞责任。这种情况，实质上就是旧社会落后的工作方法的延续。在今天来说，这就是对工作不负责任的具体表现，是不允许存在的。

做好总结工作，它可以使我们找到工作的规律，肯定优点和缺点，从

---

[*] 该部分以《如何做好学校的总结工作》为题发表在1952年7月19日《光明日报》第3版上。

而改进我们的领导方法与工作方法；做好总结工作，它可以直接提高每个同志的教学水平和思想水平。不但如此，做好总结工作，还可以使我们真切地看到自己的劳动成果，这种劳动成果，它鼓舞着我们对工作的钻研热情，使我们满怀信心地来进行新的工作。

学校领导者，小学校长，不但自己要重视总结工作，而且还必须要使自己学校内的每一个工作人员都重视总结工作，只有如此，才能不断地改进和提高我们的工作。

（二）小学校长的工作总结

小学校长具体应做好哪些总结工作呢？一般地说，在自己工作范围内，有哪些工作计划也应该有哪些工作总结。这就是说要使每一工作都有良好的工作计划，也同样要使每一工作都有切合实际的总结。

在前面我们已经说过了，小学校长的计划工作，是既要自制计划，又要批准计划；小学校长的总结工作，也一方面要自己动手写工作总结，一方面还要审阅同志们的工作总结。这两方面是密切结合的，小学校长在写全校性的工作总结时，是一定要以同志们的工作总结为主要根据。

从工作总结的性质和内容上来看，可分一般性的总结和某个中心问题的专题总结。小学校长在自己的总结工作中，要做好一般性的全校工作总结，如学期（或学年）工作总结及月工作总结；另外也要对学校某一时期的中心工作做好专题总结，如："爱国主义教育总结""劳动教育总结""集体主义教育和纪律教育总结""招生工作总结""家长会议总结"，等等。

要做好总结工作，对每一项工作，都不能忽视平时积累材料，校长应备有一个工作记事簿，用来记载日常工作的进行情况。这不但可以使工作中所发现的问题不被遗忘以便能及时地解决，而且日子长了，还可以看出各项工作的发展规律以及其中的经验教训。我们及时注意搜集积累各种有关的材料，就会为总结工作创造极有利的条件。

（三）好的工作总结应具备的条件

良好的工作总结，必须是有分析、有经验的总结。这种总结，既要有丰富的实际材料，又要有科学的抽象概括。否则，没有分析，也没有经验，只是一堆原始材料的积累和一些表面现象的罗列或者是空洞的口号条文，那是谈不到什么总结的。正如毛主席所说的那样："不去思考问题的本质，而涉足于甲乙丙丁的现象罗列。"① "不提出问题，不分析问题，不解决问题，不表示赞成什么，反对什么，说来说去，还是一个中药铺，没有真切的内容。"② 很明显的，这样的总结是不能说明任何问题，也不能解决任何问题。

学校工作总结，必须要很好地分析过去，必须要以今天的认识水平来正确地分析判断过去的工作。分清哪些是本质的，哪些是非本质的；哪些是主要的，哪些是次要的；哪些是一般的，哪些是个别的，对我们的工作给予科学的评价。这样就可以从分析中找出经验教训，探求出工作发展的规律。将片段的零碎的感性认识提高到理性认识，在实践中通过经验的理性认识就可以指导我们新的工作。做到像毛主席在《实践论》中所教导我们的那样："从感性认识而能动地发展到理性认识，又从理性认识而能动地指导革命实践，改造主观世界和客观世界。"③

因此，一个良好的工作总结，它必须具备这样一些条件：

1. 良好的工作总结，必须是实事求是地根据今天的认识水平认真地分析过去的工作，所得出来的结论；

2. 良好的工作总结，要从联系发展中掌握问题的本质，掌握工作进行的规律；

3. 良好的工作总结，对问题的叙述是翔实扼要地说明道理，而不是平铺直叙地罗列现象；

4. 良好的工作总结，必须正确地指出工作中的优点和缺点，找出经验和教训，为今后工作指出明确的努力方向。

（四）学校工作总结的内容

学校的基本工作是教学工作和教育工作，目的在于以系统的科学知识和新的道德品质来武装学生。因此，我们学校的总结工作也应以此为中心内容，自然我们也不能完全不考虑其他问题，在考虑其他问题时，必须围绕教学工作和教育工作。考虑学校工作总结内容，必须分轻重主从，否则便将使我们的总结工作徒劳无功。

学校学期（或学年）的工作总结，应该是既全面又有重点的。一般

---

① 《毛泽东选集》，东北书店 1948 年版，第 962 页。
② 《毛泽东选集》，东北书店 1948 年版，第 962 页。
③ 毛泽东：《实践论 论认识和实践的关系：知和行的关系》（俄华合订本），五十年代出版社 1951 年版，第 76 页。

来说应包括以下一些内容：

1. 学校概况。包括学校的组织机构、班数、教师数、学生数以及总计划贯彻情况等。叙述时要简明扼要，抓住问题中心。这个一般情况的叙述，有时也可以写"引言"提出，冠在整个总结的前面。

2. 干部情况。包括教师的调动与增减、干部力量的准备与作用、干部思想动态、新老教师团结情况、对青年教师的培养工作、干部的出勤状况（请假、误课）等。应着重指出，在这些工作的审理与掌握上对整个工作起了哪些决定性的作用。

3. 学生情况。学生的出勤情况（出席、缺席）、健康状况、休学、退学、转学情况等。应分析其原因，审理情况及对整个教学工作的影响。

4. 教学工作。关于各科教学计划执行情况，（包括教学大纲的贯彻及教学进度的掌握）、政治思想教育和科学知识教育进行的如何、教学方法有了哪些改进、教学质量提高的如何、学生独立作业的情况、学生学习情况与成绩提高情况等。

5. 教育工作。班主任的工作情况；健康教育进行情况；课外活动与校外活动情况；青年团、少先队和学生会活动情况；以及各种政治报告和时事教育等。应正确指出进行全面发展教育的经验教训。

6. 领导的督促与检查工作。学校领导和全体工作人员对督促与检查工作认识与态度、领导对各项工作是否及时地进行了督促与检查工作、督促与检查工作的准备与进行情况、督促与检查工作对各项工作的进行所起的推动作用。

7. 教师的学习与提高。贯彻上级政府关于教师的学习与提高的各种指示的情况、学习与提高的内容与组织领导、同志们对教学研究工作和各种学习的认识和态度、教师的教学研究与学习对教学工作的推动与改进作用。

8. 校外联系和家长工作。学校对群众的宣传教育工作、家长会议、家庭访问和家长的通信联系工作等。

9. 学校事务工作。经费开支、备品保管和房舍的修整情况、是否保证了教学工作的正常进行、是否贯彻精简节约的原则。

10. 今后工作开展上总的努力方向。

以上所列举的这些内容，是可以作为写工作总结时参考的。在写学校工作总结报告时，重要的是应根据一定时期内（半年或一年）自己学校的实际情况和总结的目的来决定要写的内容。不是每篇总结都必须把上列所有的项目都包括进去。在写的时候，有时是以每一个问题为中心，找出其中的优点和缺点及今后注意事项，写完这一问题以后再写下一问题；有时则先叙述各种工作进行的情况，然后再总结出来写出它们的优点、缺点和今后注意事项。这两种形式都是可以采取的，可参照总结的目的和内容来灵活地运用。

在前面所列举的那些内容中，有很多问题是需要通过教学来说明的，这要求我们必须做好各项统计工作。学校统计工作，在我们今天的相当一部分学校中，还没有得到应有的重视，有的根本不注意积累这种材料，有的虽有材料，但只是一些死板的数字，不能够从数字中来发现和解决问题。因此，我们写学校工作总结时必须很好地注意这一工作，学会分析问题的实质，通过综合、比较的方法来找出其中的规律，防止只有数字而没有分析、说明的写法。

对于工作总结中，今后工作开展上，总的努力方向一项，时常在写总结时被人忽视或被轻率对待。往往把全副精力放在思考已做过的工作中去，而不注意应怎样接受过去工作的经验教训来改进今后的工作。深入地追索过去工作的得失是对的，但必须要从对过去工作得失的分析中找出今后的努力方向。否则便将失去总结工作的意义。

（五）写工作总结的方法

写工作总结，首先要做好准备工作。既要做好思想准备，又要做好物质准备。总结工作的思想准备，是要学习有关的材料，明确自己对总结工作的认识，确定总结的目的、内容和研究总结的步骤与方法；总结工作的物质准备，就是搜集材料。学校全面总结材料的主要来源：一是平时积累的材料，一是根据教学检查中所发现的材料，另外则要根据教师们工作总结的材料。

平时积累材料是很重要的，学校领导者，应注意在平时积累各方面的材料。不要以为问题很少就加以轻视，须知少的问题积累起来就可以找出大的问题，把许多单个的事件联系起来去分析考虑就可以发现其中的规律。小学校长应养成每天总结自己工作的习惯，应养成每周总结自己工作的习惯。只有不间断地注视着学校工作的发展，掌握着各方面的材料，才有可能认识到问题的本质，找出它的关键所在，来提高和改进工作。

督促与检查工作中所发现的材料，对于我们有重点的总结某项工作，那就更为直接和有意义了。这些材料应不遗漏地记载在领导者的工作手册上去。因为这些材料本身就是自成系统的，他往往不需要很多的加工，就可以直接被提用到工作总结中去。

审阅同志们的工作总结，吸取某些实际材料，来充实全校工作总结的内容，不容置疑，这是很重要的。这里应着重指出的是学校领导者应有计划地帮助同志们总结他自己的工作，先有了每个人的完好的工作总结，才能为全校工作总结提供更有力的材料。同时，这种帮助也是提高同志们工作质量的重要方法。因此，小学校长，应在学期结束前就把总结工作布置下去，先组织他们学习有关的材料，然后再指导他们去写。

小学校长从多方面掌握了各种材料之后，其次，就是根据这些材料，来加以分析整理，提高到理论的认识。分析时要根据教育方针政策，根据教育学的理论要求，并依照自己学校的具体条件找出工作的规律性。分析时要参照上学期的总结、本学期的计划来从新旧对比中清楚地认识自己学校现阶段中工作的成绩和存在着的问题。分析时要掌握科学的方法，找出典型，先孤立地研究个别问题，然后再综合起来衡量全盘的工作，要善于发现问题的特点和共同性，找出每个问题中间的联系。

学校全面性工作总结的写出，教导主任也是要参加的。在研究分析以备动手写的时候，都可根据需要来分担校长的一定工作。

经过周密的分析与整理以后，就可以写了。写好的总结，应提到校务会议上来研究。这种研究，一方面可使总结中不足或偏差的地方得到补充和纠正，另一方面可以使大家都知道学校工作的优点和缺点，以明确今后的努力方向。

学校工作总结应在学期结束后一定时期内报到上级领导部门。

八　校外联系与家长工作

（一）小学校长的校外联系工作

1. 校外联系工作的意义

小学校长除去做好自己学校以内的各项具体工作以外，还必须经常注意校外联系工作。

做好校外联系工作，首先就可以使学校和外界保持经常联系，学习和吸收其他学校的工作经验，而防止关起门来办学校的偏差。真正的关起门来办学校，事实上虽然是根本不可能的。但学校领导者如果存在着这种想法而对校外联系采取漠视态度的话，那就将对学校工作造成极不良的影响，将会对校外所发生的一切新鲜事物充耳不闻，而把自己关在狭隘的经验主义的圈子里。

做好校外联系工作，就可以使其他社会组织与团体注意和关心学校的工作，而使学校得到社会舆论的支持与帮助。这种舆论上的支持和帮助，对学校工作来说是异常必要的。它可以提高学校在群众心目中的地位，而为学校各种工作的开展创造有利的条件。

自然也有些学校领导者，他们把自己的主要精力都放在校外的活动上去。他们好像不是学校的领导者，对学校的工作很少过问；他们在校外的兼职很多，他们又不善于分清主从，而往往把各种兼职和学校工作同等看待或有时竟把兼职摆在学校工作之上，因而严重影响了自己学校以内的具体领导工作。这是完全不对的。我们所说的注意校外联系工作，与这种错误做法是没有丝毫相同之处的。

小学校长在进行校外联系工作时，必须对它的性质和意义做周密的考虑。所有校外联系工作，其根本目的都是为了更好地完成学校的工作。脱离开这一前提来进行校外联系，是不对的。

2. 校外联系的内容与方法

校外联系工作的内容与方法是多种多样的。但大体上不外两个主要方面，一为与其他学校的联系，一为与地方机关和社会团体的联系。至于每次要联系什么和怎样联系，则要根据联系的目的来决定。

小学校长与其他小学经常联系是很重要的一个问题。同一个地区的小学彼此之间都应该注意这个问题，不同地区的小学彼此间的通信联系有时也是很必要的。这种联系，可以互相交流经验，也可以研究讨论教学上的问题，对学校工作质量的提高，是直接起着推动作用的。

与当地其他小学的联系，是可以通过多种方式进行的。其中较重要的有：观摩教学、检查教学、经验交流会和教学座谈会等。所有这些活动都应该是在彼此同意的基础上有目的、有计划、有组织地来进行。观摩教学，对于彼此间教学质量的提高，是有极大好处的。这可以使一种较成熟的经验很快地推行到同一地区的其他学校中去。这种观摩教学，一般是指定有经验的教师来进行，有时是为了肯定总结教学上某些较成熟的经验，有时则是为了试行某种新的教学方法。在举行这种观摩教学时，不只是学校领导者应该参加，而且更重要的是组织有关的教师来参加。每次观摩教学，都应该组织研究讨论，专人负责作出正确结论，并注意推广肯定下来的成熟经验。检查教学，可以由几个学校的领导者或吸收有关教师组成检查小组，结合学校的中心工作，深入到某一学校或轮流在每一学校内进行教学检查。每次在检查之前都应有明确目的，而在检查之后则又应作出较有系统的总结。这对被检查的学校的工作来说是有好处的，对每一领导者本身的发现问题和研究、解决、总结问题的能力来说，也是一种很好的锻炼。经验交流会和教学座谈会，是同地区小学间彼此联系的普遍方式。有时是交流领导工作或教学工作的成熟经验，有时则可以就某项问题进行研究讨论。组织这种会议，事先的准备工作是非常重要的。必须要结合学校工作的实际需要制定好座谈的题目和重点，阅读或学习一定的材料，并使每个参加的人都做好发言提纲，以使每次会都能进行得生动而富于内容。此外还可以交换学校工作计划和工作总结以及其他的有关材料。

对不同地区小学的通信联系，重点则是笔谈教学工作或领导工作的某些问题，交换工作计划、总结的有关材料，以及交换教具，等等。苏联学校领导者是很重视与不同地区的兄弟学校建立联系的，北方的学校他们对南方的情况是不熟悉的，而气候炎热地区的学校对于寒冷地区生长着的各种动物、植物则认为是极为珍奇的。通过这种联系，不但可以熟悉了彼此间的情况，而且还解决了教学上的重要问题。我们今天的小学在这个工作上注意得还是不够的，应很好地向苏联学习。

和就近的师范学校、中学和高等学校取得联系，也是有很大意义的。可以同他们研究、讨论和解决工作上的疑难问题，也可以邀请他们到学校来作某项专门问题的报告。

小学的工作和地方机关与社会团体的关系是很密切的。小学校长要经常与当地的党委、与直接领导教育的行政部门保持密切联系，向他们汇报自己的工作，接受指示和帮助，这是不容置疑的。除此以外，和地方政府其他部门也应有所联系，如关于经费问题需要与财政部门联系，关于学校卫生、防疫需要与卫生部门联系；关于儿童校外活动和向群众的宣传教育工作需要与儿童校外教育机关或当地的文化馆、站取得联系；关于参加某些社会公益活动或解决有关教师福利问题的时候则需要与有关的社会团体联系。在进行学校工作时，有很多时候是需要外界各团体和社会人士帮助的。在各方面的联系中，有时是工作上的交往，有时则要参加一定的会议。总之，小学校长，应在自己全部工作中，分出一定的时间和精力，照顾这方面的工作。只有唤起其他部门的工作人员和广大群众对学校工作的关心时，才能完好地解决青年一代的教育问题。

（二）小学校长的家长工作

1. 学校与家庭

学校与家庭的关系是异常密切的，要想完成青年一代的教育任务，家庭与学校必须采取统一的、正确的步调。

儿童在家庭中获得了最初的教育基础。虽然是一个初入学的儿童，我们也不能把他们理解为一无所知的。他们的健康状况，他们的道德品质以及他们对周围世界的认识都在家庭中打下基础。他们在入学的时候，就把这些好的或坏的各种不同的习性带到学校来，教师不了解儿童在家庭中养成的这些特征，是没有办法向他们进行真正适合需要的教育的。就在他们入学以后，他们大部分时间，依然是在家庭度过的，他们还在继续受着家庭的影响，所以家庭对儿童教育的责任是极为重大的。

家长们必须重视子女的教育工作，绝不能把孩子们的教育看作是父母的私事，它是直接关系着我们国家的未来的一项重要工作。马卡连柯说："教育儿童，这是我们生活的重要部分。我们的儿童乃是我们未来的公民，他们将要去创造历史。我们的儿童，这就是未来的父亲和母亲，他们也将成为自己孩子们的教育者，我们的儿童应该培养成为优秀的公民，好父亲和好母亲。可是这还不算，我们的儿童，也就是我们的未来。正确的教育，就是我们幸福的未来，坏的教育，就是我们未来的苦痛，我们的眼泪，这就是我们对别人、对全国有罪。"[①]

家长们要根据国家教育目标的要求向子女进行正确的教育。他要经常关心儿童们的健康状况和学习状况。父母们应具备一些普通的卫生常识，注意儿童的饮食并为他们规定合理的作息时间。孩子们入学以后要经常注意他们的学业成绩，督促他们按时到校学习和及时完成教师所指定的作业。尤其重要的是父母们应注意培养儿童们的道德品质，父母自己的各种表现都应成为儿童道德行为的优良榜样。

对于如何使父母们重视子女的教育工作和如何正确地向儿童进行教育，学校对家庭的联系是起着重要作用的。学校对于家庭，是一种领导关系，教师应经常地向家长们提出关于儿童教育方面的要求。"学校对于家庭的关系，是居于领导地位的，因为学校里工作的人员，对于教育问题，

---

① ［苏］捷尔任斯基：《家庭与学校》，王家骥、杨永同译，人民教育出版社1954年版，第171页。

都是受过专门训练的，他们在这种事业方面，有着相当的经验与熟练的技巧。"① 这一段话对我们的具体情况来说是更具有重要意义的，我们今天的很多家长们对儿童教育是缺乏认识，甚至于存在着错误认识的，学校必须善于发挥自己的领导作用，使家庭与学校密切合作，完成儿童的教育工作。

小学校长，必须做好家长工作，他应督促全体教师重视与学生家庭的联系工作。开好家长会议，在家长访校日组织各种活动，并建立家长委员会，以使学生家长和学校保持经常的联系。

2. 家长会议

家长会议，是学校与家庭联系的重要形式之一。小学校长应注意领导全体教师开好家长会议。

家长会议，可分定期的和不定期的两种。定期的家长会议一般地是在学期初、学期中和学期末召开，不定期的家长会议则是为解决某项特定问题而临时召开的。这种会议，可以是全校性的，也可以就某一年级或某一班来分别召开的。有的时候，在同一次会上，开始时是由校长主持的全校性的讲话、表演文娱节目，而后来则分班进行座谈，这些都是可以的。究竟采取哪一种，可根据会议的要求和内容来确定。除去全校统一召开的家长会议之外，各班教师如有必要，也可以自行召开，但必须征得学校领导者的同意。

在每次开会之前，都应做好充分的准备。对于会议的内容和进行的具体步骤都要事先明确地规定出来。必须注意使每次会议都能解决一定的问题，而不要流于形式。对于要在会上报告的有关材料，应在很早就着手准备。校长或教师在会上所谈的每一材料都应该是实事求是的，而不容许有丝毫的虚构和主观成分。

保证家长们在开会时的最高出席率，这是召开家长会议的一个重要问题。会议不管开得多么生动和有内容，但只是极少数人参加的话，也没有办法达到预期的目的。在这方面，我们必须注意：

第一，要使家长重视和关心学校的工作。在和学生家长第一次见面的时候，就应该向他们指出家长会议的重要性，并约定他们必须参加这种会议，因为这种会议是直接关系着他们的子女的教育问题的。

第二，在决定开会日期的时候，必须很好的考虑，要规定一个对绝大

---

① [苏]凯洛夫：《教育学》，沈颖、南致善等译，人民教育出版社1953年版，第466页。

多数家长都感到方便的日期。

第三，每次会议都要有内容，都要能够帮助家长们解决儿童教育方面的问题。当他们感到在参加这种会议不是增加自己的负担，而是的确使他们学到良好的教育方法时，他们自然就愿意参加这种会议了。

会议的日期决定以后，学校要向每一位家长发出通知。有时可以通过学生转达给家长，有时可以派专人送达给每位家长，条件允许的地方还可以利用报刊或广播来通知。总之，要使所有家长都能接到这个通知并重视这个通知。通知上除写明开会日期时间以外，还应把会议的主要内容也写上去。

在这种会议上所要解决的问题，都必须是与儿童教育有关的。如：怎样指导儿童合理地支配闲暇时间、怎样督促儿童完成家庭作业、怎样教育个别儿童、怎样使父母们在儿童中树立和保持自己的尊严与威信、怎样保证供应儿童的学习用具、怎样注意儿童的卫生保健工作，等等。

在这种会议上，除去学校对家长的一般要求以及要研究解决的具体问题之外，在学期初的家长会议上，应向学生家长们宣布新学期或新学年学校的工作计划；在学期中的家长会议上，应着重介绍学生的学习情况、学业和道德的进步情况和所存在的问题；在学期末的家长会议，则要报告一下学校的工作总结。这样可以使学生家长们了解学校的工作情况，而明确自己在某一时期内所应做的工作。

如果是初入学儿童的家长会议，则要特别注意研究一下如何使孩子们很快地习惯于学校生活的问题，至于怎样保证孩子们按时上学以及怎样为孩子们准备学习用品等问题也都应加以注意。

开会时，应着重研究一般问题，个别学生的成绩不好或纪律不好，最好不在会议上公开宣布，因为那样会直接伤害家长们的自尊心，而产生对这种会议的厌恶情感。遇有这种情况，可在会议后找他们个别来交换有关的意见。

每次开会之后，小学校长都应加以总结，找出会议的优点、缺点和经验教训。并注意搜集、研究家长们对学校所提的各种意见，以期不断改进学校教育工作。

3. 家长访校

小学校长和教师，在平日不管什么时候，都应该欢迎家长来校访问，研究儿童教育的有关问题。除此以外，为了使这种访问更有准备和进一步拉近家庭与学校的关系以及提起家长们对学校教育工作的关心，在一定时期内，还应该规定家长访校日。

在家长访校日之前，学校里各方面都应做好准备。校舍的清扫、谈话室的布置及各种活动筹备，等等，都要力求完善。以期给家长们一个良好的印象，使他们感到愉快和满意。在这一天，小学校长、教导主任和全体教师都要留在学校里，准备接待来访的家长，并且还需要组织一些学生参加招待工作。在接待学生家长的时候，态度要亲切而且热诚，详细地回答与解释他们所提出的问题。

在家长访校日，学校可举行游艺会和展览会。游艺会中各项节目要精彩，舞蹈、戏剧、合唱都可以，各项节目要注意结合儿童在校或在家的实际生活，既有教育意义，又要使家长们感兴趣。展览会的内容是多种多样的，有的是关于学生成绩的照片，有的是关于生产建设和健康卫生的照片。有时可以是一种内容的展览会，有时则可以是多种内容的展览会。学生成绩的展览是比较通常的，这种展览不止说明了学生的学习成绩，而且也说明了学校的工作成绩。家长们对这种展览会是很感兴趣的，当他们看到自己孩子的作业被陈列出来的时候，从内心里会感到一种说不出的兴奋和快慰。展览会的准备工作很重要，展览品的搜集、展览室的布置都应该是细致认真的。展览品不仅要附以简单的文字说明，同时还要组织一定的教师和较高年级的学生分别担任某一部分的口头讲述。

在家长访校日，学校里要很好地利用这一天的时间，有组织、有计划地向家长们进行宣传和教育。最主要的是组织家长们愿意听的专题报告，讲的人可以由校长或教师担任，也可聘请对某一问题有专门研究的校外人士担任。讲的内容，重点是围绕着儿童教育的有关问题，如：关于学生守则的问题、关于作息时间的问题、关于培养儿童劳动习惯的问题、关于儿童生理和心理教育的问题、关于纪律教育与礼貌教育的问题、关于儿童营养健康的问题，等等。讲时要注意对象，采取适当的方法，以引起听者的兴趣。

此外，还可以组织家长们交流对子女教育的经验。总之，在家长访校日这一天，都应该是富有教育意义的，同时在形式上应注意灵活生动。否则，便容易使人产生厌烦的感觉，而削弱了它的意义。

4. 家长委员会

家长委员会，这是学校与家庭联系和家长们帮助学校进行工作的一个经常性的组织。在苏联的学校里，家长委员会在完成学校教育任务上发挥着巨大的作用。我们今天的小学里，建有家长委员会组织的还为数不多。

苏联学校家长委员会的组织是这样的：每年开学的时候，在各班家长会议上选出两至三人为代表，由这些代表组成全校的家长委员会。家长委员会的委员任期为一年，校长是家长委员会的委员。委员会组成以后，再由全体委员中选出三到七人为常务委员，组成常务委员会，负责经常性的工作。由常务委员中推出主席、副主席及秘书各一人。家长委员会下设四股：教育股、事务股、卫生股和群众文化股。各股股长由常务委员来担任。各股的工作人员，由各班家长积极分子来担任。家长委员会，每月至少开会一次，每次会议有半数委员出席就可通过决议。

家长委员会组织的目的，是帮助学校提高教学质量和培养学生的自觉纪律。它的主要工作可以分四方面：其一，是协助学校进行招生工作，动员学生入学，对那些不愿意把孩子送入学校去的家长进行说服和解释工作；其二，是对所有家长保持密切联系，注意那些需要帮助的家长，交流教育儿童的经验和方法，可以通过访问、会谈和家长会议等方式来进行此种联系；其三，是经常与校长和教师取得联系，注意了解儿童的学习情况，提出教育儿童的建议；其四，是对学校的经济帮助和人力帮助，如学校的修缮、教学用具的添置以及学校园地的经营等。此外，在组织儿童课外活动方面，家长对学校的帮助也是很大的。因为家长中从事各种工作的人都有，请他们来担当儿童课外研究小组的指导者，是可以丰富课外活动的内容的。

家长委员会的工作，是围绕着学校领导工作来进行的。家长委员会，要根据学校的工作计划来制订自己的工作计划，要根据校长及校务会议的指示来进行工作。家长委员会是在校长领导之下来进行工作的。家长委员会的一切决议，经校长批准以后，对全体家长都有强制力量

家长委员会的每一委员要向主席报告工作，家长委员会一年要向家长大会报告两次工作，每月至少要向校长报告一次工作，每一班的家长委员，每三个月应向本班的学生家长会议作一次工作报告。家长委员会主席，在新学年家长委员会尚未选举之前，要向校务会议报告一年的工作总结。小学校长对家长委员会的工作，要给予深入、具体及时的帮助和指导。

苏联学校的经验证明：哪个学校的家长委员会的工作做得好，哪个学校的教学质量就有显著的提高。因此，我们应很好向苏联学习，建立学生家长与学校联系的经常组织——家长委员会。以提高我们的教育工作质量。

高校管理改革的两个问题[*]

管理工作对提高工作效益和效率的重要作用，越来越受到人们的重视。如果可把一个工作单位比作一个活的有机体，那么，管理便可以说是它的神经系统。高等学校任务艰巨，机构庞大，人员众多。纵横关系复杂，要实现为国家各条战线培养输送高质量人才的光荣职责，必须搞好管理工作。高校管理工作的改革涉及很多问题，近年来，在党政关系、机构设置、人员编制等方面都做了不少的调整和改革，成绩是显著的。但从更高的要求上看，仍然存在着层次不清、职责不明、相互干扰、效率不高的弊病，严重阻碍着人的积极性的发挥，影响教学和研究水平的提高。本文仅就发挥系的作用和实行责任制两个问题谈点个人看法。

一

高等学校的任务是培养各行各业德、智、体全面发展的高级专门人才，中心工作是不断提高教育教学质量科学研究水平。管理水平的高低，取决于是否突出了这一中心工作，取决于能否把学校中各机构和人员围绕提高教学与科研水平培养高质量人才而灵活地调动起来。实现这个要求，一要正确解决主体机构与从属机构的关系，二要解决决策指挥系统与执行落实系统的关系。前者表现为教学科研部门与总务后勤部门的关系，后者表现为校和系的两级关系。从这两方面看，都必须明确系的地位和作用。

系是高等学校的基本单位，它是按照专业而划分的教育教学行政组织。对学校来说，系是站在培养又红又专的人才，开展教学、科研工作第一线的机构，学校在人才培养上的一切方针、计划、措施都要通过系来付

---

[*] 原载《齐齐哈尔师范学院学报》（哲学社会科学版）1984年第2期。

诸实施，系的主要任务是对学生的培养和教育，是对教学与科研的组织和领导。对学校领导来说，系要实现和保证领导决策的贯彻和执行；而领导者的任务则是领导并监督检查各系的工作，调整各个机构，形成良好的反馈回路，使之成为实现培养目标，保证不断提高教学和科研质量的有效率的正常运转的有机整体。对后勤总务部门来说，系是学校的主体机构，而后勤总务部门的任务则是保证和创造各系教学与科研的良好条件，解决物质上、财务上存在的问题，因此，无论从哪个角度看，系的工作都是极为重要的。可以说，系是高等学校实现培养目标的关键环节。办好高等学校，必须摆正系的地位，最大限度地发挥系的作用。

多年以来，特别是"文化大革命"中，打乱了学校的正常秩序，放弃教学，无视科研，使非教学的机构和人员无限制地膨胀起来，十一届三中全会以后，学校工作实现了重点转移，教学、科研工作已经走入正轨，但在管理上仍然存在着许多不适应的地方。从校系两级的关系上看，校级及其从属部门还存在着求大求全、机构杂、人员多的情况。一个统计材料表明，全国高等学校的行政和后勤人员，1979年比1965年增加了67%。近几年来由于离、退休干部子女的接班顶替。这个数字有增无减，个别学校更为严重。其结果一是高等学校人员大大超编，严重影响教学、科研人员的补充更新；一是分工过细，人浮于事，一项工作，多人插手，谁也不负责任，谁也负不了责任，工作效率低下，工作质量得不到提高。而在校系分工上，也存在着头重脚轻的缺点，权力多集中在上面。统一多、灵活少，计划多、落实少。工作上有布置无检查或少检查，对下面的具体情况了解少。校的领导由于权力集中，仍然用很大精力去管那些本来不应该管或不需要管的事，整日忙于处理机构、人员的平衡、调配和琐碎的行政事务，无暇把教学、科研等大事纳入日程。系级领导由于缺少自主权，则只能不分巨细，事事都要请示汇报，陷在事务主义的圈子中，同样不能集中主要精力考虑全面培养学生领导本系的教学和科研。结果是从全局看，既不能充分地调动系的积极性，也不能发挥系的工作特长，更谈不到工作上的创造性。这是造成工作效率不高、起色不大的主要原因之一。

从系和后勤总务部门的关系看，后勤总务部门是服务于教学和科研工作的，但它却和系不能发生直接联系，他们的工作不是对系负责，而是对学校负责的。系里要解决一个有关财、物方面的问题，不能直接对后勤总务部门提出要求，而是要上报到校级领导，再由分管的校长指令后勤总务部门去执行。不仅辗转周折费时费力，而且由于关卡过多，所要和所供往往脱节，达不到需求单位的要求和目的。尤其多年来我们的高等教育不是社会办学校，而是学校办社会，学校本身是一个小社会。学校的基本建设以及学生的吃喝住行等生活琐事全由学校包下来。这种工作任务的增多，就使后勤总务部门不但不能把主要力量用到与教学、科研直接有关的问题上，而且自身的机构、人员和权力势必相应地增大起来。这种喧宾夺主的情况对学校工作重点的转移和搞好教学、科研等中心工作是极为不利的。

解决校系两级关系的头重脚轻和主体机构与从属机构关系上的喧宾夺主，最关键的问题应是提高系在学校中的地位和作用。一方面要加强系的领导力量，把得力干部配备到系；另一方面要下放某些权力，扩大系的自主权，突出学校的中心工作，避免决策与执行脱节，使人、财、物都能有效地为培养人才、为教学、科研服务。就目前情况看，应该着力解决：

第一，学校应全面调整、精简机构，使各个机构运转灵活，信息相通，克服臃肿懒散，各自为政的弊病。急需解决的是要按照教学科研的需要确定人员编制，专编专用，不能因学校总员超编而影响教学科研人员的补充和更新。同时应把一定的人权下放到系。系级领导应有权按照规定编制决定教师、教辅人员、行政办公人员的调入调出、进修提高和考核奖惩，应有权为系内专家、教授配备助手。

第二，改变管教学、科研的不能过问人财物的状况，控制和堵塞与教学、科研无关的开支。制定预算应以系为结算单位，使财力、物力保证教学和科研的需要。对系里的自筹资金，在有利于教学科研的前提下，系主任应有权做合理的支配和使用。

第三，系主任接受校长的领导，各办事机构应尊重系主任的职权，在工作上给以支持和保证。要充分发挥系一级的工作主动性和创造性。必须改变后勤总务部门只对学校领导负责而不对各系工作负责的现状，建立从属机构与主体机构之间的密切联系及责任关系，一切从属机构都要树立起为教学、科研服务的明确思想。任何牵制、干扰或推脱责任都是错误的，应该加以纠正的。

在现代管理体制的发展史中，"集中政策，分散管理"，已经成为普遍的原则，美国企业中自1923年有一家企业实行这种做法以后，到1969年在五百家大公司中已有76%采用了这种做法。高等学校与生产企业当然有各自不同的特点，但在管理原则上却有共通的地方。集中政策是针对第一级的领导来说的，在学校就是指校级领导，校级领导的职责是掌握方针政策，抓好大事，做出决策，安排布置、督促、检查，发现问题，提出新的设想和做出新的决策。至于具体工作任务，则要分散到不同的业务主管部门。分散管理就是发挥业务部门的作用，使他们有职有权。因此，扩大系的自主权，绝不是削弱校级领导的作用，而正是为了加强领导，使他们有精力有时间去抓大事。事必躬亲，从现代管理角度看，并不是有效地领导。领导者应该只做领导者应该做的事。凡是应该授权别人做的事，自己就不要去做。常看到一些领导者，终日忙忙碌碌，结果却做不出任何成绩。这种事务主义的教训是必须吸取的。

扩大系的自主权，提高和加强系的地位与作用，把有关机构和人员的主要精力集中到学校的中心工作即培养全面发展的人才、搞好教学和科研上，已经成为高校管理改革的重要课题。应下大决心，实现这种改革。

二

学校中各个机构要能够运转自如，使所有工作人员取得最佳的工作效益，必须明确部门和人员的工作职责，这就要实行责任制。责任制就是使工作任务落实到人，使每个人都有职、有权、有责、有利，人人负责，人人尽职。因任务而定职，有职就要有权，责由职定，尽责则得利，失职则受罚。这在现代管理学中早已成为定论，在我们高等学校管理工作中，也必须这样做，应是不容怀疑的。

目前存在于高等学校管理工作中的最大问题之一，是缺乏责任制。在培养同等数量学生的条件下同世界上先进国家的高等学校比，我们所用管理人员或教师数量的比例都是最高的，但由于我们现在没有明确的部门责任制，也较少个人责任制，职权不清，责任不明。遇事常常相互干扰，不是你推他挡，就是互不相让，在工作负担上忙闲不一，在福利待遇上苦乐不均。在某些单位一定程度上还沿袭着十年内乱时留下来的"干和不干一个样，干好干坏一个样"的陋习。评薪提职不是根据平时的工作表现，而是靠关系凭印象，表扬奖励也缺乏客观标准和根据。结果是挫伤了人的积极性。因此，相对来说，我们的工作效率是最低的。

一切工作都是由人来担当的，人的积极性能否充分地发挥出来，一方面要靠人的政治觉悟，靠对社会主义事业的信念，靠对党对人民的忠诚，这是个首要的条件，是工作动力的源泉，也是我们的工作人员有别于资本主义国家雇佣劳动者根本之点，调动人的积极性，必须坚持不懈地发扬这个优势。一方面还必须要靠规章制度，靠明确地规定部门和个人的工作职守。规章制度不是凭主观臆想而随意规定的，它是根据工作的客观规律，根据工作任务和人员配备而合理规定的能提高工作效益和效率的切实可行的章法。建立规章制度，实质是实行法治的一种具体表现形式。一个国家要有法律，一个部门就要有规章制度。规章制度是带有约束性的，它把一个具体的工作部门和工作岗位的任务和要求明确的规定出来，使每个人都严格地遵守它。这种按不同岗位的工作需要所要求于每个人必须完成的任务及其程序和方法，就是责任制。在高等学校管理工作中，过去我们一向重视人本身的思想觉悟，而较少考虑责任制，这种情况严重阻碍着我们管理水平的提高。搞好管理，必须把人治和法治结合起来。人治可以保证工作的主动性和积极性，但能否取得工作的效益和效率却是因人而异的；法治则不然，由于规定了明确的章法制度，不管什么人只要担负该项工作，就必须按照一定的要求去完成，不容许你敷衍塞责，玩忽职守。每项工作都有专人负责，每个人都做好本职工作，学校的工作效益和效率自然就会得到提高。因此，实行责任制是十分必要和迫切的。

实行责任制，应该注意：

第一，高等学校各层次、各部门都应该根据工作的客观需要制定出明确的职权范围。使每项工作都有人负责，使每个人都有具体的职责。教学人员应该如此，行政人员更应如此。领导者应该只抓大事，起到统帅作用。他既要掌握重大决策，又要督促、检查和使之落实。一个好的领导，必须对已作出的决策所引起的客观变化及时作出应有的反应，并提出相应的新决策，不能拖拉延误。对下属要分工、分权、分职、分责。具体工作的决策权，应尽可能放在基层，使第一线的工作人员具有一定决策权，各部门的工作，有分工，也要有协作。责任的规定，一定要既注意本部门的需要，也要考虑同其他部门的联系。在整个学校工作中，一个人的工作既需要保证别人的工作，也需要别人的工作来保证。否则，一项工作出了差错，就会危害到整体工作。这些是在实行责任制时必须加以考虑的。

第二，对每个部门或每个人应负的责任，应既有量的规定，也有质的规定。首要的是量的规定，做了规定数量的工作，才能谈到工作做得优劣。目前教师工作量制，还有不足之处，应在实行过程中逐步使之完善、合理、易行。对各种不同岗位上的行政办事人员也应做出工作量的规定。同时，对工作完成的好坏，还应有质的要求，至少可分优、中、劣三个等级，以便于按量定质，划分优劣，区别等次。

第三，实行责任制，必须同奖惩制结合起来。工作尽了职责，做得好的，应该受到奖励，取职获荣；工作敷衍塞责，失职误事的，应该受到惩罚，批评处分。否则，不分好坏优劣，平均对待，是无法落实责任制的。掌握奖惩，应以奖励为主，全面工作做得好的，应该得到奖励，单项工作有成绩的，也应给予奖励，在实际工作中，单项奖励常常被忽视，要奖励，就要求各方面都好。其实一个人的工作十全十美是不多见的。单项奖是指工作的某一方面做得突出，即使在其他方面还有某些缺陷，也可以给以奖励，这样的奖励，对他个人的工作来说，有助于克服他的其他缺点，对别人来说，也易于起到鼓舞作用。在一个工作集体当中，一定要善于培养积极向上，奋发前进的风气。

第四，我们的责任制，不是从单纯任务观点出发的，它是搞好教学、科研为四化建设培养全面发展的高质量建设人才的一种客观需要。因此，在实行责任制的同时必须做好思想政治工作。把责任制建立在教师、职工的高度的社会主义觉悟的基础上，这样才能有发自内心的责任感和义务感，才能提高努力程度，发挥工作的创造性，精益求精地做好工作。

高校管理改革有很多事情要做，这里所说分权到系和实行责任制是管理工作中相互联系的两个问题，也是提高工作效果和效率的关键问题。本文论述，挂一漏万，希望能抛砖引玉，引起重视。

风气　校风　育人[*]

　　风气，或说风尚，是一定的群体在长期共同生活中所形成的精神风貌、意识状态和行为规范的总和。在不同层次的社会群体中，大到一个社会、一个国家、一个民族、一个政党，小至一个家庭、一所学校，都可以形成各自不同的风气，即通常所说的社会风气、国风、民风、党风和家风、校风，等等。用通俗的话来说，风气就是群体中流行的带有普遍性的爱好、崇尚和习惯。它是群体心理和群体行为的一种综合表现。风气的形成是以一定的物质生活条件为基础的，同时也与传统的文化意识、哲学的政治的观点、道德的科学的和艺术的认识等等有着密切的关系。由于人们物质的和精神的生活条件是不断变化的，风气也不是一成不变的。一种风气可以流行得很为久远，成为一个国家、一个民族的光辉的历史文化传统；也可以只是风行一时，很快就被另一种风气所代替。

　　从对历史的发展和社会的进步来说，风气可以是积极的，也可以是消极的。积极的风气，也就是良好的或正派的风气，鼓舞人向上，促进社会安定团结，振奋精神，推动生产和社会发展；消极的风气，恰恰相反，它涣散人们的斗志，瓦解人们的意志，腐蚀人们的心灵。在一个有组织的社会里，是形成没落腐朽、贪污受贿、迷信赌博、市侩习气、拜金主义的歪风，还是形成清廉正直、廉洁奉公、大公无私、纪律严明、勤劳勇敢、艰苦奋斗、集体主义的优良风气，其对社会发展和国家建设所造成的不同影响和后果，是显而易见的。

　　校风，是在一所学校的环境中形成起来的风气。它既同整个社会大范围的风气有着密切的联系，又有自己的相对独立性。学校是社会的有机组成部分，是完成国家培养新人、教育后代任务的职能机构。它不可能成为

---

[*] 原载《教书育人》1990年第3期。

世外桃源，不可能不受到社会、国家和党的风气的影响。社会大环境具有良好的健康的积极向上的风气，会给学校的风气、学校的工作带来良好的影响，带来诸多的方便。它可以在社会、学校、家庭目标一致的情况下形成统一的强有力的教育合力，促使年轻一代健康地成长，反之，大环境风气不良，如社会上流行的走后门、拉关系、向钱看等等不正之风，也同样会侵蚀到学校之中。少数学校滥办班、滥收费、滥发文凭就是一例。但学校毕竟不同于社会，它是国家专设的教育机构，它应当发扬自己引导青少年向上的职能优势，建立积极健康的优良风气。这种校风显然无力把社会大环境中的消极风气完全排除在校墙之外，但它却有能力对各种歪风进行批判、抵制，使学生明辨是非、善恶和美丑，养成适应现实需要和未来发展的健康的文化素养和思想道德品质。因此，绝不能低估学校优良风气的教育力量和作用。

校风是学校基本活动教与学两种行为的综合。学校中教可以形成教风，学可以形成学风，一个系有自己的系风，一个班有自己的班风。而校风则居于统摄全局的地位。健康的校风应该是：1. 具有崇高的行为目标和高尚的精神境界；2. 具有可接受性和公众约束力；3. 具有传统性、继承性和稳定性。

良好的校风一旦形成，它就会对它的全体成员主要是教师和学生的行为产生导向和感化的作用，尤其对学生思想品德的形成和发展更为重要。

首先，任何人的成长与发展都是在主体与客观环境相互作用与影响的过程中实现的。优良的校风，其本身就是一种教育环境，同教学计划中规定的课程相比，它是一种隐形的但却是无所不在的课程。它时时刻刻都在发挥着教育作用，都对学生的行为产生着影响，润物无声，潜移默化，使学生受到感染和熏陶。

其次，校风有利于形成坚强的集体，使每个学生对这个集体产生向心力，形成自觉地接受这个集体的教育和影响的心理意向。新生入学，校风也会以其潜在的但强大的教育力量把每个学生接纳到这个集体当中。

最后，学校是学生社会化的重要阶段。在良好校风熏陶下，可以形成学生正确对待客观环境的心理定式，这种心理定式在他们离开学校走向社会时，很快便会与社会上的优良风气相融合，并有能力抵制社会上不正之风的侵蚀。因此，优良的校风，不仅有利于培养新的一代，而且对形成社会新风尚也是有重要作用的。

培育新人，必须要十分重视优良校风的建设。一个优良校风的建立，不是一朝一夕可以实现的。它需要有明确的办学思想，坚定的事业心，并采取有效的措施，坚持不懈地贯彻执行，才能统一意志，建立起群体信念，形成共同的行为习惯。

树立优良的校风，是一个由认识到行动的过程，首先要确立统一的行为目标，提出要求，明确是非曲直，分辨美丑善恶。从认识上弄清什么是应该做的，什么是不应该做的；什么是要大力提倡的，什么是要坚决反对的。同时还要建立一定的规章制度，以便确立一定的行为规范，使人们便于遵循。如有的学校把"谦虚、勤奋"作为校风的内容，同时他们对学生的学习态度、教师的工作态度也做出了相应的规定；有的学校把"文明、朴实"列为校风的内容，同时他们对学生待人接物、礼貌言行以及衣着发式也提出了具体要求。实践证明，这样做是十分必要的，这可以防止把校风停留在空洞的口号上，并保证着校风随时能够为学校中每个成员提供调节自己行为的信号。

既说是校风，它就应体现出群体的倾向和意志。在这个群体中，不论是谁，都应受到校风的规范和约束，而不能有任何例外。特别是学校领导和全体教师，更应以身作则，带头贯彻，作学生的表率。在校风建立的初期，尤其应该如此。学校领导风气正，全校风气就会正；校长、教师行动在前，就会感召和影响全体学生效法模仿。

最后，舆论是最强有力的群众监督，在优良校风的建立过程中，还必须要重视舆论的作用。要利用学校各种宣传渠道和宣传工具，进行广泛地教育和说服，使校风的要求深入人心。凡符合校风要求的行为，就会受到舆论的赞许和鼓舞，反之则受到批评和抵制。只要被群众思想所认同和接受，优良的校风就会牢固地树立起来，并持久地发挥着教育作用。

教育经费与教育质量[*]

在教育事业发展上，有两个问题至关重要。其一，教育经费问题；其二，教育质量问题，这两个问题彼此相关，密不可分。

一　关于教育经费

教育经费是办教育的物质基础；是发展教育事业的根本保证。教育经费有两个来源，一靠国家或地方政府拨款，这是主要的途径，一个国家的教育经费总是以这个国家的生产、经济、财力为前提的。一般来说经济实力比较雄厚的国家，教育拨款也相对充裕。另一个就是靠其他的办法筹集，如企业资助、基金会筹集、个人捐赠等。在一些发达国家，通过这些办法筹集的资金也是教育经费的重要补充。以往我国的教育经费主要靠第一种途径，近年来有的省份已开始通过集资办学取得了一些成果，这是众所周知的。如山东、浙江、湖南、广东等省都在采用不同的形式投资、集资办学。实践已经证明，单靠政府拨款，即使逐年增加，也无法满足教育事业发展的实际需要。如我省财政支出教育经费 1991 年比上年增长 6.9%，1992 年财政预算教育经费又比 1991 年增长 5%，尽管如此，我省农村学校危房问题和城市学校二部制问题多年来都未能彻底得到解决。为摆脱经费不足给教育发展带来的困扰，采取多种途径筹集教育经费是势在必行的。

第一，群众集资。把群众的小额投入汇集起来便是一笔很大的数字。如我省现有职工 856.2 万人，城镇个体户 36.1 万人。如果每人每月集资 1 元，一年就可达 1 亿元。用在教育事业发展上，就可以解决很多亟待解决

---

[*] 原载《教育管理》1992 年第 2 期。

的问题。一个职工一年拿出十多元钱，在经济上完全可以承受。只要广为宣传，群众对于这个"集社会之力，兴千秋伟业"的壮举，是能够给予理解和响应的。

第二，捐资兴学。捐资对象可以是企事业单位，也可以是热心教育事业的个人；不仅面向国内省内，还可以面向省外国外。改革开放以来，国内一些企业家、工商业户以及侨居国外的实业巨子投资建设家乡时有传颂，这些人中的爱国有识之士，是愿意捐资兴学的。目前沿海省市已深受其惠，我省对此实有待开展。

第三，建立教育银行。通过信贷、储蓄等金融手段，为教育事业扩大和积累资金。另外像学校一向采取的科技转让、办厂、办学等筹集资金的办法，都可以继续采取。总之，教育经费是个大问题，不解决这个问题，就谈不到教育事业的大发展。而如果只依靠财政拨款而不采取多种途径集资捐资，则不能解决教育经费的短缺问题。

二 关于教育质量

教育质量指的是用培养目标来衡量学生德智体各方面所达到的成长水平或成长高度。二战后，为适应当时国际竞争的需要，曾经大力提倡英才教育，把注意力集中到培养尖端人才上。70 年代特别是 80 年代以来，普遍认识到决定一个国家立于不败之地的是它的综合国力，而综合国力中最主要的条件又是具有高水平的人才群体和高素质的国民。这就不是英才教育所能奏效的，而必须着眼于整个国民教育，着眼于普遍地大面积地提高教育质量。因此，教育质量已成为所有国家普遍关注的大事。当前我国正在普及九年制义务教育，各级学校也都在围绕以经济建设为中心积极培养各方面需要的人才，如何普遍全面地提高教育质量，是学校的一项永恒性的任务。必须从战略的角度持久地抓好有关的工作。

第一，树立教育质量意识。保证人才培养质量是办教育的直接目的。全体教育工作者包括教育行政领导和教师都要树立牢固的质量意识，并把教育质量作为评估学校领导和教师工作的基本条件。没有培养出合格的学生，就不能认为是合格的学校与合格的教师。

第二，变升学教育为素质教育。升学教育是只着眼少数人，忽视多数人；只着眼少数学科，只能使学生片面发展，而不可能全面发展。必须终止这样的教育，代之以素质教育。只有素质教育，才能全面提高教育质量，才能真正实现社会主义全面发展的教育目的。

第三，总结先进教学经验，开展教学改革实验，寻求大面积提高教育质量的途径和方法。

第四，提高教师素质，稳定教师队伍。一方面要加强现有教师队伍的思想、业务建设；一方面要重视未来教师的培养，重视师范教育。只有具备一支高质量的教师队伍，才能办出高质量的教育。

对马克思 恩格斯 列宁 斯大林有关教育革命论述的解说

对马克思、恩格斯有关教育革命论述的解说*

1843 年

我们的任务是要揭露旧世界,并为建立一个新世界而积极工作。

> 马克思:《致 R(卢格—编者注)》,1843 年 5 月,《马克思恩格斯全集》第 1 卷,人民出版社 1956 年版,第 414 页。

新思潮的优点就恰恰在于我们不想教条式地预料未来,而只是希望在批判旧世界中发现新世界。

> 马克思:《致 R(卢格—编者注)》,1843 年 9 月,《马克思恩格斯全集》第 1 卷,人民出版社 1956 年版,第 416 页。

什么也阻碍不了我们把我们的批判和政治的批判结合起来,和这些人的明确的政治立场结合起来,因而也就是把我们的批判和实际斗争结合起来,并把批判和实际斗争看做同一件事情。

> 马克思:《致 R(卢格—编者注)》,1843 年 9 月,《马克思恩格斯全集》第 1 卷,人民出版社 1956 年版,第 417—418 页。

【注释】

1. 三条语录都选自马克思在 1843 年致阿·卢格的信中。马克思在这一年的 3 月、5 月和 9 月给卢格写了三封信。第一条选自 5 月的信,二、三条选自 9 月的信。这些信发表在《德法年鉴》的"1843 年通信"这一部分中。

---

* 选自《对马克思 恩格斯 列宁 斯大林有关教育革命论述的解说》,哈尔滨师范学院教育教研室主编,黑龙江人民出版社 1977 年版,第 1—43 页。此书由唐文中先生执笔,经哈尔滨师范学院教育教研室教师集体讨论后,以"哈尔滨师范学院教育教研室"为主编出版。

《德法年鉴》杂志是马克思和卢格共同主编的在巴黎出版的德文刊物，仅在 1844 年 2 月出版过一期双刊号。后因两人思想上存在着原则的分歧，使杂志未能继续出版。

阿尔诺德·卢格（1802—1880），是德国的政论家，青年黑格尔分子，资产阶级激进派。1848 年在法兰克福当国民议会议员，属于"左"派。19 世纪 50 年代是伦敦的德国小资产阶级流亡者的领导人之一。1866 年后成为民族自由党人，做了俾斯麦的拥护者。

1842 年后，普鲁士政府对革命舆论进行了粗暴压制，进步报刊被迫停刊。面对这个反动专制的现实，资产阶级和小资产阶级革命分子对革命前途悲观失望，卢格就是其中之一。马克思给卢格写的三封信就是针对这些人的消极失望情绪所做的批判。马克思当时就认为卢格根本不是一个共产主义者，后来的事实完全证明了马克思的判断，卢格终于堕落成为一个地主、资产阶级的走卒。

1843 年，正是马克思和恩格斯最终转变为唯物主义者和共产主义者的时期。在选学的三条语录中，表现了马克思在当时德国的反动黑暗统治下对革命的光明前途的乐观精神，阐明了革命者的战斗任务。这些指示充满了无产阶级的彻底革命精神，指出了要在"批判旧世界中发现新世界"。

2. 揭露旧世界：旧世界泛指剥削阶级统治的旧社会，这里主要指德国的专制制度，今天理解这个词，应指资本主义旧世界。革命者的任务就是"揭露旧世界，并为建立一个新世界而积极工作"。

3. 新思潮：是指正在形成的历史唯物主义、科学社会主义思潮。

4. 教条式地预料未来：这里是说不能用"一种教条的抽象观念"去预测未来。马克思在谈这个问题时是针对当时流行的卡贝·德萨米和魏特林等人的空想共产主义思想和以傅立叶为代表的空想社会主义、以蒲鲁东为代表的小资产阶级社会主义等流派的思想说的，他们不是从批判旧世界中认识新世界，而是脱离现实斗争，从抽象教条出发论述未来。马克思指出："我不主张竖起任何教条主义的旗帜，相反地，我们应当尽量帮助教条主义者认清他们自己的原理的意义。"（《马克思恩格斯全集》第 1 卷，人民出版社 1956 年版，第 416 页。凡引文摘自与所解说的语录同一文章者，即不再注明出处，下同）

【解说】

三封信写当时的德国社会，黑暗笼罩一切，思想极度混乱，马克思给自己提出的任务是要"为真正独立思考的人们寻找一个新的集合地点",也就是要为革命者从理论上回答革命前途和道路问题。怎样解决这个任务,就是揭露和批判旧世界,在揭露批判旧世界中发现新世界,建立新世界,绝不能像空想共产主义者和空想社会主义者那样主观地根据某些既定的原则去"教条式地预料未来"。

怎样批判呢?马克思说:"我指的就是要对现存的一切进行无情地批判,所谓无情,意义有二,即这种批判不怕自己所做的结论,临到触犯当权者时也不退缩。"这里表达了一切革命者同旧世界彻底决裂的决心和气魄。他既要有敢于批判一切错误包括自己已经做过的错误结论的勇气,又要有不畏当权者的强暴,在革命真理面前绝不退让的战斗精神。

马克思在谈到批判的对象时指出:"有两种情况是毋庸怀疑的。首先是宗教,其次是政治……不管这两个对象怎样,我们应当把它们作为出发点。"马克思认为一切理论的批判必须同政治的批判结合起来,即同对地主、资产阶级的政治国家、同对当时普鲁士的专制制度的批判结合起来,"和这些人的明确的政治立场结合起来"。只有这样的批判才是和宗教斗争结合起来的批判。马克思是坚决反对空论家的,他把"批判和实际斗争看作是同一件事情"。批判是解决"从世界本身的原理中为世界阐发新原理"。实际斗争才能使无产者获得新世界。这个思想,马克思在1843年写的《〈黑格尔法哲学批判〉导言》中作出了深刻的表述,他说:"批判的武器,当然不能代替武器的批判,物质力量,只能用物质力量来摧毁。"(《马克思恩格斯全集》第1卷,人民出版社1972年版,第9页)这就清楚地告诉我们,批判的武器是代替不了实际革命行动的,资产阶级的国家机器这个物质力量,是只能用无产阶级的革命行动这个物质力量来加以摧毁的。我们的批判必须和实际斗争结合起来。

学习马克思的这三条语录,对于我们教育工作者具有极为重要的意义。教育是剥削阶级长期占有和把持的世袭领地,无产阶级要夺取这个阵地,必须对剥削阶级的旧教育"进行无情地批判"。无产阶级的新教育绝不是靠"教条的抽象观念"推演出来的,而是在批判旧教育中、在社会主义新生事物同资产阶级腐朽的旧事物的斗争中产生的。我们必须运用马克思列宁主义的批判武器,对传统的旧教育进行彻底地批判。

1844—1845 年

英国工人几乎都不会读,更不会写,但是他们自己的和全民族的利益是什么，他们却知道得很清楚。资产阶级的特殊利益是什么，他们能够从这个资产阶级那里得到些什么，他们也是知道的。虽然他们不会写，可是他们会说，并且会在大庭广众之中说。虽然他们不会算，可是他们对政治经济学概念的理解足以使他们看穿主张取消谷物税的资产者，并且驳倒他们。虽然他们完全不了解教士们费尽心机给他们讲的天国的问题，可是他们很了解人间的即政治的和社会的问题。

> 恩格斯：《英国工人阶级状况》，1844 年 9 月—1845 年 3 月，《马克思恩格斯全集》第 2 卷，人民出版社 1957 年版，第 398—399 页。

我常常碰到一些穿着褴褛不堪的粗布夹克的工人，他们显示出自己对地质学、天文学及其他学科的知识比某些有教养的德国资产者还要多。阅读最新的哲学、政治和诗歌方面最杰出的著作的几乎完全是工人，这一事实特别表明了英国无产阶级在取得独立的教育方面已经有了多么大的成就。

> 恩格斯：《英国工人阶级状况》，1844 年 9 月—1845 年 3 月，《马克思恩格斯全集》第 2 卷，人民出版社 1957 年版，第 528 页。

有一种唯物主义学说，认为人是环境和教育的产物，因而认为改变了的人是另一种环境和改变了的教育的产物，——这种学说忘记了：环境正是由人来改变的，而教育者本人一定是受教育的。因此，这种学说必然会把社会分为两部分，其中一部分高出于社会之上（例如在罗伯特·欧文那里就是如此）。

环境的改变和人的活动的一致，只能被看作是并合理地理解为革命的实践。

> 马克思：《关于费尔巴哈的提纲》，1845 年春，《马克思恩格斯全集》第 3 卷，人民出版社 1960 年版，第 4 页。

哲学家们只是用不同的方式解释世界，而问题在于改变世界。

> 马克思：《关于费尔巴哈的提纲》，1845 年春，《马克思恩格斯全集》第 3 卷，人民出版社 1960 年版，第 6 页。

（一）

【注释】

1. 第一、二条选自恩格斯《英国工人阶级状况》。《英国工人阶级状况》一书是弗·恩格斯的早期著作。恩格斯在英国居住期间（1842 年 11 月—1844 年 8 月）生活在工人之中，考察和研究了英国工人阶级的生活状况，于 1844 年 9 月至 1845 年 3 月在巴门写成此书。

恩格斯这一著作，在以大量事实揭示工人和资本家尖锐对立的前提下，愤怒地控诉了资本主义制度对工人阶级及其子女的摧残和迫害，深刻地揭露了资产阶级教育的反动实质，热情赞颂了工人阶级自己创办的教育事业。

列宁曾高度评价恩格斯的这一著作，认为它是世界社会主义文献中最优秀的著作之一，是"对资本主义与资产阶级的一份义正词严的控诉书"。从这一著作中可以使我们学到马克思主义的基本观点、阶级分析的方法、深厚的无产阶级感情和批判旧制度的彻底革命精神。

第一条语录选自本书的《结果》一节中，第二条语录选自本书的《工人运动》一节中。

2. 谷物税：英国产业革命后，谷物自给困难，进口粮食逐渐增加。但执政的土地贵族为垄断谷物价格，牟取暴利，主张限制谷物进口，于 1815 年制定《谷物条例》，即《谷物法》，用征求关税限制粮食进口。工业资产阶级主张自由贸易，希望大量进口粮食，降低粮价，从而降低工人的工资，以便榨取更多的利润；并把土地贵族占有的土地从生产粮食变为生产工业原料的基地，以削弱他们的经济地位和政治地位，因而要求废除《谷物法》。斗争的结果是 1846 年通过了废除谷物税的法案。工业资产阶级在反对《谷物法》时曾企图利用工人的力量，工人阶级识破了他们的阴谋，认为取消谷物税只对资本家有好处，工人则将遭受更深重的剥削。

【解说】

谁是历史的创造者，谁最懂得教育，谁最会办教育？是工人阶级，不是资产阶级。这是因为工人阶级是先进生产力的代表者，是"三大革命运动"的直接参与者，他们本身的生活条件教育了他们，他们很少或没有传统观念的束缚，正如恩格斯论述的那样："和生活条件本身一样，缺少宗教教育及其他教育，也使得工人比资产者客观，比资产者容易摆脱传统的、陈腐的原则和先入之见的束缚，资产者被自己的阶级偏见，被那些从小就灌输给他们的原则一直淹没到耳朵，这种人是不可救药的。"

工人阶级十分重视自己阶级"独立的教育"。资产阶级幻想通过一点点可怜的教育，用资产阶级的、道德的、宗教的、陈腐观念来毒化工人的头脑，遭到了工人阶级坚决的拒绝。他们自己办起了学校和阅览室，在这里学习和阅读哲学、政治和诗歌方面最新的最杰出的著作，而且取得了"比某些有教养的德国资产者"更高的成就。这里告诉我们，工人阶级和资产阶级不仅在政治上和经济上是对立的，而且在教育上也是对立的。要取得文化教育上的彻底解放，工人阶级在自己的先锋队共产党的领导下，必须办自己的教育，也完全有能力办好这样的教育。

学习这两条语录使我们更加深刻地认识到，要办好社会主义的教育，必须在共产党的领导下全心全意依靠工人阶级。恩格斯的教导告诉我们，工人阶级是最懂教育的，办社会主义的教育是培养无产阶级革命事业接班人，这只能由工人阶级自己来办"独立的教育"。走资产阶级教育的老路只能培养资产阶级的精神贵族。

（二）

【注释】

1. 第三、四条语录选自马克思《关于费尔巴哈的提纲》。这是马克思于1845年在布鲁塞尔写成的。

马克思的这个《提纲》，是为了批判费尔巴哈在理论上的错误，科学地阐述无产阶级的世界观和供进一步研究而写的。马克思在《提纲》中揭露了费尔巴哈及其以前所有的唯物主义的根本缺点是它们消极的性质，不了解革命实践的意义。他第一次鲜明地把实践作为历史发展的基础，同时也作为哲学理论的基础，作为马克思主义哲学的出发点和立脚点。《提纲》鲜明地、扼要地阐述了无产阶级自己的革命世界观，从而使哲学的发展产生了一个历史的飞跃，把辩证唯物主义和历史唯物主义同一切唯心主义或机械唯物主义哲学划清了界限。恩格斯在1888年谈到这一《提纲》时指出："这些笔记作为包括着世界观的天才萌芽的第一个文件，是非常宝贵的。"（《马克思恩格斯选集》第4卷，人民出版社1972年版，第208—209页）《提纲》不仅为科学世界观奠定了理论基础，也为无产阶级教育革命提供了重要的思想武器。它对于我们正确认识和理解教育在人的发展中的作用、教育同"三大革命运动"相结合、对深入批判"英雄史观"及"天才教育"，都有极为重要的指导意义。

路德维希·费尔巴哈（1804—1872）是马克思以前德国杰出的唯物主义哲学家，他从唯物主义立场上解决了哲学的根本问题，达到当时哲学的最高成就，但他在批判黑格尔的唯心主义时把黑格尔的辩证法也一起抛弃了，因此，他最终是个形而上学的唯物主义者。正如马克思、恩格斯论述的那样："当费尔巴哈是一个唯物主义者的时候，历史在他的视野之外，当他去探讨历史的时候，他决不是一个唯物主义者，在他那里，唯物主义和历史是彼此完全脱离的。"（《马克思恩格斯选集》第1卷，人民出版社1972年版，第50页）费尔巴哈的唯物主义对马克思、恩格斯创立辩证唯物主义学说有着重要的影响。恩格斯说："在我们那个狂风暴雨时期，费尔巴哈比黑格尔以后任何其他哲学家都对我们起了更大的影响。"（《路德维希·费尔巴哈和德国古典哲学的终结，1888年单行本序言》，《马克思恩格斯选集》第4卷，人民出版社1972年版，第208页）

2. 有一种唯物主义学说：是指18世纪法国的机械唯物主义学说，主要指以爱尔维修（1715—1771）为代表的唯物主义学说。他认为人的一切精神能力都来自反映客观事物的感觉，并从而主张人是环境和教育的产物，说人的思想的好坏是被环境和教育的好坏决定的。至于环境的好坏，他不懂得人民群众的革命实践是改造环境的动力，而认为是什么"意见统治世界"，说什么坏的环境之所以存在，是由于人们的愚昧无知，没有分辨好坏的能力。他把群众看成"群氓"，而把希望寄托于少数"天才人物"身上。认为这样的人物一旦出现，就可以依靠他们对群众的启发教育改变舆论，把坏的环境变好。环境好了，就可以借助于这样的环境，教育出美好的新人，从而新的社会也就出现了。爱尔维修是形而上学的唯物主义者，他的根本错误是不了解革命实践在认识世界和改造世界中的作用。

3. 罗伯特·欧文（1771—1858）：英国人，19世纪著名的空想社会主义者，出身于手工业者家庭，他抨击资本主义私有制度，他企图通过试验的办法建立一个所谓"合乎人类理性"的社会，即没有剥削，没有阶级对立，人人平等，财产公有，共同享受劳动成果的社会。他同情无产阶级，但看不到无产阶级的伟大历史作用。他反对阶级斗争，把希望寄托于富有阶级的"觉悟"上，幻想由各国君主和统治者来实现他的计划。他受法国唯物主义者的影响，认为只要改变社会环境就会改变人的处境，但却认为人民群众无力进行自我解放，必须靠某些社会先驱来拯救人类。这样他就把社会分成两部分，一部分人高出于另一部分人之上。他不仅广泛的宣传了这个观点，而且还亲自进行社会试验，当然结果都失败了。

【解说】

第三、四条语录突出地说明了马克思主义的实践第一的观点，强调了革命实践的重要性。只有从这个观点出发，才能正确理解环境、教育和人的发展的关系，只有坚持通过人民群众革命的实践去改变世界，才能推动社会历史的发展。

"力量的来源是人民群众"。人民群众通过无数的革命实践（阶级斗争、生产斗争和科学实验）在改变着客观世界、改变着环境和教育，同时也改变着人、改变着人们的思想、信念和习惯。改变了的人通过革命实践去更深化地改造社会、改造环境和教育。"环境正是由人来改变的，而教育者本人一定是受教育的。"那种把希望寄托于"天才人物"身上的想法，完全是唯心主义的幻想，是违背历史发展的真实情况的。

学习这两段语录，对于牢固地树立"实践第一""只有人民才是创造历史的动力"的观点，对于批判"三脱离"的旧教育，对于批判"英雄史观""天才教育"以及一切唯心主义形而上学的观点，都是具有重要指导意义的。

1847—1848 年

资产者唯恐其灭亡的那种教育，对绝大多数人来说不过是把人训练成机器罢了。

但是，你们既然用你们资产阶级关于自由、教育、法等等的观念来衡量废除资产阶级所有制的主张，那就请你们不要同我们争论了。你们的观念本身是资产阶级的生产关系和所有制关系的产物，正象你们的法不过是被奉为法律的你们这个阶级的意志一样，而这种意志的内容是由你们这个阶级的物质生活条件来决定的。

……

而你们的教育不也是由社会决定的吗？不也是由你们借以进行教育的那种社会关系决定的吗？不也是由社会通过学校等等进行的直接的或间接的干涉决定的吗？共产党人并没有发明社会对教育的影响；他们仅仅是要改变这种影响的性质、要使教育摆脱统治阶级的影响。

> 马克思、恩格斯：《共产党宣言》，1847 年 12 月—1848 年 1 月，人民出版社 1964 年版，第 39—40 页。

共产主义革命就是同传统的所有制关系实行最彻底的决裂；毫不奇怪，它在自己的发展进程中要同传统的观念实行最彻底的决裂。

> 马克思、恩格斯：《共产党宣言》，1847 年 12 月—1848 年 1 月，人民出版社 1964 年版，第 42—43 页。

对一切儿童实行公共的和免费的教育。取消现在这种形式的儿童的工厂劳动。把教育同物质生产结合起来，等等。

马克思、恩格斯：《共产党宣言》，1847年12月—1848年1月，人民出版社1964年版，第44页。

【注释】

1. 三条语录都选自《共产党宣言》第二章。

《共产党宣言》是马克思、恩格斯为共产主义者同盟起草的党纲，写于1847年12月——1848年1月。

《共产党宣言》是科学共产主义的最伟大的纲领性文件。它是在无产阶级反对资产阶级斗争日益尖锐，马克思、恩格斯进行理论研究和理论斗争取得巨大成就，和他们为建立无产阶级政党而斗争的实践中产生的。《宣言》科学地分析了资本主义社会的发展与灭亡，社会主义社会的产生与胜利的客观规律；揭示了无产阶级及其政党的伟大历史使命，论述了共产党的性质和特点，规定了党的战斗纲领和目的；批判了当时流行的形形色色的资产阶级和小资产阶级的"社会主义"思潮；阐明了党在革命斗争中的策略和原则；与此同时也论述了无产阶级教育的基本原理，揭示出教育的本质和发展规律，因而，它也是无产阶级教育革命的伟大纲领。

三条语录所选自的第二章，主要论述了无产者和共产党人的关系和历史使命，给予了各种反马克思主义思潮致命的回击。三条语录就是驳斥资产阶级对于共产党的教育主张种种污蔑的回答，充分反映了无产阶级彻底革命的战斗精神，同时深刻地揭示了无产阶级教育同资产阶级教育的尖锐对立性。

2. 把人训练成机器：马克思指出："手工制造业的分工，使一个完全的人终生为一部分操作所吞并。我们讲过，大工业从技术方面把这种现象废止了。但大工业的资本主义形式，更可怕地再生产出了那种分工。"（《资本论》第1卷，人民出版社1963年第2版，第522页）这种分工，就是把工人分配到各种专门机器上去，使劳动者变成了一个部分机器的有意识的附属物；这种分工，要求训练工人从小就学会使自己的动作适应自动机器的划一的连续的运动，使儿童从极小的年龄起，就被束缚专门从事一种最简单的操作。马克思在比较工场手工业和工厂中工人所处的地位时指出："在手工制造业和手工业中，是工人利用工具；在工厂中，则是工人服侍机器。在前者，劳动手段的运动是由工人出发；在后者，则是工人追随在机器运动的后面。在手工制造业中，工人是一个活的机器的构成部分。在工厂中，则是一个死的机构，独立存在于工人之外，把工人当作活的附件并入其中。"（《资本论》第 1 卷，人民出版社 1963 年第 2 版，第 452 页）在这样的条件下，工人智力、体力都受到摧残，这完全是资本主义制度造成的。"把人训练成机器"，就是从这个意义说的。

3. 生产关系和所有制关系：生产关系是人们在物质资料生产、交换和分配过程中所形成的相互关系。生产关系包括：（1）生产资料的所有制形式；（2）由此产生的各种不同社会集团在生产中的地位及其相互关系；（3）完全以上述两项为转移的产品分配形式。所有制关系是指人们对生产资料的占有关系，它是生产关系的一个根本方面。资产阶级所有制就是社会生产资料被资产阶级所占有。生产关系在阶级社会中，首先体现为阶级关系，只有在共产主义社会里才能最后消除生产关系的阶级性质。一定历史阶段的生产关系的总和构成为一定的经济基础，它决定着社会上层建筑的性质及其发展。

4. 物质生活条件：物质生活条件包括：（1）围绕社会的自然界和地理环境；（2）社会人口及其密度；（3）一定的物质资料生产方式。其中最主要的、对社会制度起决定作用的是物质资料生产方式。

5. 社会、社会关系：社会是人们在物质生产活动的基础上相互联系的总体，它是人们相互作用的产物。社会关系指人们在社会上的共同活动中所形成的各种关系的总和。马克思把这种关系概括为物质关系和思想关系两大类，并指出物质关系即生产关系是社会发展的基础，它决定着其他社会关系如政治、法律、教育等关系的性质，当然思想关系也反作用于物质关系。

6. 儿童工厂劳动：是指资本主义社会条件下的儿童工厂劳动制度。资本家为了获得廉价劳动力，大量雇用童工，不仅劳动时间长，而且劳动强度大，劳动条件恶劣，结果使儿童智力、体力受到严重摧残，这样的"儿童工厂劳动"必须取消。但马克思、恩格斯主张取消资本主义条件的儿童工厂劳动，并不是反对儿童参加必要的生产劳动，他们坚决主张"把教育同物质生产结合起来"。

【解说】

马克思、恩格斯运用辩证唯物主义和历史唯物主义的原理，在这三条语录中揭示了教育的本质和无产阶级教育革命的任务和理想。第一条语录揭示了一切社会的教育都是由社会关系即由统治阶级的利益决定的。第二条语录指出共产主义革命的任务就是实现两个"最彻底的决裂"。第三条语录则提出了无产阶级夺取政权以后在教育方面必须采取的措施。

一切剥削阶级都掩盖其教育对社会的依存关系，这是由剥削阶级的阶级本能决定的，他们不敢面对现实，不敢也不可能认识社会存在的客观规律。马克思、恩格斯在痛斥资产阶级污蔑共产主义的谬论时指出："你们的教育不也是由社会决定的吗？""共产党人并没有发明社会对教育的影响；他们仅仅是要改变这种影响的性质，要使教育摆脱统治阶级的影响。"这个教导不仅为无产阶级指出了进行教育革命的历史使命，而且为无产阶级观察纷纭复杂的社会现象和教育现象提供了阶级分析这一有力的战斗武器。

马克思、恩格斯站在无产阶级革命的高度，第一次把意识形态领域的革命同所有制关系的革命结合起来，指出共产主义革命，要同传统的所有制关系即剥削阶级，主要是资产阶级的所有制关系实行最彻底的决裂，也要同传统的观念即地主、资产阶级思想实行最彻底的决裂。马克思、恩格斯的这个思想，是无产阶级彻底革命的伟大纲领，是进行上层建筑包括意识形态领域的社会主义革命的伟大纲领，是无产阶级教育革命的伟大纲领。进行无产阶级教育革命，一定要反资产阶级之道而行之，同旧的教育理论、教育思想以及一切旧的传统观念实行最彻底的决裂。

马克思、恩格斯把教育看作共产主义革命的重要组成部分，把教育同推翻资本主义制度、进行社会主义革命和实现共产主义的伟大理想联系起来。无产阶级在夺取政权以后，应该采取的重要革命措施之一就是"对一切儿童实行公共的和免费的教育。取消现在这种形式的儿童的工厂劳动。把教育同物质生产劳动结合起来，等等"。教育同生产劳动相结合这是无产阶级教育革命的一个根本方向，我们一定要永远坚持下去。

马克思、恩格斯指出，资产者的旧教育"对绝大多数人来说不过是把人训练成机器"；列宁指出：整个旧学校对工农青年来说，"与其说是受教育，倒不如说是受资产阶级奴化"（《青年团的任务》1920年10月2日）。毛主席则指出："旧教学制度摧残人才，摧残青年。"（《在春节座谈会上的讲话》1964年2月13日）这些教导贯穿着革命导师的一个共同的最重要的思想，就是对资产阶级的旧学校、旧教育制度采取的革命的否定态度，当然并不是不要批判继承。资产阶级的旧教育是被资产阶级所有制关系即资产阶级利益决定的。进行无产阶级教育革命，必须同传统的旧教育"实行最彻底的决裂",否则便无法建立无产阶级的自己的新教育。"教育要革命",这是马克思主义教育思想的一个极为重要的方面,我们必须认真学习。

1867 年

正如我们在罗伯特·欧文那里可以详细看到的那样,从工厂制度中萌发出了未来教育的幼芽,未来教育对所有已满一定年龄的儿童来说,就是生产劳动同智育和体育相结合,它不仅是提高社会生产的一种方法,而且是造就全面发展的人的唯一方法。

> 马克思:《资本论》第 1 卷,1867 年,《马克思恩格斯全集》第 23 卷,人民出版社 1972 年版,第 530 页。

……工人阶级在不可避免地夺取政权之后,将使理论的和实践的工艺教育在工人学校中占据应有的位置。

> 马克思:《资本论》第 1 卷,1867 年,《马克思恩格斯全集》第 23 卷,人民出版社 1972 年版,第 535 页。

【注释】

1. 两条语录都选自马克思的《资本论》。

《资本论》是马克思从 19 世纪 40 年代开始直到他逝世,前后用了 40 年时间对资本主义社会进行了全面研究的基础上写成的主要著作。它是现代最伟大最光辉的政治经济学的理论文献。

《资本论》全书共 3 卷,第 1 卷是在 1867 年 9 月出版的,第 2、3 卷则是在马克思逝世以后由恩格斯负责付印和出版的。

马克思在分析资本主义社会经济规律的同时,也研究了劳动者的发展及其教育问题。它给予我们从一定社会的政治、经济规律来研究教育发展规律以有力的战斗武器。这个武器对于深入领会无产阶级教育基本原理,正确认识教育的作用,全面了解教育同无产阶级革命事业的关系有重大的指导意义。

选学的两段语录,都节选自《资本论》第 1 卷第 13 章"9·工厂法(卫生条款和教育条款)。它在英国的普遍实行"一节中。

2. 在罗伯特·欧文那里:这句话主要指欧文于 1800 年至 1829 年在苏格兰辛纳拉克纺织厂任经理时所进行的空想社会主义试验。欧文在这个工厂里把工作日缩短到 10 小时 30 分钟,而当时其他工厂的工作日则长达

13—14小时，有的还要更长。欧文改善了工人劳动条件并提高了工人的生活水平，创办了工人子弟学校，并成立了托儿所和幼儿园。在这个工厂的童工实行一面劳动，一面学习，即半工半读的制度，改变了当时工厂无限度地摧残童工智力和体力发展的不合理现象。

3. 工厂制度：是指资本主义大工业生产条件下关于工厂的一整套的生产、管理制度来说的。这个制度是在工人阶级同资产阶级的斗争中逐步形成的，它反映在由资产阶级议会被迫通过的《工厂法》中。这里所说的工厂制度主要指工厂内有关劳动保护的规定，如关于工人的生活条件和劳动条件，关于保护童工智力、体力发展不受摧残和残害的措施，等等。

4. 全面发展的人：即体力劳动与脑力劳动相结合的新人。马克思当时是针对着资本主义社会由于阶级对立所造成的脑力劳动与体力劳动分离与对立、人的智力与体力片面畸形发展而提出的。人的全面发展是社会发展的客观要求，是彻底消灭阶级和旧的分工的必要条件和结果，其根本特征是脑力劳动和体力劳动相结合。

5. 工艺教育：即技术教育，是指生产过程中有关加工的原理、方法和各种生产工具的实际操作的教育。

【解说】

马克思对于随着大工业的出现而使儿童早期参加劳动的现象给予高度肯定，但在资本主义条件下童工却被剥夺了受教育的权利。当他看到在工厂运动的压力下资产阶级议会被迫通过的《工厂法》中有关教育条款的规定时，便热情地歌颂了教育和生产劳动相结合的这个新生事物。指出："这一条款的成就第一次证明了智育和体育同体力劳动相结合的可能性，从而也证明了体力劳动同智育和体育相结合的可能性。"（《马克思恩格斯论教育》，人民教育出版社1958年版，第213页）

接着马克思便肯定了欧文的试验。但马克思和欧文不同，欧文是把改造社会的幻想寄托在少数"天才人物"身上，这个试验本身就是为了证明他们改造社会的空想计划的。马克思则把这个生产劳动与教育相结合的成果看成是改变剥削制度、既改造客观世界又改造人的手段，并认为"它不仅是提高社会生产的一种方法，而且是造就全面发展的人的唯一方法"。因为使广大少年儿童参加劳动，可以为社会提供更广泛的劳动力，他们一面劳动，一面受教育，既提高劳动的积极性，又提高生产技能，所以"是提高社会生产的一种方法"。因为生产劳动和教育相结合，既能保证儿童智力的发展，又能保证体力的发展，从而保证了体力劳动和脑力劳动在每一个社会成员的身上统一起来，所以它又"是造就全面发展的人的唯一方法"。所谓"唯一方法"，就是除此以外再没有其他的方法，因此，这是极为重要的。

第二条语录和第一条语录的思想是紧密联系的。对青年一代进行工艺教育是生产发展的客观需要决定的。可是在资本主义条件下，工人阶级通过艰苦的斗争所争取来的"只是把初等教育同工厂劳动结合起来"。只是在资本家允许的条件下给予工人子弟的一点点可怜的教育。而关键的问题是按照"教育与生产劳动结合"的要求，改造全部的教育。这个任务只有放在无产阶级夺取政权以后再去实现了。这就是到那时必将"使理论的和实践的工艺教育在工人学校中占据应有的位置"。使普遍的教育同普遍的生产劳动结合起来。

学习马克思的这些教导，就能更好地提高我们在无产阶级教育革命过程中必须坚持"教育与生产劳动结合"这个大方向的自觉性，就能使我们更深刻地认识为什么在改造旧学校的过程中，必须要加强学生的生产技术教育（即工艺教育）的必要性。

1871 年
陈旧的东西总是力图在新生的形式中得到恢复和巩固。
马克思：《致弗·波尔特》，1871 年 11 月 23 日，《马克思恩格斯选集》第 4 卷，人民出版社 1972 年版，第 394 页。

【注释】
这条语录选自 1871 年 11 月 23 日马克思《致弗·波尔特》的信中。

弗·波尔特，生卒年月不详。德国人，原为德国社会主义者，后到美国从事工人运动，成为美国工人运动活动家。1872 年担任第一国际北美支部联合委员会书记。1872—1874 年是海牙代表会选出的第一国际的总委员会委员。曾任《工人报》编辑委员，1874 年被开除出总委员会。

【解说】
这条语录主要是针对第一国际内的宗派斗争来说的。马克思的原意是指斥参加了第一国际的蒲鲁东派、巴枯宁派等在国际内部"恢复和巩固"他们的宗派势力。

新生的东西和陈旧的东西永远处于矛盾对立中，新生的东西是在战胜陈旧的东西的过程中成长和发展起来的，但陈旧的东西不甘心自动退出历史舞台。在人类历史的发展过程中，任何一种新生事物，都是要通过对旧事物的反复斗争、反复较量之后才能确立起来。在新事物已被广大群众所接受，旧事物被逼得走投无路的情况下，他们便改头换面、借尸还魂，"力图在新生的形式中得到恢复和巩固"。

对教育工作者来说，最重要的就是认真看书学习，弄通马克思主义，提高识别真假马克思主义的能力，警惕教育战线上的沉渣泛起，警惕在无产阶级的教育阵地上冒充社会主义的东西把剥削阶级的旧制度、旧思想、旧方法恢复起来。

1873 年

孔德绝不可能是他的从圣西门那里抄来的百科全书式的自然科学整理法的创造者，这从下列事实就可以看出：这套整理法在他那里只是为了安排教材和教学，因而就导致那种愚蠢的全科教育，在那里，不到一门科学完全教完之后不教另一门科学，在那里，一个基本上正确的思想被数学地夸大成胡说八道。

> 恩格斯：《自然辩证法》，基本上写于 1873—1886 年，《马克思恩格斯全集》第 20 卷，人民出版社 1971 年版，第 593 页。

【注释】

1. 本条语录选自恩格斯《自然辩证法》第二部分《札记和片段》中。《自然辩证法》是恩格斯于 1873—1886 年间写成的，这是他多年来对自然科学进行深湛研究的总结，是他运用辩证唯物主义观点对 19 世纪自然科学的重要成就所作的科学结论。在这部著作中，恩格斯进一步发展了唯物主义辩证法并批判了自然科学中的形而上学和唯心主义观点，为自然科学的研究提供了新的战斗武器，把唯物主义自然观推向了一个划时代的阶段。

2. 奥古斯特·孔德（1798—1857）：法国资产阶级的哲学家和社会学家，实证论的创始人。孔德曾是圣西门的信徒，后来从圣西门学派分裂出来，他窃取了圣西门许多科学研究成果据为己有，他抄袭了圣西门所谓人类发展三个阶段（神学阶段——形而上学阶段——实证阶段）的学说和科学分类法，他的实证论哲学和本条语录中谈的自然科学整理法都是据此而提出的。他把科学按照天文学、物理学、化学、生理学、社会学的顺序排列起来，认为数学是用心智探求自然法则的工具，应放在五门基本科学的前面或后面。他提出，要学习各门科学必须严格遵循如上的顺序，教完一门再教下一门直到把各科教完。本条语录就是批判这一观点的。

3. 昂利·圣西门（1760—1825）：是19世纪法国著名的空想社会主义者。恩格斯曾把他和黑格尔称为"是当时最博学的人"。他在自然观上接近于唯物主义者，而在社会历史观上却是唯心主义者，他错误地把理性和知识的不断增加看作是历史发展的动力。他抨击资本主义社会的罪恶，但他不了解社会发展的动力是无产阶级革命，他不相信人民群众，而把希望寄托在由知识分子和实业家去领导的社会改造运动。他反对暴力革命，幻想通过宣传教育以及依靠科学、道德和宗教的进步，来实现他的理想社会。

4. 百科全书式的自然科学整理法：即利用百科全书派的整理方式对自然科学的全部成果进行分门别类的整理。百科全书派是以18世纪法国唯物主义哲学家狄德罗（1713—1784）为首集合起来的一些学者对自然科学和社会科学进行了分类整理，并编辑了《百科全书》而得名的，恩格斯曾给予百科全书派以很高的评价。然而，《百科全书》的整理方法和所反映的思想，仍然只是"关于自然界的绝对不变的见解"。恩格斯写道："法国百科全书派还是纯粹机械地把一种自然科学和另一种并列，然后是同时代的圣西门和由黑格尔完成的德国的自然哲学。"（《自然辩证法》，人民出版社1956年版，第9页注）又说："在上世纪（18世纪）末叶，在机械唯物论占多数的法国唯物论者之后，出现了要把旧的牛顿——林耐学派的整个自然科学作一个百科全书式的概述和要求，有两个最伟大的天才负起了这个任务，这就是圣西门（未完成）和黑格尔。"（《自然辩证法》，人民出版社1956年版，第209页）这些话可以帮助我们对百科全书式的自然科学整理法加以理解。圣西门和黑格尔的整理法同百科全书派所不同的，就在于他们开始注意摆脱形而上学的影响。百科全书派"注意力仅仅集中在空间的广袤上，各种形态只是一个挨着一个地并列起来"（《自然辩证法》，人民出版社1959年版，第159页）。而黑格尔与圣西门的百科全书式的自然科学整理法，则把注意力放在发展变化上，各种形态的自然科学，不只一个挨着一个地，而是一个跟着一个地被组合起来。孔德那种教完一门科学再教另一门科学的说法就是从圣西门的整理法抄袭而来的。

5. 全科教育：即孔德那种把一门科学完全教完再教另一门科学直到把全部科学教完的教育。这种学科安排方式被称作"单科独进式"，它与分科教学的"多科并进式"的安排方法是不同的。

6. 一个基本上正确的思想：指孔德从圣西门那里抄来的整理法，这个整理法是符合由简单到复杂的科学发展顺序，是摆脱了形而上学的束缚，符合辩证法的要求的，但却没有做到以物质运动形式固有的内在联系为根据，因而只是"基本上正确的思想"。

7. 数学地夸大成胡说八道："数学地夸大"即片面地、形而上学地加以夸大，"胡说八道"指孔德把自然科学整理法机械地搬到教育和教学中，即对他那种全科教育来说的。这句话是批判孔德的错误。

【解说】

这条语录的中心思想是恩格斯指斥孔德根本不了解各门科学相互联系的实质。孔德从圣西门那里抄袭了百科全书式的自然科学整理法，并未向前推进一步，只是把这种分类作为制定完全"合理的科学教育"计划的决定性条件，只是为了安排教材和教学。按照自然科学整理法一门科学接着一门科学地去安排教材，这完全是机械地、形而上学地过分夸大了各门科学的联系。学习这条语录，不仅使我们知道孔德不是百科全书式整理法的创造者，而且使我们认识到完全以科学整理法作为安排教材和教学的依据是错误的。在教学工作实践上，教材的安排虽然要考虑科学的特点，但从来都不是简单地从科学分类中引申出来的。更重要的是教学是进行教育工作的一个途径和手段，而教育是被阶级的利益和目的决定的。

1875 年

……在按照各种年龄严格调节劳动时间并采取其他保护儿童的预防措施的条件下，生产劳动和教育的早期结合是改造现代社会的最强有力的手段之一。

马克思：《哥达纲领批判》，1875 年 4 月—5 月初，《马克思恩格斯全集》第 19 卷，人民出版社 1963 年版，第 35 页。

【注释】

1. 这条语录选自马克思:《哥达纲领批判》。即马克思在 1875 年 4 月至 5 月间写的《对德国工人党纲领的几点意见》。

《哥达纲领批判》是在 19 世纪 70 年代德国工人运动中两个对立派别——爱森纳赫派和拉萨尔派合并时,马克思主义路线同拉萨尔机会主义路线激烈斗争的产物。在这部著作中,马克思尖锐地批判了《哥达纲领草案》中拉萨尔的机会主义观点;科学地论述了社会主义和共产主义两个发展阶段的特点和分配原则;深刻地阐明了从资本主义向共产主义过渡的理论,特别是无产阶级革命和无产阶级专政的理论。与此同时,马克思也批判了拉萨尔派的教育观点,这种批判深刻地、系统地论述了马克思主义的教育思想。

2. 斐迪南·拉萨尔(1825—1864):是全德工人联合会的创建人之一,1863 年担任全国工人联合会的主席。他是德国工人运动中最早的机会主义代表人物,他同他的追随者一起形成了当时工人运动中重要的机会主义派别,即拉萨尔派。拉萨尔曾自称是马克思的学生,但他从来不是一个马克思主义者,他经常把马克思主义的词句同他的错误观点混杂在一起,装扮自己,欺骗工人群众。他后来同俾斯麦勾结在一起,出卖工人运动。他死后,其追随者继续坚持机会主义路线。当他们的名声破败在德国工人运动中日益陷入孤立的情况下,开始同革命工人运动的爱森纳赫派进行合并。1875 年在两派的合并大会上,拉萨尔派硬把他们机会主义观点塞进《哥达纲领草案》中,马克思、恩格斯看了十分气愤,马克思立即写了《哥达纲领批判》这一光辉著作,但当时并未发表,直到马克思逝世后,1891 年恩格斯才把这一著作发表出来。

3. 现代社会:即资本主义社会。马克思指出:"'现代社会'就是存在于一切文明国度中的资本主义社会。"(《马克思恩格斯选集》第 3 卷,人民出版社 1972 年版,第 20 页)

4. 按照各种年龄严格调节劳动时间并采取其他保护儿童的预防措施:对此,马克思在 1866 年 8 月写的《临时中央委员会就若干问题给代表的指示》中曾有详细说明。马克思认为必须根据生理状况把男女儿童和少年分为三类,分别对待。第一类 9—12 岁儿童,每天劳动时间限制为两小时;第二类 13—15 岁,每天劳动时间限制为四小时;第三类 16—17 岁,每天劳动时间限制为六小时(其中至少包括一小时的吃饭或休息时间)。关于劳动保护和预防措施方面,提出严格禁止 9—17 岁儿童和少年做夜工和在一切有害健康的生产部门劳动。

【解说】

教育与生产劳动结合，是大工业发展的客观要求，是历史对生产劳动和教育提出的严重任务。因此纲领草案提出的"普遍禁止童工"是反动的。对此，列宁在1897年写的《民粹主义空想计划的典型》一文中作了更进一步的论述。

"生产劳动和教育的早期结合是改造现代社会的最强有力的手段之一。"无产阶级改造资本主义社会，必须要采取革命暴力手段夺取政权，坚持无产阶级专政，对经济基础和上层建筑进行全面的改造。剥削阶级统治的旧社会是以劳心劳力分离、脑力劳动对体力劳动的剥削与压迫为其特点的。不改变这种状况，就谈不到对旧社会的改造。教育与生产劳动结合，是既对经济基础又对上层建筑的改造直接起作用的最强有力的手段之一。无产阶级在实现提高社会生产和培养一代新人这一主要任务时，毫无疑问，必须把生产劳动和教育结合起来。不仅在夺取政权之后，在资本主义条件下，无产阶级就必须提出这项要求，并把它作为实现无产阶级革命斗争历史任务的一项重要手段。当然生产劳动与教育的早期结合，必须一要按照年龄严格调节劳动时间，二要采取保护儿童的预防措施。

学习这段语录，对我们更有力地贯彻党的教育方针，在理论上和实践上都有重要的指导意义。

1890年

如果不把唯物主义方法当作研究历史的指南，而把它当作现成的公式，按照它来剪裁各种历史事实，那么它就会转变为自己的对立物。

恩格斯：《致保·恩斯特》，1890年6月5日，《马克思恩格斯选集》第4卷，人民出版社1972年版，第472页。

应该让他们懂得：他们那种本来还需要加以深刻的批判性自我检查的"学院式教育"，并没有给予他们一种军官官衔和在党内取得相应职位的权利；在我们党内，每个人都应该从当兵做起；要在党内担任负责的职务，仅仅有写作才能或理论知识，甚至二者全都具备，都是不够的；要担任领导职务，还需要熟悉党的斗争条件，掌握这种斗争的方式，具备久经考验的耿耿忠心和坚强性格，最后还必须自愿地把自己列入战士的行列中——一句话，他们这些受过"学院式教育"的人，总的说来，应该向工人学习的地方，比工人应该向他们学习的地方要多得多。

> 恩格斯：《给〈萨克森工人报〉编辑部的答复》，1890 年 9 月 7 日，《马克思恩格斯全集》第 22 卷，人民出版社 1965 年版，第 82 页。

【注释】

1. 两条语录都是批判保·恩斯特一伙的。第一条引自恩格斯于 1890 年 6 月 5 日写的《致保·恩斯特》；第二条引自恩格斯于 1890 年 9 月 7 日在伦敦写的《给〈萨克森工人报〉编辑部的答复》。

2. 保·恩斯特（1866—1933）：德国政论家、批评家和剧作家。19 世纪 80 年代加入德国社会民主党，成为党内小资产阶级反对派——"青年派"的领袖之一。1891 年被开除出党，后来成为法西斯主义者。

3. 萨克森工人报：是德国的社会民主主义日报，19 世纪 90 年代是"青年派"的机关报。当时该报的编辑部是由一些以党的理论家和领导者自居的大学生和青年文学家组成的。

4. 青年派：是德国社会民主党内于 1890 年最后形成的小资产阶级半无政府主义的反党小派别。当时，"青年派"忽视由俾斯麦政府于 1878 年 10 月 21 日制定的目的在于反对工人运动的法律——《反社会党人非常法》还有效的具体条件，否认合法斗争的必要，反对社会民主党的路线和斗争策略，鼓吹"五一"节举行总罢工。党领导考虑当时斗争条件，主张采取和平游行示威来庆祝"五一"。"青年派"指责党的领导是维护小资产阶级利益。后来汉堡工人在"五一"节举行罢工而遭到失败的事实，完全证明党领导的正确。由于"青年派"坚持错误，《萨克森工人报》编辑部被撤换。他们一部分领导人，包括保·恩斯特在内也在 1891 年 10 月德国社会民主党的爱尔福特的代表大会上被开除出党。这个编辑部在卸职的告别辞中捏造恩格斯支持了他们的反党言行。恩格斯在愤慨之余，写了《给〈萨克森工人报〉编辑部的答复》。

5. 它就会转变为自己的对立物：即相反的结果。唯物主义的方法是按照事物的本来面貌辩证地来研究客观事物，只有遵照这样的方法才能得出研究对象的正确结论。如果违反这个要求而把它当作现成的公式，到处生搬硬套，那就会产生相反的结果，即"转变为自己的对立物"，得出与事物的本来面目完全相反的错误结论。

6. 应该让他们懂得："他们"是指保·恩斯特一伙坚持错误观点的人

们，要求他们认识"学院式教育"是不足恃的。

7. 学院式教育：指保·恩斯特一伙"青年派"大学生所受的关门读书，脱离实际，反对工农群众，以猎取个人名利为目的的资产阶级大学教育。

【解说】

两条语录对出身于大学生的以保·恩斯特为代表的"青年派"的致命弱点，进行了无情的揭露和批判。

第一条语录，恩格斯批判了恩斯特的教条主义、公式主义的错误，指出唯物主义者对待历史，对待现实斗争，必须遵照辩证唯物主义和历史唯物主义原理，对具体问题进行具体分析，否则便将成为教条主义者，使研究结果得出完全相反的错误结论。这条语录虽是针对恩斯特的错误来说的，但却揭示了一个普遍适用的真理。恩格斯在这里指明了马克思主义理论联系实际的学风和辩证唯物主义方法论的革命实质。对如何在革命斗争当中把马克思主义的普遍真理同具体的革命实践结合起来，把革命理论这个精神武器转化为革命实践这个物质现实具有重大的指导意义。

第二条语录，恩格斯在尖锐地批判了"青年派"在理论上对马克思主义的扭曲，在实践上对无产阶级革命的轻率态度的基础上，揭露了这些大学生天真幼稚、自命不凡、脱离实际、脱离工农的致命弱点，指出了青年知识分子进行自我改造的努力方向。作为一个无产阶级的革命者，仅仅有写作才能和理论知识是远远不够的。最重要的是深入批判自己所受的"学院式教育"，积极参加实际的阶级斗争，向工人群众学习。

在语录中，恩格斯深刻地指出了作为无产阶级的革命接班人、担任党的领导职务所应具备的条件，即："熟悉党的斗争条件"；"掌握这种斗争的方式"；"具备久经考验的耿耿忠心和坚强性格"；"自愿地把自己列入战士的行列中"。最后谆谆告诫这些受过"学院式教育"的人，"应该向工人学习的地方，比工人向他们学习的地方要多得多"。这里不仅寄予着革命导师对未经改造的青年知识分子的无限期望，也具体地指出了这种改造应遵循的道路。在无产阶级的革命队伍中，任何人都必须以普通一兵的身份出现，做一个普通劳动者；知识分子最重要的改造任务，是向工农群众学习。

1893 年

希望你们的努力将使大学生们愈益意识到,正是应该从他们的行列中产生出这样一种脑力劳动无产阶级,他们负有使命同自己从事体力劳动的工人兄弟在一个队伍里肩并肩地在即将来临的革命中发挥巨大作用。

过去的资产阶级革命向大学要求的仅仅是律师,作为培养他们的政治活动家的最好的原料;而工人阶级的解放,除此之外还需要医生、工程师、化学家、农艺师及其他专门人才,因为问题在于不仅要掌管政治机器,而且要掌管全部社会生产,而在这里需要的决不是响亮的词句,而是丰富的知识。

恩格斯:《致国际社会主义者大学生代表大会》,1893 年 12 月 19 日,《马克思恩格斯全集》第 22 卷,人民出版社 1965 年版,第 487 页。

【注释】

1. 这条语录引自恩格斯于 1893 年 12 月 19 日写的《致国际社会主义者大学生代表大会》的贺信中。这是恩格斯为答谢邀请他参加社会主义大学生国际代表大会而写的。

这次代表大会,于 1893 年 12 月 22 日至 25 日在日内瓦举行,参加大会的各国代表有 26 人。大会上研究讨论了关于脑力劳动工作者参加社会主义运动等许多问题。

2. 脑力劳动无产阶级:即无产阶级的知识分子,在无产阶级革命过程中,需要大量的同工人阶级并肩战斗的这样的知识分子。

3. 律师:是根据一定的法律,接受当事人委托,或经法院指定,依法协助进行诉讼和处理有关法律事务的专业人员。在资本主义社会,律师是维护资产阶级法律的一种社会职业,是资产阶级巩固其反动统治的工具。许多资产阶级政客都出身于律师这一职业,因此,恩格斯说律师是培养资产阶级的"政治活动家的最好的原料"。

【解说】

恩格斯在贺信中对社会主义大学生提出了极为殷切的希望。要求他们自觉地成长为无产阶级的知识分子,即"脑力劳动无产阶级"。要他们在同工人阶级兄弟并肩战斗中发挥巨大的作用。

贺信进一步指出，无产阶级的解放，必须有大量的、自己的知识分子。和资产阶级革命不同，资产阶级仅仅要求把大学生培养成律师以作为培养他们的政治活动家的最好的原材料，而工人阶级则不仅需要政治活动家，而且也需要有大批的医生、工程师、化学家、农艺师以及其他专门人才。"因为问题在于不仅要掌管政治机器，而且要掌管全部社会生产。"

恩格斯的这些指示，不仅给知识分子的自我改造指出了明确的要求和方向，而且为无产阶级教育提出了重要的斗争任务。

1894 年

如果象您所断言的，技术在很大程度上依赖于科学状况，那末科学状况却在更大的程度上依赖于技术的状况和需要。社会一旦有技术上的需要，则这种需要就会比十所大学更能把科学推向前进。整个流体静力学（托里拆利等）是由于十六和十七世纪调节意大利山洪的需要而产生的。关于电，只是在发现它能应用于技术上以后，我们才知道一些合理的东西。在德国，可惜人们写科学史时已惯于把科学看做是从天上掉下来的。

> 恩格斯：《致符·博尔吉乌斯》，1894 年 1 月 25 日，《马克思恩格斯全集》第 39 卷，人民出版社 1974 年版，第 198—199 页。

从对正在形成的人的影响方面来看，直接生产过程同时是一所纪律的学校，可是对于已经形成的、脑子里装有社会所积累的知识的人来说，它同时又是实际运用力量的场所，是实验的科学，是创造物质的和体现对象的科学。不论对于这个或对于那个，它总是肉体的练习，因为完成工作就必须实际上动起手来，同时因为象在农业中一样，进行劳动是跟运动相联系的。

> 马克思未发表的手稿，引自《马克思恩格斯论艺术》第 1 册，人民文学出版社 1960 年版，第 372 页。

（一）

【注释】

1. 第一条语录选自恩格斯 1894 年 1 月 25 日《致符·博尔吉乌斯》。

《致符·博尔吉乌斯》这封信第一次由《社会主义大学生》杂志撰稿人海·施塔尔根堡发表在该杂志 1895 年第 20 期上，当时未注明收信人，信的开头只写"阁下"二字，未说姓名。因此，《马克思恩格斯全集》俄文第一版误将施塔尔根堡作为收信人，实际是写给博尔吉乌斯的。

博尔吉乌斯，是德国的大学生，他当时向恩格斯请教一些问题，恩格斯就是为答复他的问题而写的这一封信。本条语录选自这封信的第一段中。

2. 流体静力学：是研究流体（如水）在相对静止状态下力的平衡的科学，是力学上的一个分支。在水利工程上应用很广。

3. 厄·托里拆利（1608—1647）：是意大利的物理学家和数学家。他根据水利工程的需要，第一次研究了液体的运动，发现了液体的射流定律，也称作"托里拆利定律"。

【解说】
恩格斯在这封信中，集中地阐明了经济基础和上层建筑的相互关系与作用，指出了历史上伟大人物的出现是由于历史发展的客观需要决定的。并在此基础上，论述了社会生产的客观需要即"技术的状况和需要"对科学发展的决定作用以及科学的发展反过来又推动社会生产发展的辩证关系。"社会上一旦有技术上的需要，则这种需要就会比10所大学更能把科学推向前进。"那些"把科学看作是从天上掉下来的"人，是十足的历史唯心主义者，是极端错误的。

学习这条语录，对于我们正确理解教育和"三大革命运动"相结合是具有重大意义的。我们的教育工作、科学研究工作，必须永远坚持面向工农业生产，面向社会阶级斗争，否则便是本末倒置。不是先有某种观点和信念，不是先有现成的科学概括，而是先有实践。人们正是在生产斗争和阶级斗争的实践中才认识了客观事物的规律形成了观点、信念和一定的科学理论的。任何强调"关门办学""书本知识第一"的观点，都是极端错误的。

（二）
【注释】
1. 第二条语录选自马克思未发表的手稿，这些手稿共两篇，是后来发现的，写作年代不详。本条语录选自第二篇手稿中。

2. 直接生产过程：即物质产品的生产过程。人们把生产计划、统计和管理等称为"间接生产过程"，把人运用生产工具使原材料变为物质产品的过程叫做"直接生产过程"。

3. 不论对于这个或对于那个："这个"指"正在形成的人"，"那个"指"已经形成的人"。

4. 进行劳动是跟运动相联系的：马克思指出："劳动首先是人与自然之间发生的一个过程，在这个过程中，人用他自己的活动来引起、调节、控制人与自然之间的物质变换。"(《资本论》第 1 卷，人民出版社 1965 年版，第 171 页）劳动包括三个必要的因素，即：（1）人的有目的的活动，或劳动；（2）劳动对象；（3）人借以作用于劳动对象的生产工具。而"运动"则单指有机体的活动来说的，任何一种劳动，都要求人进行一定的活动，也就是说"必须实际上动作起来"，因此，"进行劳动是跟运动相联系的"。

【解说】

　　这条语录的中心思想是说生产劳动对人的作用和相互关系。直接生产过程，从对正在形成的人的影响方面来看，生产本身是按照严格的要求进行的，因而生产过程同时是一所纪律的学校，它教育着从事生产的人。对于已经形成的、脑子里装有所积累的知识的人，即熟悉生产情况的人来说，这里便成了他理论联系实际、运用力量的场所。直接生产过程创造物质产品，能把理论、设想、计划得以实现，所以是实际验证的科学，是体现对象的科学，因而这个过程，当然又提高对理论的理解，成为促进理论、发展科学的过程。而不论对正在形成的人或已经形成的人来说，劳动都是活动机体的过程，因而都能促进他们体力的发展。所以生产劳动对于从事生产劳动的人来说，是既发展智力又发展体力的过程。

　　马克思的这个论述，对于我们更深刻地理解马克思主义关于人的全面发展学说和教育同生产劳动相结合的原理，对于理解参加生产劳动对于人的改造和影响的重大作用，都具有重大意义。

对列宁有关教育革命论述的解说[*]

1897 年

没有年轻的一代的教育和生产劳动的结合，未来社会的理想是不能想象的：无论是脱离生产劳动的教学和教育，或是没有同时进行教学和教育的生产劳动，都不能达到现代技术水平和科学知识现状所要求的高度。

列宁：《民粹主义空想计划的典型》，1897 年底，《列宁全集》第 2 卷，人民出版社 1959 年版，第 413 页。

【注释】

1. 本条语录选自列宁于 1897 年底写成的《民粹主义空想计划的典型》。

列宁同志因参加和领导反对沙皇的革命斗争，1895 年 12 月被沙皇政府逮捕入狱，1897 年被流放到西伯利亚的叶尼塞省米努辛斯克专区舒申斯克村。在这里，他一直坚持不懈地从事革命理论的论述工作。《民粹主义空想计划的典型》就是他在流放期间写的重要著作之一。

俄国民粹主义是马克思主义的敌人，属于小资产阶级的唯心主义思想体系，19 世纪 60 年代至 70 年代产生于俄国。当时马克思主义的团体和组织尚未出现，民粹派基本上还是农民革命者。他们曾从事反对沙皇的斗争。但是，80 年代和 90 年代，马克思主义在俄国传播以后，特别是 1883 年第一个马克思主义团体"劳动解放社"出现以后，自由主义民粹派则

---

[*] 选自《对马克思恩格斯列宁斯大林有关教育革命论述的解说》，哈尔滨师范学院教育教研室主编，黑龙江人民出版社 1977 年版，第 44—108 页。此书由唐文中先生执笔，经哈尔滨师范学院教育教研室教师集体讨论后，以"哈尔滨师范学院教育教研室"为主编出版。

完全走向反动,成为富农利益的代表者。他们反对无产阶级革命,主张与沙皇政府妥协。

2. 谢·尼·尤沙阔夫(1849—1910):是民粹派的代表人物之一,是该派机关刊物《俄国财富》杂志的领导人之一。1897年,他把在1895—1897年于《俄国财富》上发表的文章集成《教育问题》的小册子出版。列宁立即写了《民粹主义空想计划的典型》一文,给予揭露和批判。

【解说】

尤沙阔夫站在富农利益的立场,为俄国社会设计了一个"全民教育"的蓝图,他认为应该有两种学校,一种是按现有形式"为有钱缴纳全部学费的富人设立纯粹的城市中学";一种是对于那些众多的没有钱缴纳学费的穷苦人家的子女设的"农业中学"去受义务教育。这后一种学校,就是建立中学农庄,要"穷学生服工役"。列宁斥责它是"抹杀当前现实本质的弥天大谎和空洞废话"。尤沙阔夫搞的并不是什么别的东西,只是"有钱出钱,无钱做工","穷人进一种学校,富人进一种学校"。其实质是维护地主富农的利益,要贫苦农民的子女为他们服工役。

选学的这条语录,是列宁同志在分析尤沙阔夫所谓让学生从事生产劳动和马克思主义关于教育与生产劳动相结合的思想的本质区别的基本上提出来的。这个本质区别,就是"义务生产劳动在我们的民粹主义者看来就不是人类普遍和全面发展的条件,而只是为了付中学学费"。马克思主义者则认为:"为了使普遍生产劳动同普遍教育相结合,显然必须使所有的人都担负参加生产劳动的义务。"关键在于"所有的人",而不是一部分人。任何离开这一根本要求的企图,都是反马克思主义的,都必定重蹈劳心劳力分离、脑力劳动者高居于体力劳动者之上的剥削阶级老路上去。

教育与生产劳动相结合,是无产阶级革命的客观规律,"没有年轻的一代的教育和生产劳动的结合,未来社会的理想是不能想象的"。对于生产劳动来说,如果不同相应的教学和教育相结合,就无法用现代科学知识和技术水平武装生产劳动者,就无法提高社会生产力,就不能使社会物质财富极大的丰富和提高,为实现共产主义创造物质条件;对于教育来说,如果不同生产劳动相结合,就不能在工人阶级夺取政权之后从根本上改造旧的教学和教育,使教育成为无产阶级专政的工具,就不能培养出体力劳动和脑力劳动相结合的全面发展的社会主义和共产主义新人来。一句话,生产劳动要求体力劳动与脑力劳动相结合的全面发展的新人，而这种全面发展的新人只有在教育和生产劳动相结合中才能培养出来。因此，"无论脱离生产劳动的教学和教育，或是，没有同时进行教学和教育的生产劳动，都不能达到现代技术水平和科学知识现状所要求的高度"。

学习这条语录，联系前面学过的马克思、恩格斯有关教育与生产劳动相结合的教导，使我们更加深刻地认识到社会主义和共产主义教育这个必然的规律。在我们进行教育革命过程中，列宁同志的这一教导直接为建立教学、科学研究、生产劳动三结合的新的教学体制奠定了理论基础。

1903 年

俄国社会民主工党第二次代表大会欢迎青年学生中蓬蓬勃勃的革命主动精神，责成所有党的组织尽力协助这些青年实现其组织起来的愿望，并劝告所有学生团体和小组：第一、在自己的工作中应把培养本团体成员的完整而彻底的社会主义世界观当做首要任务，一方面认真研究马克思主义，另一方面也研究俄国的民粹主义和西欧的机会主义，研究这些进行着斗争的现代各先进思想派别中的主要思潮；第二、对青年的那些假朋友提高警惕，他们正在用革命的或唯心主义的空话，用革命派和反对派间的激烈争论是有害的和不必要的这种悲天悯人的蠢话，使青年忽视认真的革命教育，因为这些假朋友实际上只是在宣扬无原则性和对革命工作的轻率态度；……

列宁：《俄国社会民主工党第二次代表大会》，1903 年 6—7 月，《列宁全集》第 6 卷，人民出版社 1959 年版，第 426 页。

【注释】

1. 本条语录选自列宁：《俄国社会民主工党第二次代表大会》。

这次代表大会于 1903 年 7 月 17 日（公历 7 月 30 日）至 8 月 10 日（公历 8 月 23 日）开始在布鲁塞尔后来移至伦敦召开的。列宁在大会上作了关于党章的报告，并就大会日程上所有问题发了言。大会上，由于在原则问题上有意见分歧，形成了多数派（布尔什维克）和少数派（孟什维克）。以列宁为首的布尔什维克在大会上取得了决定性的胜利。

2. 西欧的机会主义：指伯恩斯坦的机会主义。它产生于 19 世纪末，因德国改良主义的社会民主党人、第二国际的右派头子、修正主义的鼻祖爱德华·伯恩斯坦（1850—1932）而得名。伯恩斯坦疯狂地歪曲和"修改"马克思主义,他提出了个著名的机会主义公式:"最终的目的是微不足道的,运动就是一切。"列宁指出:伯恩斯坦这句"风行一时的话",再好不过地表明了修正主义的实质,即"临时应付,迁就眼前的事件",忘记了无产阶级的根本利益,为谋眼前的利益而牺牲工人阶级的根本利益。在俄国追随伯恩斯坦的机会主义流派有:"合法马克思主义者""经济派""孟什维克"等。

3. 假朋友:是指那些代表地主、资产阶级利益的资产阶级自由主义者和社会革命党来说的。自由主义者即自由派资产者和把持当时所谓地方自治局的自由派地主们结合起来的流派。社会革命党是代表富农利益的反革命政党,成立于1902年初。

【解说】

19世纪末到20世纪初,在俄国,无产阶级革命斗争形势空前高涨,广大青年十分向往马克思主义。然而自由主义者和社会革命党人也竭力在青年中传播他们的反动影响,争夺青年的斗争便激化起来。为回击各种机会主义的主张,列宁亲自为社会民主工党第二次代表大会起草了关于对待青年学生的态度的决议草案,并在会上做了发言,告诫全党要把争取、教育青年作为一项重要任务。

列宁在选学的这条语录一开头就对"青年学生中蓬蓬勃勃的革命主动精神",给予了高度的肯定和热情的欢迎,并把教育青年和组织青年投身于革命斗争当做党的责无旁贷的任务,"责成所有党的组织尽力协助这些青年实现其组织起来的愿望"。

列宁向所有的学生团体和小组提出了三项重要任务,第一、第二两项已见选学的这条语录中。其余一项是:"第三,在转入实际活动时,应设法先同社会民主党组织接上关系,以便取得它们的指示并尽可能避免在工作一开始时就犯大的错误"。这是关于如何使学生团体和小组在组织上接受党的领导的具体要求。这里我们着重学习第一、第二两项任务的内容。

列宁同志向所有的学生组织提出要"在自己的工作中应把培养本团体成员的完整而彻底的社会主义世界观当做首要任务"。世界观的问题是最重要的问题。要参加无产阶级的革命斗争,就必须具有马克思主义的世界观。但当时的俄国青年对马克思主义理论却很少了解,所以提出这项任务就显得尤其重要。怎样培养这种世界观呢?只能是"一方面认真研究马克思主义",用马克思主义的革命理论武装自己的头脑。"另一方面也研究俄国的民粹主义和西欧的机会主义，研究这些进行着斗争的现代各先进思想派别中的主要思潮"。并把这些思潮同马克思主义进行对比、分析，明确他们之间的本质区别，这样才能增强自己政治上的免疫力和抵抗力，才能在斗争实践中牢固地培养起"完整而彻底的社会主义世界观"。这里谈到研究"现代各先进思想派别中的主要思潮"，所以说"先进思想派别"是因为当时的各种机会主义派别都是以社会主义者自居，以先进的政治派别出现的，人们把推翻沙皇暴政统治的机会主义派别，也都看作"先进思想派别"，实际他们都是反马克思主义的政治派别。

第二项任务列宁着重提出要"对青年的那些假朋友提高警惕"。这是以第一项任务为前提的，具有了社会主义世界观，对各种机会主义派别的主要思潮有了研究，才能对真假朋友有识别能力，才能避免在思想上上当受骗。当时争夺青年的斗争是异常激烈的。打着革命招牌的自由主义者和社会革命党人不仅用"革命的或唯心主义的空话"来腐蚀青年，而且宣扬"革命派和反对派间的激烈争论是有害的和不必要的"折衷调和论调，妄图使青年脱离马克思主义的指导，因此一定要对他们提高革命警惕性。

在有阶级存在的社会里，争夺青年的斗争是始终存在的，特别是在社会主义时期，这种争夺更加尖锐和激烈。学习列宁同志的这段教导，对我们今天教育工作的现实意义就在于：党组织一定要十分重视青年的教育工作，并坚持把世界观的转变放在首要地位，认真学习马克思列宁主义，学习毛泽东思想，警惕剥削阶级思想特别是修正主义思想的侵蚀，提高识别真假马克思主义的能力。

1909 年

在任何学校里，最重要的是课程的思想政治方向。这个方向由什么来决定呢？完全只能由教学人员来决定。

> 列宁：《给喀普里党校学员尤利、万尼亚、萨维里、伊万、弗拉基米尔、斯塔尼斯拉夫和弗马诸同志的信》，1909 年 8 月 30 日，《列宁全集》第 15 卷，人民出版社 1959 年版，第 438 页。

【注释】

1. 这条语录选自列宁在 1909 年 8 月 30 日，写《给喀普里党校学员尤利、万尼亚、萨维里、伊万、弗拉基米尔、斯塔尼斯拉夫和弗马诸同志的信》。

1908—1912年是俄国反动势力最疯狂的年代,革命队伍遭受着严峻的考验。孟什维克阴谋取消党的组织,曾经归附到布尔什维克党内的以波格丹诺夫、卢那察尔斯基为代表的召回派、造神派等机会主义分子,在理论上、政治上公然和党对立,在组织上进行猖狂的分裂活动。1909年,这些人背着党中央,背着列宁,在俄国基层组织中欺骗了十几名工人党员到意大利南部的喀普里岛上,办起了所谓的喀普里党校。实际是纠集势力进行反党派别活动。对此,列宁给予了彻底地揭露和批判。

1909年8月喀普里党校的组织者耍阴谋手段,写信邀请列宁去学校讲课,列宁在1909年8月18日写了回信,坚决拒绝到那里去讲课。后来又接到该校学员尤利等人的来信,列宁同志在8月30日给他们写了复信,再次拒绝到喀普里岛去讲课,并对学校的性质和政治方向作了精辟的分析和论述。

列宁写了这封信之后,喀普里党校内部发生了激烈的斗争,有五名工人学员因坚持列宁的革命路线,抗议学校组织者和教员们的反党行为,十一月初被学校开除了。他们来到了列宁当时的所在地巴黎,列宁同志十分热情地接待了他们并为他们讲了课。而喀普里党校到十二月就停办了。

2. 召回派:是1908年革命低潮时出现于布尔什维克党内的机会主义集团。代表人物是波格丹诺夫、卢那察尔斯基等人。他们反对在当时条件下党的合法斗争,要求召回沙皇议会中的社会民主工党的代表。列宁称他们是"新式的取消派""改头换面的孟什维克"。

3. 造神派:这是一种把党和宗教等同起来的反党主张。俄国1905—1907年革命失败以后,卢那察尔斯基、巴札罗夫等人,背离马克思主义,宣称创立一种新的"社会主义"宗教,企图把马克思主义和宗教调和起来,使社会主义具有所谓"更适合于非无产者阶层的形式"。这个反党派别就称为造神派。

4. 亚·亚·波格丹诺夫(1873—1928):社会民主工党党员,一度归附于布尔什维克。职业是医生。俄国马赫主义的主要代表、修正主义分子、召回派的头子,他创立了特种的马赫主义哲学——经验一元论。1909年6月被清洗出布尔什维克党,十月革命前,他又是"无产阶级文化派"的主要代表人物。列宁在《唯物主义与经验批判主义》及其他著作中对波格丹诺夫进行了致命的批判。

5. 阿·瓦·卢那察尔斯基(1873—1933):出身于旧官吏家庭。1905

年归附于布尔什维克。造神论的代表人物之一，1909 年 6 月被清洗出布尔什维克。二月革命后，他随同以托洛茨基为首的"区联派"一道又加入布尔什维克，成为党的同路人。十月革命胜利后，他于 1917—1929 年间长期担任俄罗斯联邦教育人民委员，推行资产阶级教育路线，是一个对苏联教育发展有较大影响的人。列宁在世时对他的错误多次进行过严肃的批判。

【解说】

本条语录，中心论述了学校的性质是由课程的思想政治方向决定的，而课程的思想政治方向则是由教学人员，即办这个学校的人决定的。

在这封信一开始，列宁就直截了当地阐明了为什么把喀普里党校宣布为新派别组织的理由。因为这个学校是由新的派别组织发起和出钱办的，是设立在只有新派别组织而不可能有其他派别组织的讲师的地方。正是这些条件决定了学校的性质。确定一个学校的性质，不能从它打着什么旗号，提出什么口号、宣言来考虑，而必须从创办这个学校的人的政治状况和政治意图上去分析。

"在任何学校里，最重要的是课程的思想政治方向。这个方向是由什么来决定呢？完全只能由教学人员来决定。"这就是根据上面的分析所得出的结论。

对待这样的学校，不可能有别的办法，只能站在马克思主义立场上，给予彻底地揭露和批判，而决不能采取任何宽容与调和的态度。列宁就是这样做的。他一方面识破了这个学校的组织者请他去讲课的阴谋，坚决拒绝到喀普里岛去，一方面对学员的糊涂认识给予认真的答复，使他们明辨是非，脱离这个学校到巴黎去。终于迫使这个学校停办了。

学习这段语录，对于我们应该如何认识学校的性质和政治方向，如何看待教学人员（办学人员）在学校工作中的重要性，是有极大的指导意义的。毛主席说："一个军事学校，最重要的问题，是选择校长教员和规定教育方针。"（《中国革命战争的战略问题》，1936 年 12 月，《毛泽东选集》第 1 卷，第 170 页）结合列宁同志的教导学习毛主席这一教导，使我们感到更加深刻和重要。

加强党的领导从思想上、政治上改造原有知识分子，培养和建立来自工农兵的新的教师队伍，等等，都是坚持党的教育方针，保证学校的无产阶级性质和思想政治方向的根本措施。

1918 年

教师大军应该向自己提出巨大的教育任务，而且首先应该成为社会主义教育的主力军。应该使生活和知识摆脱对资本的从属，摆脱资产阶级的束缚。教师不能把自己限制在狭隘的教学活动的圈子里。教师应该和一切战斗着的劳动群众打成一片。新教育学的任务是要把教师的活动同建立社会主义的任务联系起来。

> 列宁：《在全俄国际主义教师代表大会上的演说》，1918年6月5日，《列宁全集》第27卷，人民出版社1956年版，第418页。

人民委员会委托教育人民委员部立即拟定若干决定和步骤，以便在志愿上高等学校的人数超过规定的名额时，采取紧急措施，保证他们都有升学的机会，这里不容许有产阶级享受任何法律上的和实际上的特权。首先应该无条件地招收无产阶级和贫苦农民出身的人，并普遍地发给他们助学金。

> 列宁：《关于苏俄高等学校的招生问题》，1918年8月2日，《列宁全集》第28卷，人民出版社1956年版，第30页。

在国民教育方面也是这样：资产阶级国家愈文明，它就愈会撒谎，说学校可以不问政治而为整个社会服务。

事实上，学校完全变成了资产阶级统治的工具，浸透了资产阶级的等级思想，它的目的是为资本家培养恭顺的奴才和能干的工人。……我们说，我们的学校事业同样是为推翻资产阶级而斗争。我们公开声明，学校可以脱离生活，可以脱离政治，这是撒谎骗人。

> 列宁：《在全俄国际主义教师代表大会上的演说》，1918年8月28日，《列宁全集》第28卷，人民出版社1956年版，第69页。

【注释】

这三条语录分别选自列宁同志在1918年的有关演说和指示中。

在列宁同志的英明领导下，1917年11月7日，俄国工人阶级举行武装起义，推翻了二月革命所建立起来的资产阶级政权。伟大的十月革命胜利了，一个震撼世界的伟大的历史新时代即无产阶级革命新纪元开始了。

为了建立和巩固苏维埃政权，为了解决革命后重大的政治和经济问题，列宁领导的布尔什维克党肩负起时代所赋予的艰巨任务。1915 年 2 月 23 日签订了布列斯特和约，结束了对德战争，争取了国际国内的短暂和平。1918 年 3 月 6 日召开了第七次党代表大会，通过了改换党的名称和改变党纲的决议，社会民主工党改为俄国共产党（布尔什维克）。代表大会向党提出了在国民经济中建立社会主义秩序的任务。1918 年 7 月 4 日，召开了第三次苏维埃代表大会，通过了革命后的第一部宪法。无产阶级以革命的步伐英勇地前进着。

但反革命势力是不甘心自动退出历史舞台的。1918 年上半年开始，国内外反革命势力纠集在一起，向新生的苏维埃政权，发动了猖狂的叛乱和进攻，粮食、肉类、燃料、原料严重缺乏，战争和饥饿给国家带来重大的困难，布尔什维克党遇到了严峻的考验。

选学的三条语录，就是在这样的历史背景下提出的。

【解说】

第一条语录，选自 1918 年 6 月 5 日列宁的《在全俄国际主义教师代表大会上的演说》。

十月革命时期，教育战线和其他战线同样存在着尖锐的斗争。列宁指出："一种教师一开始就拥护苏维埃政权，拥护社会主义革命，另一种教师则一直站在旧制度立场上，抱着旧偏见，认为可以保持旧制度基础上的教育。"全俄国际主义教师协会和全俄教师联合会，就是反映这种对立立场和态度的两种不同的教师组织。

全俄教师联合会，是在 1917 年二月革命后建立的，是一个"一直站在旧制度立场上"的反动教师组织。这个组织疯狂煽动教师罢教，进行反革命宣传。他们中的上层反动分子还勾结白卫匪帮，进行反革命叛乱活动。十月革命后，由于广大教师不明真相或立场没有改变，旧影响没有得到清除，所以这个反动组织在整个教师队伍，特别在城市教师中还有相当的影响。1918 年 12 月，全俄中央执行委员会下令取缔了"全俄教师联合会"。

1917 年末，为了团结广大教师站到苏维埃政权方面来为社会主义服务，在列宁同志做了大量工作的基础上，革命教师于 12 月组织了全俄国际主义教师协会。1918 年 6 月 2 日在莫斯科举行了第一次代表大会。列宁在大会的第四次会议上发表了演说。

列宁在选学的这条语录中指出，教师"首先应该成为社会主义教育的主力军",这就是要教师明确自己的服务对象,把立场根本转变过来。这不但要求教师必须要意识到自己的历史使命,而且更主要的是寄托着革命导师对教师的重视和希望。

怎样才能成为这样的社会主义教育的主力军呢?最重要的就是"应该使生活和知识摆脱对资本的从属,摆脱资产阶级的束缚"。这是马克思、恩格斯在《共产党宣言》里提出的"要使教育摆脱统治阶级的影响",这一教导的重要发挥。旧社会遗留下来的教师队伍,是按照剥削阶级的规格和需要培养出来的。在资本主义社会里,生活和知识都是从属于资本的需要的,知识成了掠取私利和保护私利的手段。在那里"把知识变作保护钱袋特权和资本对人民统治的武器"(《怎样组织竞赛》,1917年12月,《列宁选集》第3卷,人民出版社1972年版,第394页);在那里"把知识当做专利品,把知识变成他们统治所谓下等人的工具"。(《在全俄教育工作第一次代表大会上的演说》,1918年8月28日,《列宁论国民教育》,人民教育出版社1958年版,第289页)资产阶级就是靠着这个来培养自己的知识分子并把知识分子作为资本统治的支柱和工具的。这种情况和社会主义的要求是绝对不能相容的。这种生活和知识对资本的从属,是旧制度对教师的最根本的束缚,与此相应的还有政治上、思想上(包括教育思想)的束缚。所有这些,都必须进行彻底的改造,才能把教师从资产阶级的法权观念,从资产阶级的世界观中解放出来。

列宁接着要求"教师不能把自己限制在狭隘的教学活动的圈子里。教师应该和一切战斗者的劳动群众打成一片"。教师活动只局限于教学活动的小天地,脱离实践,脱离劳动群众的情况,是被旧教育的狭隘阶级利益和偏见决定的。教师要根本上从资产阶级的束缚中摆脱出来,他们就必须把自己从事的工作当作整个社会阶级斗争的一部分,就要和劳动人民的解放事业联系在一起,因此必须"和一切战斗着的劳动群众打成一片"。这是对教师提出的在改造世界观的基础上改造自己的教育、教学思想的进一步要求。教育工作者一定要把"三大革命斗争"实践结合起来,一定要和劳动群众结合起来。教师是为人民服务的,而不是居于劳动人民之外,更不是居于劳动人民之上的。

与此相应的,"新教育学的任务是要把教师的活动同建立社会主义的任务联系起来"。列宁在这里为改造教育学提出了一项明确的战斗任务。它的深远意义在于,深刻地揭示了任何一门社会科学都必须奠基于一定领域的社会实践的基础之上。

选学这条语录，为我们教育工作者改造世界观，包括改造教育思想，为建立教育科学，都指明了正确的方向和道路。特别是对改造教师的主观世界，具有重要的指导意义。

第二条语录，选自列宁同志1918年8月2日为人民委员会写的决议草案《关于苏俄高等学校的招生问题》。

旧学校是剥削阶级的"世袭领地"，只有地主、资产阶级的子女才能进到这样的学校里去学习。十月革命后，在列宁同志的领导下，学校进行了许多改革，但资产阶级知识分子顽固地坚持这个阵地，疯狂地反对工农子女入学，特别是在高等学校，这种情况更加严重。为改变这种状况，列宁亲自为人民委员会拟定了关于高等学校招生问题的草案。

列宁要教育人民委员会"立即""采取紧急措施"，剥夺地主、资产阶级任何法律上和实际上的特权，要"无条件地"保证工农子女入学，要"普遍地发给他们助学金"。不仅有明确的要求，而且有具体的措施，为社会主义教育规定了极为鲜明的阶级路线和服务对象。

但身任教育人民委员会的卢那察尔斯基，并不是马克思主义者，他对列宁指示一贯阳奉阴违。在招收劳动人民子女入学的问题上，他说什么"尚不能实现按照学校等级自然的一直升入大学，因此升入高等学校之事，应该规定由于学生的才能，而与他的家庭富裕程度是毫无关系的"。竟以什么"才能"来掩盖阶级实质，公然对抗列宁的指示。列宁逝世后，卢那察尔斯基更变本加厉地违抗列宁关于对工农子女普遍发给助学金的指示，宣称："不能随心所欲地扩大无产阶级大学生领取助学金的范围"，并提出颁发助学金"必须根据两个标准：社会地位和一定的教育程度"。不能用知识、分数限制劳动人民的子女入学。

第三条语录，选自列宁于1918年8月28日《在全俄教育工作第一次代表大会上的演说》。

这次代表大会是在1918年8月26日至9月4日于莫斯科举行的。参加大会的有国民教育厅的代表、教师和文化工作者的代表。列宁被邀请参加大会，并被大会推荐为名誉主席。大会进行的第三天即8月28日，列宁到会发表了演说。大会广泛研究了革命后新兴教育事业各个方面的问题。大会通过了《统一劳动学校基本原则》和《统一劳动学校规程》两个重要文件。取消了革命前俄国所存在的按照阶级和等级划分的各种类型的学校，规定了九年制的统一劳动学校。

1918年，环绕着苏维埃政权的国际国内阶级斗争形势，是异常复杂和尖锐的。就在列宁发表这次演说后的第三天，即 8 月 30 日他在参加一次工人集会走出工厂时遇刺受了重伤。这篇演说一开始，列宁就指出："我们正处在一个最危急、最重要、最有意义的历史关头"，"劳动群众懂得，他们不是为一小撮资本家的利益作战，而是为自己的事业作战"，"他们不仅是为俄国革命的命运而斗争，而且是为整个国际革命的命运而斗争"。

列宁从无产阶级革命利益出发，雄辩地指出："国民教育事业是我们目前斗争的组成部分。"深刻地论述了教育和政治的关系，揭露了资产阶级"教育超阶级""教育超政治"反动观点的虚伪性。在资本主义社会，"学校完全变成了资产阶级统治的工具，浸透了资产阶级的等级思想"。他们办教育的目的就是为资本家培养"恭顺的奴才和能干的工人"。但他们却从来不敢公开地承认这个事实。只有无产阶级敢于撕去他们那个虚伪的帷幕，"公开声明，学校可以脱离生活，可以脱离政治，这是撒谎骗人"。无产阶级的学校，就是要成为无产阶级专政的工具。

修正主义者在阉割马克思列宁主义基本原理的同时，总是以各种诡诈的手法来掩盖教育的阶级性，掩盖教育和政治的关系，这是我们在进行无产阶级教育过程中，必须时刻警惕的。

1919 年

在为社会主义革命而进行的斗争中，在反对那些一直抱着资产阶级旧偏见、站在旧制度和虚伪的立场上、幻想可以把旧制度的一些东西保存下来的教师的斗争中，绝大部分教师是一定会真诚地站到被剥削的劳动者的政权方面来的。

> 列宁：《在全俄国际主义教师第二次代表大会上的演说》，1919 年 1 月 18 日，《列宁全集》第 28 卷，人民出版社 1956 年版，第 386 页。

资产阶级的虚伪表现之一就是相信学校可以脱离政治。你们都清楚地知道这种想法多么虚伪。提出这个原理的资产阶级自己就把资产阶级政治放在学校事业的第一位，竭力把学校用来专门替资产阶级训练恭顺的和能干的奴才，甚至竭力利用普遍教育来专门替资产阶级训练资本的走卒和奴隶，他们从来不想使学校成为培养人格的工具。

> 列宁：《在全俄国际主义教师第二次代表大会上的演说》，1919 年 1 月 18 日，《列宁全集》第 28 卷，人民出版社 1956 年版，第 386—387 页。

在我们的学校里有许多由旧社会培养出来的教师,这就造成了从资本主义制度向社会主义过渡的困难。我们遇到有知识的人的顽强抵抗,这是不奇怪的。那些惯于把旧机关当作自己的世袭领地的人,是为自己的、为有产阶级服务的。

> 列宁:《在各省国民教育厅社会教育处处长第二次会议上的演说》,1919年1月24日,《列宁全集》第28卷,人民出版社1956年版,第415页。

(一)

【注释】

第一、二条语录,选自列宁1919年1月18日作的《在全俄国际主义教师第二次代表大会上的演说》。

全俄国际主义教师第二次代表大会,是于1919年1月12日至19日在莫斯科召开的。列宁在大会结束前一天即1月18日代表人民委员会向代表大会祝贺并发表了这篇演说。

自1918年6月召开全俄国际主义教师代表大会以来,广大教师响应列宁同志的号召,认清形势,纷纷参加到革命教师组织"全俄国际主义教师协会"中来,这个协会到1918年底已有会员一万两千人。为了进一步团结、教育和改造教师队伍,推动社会主义的教育革命,召开了第二次代表大会。

【解说】

在选学的第一条语录中,列宁以坚定的革命信心,正确地估计了教师队伍政治立场的变化,指出经过斗争,绝大多数教师是一定会站到苏维埃政权方面来的。

这场斗争的最重要一项任务就是同资产阶级偏见的斗争。而这种偏见的"虚伪表现之一就是相信学校可以脱离政治"。列宁在第二条语录中再次深刻地揭露了"教育可以脱离政治"的虚伪性,论述了教育必须为无产阶级政治服务的方针。列宁指出,提出学校可以脱离政治的"资产阶级自己就把资产阶级政治放在学校事业的第一位"。社会主义的学校必须"同一切被剥削的劳动者有密切联系",必须"诚心诚意拥护苏维埃纲领",必须坚持把无产阶级的政治放在学校一切工作的首位。革命的教师组织的任务,就是把广大的教师团结起来,"教育最落后的教师,使他们服从整个无产阶级的政治,结成一个共同的组织"。使广大教师"坚决站在通过无产阶级专政而为社会主义斗争的立场上"。

（二）

【注释】

第三条语录，选自列宁1919年1月24日作的《在各省国民教育厅社会教育处处长第二次会议上的演说》。

十月革命后，"社会教育"主要是宣传共产主义思想和提高劳动人民的政治文化水平，对提高工农劳动人民的思想觉悟和政治文化水平起着重要的作用。1920年，"社会教育"这一名称由"政治文化工作"所代替。俄共（布）和政府非常重视劳动人民的政治文化教育工作，设有专门的机构和人员担负这一任务。苏维埃政权建立的最初几年里，曾多次召开社会教育、政治教育的会议，列宁也多次作了指示。

【解说】

选学的这条语录，是列宁在谈到"社会教育工作比学校教育工作具有更好的条件"时说的。列宁讲到学校中有大量的旧社会培养出来的教师的存在，是改造旧教育的最大障碍，它造成了从资本主义向社会主义过渡的困难。同时指出，在社会主义革命和建设过程中，遇到这些资产阶级知识分子的反抗，是不奇怪的。因为他们抱着资产阶级的世界观，坚持旧偏见，习惯于把旧机关当做他们的世袭领地，他们不是为社会主义、为无产阶级，而是为他们自己、为有产阶级服务的。在新旧社会变革的时期，人们的旧思想是不可能立即得到清除的，怀有旧思想，对新社会的各种新变革就要看不惯、想不通，表现在行动上必须是抗拒改革。这条语录，一方面让我们懂得必须把这种改革进行到底，不能因为有旧势力的反抗而丝毫松懈我们的斗志，一方面则让我们懂得改造旧教育这个剥削阶级的"世袭领地"以及改造教师队伍的必要性和艰巨性，这对我们今天进行无产阶级教育革命有重大的指导意义。

1920年

在资本主义社会里，教育工作的根本缺点之一是同组织劳动的主要任务脱节，因为资本家需要训练和培养出来的是一些恭顺驯服的工人。在资本主义社会里，组织国民劳动的实际任务同教学工作没有联系。教学工作死气沉沉，不切实际，形式主义，深受宗教的毒害，无论在什么地方，即使在最民主的共和国中，也会把一切生气蓬勃的、健康的东西排除掉。

> 列宁：《在全俄各省国民教育厅社会教育处处长第三次会议上的讲话》，1920年2月25日，《列宁全集》第30卷，人民出版社1957年版，第344页。

我们要运用全部国家机关，使学校教育、社会教育、实际训练等等，都在共产党员领导之下，为无产者、为工人、为劳动农民进行工作。

> 列宁：《俄共（布）第九次代表大会》，1920年3月29日，《列宁全集》第30卷，人民出版社1957年版，第419页。

在改造资本主义旧社会的时候，那些将来要建立共产主义社会的新一代人的学习、训练和教育，就决不能再象从前那样了。青年的学习、训练和教育应当以旧社会遗留给我们的材料为出发点。我们只能利用旧社会遗留给我们的全部知识、组织和机关，在旧社会遗留下来的人力和物力的条件下建设共产主义。只有把青年的学习、组织和训练的事业加以根本改造，我们才能做到：这一代青年努力的结果是建立一个与旧社会完全不同的社会，即共产主义社会。

> 列宁：《青年团的任务》，1920年10月2日，《列宁选集》第4卷，人民出版社1972年版，第344—345页。

资本主义旧社会留给我们的最大祸害之一，就是书本与生活实践完全脱节，过去有些书把什么都描写得好得了不得，其实大半都是最令人厌恶的胡言乱语，虚伪地向我们描绘资本主义社会的情景。

> 列宁：《青年团的任务》，1920年10月2日，《列宁选集》第4卷，人民出版社1972年版，第345页。

离开工作，离开斗争，从共产主义小册子和著作中得来的关于共产主义的书本知识，可以说是一文不值，因为这种书本知识仍然保持了资本主义旧社会中最令人厌恶的特征，即理论与实践脱节。

> 列宁：《青年团的任务》，1920年10月2日，《列宁选集》第4卷，人民出版社1972年版，第346页。

旧学校总是说，它要造就有全面教养的人，它教的是一般科学。我们知道，这完全是撒谎，因为过去整个社会赖以生存和维持的基础，就是把人们分成阶级，分成剥削者和被压迫者。自然，整个旧学校都浸透了阶级精神，只让资产阶级的子女学到知识。这种学校里的每一句话，都是根据资产阶级的利益捏造出来的。工农的年轻一代在这样的学校里,与其说是受教育,倒不如说是受资产阶级的奴化。教育这些青年的目的,就是训练对资产阶级有用的奴仆,既能替资产阶级创造利润,又不会惊扰资产阶级的安宁和悠闲。因此我们要否定旧学校,只从这种学校中吸取我们实行真正共产主义教育所必需的东西。

列宁:《青年团的任务》,1920 年 10 月 2 日,《列宁选集》
第 4 卷,人民出版社 1972 年版,第 346 页。

旧学校是死读书的学校,它强迫人们学一大堆无用的、累赘的、死的知识,这种知识塞满了青年的头脑,把他们变成一个模子倒出来的官吏。但是,如果你们试图从这里得出结论说,不掌握人类积累起来的知识就能成为共产主义者,那你们就犯了极大的错误。如果以为不必领会产生共产主义学说的全部知识,只要领会共产主义的口号,只要领会共产主义科学的结论就已经够了,这也是错误的。马克思主义就是共产主义从全部人类知识中产生出来的典范。

列宁:《青年团的任务》,1920 年 10 月 2 日,《列宁选集》
第 4 卷,人民出版社 1972 年版,第 347 页。

凡是人类社会所创造的一切,他(指马克思——编者注)都用批判的态度加以审查,任何一点也没有忽略过去。凡是人类思想所建树的一切,他都重新探讨过,批判过,在工人运动中检验过,于是就得出了那些被资产阶级狭隘性所限制或被资产阶级偏见束缚住的人所不能得出的结论。

列宁:《青年团的任务》,1920 年 10 月 2 日,《列宁选集》
第 4 卷,人民出版社 1972 年版,第 347 页。

应当明确地认识到,只有确切地了解人类全部发展过程所创造的文化,只有对这种文化加以改造,才能建设无产阶级的文化,没有这样的认识,我们就不能完成这项任务。无产阶级文化并不是从天上掉下来的,也不是那些自命为无产阶级文化专家的人杜撰出来的,如果认为是这样,那完全是胡说。无产阶级文化应当是人类在资本主义社会、地主社会和官僚社会压迫下创造出来的全部知识合乎规律的发展。

列宁:《青年团的任务》,1920 年 10 月 2 日,《列宁选集》
第 4 卷,人民出版社 1972 年版,第 348 页。

我们决不能象旧学校那样,用数不胜数的、九分无用一分歪曲了的知识来充塞青年的头脑,但是这并不等于说,我们可以只学共产主义的结论,只背共产主义的口号。这样是不能建立共产主义的。只有用人类创造的全部知识财富来丰富自己的头脑,才能成为共产主义者。

列宁:《青年团的任务》,1920年10月2日,《列宁选集》第4卷,人民出版社1972年版,第348页。

我们不需要死记硬背,但是我们需要用基本事实的知识来发展和增进每个学习者的思考力,因为不把学到的全部知识融会贯通,共产主义就会变成空中楼阁,就会成为一块空招牌,共产主义者也只会是一些吹牛家。你们不仅应当领会你们学到的知识,并且要用批判的态度来领会这些知识,使自己的头脑不被一堆无用的垃圾塞满,而能具备现代有学识的人所必备的一切实际知识。如果一个共产主义者不用一番极认真、极艰苦而浩繁的工夫,不理解他必须用批判的态度来对待的事物,便想根据自己学到的共产主义的现成结论来炫耀一番,这样的共产主义者是很可怜的。这种不求甚解的态度是极端有害的。

列宁:《青年团的任务》,1920年10月2日,《列宁选集》第4卷,人民出版社1972年版,第348—349页。

你们应当把自己培养成共产主义者。青年团的任务就是要这样来安排自己的实际活动,使青年在学习、组织、团结和斗争的过程中把自己和自己所领导的一切人都培养成共产主义者。应该使培养、教育和训练现代青年的全部事业,成为培养青年的共产主义道德的事业。

列宁:《青年团的任务》,1920年10月2日,《列宁选集》第4卷,人民出版社1972年版,第351页。

学习、教育和训练如果只限于学校以内,而与沸腾的实际生活脱离,那我们是不会信赖的。只要工农还受地主和资本家的压迫,学校还操纵在地主和资本家手里,青年人就仍然是愚昧无知的。可是我们的学校应当使青年获得基本知识,使他们自己能够养成共产主义的观点,应该把他们培养成有学识的人。我们的学校必须使人们在学习期间就成为推翻剥削者这一斗争的参加者。共产主义青年团只有把自己的学习、教育和训练的每一步骤同参加全体劳动者反对剥削者的总斗争联系起来,才符合共产主义青年团的称号。

列宁:《青年团的任务》,1920年10月2日,《列宁选集》第4卷,人民出版社1972年版,第355—356页。

青年团员应当利用自己的每一刻空闲时间去改善菜园工作,或在某个工厂里组织青年学习等等。我们要把俄国这个穷困贫瘠的国家变成一个富裕的国家。所以必须使共产主义青年团把自己的训练、学习和教育同工农的劳动结合起来，不要关在自己的学校里，不要只限于阅读共产主义书籍和小册子。只有在劳动中同工农打成一片，才能成为真正的共产主义者。必须使大家都看到，青年团员个个都是有知识的，同时又都善于劳动。

列宁：《青年团的任务》，1920年10月2日，《列宁选集》第4卷，人民出版社1972年版，第358页。

1. 苏维埃工农共和国的整个教育事业，无论一般的政治教育或专门的艺术教育，都必须贯彻无产阶级阶级斗争的精神，为顺利实现无产阶级专政的目的，即为推翻资产阶级，消灭阶级，消灭一切人剥削人的现象而斗争的精神。

2. 因此，无产阶级，通过它的先锋队共产党和所有一般无产阶级组织，应当最积极地作为最主要的成分参与整个国民教育事业。

3. 现代历史的全部经验，特别是《共产党宣言》发表后半个多世纪以来世界各国无产阶级的革命斗争，都无可争辩地证明，只有马克思主义的世界观才正确地反映了革命无产阶级的利益、观点和文化。

4. 马克思主义这一革命无产阶级的思想体系赢得了世界历史性的意义，是因为它并没有抛弃资产阶级时代最宝贵的成就，相反地却吸收和改造了两千多年来人类思想和文化发展中的一切有价值的东西。只有在这个基础上，按照这个方向，在无产阶级专政（这是无产阶级反对一切剥削的最后的斗争）的实际经验的鼓舞下继续进行工作，才能认为是发展真正无产阶级的文化。

5. 全俄无产阶级文化协会代表大会坚持这一原则观点，最坚决地反对一切在理论上是错误的、在实践上是有害的企图，如臆造自己的特殊的文化，把自己关在与世隔绝的组织中，把教育人民委员部和无产阶级文化协会的工作范围截然分开，或者在教育人民委员部机构中实行无产阶级文化协会的"自治"等等。相反地，代表大会认为，无产阶级文化协会的一切组织必须无条件地把自己看作教育人民委员部机关系统中的辅助机构，并且在苏维埃政权（特别是教育人民委员部）和俄国共产党的总的领导下，把自己的任务当作无产阶级专政任务的一部分来完成。

列宁：《无产阶级文化》，1920年10月8日，《列宁选集》第4卷，人民出版社1972年版，第361—362页。

教育工作者和斗争的先锋队共产党的基本任务，就是帮助培养和教育劳动群众，使他们克服旧制度遗留下来的旧习惯、旧风气，那些在群众中根深蒂固的私有者的习惯和风气。在考虑党中央和人民文员会十分注意的那些局部问题的时候，决不能忘记这个整个社会主义革命的主要任务。……

我们所处的历史时期是我们同比我们强大许多倍的世界资产阶级进行斗争的时期，我们应当在这个时期内坚持革命建设，用军事的方法，尤其是用思想的方法、教育的方法同资产阶级进行斗争。几十年来工人阶级在争取政治自由的斗争过程中形成了自己的习惯、风气和信念，我们要把这一切习惯、风气和思想用作教育全体劳动人民的工具，至于究竟如何教育的问题，就要由无产阶级来解决了。

> 列宁：《在全俄省、县国民教育厅政治教育委员会工作会议上的讲话》，1920年11月3日，《列宁选集》第4卷，人民出版社1972年版，第365页。

到处都是一样，不可能有任何中间立场，只能有一个明确的认识：不是白色专政（西欧各国的资产阶级正在武装起来反对我们，准备实行这种专政），就是无产阶级专政。对于这一点我们都有十分细致而深刻的体会，所以关于俄国共产党员我也不必多说了。由此只能得出一个结论，有关政治教育总委员会的一切讨论和决定也应该以这个结论为基础。在这个机构的工作中首先应该公开承认共产党的政治领导。……为了建设共产主义，工农劳动群众必须战胜知识分子的旧习气，必须改造自己，不这样就无法着手建设事业。我们的全部经验表明，这个事业十分重要，一定要注意承认党的领导作用问题，在讨论如何进行活动、如何进行组织建设的时候，决不能忽视这一点。

> 列宁：《在全俄省、县国民教育厅政治教育委员会工作会议上的讲话》，1920年11月3日，《列宁选集》第4卷，人民出版社1972年版，第366页。

教师组织曾经长期抗拒社会主义革命，人民教育委员部进行了长期的斗争。教育界的资产阶级偏见特别顽固。这里进行了长期的斗争，其形式是公开怠工和顽固坚持资产阶级的偏见，我们只好慢慢地逐步地夺取共产主义阵地。对于从事社会教育工作、解决社会教育和群众教育任务的政治教育总委员会，特别突出的任务是：结合党的领导，使这个庞大的机构——这支现在已经在为工人服务的五十万教育大军服从我们，贯彻我们的精神，受到我们的主动精神的激励，教育工作者和教员过去受的教育都是资产阶级的偏见和习惯，是敌视无产阶级的，他们同无产阶级没有任何联系。现在我们要培养出一支新的教育大军，它应该紧密地同党和党的思想结合起来，完全贯彻党的精神，它应该把工人群众团结在自己的周围，以共产主义的精神教育他们，使他们关心共产党员所做的事情。

> 列宁：《在全俄省、县国民教育厅政治教育委员会工作会议上的讲话》，1920年11月3日，《列宁选集》第4卷，人民出版社1972年版，第367页。

我们的任务是要战胜资本家的一切反抗，不仅是军事上和政治上的反抗，而且是最深刻、最强烈的思想上的反抗。我们教育工作者的任务就是要完成改造群众的工作。我们所看到的群众对共产主义教育和共产主义知识的兴趣和要求，是我们在这方面取得胜利的保证，胜利也许不会像前线那么快，也许要碰到很大的困难，有时还会遭到失败，但是最后我们总是会胜利的。

> 列宁：《在全俄省、县国民教育厅政治教育委员会工作会议上的讲话》，1920年11月3日，《列宁选集》第4卷，人民出版社1972年版，第369页。

（一）

【注释】

1. 第一条语录，选自1920年2月25日列宁作的《在全俄各省国民教育厅社会教育处处长第三次会议上的讲话》。

列宁在这篇讲话中，主要谈的是教育工作必须同党的现实斗争任务结合起来，必须根据党的中心工作"更冷静更实事求是地提出问题"。1920年，正是反击外国武装干涉和白卫匪帮叛乱面临结束，国家进入和平建设的时期。教育工作必须要适应这种形势作出相应的改变，做到为生产建设任务服务。

【解说】

选学的这条语录，对资本主义社会的旧教育进行了揭露和批判。列宁指出，在资本主义社会里，包括那些号称"最民主"的资本主义国家里，"教育工作的根本缺点之一是同组织劳动的主要任务脱节"。组织劳动的主要任务，就是指国民经济建设任务，即工农业生产任务。资本主义国家的教学工作和这种组织国民劳动的实际任务是脱节的。因为资本家的目的是训练和培养恭顺的爪牙和奴仆，教学工作死气沉沉，不切实际，形式主义又深受宗教毒害，所以他们必然会"把一切生气蓬勃的、健康的东西排除掉"。只有在无产阶级掌握国家政权机关，有物质和财政上保证的条件下，才可能根本改变旧教育的面貌，把教育工作同生产任务相结合，理论和实践相结合，使教育工作生动蓬勃地开展起来。

这条语录，对于我们识别新旧教育的本质区别，对于我们认真贯彻教育与生产劳动相结合的方针，加强教育为工农业生产建设服务，是有重要指导意义的。我们一定要立足于党的社会主义革命和社会主义建设事业的实际需要，认真改造我们的学校教育工作。

（二）

【注释】

第二条语录，选自列宁的《俄共（布）第九次代表大会》。1920年3月29日，列宁代表党中央委员会向代表大会作了报告。这条语录就是从这个报告中摘选的。

【解说】

这条语录的中心是谈加强党的领导的问题。语录中谈"在共产党员领导之下"，这是根据当时苏联的具体情况说的。他们当时在工业方面是实行一长制。这个"一长"和"经理"都要共产党员来担任，"在共产党员领导之下"就是从这个意义上说的。我们今天应理解为在党的一元化领导之下。

列宁当时是说，要建设国家，当然一方面要尽快从无产阶级队伍中选拔和培养自己的管理人员，另一方面也不能排除旧社会遗留下来的资产阶级专家和管理人员，而是要充分利用他们和改造他们。但这里有一个主要的问题，就是决不能让这些人和共产党员的领导者平起平坐，不能让他们进行领导，更不能让他们来和共产党员搞什么"合议制"的领导体制，防止他们乱了无产阶级的阵脚。他们只能是"在共产党员领导之下"进行工作。列宁当时认为这是保证无产阶级牢牢掌握领导权，防止把政治领导和业务管理混为一谈的好办法。所以他说无论学校教育、社会教育、实际训练等等，都要运用全部国家政权机关的力量，把它们放在共产党员的领导之下，使他们为"为无产者，为工人，为劳动农民进行工作"。这最后一句是非常重要的，这是个方向和阶级路线的问题，是检验领导者是否贯彻了党的要求的尺度和标志。

学习这条语录,使我们再次认识到无产阶级领导权的重要性,我们的教育工作必须置于党组织的坚强领导之下,才能真正贯彻党的阶级路线和政治路线,才能为工农劳动人民服务。苏联的教育向修正主义道路演化和苏联领导集体改变苏联国家的性质,都是从窃取领导权开始的,必须引为我们的教训。

(三)

【注释】

第三条至第十四条语录,都选自列宁的《青年团的任务》。

《青年团的任务》是列宁同志于1920年10月2日晚在俄国共产主义青年团第三次全国代表大会第一次会议上发表的著名演说。这次代表大会是1920年10月2日至10日在莫斯科举行的。

1920年10月,国内战斗即将结束,阶级斗争正以新的形式开展,当时,不论在青年工作中和教师工作中,两个阶级两条路线斗争都是十分激烈的。资产阶级代表人物在青年工作中,或者以保卫"青年利益"为借口,强调共青团的特殊地位,妄图使青年运动脱离党的领导;或者宣扬"纯阶级论"提出禁止吸收学生和青年知识分子入团,大搞关门主义。在教育战线上,一些人鼓吹学校可以"脱离政治",要求学校"自治",不要党的领导;一些人宣扬教育过程的独立性,认为学校是不受政治影响的阵地,反对国民教育的根本改造;另一些人则贩卖实用主义的教育思想,强调"教育即生活",主张取消教科书,取消学科和课桌。奇谈怪论,不一而足。为实现无产阶级争夺青年的任务,为进行无产阶级教育革命,把学校改造成为无产阶级专政的工具,必须坚决回击这些形形色色的资产阶级的思想和主张。

列宁《共产主义青年团》的演说,正是适应这样的斗争形式发表的。在这篇演说中,列宁同志对青年团的工作,青年运动的方向和无产阶级教育革命等一系列根本问题都作了全面而深刻的论述。它是指导青年运动,指导教育革命,培养无产阶级革命事业接班人的伟大纲领,它是批判旧教育,批判文化教育战线上各种形式的修正主义思潮的战斗檄文和锐利武器。对于我们深入学习和理解马克思主义教育思想,有极为重要的意义。

【解说】

选学的12条语录可概括为三个方面的问题,即教育革命,揭露和批判旧教育，改造旧学校；建立无产阶级新教育，把教育同沸腾的实际生活结合起来；最终要把青年一代培养成真正的共产主义者。

1. 要担负起培养无产阶级革命的任务。列宁对青年提出的最主要的任务"就是要学习"。学习什么和怎样学习呢？社会制度已发生了根本变革，教育也必须进行彻底的改造，因此"全部关键就在于"如第三条语录所说的那样"在改造资本主义旧社会的时候，那些将来要建立共产主义社会的新一代人的学习，训练和教育，就决不能再像从前那样了"。社会主义和共产主义不能凭空产生，是在旧社会基础上建立起来的，最主要的问题是对这个旧基础进行"根本改造"。"只有把青年的学习、组织和训练的事业加以根本改造，我们才能做到：这一代青年努力的结果是建立一个与旧社会完全不同的社会，即共产主义社会。"列宁正是从巩固无产阶级专政，防止资本主义复辟，实现共产主义的高度，论述了无产阶级教育革命的重要性和必要性，向全党发出了根本改造旧教育的战斗号召。

要"根本改造"旧教育，对旧教育的弊害和它的虚伪本质必须有深刻的认识。列宁在第四、五、六、七、十各条语录中对旧教育进行了无情的揭露和批判。

资产阶级从他们登上历史舞台的那一天起，就是打着全民利益的幌子在资本的掩盖下把劳动人民创造的财富据为己有而起家的，因此，这个阶级在政治上具有先天的虚伪性和欺诈性。旧教育是用来维护其反动统治的工具，这种虚伪性和欺诈性也就在学校工作中得到充分的体现。他们口里说的和实际所做的总是背道而驰的，"资本主义旧社会给我们的最大祸害之一，就是书本与生活实践完全脱节"。我们教育工作一定要清楚这个流毒，离开工作、离开斗争的书本知识是一文不值的，因为它"仍然保持了资本主义旧社会中最令人厌恶的特征，即理论与实践脱节"。

资产阶级总是说，旧学校是"造就有全面教养的人，它教的是一般科学"，"学校可以脱离政治"，等等，在社会主义革命过程中，这完全是反对无产阶级教育革命，维护资产阶级旧教育的欺骗宣传。列宁以无产阶级的满腔愤怒，给旧学校的资产阶级性质以全面的揭露和批判，痛斥他们"这完全是撒谎"。旧社会是剥削者统治的社会，"整个旧学校都浸透了阶级精神，只让资产阶级的子女学到知识"。对工人群众实行反动的文化专制，它是为资产阶级训练"有用的奴仆"，工农子女只是受奴化，而不是受教育，他们说什么"造就有全面教养的人"，这是撒谎骗人，这是"根据资产阶级的利益捏造出来的"，实际上是不存在的。旧学校教授的知识，是被资产阶级偏见歪曲了的，根据资产阶级利益捏造出来的。那是一些"无用的、累赘的、死的知识"，而绝不是什么超阶级的"一般科学"。旧学校还实行"死读书""死记硬背""强迫纪律"，等等。总之，旧学校完全是资产阶级专政的工具。保持旧教育，就意味着复辟资产阶级的统治，这是无产阶级革命决不允许的。列宁强调指出："我们要否定旧学校"，"我们必须废除这样的学校"，"破坏这样的学校"。他充分肯定了对旧学校抱着抵触、仇恨的心情，是"完全正当和必要的"；他满腔热情地支持、赞扬广大革命群众改造旧教育的革命行动；他号召要"珍视那种打破旧学校的决心"，把无产阶级教育革命进行到底。

否定旧学校，并不是如无产阶级文化派所主张的那样否定一切历史文化遗产，而是要从旧学校中"吸取我们实行真正共产主义教育所必需的东西"。选学的第八、九条语录就是论述了这个问题。第九条语录指出："无产阶级文化并不是从天上掉下来的，也不是那些自命为无产阶级文化专家的人杜撰出来的。如果认为是这样，那完全是胡说。无产阶级文化应当是人类在资本主义社会、地主社会和官僚社会压迫下创造出来的全部知识合乎规律的发展。"列宁要青年们"明确地认识到，只有确切地了解人类全部发展过程所创造的文化，只有对这种文化加以改造，才能建设无产阶级的文化"，"只有用人类创造的全部知识财富来丰富自己的头脑，才能成为共产主义者"。这就是用批判的态度来对待历史文化遗产，去其糟粕，取其精华。列宁在第八条语录中教育青年要以革命导师马克思为榜样，对"人类社会所创造的一切"，"用批判的态度加以审查"；对"人类思想所建树的一切"，要"重新探讨"和"批判"，并"在工人运动中检验"，这样才能得出"那些被资产阶级狭隘性所限制或被资产阶级偏见束缚住的人所不能得出的结论"。

2. 建立社会主义的新教育，最根本的问题之一，是改变旧教育"三脱离"的状况，使教育与沸腾的实际生活紧密结合起来。选学的第十三、十四条语录，着重论述了这个问题。

在讲怎样学习共产主义的时候，列宁指出："学习、教育和训练如果只限于学校以内，而与沸腾的实际生活脱离，那我们是不会信赖的"；"只有把学校活动的每一步骤，把教育、训练和学习的每一步骤，同全体劳动者反对剥削者的斗争密切联系起来"，"才能学习共产主义"。而对青年团员来说："只有把自己的学习、教育和训练的每一步骤同参加全体劳动者反对剥削者的总斗争联系起来，才符合共产主义青年团的称号"。在这里，列宁同志明确地向资产阶级"三脱离"的旧教育提出了挑战，划清了社会主义教育同资产阶级教育的本质区别，提出了把教育同沸腾的实际生活相结合的光辉思想，为彻底改造旧学校、培养共产主义一代新人指明了正确的道路。

教育与沸腾的实际生活结合，就是教育为无产阶级的政治服务，就是使学校的一切活动都密切联系无产阶级反对资产阶级的总斗争。参加阶级斗争，对学生来说并不是将来的事，而是要求他们"在学习期间就成为推翻剥削者这一斗争的参加者"。在亲身参加阶级斗争中接受阶级斗争的教育。根据十月革命后的苏联的实际情况，列宁号召青年积极投身到同资产阶级复辟势力，同小生产的自发资本主义倾向，同私有心理和传统习惯的斗争中，把自己的一切献给"公共事业"。根据苏联当时还是世界上唯一的工人共和国，还处在资本主义世界的包围之中，"随时都有遭到新的进攻的危险"。列宁号召青年们在斗争中加强团结，只有学会团结一致，才能在斗争中获得胜利，才会真正成为巩固无产阶级专政的一支不可战胜的力量。同时，也只有参加"同资产阶级作有纪律的残酷斗争"，才能把自己培养成共产主义者。

教育与沸腾的实际生活结合，也就是使"教育同工农的劳动结合起来"，使青年走与工农相结合的道路，成为为共产主义事业而奋斗的自觉的劳动者。列宁号召青年团员要"利用自己的每一刻空闲时间去改善菜园工作，或在某一个工厂里组织青年学习等等"。号召青年去参加扫除文盲工作、参加农村或自己街道上的卫生工作或分配食物的工作。列宁要求青年们把平凡的工作和劳动同实现共产主义的远大理想联系起来，要求青年团组织要成为"一支能够支援各种工作，处处都表现积极主动的突击队"，同时"只有在劳动中同工农打成一片，才能成为真正的共产主义者"。

教育与沸腾的实际生活结合，就是理论联系实际，把书本知识同革命实践结合起来。列宁告诉青年决"不要关在自己的学校里，不要只限于阅读共产主义书籍和小册子"，"离开工作，离开斗争，从共产主义小册子和著作中得来的关于共产主义的书本知识，可以说是一文不值"。共青团员应该个个都是善于参加实际斗争，把书本知识和实际斗争结合起来，既是有知识的，又是善于参加阶级斗争、善于劳动的人。

3. 改造旧教育，建立无产阶级的新教育，最终目的是培养出为共产主义事业而奋斗的一代新人来。选学的第十一、十二条语录明确论述了这个方向问题。

在第十二条语录中,列宁说道:"你们应当把自己培养成共产主义者。青年团的任务就是要这样来安排自己的实际活动,使青年在学习、组织、团结和斗争的过程中把自己和自己所领导的一切人都培养成共产主义者。"这不仅是对共产主义青年团组织提出的任务,也是对学校、对全部教育事业提出的任务。

共产主义者应当具备什么样的条件呢?

共产主义者,首先要学习马克思主义,要有共产主义觉悟。在前面选学的列宁在1903年写的《俄国社会民主工党第二次代表大会》的语录中,就指出了应该把"认真研究马克思主义"培养"完整而彻底的社会主义世界观"作为青年学生和向青年工作的"首要任务"。而在第十二条语录中更进一步指出"应该使培养、教育和训练现代青年的全部事业,成为培养青年的共产主义道德的事业"。

怎样学习马克思主义、怎样学习共产主义?列宁指出,最主要的就是要对共产主义理论"融会贯通",把共产主义变成"实际工作的指针",否则就不过是一些只会背诵共产主义现成口号或结论的书呆子或吹牛家。

什么是共产主义道德?"共产主义道德就是为了把劳动者团结起来反对一切剥削和一切小私有制服务的道德","共产主义者的全部道德就在于这种团结一致的纪律和反对剥削者的自觉的群众斗争","为巩固和完成共产主义事业而斗争,这就是共产主义道德的基础"。列宁要求青年们必须具有社会主义、共产主义的思想政治方向,具有严格的组织性和纪律性,要和劳动者团结起来一道去为反对旧制度的残余,反对一切剥削和私有观念而斗争。

共产主义者,还应是"有知识"的,在第十一条语录中,列宁说道:"我们不需要死记硬背,但是我们需要用基本事实的知识来发展和增进每个学习者的思考力。"学习人类创造的全部阶级斗争和生产斗争的知识,是融会贯通地掌握共产主义理论所必需的。无产阶级要进行经济建设,要发展工业、农业生产,要战胜资产阶级对科学技术的垄断,就必须要"有知识"。但这种知识不是资产阶级的那种"九分无用一分歪曲"的死知识,更不能用呆读死记书本知识的方法去充塞学生的头脑,而是理论结合实际的"用基本事实的知识来发展和增进每个学习者的思考力"。这就是说"有知识"的标志,不是看你背了多少书本知识,而是在掌握"基本事实的知识"的同时把精力集中在培养学生分析问题和解决问题的能力上。

列宁还指出，共产主义者必须是"自觉的劳动者"，"只有在劳动中同工农打成一片，才能成为真正的共产主义者"。这一点在前面的分析中已经叙述过了。总之，列宁为培养一代共产主义新人指出了明确的方向，他着重指出了学习马克思主义、培养社会主义世界观，培养共产主义道德，是无产阶级教育的首要任务。只有如此，才能培养出无产阶级的可靠接班人。

学习上述的十二条语录，应该同通篇学习《青年团的任务》著作，同学习列宁同志有关的教导结合起来，应该同苏修叛徒集团在教育方面的倒行逆施加以对照。这样才能加深理解，增强我们识别真假马克思主义的能力。以便在无产阶级教育革命过程中站稳立场，不迷失方向。

（四）
【注释】

第十五条语录，选自列宁1920年10月8日写的《论无产阶级文化》，这是继《青年团的任务》中反对文化虚无主义的观点之后，集中反对"无产阶级文化派"的战斗著作。

"无产阶级文化派"是由马赫主义者的波格丹洛夫和卢那察尔斯基等人领导的反马克思主义的机会主义流派，并在1917年9月成立了叫做"无产阶级文化协会"的反党组织。他们在"无产阶级文化"的幌子下，散布反动的哲学观点——马赫主义的主观唯心主义观点。认为社会主义文化的建立不必经过阶级斗争，不需要广大群众参加，不需要批判地吸收历史文化遗产。他们企图用"实验室的方法"来"制定"无产阶级文化，认为无产阶级文化只是少数专家的事，而与广大工农群众无关。他们主张用扩大专门的学校网，脱离阶级斗争和生产斗争实践的办法来培养"无产阶级作家"。其结果当然只能是扩大资产阶级知识分子队伍，而所谓发展无产阶级文化也只能成为一句空话，他们疯狂反对党对文化建设的领导，并企图把"无产阶级文化协会"摆在党的对立地位，与党争夺领导权。

1920年10月上半月，"无产阶级文化协会"在莫斯科举行第一次代表大会。会议期间，列宁曾向当时担任教育人民委员会的卢那察尔斯基口头指示，要他在会上发言时说明"无产阶级文化协会"必须接受教育人民委员部的领导。卢那察尔斯基玩弄两面派手法，阳奉阴违。当面接受了列宁的指示，但第二天10月8日他到大会上发言时却又宣扬所谓"无产阶级特殊文化"，主张"协会"在教育人民委员部的机构中享有完全的自治权，妄图使这一组织脱离党的领导。列宁从《消息报》上看到卢那察尔斯基的讲话后，十分气愤，立即揭露和批评了他的阴谋诡计，指出，卢那察尔斯基在无产阶级文化协会代表大会上说的话，"跟昨天我同他约定的正相反"，"必须立即给无产阶级文化协会代表大会起草一个决议草案，经中央通过后提交这届大会"。可是大会当天就要结束，于是，列宁亲自动手写了《论无产阶级文化》的决议草案，并"以中央名义把决议草案提交教育人民委员部部务委员会和无产阶级文化协会代表大会通过"。代表大会通过了这项决议，决定"无产阶级文化协会"归教育人民委员部管辖。这个协会从1922年以后逐渐瓦解。

【解说】

列宁在本文中，对无产阶级文化派散布的反动观点作了深刻的批判，对无产阶级文化教育的性质、任务、指导思想、领导权等根本性的问题，作了极为重要的指示，系统地阐明了无产阶级的文化路线。其基本内容是：

1. 明确地论述了社会主义文化教育事业的性质、目的和政治方向。这就是无产阶级教育"必须贯彻无产阶级阶级斗争的精神，为顺利实现无产阶级专政的目的，即为推翻资产阶级，消灭阶级，消灭一切人剥削人的现象而斗争的精神"。无产阶级斗争的任务，是一切工作的纲领，各项工作，无论政治工作也好，业务工作也好，都不能离开这个总纲，脱离开无产阶级这个政治方向和目的，就不可能有无产阶级的文化和教育。

2. 现代历史的全部经验证明了，"只有马克思主义的世界观才正确地反映了革命无产阶级的利益、观点和文化"。因此，无产阶级的文化和教育，必须坚决地服从这一世界观的指导，无产阶级文化派背离马克思主义的哲学，宣扬马赫主义的主观唯心主义哲学，是极端错误的，不能允许的。

3. 列宁无情地批判了无产阶级文化派对待历史文化遗产的虚无主义态度，认为马克思主义之所以"赢得了世界历史性的意义"，"是因为它并没有抛弃资产阶级时代最宝贵的成就，相反地却吸收和改造了两千多年来人类思想和文化发展中一切有价值的东西"。无产阶级文化决不可能是凭空出现的，只有沿着列宁指示的方向，在批判地接受历史文化遗产的基础上，通过无产阶级的革命实践，进行艰苦细致认真的工作，才是发展真正无产阶级文化的唯一正确道路。

4. 无产阶级的文化和教育，既然是实现无产阶级斗争总任务的一部分，它就必须接受共产党的领导。列宁坚决批判了"无产阶级文化协会"妄图脱离党的领导，把自己变成一个"与世隔绝的组织"的在理论上是错误的和实践上有害的企图。他号召整个无产阶级都要"最积极地作为最主要的成分参与整个国民教育事业"。他要求无产阶级文化协会必须无条件地作为教育人民委员部的一个机构，接受共产党和苏维埃政权的统一领导，并且在党的领导下，"把自己的任务当作无产阶级专政任务的一部分来完成"。

学习这篇著作，对于我们正确理解与处理批判与继承的关系，教育工作者树立马克思主义的世界观，以及教育工作接受党的领导等等问题，都有着重要的指导意义。

（五）

【注释】

第十六条至第十九条，共四条语录，都选自列宁 1920 年 11 月 3 日《在全俄省、县国民教育厅政治教育委员会工作会议上的讲话》。

政治教育委员会，是负责领导成人的群众性的政治文化教育工作（包括扫盲、成人学校和训练班、俱乐部、图书馆、农村阅览室等）和党的教育工作（包括共产主义大学和党校等）的专门机构。在中央设政治教育总委员会或称政治教育总局，归教育人民委员部领导；在地方设政治教育委员会，归省、县国民教育厅领导。这个机构是 1920 年 11 月成立的，它是由原来的社会教育处改组而来的。"社会教育"和"政治文化工作"所指的都是同一个涵义。政治教育委员会的主席由列宁夫人克鲁普斯卡娅担任。1933 年 6 月以后，政治教育总委员会改为教育人民委员部的群众教育处。

列宁同志的这篇讲话就是在政治教育委员会刚刚建立后的工作会议上发表的。这是《青年团的任务》发表后不久，列宁讲的又一论述教育问题的重要著作。

列宁从巩固无产阶级专政的高度，指出了教育工作的重要性。他说"资产阶级竭力抹杀无产阶级专政的一个更为重要的作用，即教育任务，这个任务对于无产阶级在人口中占少数的俄国尤其重要。这个任务在俄国应当提到首位，因为我们要为社会主义建设训练群众。无产阶级如果没有锻炼出高度的觉悟，严格的纪律以及反对资产阶级斗争的无限忠诚，就是说，如果不能解决无产阶级为完全战胜其宿敌所必须提出的一切任务，那就谈不到无产阶级专政"。列宁的全篇讲话，都是围绕着如何开展意识形态领域的斗争，如何使教育工作成为巩固无产阶级专政的工具，如何使教育工作者为无产阶级的政治工作斗争这一中心问题而展开的。

【解说】

1. 社会主义革命的主要任务之一，是清除资本主义旧社会的影响和痕迹，就是同私有制及其观念作斗争。列宁在第十六条语录中指出，一切部门在做好自己的局部工作的同时，都不能忘记这个主要任务。对于教育工作者和整个共产党来说，"就是帮助培养和教育劳动群众，使他们克服旧制度遗留下来的旧习惯、旧风气，那些在群众中根深蒂固的私有者的习惯和风气"。我们和资产阶级不同，我们就是要"公开承认教育不能不联系政治"。

列宁同志分析了当前的形势，指出了敌人的强大和无产阶级与之斗争的任务艰巨性。因此坚持革命和建设，用军事的方法，尤其是用思想的方法，教育的方法同资产阶级进行斗争。用军事的方法，只能摧毁敌人的物质力量。而如果忽视运用批判的武器，忽视思想领域的斗争，资产阶级的私有观念及一切剥削阶级的旧思想和习惯势力就无法清除，就有可能使资产阶级重新复辟，断送社会主义革命所取得的成果。特别是当时在军事上已经取得了击溃国内外阶级敌人的伟大胜利，因此，思想的方法、教育的方法就"尤其是"重要的了。在运用这种方法同敌人进行斗争时，列宁指出：必须用工人阶级在长期的争取政治自由的斗争过程中形成的自己的习惯、风气和信念去教育全体劳动人民，也就是用马克思主义去教育群众。只有如此，才能提高劳动人民的思想觉悟，才能把劳动人民团结在无产阶级及其先锋队共产党的周围，在共产党的领导下，把无产阶级革命和建设事业进行到底。

列宁的这个教导，对我们今天加强无产阶级专政理论教育，是具有重要指导意义的。我们一定要不断地限制资产阶级法权，批判资产阶级的陈腐观念，以铲除保护和滋生资产阶级的土壤，教育青少年和全体人民，克服旧社会遗留下来的旧习惯、旧风气，同旧社会的传统观念实行最彻底的决裂。

2. 在无产阶级同资产阶级的斗争过程中，要置身于这个斗争之外，置身于国际政治之外是不可能的。列宁指出："我们完全公开地说无产阶级要进行这种斗争,任何人都必须决定是站在我们这边还是站在另一边。谁想既不站在这边又不站在那边,结果必然遭到失败并且陷入窘境。"

列宁在第十七条语录中,在分析国内、国际斗争形势的基础上,进一步批判了在两个阶级、两种政权的斗争中保持中间立场的错误。他说:"到处都是一样,不可能有任何中间立场,只能有一个明确的认识:不是白色专政(西欧各国的资产阶级正在武装起来反对我们,准备实行这种专政),就是无产阶级专政。"因此,政治教育委员会的工作中,"首先应该公开承认共产党的政治领导"。在任何国家里,不是由资产阶级的政党来领导,就是由无产阶级的政党来领导。只有代表这个阶级的政党才能把这个阶级的利益和意志集中地表现出来,其他的形式是没有的。在推翻沙皇和二月革命后推翻资产阶级政权的斗争中,工人阶级所以能够掌握政权;在三年的国内战争中,年轻的苏维埃政权之所以能够战胜国内外反动派的进攻,保卫住苏维埃政权,都是由于有党的领导,都是由于被马克思主义武装起来的共产党发挥了无产阶级的教育、组织和领导作用。"否则资本主义就不可能垮台。""一定要注意承认党的领导作用问题","决不能忽视这一点"。

3. 第十八条语录,中心谈的是教师队伍问题。列宁对教师队伍在社会主义革命和建设中的作用是极为重视的。他认为,政治文化、政治教育的目的是培养真正的共产主义者,使他们有本领去战胜资产阶级的谎言和偏见,能够帮助劳动群众去战胜剥削阶级统治的旧秩序,从而建设一个没有资本家、没有剥削者、没有地主的社会主义国家。而要做到这一点,"只有掌握教师从资产阶级那里继承来的一切知识,才能做到。否则,共产主义就不可能有任何技术成就,在这方面的一切理想就要落空"。这就是说,教师在巩固无产阶级专政、建设共产主义这一历史使命上是担负着重要的战斗任务的。

可是,革命后教师队伍的状况,又是怎样呢?列宁对旧社会遗留下来的教师队伍的阶级属性、政治态度和思想倾向作了极为深刻极为精辟的阶级分析。首先是"教师组织曾经长期抗拒社会主义革命"。十月革命后,"全俄教师联合会"中的反动分子煽动教师公开怠工,猖狂反对苏维埃政权。这个反动组织解散以后,由于"教育界的资产阶级偏见特别顽固",所以,这种敌视社会主义的状况仍然是存在的,他们所采取的形式,仍然是"公开怠工和顽固坚持资产阶级的偏见"。为什么会出现这种情况呢?因为"教育工作者和教员过去所受的教育都是资产阶级的偏见和习惯,是敌视无产阶级的，他们同无产阶级没有任何联系"。因此，要改变这种状况，并不是一朝一夕能够做到的。"我们只好慢慢地逐步地夺取共产主义阵地。"这里告诉我们，无论改造教师队伍和改造旧教育，都是必须经过长期的艰苦的斗争才有可能达到的。因此，决不能把无产阶级教育革命当做一件轻而易举的工作，幻想经济基础改变了，上层建筑马上就跟着变了，这是极端错误的。

列宁指出："几十万教师——这是一种推动工作、启发人们思想、同目前群众中还存在的偏见作斗争的机构。"这是旧社会遗留给我们的宝贵财富。他们虽然浸透了资本主义文化的缺点，虽然"不习惯于联系政治来进行工作，特别是联系对我们有用的政治，即共产主义所必需的政治"。虽然"他们不可能是共产主义的教师"，但我们还是要善于团结和利用他们的。他们的这些缺点，"并不影响我们吸收他们参加政治教育工作者的行列，因为他们握有我们为达到自己目的的所必需的知识"。"我们应该吸收数十万有用的人才来为共产主义教育服务。"

关键的问题是教育他们和改造他们。列宁对改造教师队伍是充满信心的。他们告诫党的工作者一定要重视和做好改造教师的工作。

只要善于利用原有教师的力量，做好团结改造的工作，只要坚持不懈地为培养出一支新的教师队伍而奋斗，一个能够"紧密地同党和党的思想结合起来，完全贯彻党的精神"，能"把工人群众团结在自己的周围，以共产主义的精神教育他们，使他们关心共产党员所做的事情"的"新的教育大军"就一定能够培养出来。

学习这条语录，对于正确理解和贯彻毛主席的团结、教育、改造知识分子的方针，是有重要意义的。

4. 选学的第十九条语录，主要是说明思想战线阶级斗争的重要性和长期性。因为革命胜利后，旧社会的死尸是不可能像一个人死了那样可以抬进棺材、埋入坟墓的。被打倒的阶级时刻都在企图变天复辟，幻想重新夺回他们已经失去的天堂。因此，社会主义革命和建设过程中遇到资产阶级各种形式的反抗，这是毫不奇怪的。列宁指出："我们的任务是要战胜资本家的一切反抗，不仅是军事上和政治上的反抗，而且是最深刻、最强烈的思想上的反抗。"这里，除了指出军事上政治上战胜资产阶级反抗的重要性外，着重指出了从思想上战胜资产阶级反抗的重要性。因为思想领域的斗争是更为长期的、复杂的，而且是不能用简单的强力手段加以解决的。无产阶级必须在这方面永远保持高度的革命警惕性，绝不容许资产阶级思想任意泛滥，而且要坚持不懈地开展思想领域的斗争，大力宣传共产主义思想，并使其永远保持进攻的状态，以不断缩小资产阶级思想的影响和市场，直至最后以无产阶级思想全部占领人们的精神世界。

"我们教育工作者的任务就是要完成改造群众的工作。"改造群众，这就是列宁同志在政治思想战线上对教育工作者提出的任务。教育工作，首先是政治思想工作，要用共产主义思想、马克思主义思想教育群众，清除残留在群众头脑中的资产阶级思想，转变学生的思想，使他们树立无产阶级世界观，使群众站到无产阶级方面来。这样才能把群众对建设社会主义共产主义的积极性焕发出来。

思想战线上斗争的胜利，也许不会像战争前线上胜利的那么快，也许要碰到很大的困难，甚至有时还会遭到失败，出现反复。"但是我们总是会胜利的。"因为我们的力量在群众。"群众对共产主义教育和共产主义知识的兴趣和要求，是我们在这方面取得胜利的保证。"

我们在这四条语录中学到列宁同志的这些光辉思想，以及《青年团的任务》等著作中所作的重要指示，对我们认清无产阶级必须在上层建筑其中包括各个文化领域中对资产阶级实行全面专政的历史任务，认识教育战线上两个阶级两条路线、两条道路斗争的现实性，认识教育领域中进行社会主义革命和改造这个剥削阶级世袭领地的必要性和艰巨性，提高教师改造世界观的自觉性，都具有十分重要和十分现实的指导意义。

1921 年

统一劳动学习部，特别是职业教育总局，应当特别注意更加广泛地、有计划地吸收所有适当的技术人员和农艺专家来参加职业技术教育和综合技术教育的工作，并且要利用每个设备较好的工业企业和农业企业（国营农场、农业试验站、好的农庄等等；发电站等等）。

利用经济企业和经济设施进行综合技术教育的形式和制度，则应当同有关经济机关取得协议，以免妨碍生产的正常进行。

列宁：《中央委员会给教育人民委员部党员工作者的指示》，1921 年 2 月 5 日，《列宁全集》第 32 卷，人民出版社 1958 年版，第 111 页。

【注释】

1. 本条语录，选自列宁《中央委员会给教育人民委员部党员工作者的指示》。发表在 1921 年 2 月 5 日《真理报》上。这是列宁 1921 年 1 月 29 日至 2 月 2 日亲自主持教育人民委员部改组委员会的工作时，写给教育人民委员部党员工作者的指示。

1921 年苏联开始全面地转入国民经济建设新阶段。1920 年 8 月召开了苏维埃第八次代表大会，提出了恢复和改造国民经济的宏伟计划。为适应这种需要，并直接为俄（共）布第十次代表大会准备"共和国教育组织工作"的材料，在 1920 年 12 月 31 日—1921 年 1 月 4 日，召开了有关国民教育的党的第一次会议。这次会议反映了教育人民委员部工作中存在许多问题。为此，列宁在 1921 年 1 月 29 日至 2 月 2 日亲自主持教育人民委员部改组委员会工作，着手改组教育人民委员部，并写了《中央委员会给教育人民委员部党员工作者的指示》等文章。

2. 统一劳动学校部和职工教育局。苏联建国初期为适应教育事业发展的需要，教育人民委员部的组织系统几经改组，行政机构的名称和管辖的职权都有较大的变动，统一劳动学校部（或译统一劳动学校处）和职业教育总局，都是教育人民委员部属下的一定时期的行政机构。统一劳动学校处成立于 1917 年 7 月，下设九个科：普及教育科、直观教具科、社会教育科、学校指导科、学校劳动科、学校卫生科、教学方法科、图书出版科和教研机关科。职业教育总局即职业教育管理总局，隶属于教育人民委员部，1921 年 2 月成立，1930 年 7 月改组为教育人民委员部干部司。

3. 职业技术教育：指相对于综合技术教育来说的一种专门的、单一的技术教育，是为学生毕业后从事某一项职业而在学校里实施的专业训练。列宁是反对过早专业化的，他认为必须在广泛地实施普通学校教育和综合技术教育基础上再去进行单一的专业教育，即职业技术教育，否则，便将重踏资本主义职业教育的覆辙，而影响学生的全面发展。

【解说】

列宁的这个《指示》共写了七条，选学的本条语录是其中的第五条。这是列宁同志在论证了坚定实施综合技术教育的基础上提出的关于认真实施综合技术教育所应采取的必要措施。

这里提出的一项要求是必须解决进行职业技术教育和综合技术教育的人员问题，"统一劳动学习部，特别是职业教育总局，应当特别注意更加广泛地、有计划地吸收所有适当的技术人员和农业专家来参加职业技教育和综合技术教育的工作"。在吸收这些人员参加工作时，列宁指示说："必须立刻对这些工作人员进行登记了解他们的工龄，审核他们的工作成绩，并且有计划地吸收他们担任地方的特别是中央的负责工作。"并要求说："非党专家必须在党员监督下进行工作。"

人员的问题解决了，另一个重要问题便是实施职业技术教育的场所问题。列宁指示说："要利用每个设备较好的工业企业和农业企业（国营农场，农业试验站，好的农庄，等等；发电站，等等）。"这里着重指的是"利用每个设备较好的"和"好的"工农企业，这就充分说明了列宁同志对这项工作的重视。

实施职业技术教育和综合技术教育，既是教育领导部门和学校的工作，又是生产单位的工作。双方必须充分的配合与合作，并都要把它作为自己分内的工作来对待，当作党的一项重要工作任务即培养无产阶级革命事业接班人来对待。列宁指示说："利用经济企业和经济设施进行综合技术教育的形式和制度，则应当同有关经济机关取得协议，以免妨碍生产的正常进行。"这就是说，双方除了思想认识上有足够的重视以外，还必须要共同协议，密切配合，做好组织安排工作。而且只要做好这方面的工作，就能保证"生产的正常进行"，不但不会妨碍生产，而且必将有利于生产，因而任何借口妨碍生产而拒绝这项工作，或因此而产生抵触情绪，敷衍塞责等等情况，都是极端错误的。

学习这条语录，对我们正确理解和贯彻教育与生产劳动相结合的方针是有现实的指导意义的。列宁同志提出的问题，在我们当前无产阶级教育革命过程中学工、学农教育上也同样会遇到的。我们一定不要因某种借口而丝毫动摇这个方针的贯彻，一定要妥善地对待和解决贯彻这个方针时所遇到的困难和问题，同一切反对教育与生产劳动相结合的错误思想进行斗争。

1923 年

为了革新我国的国家机关，我们一定要给我们提出这样的任务：第一、是学习；第二、是学习；第三、还是学习，然后要检查，使学问真正深入到我们的血肉里面去，真正地、完全地成为生活的组成部分，而不是使学问变成僵死的条文或时髦的辞藻（老实说，这种现象在我国是特别常见的）。

> 列宁：《宁肯少些，但要好些》，1923 年 3 月 2 日，《列宁选集》第 4 卷，人民出版社 1972 年版，第 699—700 页。

【注释】

本条语录选自列宁 1923 年 3 月 2 日写的《宁肯少些，但要好些》。

1922 年秋，列宁同志患了重病。《宁肯少些，但要好些》这篇论文，是列宁在重病期间，于第十二次党代表大会召开前一个月为专门论述成立中央监察委员会与工农监察院联合的机关而写的。1923 年 4 月召开的第十二次党代表大会遵照列宁的建议，成立了中央监察委员会与工农检查院联合的机关。这个机关负有保护党的统一，巩固党和国家纪律，尽量改造苏维埃国家机关等重大任务。

【解说】

列宁在论述改善国家机关的问题上，认为在挑选工作人员时要"宁可数量少些，但要质量高些"。指出："这里最有害的就是急躁。最有害的就是自以为我们还懂得一点什么。"因此，必须要善于学习。他认为国家机关工作人员应给自己提出这样的任务。"第一、是学习；第二、是学习；第三、还是学习。"光是学习还不行，学了还必须要去应用，学到的理论，要能够指导自己的行动。共产党员不是把学习用来装潢自己的门面，不能把学习变成脱离实际的僵死的条文或时髦的辞藻，而是应深入血肉，变成生活的组成部分，这就是要做到学用结合，理论与实践结合。所以要对学习进行检查，检查的标准就是要看是否做到了学用结合，是否用学到理论去指导自己的行动，只有如此，才能"革新我国的国家机关。"

列宁同志的这个教导，对任何一项革命工作和任何一个革命者都有普遍的指导意义。我们要把它和毛主席的有关教导结合起来，深入地学习和理解。

对斯大林有关教育革命论述的解说[*]

1924 年

党在无产阶级专政时期的重大任务之一,就是开展以无产阶级专政和社会主义的精神改造老一代和教育新一代的工作。旧社会遗留下来的旧的习气、习惯、传统和偏见是社会主义最危险的敌人。这些传统和习气控制着千百万劳动群众,它们有时笼罩着无产阶级各阶层,有时给无产阶级专政的存在造成极大的危险。因此,同这些传统和习气作斗争,在我们各方面的工作中必须克服这些传统和习气,并且以无产阶级的社会主义精神教育新的一代——这就是我们党的当前任务,不执行这些任务,就不能取得社会主义的胜利。

斯大林:《关于俄共(布)第十三次代表大会的总结》,1924 年 6 月 17 日,《斯大林全集》第 6 卷,人民出版社 1956 年版,第 217 页。

【注释】

本条语录选自斯大林:《关于俄共(布)第十三次代表大会的总结》。这是斯大林同志于 1924 年 6 月 17 日在俄共(布)中央县委书记训练班所作的报告,是对党的第十三次代表大会各项决议的出发点的阐述和解释,目的是使参加训练班的县委书记"回去以后容易研究这些决议"。

1924 年,在苏联的历史上是具有重大纪念意义的一年。1 月 21 日,伟大的无产阶级革命领袖和导师、布尔什维克党的创始人列宁同志于重病

---

[*] 选自《对马克思 恩格斯 列宁 斯大林有关教育革命论述的解说》,哈尔滨师范学院教育教研室主编,黑龙江人民出版社 1977 年版,第 109—135 页。此书由唐文中先生执笔,经哈尔滨师范学院教育教研室教师集体讨论后,以"哈尔滨师范学院教育教研室"为主编出版。

之后在莫斯科附近哥尔克村逝世了。全世界工人阶级、国际共产主义运动蒙受了不可弥补的损失。

还在1922年,根据列宁的提议,斯大林同志就被选为俄国共产党中央委员会总书记。列宁同志逝世以后,斯大林同志肩负起领导布尔什维克党和苏联人民建设社会主义的艰巨任务。从那时起直到1952年10月党的第十九次代表大会止,他一直担任着党的总书记的职务。斯大林同志是一位伟大的马克思主义者,但他在后期对社会主义社会有无阶级斗争的问题上缺乏正确认识,在理论上和实践上都造成严重后果。我们应以毛主席千万不要忘记阶级斗争的重要指示,正确理解斯大林同志对教育问题的有关论述。

俄共(布)第十三次代表大会,是1924年5月在莫斯科举行的。斯大林同志在6月17日对参加训练班的县委书记报告了这次大会的重要精神。

【解说】

选学的这条语录,是斯大林同志在这次报告中所谈的"劳动群众的教育和改造"问题开头的一段。这条语录的中心内容是论述在无产阶级专政条件下,同旧的传统势力作斗争、改造老一代和教育新一代的重要性。他指出:"党在无产阶级专政时期的重大任务之一,就是开展以无产阶级专政和社会主义的精神改造老一代和教育新一代的工作。"

"旧社会遗留下来的旧的习气、习惯、传统和偏见是社会主义最危险的敌人。"千百万群众是从旧社会生活过来的,他们还严重地受着这些旧习惯和传统偏见的束缚。这种状况不从根本上改变过来,就无法建设社会主义,就不能巩固无产阶级已经取得的政权。因此,必须要一方面改造老一代,一方面教育新一代。

斯大林同志指出:"在我们各方面的工作中必须克服这些传统和习气。"他认为国家机关是"无产阶级手中以无产阶级专政和社会主义的精神教育和改造广大人民阶层的极强大的工具"。必须为改善国家机关而斗争,发挥国家机关在教育群众方面的重大作用。同时还必须在农村工作和劳动妇女工作方面,加强对农民群众和妇女的社会主义教育。

对待青年,斯大林同志是寄予着无限期望的,他认为工农青年"是俄国的未来,他们是我国未来的体现者"。共产主义青年团和少年先锋队组织应该在培养青年一代的任务上发挥重大的作用。

1925 年

要竭力使无产阶级大学生把自己看做劳动群众的不可分割的一部分,竭力使大学生感觉到自己是社会活动家,并且在行动上表现出自己是真正的社会活动家——这就是党的第二个任务。

> 斯大林:《致苏联无产阶级大学生第一次全国代表会议(信)》,1925 年 4 月 15 日,《斯大林全集》第 7 卷,人民出版社 1958 年版,第 73 页。

共产党员大学生和全体苏维埃大学生应当明确而肯定地给自己提出如下的当前任务:掌握科学,从新的苏维埃人中间造就新的换班人来接替旧教授。我决不是说大学生不应当研究政治。决不是这样。我只是说共产党员大学生应当善于把政治工作和掌握科学的事业结合起来。

> 斯大林:《致苏联无产阶级大学生第一次全国代表会议(信)》,1925 年 4 月 15 日,《斯大林全集》第 7 卷,人民出版社 1958 年版,第 73—74 页。

【注释】

这两条语录,都选自 1925 年 4 月 15 日斯大林《致苏联无产阶级大学生第一次全国代表会议(信)》。

苏联无产阶级大学生第一次全国代表会议于 1925 年 4 月 13 日至 17 日在莫斯科举行。出席会议的代表约有 300 人,代表高等学校、中等专业学校和工农速成中学的 25 万名学生。斯大林同志于 4 月 13 日同代表会议的代表团谈了话,于 4 月 15 日又写了这封致代表会议的信。

1925 年 1 月是苏联完成了经济恢复的任务并开始具备了条件向新的国家工业化时期过渡的一年。还在经济恢复时期,列宁就提出了培养工人阶级自己的建设人才的要求,随着由经济恢复向社会主义工业化的过渡,新的社会主义建设人才的需要就更加迫切了。斯大林在给代表会议的信中所提出的要求,就是根据这样的历史条件对无产阶级大学生所发出的战斗号召。

【解说】

1. 在选学的第一条语录中,斯大林同志着重地指出了社会主义大学生、未来的建设者,不同于旧的建设人员的重要特点是要竭力"把自己看做劳动群众的不可分割的一部分","感觉到自己是社会活动家,并且在行动上表现出自己是真正的社会活动家"。旧的建设人员是脱离工人和农民的,他们把自己置身于劳动群众之上,他们既不重视劳动群众的信任,也不重视劳动群众的支持。无产阶级大学培养的新人所以叫做新的,"正是因为他们应当断然地坚决地和旧的发号施令的方法断绝关系。不脱离群众,而最紧密地联系群众;不把自己置于群众之上,而走在群众前面,引领群众前进;不远离群众,而和群众打成一片,争取群众对自己的信任和支持"。是紧密联系群众同群众结合成血肉关系,还是脱离群众站在群众头上当官做老爷,这就是新旧大学生、新旧建设者的本质区别。

2. 在选学第二条语录中,是斯大林同志对共产党员大学生提出的更高的要求。他指出,共产党员大学生不光在政治上要走在一般大学生的前面,还必须在业务方面、在科学知识方面走在一般大学生的前面。以便于"掌握科学,从新的苏维埃人中间造就新的换班人来接替旧教授"。

十月革命胜利以后,到 1925 年才仅仅七八年时间,工人阶级自己的建设还不可能大量地成长起来,面临大规模的经济建设任务,就只能大量地留用旧社会遗留下来的教授和专家。这些旧社会的留用人员经过改造,其中大部分是可以为新社会服务的。但正如列宁同志指出的那样:"教育界的资产阶级偏见特别顽固。""那些惯于把旧机关当作自己的世袭领地的人,是为自己的、为有产阶级服务的。""教育工作者和教员过去受的教育都是资产阶级的偏见和习惯,是敌视无产阶级的,他们同无产阶级没有任何联系。"因此,用无产阶级自己培养的新人来代替这些旧社会的留用人员,代替那些旧教授,就显得特别重要。斯大林对新的大学生,特别是对共产党员大学生所提出的要求,正是考虑到这些现实情况并从国家经济建设急需大量人才的实际情况出发的。

斯大林同志在谈到"掌握科学"的重要性时,为了使大学生不致于产生只注意掌握科学而忽视研究政治的错觉,特别强调说明:"我决不是说大学生不应当研究政治,决不是这样。我只是说共产党员大学生应当善于把政治工作和掌握科学的事业结合起来。"

1928 年

为什么我们许多年轻专家不适合于工作,对工业没有用处呢?因为他们学的是书本上的东西,他们是书本上的专家,没有实际经验,和生产脱节，他们自然会遭到失败。

> 斯大林：《关于中央委员会和中央监察委员会四月联席会的工作》，1928年4月13日，《斯大林全集》第11卷，人民出版社1955年版，第51页。

如果工人阶级不能摆脱没有文化的状况，如果它不能造就自己的知识分子，如果它不掌握科学，不善于根据科学的原则来管理经济，那它就不能真正成为国家的主人。

> 斯大林：《在苏联列宁共产主义青年团第八次代表大会上的演说》，1928年5月16日，《斯大林全集》第11卷，人民出版社1955年版，第64页。

（一）

【注释】

1. 1927年12月间召开的第十五次党代表大会上确定了在工农业生产中消灭资本主义的方针，决定着手制定国民经济第一个五年计划。

1928年初，在顿涅茨矿沙赫特区，一小撮资产阶级专家与原来企业主和帝国主义间谍机关相勾结，制造了大规模破坏矿区生产和设备的"沙赫特事件"。从这次事件中吸取的主要教训，除了必须吸引广大工人群众参加工业管理工作，改进企业管理制度外，就是必须加速从工人阶级队伍中造就新的技术干部。

选学这条语录就是在这样的客观条件下提出的。

2. 第一条语录选自1928年4月13日斯大林《关于中央委员会和中央监察委员会四月联席会的工作》。这是斯大林同志在联共（布）莫斯科组织积极分子会议上所作的报告。发表于1928年4月18日《真理报》第90号上。

"四月联席会议"于1928年4月6日至11日在莫斯科举行。斯大林在4月10日的全会会议上就政治局委员会的报告发表了意见，并被选入关于"沙赫特事件"和克服经济建设缺点的实际任务的决议最后修订委员会。

斯大林在莫斯科党组织积极分子会议上报告了这次联席会议的情况和有关决议的主要精神。选学第一条语录摘自报告的第三个问题"沙赫特事件"中。

斯大林同志在报告中总结了"沙赫特事件"的教训，指出这个反革命事件之所以发生，就是经济干部挑选得不好，对资产阶级专家失去了应有的警惕，给了他们以过大的权力；就是高等技术学校没有把干部训练好，没有把红色专家培养好；就是没有做好吸引广大工人群众参加管理工业；就是没有做好执行情况的检查工作。

【解说】

本条语录的中心内容是斥责新培养的年轻专家的理论脱离实际的情况。指出没有实际经验和生产脱离的书本的专家对社会主义建设事业是没有用处的，他们的结局只能是失败。斯大林同志从阶级斗争的高度进一步说明：“那些没有见过矿井也不愿意下矿井的年轻专家，那些没有见过工厂也不愿意在工厂里弄脏自己的年轻专家，是永远不能战胜旧的、经过实际工作锻炼的、但是仇恨我们事业的专家的。”

怎样来改变这种状况呢？最主要的是从改造学校教育开始，从改造培养这些专家的教育机构开始。"使年轻专家从进入高等技术学校学习的最初几年起就和生产、工厂、矿井等有密切的联系。"

学习这条语录，联系我国新中国成立后教育战线上无产阶级和资产阶级两种教育思想的斗争，是很有现实意义的。我们一定要坚定不移地贯彻毛主席的教育方针，把教育与生产劳动相结合起来，理论与实践结合起来，那种通过高楼深院的书本教育来培养科技人才的道路，是绝对行不通的。

（二）

【注释】

第二条语录选自 1928 年 5 月 16 日斯大林《在苏联列宁共产主义青年团第八次代表大会上的演说》。

苏联列宁共产主义青年团第八次全国代表大会是在 1928 年 5 月 5 日至 16 日于莫斯科举行的。这次大会讨论了社会主义建设的总结和前途以及对青年进行共产主义教育的任务；苏联列宁共青团中央委员会和中央检查委员会的总结报告；苏联列宁共青团驻青年共产国际代表团的总结报告；因实行发展国民经济的五年计划而产生的青年的劳动和教育问题；苏联列宁共青团的儿童工作及其他问题等。5 月 16 日斯大林同志在代表大会的闭幕会上发表了演说。选学这条语录摘自这篇演说的第三个问题"青年必须掌握科学"中。

【解说】

"沙赫特事件"的主要教训是"青年必须掌握科学"以接替那些和苏维埃政权怀有二心的资产阶级专家。斯大林指出："必须从工人阶级、共产党员、青年团中加速造就新的专家干部。"他认为必须同工人阶级无文化的状况作斗争,"不消除这种野蛮和不文明的现象","我们就一步也不能前进"。接着便是选学的第二条语录。

斯大林同志在谈到"青年必须掌握科学"的任务时,同时提醒了青年们千万不要因和平环境而忘记阶级斗争,千万不要因为顺利条件而产生骄傲自大,过分相信自己的力量,过分轻视敌人的力量。"我们的阶级敌人还存在。不仅存在,而且还在增长,企图进行反苏维埃政权的发动。""轻视工人阶级的阶级敌人的力量就是犯罪。"指出了要把共产党员官僚分子当作最危险的一种官僚主义分子来斗争。因此,"掌握科学"绝不是就可以脱离政治,脱离阶级斗争的任务去攻克什么科学堡垒,这是我们学习这条语录时要特别注意的。

1931 年

任何一个统治阶级都不能没有自己的知识分子。苏联工人阶级也不能没有自己的生产技术知识分子,这是没有任何理由可以怀疑的。

苏维埃政权注意到这种情况,为工人和劳动农民打开了国民经济各部门高等学校的大门。你们知道,现在有几万名工农青年在高等学校里学习。从前在资本主义制度下,高等学校是公子哥儿独占的场所,而现在在苏维埃制度下,工农青年却是高等学校里的统治力量了。

斯大林:《新的环境和新的经济建设任务》,1931 年 6 月 23 日,《斯大林全集》第 13 卷,人民出版社 1956 年版,第 61—62 页。

【注释】

本条语录,选自斯大林《新的环境和新的经济建设任务》。这是斯大林同志于 1931 年 6 月 23 日在经济工作人员会议上的演说。

经济工作人员会议是在 1931 年 6 月 22 日至 23 日由联共(布)中央委员会召集举行的,参加会议的有苏联最高国民经济委员会所属各经济组织的代表以及苏联供给人民委员部的代表。斯大林出席了这次会议并发表了上面的演说。

在这篇演说中,斯大林同志共讲了七个问题,即劳动力;工人的工资;劳动组织;工人阶级的生产技术和知识分子问题;旧的生产技术和知识分子转变的征兆;关于经济核算;用新方式工作、用新方式领导等问题。本条语录摘自第四个问题。

【解说】

斯大林同志在演说中分析了苏联工业高速度发展的现状。指出："我们从前还够用的为数极少的工程技术人员和工程指挥人员现在已经不够用了。"要建设社会主义，工人阶级没有自己的知识分子是不行的，任何一个阶级都有自己的知识分子，工人阶级一定要培养自己的生产技术知识分子。

工人阶级的知识分子，应不同于任何剥削阶级的知识分子，他必须把工人阶级的解放事业作为自己的事业，他必须无限忠诚于历史所赋予工人阶级的崇高使命，即为工人阶级的利益，为工人阶级的政治任务而斗争。斯大林指出："我们所需要的是能够了解我国工人阶级的政策、能够领会这个政策并决心老老实实地实现这个政策的那种指挥人员和工程技术人员。"

为培养这样的知识分子，苏维埃政权已经"为工人和劳动农民打开了国民经济各部门高等学校的大门"。在苏维埃制度下，工农青年已经是高等学校的统治力量了。斯大林对高等学校为培养国家建设人才的任务，寄托着高度的期望。他指出："毫无疑问，我们很快就能从我们的高等学校得到几千名新的教师和工程师，我国工业的新的指挥员。"

斯大林在我们所选学的这条语录之后，紧接着就谈到了光是依靠学校培养这种生产技术知识分子还是不够的，还必须注意从工人阶级队伍中，从有实践经验的工人中培养这样的知识分子。他指出："工人阶级的生产技术知识分子将不仅是由读过高等学校的人所组成的。竞赛发起人，突击队的领导者，劳动高潮的实际鼓舞者，各部门建设工作的组织者——这就是工人阶级的新的阶层，这个阶层也应当和读过高等学校的同志一起组成工人阶级知识分子的核心，组成我国工业指挥人员的核心。"他特别强调更大胆地提拔这些来自"下层"的有创造性的同志，要不惜金钱来为他们造成适当的环境。

学习这条语录，使我们更加深刻地认识到进行无产阶级教育革命，坚持从工农劳动人民中培养工人阶级自己的知识分子的重要性。

1933 年

青年是我们的未来，是我们的希望。青年应当接替我们老年人。青年应当举起我们的旗帜直到胜利的终点。……固然，青年缺乏知识。但是，知识是可以求得的。今天没有知识，明天就会有了。因此，你们的任务就是学习、再学习列宁主义。

> 斯大林：《在全苏集体农庄突击队员第一次代表大会上的演说》，1933年2月19日，《斯大林全集》第13卷，人民出版社1956年版，第226页。

【注释】

本条语录，选自1933年2月19日斯大林《在全苏集体农庄突击队员第一次代表大会上的演说》。

1933年初，苏联第一个五年建设计划完成了，工业有了很大的发展，千百万个体农户转上了集体化的道路。全苏集体农庄突击队员第一次代表大会，就是在农业集体化获得了伟大胜利的大好形势下召开的。这次代表大会是在1933年2月15日至19日于莫斯科举行。出席代表大会的代表1530人。斯大林在2月19日代表大会的闭幕会上发表了演说。

斯大林在这次演说中讲了三个问题：集体农庄道路是唯一正确的道路；我们的当前任务是使全体集体农庄庄员成为生活富裕的人；几点意见。对社会主义农业集体化的道路，农民在集体化的道路上摆脱富农的剥削压迫过富裕幸福的生活以及一些具体问题，都作了极其深刻的论述。选学这条语录摘自第三个问题"几点意见"中。

【解说】

这条语录是在谈共青团的问题时说的。青年人要代替老年人，这是一条必然的规律，任何时代任何社会都是如此。但这条规律在新旧社会交替和变革时期，青年人的地位和责任就显得尤其重要。青年人和老一辈人比较起来，受旧社会影响少，旧包袱少，容易"领会列宁的遗训"，容易接受新鲜事物，容易接受党的教导，沿着党所指引的方向前进，正是这些优点，是他们接替老年人，举起无产阶级革命的旗帜"直到胜利的终点"的条件。

但青年人没有经受过阶级剥削和压迫，没有旧社会苦难生活的经历，因而他们也就缺乏抵御旧势力侵蚀的能力，同时他们并不是生活在阶级斗争的真空中，剥削阶级在争夺他们，旧社会传统势力在影响着他们。所以摆在青年们面前最重要的任务"就是学习，再学习列宁主义"。列宁主义是无产阶级反对剥削压迫，争取解放，改造主观世界和客观世界建设社会主义和共产主义的斗争哲学，学习和掌握列宁主义，就能接好无产阶级革命的班，把无产阶级革命进行到底。斯大林同志反复告诫青年一定要重视学习马克思列宁主义，他说："男女共青团同志们！学习布尔什维克主义，引导动摇分子前进吧！少说空话，多做工作。你们就一定会成功。"

学习斯大林同志的教导，可以使我们更加深刻地认识到培养无产阶级革命事业接班人的重要性，认识到教育工作的重要性，认识到把无产阶级教育革命进行到底，坚持在一切领域里自始至终地加强无产阶级对资产阶级的全面专政的重要性。

1934 年

要知道教育是一种武器，其效果是取决于谁把它掌握在手中，用这个武器去打击谁。

> 斯大林：《和英国作家赫·乔·威尔斯的谈话》，1934 年 7 月 23 日，《斯大林文选》，人民出版社 1962 年版，第 14 页。

知识分子只有和工人阶级结合起来，才能是强有力的。如果他们反对工人阶级，那末他们就变成毫不足道的人了。

> 斯大林：《和英国作家赫·乔·威尔斯的谈话》，1934 年 7 月 23 日，《斯大林文选》，人民出版社 1962 年版，第 15 页。

【注释】

两条语录，都选自 1934 年 7 月 23 日斯大林《和英国作家赫·乔·威尔斯的谈话》。

赫·乔·威尔斯（1866—1946）是英国资产阶级作家，写过小说、历史著作和科学著作。他坚持资产阶级历史唯心主义的立场，对社会政治、历史问题抱着错误的观点。他在和斯大林的谈话中，否认阶级对立、阶级斗争，反对暴力革命，认为只有少数"能干的人们"，包括资本主义的国家首脑，"甘愿牺牲"的垄断资本家，以及律师、工程师等"受过教育的人们"和现代科学的发展就可以自然地"导向社会主义"。斯大林同志在谈话中，以辩证唯物主义和历史唯物主义的观点，深刻地批判了威尔斯的唯心史观和资产阶级立场。他指出，人类社会存在剥削阶级与被剥削阶级这两个阶级对抗、斗争的基本事实；强调暴力革命不是被人们的主观意愿决定的，而是由历史发展的客观规律决定的。剥削阶级是不可能自动放弃他的剥削统治，把政权让给劳动人民的。统治阶级进行暴力统治，被剥削阶级就只有采取暴力革命的手段来推翻他们的统治，并对他们实行无产阶级专政。同时，斯大林同志还指明，是奴隶们创造了历史，劳动人民是革命的主力军，知识分子不能起独立的历史作用。

【解说】

1. 在谈到第一条语录之前，斯大林首先驳斥了威尔斯所谈"受过教育的人们"的超阶级的观点。接着指出教育是阶级斗争的手段，是阶级斗争的"一种武器"，剥削阶级掌握它，用它作为统治劳动人民的武器；无产阶级掌握它，则用它来作为反对资产阶级，反对一切剥削阶级和消灭阶级统治与划分的武器。无产阶级是最懂得教育这个武器的效果的，它绝不空谈什么"受过教育的人们"，而是首先要对这种教育和受过这种教育的人来进行阶级分析，看它究竟是属于哪个阶级的。学习这条语录，可以对列宁"学校应当成为无产阶级专政的工具"的教导有更深刻的理解。无产阶级一定要牢牢掌握教育这个武器，用它来打击资产阶级。

2. 第二条语录主要是说明知识分子只有和工人结合才有他的前途。在阶级社会中，知识分子总是从属于一定的社会阶级的，有工人阶级的知识分子，也有地主阶级、资产阶级的知识分子。他们站在哪个阶级的立场上，就维护哪个阶级的利益。在无产阶级革命和争取解放的斗争中，在社会主义的条件下，"知识分子只有和工人阶级结合起来，才能是强有力的。如果他们反对工人阶级，那么他们就变成毫不足道的人了"。知识分子在无产阶级同资产阶级的斗争面前，必须抉择自己的阶级立场和政治态度，坚决依附于工人阶级，同工人阶级站在一起，这样才能发挥他们应有的作用。

斯大林同志的这两条语录，给我们指明了无产阶级必须牢牢掌握教育的领导权，执行无产阶级教育革命的正确路线，坚决改造旧教育，打击资本主义的复辟势力，使教育真正发挥无产阶级专政工具的作用。斯大林对知识分子的作用作了深刻的阶级分析，指明了知识分子的阶级属性和前途，明确提出了知识分子应该站在哪一边、为谁服务的问题，给知识分子指出了政治方向和革命道路。这些对我们教育工作者来说都是应该深入学习和领会的。

1935 年

　　干部的真正锻炼，是要在生动的工作中，在学校以外，在同困难作斗争中，在克服困难的过程中取得的。同志们，要记住：只有那些不害怕困难，不躲避困难，反而前去迎接困难，以便克服和消灭困难的干部，才是好的干部。真正的干部，只有在同困难作斗争中才能锻炼出来。

　　　　斯大林：《在克里姆林宫举行的红军学院学生毕业典礼上的讲话》，1935 年 5 月 4 日，《列宁主义问题》，人民出版社 1964 年版，第 583 页。

　　科学上的规定向来都是由实践，由经验来检验的。如果科学和实践、和经验断绝了关系，那它还算是什么科学呢？如果科学就是象我们某些保守主义同志所形容的那样，那它对于人类早就没有作用了。科学所以叫作科学，正是因为它不承认偶像，不怕推翻过时的旧事物，很仔细地倾听实践和经验的呼声。否则，我们就根本不会有科学，譬如说，不会有天文学，而直到现在还会信奉托勒密的陈腐不堪的地心宇宙体系说了；那我们就不会有生物学，而直到现在还会迷信上帝造人的神话了；那我们就不会有化学，而直到现在还会相信炼金术士的预言了。

　　　　斯大林：《在全苏斯达汉诺夫工作者第一次会议上的讲话》，1935 年 11 月 17 日，《列宁主义问题》，人民出版社 1964 年版，第 594 页。

（一）

【注释】

　　第一条语录选自 1935 年 5 月 4 日斯大林《在克里姆林宫举行的红军学院学生毕业典礼上的讲话》。

　　这篇讲话，主要论述了布尔什维克党如何在帝国主义的包围封锁、在贫困落后的基础上，克服了各种困难，特别是克服了技术落后的困难，使国家迅速走上了社会主义工业化和农业集体化的道路；论述了当前面临的困难，已经不是技术问题，而是领导生产、驾驭技术的干部问题，必须把着眼点放在解决干部问题上。

【解说】

　　讲话的最后一部分谈到了我们选学的这条语录。斯大林同志指出，真正优秀的干部，并不是在学校里可以直接培养出来的。高等学校毕业，得到了初步的锻炼，但作为干部的成长来说，"学校还只是一个预备阶段"。干部的真正锻炼，必须在实际斗争中，在学校以外的工作实践中，在不断同困难作斗争并不断克服困难的过程中，才能取得的。他反复告诫："只有那些不害怕困难，不躲避困难，反而前去迎接困难，以便克服和消灭困难的干部，才是好的干部。真正的干部，只有在同困难作斗争中才能锻炼出来。"实践出真知，斗争增长才干，无产阶级的革命事业接班人，党和国家的各级干部，只有在阶级斗争和生产斗争的大风大浪中才能锻炼和培养出来。

（二）

【注释】

第二条语录选自1935年11月17日斯大林《在全苏斯达汉诺夫工作者第一次会议上的讲话》。

1. 斯达汉诺夫工作者：即斯达汉诺夫运动中的积极分子，生产技术革新的先进工作者。斯达汉诺夫运动是由顿涅茨矿区矿井汽站采煤工人斯达汉诺夫首先发起的先进生产的群众运动。1935年8月31日，斯达汉诺夫在一班工作时间内采得102吨煤炭，超过普通采煤定额14倍之多。由于这一先进生产的榜样，于是就掀起了工人和集体农民为提高生产定额，为提高劳动生产率而斗争的广泛群众运动。为推广和交流经验，持续开展这一运动，1935年11月在克里姆林宫举行了全苏斯达汉诺夫工作者第一次会议。

2. 托勒密的陈腐不堪的地心宇宙体系说：托勒密（约公元90—168），古希腊的天文学家、数学家、地理学家。他的地心宇宙体系说，即宇宙的地球中心说，简称地心说，主张地球不动，居于宇宙的中心，太阳、月亮等其他星体都围绕地球运行。这一学说曾在天文学上统治了一千多年之久。直到16世纪波兰天文学家哥白尼（公元1473—1543）创立了宇宙的太阳中心说，即日心说，才推翻了托勒密的错误理论。后来的科学研究为哥白尼的理论作了重要补充，太阳仅仅是太阳系的中心，而太阳系本身也是在宇宙的空间中运动着。

3. 炼金术士的预言：炼金术，在中国称炼丹术，它是化学的前身和原始形式。起源于中国，后来传入欧洲。中国公元前2世纪，已有许多人做炼丹的实验。欧洲的炼金术流行于公元3世纪到10世纪。它主要是在奴隶主、封建主"富贵寿考"的贪欲影响下发展起来的。炼金术士的预言，即指根本不可能实现的"点石成金"的呓语来说的，它虽然不可能把石头炼成黄金、白银，但它通过不少化学实验，逐步了解了金、银、铅、汞等等化学元素的性质及其相互关系，发现了一些化合物，发明了一些化学实验方法，在化学的发展上做了一些奠基工作。但由于它从一开始就蒙上了迷信色彩，走上邪路，所以长期阻碍了化学的发展。

【解说】

选学的第二条语录摘自讲话的第三个问题"新的人才和新的技术定额"中。

斯大林严厉地批评了阻碍斯达汉诺夫运动开展的旧技术定额和维护这种定额的保守的工程技术人员，特别是谴责了那些打着"科学"的幌子，说什么"科学的原理，技术指南和技术规则的原理，是与斯达汉诺夫工作者要求新的更高技术定额相矛盾"的那些人。第二条语录就是为批判这种保守思想论述了科学是产生于实践并由实践来检验的道理。学习这条语录，可以使我们对马列主义"实践第一"的观点有更深刻的理解。任何科学都不能离开实践，都是在实践的基础上发展起来的。

1939 年

没有必要使得一个医学专家，同时又是一个物理学专家或植物学专家；反过来说也是一样。但有一个科学部门的知识，却是所有一切科学部门中的布尔什维克所必须具备的，这就是马列主义关于社会、社会发展规律、无产阶级革命发展规律、社会主义建设事业发展规律以及共产主义胜利的科学。那种局限于自己的专门知识，譬如说局限于数学、植物学或化学，而除了自己的专业知识以外再也看不见其他什么东西的人，虽然他们自称为列宁主义者，也决不能视为真正列宁主义者。列宁主义者决不能仅仅是他自己所喜爱的那门科学的专家，他同时还应当是政治家和社会活动家，积极关怀本国命运，通晓社会发展规律，善于运用这些规律，并力求成为积极参加国家政治领导工作的人。当然，这对于布尔什维克专家是一种附加的负担。但这是大有出息的一种负担。

> 斯大林：《在党的第十八次代表大会上关于联共（布）中央工作的总结报告》，1939 年 3 月 10 日，外国文书籍出版局 1951 年版，第 55 页。

【注释】

本条语录选自 1939 年 3 月 10 日斯大林《在党的第十八次代表大会上关于联共（布）中央工作的总结报告》。

在这篇报告中，斯大林讲了三个大问题：苏联的国际形势；苏联的内部状况；联共（布）更进一步的巩固。选学的本条语录摘自第三个大问题中的第三个小问题"党的宣传工作，用马列主义教育党员和干部"中。

斯大林认为马克思列宁主义教育党和国家的工作人员是具有严重意义的大问题。在这篇总结报告中，他说："在国家工作和党的工作任何一个部门中，工作人员的政治水平和马列主义觉悟程度愈高，工作本身也愈高，愈有成效，工作的结果也愈有效力；反过来说，工作人员的政治水平和马列主义觉悟程度愈低，工作中的延误和失败也愈多，工作人员本身也愈加变为鼠目寸光的小人，堕落成为一些只图眼前利益的事务主义者，而他们也就愈易蜕化变节——这要算是一个定理。"他认为如果党和国家的干部都能够洞察国际国内的斗争形势，都能成为十分成熟的马列主义者，都能在领导党和国家的工作上不犯严重错误，"那么我们就有一切根据，认为我们所有的问题十分之九都已经解决了"。

选学本条语录，就是在上面论述的基础上提出来的。

【解说】

斯大林同志认为年轻干部的培养和形成，一般都是按照国家建设的需要，按照个别科学和技术部门的需要，从武装他们以不同的专业知识和实际本领来进行的，这样做是应该的而且是必需的。所以没有必要使一个人同时是精通各行的医学家、物理学家和植物学家。"但是有一门科学知识却是一切科学部门中的布尔什维克都必须具备的，这就是马克思列宁主义关于社会、社会发展规律、无产阶级革命发展规律、社会主义建设发展规律以及共产主义胜利的科学。"那些只局限于自己所从事的专业而不懂得无产阶级革命和社会主义建设规律的人，是不能称为马克思列宁主义者的。这不仅因为一切科学都要以马克思列宁主义作为世界观基础，不以这种科学世界观作指导，任何科学都无法前进和发展，而且更重要的是因为从事任何一种专业工作的人，都首先应该是无产阶级的革命者，都"应当是个政治家和社会活动家，应当密切关心本国命运，懂得社会发展规律，善于运用这些规律，并力求成为国家政治领导的积极参与者"。学习马列主义是要下苦功夫认真从事的。不要认为这是一种额外的负担，这是党对所有干部提出的一项最根本的必须完成的要求。"这是一种大有出息的负担。"

学习斯大林同志这方面的教导，对教育工作者来说，具有重要的指导意义。教育工作者担负着培养无产阶级革命事业接班人的光荣任务，首先自己必须"认真看书学习，弄通马克思主义"。树立马克思列宁主义的世界观，才能在党的领导下，胜利地完成党所交给我们的任务。

教育咨询与建议

对石头河子镇社会经济发展中的科技服务体制与教育发展的建议[*]

提高人才素质和技术力量,是促进和保证社会经济发展的根本措施之一。为使石头河子镇的智力资源得到合理的开发和利用,必须抓好两项工作,一是大力开展以"三莓"为中心的科研工作,坚持"科技致富"的道路;二是积极发展教育事业、普遍提高劳动者的文化素养。

"三莓"是技术性比较强的园艺生产,同粮食作物比较,在种植、栽培、贮运、加工以及防病、治病等方面都要求较高的技术和较多的劳力。因此,在石头河子镇实现以"三莓"为主导产业的社会经济发展规划中,必须十分重视科技推广服务体制的建设。

现在,石头河子镇已有"三莓"科研站一所,负责"三莓"生产,利用科学实验研究及技术推广工作。几年来,他们做了大量工作,在果农群众中享有较高的威信。但考虑这个试验站,既是石头河子镇和尚志县的"三莓"技术开发基地,也是目前全省唯一的"三莓"专业的科研机构和示范区,为充分发挥其在"三莓"经济中的向导作用,必须大力加强这个科研站和以这个站为中心的科研网。

一、科研站现有工作人员八人,其中五名科研人员基本上属于经验型的,知识面比较单一。今后几年内,一方面应提高现有人员的科技水平,可采取在职或离职进修办法进行系统学习,或根据需要,缺什么补什么;另一方面应增加受过高、中级专业培养的科研人员3—5名。

二、在管理体制上,这个站无固定经费来源,除通过承担一定的科研项目从科委领取一定数额的经济资助外,基本采取"以站养站"的办法,

---

[*] 原载《决策建议》(1987年合订本),黑龙江省科技经济顾问委员会主编,1987年第13期。

这对调动积极性来说是有好处的,今后仍应坚持"自力更生",不要躺在国家身上,事事依靠上级。但有不少问题,如扩大试验场地、建立科研网络、增加科研设备等等都不是一个科研站能够解决的。建议县、镇政府,在经费、设备和人力等方面给以扶持和领导,以便更好地发挥它的作用。另外在镇级政府中,应增设科技助理一名,专门负责科技服务的领导工作,协调科技推广中各个方面的关系。

三、"三莓"科研站,应以中间实验和示范推广优良品种与先进技术为根本任务,因此需要建立合理的实验、推广的科研网络。经过这个站在各村、屯间设有科研专业联系户,通过他们一是扩大实验范围,二是推广先进技术,今后仍是一种可行的办法。除此之外,更主要的是建立推广应用的组织,站内应有专人分工负责推广工作,在县、镇各"三莓"生产集中的村、屯应设立技术推广组,这个组可以小学为中心吸收有关人员参加,汇集群众的生产经验,推广有成效的科技成果。

四、科研站拟议中准备建立的"三莓"咨询服务公司,应该促其早日实现。这个公司的主要服务对象,除面向本镇、本县的"三莓"专业户和加工单位外,还要面向外县、外省,是"三莓"成果推广的对外窗口,对发展"三莓"经济是会起到积极作用的。

除了开展"三莓"科研外,我们认为这个镇还必须搞好教育建设、发展学校教育。提高农民的文化水平与开展科研活动是相辅相成的。因此,有计划地普及九年义务教育,提高普通教育水平,增设职业技术学校是十分必要的。

一、应加快普及九年义务教育的步伐。目前,这个镇幼儿教育比较发达,4—7岁的幼儿入园率接近50%,其中6—7岁年龄的入园率高达74.9%。小学教育在1984年普及率已达98.7%。现在有农办中学1所,镇办小学1所,村办小学6所,小学下伸点11个。农民群众由于对"三莓"生产中运用先进科技取得的成果深有感受,对提高文化的积极性较高,加以经济收入连年大幅度增长,经济力较强,这些都是普及九年义务教育的有利条件。建议县的教育行政领导部门结合本镇的特点,早于其他乡、镇实现普及九年义务教育。

二、现在该镇的一所初级中学,实行四部制,在普通课程中,增设"三莓"技术课程。这个学校属普通教育范围,可以继续办下去,取得经验,适应普及义务教育的步伐,增加校数和招生名额。除此之外,建议增设职业技术学校一所,招收初中毕业生,设"三莓"及其他农村建设需要的专业，为本镇、本县及其他"三莓"专业生产区培养人才。

三、发展教育事业，师资是个重要问题。当前全镇有202名中小学教师，其中专科程度的9名，中师毕业的144名，"文化大革命"前高中毕业的23人，"文化大革命"中九年制毕业生26名。文化水平偏低，今后应把提高现有教师水平作为一项重要任务，建议采取函授，送校外进修和在职自学等办法积极提高他们的文化、业务和政治水平。同时还要与有关师范院校取得联系，争取上级分配足够数量的合格教师。

四、开展继续教育，提高成年劳动者的文化水平。"三莓"生产与粮食作物不同，一般到九、十月份即进入农闲季节，加上整个冬季，这是组织成年劳动者继续学习的大好时机。应以学校为中心开展农闲期间的文化、技术教育。

对开发我省离退休老干部老专家智力资源的几点建议[*]

从我们黑龙江省情况来看,在1987年上半年统计离退休的老干部、老专家约11万人,居全国第三位,其中厅局级或相当于厅局级的有7000人,具有高中低职称的有5843人,大、中、小学教师8199人,这是我省的宝贵财富。对于如何发挥我省离退休老干部、老专家的作用,省领导从1977年开始着手抓这项工作,但只限于一般性的号召,1983—1984年提出明确要求,开始按专业、多渠道、有组织地发挥离退休老干部、老专家的作用,并取得了一些成绩,1986年进一步加强组织工作、增设了专门机构,并下达了《发挥离退休老干部的作用的建议》《发挥离退休厅局级老干部的作用》等文件。可以说,我省这方面的工作有了一个很好的开端,但如何进一步开发我省离退休老干部、老专家的智力资源还需要我们进行深入的调查研究,使我省的离退休老干部、老专家能最大限度地发挥自己的智慧和才能。

一

我们对我省203名离退休的老干部、老专家进行了抽样调查,目的是通过对调查上来的情况进行分析,了解我省离退休老干部、老专家的实际情况,从中发现一些问题,以便有针对地采取一些对策,充分开发我省离退休老干部、老专家的智力资源。

1. 对于离退休的老干部、老专家来说,他们勤勤恳恳工作了几十年,

---

[*] 原文系唐文中、李向荣、孙侠和吕涛共同完成。原载《决策建议》(1987年合订本),黑龙江省科技经济顾问委员会主编,1987年第48期。

现在理应好好享受一下，安度自己的晚年，这是无可非议的，但从我们的调查中反映出，他们所想的并不完全是这样，下面是他们对"离退休后最大愿望是什么"这一问题的回答：

您离退休后最大的愿望是什么	颐养天年 健康长寿	发挥余热、继续得到合适的工作	教育第三代
人次	112	128	85
百分比（%）	55.2	63.1	41.9

从上表可以看出，他们虽然离开了工作岗位，但他们受党教育多年，为党工作几十年，不仅有专门的知识，丰富的经验，而且具有高度的思想觉悟，他们离退休后不是只想养身长寿，而是在"养"的同时，力所能及地为社会做些工作作为自己的最大愿望。

他们这一愿望的出发点，不是为了单纯的消磨时光，不是为了一点报酬，他们具有高度的思想觉悟，他们的动机是高尚的、健康的。我们做了这方面的调查结果如下：

您想继续工作和学习的动机	消磨时光	提高自己的认识，增强自己的本领	使晚年生活更有意义，为社会主义事业作出贡献	保持与群众的接触，增加与同年龄人交往的机会
人次	26	71	147	98
百分比（%）	12.8	34.9	72.4	48.3

绝大多数老同志想继续工作和学习是为了使自己的晚年生活更有意义，对社会主义事业作出贡献，表现了他们高尚的晚节，还有一部分老同志是想通过工作和学习提高自己的认识，增强自己的本领和保持与群众的接触，增强与同年龄人交往的机会。这都说明了，他们不愿碌碌无为，终日无所事事地度过自己的晚年，他们自信、自强、充满活力，他们要走出家庭、走向社会，仍想把自己置于社会实际中去，接受新的信息，关注社会的发展，不断学习，不断充实和提高。在调查中我们列出了这样一个项目"您打算或希望怎样充实您的生活内容"，结果如下：

您打算或希望怎样充实您的生活内容	上老年大学	旅游观光增长见识	自己看书学习	与志同道合者论道	写字作画种花养草
人次	81	129	133	62	74
百分比（%）	39.9	63.5	65.5	30.5	36.5

正是由于他们有这样的愿望、动机、志向以及他们所表现出的自信和活力，为开发他们的智力资源提供了一条极为有利的先决条件。

2. 离退休老干部、老专家，由于年龄的原因离开了工作岗位，他们以往工作的性质、特点不同，身体状况也不一样，通过什么途径来发挥他们的余热，在调查中我们首先了解了一下这些老同志的想法，见下表：

您想怎样发挥您的余热	就自己所长提供咨询	总结自己的经验著书立说	在自己的专业方面继续得到适当的工作	做历史的见证写回忆录
人次	60	20	103	18
百分比（%）	29.6	9.9	50.7	8.9

近一半的老同志都想在自己的专业方面继续得到适当的工作，因为他们多年从事这方面的工作，有着丰富的经验，深厚的知识基础，能够发挥出更大的光和热，同时，他们想工作也说明他们的身体状况允许。但在我们调查中老同志们反映，他们发挥余热感到较为困难的就是得不到适当的工作机会，下面是他们反映的统计：

您感到发挥余热的最大困难是什么？	得不到适当的工作机会	社会的压力不愿屈就地位偏低的工作	虽有工作机会但无合理的报酬	找不到助手或协作者
人次	99	15	16	19
百分比（%）	48.8	7.4	7.9	9.4

可以看出多数人苦于没有组织、没人介绍而得不到适当的工作，自己的技术业务专长得不到发挥，而有的老同志不愿屈就偏低的工作，也是因为找不到适合发挥自己特长的工作。

3. 国家的离退休政策的贯彻落实，使一大批工作几十年的老干部、老专家退出了第一线，尽管有些人身体状况良好，并愿意而且能够为党工作，但调查表明，他们对国家的离退休政策基本上是赞成的，见下表：

您认为离退休年龄应延长吗？延长多少合适？	现有规定不应延长	男65岁女60岁	男女都应60岁	男女都应65岁
人次	74	60	26	10
百分比（%）	36.5	29.6	12.8	4.9

从上表中可以看出，一些老同志认为现有规定不应延长，而另一些老同志则希望离退休的年龄不应规定的太死，应灵活一些，应根据每个人的具体情况而定，这都反映出他们想继续工作的愿望，然而，他们都能够从大局着想，从整个事业的发展出发，顺利地离职退休，但我们必须认识到，他们并不愿闲置在家，他们有强烈的工作愿望，因此，我们不只满足于一般性的文娱活动和物质方面的一点照顾，调查中许多老同志反映他们最大的苦恼是失去工作的闲暇感，另外就是地位变化带来的炎凉感。见下表：

您在离退休后最感苦恼的是什么？	地位变化带来的炎凉感	失去工作的闲暇感	离群索居的孤独感
人次	60	97	49
百分比（%）	29.6	47.8	24.1

这表明，他们所希望的是组织上能够提供给工作上的机会，他们要工作，要为社会贡献出自己的光和热。

老同志离退休后炎凉感和孤独感的产生，一方面是由于社会上不良风气的影响，另一方面也反映出我们的工作中存在一定的问题。在调查中有的老同志反映，一些基层组织只是在形式上走走过场或只见物不见人，对国家有关政策的执行，是说一套，做一套，如有的老同志的职称应给予解决，却迟迟得不到解决，工资应予调整却迟迟不予调整，等等。

从调查的情况看，我们有了一个很好的基础，有许多有利的条件，只要我们从我省离退休老干部、老专家的内心愿望出发，认真考虑他们的实际情况，针对具体问题，采取适当的措施，就能合理、有效地开发这一智力资源。

二

对于如何开发我省离退休老干部、老专家的智力资源，我们在调查中有意识地征求了我省离退休老干部、老专家的意见，根据他们提出的建议，结合我们调查所掌握的材料，经过讨论，归纳出如下几方面的建议措施，仅供参考。

（一）深入调查研究，掌握离退休老干部、老专家的实际情况，合理地组织安排

全省离退休的老干部、老专家分布在各行各业，有各自不同的情况。必须做全面的调查，摸清离退休老干部、老专家在各行各业的分布情况，掌握其技术业务专长以及身体状况，登记造册，组成网络，全面安排。

另外，要对全省各行各业人才技术需求情况做一调查，掌握哪些行业和部门需要人才或技术指导，哪些问题急需尽快解决，只有对这两方面的情况做到心中有数，才能充分合理地开发他们的智力潜力。

（二）加强组织领导，采取多种形式和途径，充分发挥离退休老干部、老专家的余热

让离退休的老干部、老专家直接参与社会工作，不仅是离退休老干部、老专家的最大愿望，而且也是开发他们智力资源的一条很好的途径。

具体方式：

1. 业务咨询。把有丰富经验，一定技术业务专长的离退休人员组织起来，对各项业务工作提供咨询意见，可成立咨询机构，也可成立咨询顾问团，到需要有关技术指导的单位进行咨询服务或实际操作表演。

2. 参与决策。过去曾担任过各级领导职务的离退休老干部，有丰富的行政管理和政治工作经验，可在一些决策的制定过程中，把它们组织起来，深入实际进行调查研究，提出可行性建议和意见。

3. 张榜招贤。通过调查了解，把当前亟待解决的一些问题列出项目，分发到有关单位和部门，对于有这方面技术专长的离退休人员可采取自由选择的原则，根据其可行方案，择优聘用。

4. 技术服务。把有关专业技术人员组织起来建立起综合性的老年科技队伍，开展专业方面的技术服务，可考虑成立研究会或专业人员协会，定期举行专题讨论，学术交流，还可把一些专业课题交给他们，共同加以研究解决。

5. 文化教育服务。开办各种教育事业，如组织专业培训班，聘请有一定造诣的离退休人员讲授，提高在职人员的业务素质，培养专门人才，举办各种文化补习班。

（三）多方面关怀照顾，注意解决实际问题，消除一切不良因素，为离退休老干部、老专家充分发挥余热创造条件

我们在调查中了解了一些老同志退休后遇到的最大困难是什么，他们的反应见下表：

您在离退休后遇到的最大困难是什么？	子女关系（家庭关系）问题	物质生活待遇问题	精神上没有寄托
人次	33	58	32
百分比（%）	16.3	28.3	15.8

以上出现的问题，在他们离退休前可能还不是很明显，但离退休后可能就变得尖锐了，虽然反映这方面问题的人数不多，所占比重不大，但这类问题是普遍存在的，我们不能不加以重视，上级领导部门应经常监督检查基层单位对国家关于离退休人员的政策文件的贯彻执行情况，有必要制定一些细则、条例以保证政策的顺利实施，促使基层组织尽快解决那些悬而未决的问题。

在如何发挥自己的余热问题上，一些老同志提出要著书立说、写回忆录，组织上应给予大力支持，并在查阅资料、实际调查方面提供方便，对确有价值、水平较高的，应创造条件，保证出版；对一些老同志提出没有适当的工作机会问题，主管部门除全面组织安排外还应设立一些专门的场所机构，如老年智力资源市场，离退休人员工作介绍处，老年人才交流中心，等等；对有专门技术业务，愿意并能够从事一定工作的离退休人员登记注册，与有关单位和部门沟通，并予以介绍，使供需见面。

总之，要想合理有效地开发我省离退休老干部、老专家的智力资源，就必须积极主动地为其创造条件，调动他们的积极性，通过多种渠道，采取多种形式使他们能够在社会主义现代化建设中充分发挥自己的智力和才能，从而推动我省的建设和发展。

关于培养职业中学专业课教师的建议[*]

普通教育和职业技术教育的相互沟通和结合，企业技术培训和学校技术教育的沟通和配合，已成为许多国家发展教育，并使之直接为经济服务的重要途径和战略。

我国职业技术教育由于历史的原因，一直是教育结构中的"细腰"，特别是中等教育结构单一化，造成高、中、初级人才的比例失调，严重影响了社会生产。注重建设一支合格的教师队伍，这是发展中等职业技术教育的保证和前提。我省由于职业技术教育底子薄弱，而目前新设学校又比较多，所以，职业技术教育的师资，特别是专业课师资短缺的问题就更为突出了。哈尔滨市1979年开始创办职业中学，今年职业中学已达到了98所，在校生21647人。但相应的专业课师资队伍发展则极为缓慢。

现有职业中学教师2037人，而专业课教师只有655人，不到教师总数的1/3，而且，就这些专业课教师也多是靠就近专业转行，未受过专业训练，有部分教师是外聘的专业技术人员，这部分人有实际经验专业水平，但教学效果不理想。"七五"期间，哈尔滨市总共需要新增技术工人和中专毕业生167224人。预计到1990年哈尔滨市职业中学在校生将达到36000人。"七五"期间职业中学专业课教师估计缺少2000人。这只是哈尔滨市的情况，全省对职业中学专业课师资的需求远远超过此数。

为了加快我省中等职业技术教育的发展，特提出以下几点建议：

第一，上级领导机关应对职业中学专业课师资的培养有一个统筹安排与协调，指导职业中学与师资培训部门以及大专院校之间的关系。

第二，对人才的需求作出科学的预测，使之与经济和社会发展的要求

---

[*] 原文系唐文中和吕涛共同完成。原载《决策建议》（1988年合订本），黑龙江省科技经济顾问委员会主编，1988年第101期。

相适应。合理设置专业。职业中学与师资培训部门应紧密联系。及时传递，反馈信息，根据当前与长远需要，培养相应的专业课教师。

第三，职工业余大学、专科学校教育学院等要将培训职业中学专业课教师列入计划，以招收职业中学优秀毕业生为主，实行定向培养。

第四，正规的理、工、农、林、医、师范等院校，在上级教育行政部门协调指导，并予以一定投资的情况下，可与职业中学加强合作，根据经济和社会发展的要求，以及职业中学专业设置情况，以短期师资培训班的形式，为职业中学培养专业课教师，招收普通高中毕业生和职业高中毕业生，定向培养。根据生源不同，可采取不同方式，在专业理论和专业实践两方面有所侧重。

第五，农村中等职业技术教育一直发展较缓慢，主要是缺少师资。上级领导部门应予以重视。可根据农村发展的需要，委托大专院校以及其他师资培训部门，从农村定向招生、定向培养。

第六，加强中等职业技术教育与企业的联系，注意从外系统的企业、事业部门选调或招聘自愿做专业课教师的技术人员。但同时，应采取措施加强这部分教师的教学理论修养。

第七，对现有的专业课教师，应选择时机，创造条件和机会，使其得到进修培训，提高水平。

第八，各职业中学之间应互通有无，加强横向联合，学校内部也可采取选出代培，留用本校优秀毕业生做专业课教师或实习指导教师等措施，解决师资问题。

第九，在高等学校设置上，应考虑建立职业技术师范院校，肩负起培养中等职业技术学校和技工学校的专业课师资的任务，系科课程设置应注意培养多面手，避免过分单一化。目前可选择一两所师范专科学校首先创办职业技术科、系，打好基础，待条件具备，转为职业技术师范学院。这是解决职业中学、技工学校专业课的根本办法。

关于黑龙江省教育发展的三点建议[*]

一

一定要重视教育工作，采取措施，把我省教育落后的现状改变过来。"百年大计，教育为本"，一切建设，都是以人的素质为转移的，教育对物质文明和精神文明建设的重要性是用不着争论的。前次（1月31日）邵代省长召开的科顾委新年座谈会上有的同志说"把我省的资源优势和人才优势结合起来"。我对此有不同的看法，实在看不到我省的"人才优势"在哪里？我们的科技队伍、教师队伍，新老之间存在严重"断层"，而且很不稳定，至少教师队伍如此。我们的普通劳动者素质低下，这是我们的产品工业水平缺少竞争力的根本原因。其根源是教育落后。讨论稿注意到这个问题，在八项主要工作中，在控制物价和发展农业之后，第三项就谈到教育事业的战略地位，这是十分可喜的，说明邵代省长对这个问题的重视。但教育问题，不只是个认识问题，重要的是采取切实的行动。有人在谈到我国"教育危机"时，提出两个令人困惑不解的现象，其一是认识与决策的"反差"，各种文件、决议对教育的重要性连篇累牍，听之确实令人鼓舞，而发展教育的决策和行动即凤毛麟角。其二是立法与执法、违法的"反差"。《义务教育法》命令实施，而学龄儿童拒不入学、失学、辍学却无人过问。所以，当前根本的问题，是把教育重要性落到实处，真正采取一些实实在在的措施。希望我们省不要只顾眼前，只抓经济建设这个热点，必须把教育当作另一个热点。教育建设与经济建设同时

---

[*] 原载《决策建议》（1989年合订本·上册），黑龙江省科技经济顾问委员会主编，1989年第11期。

抓。否则，人才素质不能从根本上改善，物质文明和精神文明建设都将自食其果。

二

发展教育，目前面临三个问题，一是教育经费，二是师资队伍，三是学生厌学。关键是教育经费。由于经费不足，学校设备差，教师物质待遇得不到提高，教师社会地位得不到改善，教师队伍不稳，工作责任心差，影响到教育质量，影响到师范院校招不到优秀学生，形成教师队伍素质低下，在新的"读书无用"的冲击下学生厌学、辍学，一种"恶性循环"使教育事业产生了严重的"危机感"。讨论稿抓住了问题的实质，重视解决教育经费问题。并且提出几项具体要求。但由于教育事业"积欠"太多，恐怕实际增长仍是难以解决问题的。讨论稿21页谈到"在清理固定资产在建项目中砍掉的属于楼堂馆所的财政拨款资金，以及收取未控商品附加费和筵席费税、鞭炮税等，绝大部分将用于发展教育"，该话中的"绝大部分"建议改为"全部"用于发展教育。这样做很多省已有先例，我们省也应这样做。

三

切实重视发展职业技术教育。职业技术教育对提高国民素质促进经济繁荣的重要作用，已被日本、联邦德国、韩国等许多国家所证实。讨论稿中谈到"中等教育要向职业技术教育倾斜"的问题，但对这个问题的切实措施似嫌不足，建议把这个问题当作我省教育建设的一个重要决策，从我省省情出发搞出一套真正具有"龙江特色"的职业技术教育体系来。组织专门班子进行调查研究，吸取国内外先进经验，使职业技术教育与劳动人事就业制度协调起来，有计划、有步骤地把职业技术教育发展为经济建设的重要支柱。

关于哈尔滨市建工局工学院的教改经验与未来发展建议[*]

省科顾委于1989年7月10日，就哈市建工局工学院的教改经验召开了第二次讨论会，参加讨论的有省科顾委教育专家组的成人教育专家、省市教委的负责同志。与会同志就这所学校的改革历程，所取得的经验及市政府对该校的调整措施等问题，广泛地发表了意见。

一

哈建工局工学院隶属于市建工局，过去办学经费一直由建工局拨付。1987年开始采取个人承包办法，他们不用国家投资、经费自主、以学养学、以副补学，走出一条职工高校改革的新路。这个办法实行以后，引起社会极大关注。各方议论是毁誉参半、褒贬不一。为深入探索这一问题，根据黄枫副省长的指示，1988年4月12日省科顾委曾邀请有关专家及有关部门领导进行了较为全面的讨论。到会同志充分肯定了这一办学形式，认为符合国家教改方向，应积极给予扶持，把这一改革深入进行下去。同时也指出所谓"不吃皇粮"等提法值得商榷，之后国家教委和城乡建设环境保护部负责教育工作的领导同志也来校调查，对于他们的做法基本上是肯定的。（详见《决策建议》1988年第36期）

该工学院自1988年1月由承包人（院长方秀云）同市建工局签订为期两年（到1989年12月截止）的承包合同以来，在人事、工资、管理等方面进行了系列改革，有效地调动了教职工的积极性，仅仅一年的时间，

---

[*] 原载《决策建议》（1989年合订本·上册），黑龙江省科技经济顾问委员会主编，1989年第40期。

就取得了众人瞩目的成绩,整个学校欣欣向荣。就在这时,哈市教委提出哈市建委口四家院校实体合并,合并后的学校由国家统一投资办学。对此,工学院领导曾多次申述学校的实际现状,请求保留这所学校的建制,使这一刚刚开始的办学形式能够继续下去。与此同时,科顾委还曾组织部分专家到该校进行实地调查。1989年3月23日《决策建议》第17期全部刊登了有关该学校办学、争议、论证的各种材料。希望对这一新实验的兴废问题得到正确地解决。不料,最近哈尔滨市政府作出决定,撤销这所学校的建制,并规定自1989年9月开始实行实体合并,将该校归并于市建委口下的建设大学中。考虑到这个涉及职工高校如何进行改革,这所学校已经取得的经验要不要继续进行探索的问题。教育界的不少同志表示关切,因此,科顾委再次召开讨论会。综合大家意见主要有以下几点:

第一,对这所学校的办学形式,到会专家和教育工作者一致认为符合职工高校改革的大方向。在当前教育经费紧缺的情况下,学校采取经费自立,不拿国家一分钱,为职工教育开辟了办学的新路,应给予充分肯定。

第二,对该学院实行新体制后所取得的经验,普遍认为十分可贵。其可贵之处不仅在于他们实行以学养学、以副补学、经费自立,更重要的是这一根本改革带来的一系列成功的经验,诸如:1. 实行了较为彻底的院长负责制;2. 对干部教师任用实行了聘任制,增强了每位工作人员的责任心;3. 推行内部包干责任制,把竞争机制引进各部门;4. 改革分配制度,打破了大锅饭,实现了奖勤罚懒,调动了全员的积极性;5. 狠抓教学管理,确保教学质量,以信义求生存,以质量求发展。他们强化学生管理,建立良好的学习秩序;他们对教学工作实行量化管理,实行挂牌教学,严格考试制度,结果不仅使教学工作井然有序,而且极大地提高了教学质量,培养了符合需要的合格人才。所有这些经验都是我们教育改革所追求的目标,同志们认为在一所职工高校取得了这样的经验,是很难得的。对待这些经验不管怎样都应该继续加以探索,加以总结,加以推广。

第三,关于对该工学院在调整中撤销建制、实行合并的做法,同志们有如下的看法:

1. 近几年职工高校发展很快,由于有些职工高校规模小,生源少,设备差,教师质量低,办学效益差,根据国家教委要求调整合并,是完全正确的。而这所学校无论在校人数、教师质量和学校规模等方面,都具备继续存在发展的条件,不合并也是符合文件精神的。

2. 该校承包办学,已同主管部门签订两年合法合同,合同尚未到期,中途撤销使学校工作陷入迷惘状态，不利于体现政策的连续性，未必是适宜的。

3. 对于调整合并与继续探索这一办学经验，有的同志认为二者没有直接的联系，即使合并后仍可继续探索这一经验；有的同志认为二者关系密不可分，目前该学院实行这一改革，有其具体的条件，若独立设置则使办学经验可以继续探索；若合并调整，学校本身已不存在，谈何继续改革试验。因此，合并调整，就是夭折了这颗嫩苗，就是中断了这一办学之路。

二

在当前情况下，应该如何办？同志们提出两个方案供领导参考：

第一，建议领导灵活执行关于职工高校合并调整的决定，使该工学院继续独立设置，建委口另三所院校实行合并。合并后的新院校可以与该工学院展开竞争，这更有利于提高办学效益和教学质量。但竞争必须是在平等条件下进行，在经费拨付、招生来源等方面都应给予同等待遇。这样，使哈市建工局工学院的办学模式继续进行下去，以此学院为省、市成人教育改革的实验基地，取得经验逐步推广。这一解决办法较为上策。

第二，哈尔滨市政府如不能灵活执行调整合并的决定，继续将建工口四家院校合并，取消该工学院的建制的话，则建议认真总结该工学院的教育改革经验和办学模式，使之能够在合并后的新校中得以继续探索和发扬，为繁荣和发展职工高教创出一条真正符合改革要求的新路。新校校长应招标选任，订立办学合同，给予学校以更大的自主权，在学校内实行聘任制，引入竞争机制，改革管理制度，把提高教学质量培养合格人才放在重要位置，作为衡量学校办学的首要标准。但在一所合并后的新学校中，面临人事、管理上的诸多矛盾，要贯彻上述要求定会遇到诸多困难，因此，能否继续取得改革成效，难有把握。

关于坚持高校行政领导任期制的建议[*]

记得曾经提过这个建议，因未见实施，今再次提出，或有不当。

高等学校行政领导，特别是校长和系主任以及关系群众生活掌握财物大权的热点部门一把手实行任期制，是十分必要的。80年代初提出此项制度曾深得广大师生的拥护，并对提高学校工作效率保证学校教学科研的正常进行起过良好作用。但不知何时，也不知为什么，竟成了一具空文。说是任期制，实则是数年不变，成了变相的终身制。

高校领导实行任期制是从高校特点出发的，它的好处很多。

一、高校是高级人才集中的地方，是教学科研的中心。不论是校长还是系主任都应是同辈中的学术带头人，实行任期制，既可以发挥他们的领导才能，使工作出现新气象，又不能因长期担任行政工作而影响其本身业务的钻研和深造。

二、实行任期制有利于调动和发挥领导者的创造性与积极性。防止长期担任领导工作可能出现的因循与保守。

三、任期制有利于防止不正之风的形成和发展。如培植个人势力、经济上的混乱不清，等等。

四、任期制有利于人事上、工作上的推陈出新，使学校工作保持良性循环。

还有其他，于此不赘。

从另一方面看，在一个岗位上，特别是校系领导和热点岗位（如财务、房产等）长期不加变动，不仅容易出现惰性，而且也易滋生腐败。这从某大学揭发出来的问题上可以得到一定程度的说明。

任期制对高等学校是个好制度，我建议坚持这个制度，不要轻易地改变它。

---

[*] 原文系作者在中国人民政治协商会议黑龙江省委员会上的提案，1995年2月26日。

加强对小学外语教学的领导[*]

近年来,不少小学为适应改革开放的需要,在小学开设了外语教学,无疑是件好事。但从实际情况看,外语教学还存在着不少问题亟待改进。

一、小学外语教学没有列入小学的教学计划,缺乏必要的教与学的质量检查。

二、收费不当,学校要求缴纳外语学费每月 10—20 元不等,以每班 50 人计,一个月可收学费 500—600 元。而用在教师身上的讲课费每月不超过 120—150 元(以每周四节,每节 7—9 元计),为变相乱收费开了绿灯。

三、小学没有专职的外语教师,大多是从社会上请一些未经过专门训练,只初懂外语的人来充任教师,发音不准,给小学生造成许多误导。

四、与中学外语教学无法衔接,在小学学得不生不熟,到中学仍要从头学起,直接削弱了学生学外语的兴趣。

建议教委针对上述问题,认真加强对小学的外语教学领导,从教学质量、收费等加以检查,认真解决好目前存在的问题,争取把好事办得更好。

---

[*] 原文系唐文中和徐饮周共同完成,系在政协黑龙江省委员会提案委员会上的提案。原载《提案工作》1995 年第 7 期。

序言·寄语

《中学生的学习方法》·序言[*]

不论做任何事情，都要讲求方法。方法是把理论和实践联系起来的纽带。方法正确，可以事半功倍；否则，即使有明确的目的任务和周详的工作计划，最终往往也要事与愿违的。学生的学习是一项复杂的脑力劳动，要想取得积极的学习效果，更要讲求方法。

中学在整个教育进程中是个关键阶段，一个人中学阶段的学习，对他的一生都有十分重要的影响。中学毕业生，无论是参加工作、走向劳动岗位，还是升入高一级的学校继续学习，都面临着不断补充和更新自己知识的任务。他们是否能做到这一点，则是以他们在学校中的学习状况为基础的。中学生不仅要掌握坚实可靠的科学知识，努力扩大自己的知识视野，培养优良的道德品质，树立起共产主义的人生观和世界观；而且还要学会学习、善于学习。只有如此，他们才能在未来的学习和工作中适应时代的需要，学到必要的知识与本领。因此，中学生在校学习时，就要培养起强烈的学习愿望和学习动力，掌握正确的学习方法，并养成良好的学习习惯。如何实现这些要求，这是广大中学生，也是教师和学生家长所关心的问题。

《中学生的学习方法》一书的出版是及时的，并适应了客观的需要。

本书作者都来自教育实践岗位，有着多年从事中学教学的经验。他们在编写本书的过程中，注意运用了新的教育观点，并认真总结了先进教师的经验，结合自身的体会，针对中学生的学习特点和要求，经过反复推敲，集思广益，提出了具体而迫切需要解决的问题，从理论上和实践上作出了深入浅出的阐述和论证。

---

[*] 选自《中学生的学习方法》，李万有、何方春等编著，中国展望出版社 1985 年版，该书序。

贯串于全书的是以下两种思想：

第一，既重学习，又重思考；既动脑，又动手。学思结合，手脑结合。

第二，培养学生的自学能力，由学会到会学。既强调学习方法，又强调学习习惯，使学生掌握不断充实和更新自己知识的本领。

在中学生的学习方法上，以上两点可以说是抓住了根本问题。因此，相信本书的出版会得到广大中学生的欢迎。

写在前面[*]

中学教、学、评、管系列改革实验，已经进行了一年多的时间，这里选出几份有代表性的材料，包括实验方案、中学生学习方法指导课目录、开展中学教学实验和编制教学目标的有关说明，以及初中有关学科教学目标的制定与实施情况，等等，目的在于向教育主管部门汇报，并就教于同道，听取意见，使这一实验日臻完善。

教改实验是为了在小范围内探索出一条路子，以便为大规模的教育、教学改革取得经验，打下实践基础。目前我国教育事业正处在深化改革全面提高教育质量的新时期，教育是培养国家建设人才提高民族素质的百年大计，其最根本的是质量问题。教改最终的目的应是保证和提高培养人才的质量。中学教、学、评、管系列改革实验正是在这种思想指导之下进行的。根据不同层次学校的具体情况，实验将按两种要求来进行，一是抓好课堂教学中的教、学、评三个环节，采取措施，探索提高课堂教学质量的途径和方法；二是从教学工作入手，把教、学、评、管结合起来，在提高教学质量的基础上找出学校整体改革的方向和道路。这两项要求可以在不同学校分别来进行，也可以在一所学校分段进行。其主旨是为了摸索在我国社会主义现实条件下大面积提高教育、教学质量的经验。

实验工作刚刚开始，设想是美好的，但要达到预想的目的，不仅实验本身需要不断调整和完善，而且需要得到社会、家长和专家们的扶植与支持，我们热切期待着这株幼苗能茁壮成长。

---

[*] 原载《齐齐哈尔市教育学会通讯》1988年第7—8期。

立足本省　面向全国　走向世界[*]

《黑龙江高教研究》于 1982 年 6 月创刊，到现在整整十个年头过去了。十年间，共出刊 47 期，发表论文 1700 篇，累计近 1000 万字，对发展高等教育理论，弘扬高等教育业绩，尤其对推动我省高等教育的全面建设，起到了重要的作用，作出了重大的贡献。在庆祝创刊十周年之际，作为一名高教工作者，由衷地祝贺她的成就，殷切地期待着她的未来。

过去的十年，是党的十一届三中全会路线深入贯彻的十年，是坚持四项基本原则、改革开放的十年，是我国社会主义经济建设获得巨大成就的十年。与此同时，我国社会主义教育事业也得到了空前发展。在高教理论界，一改"文革"期间万马齐喑的沉默局面，从中央到各省以及许多高等学校都办起了高等教育的刊物，《黑龙江高教研究》就是在这种客观形势下创刊的。十年来，她从一棵幼苗到茁壮成长，已经成为一个既研究理论又探讨实际问题的、反映祖国北疆高等教育发展的、具有自己特色的期刊。在办刊过程中，她一贯以马克思主义为指导思想，坚持社会主义的办刊方向，积极宣传党的教育方针、宣传有关高等教育的政策、法规、指示和要求。她沟通领导与群众的联系，她在政府与高校之间架起一座沟通信息的桥梁。她及时地刊登了广大高教工作者的研究成果，使成熟的经验得到传播，使不同的观点得到争鸣。为了交流四面八方的信息，她立足本省，面向全国，除反映省内研究成果外，还刊载了全国各省市的大量稿件，从而扩大了刊物的视野，联系了更广大的作者与读者。为使刊物内容充实、生动活泼，并加大信息量，她设立了诸多栏目，为不同方面和不同内容的研究成果开辟了发表的园地。这不仅体现高教研究的整体性与全面性，而且为我省锻炼与培养了一支涵盖所有专业和工作层面的高教理论研

---

[*] 原载《黑龙江高教研究》1992 年第 2 期。

究队伍。所有这些都是应该给予高度肯定和赞扬的，在此，谨向本刊十年间付出了辛勤劳动的全体编辑人员表示敬意，并希望这些成就在未来的刊物建设上得到进一步地充实和发扬。

我们期待《黑龙江高教研究》在深入贯彻邓小平同志南方讲话，在以经济建设为中心，加快改革步伐的新时期中发挥更大的作用，完成其在高等教育理论研究与传播上的特殊使命。如此提出以下几点建议：

第一，高等教育的社会职能是培养社会主义接班人和高级建设人才。针对这种需要，刊物应把宣传高教为社会主义各项建设，特别是为经济建设服务作为中心任务，刊载有关论述人才规格以及不同规格人才培养的途径和方法、论述进一步加强思想教育培养德才兼备全面发展具有广泛适应性人才的理论文章和经验介绍，以促进高等学校真正成为培养各类高级建设人才的摇篮。

第二，深入进行教育、教学改革是目前高等学校的重要任务，从教育体制、学制到课程、教材和教学方法，从人事制度、分配制度到管理制度都有待于在保证提高质量的前提下进行全面的改革。刊物一定要积极反映这方面的情况，指引改革的方向，最重要的是要有预见性，提出改革的要求，总结改革的经验。

第三，办好刊物，不仅注意刊载文章的内容，还要注意文风，注意刊物的形式。要坚持实事求是，贯彻双百方针；要从文章篇幅、版面设计、封面、插页、字形、印刷等方面做到端庄、大方、醒目和规范化，既讲求实效，又给人以美感。

第四，办好一个刊物，归根结底是读者、作者和编者的关系问题。其中，编者决定刊物的方向和文章取舍，作者决定着刊物的质量和水平，而最终的检验和首肯则是读者的事。一定要加强三方面的联系。除了大力提高编辑水平外，重要的是要建立和培养一支高质量的老中青结合、以中老为主的作者队伍。无论是编者和作者都要树立为读者服务的思想，我们希望《黑龙江高教研究》能够在省内和国内争取到更多的读者，真正成为广大教育工作者所需要和热爱的刊物。

祝贺·期望*

从教学理论发展的初始阶段起，人们就在寻求正确解决教师、学生、教材三者关系的理论、途径和方法。20世纪初，杜威从理论上把儿童从教师的桎梏中解放出来，并提出了活动课程的主张，但在实践上又陷入了削弱教师作用、降低教学质量的困境。二战后各个国家普遍认同了既肯定教师的作用又充分调动学生主动性的主张。80年代我国教学理论界对师生关系作出了"教师主导，学生主体"的简明概括，受到了广大教师的普遍赞同。邱学华同志倡导的"尝试教学法"就是在这样的理论背景下提出的。他主张要调动学生的学习主动性，使学生成为学习的主人，就必须为学生创造独立活动、独立获取知识的条件，就必须把培养学生的学习兴趣和学习信心放在首位，就必须在教学活动中坚持培养学生发现问题和解决问题的能力。要发挥教师的主导作用，就必须树立"教是为了学""教会学生学习"的教学思想，就必须改变学生被动学习的传统教学模式，就必须创立科学的、有效的教学方法。

"尝试教学法"从我国教学实际出发，吸取了古今中外先进教学方法的优长，为大面积提高教学质量开拓了广阔的实践领域。其特点是"先练后讲""先学后教"，充分肯定与发挥学生学习的主体地位与主动精神，使他们独立获取知识掌握技能，不仅增进了学生知识技能的牢固性，而且锻炼了思想，培养了智能。十多年来，他们的实验已从数学一个学科扩展到语文、理化、常识等多门学科，从小学扩展到中学、大学。在实验与应用范围上已遍及全国30个省、市、自治区。影响广泛，成效显著。这是其他教学方法推广中不多见的。在这里谨向邱学华同志和参与实验的同志所取得的丰硕成果表示由衷的祝贺。

---

* 选自《尝试教学理论研究》，邱学华主编，接力出版社1994年版，贺文。

理论是从实践中来的，"尝试教学法"成功的实践，已为它形成新的教学理论打下了坚实的基础。在同一研究领域，有不同的观点和主张，建立起不同的理论体系，形成多种学派，相互争鸣，是学术繁荣的表现。我们期望"尝试教学法"认真总结自己的经验，并进行深入地理论探讨，尽早建成独具特色的教学理论学派，为光大我国教学理论和有效地培养21世纪所需要的人才作出贡献。

《教学论丛书》·总序[*]

由中国教育学研究会教学论专业委员会组织撰写的我国第一套《教学论丛书》，经过几年的努力，今天问世了，这是一件十分有意义的事情。

自1978年党的十一届三中全会以来，中国的历史发生了历史性的转折，中国大地一片生机，中国教育理论界也迎来了蓬勃发展的春天。十多年过去了，随着教学实践的发展，教学改革的不断深化，教学理论研究领域已是硕果累累，教学理论工作者队伍也在日益壮大，形势十分喜人。为了总结和推动教学理论研究工作，为了更好地为当前教学改革服务。为了教学理论工作者队伍更快更好地成长，全国教学论专业委员会早在1989年桂林第三届年会上就倡议编写《教学论丛书》，以总结改革开放十年来教学研究的成果。经过两年多的酝酿，1991年在天津第四届年会上，专业委员会经过认真讨论，就编写《教学论丛书》达成了共识。大家一致认为，现在组织编写《教学论丛书》的主客观条件已经成熟，如能完成此项工程，它将有力地推动我国教学论研究工作走向一个新的发展阶段。

《教学论丛书》植根于中国教育改革的土壤，放眼展望世界教学理论发展之趋势，反映我国改革开放以来教学实践的新经验、教学理论研究的新成果、教学理论发展的新问题；努力做到理论与实际相结合，总结和创新相结合；正确处理好古与今、中与外、史与论的关系；力求内容深入浅出、形式活泼、文字通俗易懂、可读性强，使这套丛书更好地为深化教学改革服务，特别是为提高我国基础教育的质量服务。

---

[*] 选自《教学论丛书》，唐文中、郭道明和李定仁主编，江西教育出版社1996—1997年出版，丛书总序。该丛书共八本：吴也显等编著《小学游戏教学论》，1996年出版；汪刘生等编著《教学艺术论》，1996年出版；靳玉乐著《潜在课程论》，1996年出版；陈时见著《比较教学论》，1996年出版；田慧生著《教学环境论》，1996年出版；熊川武著《学习策略论》，1997年出版；曾天山著《教材论》，1997年出版；李福灼、钟宏桃著《小学语文课堂教学论》，1997年出版。

《教学论丛书》集中了全国一批从事教学论研究工作和教学论教学工作的专家、教授、学者，特别令人可喜的是丛书的作者中，有一些脱颖而出的优秀的中青年教学理论工作者，他们所编著作都有各自的特色，颇富新意，读了这些著作，往往使人耳目一新，给人以启发，使人深思。有了这样一批中青年同志在教学理论研究领域不懈努力，辛勤耕耘，我们的教育科研事业将后继有人，这是令人欣慰的。

　　《教学论丛书》反映了教学论学科群的发展趋势，它的出版是教学理论专著系列化的创新工程，对我国教学改革深化将起到参考和指导的作用，应该会受到广大教育理论工作者、广大中小学教育工作者、教育行政管理干部、教学论专业的研究生、教育系本专科学生的欢迎并从中受到补益。

　　《教学论丛书》的出版，得到了江西教育出版社的关心和支持，他们为丛书的问世付出了辛勤的劳动，对此，我们表示衷心的感谢！

《教学艺术论》·序[*]

近年来，教学理论界出现了一个可喜的现象，这就是教学艺术问题的研究引起了广泛的重视。研究者们不仅已经发表了一些有价值的论文，而且还出版了系统的专门著作。从学科建设的角度看，在教学论的研究领域中，教学艺术论已初步形成了一门独立的分支学科。

李如密同志多年来一直从事教学艺术问题的研究，很有个人心得。他在《教育研究》等刊物上发表过数十篇学术论文，都曾产生积极的影响，深得广大教师的好评。最新写成的这部《教学艺术论》，是他系统研究的精华和总汇。初读之后，感到它立论坚实，概念清晰，说理透彻，行文流畅，可读性强，是一部写得比较成功，值得向读者推荐的教学艺术论新著。

教学艺术是通过教师个人的教学行为体现出来的。针对这一特点，作者在撰写本书时，坚持了从教学实践出发，把理论和实际紧密地结合起来。一方面着眼于教学艺术论学科的理论建设，对一些基础理论问题，如教学艺术论的研究对象、性质，教学艺术的本质、特点、功能、分类，教学艺术的辩证法，教学艺术交流过程及其规律，教学艺术风格以及各章中涉及的有关理论问题，等等，都进行了深入的探讨，并作出了明确的回答。一方面又十分重视教学艺术实践中具体问题的研究和解决。作者曾用心翻阅了历代教育家有关教学艺术问题的论述，分析了我国众多特级教师和优秀教师的先进教学经验，从中选出运用教学艺术的典型事例，用来印证和说明书中相应的论点和问题，又从普遍存在的共性问题中得到规律性的认识，建立了"理论—实践"的结构和体系。全书内容十分丰富，包罗了教学艺术各个方面的问题。对教学组织结构艺术、启发艺术、教学语

---

[*] 选自《教学艺术论》，李如密著，山东教育出版社1995年版，该书序。

言艺术、非言语表达艺术、板书艺术、提问艺术、教学幽默艺术、乐学教学艺术等诸多具体而实际的问题，都作了深刻而生动的阐述，本书的确为广大教师开拓了一条进入教学艺术殿堂的捷径。

本书为教学艺术论这门学科增添了一枝新葩，为广大教师提供了一部学习参考的读物，相信它的出版定会对提高教学质量起到积极的作用。

唐文中生平年谱

1926年1月16日，出生于河北省滦县下五岭村一个普通农家。

1932年秋—1936年夏，就读于河北省滦县下五岭村初级小学。

1936年秋—1939年夏，就读于河北省滦县师范附属小学，其间（1938年下半年）因故（在家劳动）辍学半年。

1939年秋—1942年夏，就读于滦县初级中学。

1942年秋—1945年夏，就读于北平市立师范学校（三年制）。

1945年秋—1949年夏，就读于国立北平师范学院（今北京师范大学），大一读的是国文系，大二转入教育系学习至毕业取得教育学学士学位。

1949年7—8月，参加在清华大学举办的"华北各大学毕业生暑期学习班"。

1949年9—12月，于沈阳东北人民政府教育部中等教育处工作。

1949年12月—1952年2月，被分调到松江省（现在的黑龙江省）佳木斯师范学校，其间（1951年2月至1951年8月）兼职佳木斯师范学校实验小学主任。

1951年8月，与李一鸣编著的《小学教学方法研究》由上海教育书店出版；9月该书第二版出版；10月该书第三版出版。撰写近4万字《小学校长》一文，其中的"五、学校计划工作"和"七、学校总结工作"分别以《谈谈学校的计划工作》和《如何做好学校的总结工作》为题先后发表在1952年2月7日和1952年7月19日的《光明日报》第3版上。

1952年3月—1953年5月，调至松江师范专科学校（哈尔滨师范大学前身）任教，教授历史唯物论、社会发展史等科，于1953年5月被评为松江师范专科学校讲师。

1953年6月—1956年7月，于哈尔滨师范专科学校（哈尔滨师范大学前身）任教。

1953 年，参与编写的、哈尔滨师范专科学校教育教研组编的《教育学讲义》问世，这是我国学者编写的、内部印刷最早的《教育学讲义》。

1956 年，参与编写的、哈尔滨师范学院教育学教研室编《教育学讲义》（上、下）问世，内部印刷。

1956 年 8 月—1979 年 12 月，于哈尔滨师范学院任教（哈尔滨师范大学前身）。

1959 年，哈尔滨师范学院建立了教育系，是年秋开始担任教育系教育学教研室副主任，直至 1963 年秋教育系停办。

1959 年 4 月 28 日，黑龙江省教育学会成立，当选省教育学会理事会副理事长。

1959—1998 年，连任黑龙江省教育学会第 1—6 届理事会副理事长。

1963 年，《论教师的语言修养》在《哈尔滨师范学院学报》（社会科学版）1963 年第 3 期发表。被瞿葆奎主编、1991 年 2 月人民教育出版社出版的《教育学文集——教师》收录；入选《哈尔滨师范大学科研成果摘要选编（1951—1981）》。

1963 年，为哈尔滨医科大学的教师和学生讲授"高等学校的教学工作"及"大学生的学习方法"等专题课，每周一次，共持续了一年之久。

1965 年 8 月—1966 年 3 月，和全校 550 多名师生及学校主要领导到鸡东县平阳公社富国大队参加"四清"为主的社会教育劳动，直至 1966 年 3 月返校。

1977 年 8 月，撰写的《对马克思恩格斯列宁斯大林有关教育革命论述的解说》经集体讨论，以"哈尔滨师范学院教育教研室"为主编，由黑龙江人民出版社出版。

1978 年 10 月 15—30 日，参加在河南省开封市举行的开封师院、华中师院、武汉师院、湖南师院和甘肃师大合编的公共必修课《教育学》教材初稿讨论会；大会向全国人民教师，特别是教育学教师和教育学工作者提出倡议，组织教育学研究会，来推动和发展我国的教育学研究工作。是《筹备组织教育学研究会倡议书》发起人之一。

1979 年上半年，哈尔滨师范学院教育系恢复，担任教育学教研室主任；被选为哈尔滨师范学院学术委员会委员；在系内主讲《教育学概论》《教学论》《高等教育》《教育社会学》等课程；上半年坚持每周为黑龙江省教育学院教育学教师培训班讲授"教学论"专题讲座一次。

1979年7月，《从重评凯洛夫〈教育学〉中看当前教育理论建设上的几个问题》在《北方论丛》1979年第4期发表；《教学过程中学生掌握知识的基本阶段分析》被收录在全国教育学研究会编、人民教育出版社出版的《教学过程的特点和规律》一书中。

1979年12月，《加强青少年的道德品质教育》在《黑龙江教育》1979年第12期发表。

1980年1月—1999年4月，于哈尔滨师范大学任教。

1980年，黑龙江省教育学会教育学研究会成立，当选为省教育学会教育学研究会理事长。

1980年1月30日，被评为哈尔滨师范大学1979年度校级先进工作者。

1980年4月，给在哈尔滨的高等院校领导骨干做题为"重视高等教育理论的学习和研究"讲座。

1980年5月，晋升为副教授。

1980年7月，《高等学校的讲授课》在《求是学刊》1980年第4期发表。此文入选《哈尔滨师范大学科研成果摘要选编（1951—1981）》，第103页。

1980年11月，《必须重视智力开发》在《黑龙江教育》1980年第11期发表。

1981年2月，《尊重教师的劳动》在《奋斗》1981年第2期发表。

1981年4月，《从认识论的角度看教学活动的特点和规律》在《教育参考》1981年第4期发表。

1981年，《加强课堂教学的理论指导》在《黑龙江教育》1981年第7期发表；被中国人民大学复印报刊资料《中小学教育》1981年第10期全文转载。

1982年1月，《正确认识和实现教育与生产劳动相结合》被中国教育学会教育学研究会主编、人民教育出版社出版的《论教育和人的全面发展》收录。

1982年1月，《关于教学过程的客观规律问题》在《北方论丛》1982年第1期发表；被中国人民大学复印报刊资料《教育学》1982年第1期全文转载；被瞿葆奎主编、1988年5月人民教育出版社出版的《教育学文集——教学（中册）》收录；被1982年2月9日《光明日报》（第3版）以摘要形式转载。

1982年3月,《发扬高师院校在建设社会主义精神文明中的优势》在《黑龙江高教研究》1982年第3期发表。

1982年6月,黑龙江省教育学研究会第二届学术年会于6月15日至6月20日在牡丹江市举行,在大会做《群策群力,积极开展教育学理论研究》年会总结报告。

1982年10月,《教学原则及其基本依据》在《黑龙江教育》1982年第10期发表。

1983年3月,《教育学研究必须为开创社会主义现代化新局面做出贡献》在《辽宁高等教育研究》1983年第3期发表。

1983年4月,《学习马克思〈关于费尔巴哈的提纲〉中的教育思想》被中国教育学会教育学研究会主编、人民教育出版社出版的《学习马克思的教育思想——纪念马克思逝世一百周年文集》收录。

1983年4月27日,被黑龙江省人民政府授予"劳动模范"的称号。

1983年8月,与刘树范、王福均、李乙鸣、齐亮祖共同编著的《教育学》由黑龙江人民出版社出版,并撰写其中的第六章教学计划、教学大纲和教科书;第七章教学过程;第八章教学原则;第九章教学方法;第十章现代化教学手段与普通教具;第十一章教学工作的组织形式;第十二章学生知识、技能的检查与评定。

1983年6月,与同事一起到齐齐哈尔市对哈尔滨师范大学毕业生进行社会调查,撰写《开展调查研究 提高高师教育质量——对哈尔滨师范大学毕业生的调查与分析》。

1983年8月—1987年8月,任哈尔滨师范大学教育系主任。

1983年10月28日,与同事一起创设哈尔滨师范大学课程与教学论学科,经校长办公会议批准任课程与教学论学科带头人。

1984年1月,《开展调查研究 提高高师教育质量——对哈尔滨师范大学毕业生的调查与分析》在《黑龙江高教研究》1984年第1期发表。

1984年7月20日,被中共黑龙江省委政策研究室聘请为兼职研究员。

1984年8月,《从"三个面向"谈高师教学计划的改革》在《北方论丛》1984年第5期发表。

1984年9月,课程与教学论学科开始招收攻读硕士学位的研究生,对研究生们提出须有"谦虚、勤奋、求实、创新"的学风;开始兼任哈师大教育科学研究所第一副所长,并把"谦虚、勤奋、团结、进步"作为所风。

1985年1月，《高等师范院校的教学原则》在《黑龙江高教研究》1985年第1期发表。

1985年3月，《高等师范教育结构》在《黑龙江高教研究》1985年第3期发表。

1985年4月，与赵鹤龄合著的《关于教学过程本质、规律、原则及其体系》在《东北师大学报》（教育版）1985年第4期发表；被中国人民大学复印报刊资料《教育学》1986年第1期全文转载；被《高等学校文科学报文摘》1986年第3期转载。

1985年5月20日，被黑龙江省科技经济顾问委员会聘为"黑龙江省科技经济顾问委员会'人才开发'专业组成员"。

1985年6月22—28日，全国教学论专业委员会成立，全国第一届教学论专业委员会学术年会在哈尔滨师范大学召开，被选举为第一届专业委员会主任委员，一直连任至第五届（1997年）。

1985年7月，与赵鹤龄合著的《在哈尔滨召开的全国教学论讨论会纪要》，被瞿葆奎主编、1988年人民教育出版社出版的《教育学文集·教学》（中）收录。

1985年9月10日，新中国第一个教师节，获得黑龙江省人民政府颁发的"教师光荣"证书。

1985年9月，哈尔滨师范大学课程与教学论学科被评为省级重点学科，成为省级重点学科课程与教学论学科带头人。

1985年9月—1998年，任哈尔滨师范大学省级重点学科课程与教学论带头人。

1986年5月，晋升为哈尔滨师范大学教授。

1987年3月，《阻碍教育事业发展的思想要害——片面追求升学率与鄙薄职业技术教育》在《北方论丛》1987年第2期发表；被《高等学校文科学报文摘》1987年第3期转载。

1987年5月，《教育要以"三个面向"为指导，坚持为"两个文明"服务的方向，努力开创教育学会工作的新局面》被黑龙江省教育学会秘书处编《黑龙江省教育学会第六届会员代表大会会刊》收录；在黑龙江省教育学会第六届会员代表大会暨第八次学术讨论会作《我省普及九年义务教育的师资培训问题——从一个县的教师现状看我省师资队伍的建设》的报告。

1987年5月19日，被黑龙江省人民政府劳动局聘请为黑龙江省技工学校教师职称评定委员会委员。

1987年6月24日,被黑龙江省人民政府教育委员会职称改革工作领导小组聘请参加黑龙江省高等学校教师职称评定委员会工作。

1987年7月6日,被黑龙江省教育委员会职称改革工作领导小组聘请参加黑龙江省高等学校教授、副教授及其他高级专业技术职务任职资格评审工作。

1987年7月25日,与李文郢一同撰写的《对石头河子镇社会经济发展中的科技服务体制与教育发展建议》被黑龙江省科技经济顾问委员会主编的《决策建议》1987年第13期收录。

1987年9月,与张展、周树棠共同主编的黑龙江省高等师范院校通用教材《教育学》由黑龙江教育出版社出版,撰写第七章学校教育制度。

1987年10月5日至10月18日,应日本明星大学邀请赴日讲学,其间作了《当前我国教学改革试验概况》的报告。

1987年11月,与李向荣、孙侠和吕涛共同撰写的《对开发我省离退休老干部老专家智力资源的几点建议》被黑龙江省科技经济顾问委员会主编的《决策建议》1987年第48期收录。

1988年3月,《基础教育改革与高师教育》在《黑龙江高教研究》1988年第3期发表。

1988年6月6日,被黑龙江省教育委员会职称改革工作领导小组聘请参加黑龙江省成人高等学校教授、副教授及其他高级专业技术职务任职资格评审工作。

1988年12月,与赵鹤龄合著的《教学论研究十年》被《教育研究》杂志编辑部编、教育科学出版社出版的《党的十一届三中全会以来中国教育科学的回顾与展望》收录;《关于培养职业中学专业课教师建议》被黑龙江省科技经济顾问委员会主编的《决策建议》1988年第101期收录。

1989年1月,被人民教育出版社课程教材研究所主办的《课程·教材·教法》编辑部聘请为通讯员。

1989年2月,《关于黑龙江省教育发展的三点建议》被黑龙江省科技经济顾问委员会主编的《决策建议》1989年第11期收录。

1989年7月,被黑龙江省教育委员会职称改革工作领导小组聘请参加黑龙江省成人高等学校教授、副教授及其他高级专业技术职务任职资格评审工作;整理完成的省科顾委人才教育专家组《关于哈尔滨市建工局工学院的教改经验与未来发展建议》被黑龙江省科技经济顾问委员会主编的

《决策建议》1989 年第 40 期收录。

1989 年 10 月 10 日，被黑龙江省教育委员会职称改革工作领导小组聘请参加 1989 年 10 月黑龙江省高等学校教授、副教授及其他高级专业技术职务任职资格评审工作。

1990 年 3 月，与赵鹤龄合著的《教学过程的社会交往现象分析》在《教育研究》1990 年第 3 期发表；被中国人民大学复印报刊资料《教育学》1990 年第 5 期全文转载；《风气 校风 育人》在《教书育人》1990 年第 3 期发表。

1990 年 9 月，与温恒福合著的《谈教学方法改革》在《北方论丛》1990 年第 5 期发表。

1990 年 9 月，主编的《教学论》由黑龙江教育出版社出版。本书的编写在 1985 年第一届全国教学论学术讨论会上开始酝酿，两年后，在 1987 年第二届全国教学论学术讨论会期间正式讨论这个问题，被推举担任主编组织编写。撰写第一章绪论；与赵鹤龄合著第四章教学过程。

1991—1994 年暑期，主持"大面积提高教学质量实验研究"项目。1991 年初，哈尔滨师范大学与大庆采油一厂达成协议，决定以采油一厂所属的两所中学（大庆五中与大庆六中）、一所小学（大庆实验小学）和一所幼儿园为基地，开展以大面积提高教学质量为主题的教改实验研究，该研究历时三年，1994 年暑期结束，实验收获巨大（见唐文中和马驰合著的《高师教育科研要为提高基础教育质量服务》，该文发表在《黑龙江高教研究》1996 年第 3 期）。该项目是省教委和国家教委的科研项目。

1991 年 9 月 20 日，被中共黑龙江省委宣传部聘为"黑龙江省社会科学研究人员高级职务评审委员会委员"。

1991 年 9 月，黑龙江省陶行知教育思想研究会成立，被选为该研究会副理事长。

1992 年 2 月，《教育经费与教育质量》在《教育管理》1992 年第 2 期发表；《立足本身 面向全国 走向世界》在《黑龙江高教研究》1992 年第 2 期发表。

1992 年 10 月 1 日，获批享受 1992 年国务院政府特殊津贴，表彰其为发展我国高等教育事业作出的突出贡献。

1992 年 10 月，与温恒福合著的《21 世纪中国教育展望》在《教育研究》1992 年第 10 期发表；被中国人民大学复印报刊资料《教育学》1992 年第 11 期全文转载；被《新华文摘》1993 年第 1 期全文转载；被

《台海两岸》1993年9月秋季号全文转载。参加政协黑龙江省第六届委员会第四次会议，与会期间提出的《大力发展乡镇企业是黑龙江腾飞的关键》的提案被中国人民政治协商会议黑龙江省委员会评为优秀提案。

1993年2月，主编的《大学教学论》由黑龙江教育出版社出版，撰写其中的第一章绪论、第八章大学教学实践论。

1994年7月，为邱学华主编、接力出版社出版的《尝试教学理论研究》一书撰写贺文《祝贺·期望》。

1994年11月，主编的《高等学校教学方法》由黑龙江教育出版社出版，撰写第一章高等学校的教学与教学方法。

1995年2月，在中国人民政治协商会议黑龙江省委员会上提出提案《关于坚持高校行政领导任期制的建议》。

1995年5月，与徐饮周在政协黑龙江省委员会提案委员会上提出提案《加强对小学外语教学的领导》。

1995年9月，与郭道明、李定仁一同为即将出版的《教学论丛书》写"总序"。

1995年，为李如密著、1995年山东教育出版社出版的《教学艺术论》一书作序。

1996—1997年，与郭道明、李定仁共同主编的中国教育历史上第一套《教学论丛书》问世。该丛书共8本，由江西教育出版社出版：吴也显等编著《小学游戏教学论》于1996年1月出版；汪刘生等编著《教学艺术论》于1996年1月出版；靳玉乐著《潜在课程论》于1996年1月出版；陈时见著《比较教学论》于1996年10月出版；田慧生著《教学环境论》于1996年12月出版；曾天山著《教材论》于1997年10月出版；李福灼、钟宏桃著《小学语文课堂教学论》于1997年10月出版；熊川武著《学习策略论》于1997年12月出版。

1999年4月18日，因病去世，享年74岁。

后　　记

恩师逝世已经 23 年了，他老人家的音容笑貌时常浮现在我的眼前，其谆谆教导一直环绕在我的耳边，深深地印刻在我的心里，指导着我的专业发展和工作，激励着我克服困难，持续前行。

一　慕名拜访中，先生帮助我走上教育学之路

我在初中当数学教师时一直做班主任，当班主任的经历很锻炼人，其中给我的一个经验是，当教师必须懂得学生的心理，并要讲究教育方法。经历了几次师生矛盾的教训与有效解决办法的体悟，让我深刻地认识到，"教师应该系统地学习心理学与教育学的知识与技能"。1984 年 1 月的寒假，我借来哈尔滨师范大学学习的机会，第一次慕名拜访了当时任哈尔滨师范大学教育系主任的先生，当时先生是全省知名的教授，他老人家的和蔼与亲切让我战战兢兢的心倍感温暖，先生在听了我的简要介绍和我想系统学习教育学和心理学知识的想法后，问了我一些工作上的事情与学教育学和心理学的动机，听完了我的回答，先生鼓励我说："可以，有了一定的教育经验后再上教育系学得会更好"，并向我介绍了来教育系学习的途径。正是在这一次拜访中，先生的认可与指导，让我坚定了学习教育学的决心，义无反顾地放弃了数学，走上了我的教育系进修学习之路。

二　关键时刻给我肯定并鼓励我考研

在两年的进修学习时期，教育系给进修生创造了很好的学习机会，可以跨年级选课，我就像饿汉扑在了面包上一样，恨不得把所有课一年都学会。当先生知道了我的急切心理后，就告诉我说，教育系的课程很多，但

其价值是不一样的，要把主要精力多用在最重要的基础课和专业课上，他老人家还特别叮嘱我一定要学好中外教育史、普通心理学和教育心理学、教育概论、教学论、课程论、教育管理等核心课程。当老师知道我英语学得还不错时，很高兴地说："这很好，这样可以有更大的发展。"当我学习期满，准备离开向他告别时，我怀着一颗忐忑不安的心向先生请教今后能否考研，他老人家平静而充满信任地说："可以呀，你有中学教学经验，当过班主任，又系统地学习了教育系的专业课，这两年这么用功，外语竞赛还能得奖，符合条件，应该可以。"从此我就下决心考研了。又经过一整年的勤奋学习，1987年以优良的成绩考上了哈尔滨师范大学教育系教学论专业的全日制硕士研究生，完成了由数学专业到教育学专业的转轨，并圆了读硕士研究生的梦想。能有这样的发展都是恩师支持、指导与鼓励的结果。读研期间与导师的交流机会较多，导师对我们学生的指导与关爱始终都是那样和蔼亲切、语重心长、诲人不倦，令我受益良多、终身不忘。

三　先生的高尚人格始终是我学习的榜样

能考上先生的硕士研究生是我一生的荣幸，我非常珍惜，也很努力。先生对我的培养不仅是学业上的指导，更是我人格修养方面的榜样，特别是在家国情怀、责任心、宽以待人、专心于专业发展等方面。唐老师经常说："你们遇到了好时代，国家会越来越好，对教育会越来越重视，你们会有很多好机会！""你们要负起时代的责任！"有时还会与我们讲起他年轻时的困难与浪费了的大好时光，叮嘱我们珍惜时间和这样的好机会。先生在"文化大革命"时期受到过莫须有的批斗，平反后先生作为系主任并没有歧视和报复仍然在系里工作的"批斗者"，对此导师的解释是"这主要是社会的错误，这些人的为人确实有重要问题，但是没必要纠结下去了，澄清了事实，忘掉过去的不愉快，全身心工作才是最好的选择。"这种大度、善良、忘掉仇恨、宽以待人、以全身心工作为重的积极价值观让我非常敬仰与佩服。先生一生都非常重视学习与研究，家里最多的就是书籍，生活俭朴，但买书却很舍得花钱，不仅买书，更让人佩服的是一直到退休以后仍然持续地读书和开展课题研究、著书立说。"读书是基础，必须挤时间读书"，"心思不能散，学术研究须专心"，"研究生一定要有专业意识，要有专业本领，做专业人士"，"学习、研究与生活其实是一体的"等谆谆教导至今时常回响在耳畔。我们很多同学都发现，先生的学习、研究和他对工作、对教育问题的关心就是他的生活，他的喜怒哀乐都与此有关。导师逝世后把他最心爱的主要书籍都献给了他一直深爱着的教育系。先生把全部身心都投入到了学习、研究与教育教学工作之中。

四 先生的学术境界与学术思想永远值得我们好好学习与传承

自从 2013 年 10 月 8 日，我由黑龙江省教育科学研究院调入哈师大教育科学学院以来，我一直秉承着导师"办好教育系"的遗愿，在学校党委、行政领导和相关同志们的支持与帮助下，带领全体师生奋力拼搏，连续完成了 2005 年"课程与教学论二级学科博士点"、2010 年"教育学一级学科博士授予权"和 2012 年"教育学博士后流动站"的三级跳，并在教育部第四轮学科评审中取得了 B 级的较好成绩，被评为黑龙江省重点建设的一流学科。自己作为教育学博士一级学科的带头人也被评为二级教授、龙江学者和省教学名师。追踪溯源，这些成就的取得既得益于导师的福荫，更受惠于导师的教诲和教育思想的启迪。

（一）高远的学术境界

先生做学问不是简单地完成教学任务，也不是为了评职称，而是为了发展中国的教育理论，以便更高质量地开展教学，更好地培养学生。他曾说："我们既要学习凯洛夫的教育学理论，也要学习借鉴西方的'活动教学''目标教学''发现学习'等先进理论，更要针对学生的实际需求，探索适合我国当代学生的中国现代教学理论。"老师曾结合邓小平给景山学校题词"教育要面向现代化，面向世界，面向未来"教导我们说："研究教育，不能封闭地就教学谈教学，就课程谈课程，而要有开放的教育观，要研究学生的生活需求、社会和企业的用人需求，以及国家未来发展对人才的需求。"例如，在 21 世纪还未到来的 20 世纪 90 年代，导师就特别重视新世纪对教育的呼唤，要求我加强这方面的研究，并指导我一起写成了《21 世纪中国教育展望》一文，以首篇显著位置发表在《教育研究》杂志上，此文获得了广泛的好评与转载，并获得了黑龙江省社会科学优秀成果一等奖。

（二）重视教育教学和教育研究的政治方向

先生虽然在"文化大革命"中受过委屈，但他并不抱怨什么，而是从教育与社会的关系角度，特别重视教育研究中的政治方向性。他对党的"四项基本原则"非常赞成，坚定不移地拥护中国共产党的领导和社会主义制度。导师不止一次地叮嘱我们学生要把握正确的政治方向，在教育教学和教育研究中决不能犯政治性错误。导师还亲自编写了《对马克思恩格斯列宁斯大林有关教育论述的解说》一书，督促我们学习马列原著，要求我们用马列主义毛泽东思想指导教育教学和教育科研。在更加开放的今天，我们仍然要保持清醒的头脑，把坚持正确的政治方向当作头等大事，确保我们的教育教学和教育研究始终前进在正确的政治方向上。

（三）高校教师要打好基本功

先生认为当教师不是一件很容易的事，当一名合格的高校教师更不容易。他认为高校教师需要有三个基本功：一是读书的基本功，二是教学的基本功，三是搞研究的基本功。读书方面导师很重视熟读精思，特别是对教育名著的精读；教学基本功方面导师强调"启发式教学"和在先进教学思想指导下的教学方法改革，他亲自主持编写了《教学论》《大学教学论》《高等学校教学方法》和《小学教学方法研究》等著作；在研究基本功方面先生特别强调"问题意识"，不论是理论问题还是实践问题，总要学会找问题，在各种问题中，先生又特别强调对实践中重点问题的研究，要求我们关注实践发展和矛盾，做到理论与实践相结合。

（四）克服困难著书立说

先生1949年从国立北平师范学院（北京师范大学前身）教育系毕业，在沈阳东北人民政府中教处短暂工作后，被分配到佳木斯师范学校当教师，当时的条件很艰苦，但唐老师热情满怀、兢兢业业，在正常教学之余，利用休息时间写作完成了《小学教学方法研究》，由上海教育书店出版，很受欢迎，连印三版，时年25岁。这种精神和干劲一直坚持到晚年。在社会动荡、几起几落的岁月里，先生仍然克服各种困难发表论文50多篇，其多篇论文被《新华文摘》《台海两岸》以及中国人民大学复印报刊资料等全文转摘；出版著作5部，参编著作多部，其中，唐老师主编的《教学论》被十多所大学推荐为教学论课程的教材。

（五）扎根实际推进教育改革

先生重视和喜欢到中小学校调研和推进教育改革，我记得有两个大项目先生很投入，一个是在全省开展的目标教学，另一个是在大庆部分学校开展的"活动—训练"教学改革。老师告诫我们："大学教育学的教师要经常深入中小学校，进行实际教学的观察与研究，要能够运用教学理论指导实际教学，并在实际教学的改革中丰富和发展教学理论。"在我硕士毕业时，先生推荐我去当时的黑龙江省教育科学研究所，先生说的一个理由就是这个单位与中小学的关系更紧密，更便于理论联系实际。实践证明，先生是对的，我能有今天的进步，与我在教育科学研究院（所）13年的宝贵经验有关。来到哈尔滨师范大学工作后，尽管工作量比较大，我也坚持与中小学基地保持联系，并积极支持与推进学院的科研基地、实习基地建设。实践证明"扎根实际，与教师们一起推进教育改革"不仅是大学教育学科教师实现专业发展的必要途径，也是教育学者的重要使命。

（六）在合作中做大事

先生不仅自己专心于学术研究，而且积极倡导和寻求与全国各师范大学同行的合作。仅就我目前还记得的与唐老师一起去过的有较密切合作关系的大学就包括华东师范大学、北京师范大学、东北师范大学、南京师范大学、华中师范大学、陕西师范大学、西南师范大学、西北师范大学、湖南师范大学、辽宁师范大学、沈阳师范大学、云南师范大学、广西师范大学、曲阜师范大学等。1985年，导师积极倡导并成功组建的"中国教育学会教育学分会教学论专业委员会"，也称"全国教学论学术委员会"，就是在积极合作中办成的一件大事，先生作为连续五届的主任，带领全国各师范大学的课程与教学论相关专家团结合作、研讨创新，为促进全国教学论事业的发展起到了极其重要的作用。他带领团队成员创建的哈师大课程与教学论学科对哈师大教育学科的发展，以及对全省课程与教学改革也起到了积极的推动作用。可以说没有"课程与教学论"二级学科博士点的率先成功，就没有哈师大教育学一级学科博士授予权的获得。

（七）做教育要有一颗奉献心

先生不论是对学问、对专业发展、对培养学生和带团队都充满热情与爱心，把自己的所有所能全部奉献出来。他既教书又育人，既帮助学生的学习、就业，也帮助解决生活上的问题；既心系课程与教学论的发展，又时刻不忘教育系和学校的前途，还尽最大努力为全省的教育咨询和教育教学改革服务。先生曾用陶行知"捧着一颗心来，不带半根草去"的精神教育我们，其实，他老人家正是践行陶行知精神的最好榜样。

恩师唐文中教授是全国课程与教学论学科的前辈与著名学者，是哈尔滨师范大学教育学科的骄傲。先生的高尚人格、宽阔胸怀、高远的学术境界、精神学术造诣和令人敬佩的敬业精神与奉献精神是我们后辈的宝贵财富，值得我们终身持续不断地认真学习与研究、继承与弘扬。

最后，非常感谢孙立军书记亲自为本书题词，还要感谢参与此书资料收集、整理、校对、编辑等工作的所有同学们，没有大家的努力至今也见不到此书，最后还要非常感谢主编杨丽教授，编辑此书耗费了她的大量精力与心血，是她的精心与坚持，最终促成了这本书的成稿与出版。正是我们大家的共同努力才完成了这件具有历史意义的大事。谨以此书怀念恩师唐文中教授，并激励我们继承发扬先生的精神继续前进。

温恒福
2022 年 9 月 20 日